BEATE SANDER

MIT
NEBENWERTEN
ZUM
BÖRSENOLYMP

Mit Aktien aus MDAX, TecDAX und SDAX den DAX schlagen

Bibliografische Information der Deutschen Nationalbibliothek
Die Deutsche Nationalbibliothek verzeichnet diese Publikation in der Deutschen Nationalbibliografie; detaillierte bibliografische Daten sind im Internet über **http://d-nb.de** abrufbar.

Für Fragen und Anregungen:
info@finanzbuchverlag.de

1. Auflage 2016

© 2016 by FinanzBuch Verlag,
ein Imprint der Münchner Verlagsgruppe GmbH
Nymphenburger Straße 86
D-80636 München
Tel.: 089 651285-0
Fax: 089 652096

In diesem Buch geht es unter anderem um Wertpapiere. Hierzu muss gesagt werden: Eine Anlage in Wertpapiere birgt gewisse Risiken – bis hin zum Verlust des eingesetzten Kapitals. Da Kapitalmärkte teilweise hohen Schwankungen unterliegen, darf eine Anlage in Wertpapiere niemals mit einem kurzfristigen Anlagehorizont einhergehen. Historische Renditen bieten keine Garantie für zukünftige Renditen. Eine Haftung seitens Autor oder Verlag für Schäden, die durch die in diesem Buch beschriebenen Anlagestrategien möglicherweise entstehen, ist ausgeschlossen. Die Umsetzung erfolgt auf eigenes Risiko. Die gelieferten Informationen sind zu keiner Zeit als Anlageempfehlung im Sinne des Wertpapierhandelsgesetzes anzusehen – sie entsprechen den persönlichen Ansichten des Autors.

Korrektorat: Hella Neukötter
Umschlaggestaltung: Laura Osswald, München
Umschlagabbildung: SpinyAnt/shutterstock.com
Satz: Beate Sander; Satzwerk Huber, Germering
Druck: Florjancic Tisk d.o.o., Slowenien
Printed in the EU

ISBN Print 978-3-95972-002-1
ISBN E-Book (PDF) 978-3-86248-945-9
ISBN E-Book (EPUB, Mobi) 978-3-86248-946-6

Weitere Informationen zum Verlag finden Sie unter

www.finanzbuchverlag.de

Grußwort

Wissen über wirtschaftliche Zusammenhänge, die Finanzierung von Unternehmen, Kapitalmärkte, Börsen und Aktien sind in Deutschland leider nur bei einem kleinen Teil der Bevölkerung in ausreichendem Maße vorhanden. So verwundert es nicht, dass der Vermögensaufbau und die Altersvorsorge durch Aktien in unserem Land eine viel zu geringe Rolle spielen.

Daran hat die Niedrig- oder Nullzinspolitik der Europäischen Zentralbank kaum etwas geändert. Der überwiegende Teil der flüssigen Mittel deutscher Privathaushalte schlummert auf Giro-, Termin- oder Sparkonten. Sie erbringen kaum eine Rendite. Der für den Aufbau von Vorsorgevermögen notwendige Zinseszinseffekt entfällt. Die Wahrscheinlichkeit von Altersarmut breiter Bevölkerungskreise steigt.

➢ Vor diesem Hintergrund ist das vorliegende Buch von Beate Sander eine im wahrsten Sinne des Wortes „wertvolle" Lektüre. Es vermittelt wirtschaftliches Wissen, nimmt den Leser bei der Wanderung durch die Börsenwelt vertrauensvoll an die Hand und weist auf die Stärke von Unternehmen hin, die nicht täglich im Scheinwerferlicht der Berichterstattung stehen. Besonders gefällt mir, dass es Frau Sander gelingt, in verständlicher Sprache und auf charmante Weise Nutzen zu stiften.

Die **BayWa** ist solch ein Unternehmen mit besonderen Qualitäten. Als weltweit tätiger Handels-, Logistik- und Dienstleistungskonzern deckt sie mit ihren Segmenten Agrar, Energie und Bau elementare Grundbedürfnisse aus einer Hand ab. Internationalisierung und Digitalisierung sind die strategischen Leitlinien. Die Aktie gehört dem SDAX an – auch wegen ihrer spezifischen Eigentümerstruktur und Verankerung im genossenschaftlichen Sektor. Den Titel „**Mit Nebenwerten zum Börsenolymp**" lassen wir auch gerne für die BayWa gelten. Und wir arbeiten daran: Beispielsweise mit einer nachhaltigen und in den vergangenen zehn Jahren nahezu verdreifachten Dividendenausschüttung an unsere Aktionäre.

➢ Suchen Sie ein verständliches und spannendes Buch mit Beispielen, Schnelltests und Musterdepots für Aktien und ETFs über die „Hidden Champions" der nationalen und internationalen Börsen – hier haben Sie es gefunden. Ich wünsche Ihnen viel Vergnügen beim Lesen und zahlreiche Anregungen.

Josko Radeljic
Leiter Investor Relations
BayWa AG
München, im Juni 2016

Vorwort

Liebe Leserinnen und Leser, im ganzseitigen HANDELSBLATT-Leitartikel vom 05. Januar 2016 lautet der Titel: „Aktien bleiben ohne Alternative". Dem stimme ich voll zu. Das Wort „Nebenwerte" kommt jedoch nicht vor. Wie üblich, geht es allein um den DAX: Wachstumsprognose 10 %, Dividendenvoraussage 2,5 %. Ich sehe mein Portfolio genau an, denke über die von mir entwickelte Hoch/Tief-Mutstrategie, mein neuartiges Baukastensystem und Aufbaumodell, günstige Einstiegskurse und Teilverkäufe nach. Ich werte mein Handeln über den Zeitraum mehrerer Jahre aus und filtere als Langzeitanlegerin die Aktien mit drei- und vierstelligen Kursgewinnen heraus. Erneut bestätigt sich: Die deutschen Nebenwerte-Indizes MDAX, TecDAX und SDAX, einige Mittelständler aus dem Prime Standard, dem Entry Standard und m:access sowie Aktien aus der US-Technologiebörse Nasdaq schneiden deutlich besser ab als der deutsche Leitindex DAX.

Die meisten meiner Börsenstars stammen aus dem TecDAX und MDAX, etliche aus dem SDAX. Nicht zu vergessen die US-Technologieschmiede Nasdaq 100. Auch den GEX, Index für Familienfirmen, beobachte ich regelmäßig. Hinzu kommen einige kleinere Werte außerhalb der Indizes. Ich übergewichte Nebenwerte und picke mir die besten Titel in Perlenfischerart heraus. Der Lohn für all die Mühe? Im Zeitraum von über einem Jahrzehnt umgerechnet aufs Jahr erziele ich nach Steuern und Transaktionskosten im Schnitt Kursgewinne von fast 15 %. Dividenden gehören dazu. Ich lege sie reihum wieder in Aktien an.

Lese ich dagegen die Tages- und Wirtschaftspresse, sehe ich mich im Internet um oder höre Radionachrichten, so dreht sich alles um den DAX. Jede Tageszeitung bildet im Wirtschaftsteil den Leitindex ab, öfters auch den Dow Jones, Euro Stoxx 50 und Stoxx 50, möglicherweise noch den TecDAX und MDAX. Danach ist meist Schluss. Der SDAX mit 50 kleineren Nebenwerten wird in der Tagespresse selten abgebildet. DAXplus Family und GEX werden kaum publiziert. Die Folge? Wer weiß überhaupt, dass es attraktive Familienfirmen-Indizes gibt?

Im Fußball wird verständlicherweise auch am meisten über die 1. Bundesliga und vor allem über die Spitzenteams mit Teilnahme an der Champions oder Europe League berichtet. Aber es gibt hier nicht nur Kommentare über das Weltklasseteam FC Bayern München. Auch die 2. und 3. Liga haben ihren Platz in Presse und Fernsehen. Der DAX ist mit der 1. Bundesliga vergleichbar. Der MDAX mit den 50 klassisch ausgerichteten größeren Nebenwerten, Mid Caps genannt, und der TecDAX mit 30 Hightech-, Biotech-, Software-, Windkraft- und Solartiteln spiegeln die 2. Bundesliga wider. Der SDAX mit 50 klassischen kleineren Mittelständlern, als Small Caps bezeichnet, entspricht in seiner Struktur der 3. Liga.

Was jetzt noch folgt, Prime Standard, Entry Standard, m:access, Geregelter Markt, Freiverkehr, familiengeführte Unternehmen im DAXplus Family Index und GEX, erinnert an weitere Unterteilungen im Vereinsfußball. Ohne solche Klassifizierungen würde weder im Fußball noch an der Börse etwas laufen. Denken Sie an Tausende von Fußballvereinen bzw. Mannschaften und die Flut börsennotierter Unternehmen mit ihren Auf- und Absteigern im Zuge von Börsengängen.

In unserem Land der Aktienmuffel dreht sich alles um den DAX. Je nachdem, ob der Bulle, Symbol für steigende Kurse, oder der Bär, Kennzeichen für fallende Kurse, dominiert, gibt es marktabhängige Kauf- und Verkaufstipps. Wer macht sich die Mühe, genau hinzuschauen, ob selbst bei scharfer Korrektur und im Crash nicht einzelne Titel auf Jahres- oder Allzeithoch notieren? Wer nutzt bei einem DAX auf Höhenflug die Gelegenheit, dass es jetzt nicht nur gute Verkaufskurse gibt, sondern sich einzelne Titel trotz Aufwärtspotenzials deutlich im Minus befinden und zum Einstieg oder Nachkauf einladen?

Wir hören und lesen überall DAX, DAX, nochmals DAX. Eine Übergewichtung von MDAX, TecDAX, SDAX führt zu höherem Kursgewinn. Als Autorin vom Langzeitbestseller „Der Aktien- und Börsenführerschein" setzte ich mich nun gründlich mit Nebenwerten auseinander. Alles was ich über meine Aktivitäten schreibe, ist wahr und überprüfbar. Ich hoffe, dass Sie neben dem DAX – alles andere wäre Majestätsbeleidigung – die Nebenwerte-Indizes nicht ignorieren, ETFs zur Streuung einsetzen und vielleicht auch zu Spezialfonds greifen. Die Musterdepots sollen die Auswahl erleichtern, die Schnelltests Ihr Wissen festigen. Das Aufbaumodell nach dem Baukastensystem möchte Sie vom Einsteiger bis Könner begleiten.

Zum Schluss noch als Beispiel das Ergebnis kurzer Gespräche mit Wirtschaftslehrern und meinen Börsenseminaristen. Als ich über doppelte Kursgewinne im Zehnjahreszeitraum von MDAX und SDAX und eine Verdreifachung in vier Jahren beim TecDAX gegenüber dem Leitindex berichte, heißt es allgemein: *„Die größere Gewinnchance bezahlen Sie ja mit deutlich höherem Verlustrisiko."* Lesen Sie meine Übersichten über Börsenbarometer, Sieger und Verlierer sowie Dividendenstars in den Einführungskapiteln 1.1 bis 1.3. Die Nebenwerte-Indizes und besten Einzeltitel aus MDAX, TecDAX und SDAX eilen dem DAX voraus und können mit der Dividendenrendite, dem Ersatzzins als Folge der Nullzinspolitik, mithalten. Bezüglich Risiko und Kursverlust punktet der DAX nicht wie erwartet – ein sich hartnäckig haltendes Vorurteil –, eher ein Patt, ein Unentschieden. Außerhalb der Indizes bei den Kleinstwerten Micro Caps stimmt der Einwand. Mit den Chancen steigen hier Kursschwankung, Manipulationsgefahr und Verlustrisiken beträchtlich. Ein gekonntes Stock Picking und eine kluge Strategie sind also angesagt.

Ulm, im Spätsommer 2016

Ihre Autorin Beate Sander

❶ Warum nicht nur DAX, sondern verstärkt auch Nebenwerte?

1.1 Einführung: Die deutsche Indexfamilie DAX, MDAX, TecDAX, SDAX stellt sich kurz vor

Den deutschen Leitindex DAX gibt es seit 01. Juli 1988 mit einem Start von 1.163 Punkten. 1996 kam der MDAX mit den größeren Nebenwerten (Mid Caps) und zunächst 70 Titeln hinzu, ergänzt 1999 durch den SDAX für 50 kleinere Werte (Small Caps). 2003 gründete die Deutsche Börse AG den TecDAX mit 30 Titeln als Nachfolger des unrühmlich endenden Neuen Marktes.

Wichtigstes Element der deutschen Börsenlandschaft: der PRIME STANDARD. Weitere Titel sind dort gelistet.

DAX 30	TecDAX 30
Zusammensetzung: Die 30 größten deutschen Unternehmen aus allen Branchen (Computerverfahren)	**Zusammensetzung:** Die 30 größten Technologie-Unternehmen nach dem DAX (In- und Ausland)
Aufnahmekriterien: Aktie muss bei Börsenwert/-Umsatz zu den 40 größten zählen; Abstieg unter Rang 30.	**Aufnahmekriterien:** Der Titel zählt nach DAX zu den 40 größten, Aufstieg verlangt mindestens Rang 30.
Indexanpassung: jährlich einmal	**Indexanpassung: halbjährlich**

MDAX 50	SDAX 50
Zusammensetzung: Die 50 größten Firmen nach DAX, klassische Branchen (auch Computerverfahren)	**Zusammensetzung:** Die 50 größten Firmen nach MDAX; klassische Branchen (ebenfalls In-/Ausland)
Aufnahmekriterien: Abstieg droht unter Rang 60; MDAX-Aufstieg setzt mindestens Rang 50 voraus.	**Aufnahmekriterien:** Der Titel zählt zu den 110 größten Firmen; MDAX-Aufstieg ist ab Rang 95 möglich.
Indexanpassung: halbjährlich	**Neue Anpassung: halbjährlich**

Die Kursentwicklung der DAX-Familie 2007 bis 2016

Jahr	DAX	MDAX	TecDAX	SDAX
2008	4.810 P./-40 %	5.602 P./-43 %	508 P./-48 %	2.801 P./-46 %
2009	5.957 P./+24 %	7.507 P./+34 %	818 P./+61 %	3.549 P./+27 %
2010	6.914 P./+16 %	10.128 P./+36 %	851 P./+4 %	5.174 P./+46 %
2011	5.750 P./-17 %	8.625 P./-19 %	667 P./-22 %	4.244 P./-18 %
2012	7.612 P./+29 %	11.914 P./+34 %	828 P./+21 %	5.249 P./+19 %
2013	9.794 P./+26 %	16.574 P./+39 %	1.167 P./+41 %	6.789 P./+29 %
2014	9.806 P./+3 %	16.935 P./+2,2 %	1.371 P./+18 %	7.186 P./+6 %
2015	10.743 P./+10 %	20.775 P./+24 %	1.831 P./+34 %	9.099 P./+27 %
12.07. 2016	9.906 P./-13 % 4.816 P./-16 % Perform./Kurs	20.310 P./+/-0 % 52-Wo.-Hoch/Tief 21.680/17.434 P.	1.640 P./-4 % 52-W.-Hoch/Tief 1.890/1.464 P.	8.933 P./+4 % 52-W.-Hoch/Tief 9.484/7.501 P.

Höchststand der DAX-Familie: Zeitraum 2007 bis Juni 2016

DAX	MDAX	TecDAX	SDAX
2015: 12.391 P.	2015: 21.680 P.	2015: 1.889 P.	2015: 9.183 P.

Tiefster Stand der DAX-Familie: Zeitraum 2007 bis Juni 2016

DAX	MDAX	TecDAX	SDAX
2003: 2.200 P.	2003: 2.647 P.	2003: 310 P.	2003: 1.622 P.

Kursentwicklung der DAX-Familie: Vergleich 1, 3, 5 Jahre

DAX	MDAX	TecDAX	SDAX
+10/+38/+56 %	+23/+71/+105 %	+34/+117/+115 %	+27/+70/+76 %

Kursentwicklung der DAX-Familie: 2007 bis Ende Juni 2016

DAX	MDAX	TecDAX	SDAX
2007: 8.067 P.	2007: 9.865 P.	2007: 974 P.	2007: 5.191 P.
2015: 10.743 P.	2015: 20.775 P.	2015: 1.831 P.	2015: 9.099 P.
14.07.16: 10.068	14.07.16: 20.562 P.	2016: 1.634 P.	2016: 8.981 P.
ein Fünftel mehr	mehr als verdoppelt	vier Fünftel mehr	zwei Drittel mehr

1.2 Die Sieger- und Verliereraktien der DAX-Familie im mehrjährigen Vergleich

Alles dreht sich um den DAX. Aber die Nebenwerte schneiden besser ab. Warum? Die Antworten auf den Punkt gebracht.

Die 30 großen deutschen DAX-Konzerne erinnern an Dickschiffe, die zwar ziemlich sicher, dafür aber schwerfälliger sind. Dies gilt für das Geschäftsmodell und die Handelsbeziehungen, die Schwerpunkte und Neuausrichtungen. Macht und Größe sind nicht alles. Die Nebenwerte aus dem klassisch ausgerichteten MDAX und SDAX mit je 50 in- und ausländischen Titeln und dem TecDAX mit 30 Hightech-, Biotech- und Softwareaktien sind vergleichbar mit manövrierfähigen Schnellbooten, die rasch auf veränderte Rahmenbedingungen reagieren. Zudem sorgen neue Börsengänge, Übernahmen und Zusammenschlüsse für Blutauffrischung.

DAX-Aktien Top/Flop 2013/14/15 und 1. Halbjahr 2016			
Siegeraktien	**31.12.2013**	**Verliereraktien**	**31.12.2013**
❶ Continental	+82,0 %	❶ K+S (seit 2016 MDAX)	-36,1 %
❷ Deutsche Post	+59,6 %	❷ Lanxess (Abstieg)	-26,9 %
❸ Daimler	+52,2 %	❸ RWE	-14,9 %
Siegeraktien	**31.12.2014**	**Verliereraktien**	**31.12.2014**
❶ Merck KGaA	+20,4 %	❶ Adidas	-37,8 %
❷ ThyssenKrupp	+20,2 %	❷ Deutsche Bank	-24,5 %
❸ Fresenius Medical	+19,6 %	❸ Lanxess (Abstieg)	-20,7 %
Siegeraktien	**31.12.2015**	**Verliereraktien**	**31.12.2015**
❶ Adidas	+56,0 %	❶ RWE	-54,4 %
❷ Fresenius SE	+52,9 %	❷ E.ON	-37,1 %
❸ Infineon	+52,7 %	❸ VW Vorzüge	-27,6 %
Siegeraktien	**1. Hj. 2016**	**Verliereraktien**	**1. Hj. 2016**
❶ Adidas	+36,4 %	❶ Deutsche Bank	-43,9 %
❷ Vonovia	+12,6 %	❷ Commerzbank	-37,9 %
❸ RWE	+8,5 %	❸ BMW Stämme	-32,6 %
❹ Fresenius Med C.	+3,1 %	❹ Daimler	-30,8 %

Höherer Kursauf- und -abschlag beim MDAX gegenüber dem DAX

Der stabile DAX ändert sich in seiner Zusammensetzung nur alle paar Jahre – zuletzt im Herbst 2015 durch den Aufstieg des Immobilienriesen Vonovia, verbunden mit dem Abstieg des Spezialchemiekonzerns Lanxess – und im März 2016 durch Aufnahme von ProSiebenSAT.1 und Verabschiedung K+S. Beim MDAX ist mehr im Fluss, ausgelöst durch Börsengänge, größere Anzahl mit 50 statt 30 Titeln, Aufnahme ausländischer Titel, sofern sie in Frankfurt notiert sind, und flexiblere Auf- und Abstiegsregeln. Dies führt dazu, dass der Kursauf- und Abschlag oft heftiger ausfallen als beim deutschen Leitindex. Bei den Siegern erleben wir häufiger Kurszuwächse über 50 % selbst in schlechten Börsenjahren.

MDAX-Aktien Top/Flop 2013/14/15 und 1. Halbjahr 2016			
Siegeraktien	**31.12.2013**	**Verliereraktien**	**31.12.2013**
❶ Kabel Deutschl.	+94,2 %	❶ Südzucker	-36,7 %
❷ SKY (Ausstieg)	+93,6 %	❷ Salzgitter	-21,4 %
❸ DÜRR	+92,0 %	❸ Aurubis	-17,7 %
Siegeraktien	**31.12.2014**	**Verliereraktien**	**31.12.2014**
❶ KUKA (Übernahme)	+73,2 %	❶ Bilfinger	-43,1 %
❷ Vonovia (jetzt DAX)	+56,2 %	❷ Südzucker	-39,2 %
❸ Symrise	+49,6 %	❸ STADA	-29,7 %
Siegeraktien	**31.12.2015**	**Verliereraktien**	**31.12.2015**
❶ Ströer SE	+134,2 %	❶ LEONI	-26,2 %
❷ Rheinmetall	+69,5 %	❷ Hugo Boss	-24,7 %
❸ DMG Mori Seiko	+62,0 %	❸ ElringKl. (2016: SDAX)	-18,4 %
❹ Gerresheimer	+60,6 %	❹ Wacker Chemie	-14,9 %
❺ Südzucker	+53,3 %	❺ Aareal Bank	-12,5 %
❻ Airbus	+52,7 %	❻ Klöckner (2016: SDAX)	-10,2 %
Siegeraktien	**1. Hj. 2016**	**Verliereraktien**	**1. Hj. 2016**
❶ KUKA (Abstieg)	+28,2 %	❶ Bilfinger	-39,8 %
❷ Hochtief	+27,7 %	❷ Hugo Boss	-36,4 %
❸ Deutsche Wohnen	+17,7 %	❸ Zalando	-34,4 %
❹ STADA	+17,6 %	❹ LEONI	-31,0 %
❺ Covestro	+13,1 %	❺ STRÖER	-28,8 %

Dreistellige Kursgewinne sind im Zukunftsmarkt TecDAX normal

Jahrelang litt der 2013 von der Deutschen Börse AG als Nachfolger vom mittlerweile „beerdigten" Neuen Markt mit Kursverlusten über 98 % neu gegründete TecDAX-Index unter Verwerfungen und schlechtem Image seines Vorgängers. Seit 2013 stürmt der Technologie-Index jedoch den anderen Börsenbarometern voraus. Er beeindruckt mit dreistelligen Kursgewinnen, von denen der Leitindex nur träumen kann. Während der DAX in den schwächeren Börsenjahren 2014/2015 nur magere Kurszuwächse schaffte, sah das Kursplus beim TecDAX mit einem Fünftel bzw. Drittel deutlich besser aus. Biotech, Software und erneuerbare Energie sind die großen Zukunftsmärkte.

TecDAX-Aktien Top/Flop 2013/14/15 und 1. Halbjahr 2016			
Siegeraktien	**31.12.2013**	**Verliereraktien**	**31.12.2013**
❶ Nordex	+220,8 %	❶ Software AG	-20,9 %
❷ Cancom	+136,6 %	❷ Stratec Biomedical	-19,6 %
❸ LPKF (2016: Abstieg)	+135,9 %	❸ PSI (2014: Abstieg)	-12,0 %
Siegeraktien	**31.12.2014**	**Verliereraktien**	**31.12.2014**
❶ Dialog Semicond.	+87,6 %	❶ QSC (2016: Abstieg)	-59,4 %
❷ BB Biotec (Abstieg)	+71,9 %	❷ LPKF (2016: Abstieg)	-41,7 %
❸ Nemetschek	+66,2 %	❸ SMA Solar	-33,4 %
Siegeraktien	**31.12.2015**	**Verliereraktien**	**31.12.2015**
❶ ADVA	+271,9 %	❶ Aixtron	-55,9 %
❷ SMA Solar	+238,0 %	❷ LPKF (2016: Abstieg)	-33,5 %
❸ GFT SE	+154,3 %	❸ MorphoSys	-24,8 %
❹ Sartorius	+137,5 %	❹ Drägerwerk	-18,2 %
❺ Nemetschek	+120,2 %	❺ QSC (2016: Abstieg)	-13,3 %
❻ Nordex	+118,3 %	❻ RIB Software	+3,3 %
Siegeraktien	**1. Hj. 2016**	**Verliereraktien**	**1. Hj. 2016**
❶ Aixtron	+26,7 %	❶ GFT SE	-44,4 %
❷ Carl Zeiss Meditec	+18,1 %	❷ Siltronic	-38,7 %
❸ SLM Solutions	+15,8 %	❸ MorphoSys	-38,4 %
❹ Software AG	+9,8 %	❹ ADVA	-34,0 %
❺ Bechtle	+5,7 %	❺ Freenet	-27,9 %
❻ CompuGroup	+5,0%	❻ United Internet	-27,5 %

Auffällige Kurssprünge nach oben und unten beim SDAX

Immer noch wird der SDAX mit den 50 mittelständischen klassischen in- und ausländischen Titeln, Small Caps genannt, in der Tages- und Wirtschaftspresse kaum wahrgenommen. Eine unverdiente Abstrafung, umgekehrt ein Glücksfall, wenn der SDAX überhaupt komplett abgebildet wird. Die besten Aktien mit dreistelligem Kursgewinn können es mit dem Plus beim TecDAX aufnehmen. Der SDAX ist Auffangbecken für MDAX-Absteiger, umgekehrt die Plattform für Aufstieg in die 2. Börsenliga und geeigneter Index für Börsenneulinge.

SDAX-Aktien Top/Flop 2013/14/15 und 1. Halbjahr 2016			
Siegeraktien	**31.12.2013**	**Verliereraktien**	**31.12.2013**
❶ C.A.T. Oil (Abstieg)	+199,7 %	❶ H&R (Abstieg)	-26,4 %
❷ Grammer	+116,3 %	❷ Prime office (Abstieg)	-4,6 %
❸ Heidelberger Druck	+109,3 %	❸ Hawesko (Abstieg)	-4,5 %
Siegeraktien	**31.12.2014**	**Verliereraktien**	**31.12.2014**
❶ Ströer (Aufstieg)	+91,6 %	❶ SGL Carbon	-50,3 %
❷ Patrizia	+74,8 %	❷ Delticom (Abstieg)	-40,9 %
❸ Wacker Neuson	+47,6 %	❸ DEUTZ	-38,3 %
❹ CTS Ev. (Aufstieg)	+33,1 %	❹ BAUER	-29,0 %
Siegeraktien	**31.12.2015**	**Verliereraktien**	**31.12.2015**
❶ Hypoport	+562,3 %	❶ Gerry Weber	-62,6 %
❷ König & Bauer	+229,0 %	❷ Biotest	-50,9 %
❸ Patrizia Immobil.	+143,6 %	❸ HHLA	-18,5 %
❹ Zooplus	+121,4 %	❹ Grammer	-17,3 %
❺ GrenkeLeasing	+107,4 %	❺ Wacker Neuson	-16,1 %
❻ Capital Stage	+64,0 %	❻ DEUTZ	-7,7 %
Siegeraktien	**1. Hj. 2016**	**Verliereraktien**	**1. Hj. 2016**
❶ Grammer	+32,6 %	❶ Ferratum	-37,3 %
❷ König & Bauer	+32,1 %	❷ ElringKlinger	-28,4 %
❸ Ado Properties	+27,7 %	❸ Amadeus Fire	-27,5 %
❹ Klöckner & Co.	+23,8 %	❹ SLG Carbon	-26,5 %
❺ WCM	+14,5 %	❺ Capital Stage	-26,4 %
❻ CeWe Stiftung	+13,8 %	❻ Braas Monier	-25,4 %

1.3 Auch bei der Dividende müssen sich gute Nebenwerte nicht verstecken

Die als Aktienmuffel titulierten deutschen Privatanleger sind oft mehr am Ersatzzins Dividende als am Kursgewinn interessiert

Kaum etwas profitiert vom demografischen Wandel so stark wie eine kluge Dividendenstrategie. Wenn Sie davon ausgehen, dass Sie im Schnitt ein, zwei, vielleicht sogar drei Jahrzehnte länger leben als zwei Generationen vor Ihnen, ist es weder mit 70 noch mit 80 Jahren zu spät, ein breit gestreutes Aktiendepot zu pflegen und auf steigende Dividenden zu schauen. Letztlich geht es nicht nur um Vermögensvermehrung statt Kapitalverzehr, sondern um sinnvolle, bereichernde Aufgaben in der Freizeit und im Ruhestand. Interessant ist, dass nicht nur beim Kursgewinn, sondern auch bezüglich der Ausschüttungshürde die Dividendenstars aus dem MDAX, TecDAX und SDAX seit Jahren mit den besten DAX-Titeln mithalten können.

> **Die Höhe der Dividende wird nach Vorschlag der Verwaltung auf der HV beschlossen und am nächsten Werktag ausbezahlt.** Selbst wenn Sie erst am HV-Tag die Aktie kaufen, bekommen Sie die volle Dividende. Bitte beachten Sie, dass üppige Dividenden der jüngsten Vergangenheit keine Garantie für die Zukunft sind.

> **Sie sollten wissen, dass Aktien mit imponierender Kursentwicklung seit einem Jahrzehnt und länger trotz verlässlich angehobener Ausschüttungen nur selten zu den Dividendenstars zählen.** Legt der Kursgewinn prozentual stärker zu als die Ausschüttung, liegt die Rendite kaum auf einem Niveau über 3 %. Umgekehrt steigt bei gleich bleibender oder angehobener Ausschüttung die Rendite prozentual an, wenn es zu einem Kurseinbruch kommt. Die Formel lautet: Dividende multipliziert mit 100 dividiert durch den aktuellen Kurs bzw. den eigenen Einstandspreis.

> **Halten Sie Aktien langfristig, ist eine zweistellige Dividendenrendite möglich, wie die folgende Kursliste zeigt.** Dies ist keine fiktive Zusammenstellung, sondern ein Bestandteil meines eigenen Depots, jederzeit überprüfbar. Meine Liste über deutsche Renditestars bringt nicht nur deutsche Nebenwerte, sondern einige DAX-Titel zum Vergleich und als Trostpflaster für jene Aktionäre, die lediglich DAX-Aktien besitzen. Sofern vor 2009 gekauft wurde, ist der Kursgewinn steuerfrei, nicht aber die Ausschüttung. Jede Dividendenerhöhung lässt die Rendite wachsen – Aufwärtstrend beim Altbestand.

Beispiele für Dividendenentwicklung bei Kauf 2008/10/11				
Steuerfreier Aktienaltbestand	**WKN**	**Kaufpreis 2008**	**Kurs am 17.05.16**	**Dividende 2016 Divid.-Rendite**
BASF (DAX)	BAS F11	27,10 €	67,70 €	3,00 €/11,1 %
Bertrandt (SDAX)	523 280	16,95 €	97,75 €	2,70 €/16,5 %
DÜRR (MDAX)	556 520	10,50 €	66,60 €	1,90 €/18,1 %
Hermle Berthold	605 283	65,50 €	235,00 €	10,85 €/16,7 %
LEONI (MDAX)	540 888	9,35 €	28,70 €	1,00 €/10,7 %
VIB Vermögen	245 751	3,70 €	18,95 €	0,52 €/14,1 %
Steuerpflichtiger Neubestand	**WKN**	**Kaufpreis 2010/2011**	**Kurs am 17.05.16**	**Dividende 2016 Divid.-Rendite**
Allianz (DAX)	840 400	60,10 €	137,05 €	7,50 €/12,3 %
Amadeus F. (SDAX)	509 310	22,00 €	68,50 €	3,55 €/16,1 %
Drillisch (TecDAX)	554 550	6,75 €	39,00 €	1,80 €/26,7 %
DÜRR (MDAX)	556 520	13,10 €	66,60 €	1,90 €/14,5 %
Freenet (TecDAX)	A0Z 2ZZ	8,10 €	24,95 €	1,60 €/19,8 %
Hannover R. (MDAX)	840 221	33,90 €	96,95 €	4,75 €/14,0 %
Munich Re (DAX)	843 002	81,85 €	158,55 €	8,25 €/10,1 %

Strategietipp: Bei einer Dividendenrendite von über 18 % wie bei DÜRR aus dem MDAX oder fast 20 % beim TecDAX-Titel Freenet, bezogen auf den Kaufkurs, werden die Kosten für den Kauf bald eingebracht. Wenn dies in 15 Jahren zwei- bis dreimal geschieht, wäre es strategisch unklug, die Aktie zu verkaufen, sei es bei Angst im Börsencrash, sei es bei hohem Kursgewinn im Bullenmarkt. Da sich die zweistelligen Dividendenrenditen auf meinen Kaufkurs beziehen und unabhängig von der künftigen Kursentwicklung sind, aber weiter steigen bei angehobener Ausschüttung, ist es unklug, sich von diesen Titeln zu trennen – bestenfalls ein Teilverkauf bei Kapitalbedarf.

➢ **Nur bei Dividendenkürzung oder -aussetzung wird die erfreuliche Entwicklung zumindest zeitweilig ausgebremst.** Allerdings kommt es nur ziemlich selten zu solch negativen Veränderungen. Selbst bei Rückgang von Umsatz und Ertrag scheuen sich viele Unternehmen, die Ausschüttung zu verringern. Verärgerte Aktionäre würden vermehrt verkaufen, sodass der Aktienkurs weiter sinkt. Dies dürfte der Hauptgrund sein, dass beispielsweise die „Volksaktie" Deutsche Telekom auch in schlechten Zeiten eine hohe Dividende bezahlte – und dies als steuerfreie Ertragsgutschrift.

Ideal: hohe Dividendenrendite, aber faires KGV

Auf die Frage: *„Soll ich mich nur auf eine hohe Dividende konzentrieren?"* lautet die Antwort: *„Nein!"* Mitunter gibt es böse Überraschungen. Komplette Streichung bei RWE-Stämmen und Deutscher Bank. Börsenerfolge werden gespeist von Kursgewinn und Ausschüttung, gestützt auf eine faire Bewertung. Generell wird ein niedriges Kurs-Gewinn-Verhältnis um 10 angestrebt. Doch wer sich allein daran orientiert, dürfte nur Bank-, Versicherungs- oder Autoaktien kaufen und würde übersehen, dass Premium einen Aufschlag verdient – vergleichbar mit einem Fünf-Sterne-Hotel. Die Kursentwicklungen in den wichtigen Zukunftsmärkten Gesundheitswesen mit Biotech und Medtech, Robotik, Software bei Konzentration auf Digitalisierung und Cloud-Computing, Logistik mit Industrie 4.0, Internet der Dinge, vernetzter Welt zeigen nur vereinzelt ein KGV von rund 10. Freilich hängt ein überdurchschnittlich hohes oder niedriges KGV vorrangig von der gesamten Börsenentwicklung, dem Börsenklima, den Experteneinschätzungen ab.

Ende Mai 2016 lag das Kurs-Gewinn-Verhältnis beim DAX bei 12,4, was dem historischen Durchschnitt in etwa entspricht und keineswegs eine Blasenbildung anzeigt. Beim Mid-Caps-Index MDAX ist wegen der hervorragenden Kursentwicklung seit über einem Jahrzehnt das KGV verständlicherweise mit 16,7 und beim SDAX mit über 17,6 höher als beim Leitindex. Der TecDAX zeigt derzeit ein KGV von rund 25 – schon eher Grund zur Sorge. Allerdings überrascht dies bei den hier notierten Biotech- und Softwareaktien als Folge einer glänzenden Kursentwicklung nicht. **Fazit:** Das KGV ist vor allem im Branchenvergleich aussagekräftig.

10 Dividendenstars DAX mit Dividendenrendite ab 3,7 %					
Aktien/Unternehmen	WKN	KGV 2017	Kurs am 17.05.16	Hoch/Tief 1 Jahr	Div. 2016(e) Div.-Rendite
Daimler	710 000	6,7	57,95 €	89,95/57,95 €	3,45 €/6,0 %
Allianz	840 400	8,9	137,05 €	168,0/126,5 €	7,50 €/5,5 %
Lufthansa	823 212	4,3	12,30 €	15,30/10,45 €	0,65 €/5,3 %
Munich Re	843 002	9,4	158,55 €	190,8/157,0 €	8,25 €/5,2 %
BMW	519 000	7,2	97,65 €	123,8/72,05 €	3,40 €/4,8 %
Pro7SAT.1	PSM 777	16,0	43,45 €	50,70/39,50 €	2,00 €/4,6 %
BASF	BAS F11	13,3	67,70 €	88,40/56,70 €	3,00 €/4,4 %
Siemens	723 610	12,4	93,25 €	100,9/78,60 €	3,60 €/3,9 %
Dt. Post	555 200	12,7	26,80 €	29,30/19,75 €	1,00 €/3,7 %
Dt. Telekom	555 750	16,0	16,00 €	17,50/14,00 €	0,60 €/3,7 %

> **Ende Mai 2016: Dividendenrendite DAX 3,3 %, MDAX 2,5 %, TecDAX 1,6 % und SDAX 1,8 %. Die Nebenwertestars können mithalten.**

Im Dez. 2015 wurde durch den Auf- und Abstieg von 14 Kandidaten die Zusammensetzung beim MDAX, TecDAX und SDAX durcheinandergewirbelt. In noch größerem Ausmaß geschah dies im März 2016. Höhepunkt war die Aufnahme von Pro7SAT.1 in den DAX als erste deutsche Medienfirma.

13 MDAX-Aktien mit erhoffter Dividendenrendite ab 3,5 %					
Aktien/Unternehmen	WKN 846 741	KGV 2017	Kurs am 17.05.16	Hoch/Tief 1 Jahr	Div. 2016(e) Div.-Rendite
K+S	KSA G88	11,5	21,30 €	38,80/17,65 €	1,15 €/6,4 %
Hugo Boss	A1P HFF	14,1	57,05 €	113,8/51,30 €	3,30 €/5,8 %
Aareal Bank	540 811	11,0	33,20 €	38,00/21,65 €	1,90 €/5,7 %
Dt. Pfandbrief	801 900	7,5	9,10 €	12,05/7,45 €	0,50 €/5,5 %
Hannover R.	840 221	11,2	96,55 €	111,5/84,10 €	4,75 €/4,9 %
Talanx	TLX 100	8,5	28,55 €	30,45/23,60 €	1,35 €/4,7 %
TAG Immob.	830 350	16,7	12,15 €	12,35/9,65 €	0,55 €/4,5 %
RTL Group	861 149	14,7	77,55 €	87,65/69,10 €	3,40 €/4,4 %
Alstria Office	A0L D2U	14,8	11,80 €	13,05/10,95 €	0,50 €/4,2 %
Evonik	EVN K01	13,7	28,55 €	37,75/24,75 €	1,15 €/4,0 %
Axel Spring.	550 135	19,0	50,05 €	55,45/42,85 €	1,90 €/3,8 %
METRO	725 750	13,7	28,25 €	32,15/21,85 €	1,00 €/3,5 %
LEONI	540 888	9,3	28,70 €	62,80/23,75 €	1,00 €/3,5 %

7 TecDAX-Aktien mit erhoffter Dividendenrendite ab 1,8 %					
Aktien/Unternehmen	WKN 720 327	KGV 2017	Kurs am 17.05.16	Hoch/Tief 1 Jahr	Div. 2016(e) Div.-Rendite
Freenet	A0Z 2ZZ	12,3	24,95 €	33,00/24,65 €	1,60 €/6,4 %
Telefónica	A1J 5RX	negativ	4,75 €	5,85/4,10 €	0,25 €/5,3 %
Drillisch	554 550	26,6	39,00 €	49,10/33,50 €	1,80 €/4,6 %
Pfeiffer Vac.	691 660	15,8	86,85 €	115,0/75,70 €	3,40 €/3,9 %
Stratec	STR A55	22,0	50,55 €	62,15/41,75 €	0,90 €/1,8 %
United Intern.	508 903	17,9	45,40 €	51,35/38,70 €	0,80 €/1,8 %
Jenoptik	622 910	14,0	13,30 €	15,00/10,45 €	0,24 €/1,8 %

14 SDAX-Aktien mit erhoffter Dividendenrendite ab 3,1 %					
Aktien/Unternehmen	WKN 965 338	KGV 2016	Kurs am 17.05.16	Hoch/Tief 1 Jahr	Div. 2016(e) Div.-Rendite
ZEAL Netw.	TPP 024	9,9	38,80 €	49,45/30,50 €	2,80 €/7,2 %
SAF-Holland	A0M U70	8,9	10,65 €	15,10/9,65 €	0,55 €/5,2 %
Amadeus Fi.	509 310	18,6	68,50 €	90,85/57,10 €	3,55 €/5,2 %
Dt. Beteilig.	A1T NUT	9,0	26,45 €	29,95/23,55 €	1,20 €/4,5 %
DIC Asset	A1X 3XX	21,5	8,20 €	9,35/7,50 €	0,40 €/4,5 %
HHLA	A0S 848	15,3	14,00 €	20,90/11,95 €	0,62 €/4,4 %
Hamborner	601 300	24,7	9,70 €	10,10/8,25 €	0,42 €/4,3 %
TLG Immob.	812 B8Z	15,1	18,55 €	19,40/14,00 €	0,80 €/4,3 %
WashTec	750 750	15,6	31,50 €	37,20/19,00 €	1,30 €/4,1 %
Comdirect	542 800	21,5	9,65 €	11,30/8,90 €	0,40 €/4,1 %
Gerry Weber	330 410	11,8	11,85 €	31,30/10,10 €	0,40 €/3,4 %
Schaeffler	SHA 015	8,4	13,75 €	17,10/11,90 €	0,45 €/3,3 %
W & W	805 100	7,3	18,60 €	20,05/15,35 €	0,60 €/3,2 %
ElringKlinger	785 600	9,8	19,30 €	26,35/16,90 €	0,60 €/3,1 %
Anmerkung: Bei steigendem Kurs sinkt die Dividendenrendite und umgekehrt.					

Kurzinformation zur Besteuerung inländischer Dividenden bezüglich des Ausgleichs bei Aktienverkäufen mit Verlust

Sie können die automatisch an das Finanzamt abgeführte Abgeltungsteuer auf Veräußerungsgewinne bei Aktienverkäufen vom Neubestand seit 2009 mit etwaigen Aktienverlusten ausgleichen. Dabei kann der Veräußerungsgewinn, aber nicht der Verlust auf das nächste Kalenderjahr vorgetragen werden. Bitte beachten Sie, dass nur der Ertrag aus Aktienverkäufen und nicht die vereinnahmte Dividende als Steuerausgleich dient.

Ein Beispiel: Sie veräußern Aktien mit einem Gewinn von ca. 3.000 € und zahlen darauf eine sofort abgebuchte Abgeltungsteuer von 25 % plus Solidaritätszuschlag und Kirchensteuer, also rund 28 %. Also können Sie etwa 840 € für den Verlustausgleich ansetzen. Bekommen Sie statt der üblichen Dividende eine steuerfreie „Ertragsgutschrift" wie bei der Deutschen Telekom oder dem TecDAX-Wert Freenet, müssen Sie zumindest so lange nichts an das Finanzamt abführen, wie sich die Aktie in Ihrem Depot befindet. Bei Verkauf ist eine Verrechnung möglich – außer beim Altbestand mit den vor 2009 gekauften Aktien.

1.4 Beim Kennzahlenvergleich überzeugen die besten Aktien aus MDAX, TecDAX, SDAX

Der demografische Wandel mit der veränderten Bevölkerungsstruktur durch längere Lebenserwartung bei nur leicht angehobener Geburtenrate auf 1,47 % sowie der klimatische Wandel infolge Erderwärmung beeinflussen das Börsengeschehen. Verlässliche längerfristige Aktieneinschätzungen zur Groborientierung für Branchen, Indizes und Einzeltitel werden wegen fortschreitender Digitalisierung und Vernetzung erschwert. Schauen wir auf die Auswirkungen des Klimawandels im Hochsommer 2015 in Deutschland: anhaltende Hitzewelle bis zu 40°. Ganze Felder mit Nutzpflanzen verdorren. Grüne Rasenflächen verwandeln sich in gelbe ausgetrocknete Steppen. Alles angereichert mit Orkan, Waldbrand und Hitzerekord. Vergegenwärtigen wir uns den November und Dezember 2015: zwei Monate mit oft spätsommerlichen oder frühlingshaften Tagestemperaturen auf Rekordniveau. Dann das in dieser Heftigkeit hierzulande noch nicht erlebte Unwetterszenario im Juni/Juli 2016: Wolkenbruch, Überflutungen, Hagel, Orkan, Blitzeinschläge, abgedeckte Dächer, umstürzende Bäume. Hinzu kommen gesellschaftliche Veränderungen, neue Ernährungs-, Mode-, Freizeit-, Urlaubs- und Wohntrends, genährt von Digitalisierung, Internet der Dinge, Industrie 4.0, vernetzter Welt.

Seriöse Prognosen werden von der politischen und wirtschaftlichen Großwetterlage beeinflusst. Wohin steuert China? Wie sieht es mit den Schwellenländern in Ostasien und Südamerika aus? Wie entwickeln sich der Ostblock mit Russland und der Koloss Afrika? Was passiert mit dem Öl- und Gaspreis? Hält der steile Aufwärtstrend bei Gold an? Lebt die Kernkraftenergie wieder auf? Was können wir von den Wechselkursen wichtiger Währungen und der Zinspolitik erwarten? Wie wirkt sich die Flüchtlingskrise aus? Welchen Einfluss haben Leerverkauf und Stop-Loss-Orders? Was hat dies mit Aktienkennzahlen zu tun? Ich will nur aufzeigen, wie schwierig es ist, Umsatz- und Ertragswachstum der heute erfolgreichen Firmen für die nächsten Jahre fortzuschreiben. Hilfreich ist es, breit zu streuen, mit einem ETF oder Themenfonds wichtige Branchen abzudecken. Nervenkitzel und Zocken sind spannend, vertragen sich aber kaum mit einer Langzeitstrategie.

> ➢ **Als Faustformel gilt: Finanzkennzahlen sind zusammenhängend zu betrachten. Das KGV als wichtigste Finanzkennzahl sagt allein nicht viel aus. Die Branche ist einzubeziehen und die Qualität, vergleichbar mit einem Sterne-Hotel. Die Fundamentalanalyse gewinnt an Schärfe, wenn das Ergebnis je Aktie, die Eigenkapitalquote, Gewinnmarge, Dividendenrendite, Kursentwicklung mit Rückblick auf 3 bis 5 Jahre berücksichtigt werden, ebenso das Jahres-Hoch/Tief, der Buch- und Börsenwert.**

Ein Blick auf den Mehrjahreschart untermauert den Eindruck: klarer Kauf oder Hände weg. Eine scharfe Korrektur wie im Januar/Februar und dem BREXIT-Crash Ende Juni 2016 bieten bei Qualitätsaktien günstige Einstiegs- bzw. Zukaufchancen. Ein breit gestreutes Depot macht Koppelgeschäfte möglich. Selbst bei starkem Kurseinbruch – verbunden mit sinkendem KGV – gibt es einzelne Aktien, die entgegen dem Trend ein Allzeit- oder Jahreshoch verbuchen bzw. nahe daran sind. Um sich das nötige Kapital zu beschaffen, ist antizyklisches Handeln ratsam. So empfiehlt sich bei den Siegeraktien ein Teilverkauf, bei chancenreichen Verlierern ein Einstieg oder Zukauf.

Die Kurse stürzen oft nur deshalb so stark ab, weil bei bestimmten Kursmarken elektronische Computerverkaufsprogramme automatisch starten, ausgelöste Stop-Loss-Orders und Leerverkäufe im großen Stil die Kettenreaktion beschleunigen. Eventuell ist wenige Wochen später alles ausgestanden. Dann ist die Freude groß, günstig ein- oder ausgestiegen zu sein. All dies funktioniert freilich nur bei einem breit gestreuten Langzeitdepot. Ich vernachlässige den DAX und Auslandstitel nicht, übergewichte aber TecDAX, MDAX und SDAX deutlich.

Fair bewertete Aktien aus DAX, MDAX, TecDAX, SDAX					
Aktien (alphabetisch)	WKN 846900	KGV 2017	Kurs 17.05.16 Hoch/Tief 1 J.	Div. 2016 Div.-Rend.	Kurse in % 1, 3, 5 Jahre
Niedrig bzw. fair bewertete DAX-Aktien mit KGV 2017(e) bis 12					
Allianz	840 400	8,9	137,1/168/127 €	7,50 €/5,5 %	-7/+17/+47 %
BAYER	BAY 001	12,0	95,8/138/92,2 €	2,70 €/2,8 %	-27/+6/+60 %
BMW	519 000	7,2	71,5/107/67,2 €	3,40 €/4,8 %	-31/+1/+20 %
Commerzb.	CBK100	7,1	7,00/12,7/6,30 €	0,25 €/3,6 %	-39/-7/-66 %
Continental	543 900	11,2	183,5/229/175 €	4,25 €/2,3 %	-14/+84/+174 %
Daimler	710 000	6,7	77,9/96,0/62,1 €	3,45 €/6,0 %	-8/+19/+21 %
Dt. Post	555 200	12,7	26,8/29,3/19,7 €	1,00 €/3,7 %	-9/+29/+93 %
E.ON	ENAG99	11,8	8,35/14,2/7,15 €	0,30 €/3,6 %	-38/-37/-57 %
HeidelbergC	604 700	12,2	74,5/79,9/60,1 €	1,50 €/2,0 %	+2/+30/+60 %
Lufthansa	823 212	4,3	12,3/15,3/10,5 €	0,65 €/5,3 %	-5/-23/-17 %
Munich Re	843 002	9,4	158,6/191/157 €	8,25 €/5,2 %	-6/+13/+53 %
Siemens	723 610	12,3	93,25/101/79 €	3,60 €/3,9 %	-3/+20/+9 %
VW Vz	766 403	6,1	125,8/233/92 €	1,06 €/0,8 %	-42/-22/+8 %
Anmerkung: Unternehmen, die keine Dividende ausschütten, scheiden aus!					

Aktien (al-phabetisch)	720327 846741	KGV 2017	Kurs 17.05.16 Hoch/Tief 1 J.	Div. 2016 Div.-Rend.	Kurse in % 1, 3, 5 Jahre
Chancenreiche, fair bewertete TecDAX-Aktien KGV 2017(e) bis 16; keine Aufnahme in diese Liste bei gestrichener Dividende					
Drägerwerk	555 063	12,2	61,3/104/52,6 €	0,34 €/0,6 %	-40/-38/-18 %
Freenet	A0Z 2ZZ	12,3	25,0/33,0/24,7 €	1,60 €/6,4 %	-19/+28/+170
GFT SE	580 060	16,8	21,8/32,1/17,5 €	0,35 €/1,6 %	+11/+450/+436
Jenoptik	622 910	14,0	13,3/15,0/10,5 €	0,24 €/1,8 %	+16/+54/+124
Pfeiffer Vac.	691 660	15,8	86,8/115/75,7 €	3,40 €/3,9 %	+2/-9/+4 %
Siltronic	WAF300	16,0	15,2/36,0/12,3 €	0,10 €/0,7 %	+3 %/IPO
Software	330 400	14,2	34,8/34,9/22,8 €	0,55 €/1,6 %	+28/+30/-13 %
Chancenreiche, fair bewertete MDAX-Aktien KGV 2017(e) bis 13. Die Dividende muss für diese Kursliste mindestens 2,0 % betragen.					
Aareal Bank	540 811	11,0	33,2/38,0/21,7 €	1,90 €/5,7 %	-5/+86/+52 %
Airbus Gr.	938 914	13,1	54,2/68,4/49,9 €	1,40 €/2,6 %	-14/+30/+143 %
Aurubis	676 650	10,2	46,0/61,7/37,5 €	1,40 €/3,0 %	-19/-2/+9 %
Bilfinger	590 900	12,4	37,1/45,1/32,0 €	0,75 €/2,0 %	-6/-51/-42 %
Covestro	606 214	11,8	36,0/36,0/24,5 €	0,90 €/2,5 %	+25 %/IPO
Dt. Pfandbr.	801 900	7,5	9,10/12,1/7,45 €	0,50 €/5,5 %	+19 %/IPO
DÜRR	556 520	12,1	66,3/94,3/52,0 €	1,90 €/2,9 %	-24/+42/+439 %
EVONIK	EVNK01	13,7	28,6/37,7/24,7 €	1,15 €/4,0 %	-19/-11/IPO
Hannover R.	840 221	11,2	96,5/112/84,1 €	4,75 €/4,9 %	+7/+67/+163 %
HELLA	A13SX2	9,1	33,3/46,3/31,2 €	0,95 €/2,9 %	-26 %/IPO
K+S	KSAG88	11,5	21,3/38,8/17,6 €	1,15 €/5,4 %	-24/-31/-57 %
LEONI	540 888	9,3	28,7/62,8/23,8 €	1,00 €/3,5 %	-52/-24/-21 %
METRO	725 750	13,7	28,3/32,2/21,9 €	1,00 €/3,5 %	-9/+6/-37 %
MTU Aero	A0D9PT	13,0	84,0/94,0/74,0 €	1,80 €/2,1 %	-1/+9/+68 %
Rheinmetall	703 000	10,8	59,0/70,6/44,7 €	1,40 €/2,4 %	+23/+58/+5 %
TALANX	TLX 100	8,5	28,5/30,5/23,6 €	1,35 €/4,7 %	+2/+17 %/IPO
Wincor Nix.	A0CAYB	13,1	50,5/53,9/32,9 €	1,20 €/2,4 %	+47/+20/+9 %

Anmerkung: Bitte beachten Sie: Ein niedriges KGV und eine üppige Dividenden-rendite sind oft mit einem Kursrutsch in jüngster Zeit verbunden. Aktien, die seit 10 Jahren steigen, weisen selten ein einstelliges KGV und eine hohe Dividende aus.

Fair bewertete Aktien aus DAX, MDAX, TecDAX, SDAX					
Aktien (alphabetisch)	WKN 965338	KGV 2017	Kurs 17.05.16 Hoch/Tief 1 J.	Div. 2016 Div.-Rend.	Kurse in % 1, 3, 5 Jahre
Chancenreiche, fair bewertete SDAX-Aktien mit KGV 2017(e) bis 13. Die Dividende muss für diese Kursliste mindestens 2,0 % betragen.					
BayWa	519 406	13,4	31,1/34,4/25,8 €	0,90 €/2,9 %	-5/-21/+2 %
Bertrandt	523 280	12,9	97,8/128/87,9 €	2,70 €/2,8 %	-18/+15/+81 %
Braas Monj.	BMSA01	12,6	24,0/26,6/18,5 €	0,50 €/2,1 %	+3 %/IPO
Capital St.	609 500	13,9	6,50/9,20/6,35 €	0,20 €/3,1 %	-3/+72/+214 %
CeWe Stiftg.	540 390	13,1	55,5/59,8/44,3 €	1,65 €/3,0 %	+10/+76/+81 %
Dt. Beteilig.	A1TNUT	9,0	26,5/30,0/23,5 €	1,20 €/4,5 %	-7/+46/+36 %
ElringKling.	785 602	9,8	19,3/26,4/16,9 €	0,60 €/3,1 %	-24/-26/-17 %
Gerry Weber	330 410	11,8	11,9/31,3/10,1 €	0,40 €/3,4 %	-59/-65/-49 %
GFK	587 530	10,3	33,5/41,5/25,9 €	0,80 €/2,4 %	-2/-12/-10 %
Grammer	589 540	8,3	32,4/36,8/18,9 €	0,80 €/2,5 %	+1/+38/+96 %
Hornbach	608 340	9,8	55,6/80,0/50,8 €	1,50 €/2,7 %	-24/+21/+20 %
INDUS	620 010	13,9	45,1/50,1/36,8 €	1,30 €/2,9 %	-2/+79/+112 %
SAF Holland	A0MU70	8,9	10,6/15,1/9,10 €	0,55 €/5,2 %	-22/+51/+31 %
Schaeffler	SHA 015	8,4	13,8/17,1/11,9 €	0,45 €/3,3 %	+7 %/IPO
TAKKT	744 600	13,5	18,7/19,2/14,8 €	0,50 €/2,7 %	+13/+53/+71 %
VTG	VTG 999	13,3	26,5/29,8/19,2 €	0,60 €/2,3 %	+28/+107/+65
Wacker Neu.	WACK01	11,9	14,7/22,8/11,1 €	0,40 €/2,7 %	-29/+52/+22 %
W & W	805 100	7,3	18,6/20,1/15,4 €	0,60 €/3,2 %	+9/+30/-1 %
ZEAL Netw.	TPP 024	9,9	38,8/49,5/30,5 €	2,80 €/7,2 %	-25/-21/+12 %

Anmerkung: Je stärker der Kursrückgang ist, umso mehr sinkt gleichzeitig das KGV. Umgekehrt erhöht sich dadurch die aktuelle Ausschüttungsrendite. Machen Sie nicht den Fehler, sich nur am niedrigen KGV, hohen Kursabschlag und an Ihrem Einstandspreis zu orientieren. Die Gesamtsicht der Kennzahlen ist wichtig.

Schizophrene Erwartungen 2016: Solide 10-prozentige Rendite pro Jahr kaum möglich; alljährlich 6 bis 8 % sind mit Aktien denkbar.

Zwei Drittel von 7.100 in 21 Ländern befragten Anlegern mit Vermögen ab 180.000 € halten 9,5 % Rendite im Jahr erreichbar. Ohne Spekulation und Verzicht auf schnelles Rein/Raus seien sie längerfristig mit 6 % zufrieden!

❷ Appetit geweckt? Mehr über die deutschen Nebenwerte-Indizes mit Einzeltiteln

2.1 Was macht Nebenwerte zu Auf- und Absteigern, zu Überfliegern und Gescheiterten?

Nicht jedem Überflieger bekommt der Höhenrausch. Umgekehrt bleibt nicht jeder liegen, der zu Boden stürzt. Manch einer steht wieder auf, auch wenn es schwerfällt. Was macht börsennotierte Nebenwerte zu Siegern oder Verlierern? Die wesentlichen Beurteilungsfaktoren, auch für Privatanleger erkennbar und nachvollziehbar, seien hier aufgeführt:

➢ **Nachvollziehbares, zukunftsträchtiges Geschäftsmodell.** Um sich auch künftig in seiner Marktnische behaupten zu können, ist es wichtig, in einer Branche tätig zu sein, die von der erheblich längeren Lebenserwartung – pro Jahrzehnt über zwei Jahre – profitiert. Gut ist es, Nutznießer des globalen Wandels zu sein durch Aktivitäten in Zukunftsmärkten, also wachstumsstarken Branchen mit Internationalisierungschancen. Auch der klimatische Wandel ist mit einzubeziehen, also, so weit möglich, Ausrichtung auf erneuerbare Energien wie Windkraft, Solarstrom, niedrigeren Wasser- und Energieverbrauch, umweltfreundliche Produktion. Hinzu kommt ein Gespür für gesellschaftliche Umbrüche, die Bedürfnisse und Vorlieben der Zielgruppe, die Bewältigung riesiger Herausforderungen auch im Hinblick auf den gewaltigen Flüchtlingsansturm mit gewaltigem Wohnraummangel.

➢ **Nutzung individueller Möglichkeiten durch Industrie 4.0, Internet der Dinge, Digitalisierung, Cloud-Computing und Vernetzung.** Schlimm, wer aktuelle Trends verschläft, keinen leistungsfähigen Online-Handel aufbaut, gebotene Vernetzungsplattformen nicht nutzt, weiterhin seine altmodische Werbung fährt oder ganz darauf verzichtet. Wer Datenschutz und Datensicherheit vernachlässigt und auf einen wirkungsvollen Internetauftritt verzichtet, setzt sich gegen engagierte Wettbewerber nicht durch. Zu den Todsünden zählt, kaum zu kommunizieren und jegliche Kritik beleidigend abzuschütteln. Tradition darf nicht auf Kosten des gesellschaftlichen Wandels geschehen.

> **Insbesondere familiengeführten Unternehmen muss daran gelegen sein, langfristig erfolgreich zu sein.** Es darf nicht das Ziel sein, im Interesse guter Zahlen im Quartalsbericht kurzsichtig zu entscheiden. Nachhaltigkeit und Substanzkraft im Interesse von Angehörigen und Mitarbeitern, Kunden und Geschäftspartnern sind ebenso wichtig wie eine intakte Unternehmenskultur mit Einbindung der Region.

> **Wer Luftschlösser baut und Schönfärberei bzw. Schaumschlägerei bei der Vorausschau betreibt und nicht seriös bilanziert, hat bereits im Ansatz verloren.** Die Geschäftsangaben müssen klar und wahr sein. Es darf keine versteckten Leichen im Keller und raffinierten Fallstricke geben.

> **Es ist kein Beinbruch, Fehler zu machen, sofern daraus gelernt und intensiv daran gearbeitet wird, damit sie sich nicht wiederholen.** Was ist das Kernproblem? Statt Strategie, Verhalten, Zusammensetzung von Management und Mitarbeitern, Produktlinien, Logistik, Dienstleistungen und innerbetriebliche Prozesse genau zu überprüfen, wird verdrängt, nach Ausflüchten und Sündenböcken gesucht. Herdentrieb als Beschwichtigung, starres Festhalten am Gewohnten statt couragierter Angriff auf die Missstände.

> **Eine 35- oder 40-Stunden-Woche sollte es für Firmengründer und Mittelständler so lange nicht geben, wie noch nicht profitabel gewirtschaftet wird.** Im Sturm und Drang darf auch Arbeit außerhalb der Geschäftszeiten und am Wochenende für mittelständische Chefs nicht tabu sein. Stress ist weniger eine Frage der wöchentlichen und monatlichen Arbeitszeit. Spaß, Motivation, Antrieb, etwas zu bewegen, Verwirklichung innovativer Energien und der Wille, auch Neuland im Interesse des Geschäfts und der Zielgruppen zu betreten, sind Wachstumstreiber. Zögern und Zaudern, ständige Angst, Schwarzmalerei, stets nur das halbleere statt das halbvolle Glas zu sehen, sind die eigentlichen Wachstumshemmer. Chancen werden nicht im täglichen Dreivierteltakt geboten. Dies geschieht eher selten, aus heiterem Himmel, in nicht voraussehbaren Situationen mit kurzer Entscheidungszeit. Oft ist es eine spontane Eingebung, die es verdient, gründlich durchdacht zu werden.

> **Häufig sind Misserfolge vorprogrammiert, weil in Familienfirmen die Nachfolge aufgeschoben oder zu spät geregelt wird.** Früher war es normal, dass Sohn oder Tochter den Betrieb übernahmen. Heute mangelt es nicht nur am Nachwuchs, sondern an der Bereitschaft, im elterlichen Betrieb tätig zu sein. Schätzungsweise die Hälfte kleinerer Familienfirmen dürfte mangels Nachfolge zugrunde gehen. Ideal ist es, wenn der Gründer allmählich loslässt, als Senior wöchentlich weniger Stunden aktiv ist, sich aber innerlich voll verbunden fühlt. Schade, wenn die Nachfolge an Familienstreitigkeiten scheitert.

- ➢ **Die Erfolgsstory oder der Weg in den Untergang beginnt bereits beim Börsengang**. Was war das Ziel der Börsennotierung? *Negativ:* Abbau von Schulden, unangemessene Bereicherung der Altaktionäre, Hauptziel Ehrgeiz, nun Vorstandsvorsitzender in der Börsenlandschaft zu sein? *Positiv:* Oder geht es vorrangig um Aufbau weiterer Geschäftsfelder und Produktlinien, Basis für Investitionen, Forschung und Entwicklung, Eroberung neuer Märkte und Fortschritte bei der Internationalisierung? Weichenstellung für eine innovative, richtungsweisende Umsetzung von Industrie 4.0, Internet der Dinge, Digitalisierung und Vernetzung mit den richtigen Plattformen und Geschäftspartnern?

- ➢ **Nicht zu unterschätzen sind die Folgen einer intakten Aktionärskultur oder im Umkehrschluss eine praktizierte Unkultur.** Erstere ermöglicht eine innere Bindung der Anteilseigner zum Unternehmen, wichtig insbesondere in Krisen und bei Übernahmeaktivitäten. Letztere bewirkt, dass es zumindest den Privatanlegern nur noch um Kursgewinn und Dividendenrenditen geht bzw. bei Verfehlungen gemeckert, provoziert, gestört, beleidigt und vielleicht sogar geklagt wird. Berufskläger, räuberische Aktionäre und Aktivisten versuchen im Einklang mit Anwaltskanzleien, finanziell herauszuschinden, was geht. Die inhaltliche Aussage des CEO eines Börsenneulings passt in dieses Bild: *„Wir tun auf der Hauptversammlung nur das Nötigste. Je weniger Aktionäre erscheinen, umso mehr Geld sparen wir. Diese Strategie behalten wir bei."*

Aktionäre sind keine Bittsteller, sondern Kapitalgeber, die Wertschätzung, Willkommenskultur und Verbundenheit spüren wollen. Warum nicht ein freundlicher Empfang mit leckerem Frühstück und zum Abschluss ein schmackhaftes Mittagessen mit regionalem Einschlag bzw. ein deftiges Abendvesper? Warum keine Einladung zur HV, die kurz, prägnant, für jedermann leicht verständlich und in gut lesbarer Schriftgröße präsentiert wird? Warum kein Geschäftsbericht, der lesefreundlich, informativ und spannend gestaltet ist, aber kein Kilo wiegen muss? Warum keine Verhandlungsführung, die auf unnötigen Bürokratismus verzichtet und Aktionäre als gebildete, lesekundige Teilnehmer behandelt? Wieso muss jeder Tagesordnungspunkt nochmals verlesen und gebetsmühlenartig mitgeteilt werden, in welche Behälter die Abschnitte für Ja, Nein, Enthaltung einzuwerfen sind? Mündige Aktionäre kommen ohne eintönige und zeitraubende Wiederholungen aus.

- ➢ **Entscheidend sind die Eckdaten zum Geschäftsverlauf, die wesentlichen Finanzzahlen über das vergangene Geschäftsjahr und das letzte Quartal.** Die Verlust- und Gewinnrechnung (G+V) sowie die Bilanz sollen überzeugen, wobei vor allem Aussagen über das Verhältnis von Eigenkapital und Schulden (kurz- und langfristige Verbindlichkeiten) sowie Umsatz und Ertrag gehören. Erbsenzählerei ist nicht gefragt. Aber ein ungeschönter, wahrheitsgemäßer Ausblick für das laufende und das nächste Geschäftsjahr darf nicht fehlen.

> **Ohne betriebswirtschaftliche Kompetenz läuft nichts.** Manche innovative Idee scheitert, weil der Erfinder oder Entdecker sie nicht marktwirtschaftlich klug umsetzen kann. Dazu gehört das Beantragen von Patenten, eine ungeschönte Kalkulation, geplante Investitionen, Krisen-, Risiko- und Kostenmanagement. Unverzichtbar ist ein realistisches Bild über Ein- und Ausgaben, die richtigen Mitarbeiter und Geschäftspartner sowie die Fähigkeit, korrekt zu bilanzieren. Ohne fachkundige Rechts-, Wirtschafts- und Steuerberatung geht wenig.

> **Mehr als jede zweite Firmengründung scheitert wegen Zahlungsunfähigkeit – die Folge mangelnden Wirtschaftswissens.** Die Insolvenzgefahr ist gepaart mit der fehlenden Fähigkeit, wirklichkeitsnah einzuschätzen, welche Erfolgsaussichten bestehen, wie die Werbung aussehen und welche Zielgruppen angesprochen werden sollen. Wichtig ist ein überzeugender Internetauftritt. Welche Möglichkeiten bieten sich an und sollten genutzt werden, um Geschäftspartner, Mitarbeiter und Finanzinvestoren zu motivieren, ja zu begeistern? Erste Eindrücke vermittelt die Homepage. Es geht nicht an, als einzige Sprache in Englisch auszuweichen. Rechtschreib-, Flüchtigkeits- und Grammatikfehler dürfen nicht vorkommen und erst recht nicht unwahre, geschönte Angaben. Schaumschlägerei bewirkt das Gegenteil. Gesellt sich noch Kommunikationsverweigerung hinzu, ist das Scheitern vorprogrammiert.

> **Ein Beispiel, das zu denken gibt: Im März/April 2016 der Ausreißer nach oben. Kursgewinn bei LION E-Mobility AG bis auf 7,80 € in der Spitze, danach Bereinigung auf 3,35 € am 27. Juli 2016**

Im Anschluss an eine Analystenkonferenz der Börse München am 17. März 2016 stieg der Kurs der Schweizer Aktie LION E-Mobility AG (WKN A1J G3H) von 2,82 € ab 18. März 2016 binnen drei Tagen bis auf 4,30 €, und dies bei sehr regem Handel. Selbst Day-Trader wären voll auf ihre Kosten gekommen, Leerverkäufer dagegen auf dem falschen Fuß gelandet. Was ist das Besondere an diesem Unternehmen mit einer Marktkapitalisierung von rund 25 Mio. €, dessen Kurs sich vor dem 2. Halbjahr 2015 kaum bewegte, aber zunächst ein Kursplus von 240 % in einem Vierteljahr, 320 % in sechs Monaten und 360 % in einem Jahr erzielte? Überbordende Gier beim ungewöhnlichen Höhenflug? Oder ein noch wenig bekanntes großartiges Geschäftsmodell? LION E-Mobility ist im Zukunftsmarkt der Elektromobilität engagiert. Die 100-prozentige Übernahme der Batteriespeicherfirma LION Smart GmbH und die Beteiligung an TÜV SÜD Battery Testing GmbH dürften ebenso Wachstumstreiber sein wie die leidenschaftliche und kommunikative Art des Schweizer Mittelständlers mit Geschäftssitz in Zug. **Tipp:** Nur mit übrigem Spielgeld bzw. einem geringen Betrag einsteigen. Ja nicht alles auf eine Karte setzen! Eher Nachkauf, wenn wieder Nachholpotenzial besteht!

2.1.1 Demografischer Wandel: Gesundheitswesen und Autoindustrie als Nutznießer in Zukunftsmärkten

Nur wer seine Nische in einem Zukunftsmarkt ausbaut, hat Chancen auf Überleben, Weiterentwicklung, Marktführerschaft, Internationalisierung, organisches und anorganisches Wachstum sowie ansehnliche Erträge. Junge Unternehmen, die als Garagenklitsche beginnen, können mit einem zukunftsträchtigen Geschäftsmodell prozentual viel stärker wachsen als internationale Dickschiffe mit milliardenschwerem Börsenwert. Dies gilt vor allem dann, wenn der Gründer noch aktiv ist und das „Entdecker-Gen" mitbringt.

Zukunftsexperten landen bei ihrer Vorausschau keine verlässlichen Trefferquoten. Irrtümer sind einzuplanen. Dies wird deutlich, wenn wir die DAX-Prognosen für 2016 lesen, aufgestellt von 35 Marktprofis. Durchschnittlich wurden für den deutschen Leitindex, der 2015 mit 10.743 Punkten und einem Plus von 9,6 % schloss, 11.800 Punkte angesetzt. Die höchste Prognose mit 13.000 Punkten gegenüber der niedrigsten Einschätzung mit 9.250 Zählern zeigt eine Differenz von knapp einem Drittel. Wenn dies schon beim DAX nicht funktioniert, wie sähe es dann wohl mit der jährlichen Einschätzung bei den Nebenwerten MDAX, TecDAX und SDAX aus? Wer bei seiner Planung den demografischen, globalen, gesellschaftlichen und klimatischen Wandel ausklammert, hat schon im Vorfeld verspielt. Um Zukunftsmärkte mit dazugehörigen Branchen treffsicher zu erkennen und auszuwerten, ist es notwendig, richtige Erkenntnisse aus Umbrüchen abzuleiten.

Zur Veranschaulichung eine Experteneinschätzung

Bei den Anlagetrends in Zukunftsmärkte 2016, auf 114 Seiten von BÖRSE AM SONNTAG zum Jahresschluss 2015 veröffentlicht, dominiert in Übereinstimmung mit meiner eigenen Einschätzung der Titel: „Boom-Branche Biotechnologie". Favorit in meiner Neuerscheinung vom Februar 2016 „Wohlstand sichern im demografischen Wandel" ist ebenfalls das Gesundheitswesen. Abgedeckt als Kondratjew VI mit den Schwerpunkten Biotech, Medtech, Pharma, Alten- und Pflegeheimbetreiber, Privatkliniken und Gesundheitsdienste. Es gibt erstklassige Biotech-Nebenwerte im TecDAX und der amerikanischen Hightechbörse Nasdaq. Statt des erwarteten Höhenflugs erfolgte jedoch eine scharfe Korrektur, deren Bodenbildungsphase erst im Juli 2016 beendet zu sein scheint.

Dazu ein Zitat aus BÖRSE AM SONNTAG zum Thema „Die neuen Anlagetrends 2016", veröffentlicht am 17. Dez. 2015: *„Schon zwischen 2006 und 2014 hat sich der Anteil der Biotech-Präparate an den weltweit 100 wichtigsten Medikamenten von 21 % auf 44 % mehr als verdoppelt. Bis zum Jahr 2025 wird jedes dritte neu zugelassene Medikament einen biopharmazeutischen Ursprung haben.*

Um von dieser Entwicklung nicht komplett überrollt zu werden, versucht die Phar-ma-Industrie seit Jahren, ihre austrocknenden Forschungspipelines durch die Übernahme von Biotechnologie-Unternehmen aufzupolieren. Von den Top-10-US-Biotechfirmen im Jahr 2000 wurden bis heute sechs im Rahmen von Megadeals im Volumen von mehr als 10 Mrd. US-Dollar übernommen. – Das Transaktionsvolu-men erreichte 2014 das höchste Niveau der vergangenen 10 Jahre."

Betrachten wir die 10 größten Kapitalvernichter in 5 Jahren, so sind im Gesund-heitswesen mit VTION Wireless und WILEX 2 Nebenwerte betroffen. Dem stehen Hunderte von Erfolgsgeschichten gegenüber. VTION Wireless büßte bis Juli 2016 in 1, 3 und 5 Jahren -70/-82/-83 % ein. Bei WILEX sieht die Bilanz ähnlich düster aus: -51/-67/-90 %. Auch bei 4SC kommt keine Freude auf: -45/-72/-75 %. Und schon gar nicht bei Mologen: -64/-86/-72 %, Stand: 27. Juli 2016.

Was bedeutet der demografische Wandel für Anleger mit Nebenwerte-Interesse? Erster Blick: Gesundheitswesen

Haben Sie gewusst, dass Sie im Schnitt in einem Jahrzehnt über zwei Jahre, in 40 Jahren ein Jahrzehnt länger leben? Haben Sie die richtigen Weichen gestellt, damit Sie im Alter finanziell frei und unabhängig, mit Wohlstand ausgestattet, leben können und keine Altersarmut erleiden? Wurde dies bis-lang verdrängt, ist es höchste Zeit, für Ihren Ruhestand vorzusorgen. Mit einem Sparkonto erleiden Sie bei der wohl noch länger anhaltenden Nullzinspolitik eine schleichende Kapitalvernichtung und fühlen sich möglicherweise enteignet.

Mit den richtigen Aktien können Sie Ihr Vermögen bei vertretbarem Risiko entscheidend vermehren und bislang Versäumtes zumindest teilweise wett-machen. Dabei darf es nicht nur um den DAX gehen, auch wenn sich im Börsen-geschehen alles um ihn dreht, sei es Fernsehen, Rundfunk, Print- und Online-Berichterstattung. Mit deutschen Nebenwerten aus MDAX, TecDAX und SDAX sind Ihre Kursgewinnchancen ungleich höher – und dies bei vergleichbarem Risiko und ähnlich attraktiven Ausschüttungen. Wer sein Depot breit streut und seine Aktien mindestens 14 Jahre hält, hat bislang ausnahmslos Kursgewinne erzielt – zwischen 5 % und 15 % pro Jahr – im Schnitt 8 %.

Der DAX – Ausgangspunkt Jahresende 2015 – stieg im Ein-, Drei- und Fünf-jahresvergleich um 10/38/56 %, der MDAX mit den 50 größeren klassischen Titeln um 23/71/105 %, der TecDAX mit 30 Hightechwerten um 34/117/115 % und der SDAX mit 50 kleineren klassischen Titeln um 27/70/76 %. Auf den Punkt gebracht: Gegenüber dem Leitindex konnten Sie im Ein- und Mehrjah-resvergleich Ihren Kursgewinn beim MDAX und SDAX verdoppeln, beim TecDAX sogar verdreifachen. Mit noch mehr Rendite lockte der Nasdaq.

Deutsche Gesundheitsaktien als Wachstumstreiber

Die längere Lebenserwartung ist ein Wachstumstreiber für das Gesundheitswesen, für Pflegeheim- und Klinikbetreiber, die Pharma-, Biotech- und Medtechindustrie. Ob es um Medikamente, neue Therapien, Geräte und Erleichterungen im Lebensalltag für Betagte und Kranke geht. Umsatz und Ertrag im Gesundheitswesen zeigen aufwärts. Die großen Pharmakonzerne haben das Geld, um sich innovative Biotechwerte einzuverleiben. Davon zeugen Übernahmen und Beteiligungen. Bedenken Sie, dass sich viele ältere Menschen zum Ersatzteillager von den Fußsohlen bis zu den Haarspitzen entwickeln. Es ist interessant zu erfahren, wer hier viel Geld verdient oder ausgibt. Informieren Sie sich über den medizinischen Fortschritt, neue Operationsmethoden und Behandlungsformen wie Gentechnologie, Immuntherapie, Antikörpereinsatz, personalisierte Medizin, Einzug der Robotik, bahnbrechende Erkenntnisse in Laborarbeit und Diagnostik. Aktuell startet gerade Biogen ein milliardenschweres Forschungsprojekt zur Behandlung von Alzheimer. Umgekehrt liegt bei Big Data, der medizinischen Digitalisierung, der elektronischen Patientenakte und den Internetinformationen noch manches im Argen.

➢ **Dieses Buch wird den DAX nicht ignorieren. Dies käme einer Majestätsbeleidigung gleich. Zudem soll Ihr Depot Blue Chips und Nebenwerte enthalten, bei wenig Zeit und begrenztem Geldvermögen auch gute ETFs und Themenfonds. Meine erste Kursliste aus dem Gesundheitswesen bringt Aktien aus den deutschen Indizes DAX, MDAX, TecDAX und SDAX.**

Aktien aus deutschen Indizes: Pharma/Biotech/Medtech				
Aktien/ Unternehmen	**WKN**	**Kurs am 23.05.16**	**52-Wochen- Hoch/Tief**	**Kursverlauf 1, 3, 5 Jahre**
Bayer	BAY 001	84,45 €	137,35/**84,45** €	-33/+4/+58 %
DAX, Pharmazie/Pflanzenschutz, intensive Forschung, neue Wirkstoffe/Therapien; durch hohes Übernahmeangebot der unbeliebten Firma Monsanto in Misskredit geraten. KGV 10,6, Börsenwert 68,8 Mrd. €, Eigenkapitalquote 34 %, Buchwert 26,8 €, Ergebnis je Aktie 4,14/4,97/5,62/7,93 €, Dividende 2,90 €, Dividendenrendite **3,2 %**				
Biotest Vz	522 723	15,45 €	28,00/10,40 €	-39/-15/+9 %
SDAX, Pharma-/Biotech-Therapeutika, Schwerpunkte: Immunologie/Hämatologie; KGV 24,7, Marktkapitalisierung 306 Mio. €, Eigenkapitalquote 43 %, Buchwert 10 €, Ergebnis/Aktie +0,48/-2,10/+0,44/+0,63 €, Dividende 0,20 €, Dividendenrendite 1 %				
Carl Zeiss Med.	531 370	33,95 €	34,00/21,75 €	+53/+37/+113 %
TecDAX, Medizintechnik: Augenheilkunde/Mikrochirurgie/industrielle Messtechnik; KGV 25, Marktkapitalisierung 2,75 Mrd. €, Eigenkapitalquote 70 %, Buchwert 8,9 €, Ergebnis je Aktie 0,92/0,77/1,18/1,33 €, Dividende 0,45 €, Dividendenrendite 1,3 %				

Aktien/ Unternehmen	WKN	Kurs am 23.05.16	52-Wochen- Hoch/Tief	Kursverlauf 1, 3, 5 Jahre
CompuGroup	543 730	37,80 €	37,95/26,00 €	+30/+113/+271 %

TecDAX, Software/Kommunikationslösungen/Vernetzung für Ärzte und Kliniken; KGV 20, Marktkapitalisierung 2,0 Mrd. €, Eigenkapitalquote 24,3 %, Buchwert 3,3 €, Ergebnis je Aktie 0,53/0,88/1,11/1,87 €, Dividende 0,40 €, Dividendenrendite 1,1 %

Aktien/ Unternehmen	WKN	Kurs am 23.05.16	52-Wochen- Hoch/Tief	Kursverlauf 1, 3, 5 Jahre
Drägerwerk Vz	555 063	38,00 €	104,10/52,60 €	-39/-38/-24 %

TecDAX, Geräte und Systeme Medizin/Sicherheitstechnik, Notfall-/Akutmedizin; KGV 11,7, Marktkapitalisierung 451 Mio. €, Eigenkapitalquote 41 %, Buchwert 51 €, Ergebnis je Aktie 5,69/1,86/3,49/5,06 €, Dividende 0,34 €, Dividendenrendite 0,6 %

Aktien/ Unternehmen	WKN	Kurs am 23.05.16	52-Wochen- Hoch/Tief	Kursverlauf 1, 3, 5 Jahre
FMC	578 580	75,00 €	83,15/65,30 €	+1/+46/+57 %

DAX, weltweit führende Produkte/Dienstleistungen Dialysetechnik/Nierenversagen; KGV 18,6, Marktkapitalisierung 23,5 Mrd. €, Eigenkapitalquote 41 %, Buchwert 28 €, Ergebnis je Aktie 3,46/3,38/4,05/4,51 €, Dividende 0,95 €, Dividendenrendite 1,3 %

Aktien/ Unternehmen	WKN	Kurs am 23.05.16	52-Wochen- Hoch/Tief	Kursverlauf 1, 3, 5 Jahre
Fresenius SE	578 560	64,95 €	69,75/53,05 €	+19/+115/+186 %

DAX, Gesundheits-Konzernmutter von FMC, stationäre/ambulante Versorgung; KGV 20, Marktkapitalisierung 35,5 Mrd. €, Eigenkapitalquote 42 %, Buchwert 19 €, Ergebnis je Aktie 1,97/2,50/2,91/3,22 €, Dividende 0,60 €, Dividendenrendite 0,9 %

Aktien/ Unternehmen	WKN	Kurs am 23.05.16	52-Wochen- Hoch/Tief	Kursverlauf 1, 3, 5 Jahre
KUKA	620 440	109,00 €	109,00/64,20 €	+57/+196/+498 %

MDAX-Abstieg, Robotik und Automatisierung Autoindustrie, Medtech, Kliniklogistik; KGV 31, Marktkapitalisierung 4,08 Mrd. €, Eigenkapitalquote 31 %, Buchwert 19 €, Ergebnis je Aktie 1,99/2,40/2,93/3,48 €, Dividende 0,70 €, Dividendenrendite 0,6 %

Aktien/ Unternehmen	WKN	Kurs am 23.05.16	52-Wochen- Hoch/Tief	Kursverlauf 1, 3, 5 Jahre
Merck KGaA	659 990	87,90 €	100,60/71,40 €	-9/+46/+143 %

DAX, marktführend Pharma/Life Science, Stoffwechsel-/Herz-Kreislauf-Medizin; KGV 14,5, Marktkapitalisierung 11,4 Mrd. €, Eigenkapitalquote 34 %, Buchwert 29 €, Ergebnis je Aktie 2,66/2,56/3,54/6,07 €, Dividende 1,20 €, Dividendenrendite 1,4 %

Aktien/ Unternehmen	WKN	Kurs am 23.05.16	52-Wochen- Hoch/Tief	Kursverlauf 1, 3, 5 Jahre
MorphoSys	663 200	47,40 €	76,25/35,00 €	-26/+45/+145 %

TecDAX, antikörperbasierte Produkte für Pharmaindustrie, Antikörperbibliothek; KGV negativ, Börsenwert 1,26 Mrd. €, Eigenkapitalquote 90,7 %, Buchwert 13,7 €, Ergebnis je Aktie -012/+0,57/-1,83/-1,29 €, Dividende 0,0 €, Dividendenrendite 0 %

Aktien/ Unternehmen	WKN	Kurs am 23.05.16	52-Wochen- Hoch/Tief	Kursverlauf 1, 3, 5 Jahre
Qiagen	901 626	19,10 €	26,00/11,85 €	-14/+32/+41 %

TecDAX, Niederlande, innovative Technologien und Produkte für molekularbiologische Tests Forschungsbereich; KGV 18, Marktkapitalisierung 4,58 Mrd. €, Buchwert 9,8 €, Ergebnis/Aktie 0,50/0,54/0,57/1,19 €, Dividende 0,0 €, Dividendenrendite 0 %

Aktien/ Unternehmen	WKN	Kurs am 23.05.16	52-Wochen- Hoch/Tief	Kursverlauf 1, 3, 5 Jahre
Rhön-Klinikum	704 230	27,55 €	28,30/22,75 €	+8/+66/+59 %

MDAX, staatlich anerkannte Akutkliniken, Übernahmeverträge mit Fresenius SE; KGV 21, Marktkapitalisierung 1,84 Mrd. €, Eigenkapitalquote 68 %, Buchwert 15 €, Ergebnis je Aktie 1,36/1,21/1,22/1,30 €, Dividende 0,80 €, Dividendenrendite 2,9 %

Aktien/ Unternehmen	WKN	Kurs am 23.05.16	52-Wochen- Hoch/Tief	Kursverlauf 1, 3, 5 Jahre
Sartorius Vz	716 563	65,60 €	68,25/40,85 €	+49/+195/+627 %

TecDAX, weltweit führend: Labor-/Prozesstechnologie, Biotech/Pharma/Nahrung; KGV 27, Marktkapitalisierung 2,2 Mrd. €, Eigenkapitalquote 45 %, Buchwert 26,7 €, Ergebnis je Aktie 2,84/7,40/6,94/8,71 €, Dividende 1,77 €, Dividendenrendite 0,8 %

Aktien/ Unternehmen	WKN	Kurs am 23.05.16	52-Wochen- Hoch/Tief	Kursverlauf 1, 3, 5 Jahre
STADA	725 180	44,25 €	44,25/28,65 €	+46/+39/+64 %

MDAX, Produktion und Vertrieb Generika/Selbstmedikation/Spezialpharmazeutika; KGV 14, Marktkapitalisierung 2,76 Mrd. €, Eigenkapitalquote 31 %, Buchwert 14,5 €, Ergebnis je Aktie 1,07/1,79/2,40/3,12 €, Dividende 0,75 €, Dividendenrendite 1,7 %

Aktien/ Unternehmen	WKN	Kurs am 23.05.16	52-Wochen- Hoch/Tief	Kursverlauf 1, 3, 5 Jahre
Stratec Biomed.	STR A55	50,25 €	62,15/41,75 €	+9/+42/+67 %

TecDAX, vollautomatische Systeme für klinische Diagnostik (In vitro) und Biotech; KGV 21,6, Marktkapitalisierung 596 Mio. €, Eigenkapitalquote 82 %, Buchwert 10 €, Ergebnis je Aktie 1,68/1,87/2,06/2,33 €, Dividende 0,90 €, Dividendenrendite 1,8 %

Pharma im Aufwärtstrend durch medizinischen Fortschritt

Der Zukunftsforscher Leo Nefiodow hat als VI. Kondratjew das Gesundheitswesen ausgerufen. Der renommierte Wissenschaftler erklärt: *„Was wir Umweltschutz nennen, ist in Wirklichkeit Gesundheitsschutz."* **Die langen Wellen der Konjunktur, der Kondratjew I bis VI, werden geprägt durch bahnbrechende Erfindungen und Entdeckungen wie Dampfmaschine, Stahl/Eisenbahn, Elektrotechnik/Chemie, Automobil, IT/Internet und Gesundheitswesen.**

Der gewaltige medizinische Fortschritt gründet auf verfeinerten Diagnostik- und Operationsmethoden sowie neuartigen Wirkstoffen gegen die gefährlichsten Geißeln der Menschheit wie Krebs, Alzheimer, Diabetes, Multiple Sklerose und Hepatitis. Da die große Welle von Patentabläufen abebbt, dafür verbesserte Produkte, Verfahren und Therapien den Markt erobern, besteht weiterhin Wachstumspotenzial. Die Biotech-Musik spielt in Amerika mit Notierungen an der US-Technologiebörse Nasdaq. Ob Börsengänge, Übernahmen oder Kapitalerhöhungen: Europäische Firmen können nur neidisch zusehen, mit welch hohen Summen dort Finanzinvestoren einsteigen bzw. Pharmakonzerne sich Biotech-Schmieden einverleiben. Die Marktführer mit solider Bilanz, steigendem Umsatz und Ertrag, ansehnlicher Dividende, attraktiven Produkten, intakter Firmenkultur und interessanten Neuentwicklungen dürften auch künftig für Kursgewinne sorgen.

Der Bedarf an Arzneimitteln allein im Kampf gegen Krebs sollte Wachstumstreiber in den nächsten Jahren sein. Zudem regen interessante Übernahmen und Beteiligungen den Gesundheitsmarkt an. Um den Durchbruch einzuleiten und zumindest einige Krebsarten zu besiegen, wird die Immunabwehr aktiviert, begleitet von personalisierter Medizin. Schließlich hat die Immuntherapie gegen Krebs das Potenzial, die Behandlung von bösartigen Tumorerkrankungen zu revolutionieren.

Boom-Branche Biotech: angetrieben durch neue Wirkstoffe, Übernahmen und Zusammenarbeit mit der Pharmaindustrie

Um die Jahrtausendwende war es für einen dauerhaften Durchbruch der Biotech-AGs noch zu früh. So wie ein bösartiger Krebstumor tödliche Metastasen in den Organismus ausstreut, blähten sich riesige Spekulationsblasen auf, die mit Getöse platzten. Bis ein neuer Wirkstoff zugelassen wird, vergehen rund 15 Jahre. In den letzten sechs Jahren – ausgenommen die aktuelle Korrekturphase – haben sich die Kurse von Biotechaktien im Schnitt fast vervierfacht. Die meisten Experten sehen mittelfristig weiteres Aufwärtspotenzial; denn die Innovationskraft der Branche ist überzeugend. Zahlreiche Übernahmen heizen die Kurse an. Wegweisende Therapien und Wirkstoffe erobern den Markt. Neuer Forschungsschwerpunkt sind Biosimilars. Generische Biopharmazeutika werden nicht mittels chemischer Prozesse hergestellt, sondern innerhalb spezieller lebendiger Zellen entwickelt. Das macht sie komplexer, schwierig zu analysieren und nachzuahmen. Biosimilars entsprechen zwar nicht 1:1 dem Original, erzielen aber eine ebenso gute Wirkung. Die US-Börse FDA hat 2015 das erste Biosimilar-Medikament zugelassen.

Mögen auch moderne Computeruhren durch Auswertung zurückgelegter Laufstrecken als Gesundheitscheck dienen und mit Sensoren bestückte Pulsmesser-Armbänder vor drohendem Herzinfarkt warnen: Unsere vernetzte Welt kennzeichnet den technologischen Fortschritt, ohne den Weg zum Jungbrunnen zu ebnen. Mit den geschenkten Lebensjahren mehren sich in der Endphase Demenz, Diabetes und Krebs. Die Volkskrankheit Alzheimer dürfte sich weltweit bis 2050 auf 135 Mio. Fälle verdreifachen. Laut WHO erkranken pro Jahr mehr als 12 Mio. Patienten neu an Krebs. Alljährlich werden über 62 Mrd. Dollar mit Krebspräparaten umgesetzt. Fettleibigkeit erhöht die Anfälligkeit für schwere Gesundheitsschäden.

Aktiensplitt 1:5 bei BB Biotech zum 29. März 2016

Ende März 2016 stückelte die Schweizer Beteiligungsfirma BB Biotech, die vor allem in Nasdaq-Biotechwerte investiert, ihre Aktienanzahl 1:5. Der Titel kostet statt über 200 € nur noch ab 40 €. Der Wert bleibt gleich, ist aber besser handelbar und stimmt zuversichtlich. Denken Sie an eine Torte, die Sie in 5 Stücke aufteilen. Solange niemand davon isst, bleibt die Menge gleich.

Medizintechnik im TecDAX stark vertreten

Wie die vorstehende Kursliste zeigt, gibt es im TecDAX eine Handvoll Unternehmen aus dem Medizintechnikbereich – also ein Sechstel. Dabei schlägt der Laboranbieter Sartorius langfristig alle Rekorde. Wo gibt es schon in dieser Sparte binnen fünf Jahren Kursgewinne von über 600 %?

Der demografische Wandel verhilft der Medizintechnik zu hohen Wachstumsraten. Allerdings ist der Wettbewerbsdruck extrem hoch. Im Bereich der Prothetik für Füße, Unterschenkel, komplette Beine, Arme und Hände kommen ständig neue Produkte auf den Markt, sodass der Alterungsprozess die Gewinnmargen drückt und neue Innovationen erforderlich macht. 3D-Drucker und Industrie 4.0 mit wachsender Digitalisierung regen zu kreativen Neuentwicklungen an. Vergegenwärtigen Sie sich, wie viele neue Produkte die Fitnessstudios überschwemmen: Computeruhren und -brillen, verschiedenartigste Mess- und Überwachungssysteme. Nicht alles, was die Werbung als gesundheitsfördernd anpreist, bestätigt im Alltag die Erwartung. Möglicherweise kommen Ängste auf, wenn das Messgerät anzeigt, dass Sie zu wenig Kilometer gelaufen und nicht lange genug geschlafen haben – dies auch noch unterbrochen. Muss ich ständig meinen Puls überprüfen, um sicherzugehen, bei körperlicher Anstrengung zuträgliche Grenzen einzuhalten?

Welche Bereiche deckt die Medizintechnik insbesondere ab?

- ➢ **Klinik- bzw. Krankenhaustechnik, bildgebende Diagnostik**
- ➢ **Medizinische Apparate wie Kernspintomografen, Ultraschallgeräte**
- ➢ **Zubehör wie Verkabelungen, Operationsschläuche, Laborgefäße usw.**
- ➢ **Medizinische Informatik mit Digitalisierung und Internet der Dinge**
- ➢ **Elektronische Patientenakten beispielsweise für Augenheilkunde**
- ➢ **Medizintechnische Produkte wie Prothesen, Implantate, 3D-Drucker**
- ➢ **Zahnprothetik, Seh- und Hörhilfen**

Angst vor Fehlentscheidungen lähmt die Handlungsfähigkeit

Oft wird das angepeilte Ziel nur deshalb nicht erreicht, weil Angst vor falschen Entscheidungen zum Zaudern führt. Wer zu spät kommt, den bestraft das Leben, warnte der frühere russische Regierungschef Michail Gorbatschow. Die Gefahr, danebenzuliegen, ist allgegenwärtig. Ob Unternehmer, Manager oder Privatleute. In folgende Fallen sollten Sie auch als Anleger nicht tappen:

- ➢ **Überheblichkeit, Arroganz und Selbstüberschätzung; Unbelehrbarkeit, Sturheit und Starrsinn; Irrationalität, Emotionalität, Bauchgefühl; mangelnde Logik, Unsicherheit, Unentschlossenheit, zu wenig Selbstvertrauen; Festhalten an Vorurteilen; Sündenbocksuche und Herdentrieb.**

Autoindustrie Nutznießer längeren Lebens: Mobilität durch selbstfahrende Autos, Einparkhilfen, Unfallwarnsysteme

Damit die weltweite Automobilindustrie auch künftig boomt, geht es nicht nur um gewichtsreduzierte Benzinmotoren und Elektromobilität, sondern verstärkt um selbstfahrende Autos, Navigationssysteme, Einparkhilfen und Unfallwarnsysteme. Die Bedürfnisse unterschiedlicher Alters- und Vermögensgruppen sind zu erfüllen. Um mobil zu bleiben, sollte es für rüstige Senioren möglich sein, noch mit 70, 80, 90 Jahren Auto zu fahren. Aktien erstklassiger Fahrzeughersteller und Zulieferer sind wegen des demografischen Wandels – 15 Jahre längeres Leben in 6 Jahrzehnten – chancenreich. Die Industrie 4.0, das Internet der Dinge, macht Produkte und Dienste möglich, von denen wir jetzt träumen.

Die Wissenschaft mit ihren Visionen für das marktbeherrschende Zukunftsauto erforscht den Automobilbau, Kfz-Teile, Umweltfolgen, Sicherheit von Produkten, Anlagen und Prozessen, Materialien, Werkstoffe und Komponenten. Gearbeitet wird an Brennstoffzellen, Batterien, Ladestationen, Hybridtechnik, Energieersparnis, Rußpartikelfiltern auch für Benziner. Es geht um bessere Motor- und Bremstechnik, Fahrsicherheit und Assistenzsysteme für Navigation, Ein- und Ausparken, Unfallverhütung beim selbstfahrenden Auto. Abgaswerte müssen stimmen. Erkenntnisse der Nanotechnologie sind einzubringen.

Die längere Lebenserwartung führt dazu, dass 70- und 80-Jährige immer seltener daran denken, ihren Führerschein abzugeben. Es besteht der Wunsch nach einem sicheren Auto für das nächste Jahrzehnt. Selbstfahrende Autos regen die Fantasie an, vielleicht noch jenseits des 9. Jahrzehnts mit dem eigenen Auto unterwegs zu sein und motorisiert hinzukommen, wo es wichtig ist: Einkauf, Arzt-, Apotheken- und Friseurbesuch, Fitnessstudio, Sozialkontakte, Teilhabe am gesellschaftlichen und kulturellen Leben. Autonomes Fahren ist auf dem Vormarsch.

Was spielt sich neben modernem Design im Automobilsektor ab?

➢ **Faserverstärkte Kunststoffe für mobile Leichtbauanwendungen sorgen für mehr Komfort und bessere Internetverbindungen.**

➢ **Die Digitalisierung macht vor dem Automobil nicht halt.** Moderne elektronische Steuergeräte beeinflussen Motorleistung, Lenkung und Bremsverhalten.

➢ **Deutschland kann sich nur bei moderner Infrastruktur zum Leitmarkt für Elektromobilität entwickeln.** Die Reichweite der Batterien ist viel zu gering – verbunden mit Zeitaufwand und Ärger wegen fehlender Ladestationen. Karosserien und Motoren müssen weniger wiegen durch faserverstärkte Kunststoffe und Leichtbaukomponenten. Bis 2020 sollte es in Deutschland 1 Mio. Elektroautos geben. Bereits jetzt sind 1 Mio. Carsharing-Nutzer unterwegs.

> **Die Entwicklung smarter Leichtfahrzeuge für die Städte muss vorankommen.** Drei von vier Europäern leben heute in den Ballungsräumen. Neue Konzepte wie Carsharing dürften sich verstärkt durchsetzen. Das Einsparpotenzial durch ein intelligentes Verkehrsnetz wird auf über 8 Mrd. € geschätzt. Dabei geht es auch um Senkung der Treibhausgase bis 2050 um vier Fünftel.

> **Intelligente Autos stimmen sich mit ihrer Umwelt ab und gipfeln im führerlosen Fahren.** Ingenieure arbeiten an einer noch leistungsfähigeren Sensorik und hoher Rechenleistung bei Robotern und Computersystemen.

Deutsche Aktien DAX-Familie Autobauer und Zulieferer

Aktien/Unternehmen	WKN	Kurs am 23.05.16	52-Wochen-Hoch/Tief	Kursverlauf 1, 3, 5 Jahre
AUDI (VW)	675 700	635,00 €	847,0/585,0 €	-13/+4/+9 %
VW-Tochter, führender Premium-Auto-/Motorradhersteller, bekannte Luxusmarken; KGV 7,9, Börsenwert 27,305 Mrd. €, Eigenkapitalquote 38,4 %, Streubesitz 0,45 %, Ergebnis je Aktie 97,78/75,00/80,00 €, Dividende 4,80 €, Dividendenrendite 0,8 %				
Bertrandt	523 280	97,90 €	125,00/87,90 €	-19/+12/+79 %
SDAX, Ingenieur-Dienstleister Automobilindustrie/Medtech/Energie, 47 Standorte; KGV 12,9, Marktkapitalisierung 993 Mio. €, Eigenkapitalquote 38 %, Buchwert 29 €, Ergebnis je Aktie 6,19/6,21/6,75/7,56 €, Dividende 2,70 €, Dividendenrendite 2,8 %				
BMW Stämme	519 000	70,80 €	104,90/67,20 €	-28/+4/+23 %
BMW Vorzüge	519 003	62,80 €	80,85/58,75 €	-14/+25/+60 %
DAX, führender Premiumhersteller Sportwagen/Motorräder, Standort 150 Länder; KGV 7,1, Marktkapitalisierung 42,6 Mrd. €, Eigenkapitalquote 25 %, Buchwert 62 €, Ergebnis je Aktie 8,83/9,70/9,77/9,96 €, Dividende 3,40 €, Dividendenrendite **4,8 %**				
Continental	543 900	183,30 €	228,7/175,4 €	-11/+88/+173 %
DAX, Marktführer Reifen/Komponenten/Module/Bremssysteme/Fahrgastsicherheit; KGV 11,2, Marktkapitalisierung 36,7 Mrd. €, Eigenkapitalquote 40 %, Buchwert 61 €, Ergebnis je Aktie 11,9/13,6/14,9/16,4 €, Dividende 4,25 €, Dividendenrendite 2,3 %				
DAIMLER	710 000	56,90 €	89,20/56,90 €	-30/+26/+26 %
DAX, Premiumhersteller Pkw/Lkw/Busse, Finanzdienstleistung, Marke Mercedes; KGV 6,6, Marktkapitalisierung 60,9 Mrd. €, Eigenkapitalquote 25 %, Buchwert 47 €, Ergebnis je Aktie 6,51/8,08/8,34/8,57 €, Dividende 3,45 €, Dividendenrendite **6,1 %**				
ElringKlinger	785 602	19,30 €	26,00/16,90 €	-18/-11/-11 %
SDAX, Zulieferer Autoindustrie: Zylinderkopf-/Spezialdichtungen/Abgastechnologie; KGV 9,8, Börsenwert 1,222 Mrd. €, Eigenkapitalquote 48,5 %, Buchwert 12,4 €, Ergebnis je Aktie 1,67/1,45/1,67/1,96 €, Dividende 0,60 €, Dividendenrendite **3,1 %**				

Aktien/Unternehmen	WKN	Kurs am 23.05.16	52-Wochen-Hoch/Tief	Kursverlauf 1, 3, 5 Jahre
HELLA	A13 SX2	32,60 €	46,00/31,00 €	-24 %/Neuemission
MDAX, Autoelektronik/Batteriesensoren, Licht- und Fahrgast-Assistenzsysteme; KGV 8,9, Marktkapitalisierung 3,62 Mrd. €, Eigenkapitalquote 39 %, Buchwert 16 €, Ergebnis je Aktie 2,70/2,43/3,20/3,65 €, Dividende 0,95 €, Dividendenrendite 2,9 %				
Porsche (VW)	PAH 003	47,45 €	83,85/36,20 €	-30/-19/+7 %
Substanzstarke VW-Tochter; Produzent Sport-/Geländewagen/Luxuslimousinen, KGV 5, Marktkapitalisierung 7,3 Mrd. €, Eigenkapitalquote 98 %, Streubesitz 100 %, Ergebnis je Aktie -0,90/+8,39/+10,39 €, Dividende 1,01 €, Dividendenrendite 2,1 %				
SAF Holland	A0M U70	10,90 €	15,10/9,10 €	-21/+52/+32 %
SDAX, Produktion Bauteile, Achs-/Fahrwerksysteme, Sattel-/Anhängerkupplungen; KGV 9,2, Marktkapitalisierung 494 Mio. €, Eigenkapitalquote 32,4 %, Buchwert 6 €, Ergebnis je Aktie 0,72/1,14/1,10/1,19 €, Dividende 0,55 €, Dividendenrendite **5,0 %**				
Schaeffler	SHA 015	14,25 €	17,15/11,90 €	+8 %/Neuemission
SDAX, Auto-/Industriezulieferer, Präzisionskomponenten, Fahrwerk-/Motorsysteme; KGV 8,7, Börsenwert 2,366 Mrd. €, Eigenkapitalquote 12,6 %, Buchwert 1,85 €, Ergebnis je Aktie 0,99/0,96/1,55/1,64 €, Dividende 0,45 €, Dividendenrendite **3,2 %**				
Stabilus	A11 3Q5	**47,45 €**	47,45/28,80 €	+21 %/Neuemission
SDAX, Luxemburger Hersteller von Gasdruckfedern und hydraulischen Dämpfern; KGV 14,6, Marktkapitalisierung 983 Mio. €, Eigenkapitalquote 14 %, Buchwert 3,7 €, Ergebnis je Aktie 0,54/0,82/2,35/3,26 €, Dividende 0,40 €, Dividendenrendite 0,8 %				
VW Vorzüge	766 403	128,30 €	229,40/92,35 €	-39/-17/+10 %
DAX, VW deckt die gesamte Wertschöpfungskette einschließlich Finanzierung ab; KGV 6,2, Marktkapitalisierung 26,5 Mrd. €, Eigenkapitalquote 23 %, Buchwert 171 €, Ergebnis/Aktie +21,8/-3,2/+15,4/+20,8 €, Dividende 1,06 €, Dividendenrendite 0,8 %				
VW Stämme	766 400	133,90 €	227,6/102,5 €	-37/-14/+24 %

Zitat zum Comeback 2015 von Maria-Elisabeth Schaeffler mit Börsengang und SDAX-Aufstieg: „Raus aus den Schulden!"

Zeitweilig ganz unten, aber in der Liste der reichsten Deutschen laut Manager Magazin auf Platz 2 wieder oben, gestärkt durch Börsengang und SDAX-Aufstieg, räumt M.-E. Schaeffler dem Familienunternehmen mit 80.000 Mitarbeitern Chancen in der Autozulieferindustrie ein. Vorrangig geht es darum, mit dem Eigenkapital aus dem Börsengang die drückende Schuldenlast abzubauen. Fortan sind die Weichen auf Wachstum und Internationalisierung gestellt. Die Nachfolge ist geregelt. Im Ruhestandsalter übertrug die Firmenchefin 80 % der Anteile bereits an ihren Sohn, den Aufsichtsratschef von Schaeffler. **Nachtrag:** Im März 2016 schaffte Schaeffler durch hohen Börsenwert den MDAX-Aufstieg.

2.1.2 Der globale Wandel erzeugt Sieger und Verlierer – Immobilien- und IT-Branche als Wachstumstreiber

Der globale Wandel bringt siegreiche Branchen mit hohen Wachstums- und Ertragschancen in den Zukunftsmärkten hervor. Er führt aber auch zum Aus, sofern nicht frühzeitig gegengesteuert wird durch Umstrukturierung des Geschäftsmodells. Zu den Zukunftsmärkten zählt die Bauwirtschaft mit substanzstarken Immobilienkonzernen, befeuert durch den Flüchtlingsansturm und wachsende Ansprüche an Fläche und Wohnraumqualität. Vorrangig spielt sich die Zukunft bei Softwarefirmen ab, die im Cloud-Computing und in fortschrittlicher Umsetzung von Digitalisierung und Vernetzung große Wachstumschancen sehen. Sie sorgen mit dafür, dass es im TecDAX so gut läuft. Unser Interesse verdienen Elektrotechnik, Maschinenbau und Medienwelt. Die Robotik beschränkt sich nicht auf den Autobau, sondern zählt mit Einsatz in Medizintechnik und Logistik zu den großen Wachstumstreibern. Auch die Konsumgüterindustrie mit Schwerpunkt Ernährung ist bei der rasant fortschreitenden Überbevölkerung ein Zukunftsmarkt. Forschung und Entwicklung müssen zeigen, was möglich ist, um bei begrenzten Agrarflächen für ausreichend Nahrung zu sorgen. Es gibt vielversprechende Versuche, mithilfe der Gentechnologie höhere Erträge zu erzielen bzw. Nutzpflanzen nicht nur ebenerdig, sondern auch in der Höhe ohne Erdreich anzubauen.

Vor allem aber geht es um das knappe und kostbare Gut Wasser. 800 Mio. Menschen leiden unter zu wenig Wasser. Über 80 % des Süßwasserverbrauchs gehen zu Lasten der Landwirtschaft, vor allem Fleischerzeugung. Das kostbare Nass wird verschwendet. Der Klimawandel legt die Welt trocken. In den bedrohten Regionen regnet es immer seltener – auch wegen abgeholzter Regenwälder. Weltweit stieg der Wasserverbrauch binnen 50 Jahren doppelt so schnell wie die Weltbevölkerung. Den Hauptgrund liefert die Bewässerungs-Landwirtschaft, um den Nahrungsmittelbedarf zu decken. Der industrielle Anbau von Tomaten, Erdbeeren, Orangen usw. bedeutet einen Anteil am Wasserbrauch von 70 %. Riesig ist der Wassereinsatz bei Fleischprodukten: 6.000 Liter für 1.000 Gramm Schwein, 15.500 Liter für 1.000 Gramm Rind. An den Folgen verschmutzten Wassers sterben in den Armutsregionen täglich 5.000 Kinder. Groß ist der Wassermangel in Ländern südlich der Wüste Sahara, in Äthiopien, Nigeria und im Tschad.

➢ **Auf unserem Planeten leben 7,5 Mrd. Menschen. 2030 werden es 8,5 Mrd. Erdbewohner sein. Ein Grund für den Anstieg ist, dass bei längerer Lebenserwartung die Fruchtbarkeitsrate langsamer sinkt als erwartet. Das stärkste Wachstum wird in den Entwicklungsländern vorausgesagt. Einige Staaten dürften bis 2100 fünfmal so viele Bewohner haben wie heute. Dies bedeutet große Chancen für innovative Unternehmen.**

Katastrophen drohen, wenn Infrastruktur, Bildung und Umweltschutz, die Versorgung mit Wasser, Energie, Nahrung, Wohnraum hinterherhinken, die Arbeitslosigkeit steigt, die Flüchtlingskrise anhält, die Schere zwischen Arm und Reich auseinanderdriftet und der immer brutalere Terrorismus lähmende Angst erzeugt.

Bauwirtschaft: Immobilien chancenreich in Wachstumszonen

Die Bevölkerungsentwicklung – niedrige Geburtenrate gepaart mit steigender Lebenserwartung – lässt bei oberflächlicher Betrachtung eher auf zurückgehende Bautätigkeit und stagnierende Immobilienmärkte schließen. Doch das Gegenteil ist der Fall. Es gibt einen riesigen Sanierungs- und Renovierungsbedarf durch Verschleiß, Umstellung auf umweltfreundliche Materialien und erneuerbare Energien beim Heizen und der Stromversorgung. Die Ansprüche an das eigene Zuhause, die Eigentums- oder Mietwohnung steigen. Die Zahl der Singlehaushalte nimmt zu. Wer heute allein lebt, wünscht mindestens 40 qm, besser 60 qm Wohnfläche. Der Bedarf an altersgerechten Wohnungen wächst, in denen Senioren noch mit 70, 80 oder 90 Jahren leben können – oft mit ambulanter Betreuung. Vor allem aber sorgt der ungebremste Flüchtlingszustrom – mindestens 1,1 Mio. Asylsuchende im Jahr 2015 – für einen hohen Bedarf an preiswertem Wohnraum. Erschwerend wirken Landflucht und Konzentration auf westdeutsche Metropolen.

> ➢ **Experten betrachten den deutschen Immobiliensektor als stabil und zukunftsträchtig. Das A und O ist eine gute Lage in größeren süddeutschen Städten, ebenso im „Speckgürtel" rund um Berlin. Das Übernahmekarussell treibt Aktienkurse aufwärts. Beim Bau, Sanieren und Renovieren von Mietshäusern zählt barrierefreies Wohnen mit Aufzügen zu den Schwerpunkten, damit auch betagte Mieter zuhause wohnen können.**

Immobilien und demografischer Wandel mit Anleger-Zielgruppe: Eigennutzung und Vermietung von Häusern und Wohnungen

Die städtischen Ballungsräume Berlin, Dresden, Düsseldorf, Frankfurt, Freiburg, Hamburg, Heidelberg, Ingolstadt, Köln, Leipzig, München, Nürnberg, Stuttgart, Ulm wachsen. Die ostdeutschen Länder Sachsen-Anhalt, Mecklenburg-Vorpommern und Thüringen sowie viele ländliche Regionen verlieren dramatisch Einwohner. Hier ist es schwierig, Immobilien zu verkaufen oder zu vermieten. Auch Ausländer lassen sich lieber in Ballungsräumen als in ländlichen Gebieten nieder. Nachdem 2030 die Hälfte der Bundesbürger älter als 48 Jahre sein wird – in den einzelnen Regionen zwischen 41 und 53 Jahren schwankend –, steigt auch der Bedarf an Alten- und Pflegeeinrichtungen sowie ambulanten Diensten. Wie sich der Ansturm von einigen Millionen Flüchtlingen auf die Einwohnerzahlen in Städten und Bundesländern auswirkt, ist nicht konkret auszumachen.

> **Es gibt in der Bundesrepublik 41 Mio. Wohnungen,** darunter 18,5 Mio. in Häusern mit einem Anteil von 66 % in Einfamilien-, 17 % in Zweifamilien- und 17 % in Mehrfamilienhäusern ab drei Einheiten.

> **Lag die Wohnfläche im Schnitt pro Kopf 1990 lediglich bei 34,8 Quadratmeter, waren es 2013 bereits 46,3 Quadratmeter,** Tendenz steigend durch höhere Ansprüche und Zunahme an Singlewohnungen.

> **In Deutschland leben derzeit rund 53 % der Menschen in eigenen Wohnungen oder Häusern.** In Europa beträgt die Quote sogar 70 %.

> **Der Kaufpreis für Immobilien stieg seit dem Jahr 1995 in Großbritannien um 273 %, Frankreich 147 %, Spanien 99 % und Deutschland 23 %.** Gegenüber dem Niveau von 2009 werden 20 % mehr Wohnungen fertiggestellt.

Kurzinfo: Das richtige Immobilien-Investment für Privatanleger

Eine Eigentumswohnung auch mit Hotelanbindung in Hochhausform, ein Reihenhaus oder freistehendes Haus zur Eigennutzung als Grundstock der Altersvorsorge: Entscheidend sind die Lage, die Infrastruktur mit Bildungs-, Freizeit- und Kulturangebot für Familien mit Kindern. Altersgerechte barrierefreie Wohnungen mit Aufzug, moderner Bad- und Küchengestaltung, öffentlichem Nahverkehr und medizinischer Versorgung sind begehrt. Gut geführte Alten- und Pflegeheime sowie ambulante Dienste für ältere Menschen dürfen nicht fehlen.

Kauf von Mietshäusern bei hohem Vermögen, Fachkenntnis und Fitness, um den Zeit- und Arbeitsaufwand bewältigen zu können. Gute Lage, hohe Wohnungsqualität und intakte Infrastruktur bei wachsendem statt schrumpfendem Bevölkerungsanteil sind entscheidend.

Langfristige Anlage in erstklassige Immobilien-Einzelaktien bevorzugt aus MDAX und SDAX, alternativ ETFs und Themenfonds.

Millionen von Flüchtlingen sorgen für mehr Wohnbedarf

Tausende von Migranten, die nach Deutschland vor allem aus dem Bürgerkriegsland Syrien einreisen, können nicht dauerhaft die Schulturnhallen, das Messegelände der Großstädte und provisorische andere Massenunterkünfte bevölkern. Das erschwert die gesellschaftliche Eingliederung, die schulische und berufliche Qualifikation und eröffnet Gewaltpotenzial. Auch Wohncontainer bieten keine dauerhafte Bleibe für Flüchtlinge, die Schutz und Hilfe brauchen. Es muss gebaut werden. Einfache, bezahlbare Wohnungen werden händeringend gesucht. Davon dürften die Immobilienbranche und damit auch die Aktien der börsennotierten Unternehmen profitieren. Günstige Kredite bilden weiteren Treibstoff für den deutschen Immobilienboom.

Bauwirtschaft und Immobilienfirmen: DAX, MDAX, SDAX				
Aktien/Unternehmen	WKN	Kurs am 23.05.16	52-Wochen-Hoch/Tief	Kursentwicklung 1, 3, 5 Jahre
Adler Real E.	500 800	11,80 €	16,25/10,25 €	**-18/+571/+1.990 %**
SDAX, Entwicklung/Beteiligung substanz-/renditestarker Immobilien Deutschland; KGV 6,6, Marktkapitalisierung 554 Mio. €, Eigenkapitalquote 25 %, Buchwert 15,6 €, Ergebnis je Aktie 4,65/1,83/1,46/1,78 €, Dividende 0,00 €, Dividendenrendite 0,0 %				
Ado Propert.	A14 U78	31,50 €	32,00/19,00 €	**+27 %/Börsengang**
SDAX, Konzentration Ein-/Zweizimmerwohnungen in Berlin, 14.000 Einheiten; KGV 24, Marktkapitalisierung 1,21 Mrd. €, Eigenkapitalquote 48 %, Buchwert 20,4 €, Ergebnis je Aktie 1,98/5,04/3,46/1,30 €, Dividende 0,40 €, Dividendenrendite 1,3 %				
Alstria Office	A0L D2U	11,45 €	13,05/10,95 €	**-1/+19/+12 %**
MDAX, Aufstieg 2016, REIT-AG; durch Steuervergünstigung attraktive Gewinnausschüttung, Reit-Umwandlung 2007, Erwerb/Verwaltung hochwertiger Bürogebäude, KGV 14, Marktkapitalisierung 1,76 Mrd. €, Eigenkapitalquote 43 %, Buchwert 10,3 €, Ergebnis je Aktie +0,47/-1,15/+0,92/+0,80 €, Dividende 0,50 €, Div.-Rendite **4,4 %**				
Bilfinger	590 900	37,55 €	45,10/32,00 €	**-5/-50/-43 %**
MDAX, alle Baubereiche, Wartung/Instandhaltung Industrieanlagen/Kraftwerke; KGV 12,6, Börsenwert 1,73 Mrd. €, Eigenkapitalquote 27,6 %, Buchwert 30,5 €, Ergebnis/Aktie -1,62/-10,62/+0,50/+2,98 Dividende 0,75 €, Dividendenrendite 2,0 %				
Braas Monier	BMS A01	24,10 €	26,55/18,50 €	**+10 %/Börsengang**
SDAX, geneigtes Dach, Ziegel-/Schornsteine/Dachkomponenten/Lüftungssysteme; KGV 12,7, Marktkapitalisierung 944 Mio. €, Eigenkapitalquote 10 %, Buchwert 3,4 €, Ergebnis je Aktie 1,07/1,41/1,55/1,90 €, Dividende 0,50 €, Dividendenrendite 2,1 %				
Dt. Euroshop	748 020	40,45 €	46,05/35,85 €	**-8/+26/+46 %**
MDAX, ertragsstarke Shoppingcenter Deutschland/Europa, Fläche ab 15.000 qm; KGV 17, Marktkapitalisierung 2,18 Mrd. €, Eigenkapitalquote 53,5 %, Buchwert 37 €, Ergebnis je Aktie 3,29/5,73/3,02/2,32 €, Dividende 1,40 €, Dividendenrendite **3,5 %**				
Dt. Pfandbrief	801 900	9,80 €	12,05/7,45 €	**+21 %/Börsengang**
MDAX-Aufstieg 2016, Immobilienbank, Finanzierung Büro/Einzelhandel/Logistik; KGV 8,2, Marktkapitalisierung 1,32 Mrd. €, Eigenkapitalquote 4,1 %, Buchwert 20 €, Ergebnis je Aktie 0,03/1,71/1,36/1,20 €, Dividende 0,50 €, Dividendenrendite **5,1 %**				
Dt. Wohnen	A0H N5C	27,90 €	28,40/20,55 €	**+24/+89/+178 %**
MDAX, Wohnungsbewirtschaftung/Portfoliomanagement, 147.000 Wohnungen; KGV 20,5, Marktkapitalisierung 9,41 Mrd. €, Eigenkapitalquote 50 %, Buchwert 19 €, Ergebnis je Aktie 2,93/3,62/2,50/1,36 €, Dividende 0,60 €, Dividendenrendite 2,2 %				

Aktien/Un-ternehmen	WKN	Kurs am 23.05.16	52-Wochen-Hoch/Tief	Kursentwicklung 1, 3, 5 Jahre
DIC Asset	A1X 3XX	8,30 €	9,35/7,45 €	-3/+8/+5 %
SDAX, Schwerpunkt deutsche Gewerbeimmobilien/renditestarke Investitionspolitik; KGV 19,8, Marktkapitalisierung 569 Mio. €, Eigenkapitalquote 32 %, Buchwert 11 €, Ergebnis je Aktie 0,22/0,30/0,40/0,42 €, Dividende 0,35 €, Dividendenrendite **3,7 %**				
Hamborner R.	601 300	9,70 €	11,25/8,00 €	-1/+36/+40 %
SDAX, Reit, breit gestreutes Gewerbeimmobilien-Portfolio, 70 Großstadtobjekte; KGV 24, Marktkapitalisierung 594 Mio. €, Eigenkapitalquote 51,6 %, Buchwert 6,2 €, Ergebnis je Aktie 0,37/0,22/0,25/0,39 €, Dividende 0,42 €, Dividendenrendite **4,4 %**				
Hochtief	607 000	111,80 €	113,70/66,20 €	+64/+107/+98 %
MDAX, urbane Infrastrukturprojekte Verkehr/Energie, Hoch-/Tief-/Ingenieurbau; KGV 19,8, Marktkapitalisierung 7,75 Mrd. €, Eigenkapitalquote 24 %, Buchwert 29 €, Ergebnis je Aktie 3,64/3,11/5,07/5,66 €, Dividende 2,30 €, Dividendenrendite **2,1 %**				
LEG Immobil.	LEG 111	79,62 €	84,50/61,45 €	+16/+78/+7 %
MDAX, Wohnimmobilien Städte Nordrhein-Westfallen; 110.000 Mietwohnungen; KGV 16, Marktkapitalisierung 5,0 Mrd. €, Eigenkapitalquote 41,5 %, Buchwert 46 €, Ergebnis je Aktie 2,87/3,74/6,99/4,88 €, Dividende 2,40 €, Dividendenrendite **3,0 %**				
Patrizia Immo.	PAT 1AG	24,35 €	28,00/16,70 €	+50/+257/+640 %
SDAX, bankenunabhängiges Immobilien-Investmenthaus Investoren/Selbstnutzer; KGV 23, Marktkapitalisierung 1,86 Mrd. €, Eigenkapitalquote 44 %, Buchwert 7,1 €, Ergebnis je Aktie 0,46/1,45/3,22/1,05 €, Dividende 0,30 €, Dividendenrendite **1,2 %**				
TAG Immobil.	830 350	11,90 €	12,15/9,65 €	+4/+31/+63 %
MDAX, komplette Dienstleistung Wohn-/Gewerbeimmobilien in Metropolregionen; KGV 16, Marktkapitalisierung 1,6 Mrd. €, Eigenkapitalquote 29,5 %, Buchwert 7,5 €, Ergebnis je Aktie 0,18/1,10/1,06/0,72 €, Dividende 0,55 €, Dividendenrendite **4,6 %**				
TLG Immobil.	A12 B8Z	18,60 €	19,40/14,00 €	+30 %/Neuemission
SDAX, Büro-/Einzelhandelsimmobilien Ostdeutschland; Management/Vermietung; KGV 15,2, Marktkapitalisierung 1,25 Mrd. €, Eigenkapitalquote 48 %, Buchwert 14 €, Ergebnis je Aktie 1,65/2,11/1,69/1,23 €, Dividende 0,80 €, Dividendenrendite **4,3 %**				
Vonovia	A1M L7J	30,15 €	32,30/24,20 €	+10 %/Neuemission
DAX, Verwaltung bezahlbarer Wohnungen in Deutschland, vormals Dt. Annington; KGV 17,7, Börsenwert 14,06 Mrd. €, Eigenkapitalquote 38,3 %, Buchwert 24,4 €, Ergebnis je Aktie 1,56/2,29/2,12/1,70 €, Dividende 1,00 €, Dividendenrendite **3,3 %**				
WCM	A1X 3X3	3,05 €	3,30/1,90 €	5 %/keine Angaben
SDAX, Beteiligungs- und Grundbesitzkonzern; Vermietungserfolg in Berlin-Mitte, KGV 8, Marktkapitalisierung 368 Mio. €, Eigenkapitalquote 21,4 %, Buchwert 2,2 €, Ergebnis je Aktie 0,06/0,72/0,32/0,28 €, Dividende 0,0 €, Dividendenrendite 0,0 **%**				

Chancenreiche kleinere deutsche Immobilienfirmen				
Aktien/Un- ternehmen	WKN	Kurs am 23.05.16	52-Wochen- Hoch/Tief	Kursentwicklung 1, 3, 5 Jahre
GSW Immob.	GSW 111	71,00 €	78,00/50,00 €	+25/+125/+243 %
KGV 25, Wert 4,02 Mrd. €, Ergebnis/Aktie 1,13/2,50/2,80 €, Dividende 1,60 €/2,3 %				
Helma Eigenh.	A0E Q57	53,95 €	59,65/32,40 €	+55/+230/+366 %
KGV 10, Wert 216 Mio. €, Ergebnis/Aktie 2,69/3,75/5,39 €, Dividende 0,79 €/1,6 %				
VIB Vermögen	245 751	19,00 €	19,05/15,35 €	+11/+93/+130 %
KGV 12, Wert 469 Mio. €, Ergebnis/Aktie 1,45/1,55/1,50 €, Dividende 0,51 €/3,1 %				

Immobilientrend 2016: Mehr Flächenbedarf und Flüchtlingskrise

Ein Blick auf die Teuerungsrate bei Ein- und Zweifamilienhäusern in den sieben attraktivsten westdeutschen Metropolen zeigt, dass der Immobilienboom noch nicht an seine Grenzen stößt – weiter befeuert durch den Flüchtlingszustrom. Die Sieger in westdeutschen Wachstumsstädten sind zahlreiche börsennotierte Immobilienfirmen im DAX, MDAX, SDAX sowie kleinere Unternehmen im Prime und Entry Standard. Ebenso profitieren die Bauindustrie, die Eigentümer und Vermieter von Objekten in begehrter Lage. Verlierer sind kleinere Immobilienfirmen insbesondere in Ostdeutschland, aber auch Eigentümer, die zu teuer kauften.

Ein Blick auf die aktuelle Entwicklung im Wohnungsbau: Die Auftragsbücher der auf Wohnungen, Ein- und Zweifamilienhäuser spezialisierten Unternehmen sind prall gefüllt. Um 5 % auf 34,5 Mrd. € dürfte der Umsatz 2016 zulegen. 290.000 Wohnungen kommen neu auf den Markt, 80 % mehr als 2011. Dennoch ist dies ein Tropfen auf den heißen Stein, wird doch der Bedarf an bezahlbarem Wohnraum für Einheimische und Flüchtlinge dadurch keineswegs gedeckt. Noch nie wurde in Deutschland so viel Geld für Immobilien ausgegeben wie 2015. Die Renditen für deutsche Immobilienanlagen waren mit über 13 % so hoch wie seit der Wiedervereinigung nicht mehr. Dies führte zu Übernahmewellen und katapultierte Vonovia, vormals Deutsche Annington, als einzige Immobilienfirma in den DAX.

Was spricht für bleibenden Boom der Immobilienwirtschaft auch in den nächsten Jahren? Zum einen dürften die langfristigen Kapitalmarktzinsen weiter sinken, nachdem mit Mischfonds kaum mehr Geld zu verdienen ist. Das Strafzinsgespenst bedroht nun auch Fondsmanager bezüglich ihres Barbestands, der insbesondere durch Aktienverkäufe im Crash und bei starker Korrektur ansteigt. Neuer treibender Faktor ist die Zuwanderung von über einer Million Flüchtlingen allein 2015. Das Institut der deutschen Wirtschaft schätzt, dass bis 2020 alljährlich mehr als 100 000 Wohnungen gebaut werden müssten.

IT-Branche im Aufschwung durch 4. industrielle Revolution, Internet der Dinge, Digitalisierung, Cloud und vernetzte Welt

Der bundesweit schnelle Internetanschluss ist eine Grundforderung, um das Wohnen in ländlichen Gegenden vor allem für jüngere Leute attraktiver zu machen. Geht es dagegen um die Zukunft der elektronischen Datenverarbeitung aus Unternehmens-, Privatkunden- und Anlegersicht, gehört sehr viel mehr dazu, um die Herausforderungen des globalen und gesellschaftlichen Wandels zu meistern. Immerhin waren 2015 rund 20 Mrd. Geräte und Maschinen über das Internet vernetzt. 2030 dürfte es eine halbe Billion sein. Werfen wir einen Blick auf die Leitrichtlinien und die Ziele einiger Geschäftsberichte von Index-Nebenwertefirmen zwecks Präsentation auf den Hauptversammlungen 2015:

Beispiel BayWa AG, München, SDAX (WKN 519 406)

➤ **Mehr Zukunft.** Digitale Perspektiven – das Internet der Dinge: *„Industrie 4.0 und Digitalisierung läuten eine revolutionäre Entwicklung ein. Das bisherige Prinzip industrieller Produktion, das da lautet: noch größer, noch schneller, noch besser, funktioniert künftig nur bedingt. Es verlangt ganz neue und innovative Produkt- und Geschäftsmodellansätze: smarte, intelligente Produkte und ebensolche Dienstleistungen. Die Digitalisierung ist nicht aufzuhalten, und sie wird alle Lebensbereiche erfassen. Daraus der Beste zu machen, liegt – wie bei allen revolutionären Umwälzungen zuvor – in der Verantwortung der Menschen.“*

➤ **Mehr Wissen.** Die Digitalisierung von Industrie und Gesellschaft: *„Die Digitalisierung bietet enorme Chancen – auf allen Gebieten. Sie bringt aber auch Herausforderungen mit sich. Eine der großen Zielsetzungen wird sein, IT-Sicherheit, Datenschutz und Schutz der Privatsphäre zu gewährleisten. Denn um all diese Neuerungen umsetzen zu können, müssen die Daten in die Cloud, wo sie mit anderen Daten zusammengeführt und ausgewertet werden können.“*

Beispiel BECHTLE AG, Neckarsulm, TecDAX (WKN 515 870)

„Industrie 4.0 als Turbo und Wachstumsmotor der Wirtschaft –
Wertschöpfungspotenzial für Deutschland bis 2025:

➤ *23 Milliarden Euro im Maschinen- und Anlagenbau*
➤ *15 Milliarden Euro im Automobilbau*
➤ *14 Milliarden Euro in der Informations- und Kommunikationstechnik*
➤ *12 Milliarden Euro in der chemischen Industrie*
➤ *3 Milliarden Euro in der Landwirtschaft“*

Elektronische Datenverarbeitung: Wichtige Partner beim Reagieren auf globale und gesellschaftliche Veränderungen

Die Softwarebranche wird geprägt von Big Data, der Digitalisierung in der vernetzten Datenwelt, dem Cloud-Computing, also Auslagerung eigener Firmendaten in Softwarehäuser. Die leistungsfähigsten IT-Spezialisten wachsen kräftig. Der IT-Markt wird einerseits durch Übernahmen und Fusionen gekennzeichnet. Umgekehrt bereitet der Mangel an qualifizierten Arbeitskräften große Sorgen. Hier wird der Flüchtlingszustrom in nächster Zeit wenig ändern. Die meisten führenden deutschen IT-Unternehmen sind im TecDAX notiert. Aber es gibt weitere chancenreiche Aktien aus dem Prime und Entry Standard, die es wert sind, beobachtet zu werden.

Die auf Cloud-Computing spezialisierten IT-Firmen verdienen mit der Vernetzung von Hausgeräten, Uhren, Brillen, Messgeräten und Gesundheits-Apps viel Geld. Das Wachstumspotenzial ist riesig. Parallel dazu müssen Datensicherheit und Datenschutz effizienter und das Eindringen von Hackern erschwert werden. Auf dem IT-Weltgipfel im Nov. 2015 ging es nicht nur um den Online-Hochgeschwindigkeits-Express, sondern um mehr Datensicherheit bei Softwarefirmen und Anwendern. Für Privatanleger in diesem Sektor gilt: Breit streuen, Gewinne laufen lassen, bei dreistelligem Kapitalertrag Teilverkauf vornehmen. Gesundheits-, Immobilien- und Softwareaktien waren Börsen-Spitzenreiter 2014/2015 mit Allzeithochs. Die Kurslisten überzeugen. Value ist eben nicht alles. Hier begeistert Growth.

Deutsche IT/Softwareaktien: Schwerpunkt TecDAX				
Aktien/ Unternehmen	WKN 720 327	Kurs am 27.05.16	52-Wochen- Hoch/Tief	Kursentwicklung 1, 3, 5 Jahre
Bechtle	515 870	99,40 €	99,75/64,95 €	+51/+161/+211 %
TecDAX, Informationstechnik Firmenkunden, IT-Strategieberatung/Projektplanung; KGV 18,4, Marktkapitalisierung 2,08 Mrd. €, Eigenkapitalquote 54 %, Buchwert 28 €, Ergebnis je Aktie 3,63/4,42/4,89/5,38 €, Dividende 1,40 €, Dividendenrendite 1,4 %				
Cancom	541 910	49,85 €	50,20/28,60 €	+44/+196/+413 %
TecDAX, IT-Infrastruktur, herstellerunabhängiges Systemhaus, Komplettanbieter; KGV 18,6, Marktkapitalisierung 801 Mio. €, Eigenkapitalquote 47 %, Buchwert 12 €, Ergebnis je Aktie 0,86/1,50/2,25/2,64 €, Dividende 0,60 €, Dividendenrendite 1,2 %				
CompuGroup	543 730	39,15 €	40,05/24,50 €	+35/+120/+278 %
TecDAX, Software/Kommunikationslösung/Vernetzung Ärzte/Zahnärzte/Kliniken; KGV 20, Marktkapitalisierung 2,0 Mrd. €, Eigenkapitalquote 24,3 %, Buchwert 3,3 €, Ergebnis je Aktie 0,53/0,88/1,11/1,87 €, Dividende 0,40 €, Dividendenrendite 1,1 %				

Aktien/ Unternehmen	WKN 720 327	Kurs am 27.05.16	52-Wochen- Hoch/Tief	Kursentwicklung 1, 3, 5 Jahre
GFT Technologie	580 060	21,50 €	32,70/16,75 €	+11/+450/+427 %
TecDAX, integrierte Business-Lösungen, gesamte Wertschöpfungskette, Logistik; KGV 16,8, Marktkapitalisierung 557 Mio. €, Eigenkapitalquote 38 %, Buchwert 4,5 €, Ergebnis je Aktie 0,76/1,01/1,00/1,25 €, Dividende 0,35 €, Dividendenrendite 1,7 %				
Nemetschek	645 290	52,25 €	52,50/26,30 €	+84/+352/+526 %
TecDAX, Software deckt volle Wertschöpfungskette ab: Planen/Bauen/Verwalten; KGV 33, Marktkapitalisierung 1,98 Mrd. €, Eigenkapitalquote 44 %, Buchwert 3,9 €, Ergebnis je Aktie 0,82/0,93/1,20/1,54 €, Dividende 0,55 €, Dividendenrendite 1,1 %				
RIB Software	A0Z 2XN	8,95 €	17,00/8,40 €	-38/+128/+46 %
TecDAX, Softwarelösungen für 5D-Bau/Planung/Ausführung, Infrastrukturprojekte; KGV 30, Marktkapitalisierung 423 Mio. €, Eigenkapitalquote 86 %, Buchwert 6,0 €, Ergebnis je Aktie 0,52/0,24/0,23/0,30 €, Dividende 0,18 €, Dividendenrendite 2,0 %				
SAP	716 460	72,85 €	75,75/53,95 €	+8/+22/+72 %
DAX, Softwarelösungen für Mittelständler, Branchen: Handel/Finanzen/Hightech, KGV 16,4, Marktkapitalisierung 85,7 Mrd. €, Eigenkapitalquote 51 %, Buchwert 15 €, Ergebnis je Aktie 2,75/2,56/3,31/4,26 €, Dividende 1,30 €, Dividendenrendite 1,6 %				
Software AG	330 400	34,50 €	36,70/22,80 €	+28/+31/-9 %
TecDAX, Infrastruktursoftware/Service Geschäftsprozessmanagement, 70 Länder; KGV 21,6, Marktkapitalisierung 596 Mio. €, Eigenkapitalquote 82 %, Buchwert 10 €, Ergebnis je Aktie 1,68/1,87/2,06/2,33 €, Dividende 0,90 €, Dividendenrendite 1,9 %				

Ein Hase-/Igel-Rennen: Bessere Software? Mehr IT-Kriminalität?

> **Die Softwareingenieure erfolgreicher Datenverarbeitungs-Unternehmen arbeiten unablässig daran, ihre IT für sich und die Kunden auf technologisch höchstem Sicherheitsniveau zu entwickeln. Umgekehrt werfen Hacker und kriminelle Spezialisten all ihr Wissen, Können und ihre Kreativität in die Waagschale, um sich dennoch in Datennetze einzuschleichen, Riesenschäden anzurichten und finanziell kräftig abzusahnen. Jede zweite Konsumgüterfirma war schon Opfer von Cyberkriminalität.**

Es ist ein Wettlauf wie zwischen Hase und Igel. Firmen verfügen heute zu 100 % über Passwortschutz, Firewalls und Virenscanner, zu 80 % über verschlüsselte Netzwerkverbindungen und zu 45 % über verschlüsselte Daten von Datenträgern und E-Mails. Dennoch verursacht Computerkriminalität Kosten in Milliardenhöhe. Es drohen Umsatzeinbußen durch Plagiate, Patentrechtsverletzungen, Verlust von Wettbewerbsvorteilen infolge Diebstahls oder Schädigung von IT-Systemen. Die Versicherungskonzerne sehen Großchancen für Policen gegen Cyberattacken.

Chancenreiche kleinere deutsche Softwarefirmen				
Aktien/Unternehmen	WKN	Kurs am 27.05.16	52-Wochen- Hoch/Tief	Kursentwicklung 1, 3, 5 Jahre
Adesso	A0Z 23Q	28,70 €	28,70/16,10 €	+79/+243/+291 %
KGV 19, Wert 154 Mio. €, Ergebnis/Aktie 0,82/1,18/1,38 €, Dividende 0,35 €/1,3 %				
Atoss Software	510 440	63,55 €	75,50/36,25 €	+48/+137/+268 %
KGV 24, Wert 233 Mio. €, Ergebnis/Aktie 1,91/2,16/2,42 €, Dividende 1,00 €/1,7 %				
CENIT	540 710	18,35 €	23,50/14,40 €	+14/+99/+263 %
KGV 17, Wert 153 Mio. €, Ergebnis/Aktie 0,87/0,95/1,07 €, Dividende 1,00 €/5,5 %				
Datagroup	A0J C8S	14,35 €	15,25/10,65 €	+11/+131/+123 %
KGV 14, Wert 112 Mio. €, Ergebnis/Aktie 0,65/0,84/1,01 €, Dividende 0,30 €/2,0 %				
InVision	585 969	45,00 €	53,90/36,50 €	+7/+188/+139 %
KGV 15, Wert 101 Mio. €, Ergebnis/Aktie 0,95/1,88/2,97 €, Dividende 1,00 €/2,2 %				
KPS	A1A 6V4	9,20 €	10,20/5,35 €	+42/+370/+620 %
KGV 13, Wert 314 Mio. €, Ergebnis/Aktie 0,53/0,62/0,71 €, Dividende 0,32 €/3,5 %				
Mensch & Ma.	658 080	14,25 €	14,45/6,35 €	+120/+184/+181 %
KGV 21, Wert 216 Mio. €, Ergebnis/Aktie 0,24/0,51/0,65 €, Dividende 0,28 €/2,0 %				
USU Software	A0B VU2	20,10 €	21,50/13,55 €	+23/+135/+306 %
KGV 18, Wert 198 Mio. €, Ergebnis/Aktie 1,46/1,55/1,50 €, Dividende 0,58 €/2,1 %				

Digitalisierung verändert Strukturen von Branchen und Arbeitswelt

Längst reagieren nicht nur Softwarekonzerne auf den Digitalisierungsmegatrend. Innovative Firmen nutzen Chancen beherzt und bauen ihre Marktnische aus. Die Aktienkurse börsennotierter AGs dürften längerfristig steigen, wenn die Arbeit im Ökosystem Digitalisierung neu organisiert und an einer nachhaltigen, offenen, auf Wertschätzung gründenden Ergebniskultur gefeilt wird. Mitarbeiter müssen sich digital qualifizieren und ihre Anforderungsprofile verinnerlichen.

Nachdem 97 % aller Firmen Bedarf an digitaler Weiterbildung anmelden, sind im Bildungssektor die Weichen auf Grün gestellt. Für Siemens-Chef Joe Kaeser ist *„die Digitalisierung die Schicksalsfrage der deutschen Industrie".* Christian Illek, Personalvorstand der Deutschen Telekom bestätigt, dass sich die Arbeit dramatisch verändert: *„Arbeit muss im Ökosystem Digitalisierung neu organisiert werden. Die Personalressorts müssen handeln."* Jochen Kienbaum, Chef von Kienbaum Consultants, erklärt: *„Junge Leute wollen an Zukunftsthemen arbeiten, und die sind heute digital. Wenn eine Firma das nicht bietet, fällt sie schnell zurück."*

2.1.3 Weitere Branchen als Nutznießer großer gesellschaftlicher Veränderungen

❶ Internet, Medien, Online-Portale, Netzwerke, Telekom: Riesige Produktvielfalt durch industrielle Revolution 4.0

Der Gesamtnutzen durch intelligente Vernetzung beträgt pro Jahr 56 Mrd. €. Durch den Internetsiegeszug verstärkt sich der Wettbewerb bei Telekom- und Netzwerkanbietern, Online-Portalen und Sozialplattformen. Nur wer ein innovatives Geschäftsmodell pflegt, sich durch Ideenreichtum abhebt, eine attraktive Marke aufbaut, nachhaltig wirtschaftet und neben dem Wachstum den Gewinn steigert, macht dauerhaft das Rennen. Dazu zählen Film, Fernsehen, Presse und Werbung, Print und Online, Big Data, die rasant fortschreitende Digitalisierung und Vernetzung. Die Medienwelt von heute beeinflusst unser Denken und Handeln in nahezu allen Lebensbereichen. Die hier erfassten deutschen Aktien stammen vor allem aus dem TecDAX, MDAX, SDAX. Als dividendenstark mit Renditen von 4 % bis über 5 % aus den deutschen Nebenwerte-Börsenbarometern sind Drillisch, Freenet, Telefónica Deutschland und RTL Group zu nennen.

Kluge Worte eines Vorstandsvorsitzenden zur Industrie 4.0

Firmenchef Dr. Thomas Ohlemotz berichtet im Vorwort „SPECIAL RELEASE" der Bechtle AG unter dem Titel INDUSTRIE 4.0: *„Die Idee der Vernetzung von beinahe allem mit jedem übt große Faszination aus. Das ist gut, löst aber noch keine industrielle Revolution aus. Dafür braucht es mehr: Nur wer Offenheit gegenüber anderen Disziplinen zeigt, wem am Austausch von Wissen und Erfahrung gelegen ist und wer Forschung nicht als Theorie, sondern als Vorreiter der Praxis von morgen begreift, dem erschließt sich der Nutzen von Industrie 4.0 für unsere gesamte Wirtschaft, für unsere Arbeitswelt und für unser Verhalten als Konsument.*

Die Wissensgesellschaft ersetzt oder verdrängt nicht etwa die Industriegesellschaft. Vielmehr ergänzen sich beide. Deshalb führt auch an der engen Zusammenarbeit von Herstellern, Dienstleistern und Forschungszentren kein Weg vorbei. Die Chance der Produktion liegt mehr denn je in der effizienten Nutzung der wichtigsten Ressource Wissen – und die IT spielt dabei eine zentrale Rolle. Ganz gleich, ob wir Industrie 4.0 tatsächlich als Revolution oder schlicht als dynamische Weiterentwicklung betrachten. – Unbestritten bleibt, dass die mit hohem Tempo fortschreitende Digitalisierung allumfassend ist, dass sie neue Geschäftsmodelle hervorbringt und für uns alle große Herausforderungen, aber auch ungeahnte Möglichkeiten im Berufs- wie Privatleben bereithält. Deshalb tun wir gut daran, uns dem Thema Industrie 4.0 zu stellen."

Aktienauswahl aus der DAX-Familie: Medien/Internet

Aktien/ Unternehmen	WKN	Kurs am 27.05.16	52-Wochen- Hoch/Tief	Kursentwicklung 1, 3, 5 Jahre
Adva Optical	510 300	8,80 €	12,05/6,00 €	+45/+125/+82 %

TecDAX, Telekommunikations-/Infrastrukturlösungen und Netzwerk-Management; KGV 10, Marktkapitalisierung 426 Mio. €, Eigenkapitalquote 55 %, Buchwert 4,4 €, Ergebnis je Aktie 0,17/0,55/0,64/0,86 €, Dividende 0,00 €, Dividendenrendite 0,0 %

Axel Springer	550 135	51,20 €	55,45/42,35 €	+0,5/+50/+52 %

MDAX, führender Medienkonzern Print/Online, größter deutscher Zeitungsverlag; KGV 19, Marktkapitalisierung 5,4 Mrd. €, Eigenkapitalquote 43 %, Buchwert 13,2 €, Ergebnis je Aktie 2,08/2,53/2,30/2,63 €, Dividende 1,90 €, Dividendenrendite **3,8 %**

CTS Eventim	547 030	32,15 €	37,65/26,35 €	+0,5/+105/+174 %

MDAX, Vermarktung von über 100 Mio. Tickets Konzert/Sport/Theater/Live-Events; KGV 25, Marktkapitalisierung 3,03 Mrd. €, Eigenkapitalquote 32 %, Buchwert 3,1 €, Ergebnis je Aktie 0,80/0,93/1,06/1,25 €, Dividende 0,50 €, Dividendenrendite 1,6 %

Dt. Telekom	555 750	15,95 €	17,55/13,55 €	+1/+72/+58 %

DAX, führender Telekommunikations-/Informationstechnologiekonzern, 50 Länder; KGV 16, Marktkapitalisierung 73,0 Mrd. €, Eigenkapitalquote 26,5 %, Buchwert 6 €, Ergebnis je Aktie 0,65/0,71/0,81/0,98 €, Dividende 0,60 €, Dividendenrendite **3,8 %**

Drillisch	554 550	37,20 €	49,50/29,35 €	-13/+185/+330 %

TecDAX, netzunabhängige Telekommunikation für mobile Sprach-/Datendienste; KGV 26, Marktkapitalisierung 2,1 Mrd. €, Eigenkapitalquote 51 %, Buchwert 4,8 €, Ergebnis je Aktie 1,03/0,85/0,89/1,43 €, Dividende 1,80 €, Dividendenrendite **4,7 %**

Freenet	A0Z 2ZZ	25,00 €	33,10/24,15 €	-17/+40/+176 %

TecDAX, Provider, eigene Netzinfrastruktur, Vermarkter Mobilfunkdienstleistungen; KGV 12, Marktkapitalisierung 3,1 Mrd. €, Eigenkapitalquote 50,6 %, Buchwert 8,9 €, Ergebnis je Aktie 1,93/1,73/1,95/2,03 €, Dividende 1,60 €, Dividendenrendite **6,6 %**

GFK	587 530	34,60 €	42,00/25,40 €	+0,5/-10/-6 %

SDAX, führendes Marktforschungs-Unternehmen, Service für wichtige Branchen; KGV 10, Marktkapitalisierung 1,2 Mrd. €, Eigenkapitalquote 39 %, Buchwert 18,7 €, Ergebnis je Aktie 0,16/1,01/2,54/3,27 €, Dividende 0,80 €, Dividendenrendite 2,4 %

Pro7SAT.1	PSM 777	45,90 €	50,95/38,00 €	+3/+49/+167 %

DAX-Aufstieg 2016, TV-Medienkonzern, 41 Mio. deutschsprachige Haushalte; KGV 16, Marktkapitalisierung 9,78 Mrd. €, Eigenkapitalquote 18 %, Buchwert 2,5 €, Ergebnis je Aktie 1,62/1,83/2,35/2,72 €, Dividende 2,00 €, Dividendenrendite **4,5 %**

Aktien/ Unternehmen	WKN	Kurs am 27.05.16	52-Wochen- Hoch/Tief	Kursentwicklung 1, 3, 5 Jahre
RTL Group	861 149	82,65 €	87,90/68,00 €	+0,5/+36 %/IPO

MDAX, führendes Entertainment-Netzwerk, 54 Fernsehsender, 29 Radiostationen; KGV 15, Marktkapitalisierung 12,3 Mrd. €, Eigenkapitalquote 41,6 %, Buchwert 14 €, Ergebnis je Aktie 4,25/5,14/4,94/5,25 €, Dividende 3,40 €, Dividendenrendite **4,3 %**

Scout 24	A12 DM8	34,35 €	37,15/24,75 €	+15 %/Neuemission

SDAX, digitale Anzeigenplattformen im Finanzbereich für Immobilien-/Automarkt; KGV 26, Marktkapitalisierung 3,6 Mrd. €, Eigenkapitalquote 48 %, Buchwert 9,9 €, Ergebnis/Aktie -0,19/+0,77/+0,75/+1,3 €, Dividende 0,45 €, Dividendenrendite **3,2 %**

Ströer Media	749 399	49,35 €	64,10/36,55 €	+29/+483/+161 %

MDAX, Außen-/Online-Werbung, integrierte Premium-Kommunikations-Lösungen, KGV 15, Marktkapitalisierung 3,6 Mrd. €, Eigenkapitalquote 42,4 %, Buchwert 8,6 €, Ergebnis je Aktie 0,43/1,16/2,04/3,31 €, Dividende 0,80 €, Dividendenrendite 1,6 %

Tele Columbus	TCA G17	8,60 €	10,25/6,75 €	-7 %/Börsengang

SDAX, Kabelnetze, digitale Programm-Pakete Internet/Telefon, 1,7 Mio. Kunden; KGV 29, Marktkapitalisierung 1,03 Mrd. €, Eigenkapitalquote 25 %, Buchwert 4,2 €, Ergebnis/Aktie -0,84/-1,05 €/+0,13/+0,28 €, Dividende 0,0 €, Dividendenrendite 0 %

Telefónica Dt.	A1J 5RX	4,20 €	6,00/4,05 €	-18/-10 %/IPO

TecDAX, Telekommunikationsanbieter Deutschland, 50 Mio. Kundenanschlüsse; KGV negativ, Börsenwert 12,15 Mrd. €, Eigenkapitalquote 62 %, Buchwert 3,23 €, Ergebnis/Aktie -0,45/-0,13/-0,10/-0,03 €, Dividende 0,25 €, Dividendenrendite **6,1 %**

United Internet	508 903	42,50 €	51,95/37,75 €	+0,5/+94/+220 %

TecDAX, unterschiedliche Internet-/Zugangsprodukte/Applikationen Firmen/Private; KGV 17, Marktkapitalisierung 8,9 Mrd. €, Eigenkapitalquote 29,7 %, Buchwert 5,0 €, Ergebnis je Aktie 2,28/1,80/1,91/2,53 €, Dividende 0,80 €, Dividendenrendite 1,8 %

Wirecard	747 206	39,65 €	48,90/29,50 €	+6/+89/+233 %

TecDAX, elektronische Zahlungs-/Risiko-Management-Lösungen, 15.000 Firmen; KGV 20, Marktkapitalisierung 5,1 Mrd. €, Eigenkapitalquote 44 %, Buchwert 10,2 €, Ergebnis je Aktie 0,89/1,16/1,70/2,06 €, Dividende 0,15 €, Dividendenrendite 0,4 %

XING	XNG 888	170,45 €	200,0/135,5 €	+3/+266/+223 %

TecDAX, Plattform Geschäft/Job/Karriere, 9 Mio. Mitglieder, 74.000 Fachgruppen; KGV 31, Marktkapitalisierung 966 Mio. €, Eigenkapitalquote 43 %, Buchwert 9,9 €, Ergebnis je Aktie 1,11/3,15/4,28/5,46 €, Dividende 1,40 €, Dividendenrendite 0,8 %

Anmerkung: Der halbjährige Auf- und Abstieg ändert die Zusammensetzung.

❷ Industriebereich Schwerpunkt Elektronik/Elektrotechnik: Hightech als Nutznießer des globalen Wandels

Die 4. industrielle Evolution mit Internet der Dinge und Digitalisierungsmegatrend mischt die Karten neu – bei Mittelständlern und Großkonzernen rund um den Globus. Es wird neue Produkte, Prozesse, Verfahren und Dienstleistungen geben, die unserer heutigen Vorstellungswelt die Grenzen aufzeigen. Und 60 % der künftigen Berufe kennen wir heute noch nicht. Was uns die Industrie 4.0 aber in diesem und nächstem Jahrzehnt sowie in einem halben Jahrhundert insgesamt beschert, das lässt sich nicht verlässlich voraussagen. Fest steht jedoch, dass der demografische Wandel mit dem immer höheren prozentualen Anteil älterer Menschen die Bedürfnisse und Wünsche, Infrastruktur, Lebens- und Wohnformen entscheidend verändert. Es ist wie ein Marathonlauf auf der Olympiade, wo schon längst nicht mehr gilt: *„Dabei sein ist alles!"*

Die deutsche Elektrotechnik befindet sich weiter auf Rekordkurs und dürfte 2015 die imposanten Zuwachsraten von 2014 nochmals überbieten. Großen Anteil daran hat der Export. Die Ausfuhren lagen um mehr als 6 % über dem hohen Vorjahresniveau und erreichten einen Rekord von 13,3 Mrd. €, teilte der Branchenverband ZVEL mit. Den Löwenanteil hatten die Lieferungen in die USA mit einem Anstieg um über 15 % auf 1,2 Mrd. €. Auch die Vorausschau für 2016 überzeugt. Die Weichen stehen auf Grün.

Die neuen Möglichkeiten in der Haushaltselektronik, z. B. vom Sofa aus alles bequem steuern – wie Kühlschrank kontrollieren, elektronischen Einkaufszettel erstellen, Wasch- und Spülmaschine bedienen, Rollläden aktivieren, Heizung ein- und ausschalten –, sind trotz intensiver Werbung bei den Verbrauchern bislang weniger gefragt als erhofft. Vielleicht spielt dabei eine Rolle, dass viele Leute mit mir darin übereinstimmen, dass es keineswegs schädlich, sondern gesund und kostensparend ist, sich in seinen vier Wänden zu bewegen, anstatt der Bequemlichkeit ständig Tribut zu zollen. Und was passiert, wenn die Technik nicht funktioniert?

Die Aktienauswahl im Industrie- und Technologiebereich wird belastet durch vielfältige Überschneidungen mit Automobilindustrie, Chemie, Pharma, Medizintechnik, Maschinenbau, Konsumgütern und Internet. Außerdem sind etliche Unternehmen in mehreren Branchen tätig. Dies gilt vornehmlich für die weltweit tätigen Mischkonzerne. **Einige Beispiele:** Wo würden Sie den Windrad-Turbinenhersteller Nordex aus dem TecDAX einordnen? Erneuerbare Energie, Technologie oder beides? Ist Continental aus dem DAX ein Autozulieferer oder ein globaler Technologiekonzern, der es verdient, in beiden Bereichen aufgelistet zu werden? Und wie sieht es mit Alphabet (Google) aus? Hightech pur mit neuen Kreativ-Ideen oder Netzwerk mit Suchmaschine, Automobilzulieferer oder Biotechkonzern?

Elektrotechnik und Elektronik als deutsche Wachstumstreiber

Untersuchen wir das Nettoergebnis bzw. den Reingewinn der weltweit besten Unternehmen, so führt die Sparte Elektro/Elektronik unter Einbindung von Vernetzung, Digitalisierung und Internet der Dinge klar die Rangliste an. Es sind die amerikanischen Giganten Alphabet bzw. Google, Apple, Microsoft und General Electric. Das Exportgeschäft der deutschen Elektroindustrie läuft auf Hochtouren. Technologie mit Big Data, künstlicher Intelligenz, Robotik und Internet der Dinge darf nicht nur wissenschaftlichen Ehrgeiz und Forscherdrang befriedigen, sondern muss dem Menschen dienen. Nicht alles, was möglich erscheint, wird gebraucht und ist sicher. Die Gefahr liegt im Missbrauch zu schützender Daten, kriminellem Abgreifen auf dem Weg zum gläsernen Menschen. Technologie darf nicht dazu führen, dass sich immer mehr Menschen überfordert fühlen und sich in Richtung gesellschaftliches Abstellgleis bewegen. Es ist schwierig, vernunftbetont abzuschätzen, was dem eigenen Wohlbefinden und Glücksgefühl, der Gesunderhaltung, den familiären, beruflichen und privaten Ansprüchen gerecht wird. Werbung dient dazu, Umsatz und Ertrag zu erhöhen. All das kostet viel Geld.

Konsequenzen aus dem demografischen Wandel: Wer länger lebt, braucht mehr Geld mit dem Ziel, den Ruhestand ohne Geldnot zu genießen. Die richtigen Aktien, wozu Technologie/Industrie zählen, ermöglichen es, Vermögen aufzubauen, statt zu verzehren. Da Sie zu den Siegern zählen, wenn Sie mindestens 14 Jahre breit gestreut in Aktien anlegen, freuen Sie sich, wenn Sie bereits investiert sind. Je nach Streuung, Aktienauswahl, Strategie und Börsenwissen wurden seit 1991 jährlich im Schnitt 8 % Rendite erreicht. Zaudern Sie nicht! Beginnen Sie, Ihr ETF- und Aktiendepot auszubauen. Jedes Hinauszögern kann bei ungenutzten Chancen nachteilig sein. Verpassen Sie nicht den Start für Vermögensaufbau und erfolgreiche Altersvorsorge bei scharfer Korrektur und übertriebener Abstrafung.

Konsumgüterindustrie, Chemie, Anlagen- und Maschinenbau stelle ich in eigenen Abschnitten mit Kurslisten dar. Der demografische Wandel mit längerer Lebenserwartung und großen gesellschaftlichen Veränderungen führt zu Umbrüchen, Neuentwicklungen bei Produkten und Dienstleistungen, Logistik und Vertrieb. Industrie 4.0, Internet der Dinge, Digitalisierungs- und Vernetzungstrend eröffnen neue Möglichkeiten. Zu befürchten sind aber ebenso Verwerfungen und der Niedergang bestimmter Geschäftsfelder, Sparten und Berufe. Hirnforscher warnen vor digitalisierter Überfütterung bei Kindern und Jugendlichen durch Smartphones, erkennbar an zunehmender Konzentrationsschwäche und Oberflächlichkeit.

Ein Blick auf die „schwarze Liste 2015" im Ein-, Drei- und Fünfjahresvergleich: Platz 2 und 6 der größten Kapitalvernichter belegen im Industrie- und Techniksektor Singulus mit -71/-78/-90 % und Aixtron mit -56/-54/-84 %. Aixtron erholt sich jedoch, wie der Jahresverlauf mit +31 % zeigt.

DAX-Familie Elektrotechnik/Elektronik/Industriebereich (ohne Auto, Chemie, Maschinenbau, Konsum, Pharma)				
Aktien/ Unternehmen	**WKN**	**Kurs am 27.05.16**	**52-Wochen- Hoch/Tief**	**Kursverlauf 1, 3, 5 Jahre**
Airbus Group	938 914	55,90 €	68,50/50,00 €	**-14/+32/+150 %**
MDAX, Europas größter Luft-/Raumfahrtkonzern, zivile Luftfahrt, Kampfflugzeuge; KGV 13, Marktkapitalisierung 42,3 Mrd. €, Eigenkapitalquote 5,6 %, Buchwert 6,5 €, Ergebnis je Aktie 2,99/3,43/3,44/4,13 €, Dividende 1,40 €, Dividendenrendite **2,6 %**				
Aixtron	A0W MPJ	5,65 €	7,75/2,90 €	**-20/-54/-79 %**
TecDAX, Beschichtungsanlagen für Halbleiterindustrie; Bauelemente Elektronik; KGV neg., Marktkapitalisierung 627 Mio. €, Eigenkapitalquote 82 %, Buchwert 3,5 €, Ergebnis/Aktie -0,56/-0,28/-0,19/-0,05 €, Dividende 0,0 €, Dividendenrendite 0,0 %				
Braas Monier	BMS A01	26,20 €	27,10/15,80 €	**+8 %/Neuemission**
SDAX, für geneigte Dächer: Schorn-/Ziegelsteine/Komponenten/Lüftungssysteme**;** KGV 12,7, Marktkapitalisierung 944 Mio. €, Eigenkapitalquote 10 %, Buchwert 3,4 €, Ergebnis je Aktie 1,07/1,41/1,55/1,90 €, Dividende 0,50 €, Dividendenrendite 2,1 %				
Continental	543 900	205,35 €	228,7/166,9 €	**+29/+148/+267 %**
DAX, Reifen/Komponenten/Module, Fahrdynamik/Sicherheits- und Bremssysteme; KGV 10, Marktkapitalisierung 33,3 Mrd. €, Eigenkapitalquote 40 %, Buchwert 60,7 €, Ergebnis je Aktie 11,9/13,61/15,0/16,4 €, Dividende 4,25 €, Dividendenrendite 2,6 %				
Covestro	606 214	**37,50 €**	**37,50**/24,50 €	**+9 %/Neuemission**
MDAX, Abspaltung von BAYER, Kunststoffindustrie, Hightech-Polymerwerkstoffe; KGV 11, Marktkapitalisierung 6,99 Mrd. €, Eigenkapitalquote 34 %, Buchwert 17 €, Ergebnis je Aktie 1,37/2,21/2,64/3,05 €, Dividende 0,90 €, Dividendenrendite 2,6 %				
Dialog Semicond.	927 200	29,15 €	53,85/24,15 €	**-41/+147/+120 %**
TecDAX, GB, integrierte Halbleiterlösung, Multimedia/Hörfunk, mobile Applikation; KGV 11, Marktkapitalisierung 2,17 Mrd. €, Eigenkapitalquote 79 %, Buchwert 12 €, Ergebnis je Aktie 1,55/2,18/3,16 €/2,82 €, Dividende 0,0 €, Dividendenrendite 0,0 %				
DÜRR	556 520	70,15 €	95,50/49,70 €	**-25/+39/+448 %**
MDAX, Lackieranlagen/Endmontagewerke, Systemanbieter Auto-/Elektroindustrie; KGV 12,6, Marktkapitalisierung 2,4 Mrd. €, Eigenkapitalquote 24 %, Buchwert 18 €, Ergebnis je Aktie 4,33/4,82/5,08/5,49 €, Dividende 1,90 €, Dividendenrendite 2,7 %				
Evonik	EVN K01	26,60 €	37,75/24,50 €	**-22/-15 %/IPO**
MDAX, Produkte für Kunststoff-/Gummi-Industrie, weltweiter Vertrieb, 24 Standorte; KGV 13, Marktkapitalisierung 12,6 Mrd. €, Eigenkapitalquote 44,6 %, Buchwert 15 €, Ergebnis je Aktie 1,22/2,13/1,79/2,08 €, Dividende 1,15 €, Dividendenrendite **4,3 %**				

Aktien/ Unternehmen	WKN	Kurs am 27.05.16	52-Wochen- Hoch/Tief	Kursverlauf 1, 3, 5 Jahre
GEA Group	660 200	41,05 €	44,90/31,25 €	-8/+46/+79 %

MDAX, Systemanbieter Nahrungsmittelindustrie, Prozesstechnik, Komponenten;
KGV 17, Marktkapitalisierung 7,9 Mrd. €, Eigenkapitalquote 46,5 %, Buchwert 14 €,
Ergebnis je Aktie 1,66/1,88/2,00/2,38 €, Dividende 0,85 €, Dividendenrendite 2,1 %

Gerresheimer	A0L D6E	70,95 €	76,45/50,40 €	+33/+52/+120 %

MDAX, Anbieter hochwertiger Verpackungs-/Systemlösungen für Glas/Kunststoffe;
KGV 15,7, Marktkapitalisierung 2,2 Mrd. €, Eigenkapitalquote 29 %, Buchwert 19 €,
Ergebnis je Aktie 2,11/2,32/3,19/4,43 €, Dividende 1,00 €, Dividendenrendite 1,4 %

Grammer	589 540	36,40 €	36,70/18,40 €	+1/+37/+106 %

SDAX, Komponenten/Systeme für Fahrer- und Passagiersitze Pkw/Lkw/Bahn/Bus;
KGV 8,9, Marktkapitalisierung 400 Mio. €, Eigenkapitalquote 25,5 %, Buchwert 21 €,
Ergebnis je Aktie 3,09/2,10/2,91/3,92 €, Dividende 0,80 €, Dividendenrendite 2,3 %

HeidelbergCement	604 700	76,45 €	80,05/58,65 €	+1/+31/+61 %

DAX, internationaler Hersteller/Händler für Bauindustrie, Zement/Beton/Baustoffe;
KGV 12,3, Marktkapitalisierung 14,3 Mrd. €, Eigenkapitalquote 51 %, Buchwert 79 €,
Ergebnis je Aktie 2,59/4,26/4,98/6,11 €, Dividende 1,50 €, Dividendenrendite 2,0 %

Infineon	623 100	13,35 €	14,20/8,35 €	+14/+113/+71 %

DAX, Halbleitertechnologie/Systemlösungen Mobilität/Sicherheit/Energieeffizienz;
KGV 15, Marktkapitalisierung 14,3 Mrd. €, Eigenkapitalquote 53 %, Buchwert 4,0 €,
Ergebnis je Aktie 0,48/0,56/0,65/0,82 €, Dividende 0,22 €, Dividendenrendite 1,7 %

Jenoptik	622 910	14,40 €	15,25/10,30 €	+19/+52/+126 %

TecDAX, Optoelektronik für Halbleiter/Halbleiterausrüstung, Automotive, Medtech;
KGV 14,5, Marktkapitalisierung 792 Mio. €, Eigenkapitalquote 57 %, Buchwert 7,4 €,
Ergebnis je Aktie 0,73/0,87/0,87/0,95 €, Dividende 0,24 €, Dividendenrendite 1,7 %

KION Group	KGX 888	49,25 €	52,10/36,05 €	+13 %/Neuemission

MDAX, weltweiter Markenanbieter Gabelstapler/Flurförderfahrzeuge/Lagertechnik;
KGV 13,7, Marktkapitalisierung 4,8 Mrd. €, Eigenkapitalquote 29 %, Buchwert 18 €,
Ergebnis je Aktie 1,79/2,24/2,75/3,56 €, Dividende 0,85 €, Dividendenrendite 1,7 %

LEONI	540 888	30,00 €	61,75/23,35 €	-51/-22/-20 %

MDAX, großes Spektrum Drähte/Litzen/Kabel/Bordnetzsysteme/Lichtwellenleiter;
KGV 9,4, Marktkapitalisierung 935 Mio. €, Eigenkapitalquote 35 %, Buchwert 27,4 €,
Ergebnis je Aktie 3,51/2,36/1,71/3,03 €, Dividende 1,00 €, Dividendenrendite 3,5 %

LINDE	648 300	133,50 €	182,1/114,0 €	-24/-12/+17 %

DAX, globaler Technologiekonzern Industriegase/Engineering, aktiv in 100 Ländern;
KGV 16, Marktkapitalisierung 23,7 Mrd. €, Eigenkapitalquote 44 %, Buchwert 74,7 €,
Ergebnis je Aktie 5,94/6,19/6,79/7,83 €, Dividende 3,60 €, Dividendenrendite 2,8 %

Aktien/ Unternehmen	WKN	Kurs am 27.05.16	52-Wochen- Hoch/Tief	Kursverlauf 1, 3, 5 Jahre
MTU Aero Engines	A0D 9PT	84,95 €	94,50/73,10 €	-2/+10/+63 %

MDAX, Triebwerksmodule/Komponenten Flugzeugtriebwerke/Industriegasturbinen; KGV 13, Marktkapitalisierung 4,4 Mrd. €, Eigenkapitalquote 25 %, Buchwert 23,3 €, Ergebnis je Aktie 3,84/4,26/5,34/6,45 €, Dividende 1,80 €, Dividendenrendite 2,1 %

Aktien/ Unternehmen	WKN	Kurs am	52-Wochen-	Kursverlauf
Nordex	A0D 655	25,50 €	33,90/19,75 €	+12/+329/+326 %

TecDAX, Produktion Rotorblätter Windkraftanlagen Megawattklasse, On-/Offshore; KGV 15,8, Marktkapitalisierung 2,4 Mrd. €, Eigenkapitalquote 31 %, Buchwert 4,7 €, Ergebnis je Aktie 0,48/0,65/1,04/1,58 €, Dividende 0,0 €, Dividendenrendite 0,0 %

NORMA	A1H 8BV	45,15 €	52,85/40,05 €	-9/+59/+125 %

MDAX, Produktion Befestigungsschellen, Verbindungselemente und Fluidsysteme; KGV 14,6, Marktkapitalisierung 1,4 Mrd. €, Eigenkapitalquote 37 %, Buchwert 13 €, Ergebnis je Aktie 1,72/2,31/2,59/3,04 €, Dividende 1,00 €, Dividendenrendite 2,2 %

OSRAM	LED 400	37,40 €	55,25/34,45 €	-5 %/Börsengang

MDAX, Siemens-Abspaltung, Lichthersteller/Beleuchtungskörper, neu: Halbleiter; KGV 15,5, Marktkapitalisierung 4,8 Mrd. €, Eigenkapitalquote 52 %, Buchwert 23 €, Ergebnis je Aktie 1,80/1,59/3,71/2,97 €, Dividende 0,90 €, Dividendenrendite 2,3 %

Pfeiffer Vacuum	691 660	84,00 €	117,5/75,70 €	-2/-13/-2 %

TecDAX, führender Produzent Vakuum-Pumpen/-Systeme, Mess-/Analysegeräte; KGV 16, Marktkapitalisierung 923 Mio. €, Eigenkapitalquote 67 %, Buchwert 28,3 €, Ergebnis je Aktie 3,29/4,25/4,71/5,48 €, Dividende 3,40 €, Dividendenrendite 3,9 %

Rational	701 080	425,60 €	473,7/312,1 €	+23/+75/+135 %

MDAX, hochwertige Geräte thermische Speisebereitung Profiköche/Gewerbeküche; KGV 33, Marktkapitalisierung 4,83 Mrd. €, Eigenkapitalquote 74 %, Buchwert 24,5 €, Ergebnis/Aktie 9,68/10,71/11,72/12,86 €, Dividende 8,90 €, Dividendenrendite 2,0 %

Rheinmetall	703 000	60,90 €	71,25/42,35 €	+23/+58/+6 %

MDAX, führender Technologiekonzern Automotive sowie Verteidigungselektronik; KGV 10,9, Marktkapitalisierung 2,6 Mrd. €, Eigenkapitalquote 27 %, Buchwert 34 €, Ergebnis je Aktie 0,47/3,88/4,54/5,46 €, Dividende 1,40 €, Dividendenrendite 2,3 %

Salzgitter	620 200	26,95 €	35,00/16,90 €	-22/-11/-46 %

MDAX, Stahl-Technologiekonzern, Walz- und Flachstahl, Röhrenerzeugnisse; KGV 14,1, Marktkapitalisierung 1,54 Mrd. €, Eigenkapitalquote 35 %, Buchwert 48 €, Ergebnis/Aktie -0,64/-0,89/+0,59/+1,81 €, Dividende 0,25 €, Dividendenrendite 1 %

Sartorius Vorzüge	716 563	242,70 €	261,0/149,7 €	+51/+197/+615 %

TecDAX, Labor-/Prozesstechnologie, Laborinstrumente, Verbrauchsmaterialien; KGV 27, Marktkapitalisierung 2,2 Mrd. €, Eigenkapitalquote 45 %, Buchwert 26,7 €, Ergebnis je Aktie 2,84/7,40/6,94/8,71 €, Dividende 1,77 €, Dividendenrendite 0,8 %

Aktien/ Unternehmen	WKN	Kurs am 27.05.16	52-Wochen- Hoch/Tief	Kursverlauf 1, 3, 5 Jahre
Siemens	723 610	98,20 €	100,8/77,75 €	+1/+23/+14 %

DAX, weltweite Industrie: Elektronik, Elektrotechnik, Energie, Gesundheitswesen; KGV 12,4, Marktkapitalisierung 79,5 Mrd. €, Eigenkapitalquote 29 %, Buchwert 37 €, Ergebnis je Aktie 6,37/8,84/6,47/7,52 €, Dividende 3,60 €, Dividendenrendite **3,9 %**

Siltronic	WAF 300	16,15 €	36,60/12,25 €	-32 %/Neuemission

TecDAX, internationaler Wafer-Produzent, Reinstsilizium für Halbleiterindustrie; KGV 16, Marktkapitalisierung 465 Mio. €, Eigenkapitalquote 48 %, Buchwert 16,6 €, Ergebnis/Aktie -0,90/-0,50/-0,02/+0,95 €, Dividende 0,10 €, Dividendenrendite 0,6 %

SLM Solutions Gr.	A11 133	25,25 €	27,10/13,60 €	+38 %/IPO

TecDAX, Produktion 3D-Metalldrucker; Entwicklung/Montage/Vertrieb der Geräte; KGV 31,8, Marktkapitalisierung 450 Mio. €, Eigenkapitalquote 76 %, Buchwert 5,5 €, Ergebnis je Aktie 0,30/0,12/0,34/0,79 €, Dividende 0,00 €, Dividendenrendite 0,0 %

Süss MicroTec	A1K 023	7,65 €	10,00/4,80 €	+41/-8/-28 %

TecDAX, Anlagen zur Herstellung von Mikroelektronik/System- u. Halbleitertechnik; KGV 13,3, Marktkapitalisierung 145 Mio. €, Eigenkapitalquote 67 %, Buchwert 6,2 €, Ergebnis je Aktie 0,24/0,01/0,42/0,57 €, Dividende 0,0 €, Dividendenrendite 0,0 %

Symrise	SYM 999	56,45 €	64,40/50,50 €	-2/+79/+169 %

MDAX, Duft-/Aroma-/Geschmackstoffindustrie für Nahrungsmittel/Parfum/Kosmetik; KGV 22, Marktkapitalisierung 7,3 Mrd. €, Eigenkapitalquote 38 %, Buchwert 11,3 €, Ergebnis je Aktie 1,48/1,90/2,02/2,53 €, Dividende 0,90 €, Dividendenrendite 1,6 %

ThyssenKrupp	750 000	19,80 €	25,10/12,65 €	-21/+28/-38 %

DAX, Schwerpunkte: Stahl/Industriegüter/Dienstleistungen/Aufzüge/Komponenten; KGV 12, Marktkapitalisierung 10,4 Mrd. €, Eigenkapitalquote 9,3 %, Buchwert 5,6 €, Ergebnis je Aktie 0,38/0,55/0,91/1,48 €, Dividende 0,25 €, Dividendenrendite 1,4 %

Vossloh	766 710	58,00 €	69,50/46,60 €	+2/-26/-37 %

SDAX, Bahninfrastruktur Schienenfahrzeuge/Elektrobusse/Schienenbefestigungen; KGV 19,6, Marktkapitalisierung 803 Mio. €, Eigenkapitalquote 31 %, Buchwert 31 €, Ergebnis je Aktie -6,64/+5,42/+1,99/+3,10 €, Dividende 0,65 €, Div.-Rendite 1,1 %

WashTec	750 750	31,95 €	38,25/18,60 €	+57/+207/+212 %

SDAX, Hochdrucktechnologie; Waschanlagen Pkw, Nutz- und Schienenfahrzeuge; KGV 16,1, Marktkapitalisierung 452 Mio. €, Eigenkapitalquote 42 %, Buchwert 4,1 €, Ergebnis je Aktie 0,91/1,78/1,94/,2,01 €, Dividende 1,30 €, Dividendenrendite **4,0 %**

Wincor Nixdorf	A0C AYB	50,90 €	54,35/32,60 €	+46/+19/+9 %

SDAX, Diebold-Übernahme, Kassen-/Automatisierungs-/Selbstbedienungssysteme; KGV 13, Marktkapitalisierung 1,7 Mrd. €, Eigenkapitalquote 26 %, Buchwert 11,7 €, Ergebnis je Aktie 3,39/0,20/2,98/3,93 €, Dividende 1,20 €, Dividendenrendite 2,3 %

③ Vorzeigebranche Maschinenbau weiterhin chancenreich

In den beiden klassisch geprägten Indizes MDAX und SDAX sind etliche renommierte Maschinenbauer notiert. Dazu zählen substanzstarke, nachhaltig wirtschaftende und seriös bilanzierende Familienfirmen. Die Branche wird belastet durch die von der EU verhängten harten Wirtschaftssanktionen gegenüber Russland und die von Regierungschef Putin eingeleiteten Gegenmaßnahmen. Außerdem erschweren die von China ausgeübte Produktpiraterie, der konjunkturelle Rückschlag im Riesenreich der Mitte sowie dortige Börsenturbulenzen die Wachstums- und Ertragschancen deutscher Maschinenbauer. Allein am 1. Handelstag des neuen Jahres musste die Börse in Hongkong wegen eines Kursabsturzes von über 7 % für weitere Aktivitäten am 04. Jan. 2016 geschlossen werden. So bewegten sich auch die Kurse der DAX-Familie in den Keller mit einem Minus von 4,3 % DAX, 2,5 % MDAX, 2,0 % TecDAX und 1,8 % SDAX. Da behaupte man noch mehrheitlich, dass Nebenwerte zwar besser abschneiden als der Leitindex, dafür aber das Risiko größer und der Kursabsturz massiver sei. Wie sieht es am 26. Juli 2016, wenige Tage vor Skriptabgabe, mit der Kursentwicklung im laufenden Jahr aus? DAX: -4,6 %, TecDAX: -7,6 %, MDAX: +1,1 %, SDAX: +0,3 %.

Deutsche Maschinenbau-Aktien aus der DAX-Familie				
Aktien/ Unternehmen	WKN	Kurs am 27.05.16	52-Wochen- Hoch/Tief	Kursverlauf 1, 3, 5 Jahre
Airbus Group	938 914	55,90 €	68,50/50,00 €	-14/+32/+150 %
MDAX, Europas größter Luft-/Raumfahrtkonzern, zivile Luftfahrt, Kampfflugzeuge; KGV 13, Marktkapitalisierung 42,3 Mrd. €, Eigenkapitalquote 5,6 %, Buchwert 6,5 €, Ergebnis je Aktie 2,99/3,43/3,44/4,13 €, Dividende 1,40 €, Dividendenrendite 2,6 %				
Deutz	630 500	4,35 €	5,65/2,65 €	-17/-12/-35 %
SDAX, unabhängiger Hersteller von Dieselmotoren für Nutzfahrzeuge und Schiffe; KGV 16, Marktkapitalisierung 537 Mio. €, Eigenkapitalquote 45,5 %, Buchwert 4,1 €, Ergebnis je Aktie 0,18/0,04/0,13/0,28 €, Dividende 0,08 €, Dividendenrendite 1,8 %				
DMG Mori Seiki	587 800	42,50 €	46,00/31,55 €	+31/+146/+175 %
MDAX, vorm. Gildemeister, Hightechgeräte/Werkzeugmaschinen/Energielösungen; KGV 25, Marktkapitalisierung 3,35 Mrd. €, Eigenkapitalquote 59 %, Buchwert 14,8 €, Ergebnis je Aktie 1,41/1,90/1,51/1,68 €, Dividende 0,65 €, Dividendenrendite 1,5 %				
DÜRR	556 520	70,15 €	95,50/49,70 €	-25/+39/+448 %
MDAX, Lackieranlagen/Endmontagewerke, Systemanbieter Auto-/Elektroindustrie; KGV 12,6, Marktkapitalisierung 2,4 Mrd. €, Eigenkapitalquote 24 %, Buchwert 18 €, Ergebnis je Aktie 4,33/4,82/5,08/5,49 €, Dividende 1,90 €, Dividendenrendite 2,7 %				

Aktien/ Unternehmen	WKN	Kurs am 27.05.16	52-Wochen- Hoch/Tief	Kursverlauf 1, 3, 5 Jahre
GEA Group	**660 200**	41,05 €	44,90/31,25 €	**-8/+46/+79 %**
MDAX, Systemanbieter Nahrungsmittelindustrie, Prozesstechnik, Komponenten; KGV 17, Marktkapitalisierung 7,9 Mrd. €, Eigenkapitalquote 46,5 %, Buchwert 14 €, Ergebnis je Aktie 1,66/1,88/2,00/2,38 €, Dividende 0,85 €, Dividendenrendite 2,1 %				
Jungheinrich	**621 993**	27,20 €	29,25/19,10 €	**+32/+132/+168 %**
MDAX, Maschinenbauer, Flurförderzeug-/Lager-/Materialflusstechnik/Regalsorten; KGV 16,7, Marktkapitalisierung 1,34 Mrd. €, Eigenkapitalquote 31 %, Buchwert 29 €, Ergebnis je Aktie 1,22/1,35/1,51/1,66 €, Dividende 0,42 €, Dividendenrendite 1,5 %				
KION Group	**KGX 888**	49,25 €	52,10/36,05 €	**+13 %/Neuemission**
MDAX, weltweiter Markenanbieter Gabelstapler/Flurförderfahrzeuge/Lagertechnik; KGV 16,7, Marktkapitalisierung 4,8 Mrd. €, Eigenkapitalquote 29 %, Buchwert 18 €, Ergebnis je Aktie 1,79/2,24/2,75/3,56 €, Dividende 0,85 €, Dividendenrendite 1,7 %				
König & Bauer	**719 350**	**44,25 €**	**44,40**/17,80 €	**+127/+176/+175 %**
SDAX, Druckmaschinenbau, innovative Drucksysteme mit peripheren Anlagen; KGV 14, Marktkapitalisierung 698 Mio. €, Eigenkapitalquote 26,5 %, Buchwert 16 €, Ergebnis je Aktie 0,03/1,62/2,46/3,03 €, Dividende 0,40 €, Dividendenrendite 0,9 %				
Krones	**633 500**	102,85 €	117,1/88,50 €	**+4/+86/+89 %**
MDAX, schlüsselfertige Anlagen für Getränkeabfüll- und Verpackungstechnologie; KGV 17,6, Marktkapitalisierung 3,17 Mrd. €, Eigenkapitalquote 41 %, Buchwert 29 €, Ergebnis je Aktie 4,30/4,98/5,23/5,71 €, Dividende 1,50 €, Dividendenrendite 1,5 %				
KUKA (Aug. 2016)	**620 440**	107,65 €	114,4/60,65 €	**+52/+191/+491 %**
Index-Abstieg Midea-Übernahme, Roboter/Automatisierungsanlagen/Automotive; KGV 31,3, Marktkapitalisierung 4,08 Mrd. €, Eigenkapitalquote 31 %, Buchwert 19 €, Ergebnis je Aktie 1,99/2,40/2,93/3,48 €, Dividende 0,70 €, Dividendenrendite 0,6 %				
Pfeiffer Vacuum	**691 660**	84,00 €	117,5/75,70 €	**-2/-13/-2 %**
TecDAX, führender Produzent Vakuum-Pumpen/-Systeme, Mess-/Analysegeräte; KGV 16, Marktkapitalisierung 923 Mio. €, Eigenkapitalquote 41 %, Buchwert 34 €, Ergebnis je Aktie 3,29/4,25/4,71/5,48 €, Dividende 3,40 €, Dividendenrendite 3,9 %				
Rational	**701 080**	425,60 €	473,7/312,1 €	**+23/+75/+135 %**
MDAX, hochwertige Geräte thermische Speisebereitung Profiköche/Gewerbeküche; KGV 33, Marktkapitalisierung 4,83 Mrd. €, Eigenkapitalquote 74 %, Buchwert 14,7 €, Ergebnis/Aktie 9,68/10,71/11,72/12,86 €, Dividende 8,90 €, Dividendenrendite 2,0 %				
Wacker Neuson	**WAC K01**	15,45 €	21,80/10,90 €	**-29/+50/+21 %**
SDAX, kompakte Baumaschinen/Geräte, Produktion/Vertrieb/Vermietung/Service; KGV 12, Marktkapitalisierung 1,05 Mrd. €, Eigenkapitalquote 69 %, Buchwert 14,7 €, Ergebnis je Aktie 1,30/0,94/1,05/1,23 €, Dividende 0,40 €, Dividendenrendite 2,7 %				

Aktien/ Unternehmen	WKN	Kurs am 27.05.16	52-Wochen- Hoch/Tief	Kursverlauf 1, 3, 5 Jahre
WashTec	750 750	31,95 €	38,25/18,60 €	+57/+207/+212 %

SDAX, Hochdrucktechnologie; Waschanlagen Pkw, Nutz- und Schienenfahrzeuge; KGV 16,1, Marktkapitalisierung 452 Mio. €, Eigenkapitalquote 42 %, Buchwert 4,1 €, Ergebnis je Aktie 0,91/1,78/1,94/,2,01 €, Dividende 1,30 €, Dividendenrendite **4,0 %**

Kleinere Maschinen/-Gerätebauer außerhalb der Indizes

Aktien/Un- ternehmen	WKN	Kurs am 27.05.16	52-Wochen- Hoch/Tief	Kursverlauf 1, 3, 5 Jahre
Hermle Berth.	605 283	249,00 €	254,0/170,0 €	+18/+46/+189 %

KGV 18,5, Wert 245 Mio. €, Ergebnis/Aktie 11,9/13,3 €, Dividende 10,85 €/**4,4 %**

HOMAG	529 720	35,75 €	37,00/34,00 €	+4/+136/+126 %

KGV 15, Wert 554 Mio. €, Ergebnis/Aktie 2,10/2,22/2,35 €, Dividende 1,18 €/**3,3 %**

Leifheit	646 450	56,20 €	57,85/37,80 €	+17/+85/+153 %

KGV 17,2, Wert 285 Mio. €, Ergebnis/Aktie 3,02/3,10/3,31 €, Dividende 2,00 €/**3,5 %**

PWO Progress	696 800	36,85 €	44,00/29,50 €	-16/+9/-16 %

KGV 9,3, Wert 112 Mio. €, Ergebnis/Aktie 2,40/2,95/3,83 €, Dividende 1,55 €/**4,3 %**

Schaltbau	717 030	48,10 €	55,50/43,15 €	-6/+34/+86 %

KGV 10,8, Wert 282 Mio. €, Ergebnis/Aktie 2,90/3,56/4,25 €, Dividende 1,10 €/**2,4 %**

SMT Scharf	575 198	10,90 €	16,65/8,15 €	-34/-55/-51 %

KGV 11,1, Wert 46 Mio. €, Ergebnis/Aktie 0,19/1,21/0,99 €, Dividende 0,20 €/1,8 %

Vorsprung für den Maschinenbau auch in schwierigen Zeiten durch ausgefeilte Dienstleistung und verstärkte Digitalisierung

Der Branchenverband VDMA mit seinem Sprecher Frank Bünting sieht seine Mitgliedsfirmen trotz wachsenden Wettbewerbs- und Preisdrucks auch in den Zeiten des demografischen Wandels gut im Rennen: *„Der Service des deutschen Maschinenbaus ist gegenüber den Wettbewerbern weltweit führend. – Die Mitarbeiter von deutschen Unternehmen entscheiden eigenständig vor Ort, wie sie am besten helfen können. – Der Abstand wird zwar geringer werden, weil die Chinesen parallel zur Expansion auf andere Märkte auch ihren Service ausweiten müssen. Aber sie werden nicht in kurzer Zeit aufholen können. – Dank der permanenten Analyse von Produktionsdaten lassen sich eher als bisher Maschinenfehler oder Reparaturen erkennen, bevor ein Ausfall droht. Damit können wir unseren Vorsprung weiter halten."*

❹ Deutsche Groß- und Spezialchemie mit nachhaltigem Geschäftsmodell erfolgreich im Wachstumsmarkt

Die deutschen DAX-Chemieunternehmen sind führend auf dem Weltmarkt und Weltmeister im Export. Dies gilt für die Chemieriesen BAYER, BASF, HENKEL und LINDE. Aber auch die MDAX-Konzerne Brenntag, Evonik, Fuchs Petrolub, Symrise und Wacker Chemie erfreuen die Aktionäre mit jahrelangen Kursgewinnen und verlässlicher Dividende. Die Zuordnung ist jedoch schwierig. Die Abgrenzung zum Pharma-, Konsum- und Industriebereich bereitet Kopfzerbrechen. Der SDAX ist mit SGL Carbon einmal vertreten. Außerhalb der DAX-Familie etablieren sich kleinere Firmen in wichtigen Zukunftsmarktnischen.

Deutsche Chemieaktien aus den Indizes DAX und MDAX

Aktien/Unternehmen	WKN	Kurs am 27.05.16	52-Wochen-Hoch/Tief	Kursverlauf 1, 3, 5 Jahre
BASF	BAS F11	69,90 €	86,55/56,00 €	-19/-5/+14 %
DAX, Chemikalien: Auto-/Elektro-/Chemie-/Bau-/Agrar-/Pharma-/Öl-/Gasindustrie, KGV 13, Marktkapitalisierung 61,8 Mrd. €, Eigenkapitalquote 44,5 %, Buchwert 31 €, Ergebnis je Aktie 5,61/4,34/4,13/5,08 €, Dividende 3,00 €, Dividendenrendite **4,5 %**				
BAYER	BAY 001	85,35 €	138,0/83,45 €	-37/+1/+55 %
DAX, Pharma/Agrar/High-End-Werkstoffe, führend: Gesundheit/Pflanzenschutz; KGV 10,6, Marktkapitalisierung 69,8 Mrd. €, Eigenkapitalquote 34 %, Buchwert 27 €, Ergebnis je Aktie 4,14/4,97/5,62/7,93 €, Dividende 2,70 €, Dividendenrendite 3,2 %				
Beiersdorf	520 000	80,50 €	89,55/67,90 €	-4/+14/+77 %
DAX, international führend: Markenartikel Pflegemittel, Kosmetik und Klebebänder, KGV 24,3, Marktkapitalisierung 19,8 Mrd. €, Eigenkapitalquote 61 %, Buchwert 16 €, Ergebnis je Aktie 2,33/2,91/3,01/3,23 €, Dividende 0,70 €, Dividendenrendite 0,9 %				
Brenntag	A1D AHH	48,45 €	56,90/39,85 €	-13/+20/+80 %
MDAX, Spezialchemie-Distribution, Holding, Industrie- und Spezialchemikalien; KGV 16,2, Marktkapitalisierung 7,33 Mrd. €, Eigenkapitalquote 39 %, Buchwert 16 €, Ergebnis je Aktie 2,20/2,36/2,53/2,92 €, Dividende 1,05 €, Dividendenrendite 2,2 %				
Covestro	606 214	37,20 €	38,00/24,35 €	+8 %/Börsengang
MDAX, Kunststoff/Polymerwerkstoff, Auto-/Bau-/Möbel-/Sport- und Textilindustrie; KGV 11,3, Marktkapitalisierung 6,99 Mrd. €, Eigenkapitalquote 34 %, Buchwert 17 €, Ergebnis je Aktie 1,37/2,21/2,64/3,05 €, Dividende 0,90 €, Dividendenrendite 2,6 %				
EVONIK	EVN K01	26,50 €	37,75/24,40 €	-22/-15 %/IPO
MDAX, Spezialchemie, Systemlösungen, Konsumgüter, Gesundheit, Tiernahrung, KGV 13, Marktkapitalisierung 12,6 Mrd. €, Eigenkapitalquote 44,6 %, Buchwert 15 €, Ergebnis je Aktie 1,22/2,13/1,79/2,08 €, Dividende 1,15 €, Dividendenrendite **4,3 %**				

Aktien/ Unternehmen	WKN	Kurs am 27.05.16	52-Wochen- Hoch/Tief	Kursverlauf 1, 3, 5 Jahre
Fuchs Petrolub	579 043	37,25 €	45,50/33,60 €	-7/+16/+103 %
MDAX, Schmierstoffe Fahrzeuge, Güter-/Personenverkehr, Berg-/Maschinenbau; KGV 19,3, Marktkapitalisierung 2,53 Mrd. €, Eigenkapitalquote 72 %, Buchwert 7 €, Ergebnis je Aktie 1,57/1,69/1,78/1,88 €, Dividende 0,87 €, Dividendenrendite 2,4 %			
HENKEL Vz	604 843	103,75 €	113,7/87,15 €	-6/+35/+114 %
DAX, Markenartikel Konsumgüterindustrie, Haushalt/Handwerk/Büro/Körperpflege; KGV 18,7, Marktkapitalisierung 18,3 Mrd. €, Eigenkapitalquote 62 %, Buchwert 30 €, Ergebnis je Aktie 3,74/4,42/4,91/5,43 €, Dividende 1,58 €, Dividendenrendite 1,6 %			
K+S	KSA G88	22,45 €	40,30/17,55 €	-27/-30/-58 %
MDAX, DAX-Absteiger 2016: kali- und magnesiumhaltiger Dünger, Salzprodukte; KGV 11, Marktkapitalisierung 4,15 Mrd. €, Eigenkapitalquote 52 %, Buchwert 21,5 €, Ergebnis je Aktie 1,99/2,59/1,70/1,85 €, Dividende 1,15 €, Dividendenrendite 5,3 %			
Lanxess	547 040	43,00 €	56,50/29,55 €	-17/-23/-25 %
MDAX, DAX-Absteiger 2015: Polymere/Spezial-/Feinchemie, Kunststoff/Kautschuk; KGV 14,8, Marktkapitalisierung 3,8 Mrd. €, Eigenkapitalquote 32 %, Buchwert 25 €, Ergebnis je Aktie 0,53/1,80/1,90/2,83 €, Dividende 0,80 €, Dividendenrendite 1,9 %			
LINDE	648 300	133,50 €	182,1/114,0 €	-24/-12/+17 %
DAX, globaler Technologiekonzern Industriegase/Engineering, aktiv in 100 Ländern; KGV 16, Marktkapitalisierung 23,68 Mrd. €, Eigenkapitalquote 44 %, Buchwert 75 €, Ergebnis je Aktie 5,94/6,19/6,79/7,83 €, Dividende 3,60 €, Dividendenrendite 2,8 %			
SGL Carbon	723 530	13,40 €	17,25/8,25 €	-10/-49/-59 %
SDAX, Carbon/Graphit/Verbundmaterialien, Stahl-/Auto-/Luft-/Raumfahrtindustrie; KGV negativ, Börsenwert 882 Mio. €, Eigenkapitalquote 16,5 %, Buchwert 3,1 €, Ergebnis je Aktie -3,26/-3,22/-0,86/-0,22 €, Dividende 0,0 €, Dividendenrendite 0 %			
Symrise	SYM 999	56,45 €	64,40/50,50 €	-2/+79/+169 %
MDAX, Duft-/Aroma-/Geschmackstoffindustrie für Nahrungsmittel/Parfum/Kosmetik; KGV 22, Marktkapitalisierung 7,3 Mrd. €, Eigenkapitalquote 38 %, Buchwert 11,3 €, Ergebnis je Aktie 1,48/1,90/2,02/2,53 €, Dividende 0,90 €, Dividendenrendite 1,6 %			
Wacker Chemie	WCH 888	83,90 €	103,3/58,20 €	-17/+47/-43 %
MDAX, Polymer-/Silikon-/Reinstsilizium-/Feinchemie, Wafer und Biotechprodukte; KGV 17, Marktkapitalisierung 4,3 Mrd. €, Eigenkapitalquote 38,5 %, Buchwert 48 €, Ergebnis je Aktie 4,10/4,60/2,58/4,64 €, Dividende 1,50 €, Dividendenrendite 1,8 %			

> ➢ **Im Spezialchemiebereich dominiert der MDAX. Der Schmierstoff-Spezialist Fuchs Petrolub zählt zu den Spitzentiteln. Auch Symrise und Brenntag erfreuen mit positiver Entwicklung. Gespannt dürfen wir sein, ob der imposante Aufwärtstrend bei der BAYER-Abspaltung Covestro anhält.**

❺ Konsumgütersektor auch ohne Autobranche interessant

Die Konsumgüterindustrie profitiert von der längeren Lebenserwartung und dem Flüchtlingszustrom. Bei Konsumgütern spielen Haushalts-, Freizeit- und Sportgeräte eine große Rolle. Digitalisierung und Vernetzung kommen voran. Allerdings spielen die Verbraucher nicht überall in gewünschter Weise mit. Nicht jeder, der es sich leisten kann, nutzt die neuen Möglichkeiten der Vernetzung von Haus und Wohnung. Es ist zwar angenehm, vom Sofa aus alles zu dirigieren wie Bedienen der Rollläden, Ein- und Ausschalten von Heizung, Wasch- und Spülmaschine, Kühlschrankkontrolle mit Online-Einkauf. Wer selbst nicht mehr im Laden einkauft und sich Rezepte und Produkte für schnelles Kochen ins Haus liefern lässt, muss dafür mehr bezahlen. Wer kaum noch zu Fuß geht, bewegt sich als Folge der Bequemlichkeit zu wenig, wird vielleicht dick und erhöht seine Abhängigkeit von der Technik. Wehe, wenn sie nicht funktioniert!

Es fällt schwer, verlässlich vorauszusagen, welche neuen Trends nur ein vorübergehender Modeschrei sind oder wirklich einen nachhaltigen Wandel der Verbrauchergewohnheiten und -vorlieben auslösen. Welche Produkte, Materialien, Werkstoffe, Formen und Farben, welche Dienstleistungen und welches Design erscheinen ausbau- und zukunftsfähig? Niemals darf schönes Aussehen die Funktionalität beeinträchtigen, wie dies leider öfters bei Möbeln und Hotelzimmerausstattungen zu beobachten ist. Auch bei Büroeinrichtungen sollte das Design, der äußere Eindruck nicht zu Lasten moderner Erkenntnisse der Arbeitswissenschaft (Ergonomie) gehen. Je nachdem, wie innovativ und vorausschauend die vielfältigen Ansprüche und die sich ändernden Bedürfnisse aufgegriffen werden, steigt oder sinkt das Wohlergehen der Firmen und bei börsennotierten Unternehmen die Kursentwicklung der Aktien und die Aufnahme in Themenfonds.

> **Nur regelmäßige Marktbeobachtung, gründliches Auswerten wichtiger Kennzahlen und Unternehmensnachrichten sowie breite Depotstreuung helfen weiter. Dabei lässt sich der Konsumgütermarkt auch mithilfe eines ETFs oder guten Themenfonds abdecken.**

Ein Unternehmen, das nicht vom Tsunami Digitalisierung und Vernetzung in den Abgrund geschleudert werden will, muss seinen Online-Markt auf Vordermann bringen. Die einzelnen Branchen entwickeln sich unterschiedlich. Im Möbelbereich wollen drei von vier Kunden die Möbel anschauen und ausprobieren, ob alles so ist wie erwünscht. Bei Kleinmöbeln wird gern direkt online bestellt, bei Kompletteinrichtung oft erst nach Ansicht im Geschäft. Für die Unternehmen stellt sich längst nicht mehr die Frage, ob Digitalisierung, sondern wie schnell, perfekt, produkt-, markt- und kundenbezogen dies geschieht. Wer nicht besser sein will, hat schon verloren.

➢ Die folgende Aktienauswahl erfasst Konsumgüterhersteller, Händler und Mischkonzerne. Die Zuordnung ist schwierig, gibt es doch Überschneidungen mit Mode, Luxus, Pharma, Chemie, Elektronik und Technologie.

➢ Die Kursentwicklung in 3 und 5 Jahren zeigt, wie lukrativ es sein kann, Gewinne anwachsen zu lassen. Tätigen Sie zur Sicherheit und bei Kapitalbedarf Teilverkäufe, um die Hoch/Tief-Mutstrategie umzusetzen.

Innovationen können trotz Krisen und höheren Risikos unser Leben günstig verändern und Aktienkurse aufwärts bewegen

Zu den technologischen Innovationen, die unsere Welt verändern, zählen laut BÖRSE ONLINE, Ausgabe 37, September 2015, selbstfahrende Autos bis hin zu Drohnen, die Pakete ausliefern, Roboter, die Räume pflegen, miteinander kommunizierende Haushaltsgeräte oder Brillen mit Computerfunktionen. Viele schöne Träume und Fantasiewelten werden wahr. Geniale Innovationen, wozu auch die Grundlagenwissenschaft Nanotechnologie gehört mit dem Miniaturisierungstrend, beeinflussen unseren Alltag und breiten sich zusehends aus. Es drängen so viele technische Innovationen auf den Massenmarkt wie nie zuvor.

Damit steigt jedoch das Risiko, selbst als einstiger Marktführer ins Abseits zu geraten und dauerhaft den Anschluss zu verlieren. Diese Gefahr droht, wenn ein Unternehmen wie der frühere Platzhirsch Eastman Kodak zu lange am Gewohnten festhält und sich Neuerungen verschließt. Darunter leidet der Aktienkurs, möglicherweise bis hin zum Totalverlust. Auch Nokia ist nicht mehr der Technologieführer früherer Zeiten mit weltweit begehrten Produkten. Eine regelmäßige Depotüberprüfung ist also unverzichtbar. Auch das Auflisten von Kursverlierern im Ein- und Mehrjahresvergleich liefert Anhaltspunkte für den Ein- und Ausstieg.

Aktienauswahl Konsumgüterindustrie: DAX, MDAX, SDAX				
Aktien/ Unternehmen	WKN	Kurs am 30.05.16	52-Wochen- Hoch/Tief	Kursverlauf 1, 3, 5 Jahre
Adidas	A1E WWW	115,75 €	118,3/62,50 €	+57/+36/+126 %
DAX, führend im Sportartikelbereich: Sportschuhe/Fußbälle/Bekleidung/Zubehör; KGV 23, Marktkapitalisierung 23,9 Mrd. €, Eigenkapitalquote 42 %, Buchwert 25,4 €, Ergebnis je Aktie 2,35/3,15/4,26/4,98 €, Dividende 1,70 €, Dividendenrendite 1,5 %				
BASF	BAS F11	70,05 €	87,05/56,00 €	-19/-5/+15 %
DAX, Chemikalien Auto-/Elektro-/Chemie-/Bau-/Agrar-/Pharma-/Öl-/Gasindustrie, KGV 13, Marktkapitalisierung 61,8 Mrd. €, Eigenkapitalquote 44,5 %, Buchwert 31 €, Ergebnis je Aktie 5,61/4,34/4,13/5,08 €, Dividende 3,00 €, Dividendenrendite 4,5 %				

Aktien/ Unternehmen	WKN	Kurs am 30.05.16	52-Wochen- Hoch/Tief	Kursverlauf 1, 3, 5 Jahre
Beiersdorf	520 000	80,50 €	89,55/67,95 €	-4/+14/+77 %
DAX, zahlreiche Markenartikel Haut- und Schönheitspflegeprodukte, Klebebänder; KGV 24, Marktkapitalisierung 19,78 Mrd. €, Eigenkapitalquote 61 %, Buchwert 16 €, Ergebnis je Aktie 2,33/2,91/3,01/3,23 €, Dividende 0,70 €, Dividendenrendite 0,9 %				
CeWe Stiftung	540 390	60,20 €	61,00/43,40 €	+9/+75/+82 %
SDAX, Fotobücher/Kalender/Dekoration/Grußkarten, Digitaldruckpräsentationen; KGV 14,3, Marktkapitalisierung 448 Mio. €, Eigenkapitalquote 53 %, Buchwert 24 €, Ergebnis je Aktie 3,07/3,74/3,77/4,33 €, Dividende 1,65 €, Dividendenrendite 2,7 %				
Fielmann	577 220	65,70 €	70,35/53,40 €	+5/+67/+82 %
MDAX, führender Augenoptiker „Brille Fielmann", als zweites Standbein Hörgeräte; KGV 28, Marktkapitalisierung 5,39 Mrd. €, Eigenkapitalquote 75 %, Buchwert 6,3 €, Ergebnis je Aktie 1,87/2,02/2,16/2,30 €, Dividende 1,85 €, Dividendenrendite 2,9 %				
Gerry Weber	330 410	12,05 €	31,30/9,55 €	-58/-64/-45 %
SDAX, Produzent Damenmode mittleres Preisniveau, Lizenzgeber Accessoires; KGV 12, Marktkapitalisierung 536 Mio. €, Eigenkapitalquote 51,5 %, Buchwert 9,8 €, Ergebnis je Aktie 1,56/1,14/0,08/0,95 €, Dividende 0,08 €, Dividendenrendite 3,4 %				
Henkel Vorzüge	604 843	104,30 €	113,7/87,15 €	-6/+35/+114 %
DAX, Technologie Verbraucher/Industrie, Haushalt/Beruf/Handwerk/Schule/Büro; KGV 18,7, Marktkapitalisierung 18,1 Mrd. €, Eigenkapitalquote 62 %, Buchwert 30 €, Ergebnis je Aktie 3,74/4,42/4,91/5,43 €, Dividende 1,58 €, Dividendenrendite 1,6 %				
Hugo Boss	A1P HFF	55,40 €	113,9/49,90 €	-47/-35/-5 %
MDAX, hochwertige Markenmode Freizeit/Business Damen/Herren, Accessoires; KGV 13,7, Marktkapitalisierung 3,9 Mrd. €, Eigenkapitalquote 53 %, Buchwert 10 €, Ergebnis je Aktie 4,83/4,63/3,91/4,05 €, Dividende 2,80 €, Dividendenrendite 5,0 %				
PUMA	696 960	210,10 €	219,3/141,0 €	+40/-4/-1 %
SDAX, Sportartikelhersteller Sportschuhe/Freizeitkleidung/Zubehör, In-/Outdoor; KGV 36, Marktkapitalisierung 3,12 Mrd. €, Eigenkapitalquote 62 %, Buchwert 106 €, Ergebnis je Aktie 4,29/2,48/3,78/5,63 €, Dividende 0,50 €, Dividendenrendite 0,2 %				
Siemens	723 610	98,15 €	100,9/77,90 €	+1/+23/+14 %
DAX, Elektronik/Elektrotechnik, Maschinen/Turbinen, Industrie/Energie/Medtech; KGV 12,4, Marktkapitalisierung 79,5 Mrd. €, Eigenkapitalquote 29 %, Buchwert 37 €, Ergebnis je Aktie 6,37/8,84/6,47/7,52 €, Dividende 3,60 €, Dividendenrendite 3,9 %				
STADA	725 180	48,50 €	49,30/28,05 €	+51/+44/+68 %
MDAX, Herstellung/Vertrieb Generika, zahlreiche Präparate zur Selbstmedikation; KGV 14, Marktkapitalisierung 2,76 Mrd. €, Eigenkapitalquote 31 %, Buchwert 14,5 €, Ergebnis je Aktie 1,07/1,79/2,40/3,12 €, Dividende 0,75 €, Dividendenrendite 1,7 %				

Aktien/ Unternehmen	WKN	Kurs am 30.05.16	52-Wochen-Hoch/Tief	Kursverlauf 1, 3, 5 Jahre
Steinhoff	A14 XB9	5,35 €	5,85/3,75 €	+10 %/IPO
MDAX, Einzelhandelskonzern Afrika/Europa/Asien für Möbel und Haushaltswaren; KGV 14, Marktkapitalisierung 19,9 Mrd. €, Eigenkapitalquote 43 %, Buchwert 1,6 €, Ergebnis je Aktie 0,35/0,29/0,32/0,37 €, Dividende 0,16 €, Dividendenrendite **3,0 %**				
Südzucker	729 700	16,75 €	19,00/10,00 €	**+24/-33/-20 %**
MDAX, Ernährungsindustrie, Zucker/Süßmittel/Lebensmittelzutaten/Tiefkühlkost; KGV 18, Marktkapitalisierung 3,38 Mrd. €, Eigenkapitalquote 55 %, Buchwert 18 €, Ergebnis je Aktie 0,10/0,53/0,76/0,91 €, Dividende 0,30 €, Dividendenrendite 1,8 %				
Symrise	SYM 999	56,50 €	64,45/50,35 €	**-2/+79/+169 %**
MDAX, Duft-/Aroma-/Geschmackstoffe für Parfum-/Kosmetik-/Ernährungsindustrie; KGV 22, Marktkapitalisierung 7,27 Mrd. €, Eigenkapitalquote 38 %, Buchwert 11,3 €, Ergebnis je Aktie 1,48/1,90/2,02/2,53 €, Dividende 0,90 €, Dividendenrendite 1,6 %				
TAKKT	744 600	**19,85 €**	**19,95**/14,40 €	**+14/+56/+73 %**
SDAX, Versandhandel Büromöbel/Betriebs-/Lagerausstattung/Arbeitssicherheit; KGV 14, Marktkapitalisierung 1,278 Mrd. €, Eigenkapitalquote 49 %, Buchwert 7 €, Ergebnis je Aktie 1,00/1,24/1,31/1,39 €, Dividende 0,50 €, Dividendenrendite 2,6 %				
Zalando	ZAL 111	27,15 €	36,65/24,15 €	**-10 %/IPO**
MDAX, Online-Versand Trendmarken, Schuhe/Mode/Sportartikel, Damen/Herren; KGV 40,6, Marktkapitalisierung 6,76 Mrd. €, Eigenkapitalquote 60 %, Buchwert 5 €, Ergebnis je Aktie 0,21/0,49/0,45/0,67 €, Dividende 0,00 €, Dividendenrendite 0,0 %				
Zooplus	511 170	133,25 €	149,0/99,80 €	**+14/+219/+189 %**
SDAX, Online-Handel Heimtierbedarf, 8.000 Produkte, Tiernahrung und Zubehör; KGV 44, Marktkapitalisierung 871 Mio. €, Eigenkapitalquote 56 %, Buchwert 13,3 €, Ergebnis je Aktie 0,83/1,13/1,72/2,83 €, Dividende 0,00 €, Dividendenrendite 0,0 %				

Die Cyberkriminalität schlägt auch in der Konsumgüterbranche zu

Umsatz- und Ertragseinbußen drohen durch Plagiate (23,0 %), Patentverletzungen (18,8 %), Verlust von Wettbewerbsvorteilen (14,3 %), Schädigung von IT, Produktions- oder Betriebsabläufen (13,0 %), Imageschäden (12,8 %), Kosten für Rechtsstreit (11,8 %), datenschutzrechtliche Maßnahmen (3,9 %), Erpressung mit gestohlenen Daten (2,9 %), Abwerben von Mitarbeitern (1,7 %).

Während die Gesundheitsaktien Vtion Wireless und Wilex, die Technologiewerte Singulus und Aixtron, die Telekomfirmen Telegate und Teles je zweimal in der Liste der 10 größten Kapitalvernichter auftauchen, ist SDAX-Absteiger Tom Tailor aus dem Modesektor auf Platz 8 mit -56/-68/-67 % im Ein-, Drei- und Fünfjahresvergleich als einziger Konsumgüterkonzern hier erfasst.

❻ Banken und Versicherungen: Großer Umbruch steht an; aber niemand kennt beste Wege und Marschrouten genau

Wird es in 20 oder 30 Jahren noch Bargeld in Scheinen und Münzen geben? Wie sehen die vom Digitalisierungs- und Vernetzungstrend geprägten Banken morgen und übermorgen aus? Laut Studie vom Herbst 2015 nutzen von den Bankkunden 22 % das Internet zur Erledigung ihrer Finanzgeschäfte, 14 %, um Kredite aufzunehmen, 11 %, um über eigene Finanzen Rat einzuholen und 7 %, um zumindest teilweise das Privatvermögen verwalten zu lassen.

Die nächsten Jahre werden vom Filialsterben vieler Geldinstitute und von kürzeren Öffnungszeiten geprägt sein, wickeln doch immer mehr Bankkunden ihr Geldgeschäft online ab. Es ist bequem, zuhause gemütlich die Finanzgeschäfte zu erledigen, unabhängig von Öffnungszeiten zu sein, Wege und Zeit zu sparen. Eher sind es die älteren und wenig internetkundigen Leute, die gern die Zweigstellen aufsuchen. Die nachrückenden Generationen beherrschen den Online- und Telefon-Handel. Sie nutzen bei Aktienorders immer öfter den außerbörslichen Handel. Uneins sind sich die Experten, ob und wie lange noch mit Bargeld bezahlt werden darf. Die Niedrigzinspolitik macht viele Bank- und Versicherungsgeschäfte unrentabel. Mit dem Sparbuch verringert sich das Kapital schleichend. Aktien bleiben die richtige Alternative. Aber Deutschland gilt als Angsthasenvolk mit großer Aktienscheu. Was meist übersehen wird: Bei plötzlichen hohen Ausgaben lässt sich mit guten Aktien im breit gestreuten Depot blitzschnell Kapital beschaffen.

Policen gegen Cyberattacken als Schutzengel für die Versicherer?

Das frühere Zugpferd Kapitallebensversicherung ist nicht mehr attraktiv wegen gestrichener Garantiezinssätze bzw. einem Minimalzins, der kaum die Inflationsrate abdeckt. Nur wer mit zukunftsfähigen Geschäftsmodellen die Kunden bei Laune hält, nachhaltig wirtschaftet und seriös bilanziert, kann überleben. Ein warnendes Beispiel, wie schnell man im Abwärtssog versinken kann, war die Pleite der US-Großbank Lehman Brothers, Hauptauslöser für die Weltwirtschaftskrise 2008/09. Die Rückversicherungs-Marktführer erwarten keine großen Sprünge im Neugeschäft, sehen aber Silberstreifen am Horizont bezüglich Stabilisierung an der Preisfront. Der große Zukunftsmarkt heißt Versicherungen gegen Daten-Kriminalität. Im Zeitalter der digitalisierten und vernetzten Industrie wittern die Versicherer Einnahmen und Profite in Milliardenhöhe durch teure Policen gegen Cyberattacken.

Viele Unternehmen sind gegen folgende Risiken zu wenig vorbereitet: Cyberangriffe 29 %, Störung des Betriebsablaufs 18 %, Naturkatastrophen 16 %, politische Unruhen 7 %, Terrorismus 6 %. Auf das Bruttoinlandsprodukt bezogen, liegen die derzeitigen Kosten durch Datenzugriff in Deutschland bei 1,6 %.

Harte Zeiten für Finanzdienstleister im DAX, MDAX und SDAX

Die deutschen Indizes enthalten etliche Versicherungs-, Banken- und Finanz-berater-Aktien, sodass sich alternativ ein ETF anbietet. Die Geldinstitute leiden noch unter früheren Verwerfungen mit toxischen Kreditderivaten und Abschaffung von Guthabenzinsen. Die Assekuranz kann Kapitallebensversicherungen kaum mehr schmackhaft machen. Die sich häufenden Umweltkatastrophen durch den Klimawandel schmälern den Gewinn. Die US-Notenbank FED und die Europäische Zentralbank EZB bestimmen den geldpolitischen Kurs. Mit dem Sparkonto lässt sich kein Kapital vermehren – dagegen breit gestreut mit Aktien.

Finanzsektor Banken/Versicherungen: DAX, MDAX, SDAX				
Aktien/ Unternehmen	**WKN**	**Kurs am 01.06.16**	**Hoch/Tief 1 Jahr**	**Kursverlauf 1, 3, 5 Jahre**
Allianz	840 400	146,30 €	170,0/126,5 €	+3/+23/+53 %
DAX, Finanzdienstleister für Lebens-/Unfall-/Haftpflicht-/Autoversicherungen usw., KGV 8,9, Marktkapitalisierung 62,9 Mrd. €, Eigenkapitalquote 7,5 %, Buchwert 124 €, Ergebnis je Aktie 13,71/14,56/14,92/15,43 €, Dividende 7,50 €, Div.-Rendite **5,4 %**				
Aareal Bank	540 811	33,00 €	38,10/21,55 €	-8/+73/+36 %
MDAX, Bank für Immobilienfinanzierung/Beratung, in Europa/Nordamerika/Asien; KGV 11, Marktkapitalisierung 2,03 Mrd. €, Eigenkapitalquote 6 %, Buchwert 45,5 €, Ergebnis je Aktie 5,28/5,66/3,71/3,00 €, Dividende 1,90 €, Dividendenrendite **5,6 %**				
Capital Stage	609 500	6,15 €	9,85/5,65 €	-9/+60/+177 %
SDAX, Finanzinvestor/Betreiber Solar- und Windparks, Erwerb von Projektrechten; KGV 13,9, Marktkapitalisierung 538 Mio. €, Eigenkapitalquote 20 %, Buchwert 3,1 €, Ergebnis je Aktie 0,35/0,25/0,41/0,47 €, Dividende 0,20 €, Dividendenrendite **3,1 %**				
Comdirect	542 800	9,90 €	11,35/6,25 €	+6/+35/+24 %
SDAX, vom Online-Broker zur Vollbank für den Wertpapierhandel mit Privatkunden; KGV 21, Marktkapitalisierung 1,33 Mrd. €, Eigenkapitalquote 3,7 %, Buchwert 4,3 €, Ergebnis je Aktie 0,47/0,46/0,61/0,45 €, Dividende 0,40 €, Dividendenrendite **4,2 %**				
Commerzbank	CBK 100	7,65 €	12,40/6,20 €	-36/-4/-67 %
DAX, führende Bank für 15 Mio. Privat- und 1 Mio. Firmenkunden, 1.200 Filialen; KGV 7,4, Marktkapitalisierung 9,1 Mrd. €, Eigenkapitalquote 5,7 %, Buchwert 23,5 €, Ergebnis je Aktie 0,23/0,88/0,81/0,99 €, Dividende 0,25 €, Dividendenrendite **3,4 %**				
Deutsche Bank	514 000	16,00 €	32,30/13,05 €	-41/-53/-59 %
DAX, größte deutsche Bank, Finanzdienstleister für Geschäfts- und Privatkunden; KGV 7,1, Marktkapitalisierung 20,9 Mrd. €, Eigenkapitalquote 4,2 %, Buchwert 48 €, Ergebnis/Aktie +1,34/-5,06/-0,23/+2,13 €, Dividende 0,0 €, Dividendenrendite 0,0 %				

Aktien/ Unternehmen	WKN	Kurs am 01.06.16	Hoch/Tief 1 Jahr	Kursverlauf 1, 3, 5 Jahre
Deutsche Börse	581 005	78,25 €	87,40/69,90 €	+8/+59/+44 %
DAX, führende Börsenorganisation, Wertpapier-/Terminhandel, Plattform XETRA; KGV 15, Marktkapitalisierung 14,8 Mrd. €, Eigenkapitalquote 2,1 %, Buchwert 16,3 €, Ergebnis je Aktie 4,14/3,60/4,37/5,14 €, Dividende 2,30 €, Dividendenrendite **3,0 %**				
Dt. Pfandbriefbank	801 900	10,25 €	12,30/7,45 €	+23 %/IPO
MDAX, Spezialbank zur Finanzierung Büro-/Einzelhandels-/Logistikimmobilien; KGV 8,2, Marktkapitalisierung 1,32 Mrd. €, Eigenkapitalquote 4,1 %, Buchwert 20 €, Ergebnis je Aktie 0,30/1,71/1,36/1,20 €, Dividende 0,50 €, Dividendenrendite **5,1 %**				
Ferratum	A1W 9NS	21,15 €	30,95/9,50 €	-16 %/IPO
SDAX, die finnische Bank bietet Privatpersonen kurzfristige Kredite bis 2.000 € an; KGV 12, Marktkapitalisierung 471 Mio. €, Eigenkapitalquote 55,4 %, Buchwert 3,5 €, Ergebnis je Aktie 0,30/0,51/0,95/1,76 €, Dividende 0,20 €, Dividendenrendite 0,8 %				
Hannover Rück	840 221	100,95 €	112,5/83,65 €	+16/+74/+175 %
MDAX, führende Rückversicherung, alle Schadenssparten, Prämien 13,8 Mrd. €; KGV 10, Marktkapitalisierung 10,98 Mrd. €, Eigenkapitalquote 14 %, Buchwert 62 €, Ergebnis je Aktie 8,17/9,54/8,71/8,56 €, Dividende 4,75 €, Dividendenrendite **5,2 %**				
Hypoport	549 336	86,95 €	88,90/20,90 €	+234/+1645/+678 %
SDAX, Internetfinanzdienste/Vertrieb: Immobilienfinanzierung/Bausparen/Kredit; KGV 22, Marktkapitalisierung 525 Mio. €, Eigenkapitalquote 54 %, Buchwert 8,5 €, Ergebnis je Aktie 0,96/2,61/3,30/3,80 €, Dividende 0,0 €, Dividendenrendite 0,0 %				
Munich Re	843 002	168,85 €	193,4/155,0 €	+2/+17/+59 %
DAX, Rückversicherer mit Krankenrück-/Krankenerstversicherung, ERGO-Gruppe; KGV 9,5, Marktkapitalisierung 25,8 Mrd. €, Eigenkapitalquote 11 %, Buchwert 183 €, Ergebnis 18,31/18,36/15,77/16,86 €, Dividende 8,25 €, Dividendenrendite **5,1 %**				
TALANX	TLX 100	30,25 €	+30,35/23,20 €	+10/+18 %/IPO
MDAX, Mehrmarkenanbieter Versicherungen/Finanzdienste Privat-/Firmenkunden; KGV 8,6, Marktkapitalisierung 7,17 Mrd. €, Eigenkapitalquote 8,8 %, Buchwert 30 €, Ergebnis je Aktie 3,04/2,90/3,08/3,32 €, Dividende 1,35 €, Dividendenrendite **4,8 %**				
Wüstenrot & Württ.	805 100	18,85 €	20,40/15,10 €	+6/+29/-1 %
SDAX, unabhängiger Finanzdienstleister: Versicherungen/Immobilien/Risikoschutz; KGV 7,3, Marktkapitalisierung 1,75 Mrd. €, Eigenkapitalquote 4,9 %, Buchwert 38 €, Ergebnis je Aktie 2,52/2,88/2,57/2,56 €, Dividende 0,60 €, Dividendenrendite **3,2 %**				

Selbst bei abgeschafften Guthabenzinsen erzielen die führenden Finanzdienstleister Gewinne, wenn sie die Zeichen der Zeit erkennen und mit neuen Geschäftsmodellen wie Cyberattacken-Policen reagieren. MDAX und SDAX bieten Privatanlegern gute Kurschancen und attraktive Dividendenrenditen.

❼ Die Tourismusbranche muss auf neue Trends reagieren

Nicht jedem, der nach oben springt, bekommt der Höhenflug. Nicht jeder, der zu Boden stürzt, bleibt liegen. In der Tourismusbranche ist vieles im Umbruch. Es gehört ein feines Gespür dazu, was Urlauber und Geschäftsleute wünschen. Es kommt nicht nur auf den Geldbeutel an, sondern auf Altersgruppe, Bildungsniveau, Hobbys, verfügbare Zeit. Zielgruppe Single, Familie, auf Partnersuche, mit Freunden oder Kollegen, in der Haupt- oder Nebensaison, im In- oder Ausland? Positiv ist, dass durch das längere Leben Senioren auch noch jenseits der 70 Jahre gern verreisen, sofern es Fitness und Finanzen erlauben. Das Reiseinteresse wächst bei Wohlstand, sicherem Arbeitsplatz, guter Gesundheit und intaktem Privatleben. Umgekehrt mehren sich die Ängste durch den immer brutaleren Terrorismus. So kommt es zu zahllosen Stornierungen und Umbuchungen.

Deutsche Aktienauswahl Tourismus/Reisen: MDAX/SDAX				
Aktien/ Unternehmen	WKN	Kurs 01.06.16	Hoch/Tief 52 Wochen	Kursverlauf 1, 3, 5 Jahre
Fraport	577 330	50,80 €	61,50/48,95 €	-12/+13/-9 %
MDAX, einer der größten Flughafenkonzerne; Verkehrsdrehscheibe Frankfurt/Main; KGV 15, Marktkapitalisierung 4,65 Mrd. €, Eigenkapitalquote 40 %, Buchwert 36 €, Ergebnis je Aktie 2,54/3,00/3,01/3,35 €, Dividende 1,45 €, Dividendenrendite **2,9 %**				
HHLA	A0S 848	15,10 €	19,90/11,85 €	-23/-18/-54 %
SDAX, führender Hafenlogistik-Konzern, Container/Terminals/Transportsysteme; KGV 15,7, Marktkapitalisierung 1,01 Mrd. €, Eigenkapitalquote 33 %, Buchwert 7 €, Ergebnis je Aktie 0,81/0,92/0,74/0,92 €, Dividende 0,62 €, Dividendenrendite **4,3 %**				
Lufthansa	823 212	12,30 €	14,50/10,25 €	-1/-24/-16 %
DAX, Fluglinie mit 240 Beteiligungs-/Tochterfirmen, Passagier-/Frachtlinienverkehr; KGV 4,4, Marktkapitalisierung 5,78 Mrd. €, Eigenkapitalquote 18 %, Buchwert 12 €, Ergebnis je Aktie 0,12/3,67/2,67/2,84 €, Dividende 0,65 €, Dividendenrendite **5,2 %**				
SIXT Stämme	723 132	52,35 €	53,75/32,80 €	+34/+205/+174 %
SIXT Vorzüge	723 133	38,30 €	40,00/27,15 €	+23/+152/+159 %
SDAX, Mobilitätsdienstleister, Mietwagenservice in- und ausländische Flughäfen; KGV 17, Marktkapitalisierung 1,61 Mrd. €, Eigenkapitalquote 29 %, Buchwert 18,4 €, Ergebnis je Aktie 2,28/2,39/2,69/3,06 €, Dividende 1,30 €, Dividendenrendite **2,5 %**				
TUI (Gast-AG)	TUA G00	11,45 €	17,35/10,10 €	-24/+20/+73 %
STXE 600, globaler Tourismuskonzern, 3 Bereiche: TUI Travel/Hotels/Kreuzfahrten; KGV 9,2, Börsenwert 6,478 Mrd. €, Eigenkapitalquote 17,2 %, Streubesitz 60,0 %, Ergebnis je Aktie 0,64/0,89/1,75 €, Dividende 0,60 €, Dividendenrendite **5,4 %**				

⑧ Der Unterhaltungssektor mit innovativer Elektronik als Nutznießer der Digitalisierung und weltweiten Vernetzung

Niemand weiß, wer künftig das Rennen macht oder gegen den Untergang ankämpft. Die innovative Umsetzung von Industrie 4.0 ist die Basis für Erfolg. Nur wenige Aktien aus der DAX-Familie präsentieren den Unterhaltungssektor. Schauen Sie auf Video- und Computerspiele: Glanztaten bei der Gestaltung von Fantasiewelten! Bei Videospielen ist Nintendo, Japan, WKN 864 009, mit Pokémon in aller Munde. Nach Kursverdopplung binnen einer Woche auf 280 € erfolgte der Absturz auf 180 € in wenigen Tagen. Die Quittung für maßlose Gier?

Erlebnis- und Unterhaltungssektor aus DAX, MDAX, SDAX				
Aktien/ Unternehmen	WKN	Kurs am 01.06.16	Hoch/Tief 1 Jahr	Kursverlauf 1, 3, 5 Jahre
Adidas	A1E WWW	115,75 €	118,0/62,75 €	+61/+37/+120 %
DAX, Sportartikelkonzern mit breitem Sortiment: Bälle/Schuhe/Kleidung/Zubehör; KGV 22, Marktkapitalisierung 23,9 Mrd. €, Eigenkapitalquote 42 %, Buchwert 25,4 €, Ergebnis je Aktie 2,35/3,15/4,26/4,98 €, Dividende 1,70 €, Dividendenrendite 1,5 %				
Axel Springer	550 135	50,85 €	55,75/42,05 €	+2/+51/+48 %
MDAX, größter deutscher Zeitungsverlag, Internet/Print, Unterhaltung/Information; KGV 19,1, Marktkapitalisierung 5,5 Mrd. €, Eigenkapitalquote 32 %, Buchwert 13 €, Ergebnis je Aktie 3,08/2,53/2,30/2,63 €, Dividende 1,90 €, Dividendenrendite 3,8 %				
Borussia Dortm.	549 309	4,20 €	4,25/3,12 €	+21/+29/+60 %
SDAX, BVB, Profifußball, Einnahmen: Tickets/Fanartikel/TV-Rechte/Spielertransfer; KGV negativ, Börsenwert 366,7 Mio. €, Eigenkapitalquote 74,0 %, Buchwert 3,06 €, Ergebnis je Aktie 0,06/0,02/0,16/0,02 €, Dividende 0,05 €, Dividendenrendite 1,3 %				
CeWe Stiftung	540 390	61,20 €	61,40/43,80 €	+7/+73/+81 %
SDAX, Fotoentwicklung/Digitaldruck, Fotobuch/Grußkarten/Kalender/Dekorationen; KGV 14,3, Marktkapitalisierung 448 Mio. €, Eigenkapitalquote 53 %, Buchwert 24 €, Ergebnis je Aktie 3,07/3,74/3,77/4,23 €, Dividende 1,65 €, Dividendenrendite 2,7 %				
CTS Eventim	547 030	30,50 €	37,65/26,35 €	-6/+84/+157 %
MDAX, Ticketvermarktung Konzerte/Theater/Sportveranstaltungen/Live-Events; KGV 25, Marktkapitalisierung 3,03 Mrd. €, Eigenkapitalquote 32 %, Buchwert 3,1 €, Ergebnis je Aktie 0,80/0,93/1,06/1,25 €, Dividende 0,50 €, Dividendenrendite 1,6 %				
Dt. Telekom	555 750	15,75 €	17,65/13,50 €	+2/+80/+54 %
DAX, Telekommunikation/Infotechnologie, Festnetz/Mobilfunk/Breitbandinternet; KGV 16, Marktkapitalisierung 73,0 Mrd. €, Eigenkapitalquote 26,5 %, Buchwert 6 €, Ergebnis je Aktie 0,65/0,71/0,81/0,98 €, Dividende 0,60 €, Dividendenrendite 3,8 %				

Aktien/ Unternehmen	WKN	Kurs am 01.06.16	Hoch/Tief 1 Jahr	Kursverlauf 1, 3, 5 Jahre
Metro	725 750	29,20 €	32,50/21,60 €	-6/+13/-36 %

MDAX, viertgrößter Handelskonzern weltweit, Marken Media Markt/Saturn/Galeria; KGV 13,7, Marktkapitalisierung 9,0 Mrd. €, Eigenkapitalquote 19 %, Buchwert 15 €, Ergebnis je Aktie 0,39/2,06/1,94/2,06 €, Dividende 1,00 €, Dividendenrendite 3,5 %

ProSiebenSAT.1	PSM 777	45,00 €	50,95/38,00 €	+3/+47/+152 %

DAX-Aufstieg 2016, Medienfirma; Free-TV werbefinanziert, ca. 41 Mio. Haushalte; KGV 16, Marktkapitalisierung 9,78 Mrd. €, Eigenkapitalquote 22 %, Buchwert 2,5 €, Ergebnis je Aktie 1,62/1,83/2,35/2,72 €, Dividende 2,35 €, Dividendenrendite 4,5 %

PUMA	696 960	212,55 €	217,0/140,0 €	+45/-6/-4 %

SDAX, Adidas-Wettbewerber, Sportartikelhersteller Schuhe/Freizeitmode/Zubehör; KGV 36, Marktkapitalisierung 3,12 Mrd. €, Eigenkapitalquote 62 %, Buchwert 106 €, Ergebnis je Aktie 4,29/2,48/3,78/5,63 €, Dividende 0,50 €, Dividendenrendite 0,2 %

RTL Group	861 149	81,00 €	87,90/68,95 €	-1/+35 %/keine Ang.

MDAX, Entertainment-Netzwerk, Unterhaltung, 54 TV-Sender, 29 Radiostationen; KGV 15, Marktkapitalisierung 12,3 Mrd. €, Eigenkapitalquote 42 %, Buchwert 14 €, Ergebnis je Aktie 4,25/5,14/4,94/5,25 €, Dividende 3,40 €, Dividendenrendite 4,3 %

Zeal Network	TPP 024	37,00 €	49,50/29,90 €	-22/-21/+11 %

SDAX, vormals Tipp 24, privates Lotterie-/Glücksspielunternehmen online Europa; KGV 9,2, Marktkapitalisierung 299 Mio. €, Eigenkapitalquote 68 %, Buchwert 8,6 €, Ergebnis je Aktie 0,63/0,16/3,21/3,88 €, Dividende 2,80 €, Dividendenrendite 7,2 %

Es geht jedoch nicht nur um Unterhaltungselektronik, sondern auch um Sport als Freizeitaktivität und für Profis. Hier kommt der DAX-Konzern Adidas auf Allzeithoch, die SDAX-Firma Puma und Deutschlands einziger börsennotierte Fußballclub BVB Borussia Dortmund, SDAX, ins Spiel. Fußballaktien sind interessant für Fans, Signale für die Anbindung zum Verein. Viel hängt ab vom Tabellenplatz, Spielertransfer und der Teilnahme am internationalen Wettbewerb.

Heute bestimmen die großen Hightech- und Handelskonzerne sowie sozialen Netzwerke wie Apple, Amazon, Alphabet und Facebook, wo es langgeht, welche Unterhaltungsarten künftig bei Jung und Alt gefragt sind. Für Mittelständler wird es schwierig, gegen die nimmersatten Medienriesen ihre Marktnische zu verteidigen.

Die längere Lebenserwartung macht Unterhaltung auf verschiedenen Ebenen immer wichtiger. Art, Niveau und Anspruch sind extrem unterschiedlich, entscheidend geprägt von Erziehung, Bildung, Freundeskreis und Gewohnheiten.

➢ **Im breit gestreuten Aktiendepot darf der Erlebnissektor nicht fehlen. Suchen Sie jene Aktien aus, die Ihre Unterhaltungsinteressen widerspiegeln.**

➒ Eine erfolgreiche Logistik mit Verpackung, Transport, Lagerung, Handel/Vertrieb eröffnet neue Zukunftsmärkte

Internationalisierung bedeutet die Überwindung geografischer Grenzen. Rohstoffe, halbfertige und fertige Konsumgüter, Maschinen, Fabrikteile usw. müssen bei ausgeklügelter Arbeitsteilung oft Tausende von Kilometern entlang der gesamten Wertschöpfungskette zurücklegen. Der Weltmarkt kann ohne eine innovative, leistungsfähige, flexible, schnelle und umweltfreundliche Logistik nicht funktionieren. Dazu gehören Transport, Lagerung und Vertrieb von Waren. Im Zuge um sich greifender Globalisierung erschließen sich Zukunftsmärkte. Sie umfassen den Straßen-, Schienen-, See- und Luftfahrtverkehr. Die Standardisierung der Container ermöglicht kostengünstige Warentransporte im Schienennetz und auf dem Seeweg. Immer stärker kommt im Logistiksektor die Robotik zum Einsatz, der Grund, weshalb ich hier KUKA aus dem MDAX mit aufnehme. Auch Drohnen – beispielsweise für die Paketzustellung – gewinnen an Bedeutung, beschwören aber bei unkontrolliertem Einsatz Unfallgefahren herauf.

➢ Es geht um den Transport von Personen, Tieren und Waren, die Lagerung und den Vertrieb von Gebrauchs- und Verbrauchsgütern, darunter große Aufbauten und Maschinen. Beim Vertrieb gewinnt der Online-Handel die Oberhand. Für Unternehmen, die dies ignorieren, gibt es keinen Zukunftsmarkt. Mittlerweile hat sich die Logistik zur drittstärksten deutschen Branche entwickelt.

➢ Eine erfolgreiche Logistik ist an passende Verpackungen geknüpft – sowohl hochmodern in leuchtenden Farben als auch Rückbesinnung auf Nostalgie. Umweltfreundliche Getränke- und Lebensmittelverpackungen werden zunehmend verlangt und spielen bei Kaufentscheidungen der Verbraucher eine wichtige, auch emotional geprägte Rolle. Die Innovation heißt Umweltschutz.

➢ Die Merkmale einer leistungsfähigen Verpackung sind Vernetzung, Digitalisierung und Zentralisierung der Verpackungsautomation – auch mit Robotereinsatz. Als nachhaltige Transportverpackung gilt die leichte, robuste, vielseitig verwendbare und fast zu 100 % recyclingfähige Wellpappe. Im Kommen ist Bio-PET. Das durchsichtige Material wird gern für Getränke eingesetzt; denn es ist leicht und stabil. Nachwachsende Rohstoffe erhöhen die Chance, dass dieses umweltfreundliche Material weitere Marktanteile gewinnt. RAL ist das Gütezeichen für den Wertstoff PET. Metall wird in der Verpackungsbranche insbesondere für Dosen und Deckel eingesetzt. Die Herstellung verschlingt viel Energie. Aber das Material kann neu verwendet werden. Da die Verbraucher bei Obst und Gemüse nicht nur Papier- und Pappeverpackungen wünschen, reagiert die Branche mit Bio-Kunststoffen und intelligenten Folien auf den Trend, das Produkt gut sichtbar und transparent zu präsentieren.

Logistikwerte DAX-Familie: Handel/Verpackung/Transport				
Aktien/ Unternehmen	WKN	Kurs am 02.06.16	Hoch/Tief 1 Jahr	Kursverlauf 1, 3, 5 Jahre
BayWa Stämme	519 406	30,50 €	34,60/25,25 €	**-3/-20/+2 %**
SDAX, internationale Marke Agrarhandel/Dienstleistungen: Obst/Baustoffe/Energie; KGV 13, Marktkapitalisierung 1,02 Mrd. €, Eigenkapitalquote 18 %, Buchwert 22,3 €, Ergebnis je Aktie 2,03/1,39/2,05/2,31 €, Dividende 0,90 €, Dividendenrendite **3,0 %**				
CTS Eventim	547 030	30,30 €	37,75/28,25 €	**-7/+88/+152 %**
MDAX, Ticketvermarktung Konzerte/Theater/Sportveranstaltungen und Live-Events; KGV 24,8, Marktkapitalisierung 2,98 Mrd. €, Eigenkapitalquote 32 %, Buchwert 3,1 €, Ergebnis je Aktie 0,80/0,93/1,05/1,25 €, Dividende 0,50 €, Dividendenrendite 1,6 %				
Deutsche Post	555 200	26,35 €	29,10/19,55 €	**-3/+37/+104 %**
DAX, Logistiknetze globale Post-/Warenströme, Paket-/Express-/Briefzustellung; KGV 12,3, Marktkapitalisierung 31,8 Mrd. €, Eigenkapitalquote 30 %, Buchwert 8 €, Ergebnis je Aktie 1,71/1,27/2,03/2,14 €, Dividende 1,00 €, Dividendenrendite **3,8 %**				
Fraport	577 330	50,65 €	61,50/48,95 €	**-13/+17/-9 %**
MDAX, Fughafenkonzern, Drehscheibe Frankfurt, Services, Immobilienentwicklung; KGV 15,3, Marktkapitalisierung 4,75 Mrd. €, Eigenkapitalquote 40 %, Buchwert 36 €, Ergebnis je Aktie 2,54/3,00/3,01/3,35 €, Dividende 1,45 €, Dividendenrendite 2,8 %				
Gerresheimer	A0L D6E	71,40€	76,65/49,95 €	**+37/+56/+116 %**
MDAX, hochwertige Verpackung/Systemlösung Glas/Kunststoff, Pharma/Medtech; KGV 16,1, Marktkapitalisierung 2,25 Mrd. €, Eigenkapitalquote 29 %, Buchwert 19 €, Ergebnis je Aktie 2,11/2,32/3,19/4,43 €, Dividende 1,00 €, Dividendenrendite 1,4 %				
GrenkeLeasing	A16 1N3	179,95 €	200,8/114,1 €	**+46/+199/+350 %**
SDAX, IT-Leasing Bürogeräte/Computer/Bildschirme/Server/Software/Kopiergeräte; KGV 23,4, Marktkapitalisierung 2,66 Mrd. €, Eigenkapitalquote 16 %, Buchwert 37 €, Ergebnis je Aktie 4,41/5,43/6,52/7,72 €, Dividende 1,60 €, Dividendenrendite 0,9 %				
Hapag-Lloyd	HLA G47	19,95 €	22,20/14,60 €	**+2 %/Börsengang**
SDAX, Hersteller/Händler Zement/Baustoffe/Zuschlagstoffe/bauchemische Produkte; KGV 9, Marktkapitalisierung 2,37 Mrd. €, Eigenkapitalquote 45,5 %, Buchwert 43 €, Ergebnis/Aktie -5,8/+1,06/+1,50/+2,26 €, Dividende 0,25 €, Dividendenrendite 1,2 %				
HeidelbergCem.	604 700	75,90 €	80,00/58,20 €	**+3/+31/+59 %**
DAX, Hersteller/Händler Zement/Baustoffe/Zuschlagstoffe/bauchemische Produkte; KGV 12,6, Marktkapitalisierung 14,4 Mrd. €, Eigenkapitalquote 56 %, Buchwert 79 €, Ergebnis je Aktie 2,59/4,26/4,97/6,09 €, Dividende 1,50 €, Dividendenrendite 2,0 %				

Aktien/ Unternehmen	WKN	Kurs am 02.06.16	Hoch/Tief 1 Jahr	Kursverlauf 1, 3, 5 Jahre
HHLA	A0S 848	15,25 €	20,85/11,85 €	-23/-19/-54 %

SDAX, Hamburger Logistikflughafen, Containerterminals und Transportsysteme; KGV 16,7, Marktkapitalisierung 1,07 Mrd. €, Eigenkapitalquote 33 %, Buchwert 7 €, Ergebnis je Aktie 0,81/0,92/0,75/0,91 €, Dividende 0,62 €, Dividendenrendite **4,1** %

Hornbach	608 340	63,50 €	79,50/50,45 €	-19/+28/+26 %

SDAX, Bauzulieferer, Branche Baustoffe, Hornbach Holding, vormals Holding AG; KGV 11, Marktkapitalisierung 1,01 Mrd. €, Eigenkapitalquote 50 %, Buchwert 67,5 €, Ergebnis je Aktie 5,63/5,04/5,17/5,72 €, Dividende 1,50 €, Dividendenrendite 2,4 %

Jungheinrich	621 993	25,65 €	29,25/19,10 €	+39/+137/+164 %

MDAX, Flurförderzeug-/Lager-/Materialfluss-Technologie, Gabelstapler-Services, KGV 17,2, Marktkapitalisierung 1,37 Mrd. €, Eigenkapitalquote 31 %, Buchwert 29 €, Ergebnis je Aktie 1,22/1,35/1,51/1,67 €, Dividende 0,42 €, Dividendenrendite 1,5 %

KION Group	KGX 888	50,00 €	52,65/35,55 €	+16 %/Börsengang

MDAX, Marken-Gabelstapler/Flurfördergeräte, 15 Produktionsstätten in 8 Ländern; KGV 14, Marktkapitalisierung 4,92 Mrd. €, Eigenkapitalquote 28,7 %, Buchwert 18 €, Ergebnis je Aktie 1,79/2,24/2,72/3,55 €, Dividende 0,85 €, Dividendenrendite 1,7 %

Klöckner & Co.	KC0 100	11,45 €	11,60/6,90 €	+43/+18/-44 %

SDAX, führender Stahl- und Metallhandel, kundenspezifische Be- und Verarbeitung; KGV 26,3, Marktkapitalisierung 1,11 Mrd. €, Eigenkapitalquote 39 %, Buchwert 11 €, Ergebnis/Aktie +0,22/-3,48/+0,12/+0,42 €, Dividende 0,0 €, Dividendenrendite 0,0 %

Krones	633 500	107,10 €	117,1/88,45 €	+6/+94/+98 %

MDAX, Maschinen/Anlagen Abfüll-/Verpackungstechnik Getränke/Nahrungsmittel; KGV 18,8, Marktkapitalisierung 3,38 Mrd. €, Eigenkapitalquote 41 %, Buchwert 34 €, Ergebnis je Aktie 4,30/4,98/5,25/5,70 €, Dividende 1,50 €, Dividendenrendite 1,4 %

KUKA (Aug. 2016)	620 440	107,35 €	114,4/60,65 €	+48/+194/+473 %

Index-Abstieg Midea-Übernahme, Roboter, automatisierte Produktionsanlagen; KGV 30,5, Marktkapitalisierung 3,96 Mrd. €, Eigenkapitalquote 31 %, Buchwert 19 €, Ergebnis je Aktie 1,99/2,40/2,93/3,48 €, Dividende 0,70 €, Dividendenrendite 0,7 %

Lufthansa	823 212	12,50 €	15,45/10,25 €	-2/-26/-18 %

DAX, Fluglinie mit 400 Tochter-/Beteiligungsfirmen; Passagier-/Frachtlinienverkehr; KGV 4,4, Marktkapitalisierung 5,87 Mrd. €, Eigenkapitalquote 18 %, Buchwert 12 €, Ergebnis je Aktie 0,12/3,67/2,67/2,87 €, Dividende 0,65 €, Dividendenrendite **5,2** %

METRO	725 750	26,85 €	34,80/23,05 €	-7/+12/-36 %

MDAX, viertgrößter Handelskonzern weltweit; strategische Management-Holding; KGV 14,3, Marktkapitalisierung 9,57 Mrd. €, Eigenkapitalquote 19 %, Buchwert 15 €, Ergebnis je Aktie 0,39/2,06/1,94/2,06 €, Dividende 1,00 €, Dividendenrendite **3,4** %

Aktien/ Unternehmen	WKN	Kurs am 02.06.16	Hoch/Tief 1 Jahr	Kursverlauf 1, 3, 5 Jahre
SIXT Stämme	723 132	52,30 €	53,75/32,85 €	+33/+202/+172 %

SDAX, Mietwagenservice, Flughäfen-Verleihstationen, Wartung von Firmenflotten; KGV 17, Marktkapitalisierung 1,64 Mrd. €, Eigenkapitalquote 29 %, Buchwert 14,4 €, Ergebnis je Aktie 2,28/2,39/2,69/3,06 €, Dividende 1,30 €, Dividendenrendite 2,5 %

| Steinhoff Intern. | A14 XB9 | 5,35 € | 5,85/3,75 € | +4 %/Börsengang |

MDAX, Produzent/Händler Europa/Asien/Afrika: Handelsketten für Möbel/Haushalt; KGV 14, Marktkapitalisierung 20,6 Mrd. €, Eigenkapitalquote 43 %, Buchwert 1,6 €, Ergebnis je Aktie 0,35/0,28/0,32/0,37 €, Dividende 0,16 €, Dividendenrendite 0,2 %

| Vossloh | 766 710 | 56,60 € | 76,75/45,25 € | +7/-22/-38 % |

SDAX, Bahninfrastruktur, Schienenfahrzeuge/Elektrobusse, Schienenbefestigung; KGV 20, Marktkapitalisierung 924 Mio. €, Eigenkapitalquote 31 %, Buchwert 25,8 €, Ergebnis/Aktie -16/+5,26/+1,88/+2,89 €, Dividende 0,65 €, Dividendenrendite 1,1 %

| VTG | VTG 999 | 28,15 € | 30,25/18,65 € | +27/+102/+56 % |

SDAX, Waggonvermieter 53.000 Güterwagen, Schienenlogistik/Containertransport; KGV 14,7, Marktkapitalisierung 845 Mio. €, Eigenkapitalquote 25 %, Buchwert 26 €, Ergebnis je Aktie 0,93/0,75/1,47/2,00 €, Dividende 0,60 €, Dividendenrendite 2,0 %

| Zalando | ZAL 111 | 26,10 € | 36,65/24,05 € | -13 %/Börsengang |

MDAX, Online-Handel Schuhe/Mode Damen/Herren/Kinder, 1.500 Markenhersteller; KGV 39, Marktkapitalisierung 6,51 Mrd. €, Eigenkapitalquote 60 %, Buchwert 5,2 €, Ergebnis je Aktie 0,21/0,49/0,45/0,67 €, Dividende 0,00 €, Dividendenrendite 0,0 %

| Zooplus | 511 170 | 129,95 € | 149,0/99,80 € | +9/+213/+169 % |

SDAX, Online: Heimtiernahrung/Zubehör, 8.000 Produkte, Eigen-/Fremdmarken; KGV 46, Marktkapitalisierung 916 Mio. €, Eigenkapitalquote 56 %, Buchwert 13,3 €, Ergebnis je Aktie 0,83/1,13/1,72/2,83 €, Dividende 0,00 €, Dividendenrendite 0,0 %

Logistikbranche durch Cyberkriminalität besonders gefährdet

Während die Versicherungsbranche auf Einnahmen durch teure Policen gegen Cyberkriminalität setzt, zählt der Logistiksektor zu den bevorzugten Opfern der Internetkriminalität. Wer sich nicht wirkungsvoll schützt, dem drohen große Schäden durch Patentverletzungen, gestörte Betriebsabläufe, Imageschäden, Erpressung mit gestohlenen Daten. Aber gerade für diese Branche eröffnen sich große Chancen durch Robotik und maßgeschneiderte Automatisierungsprozesse. Ein leistungsfähiger Vertrieb erweist sich als Wachstumstreiber für börsennotierte Unternehmen in den Nebenwerte-Indizes. MDAX und SDAX sind eine Fundgrube für innovative Logistikfirmen mit attraktiver Dividendenrendite. Der Wettbewerb wird aufgemischt durch viele nicht börsennotierte Mittelständler.

2.1.4 Klimawandel: Erneuerbare Energien und kluge Wasserwirtschaft im Kampf gegen Erderwärmung

Die Automobilindustrie stellt nicht nur die Weichen für selbstfahrende Autos, sondern auch für umweltfreundliche, jedoch bislang wenig wirtschaftliche Elektroautos. Das dürfte sich im nächsten Jahrzehnt ändern, mag auch die neu eingeführte Prämie von 4.000 € noch nicht den erhofften Umschwung einleiten. Es stellt sich die Frage: Haben Aktien für erneuerbare Energien eine Zukunft? Vor gut einem Jahrzehnt lauteten die Kommentare so: *„Solarstrom, Windkraft, Erdwärme und Biomasse unter Verwertung von schnell wachsenden Nutzpflanzen, Stroh, Holzresten und Nahrungsmittelabfällen zeigen einen langfristigen Megatrend und schaffen viele neue Arbeitsplätze."* Davon ist in weiten Teilen Europas wenig zu spüren. Im Solarstrombereich gibt und gab es schrumpfende Einnahmen, rote Zahlen, Pleiten und Übernahmen zum Schnäppchenpreis. Die starke Konkurrenz aus China und Amerika, Überkapazitäten und Preisdruck bedrohen deutsche Mittelständler, die nicht auf großzügige Staatshilfen wie in China vertrauen können. Mag sich auch die eine oder andere Firma wieder hochrappeln. Die brutale Marktbereinigung führt zum gnadenlosen Überlebenskampf. Schauen wir auf den TecDAX! Den Spitzenamen „Sonnen-DAX" trägt er nicht mehr. Von elf Aktien für erneuerbare Energien blieben nur Wechselrichter-Marktführer SMA Solar und Windkraft-Turbinenbauer Nordex übrig.

Photovoltaik 2010 – 2018: Asien gewinnt, Europa verliert; jährlicher Zubau von Solaranlagen, Leistung in Gigawatt					
Kontinent	2010	2012	2014	2016(e)	2018(e)
Asien	2,1 GW	9,5 GW	26,4 GW	34,6 GW	39,5 GW
Amerika	1,3 GW	4,1 GW	8,4 GW	17,2 GW	12,7 GW
Afrika/Naher Osten	0,1 GW	0,2 GW	1,5 GW	2,5 GW	4,8 GW
Europa	16,5 GW	17,7 GW	7,8 GW	8,7 GW	11,4 GW
Zahlenquelle: HANDELSBLATT Nr. 162, 25. August 2015, Seite 20					

Solarstrom hilft, den drohenden Klimawandel zu bekämpfen. Bis 2020 sollen alternative Energien den Strombedarf hierzulande zur Hälfte abdecken und den Kohlendioxidausstoß verringern. Das traurige Dasein etlicher Photovoltaikaktien spiegelt Zukunftsvisionen kaum wider. Alte Höchststände scheinen unerreichbar.

> ➤ In der Schreckensliste der 10 schlimmsten Kapitalvernichter 2015 nimmt die frühere Spitzenaktie SolarWorld den 2. Verliererplatz mit -30/-94/-99 % im Ein-, Drei- und Fünfjahresvergleich ein – welch traurige Bilanz!

Die Energiemenge, die jährlich von der Sonne auf die Erde strahlt, entspricht dem Zehntausendfachen des Welt-Energiebedarfs. Die Sonne schickt in sechs Stunden mehr Energie zur Erde, als die Menschheit alljährlich verbraucht. Netzparität heißt, dass der Solarstrom nicht teurer ist als der Strom aus der Steckdose. Deutschland ist kein sonnenreiches Land. Dies erschwert die Zielerfüllungen. Durch technologischen Fortschritt, Standardisierung, Serienfertigung, Massenproduktion und knallharten Wettbewerb dürften bei Photovoltaik die Preise kaum ansteigen, während als Folge der Umlageregelung die Stromkosten für die Bundesbürger bestenfalls stagnieren. Im harten Konkurrenzkampf dürften substanz- und finanzstarke Firmen das Rennen machen, sofern sie Industrie 4.0 und Digitalisierung schnell umsetzen. Kleinen AGs droht die Übernahme durch chinesische Anbieter zum Schnäppchenpreis, vielleicht sogar die Pleite.

Große Herausforderung und Chance: Windenergie auf dem Meer

Die einst verhöhnten und erbittert bekämpften Windräder befinden sich im Aufwind. Seit 2014 zeigt sich dies an steigenden Börsenkursen nach dem starken Einbruch zuvor. Den Offshore-Projekten auf dem Meer gehört die Zukunft, mögen auch Tsunamibrecher zu überwinden sein. Es geht um Netzwerke, Speicherkapazität, Kredite, überzogene Forderungen von Umweltschützern, Aufbau der Anlagen, Wartung und Reparatur – alles kostspielig und zeitraubend. Es gilt, den Problemen in der Meerestiefe an den 30 bis 50 Kilometer von der Küste entfernten Standorten zu trotzen. Windkraftanlagen dürften bis 2030 zwanzigmal mehr Windenergie erzeugen als derzeit. Der dänische Branchenprimus Vestas (WKN 913 769) wächst kräftig. Auch Gamesa aus Spanien (WKN A0B 5Z8) verspürt Aufwind. Im Windkraftbereich zeichnet sich der Trend „raus aus der Nische" ab. Der Turbinenbauer Nordex will sich an die Weltspitze fusionieren.

> In der DAX-Familie gibt es mit Nordex (Windkraftparks) und SMA Solar (Photovoltaik Wechselrichter-Weltmarktführer) nur zwei Firmen im TecDAX. Vor einigen Jahren, als hier noch 11 Unternehmen Stammgäste waren, wurde der TecDAX mit 30 Werten liebevoll „Sonnen-DAX" genannt. Heute ist dies eher die Hightechschmiede für Software- und Biotechunternehmen.

> Ich nehme deshalb in die folgende Kursliste diejenigen Firmen aus DAX, TecDAX, MDAX, SDAX auf, die direkt oder indirekt mit erneuerbaren Energien zu tun haben. Sei es, dass das Geschäftsmodell neu ausgerichtet wird oder es sich um einen starken, ausbaufähigen Geschäftszweig handelt.

> In den unteren freien Platz bringe ich für spekulative Anleger als „Gastfirma" Phoenix Solar, lange Zeit TecDAX-Mitglied, in die Kursliste ein. Es zeichnet sich ein Turnaround ab. Das USA-Geschäft für Firmenkunden, die in große Megawatt-Solarkraftwerke investieren, entwickelt sich planmäßig.

DAX-Familie Versorger, erneuerbare und fossile Energie

Aktien/ Unternehmen	WKN	Kurs 02.06.16	Hoch/Tief 52 Wochen	Kursverlauf 1, 3, 5 Jahre
Capital Stage	609 500	6,05 €	9,40/5,80 €	-13/+52/+166 %
SDAX, Investor Solar-/Windparks, Projektrechte, gesamte Wertschöpfungskette; KGV 13,2, Marktkapitalisierung 501 Mio. €, Eigenkapitalquote 20 %, Buchwert 3,1 €, Ergebnis je Aktie 0,35/0,25/0,34/0,39 €, Dividende 0,20 €, Dividendenrendite 3,3 %			
Chorus Clean E.	A12 UL5	10,50 €	10,70/7,60 €	+24 %/IPO 2015
SDAX-Aufstieg, Solarstrom-/Windkraftanlagen; Übernahmeangebot Capital Stage; KGV 11, Marktkapitalisierung 269 Mio. €, Eigenkapitalquote 38 %, Streubesitz 82 %, Ergebnis pro Aktie 0,45/0,65/0,85 €, Dividende 0,20 €, Dividendenrendite 2,1 %			
E.ON	ENA G99	8,65 €	13,65/7,10 €	-35/-33/-55 %
DAX, Stromerzeugungskonzern: Wasser/Windkraft/Solarenergie und Biomasse; KGV 12,5, Marktkapitalisierung 17,68 Mrd. €, Eigenkapitalquote 17 %, Buchwert 8 €, Ergebnis je Aktie -1,64/-3,60/+0,79/+0,71 €, Dividende 0,30 €, Div.-Rendite 3,4 %			
Nordex	A0D 655	28,20 €	33,90/19,70 €	+29/+381/+311 %
TecDAX/ÖkoDAX, Planung/Engineering für große Windkraftanlagen/Turbinenbau; KGV 16, Marktkapitalisierung 2,48 Mrd. €, Eigenkapitalquote 31 %, Buchwert 4,7 €, Ergebnis je Aktie 0,48/0,65/1,02/1,56 €, Dividende 0,0 €, Dividendenrendite 0,0 %			
SMA Solar	A0D J6J	49,25 €	56,00/17,65 €	+173/+103/-32 %
TecDAX/ÖkoDAX, Wechselrichter-Weltmarktführer, Photovoltaik-Komponenten; KGV 19, Marktkapitalisierung 1,7 Mrd. €, Eigenkapitalquote 49 %, Buchwert 16,5 €, Ergeb./Aktie -5,16/+0,41/+2,15/+2,58 €, Dividende 0,30 €, Dividendenrendite 0,6 %			
RWE	703 712	11,65 €	21,65/9,15 €	-46/-56/-71 %
DAX, Energieversorgung Öl/Gas/Kohle, Neuausrichtung Solarstrom und Windkraft; KGV 11,4, Marktkapitalisierung 6,77 Mrd. €, Eigenkapitalquote 11 %, Buchwert 9 €, Ergebnis je Aktie +2,77/-0,28/+0,98/+1,03 €, Dividende 0,15 €, Div.-Rendite 1,3 %			
Siemens	723 610	96,55 €	100,9/77,95 €	+1/+23/+10 %
DAX, Elektronik/Elektrotechnik, Sparte erneuerbare Energie, Windkraftturbinen; KGV 13, Marktkapitalisierung 82,3 Mrd. €, Eigenkapitalquote 29 %, Buchwert 37,4 €, Ergebnis je Aktie 6,37/8,84/6,47/7,52 €, Dividende 3,60 €, Dividendenrendite 3,7 %			
Wacker Chemie	WCH 888	84,90 €	103,25/58,20 €	-17/+51/-44 %
MDAX, Silikon-/Polymerchemie, Polysilicium, Wafer/Feinkristalle Reinst-Silicium; KGV 18, Marktkapitalisierung 4,4 Mrd. €, Eigenkapitalquote 38,5 %, Buchwert 48 €, Ergebnis je Aktie 4,10/4,60/2,58/4,64 €, Dividende 1,50 €, Dividendenrendite 1,8 %			
Phoenix Solar	A0B VU9	4,05 €	5,85/2,55 €	+9/+191/-73 %
Prime Standard, Mitglied im ÖkoDAX mit 12 Titeln für erneuerbare Energien; Bau und Wartung mächtiger Megawatt-Solarkraftwerke für Firmenkunden in den USA; KGV 41, Börsenwert 29 Mio. €, EK-Quote -14 %, Streubesitz 89 %, Div.-Rend. 0 %			

81

Lebensbedrohlicher Trinkwassermangel in Afrika, Südamerika und Ostasien als tickende Zeitbombe mit Gewaltpotenzial

In einem Jahrzehnt dürfte der globale Wassermarkt die Marke von einer Billion Dollar erreichen. An sauberem Trinkwasser mangelt es vor allem in Afrika, Südamerika, in ostasiatischen Schwellenländern und dem Riesenreich China. Wie das Fernsehen 3SAT im September 2015 dokumentierte, leiden 800 Mio. Menschen unter zu wenig Wasser. Über 80 % des Süßwasserverbrauchs gehen zu Lasten der Landwirtschaft, vor allem Fleischerzeugung. Das kostbare Nass wird verschwendet. Der Klimawandel legt die Welt trocken. In den bedrohten Regionen regnet es immer seltener – auch wegen abgeholzter Regenwälder. Weltweit stieg der Wasserverbrauch in 50 Jahren doppelt so schnell wie die Weltbevölkerung.

Den Hauptgrund liefert die Bewässerungslandwirtschaft. Der Anbau von Tomaten, Erdbeeren, Orangen verschlingt Wasser von rund 70 %. Riesengroß ist der Wassereinsatz für Fleischprodukte: 6.000 Liter für 1.000 Gramm vom Schwein, 15.500 Liter für 1.000 Gramm vom Rind. 5.550 Liter sind für 1.000 Gramm Butter, 3.265 Liter für ein Kilo Eier, 1.645 Liter für ein Kilo Getreide und 325 Liter für 2 Pfund Gemüse einzuplanen. Eine Jeans braucht 8.000 Liter Wasser. Jeder dritte Mensch leidet schon jetzt unter der Wasserknappheit. An den Folgen verschmutzten Wassers sterben täglich 5.000 Kinder in den Armutsregionen.

➢ **Wenn Sie attraktive Wasser-Nebenwerte suchen, werden Sie für Ihre Mühe wohl kaum belohnt. Die drei ETFs bieten sichere Kapitalanlagen. Der Platzhirsch mit einer erstklassigen Kursentwicklung im Drei- und Fünfjahresvergleich ist der Lyxor ETF World Water.**

Drei Wasser-ETFs für eine langfristig sichere Geldanlage				
ETF-bzw. Index-fonds-Name	**WKN**	**Kurs am 02.06.16**	**Hoch/Tief 1 Jahr**	**Kursverlauf 1, 3, 5 Jahre**
Lyxor ETF World Water	LYX 0CA	34,70 €	34,90/27,1 €	+9/+68/+124 %
Gebühr: 0,60 %, Alter 9 Jahre, kein Sparplan, Börsenwert 344 Mio. €, ausschüttend. Aktien: Geberit, Pentair, Veolia, United Utilities, Severn Trent, Xylem, American Wat.				
iShares Global Water	A0M OAG	30,90 €	31,80/26,0 €	+2/+27/+48 %
Jahresgebühr: 0,65 %, Alter 9 Jahre, Volumen: 396 Mio. €, Dividende ausschüttend. Aktien: Geberit, Amercian Water, Danaher, United Utilities, Pentair, Veolia, Xylem				
PowerShares Global W.	A0M 2EF	9,60 €	12,20/9,40 €	-12/+32/+40 %
Jahresgebühr: 0,75 %, Alter 9 Jahre, Volumen: 4 Mio. € (riskant), Div. ausschüttend. Aktien: Geberit, Veolia, Ecolab, Pentair, TerraForm, American Water, Acciona, Suez				

82

2.1.5 Familienfirmen als Trümpfe im Nebenwertmarkt: Blick auf den DAXplus Family Index und den GEX

Im Zuge des demografischen Wandels sieht es für das „Rückgrat unserer deutschen Wirtschaft", den Familienunternehmen, gar nicht so rosig aus. Untergangspropheten sprechen von einer unbeherrschbaren Katastrophe, da die niedrige Geburtenrate in Deutschland gerade bei inhabergeführten Gesellschaften zum dramatisch verschärften Nachfolgeproblem führt. Bis zum Jahr 2018 wird mit einer Übergabe von 135.000 Familienfirmen gerechnet. Die knappe Hälfte dürfte voraussichtlich vergeblich nach einem geeigneten Nachfolger suchen, wenn es am eigenen Nachwuchs mangelt oder Sohn und Tochter andere Berufspläne schmieden.

Findet das Seniorunternehmen keinen passenden neuen Chef, werden Ressourcen verschenkt. Zudem gehen viele Arbeitsplätze verloren. Ganz zu schweigen von den Belastungen für die Senior- bzw. Gründerfirma, deren Vermögen und Lebenswerk auf dem Spiel stehen. Es ist also notwendig, frühzeitig die Weichen für die Übergabe zu stellen und auch Ausschau nach einem seriösen Beteiligungsunternehmen zu halten. Es gilt, M&A-Erfahrungen zu sammeln, statt aufkommende Probleme zu verdrängen. Was schlimm wäre: Resignieren, die Digitalisierung und das „Internet der Dinge" beiseiteschieben und die notwendige Umstrukturierung und Neuausrichtung auf unbestimmt vertagen.

Familienunternehmen stehen nicht erst im Blickpunkt, seit die US-Investorlegende Warren Buffett im Frühjahr 2008 auf der Suche nach inhabergeführten Firmen Deutschland bereiste. Das Interesse am GEX, dem Familienindex der Deutschen Börse, wuchs. Anfangs galt dies auch für den 2010 geschaffenen Nachfolger DAXplus Family 30. Die kritisierte Regelung, keine Aktie aufzunehmen, sobald das Börsenlisting 10 Jahre lang besteht, wurde gestrichen. Dennoch hat sich der neue Index nicht so richtig durchgesetzt. Kaum ein Privatanleger weiß, dass es ihn gibt. In den Börsennachrichten wird der Index gewöhnlich nicht publiziert. Schade, hat er doch im Frühjahr 2015 ein Allzeithoch mit 5.187 Punkten erreicht und den DAX prozentual erneut abgehängt.

Der Familienfirmen-Index mit den 30 größten Firmen, Performance-Index WKN A0Y KTN, legte in 52 Wochen um +8 %, in 3 Jahren +68 %, in 5 Jahren +87 % zu, Stand 28. Juli 2016. Der DAX schnitt viel schlechter ab: -8/+24/+43 %. Der Höchststand befindet sich in Augenhöhe. Die Kursentwicklung 5.039 Punkte, Hoch/Tief 5.187/4.067 Punkte, überzeugt. Die Kursliste bringt den kompletten DAXplus Family 30 und informiert Sie über erfolgreiche Familienfirmen. Ein tägliches Handelsvolumen von 0,5 Mrd. € wird vorausgesetzt.

In Deutschland ist das Geschäft besonders häufig Familiensache. Mehr als 95 % aller deutschen Firmen sind eigentümerdominiert. Darunter versteht das Institut für Mittelstandsforschung, dass zumindest drei natürliche Personen den Betrieb kontrollieren. Familiengeführte Gesellschaften erwirtschaften zwar nur 42 % des Gesamtumsatzes, sorgen aber für mehr als zwei Drittel aller Arbeitsplätze. Jedoch ziehen auch düstere Wolken am Familienfirmenhimmel auf, insbesondere fehlende Nachfolger, Streitigkeiten und Finanzierungsprobleme. Möglicherweise steht in der nächsten Generation jedes zweite Unternehmen vor einem Verkauf. Es mangelt an Nachwuchs; und Kinder gehen oft ganz andere Wege als ihre Eltern.

Eine auf künftige Generationen, Mitarbeiter und Kunden zugeschnittene Unternehmensstrategie überzeugt mehr als jedes an kurzfristigen Trends und Erfolgen ausgerichtete Geschäftsmodell. Ein steigender Marktwert ist nicht das oberste Ziel der Eigentümer. Vorrangig erscheinen ein langfristiges Überleben, Wahrung der Unternehmenswerte, intakte Firmenkultur und Unabhängigkeit. Da rücken die Quartalserwartungen eher in den Hintergrund. Portfoliomanager Jürgen Meier vom Bankhaus Julius Bär erläutert: *„Als Familienfirma hätte Daimler alle unprofitablen Sparten längst abgestoßen und heute nur mit Mercedes ein kleineres, aber hoch profitables Unternehmen."* Freilich gibt es auch hier schwarze Schafe.

Untersuchung Stuttgarter Institut für Familienfirmen (IFF)

Die besten deutschen Familienunternehmen sind substanzstark. Sie wirtschaften nachhaltig und erhöhen Umsatz und Ertrag, sodass Zukunftssorgen unbegründet sind. Immerhin erzielten die 50 größten Familienfirmen in Deutschland, von denen nur elf börsennotiert sind, Umsätze von fast 960 Mrd. €. Mit 3,3 % Anstieg sind dies 30 Mrd. € mehr als ein Jahr zuvor. Ohne Währungseffekte hätte der Umsatz noch stärker zugelegt.

Was sagt die Statistik? Die hierzulande rund 4.500 inhabergeführten Firmen mit mindestens 50 Mio. € Jahresumsatz waren Arbeitgeber für 17 % der sozialversicherungspflichtigen Beschäftigten. Mehr als neun von zehn der hierzulande geführten vier Millionen Betriebe sind inhabergeführt. Die Untersuchung zeigt, dass die meisten großen deutschen Familienfirmen robust aufgestellt sind. Ihre Strategie ist langfristig, nicht auf schnellen Erfolg ausgerichtet.

Anlagetipp: Unter den zehn schlimmsten börsennotierten Kapitalvernichtern 2015 befindet sich keine Familienfirma. Bechtle, CeWe Stiftung, Fielmann, Krones und Nemetschek notierten im Juni/Juli 2016 auf Allzeithoch.

Ein Unternehmen gilt als inhabergeführt, wenn höchstens zwei Familien mindestens die Hälfte der Anteile halten. Außerdem muss mindestens ein Familienmitglied in der Geschäftsführung tätig sein. Bei den börsennotierten Unternehmen reicht es aus, wenn 30 % der Stimmrechte bei ein oder zwei Familien liegen.

DAXplus Family 30: Familienfirmen aus deutschen Indizes				
Aktien/ Unternehmen	WKN A0Y KTN	Kurs am 02.06.16	52-Wochen- Hoch/Tief	Kursverlauf 1, 3, 5 Jahre
Axel Springer	550 135	50,90 €	55,45/42,35 €	+3/+52+49 %
MDAX, Pressemedien Print/Online, Infobedürfnisse verschiedenartiger Zielgruppen; KGV 19, Marktkapitalisierung 5,52 Mrd. €, Eigenkapitalquote 32 %, Buchwert 13,2 €, Ergebnis je Aktie 2,08/2,53/2,30/2,63 €, Dividende 1,90 €, Dividendenrendite **4,1** %				
Bechtle	515 870	102,25 €	102,25/64,75 €	+49/+170/+255 %
TecDAX, Infotechnologie Firmenkunden, hochwertige IT-Konzepte und Produkte; KGV 18,6, Marktkapitalisierung 2,1 Mrd. €, Eigenkapitalquote 54 %, Buchwert 28 €, Ergebnis je Aktie 3,63/4,42/4,89/5,38 €, Dividende 1,40 €, Dividendenrendite 1,4 %				
CeWe Stiftung	540 390	60,90 €	61,30/43,75 €	+8/+76/+80 %
SDAX, internationaler Fotoentwickler stationär/Internet, Fotobuch und Digitaldruck; KGV 14,3, Marktkapitalisierung 448 Mio. €, Eigenkapitalquote 53 %, Buchwert 24 €, Ergebnis je Aktie 3,07/3,24/3,77/4,23 €, Dividende 1,65 €, Dividendenrendite 2,7 %				
CTS Eventim	547 030	30,30 €	37,60/26,35 €	-7/+88/+152 %
MDAX, Ticketvermarktung Konzerte/Theater/Sportveranstaltungen und Live-Events; KGV 24, Marktkapitalisierung 2,98 Mrd. €, Eigenkapitalquote 32 %, Buchwert 3,1 €, Ergebnis je Aktie 0,80/0,93/1,05/1,25 €, Dividende 0,50 €, Dividendenrendite 1,6 %				
DÜRR	556 520	68,70 €	91,60/49,70 €	-26/+36/+420 %
MDAX, Maschinenbau Autoindustrie, Lackieranlagen/Endmontage/Komponenten; KGV 12, Marktkapitalisierung 2,4 Mrd. €, Eigenkapitalquote 24 %, Buchwert 18,4 €, Ergebnis je Aktie 4,33/4,82/5,08/5,46 €, Dividende 1,90 €, Dividendenrendite 2,7 %				
ElringKlinger	785 602	20,70 €	25,75/16,55 €	-20/-27/-15 %
SDAX, Autozulieferer, Weltmarktführer Dichtungen/Kunststoffmodule/Abschirmteile; KGV 10, Marktkapitalisierung 1,29 Mrd. €, Eigenkapitalquote 48,5 %, Buchwert 12 €, Ergebnis je Aktie 1,67/1,45/1,67/1,96 €, Dividende 0,60 €, Dividendenrendite **3,8** %				
Fielmann	577 220	65,20 €	71,00/53,95 €	+4/+62/+73 %
MDAX, preiswerte Augenoptik/Hörgeräte, Gleitsicht-/Sonnenbrillen, Kontaktlinsen; KGV 28,5, Marktkapitalisierung 5,5 Mrd. €, Eigenkapitalquote 75 %, Buchwert 6,3 €, Ergebnis je Aktie 1,87/2,02/2,16/2,30 €, Dividende 1,85 €, Dividendenrendite 2,8 %				

DAXplus Family Aktie, Index	WKN A0Y KTN	Kurs am 02.06.16	52-Wochen- Hoch/Tief	Kursverlauf 1, 3, 5 Jahre
Fresenius SE	**578 560**	67,00 €	69,85/52,40 €	**+16/+119/+178 %**

DAX, internationaler Gesundheitskonzern, Produkte/Versorgung Kliniken/ambulant; KGV 21, Marktkapitalisierung 37,0 Mrd. €, Eigenkapitalquote 42 %, Buchwert 19 €, Ergebnis je Aktie 1,97/2,50/2,91/3,23 €, Dividende 0,60 €, Dividendenrendite 0,9 %

Fuchs Petrolub	**579 040**	32,95 €	39,35/30,70 €	**-10/+17/+95 %**

MDAX, Schmierstoff-Spezialist, Standardprodukte/Speziallösung; Beratung/Service; KGV 19,4, Marktkapitalisierung 2,54 Mrd. €, Eigenkapitalquote 72 %, Buchwert 7 €, Ergebnis je Aktie 1,57/1,69/1,78/1,88 €, Dividende 0,87 €, Dividendenrendite 2,4 %

Gerry Weber	**330 410**	11,85 €	31,20/9,65 €	**-58/-62/-46 %**

SDAX, preiswerte Damenmode, Lizenzgeber Accessoires, fünf Marken, 62 Länder; KGV 12, Marktkapitalisierung 542 Mio. €, Eigenkapitalquote 51,5 %, Buchwert 9,8 €, Ergebnis je Aktie 1,56/1,14/0,08/0,95 €, Dividende 0,40 €, Dividendenrendite **3,4 %**

GFT Technologies	**580 060**	21,10 €	32,65/16,75 €	**+11/+421/+445 %**

TecDAX, GFT plant/realisiert europaweit IT-Lösungen für Finanzbereich/Logistik; KGV 17,5, Marktkapitalisierung 566 Mio. €, Eigenkapitalquote 38 %, Buchwert 4,5 €, Ergebnis je Aktie 0,76/1,01/0,99/1,23 €, Dividende 0,35 €, Dividendenrendite 1,6 %

GrenkeLeasing	**A16 1N3**	171,75 €	199,7/113,9 €	**+46/+205/+349 %**

SDAX, IT-Leasing/Finanzierung Firmenkunden; PC/Bildschirme/Drucker/Kopierer; KGV 23,4, Marktkapitalisierung 2,66 Mrd. €, Eigenkapitalquote 16 %, Buchwert 37 €, Ergebnis je Aktie 4,41/5,43/6,52/7,72 €, Dividende 1,60 €, Dividendenrendite 0,9 %

Henkel Vorzüge	**604 843**	94,00 €	95,25/75,60 €	**+1/+51/+134 %**

DAX, Markenartikel Haushalt/Handwerk/Körperpflege/Büro/Schule/Freizeitbereich; KGV 19, Marktkapitalisierung 18,7 Mrd. €, Eigenkapitalquote 62 %, Buchwert 30 €, Ergebnis je Aktie 3,74/4,42/4,91/5,43 €, Dividende 1,58 €, Dividendenrendite 1,6 %

KRONES	**633 500**	**115,75 €**	**115,8/75,50 €**	**+46/+171/+173 %**

MDAX, Abfüllanlagen/Verpackungstechnik Getränke/Lebensmittel/Chemie/Pharma; KGV 18,8, Marktkapitalisierung 3,4 Mrd. €, Eigenkapitalquote 41 %, Buchwert 34 €, Ergebnis je Aktie 4,30/4,98/5,25/5,70 €, Dividende 1,50 €, Dividendenrendite 1,4 %

Manz Abstieg TecDAX	**A0J Q5U**	41,80 €	82,20/22,40 €	**-42/+23/+8 %**

Prime St., Hightech-Maschinenbauer erneuerbare Energie/mobile Kommunikation; KGV 90, Marktkapitalisierung 293 Mio. €, Eigenkapitalquote 31 %, Streubesitz 58 %, Ergebnis je Aktie -12,02/-1,84/+0,42 €, Dividende 0,00 €, Dividendenrendite 0,0 %

METRO	**725 750**	29,50 €	32,40/21,70 €	**-7/+12/-36 %**

MDAX, weltweit viertgrößter Handelskonzern, Marken Saturn/Media Markt/Galeria; KGV 14,3, Marktkapitalisierung 9,6 Mrd. €, Eigenkapitalquote 19 %, Buchwert 15 €, Ergebnis je Aktie 0,39/2,06/1,94/2,06 €, Dividende 1,00 €, Dividendenrendite **3,4 %**

DAXplus Family Aktie, Index	WKN A0Y KTN	Kurs am 03.06.16	52-Wochen-Hoch/Tief	Kursverlauf 1, 3, 5 Jahre
Nemetschek	645 290	54,50 €	54,50/25,50 €	+85/+361/+550 %

TecDAX, Software Architektur/Bau, CAD-Lösungen, 800.000 Kunden, 142 Länder; KGV 33, Marktkapitalisierung 2,01 Mrd. €, Eigenkapitalquote 44 %, Buchwert 3,9 €, Ergebnis je Aktie 0,82/0,93/1,22/1,57 €, Dividende 0,55 €, Dividendenrendite 1,1 %

Patrizia	PAT 1AG	24,90 €	28,25/17,10 €	+45/+270/+624 %

SDAX, bankenunabhängig/vollstufig, Gewerbe-/Wohnimmobilien-Investmenthaus; KGV 23,8, Marktkapitalisierung 1,91 Mrd. €, Eigenkapitalquote 33 %, Buchwert 7,1 €, Ergebnis je Aktie 0,46/1,45/3,22/1,05 €, Dividende 0,30 €, Dividendenrendite 1,2 %

QSC TecDax-Abstieg	513 700	1,25 €	2,20/1,10 €	-37/-48/-58 %

Prime Stand., noch kein Austausch, Informationstechnologie/Telekommunikation; KGV negativ, Börsenwert 153 Mio. €, Eigenkapitalquote 34,6 %, Streubesitz 59,3 %, Ergebnis je Aktie -0,12/-0,04/+-0,00 €, Dividende 0,05 €, Dividendenrendite **4,1 %**

Rational	701 080	420,30 €	473,7/312,1 €	+26/+75+126 %

MDAX, Weltmarktführer thermische Speisezubereitung Profiköche/Gewerbeküchen; KGV 33, Marktkapitalisierung 4,83 Mrd. €, Eigenkapitalquote 74 %, Buchwert 24,5 €, Ergebnis/Aktie 9,68/10,71/11,70/12,82 €, Dividende 8,30 €, Dividendenrendite 2,0 %

SAP	716 460	72,35 €	75,50/53,90 €	+8/+25/+72 %

DAX, Flaggschiff Softwarelösungen Großbetriebe/Mittelständler Handel/Finanzen; KGV 17,2, Marktkapitalisierung 82,3 Mrd. €, Eigenkapitalquote 29 %, Buchwert 15 €, Ergebnis je Aktie 2,75/2,56/3,33/4,24 €, Dividende 1,30 €, Dividendenrendite 1,8 %

SIXT Stämme	723 132	52,25 €	53,45/32,85 €	+33/+201/+170 %

SDAX, Mobilitätsdienstleister, Mietwagenservice, Verleihstationen auf Flughäfen; KGV 17, Marktkapitalisierung 1,64 Mrd. €, Eigenkapitalquote 29 %, Buchwert 18,4 €, Ergebnis je Aktie 2,28/2,39/2,69/3,06 €, Dividende 1,30 €, Dividendenrendite 2,5 %

SMA Solar	A0D J6J	49,55 €	56,00/17,65 €	+167/+98/-33 %

TecDAX, Wechselrichter-Weltmarktführer, Produktion Komponenten Solarindustrie; KGV 32, Marktkapitalisierung 1,72 Mrd. €, Eigenkapitalquote 49 %, Buchwert 16,4 €, Ergebnis/Aktie -5,16/+0,41/+2,15/+2,58 €, Dividende 0,00 €, Dividendenrendite 0,0 %

Software AG	330 400	34,80 €	36,70/22,80 €	+36/+13/-12 %

TecDAX, Marktführer benutzerfreundliche Infrastruktursoftware Geschäftsprozesse; KGV 14,4, Marktkapitalisierung 2,76 Mrd. €, Eigenkapitalquote 60 %, Buchwert 13 €, Ergebnis je Aktie 1,39/1,78/1,97/2,42 €, Dividende 0,55 €, Dividendenrendite 1,8 %

Stratec Biomedical	STR A55	50,50 €	62,85/41,00 €	+11/+39/+66 %

TecDAX, vollautomatische Systeme klinische Diagnostik (IVD) und Biotechnologie; KGV 21,5, Marktkapitalisierung 593 Mio. €, Eigenkapitalquote 82 %, Buchwert 10 €, Ergebnis je Aktie 1,68/1,87/2,06/2,33 €, Dividende 0,90 €, Dividendenrendite 1,8 %

DAXplus Family Aktie, Index	WKN A0Y KTN	Kurs am 03.06.16	52-Wochen-Hoch/Tief	Kursverlauf 1, 3, 5 Jahre
STRÖER	749 399	48,90 €	64,50/36,10 €	+26/+476/+143 %
MDAX, Außen-/Online-Werbung, individuelle, integrierte Kommunikationslösungen; KGV 14, Marktkapitalisierung 2,7 Mrd. €, Eigenkapitalquote 46 %, Buchwert 11,5 €, Ergebnis je Aktie 0,43/1,16/2,04/3,31 €, Dividende 0,80 €, Dividendenrendite 1,6 %				
Symrise	SYM 999	56,65 €	64,50/50,35 €	-1/+82/+160 %
MDAX, Spezialchemie, Duft-/Geschmackstoffe/Aroma, Nahrungsmittel/Kosmetik; KGV 22, Marktkapitalisierung 7,3 Mrd. €, Eigenkapitalquote 38 %, Buchwert 11,3 €, Ergebnis je Aktie 1,48/1,90/2,01/2,52 €, Dividende 0,90 €, Dividendenrendite 1,6 %				
United Internet	508 903	42,05 €	51,95/38,40 €	+1/+91/+213 %
TecDAX, Online-Zugangsprodukte Privat-/Geschäftskunden, E-Mail GMX, WEB.de; KGV 16,7, Marktkapitalisierung 8,69 Mrd. €, Eigenkapitalquote 30 %, Buchwert 5 €, Ergebnis je Aktie 2,28/1,80/1,91/2,53 €, Dividende 0,65 €, Dividendenrendite 1,3 %				
Wacker Chemie	WCH 888	84,90 €	103,3/58,20 €	-15/+51/-44 %
MDAX, Silikon-/Polymerchemie, Feinchemikalien, Biotechnologieprodukte, Wafer; KGV 18, Marktkapitalisierung 4,4 Mrd. €, Eigenkapitalquote 38,5 %, Buchwert 48 €, Ergebnis je Aktie 4,10/4,60/2,58/4,64 €, Dividende 1,50 €, Dividendenrendite 1,8 %				
Wacker Neuson	WAC K01	15,10 €	21,40/10,95 €	-24/+41/+19 %
SDAX, Produktion/Vertrieb Baugeräte/Maschinen, Kompaktklasse, einige Marken; KGV 12,8, Marktkapitalisierung 1,12 Mrd. €, Eigenkapitalquote 69 %, Buchwert 15 €, Ergebnis je Aktie 1,30/0,94/1,05/1,23 €, Dividende 0,40 €, Dividendenrendite **3,6** %				

Nachrücker wird wohl der im März 2016 in den MDAX aufgerückte Autozulieferer Schaeffler (WKN SHA 015), berühmt-berüchtigt durch die gescheiterte Continental-Übernahme. Auch der TecDAX-Neuling SLM Solutions Group (WKN A11 133) ist Anwärter auf einen Platz im DAXplus Family 30.

Stock Picking oder Marktabdeckung mit einem Familienfirmen-ETF

Der DAXplus Family 30, Kursindex WKN A0Y KTP, Performanceindex WKN A0Y KTN, bildet die 30 größten deutschen Familienfirmen aus DAX, MDAX, TecDAX, SDAX ab. Der Index wird jährlich von der Deutschen Börse AG angepasst. Zum Jahresschluss 2015 notierte er bei 5.100 Punkten. Jetzt, Ende Juli 2016, sind es 5.040 Punkte mit einem 52-Wochen-Hoch/Tief von rund 5.190/4.070 Punkten und +8/+68/+87 % im Ein-/Drei-/Fünfjahresvergleich. Besser waren nur der MDAX mit +101 % und TecDAX +106 % in der Fünfjahresperiode, deutlich abgeschlagen der DAX mit +43 %. Der Index DAXplus Family lässt sich auch mit einem Themenfonds abdecken.

Langzeitvergleich: Die besten DAXplus-Family-30-Firmen

Nr.	Aktie, Firma, Index	WKN A0Y KTN	Firmen-Hauptsitz	Kurs am 03.06.16	Plus 10 Jahre
01	Nemetschek, TecD.	645 290	München	54,55 €	899 %
02	GFT, TecDAX	580 060	Stuttgart	21,10 €	556 %
03	DÜRR, MDAX	556 520	Bietigheim	68,70 €	526 %
04	Bechtle, TecDAX	515 870	Neckarsulm	102,25 €	499 %
05	CTS Eventim, MDAX	547 030	Bremen	37,60 €	442 %
06	Fresenius SE, DAX	578 560	Bad Homburg	67,00 €	381 %
07	United Inter., TecD.	508 903	Montabaur	42,50 €	263 %
08	Fielmann, MDAX	577 220	Hamburg	65,20 €	261 %
09	Henkel Vz, DAX	604 843	Düsseldorf	94,00 €	255 %
10	GrenkeLeas., SDAX	A16 1N3	Baden-Baden	177,70 €	223 %
Nr.	Unternehmen	WKN	Firmensitz	03.06.16	5 Jahre
01	Nemetschek, TecD.	645 290	München	54,55 €	550 %
02	Patrizia, SDAX	PAT 1AG	Augsburg	24,90 €	550 %
03	GFT SE, TecDAX	580 060	Stuttgart	21,10 €	454 %
04	DÜRR, MDAX	556 520	Bietigheim	68,70 €	428 %
05	GrenkeLeas., SDAX	A16 1N3	Baden-Baden	177,70 €	343 %
06	Bechtle, TecDAX	515 870	Neckarsulm	102,25 €	254 %
07	United Inter., TecD.	80D 655	Hamburg	42,50 €	213 %
08	Symrise, MDAX	SYM 999	Holzminden	64,50 €	209 %
09	Fresenius SE, DAX	578 560	Bad Homburg	67,00 €	183 %
10	SIXT St, SDAX	723 132	Pullach	52,25 €	170 %
Nr.	Unternehmen	WKN	Firmensitz	03.06.16	3 Jahre
01	Ströer, MDAX	749 399	Köln	48,90 €	466 %
02	GFT SE, TecDAX	580 060	Stuttgart	21,10 €	431 %
03	Nemetschek, TecD.	645 290	München	54,55 €	361 %
04	Patrizia, SDAX	PAT 1AG	Augsburg	24,90 €	229 %
05	GrenkeLeas., SDAX	A16 1N3	Baden-Baden	177,70 €	205 %
06	SIXT St., SDAX	723 132	Pullach	52,25 €	203 %
07	Bechtle, TecDAX	515 870	Neckarsulm	102,25 €	168 %
08	Fresenius SE, DAX	578 560	Bad Homburg	67,00 €	120 %

➢ **Bei den Plätzen 1 bis 3 im Drei-, Fünf- und Zehnjahresvergleich sind der TecDAX sechsmal, der MDAX zweimal und der SDAX einmal vertreten.**

Als Alternative ein kluges Stock Picking mit GEX-Aktien

➢ Seit Gründung 2005 legte der GEX bis 2010 um 30 %, der DAX um 20 % zu. Ende Juli 2016 notiert der GEX bei 1.760 Punkten mit einem Hoch/Tief von 1.860/1.420 Zählern: +7 % in einem Jahr, +86 % in 3 und +15 % in 5 Jahren. Da hält der Leitindex nicht mit: -8 % in 52 Wochen, +24 % in 3 und +43 % in 5 Jahren. Viel besser im 5-Jahresvergleich sind mit +76 % der SDAX, +87 % der DAXplus Family, +101 % der MDAX, +106 % der TecDAX.

Substanzstärke und Nachhaltigkeit sind Qualitätskriterien. Denken wir an das „Orakel von Omaha" Warren Buffett! Er spürt unterbewertete Aktien auf, verzichtet auf alles, was er nicht kennt und versteht, wie Biotech und Hightech. Der GEX gäbe eine ideale Fundgrube ab, wären viele Werte nicht zu klein. Es stört, dass der GEX, Abkürzung German Entrepreneurial Index, keine AG aufnimmt, die bereits 10 Jahre börsennotiert ist und der Rauswurf droht, sobald die Grenze erreicht wird.

Fallbeispiel: *„Mein Name ist GEX, die Abkürzung für German Entrepreneurial Index, im Gegensatz zur griffigen Kurzform kompliziert und schwer einprägsam. Aber da ich auch in der Wirtschaftspresse nicht publiziert werde, kennt mich kaum ein Privatanleger. Mich gibt es seit Januar 2005. Die im DAX notierte Deutsche Börse AG in Frankfurt hat mich im Zusammenwirken mit der Technischen Universität München für die im Prime Standard gelisteten Familienfirmen entwickelt. Ich ergänze also die Indizes der DAX-Familie. Bei mir werden nur solche eigentümergeführten Unternehmen beliebiger Branchen aufgenommen, die dem Prime Standard, dem Premium-Segment strenger Zugangskriterien, angehören. Aber selbst wenn diese Bedingung erfüllt wird, kann nicht jede AG, deren Vorstände oder Aufsichtsräte zwischen 25 und 75 % der Stimmrechte verfügen, GEX-Mitglied sein. Auch bei erfolgreichen, nachhaltig wirtschaftenden Firmen darf der Börsengang nur bis zu 10 Jahre zurückliegen. Welch folgenschwerer Patzer! Ich bin unglücklich, mich von bewährten, besonders renditestarken Mitgliedern nach Ablauf der Zehnjahresfrist trennen zu müssen. Wer einmal zum GEX gehört, für den sollte es keine Jahrzehntgrenze mehr geben. Beim danach installierten Index DAXplus Family wurde der Fehler beseitigt. Aber da auch hier kaum publiziert wird, kennt diesen Index mit den 30 größten Familienfirmen ebenfalls fast niemand. Dabei konnten GEX und DAXplus Family den deutschen Leitindex um Längen schlagen."*

Auswertung zweier Umfragen von boerse.ARD.de zum Kurseinbruch um 10 % im Januar 2016 sowie am 02. August 2016

<u>Januar:</u> 26 % der Befragten, wozu ich mich einreihe, nutzten den Kursrutsch als gute Einstiegs- und Zukaufchance. Bei 8 % lautete die Entscheidung Verkauf. 26 % nennen Abwarten als richtige Strategie, weder Angst noch Gier. <u>August:</u> *„Jetzt aussteigen?"* 50 %: Abwarten, 29 %: Nein! 21 %: Ja!

GEX-Aktien-Auswahl vom MDAX, TecDAX und SDAX

GEX-Aktien/ Unternehmen	WKN A0A ER0	Kurs am 03.06.16	52-Wochen- Hoch/Tief	Kursverlauf 1, 3, 5 Jahre
Drägerwerk	555 063	59,40 €	101,5/51,10 €	-41/-37/-23 %
TecDAX, Geräte/Systeme Medizin-/Sicherheits-/Messtechnik, Akut-/Notfallmedizin; KGV 11,9, Marktkapitalisierung 458 Mio. €, Eigenkapitalquote 41 %, Buchwert 51 €, Ergebnis je Aktie 5,69/1,86/3,49/5,06 €, Dividende 0,34 €, Dividendenrendite 0,6 %				
Hypoport	549 336	88,50 €	88,55/20,90 €	+237/+1.077/+733
SDAX, internetbasierte Finanzdienstleistungen, Immobilienfinanzierung/Bausparen. Kennen Sie noch eine deutsche Aktie mit **Kursgewinn über 1.000 % in 3 Jahren?** KGV 23, Marktkapitalisierung 540,5 Mio. €, Eigenkapitalquote 55 %, Buchwert 8,5 €, Ergebnis je Aktie 0,96/2,61/3,30/3,80 €, Dividende 0,00 €, Dividendenrendite 0,0 %				
Patrizia	PAT 1AG	24,90 €	28,25/17,10 €	+45/+270/+624 %
SDAX, bankenunabhängig/vollstufig, Gewerbe-/Wohnimmobilien-Investmenthaus; KGV 23,8, Marktkapitalisierung 1,9 Mrd. €, Eigenkapitalquote 33 %, Buchwert 7,1 €, Ergebnis je Aktie 0,46/1,45/3,22/1,05 €, Dividende 0,30 €, Dividendenrendite 1,2 %				
RIB Software	A0Z 2XN	9,10 €	16,90/8,45 €	-35/+130/+51 %
TecDAX, Softwarelösungen Bau, Wertschöpfungskette Infrastruktur/Bauprojekte; KGV 31,2, Marktkapitalisierung 439,5 Mio. €, Eigenkapitalquote 86 %, Buchwert 6 €, Ergebnis je Aktie 0,52/0,24/0,23/0,30 €, Dividende 0,18 €, Dividendenrendite 1,9 %				
SLM Solutions Gr.	A11 133	25,20 €	26,25/13,30 €	+29 %/IPO
TecDAX, Metalldruckerhersteller, Entwicklung/Montage/Vertrieb, Systemlösungen; KGV 32, Marktkapitalisierung 456 Mio. €, Eigenkapitalquote 76 %, Buchwert 5,5 €, Ergebnis/Aktie -0,30/+0,12/+0,34/0,79 €, Dividende 0,0 €, Dividendenrendite 0,0 %				
SMA Solar	A0D J6J	49,55 €	56,00/17,65 €	+167/+98/-33 %
TecDAX, Wechselrichter-Weltmarktführer, Produktion Komponenten Solarindustrie; KGV 32, Marktkapitalisierung 1,7 Mrd. €, Eigenkapitalquote 49 %, Buchwert 16,4 €, Ergebnis/Aktie -5,16/+0,41/+2,15/+2,58 €, Dividende 0,0 €, Dividendenrendite 0,0 %				
STRÖER	749 399	48,90 €	64,50/36,10 €	+26/+476/+143 %
MDAX, Außen-/Online-Werbung, individuelle, integrierte Kommunikationslösungen; KGV 14, Marktkapitalisierung 2,70 Mrd. €, Eigenkapitalquote 46 %, Buchwert 11,5 €, Ergebnis je Aktie 0,43/1,16/2,04/3,31 €, Dividende 0,80 €, Dividendenrendite 1,6 %				
Wacker Chemie	WCH 888	84,90 €	103,3/58,20 €	-15/+51/-44 %
MDAX, Silikon-/Polymerchemie, Feinchemikalien, Biotechnologieprodukte, Wafer; KGV 18, Marktkapitalisierung 4,4 Mrd. €, Eigenkapitalquote 38,5 %, Buchwert 48 €, Ergebnis je Aktie 4,10/4,60/2,58/4,64 €, Dividende 1,50 €, Dividendenrendite 1,8 %				

GEX-Aktien/ Unternehmen	WKN A0A ER0	Kurs am 03.06.16	52-Wochen- Hoch/Tief	Kursverlauf 1, 3, 5 Jahre
Wacker Neuson	WAC K01	15,10 €	21,40/10,95 €	-24/+41/+19 %
SDAX, Produktion/Vertrieb Baugeräte/Maschinen, Kompaktklasse, einige Marken; KGV 12,8, Marktkapitalisierung 1,12 Mrd. €, Eigenkapitalquote 69 %, Buchwert 15 €, Ergebnis je Aktie 1,30/0,94/1,05/1,23 €, Dividende 0,40 €, Dividendenrendite 2,5 %				
Zalando	ZAL 111	26,30 €	36,65/24,05 €	-11 %/IPO
MDAX, Internethändler Mode/Schuhe/Sport Damen/Herren/Kinder, Trendmarken; KGV 39, Marktkapitalisierung 6,51 Mrd. €, Eigenkapitalquote 60 %, Buchwert 5,2 €, Ergebnis je Aktie 0,21/0,49/0,45/0,67 €, Dividende 0,00 €, Dividendenrendite 0,0 %				
XING	XNG 888	174,00 €	200,0/135,7 €	+2/+267/+204 %
TecDAX, Netzwerk Beruf, 9 Mio. Mitglieder Job/Karriere, deutschsprachiger Raum; KGV 33, Marktkapitalisierung 1,015 Mrd. €, Eigenkapitalquote 22 %, Buchwert 10 €, Ergebnis je Aktie 1,11/3,15/4,28/5,46 €, Dividende 1,40 €, Dividendenrendite 0,8 %				

Vier chancenreiche GEX-Familienfirmen aus dem Prime Standard

GEX-Aktien-Auswahl Familienfirmen Prime Standard				
Aktien/ Unternehmen	WKN A0A ER0	Kurs am 03.06.16	52-Wochen- Hoch/Tief	Kursverlauf 1, 3, 5 Jahre
InVision	585 969	45,00 €	53,90/36,50 €	+4/+157/+136 %
Cloudbasierte Management-/Lernprogramme Bedarfsprognose/Einsatzplanung; KGV 15,2, Börsenwert 100,7 Mio. €, Eigenkapitalquote 58,8 %, Streubesitz 33 %, Ergebnis pro Aktie 0,95/1,88/2,97 €, Dividende 1,00 €, Dividendenrendite 2,2 %				
MBB Industrie SE	A0E TBQ	32,85 €	33,00/18,75 €	+26/+52/+354 %
Langfristige Wertsteigerung/Substanzstärke, organisches Wachstum/Übernahmen; KGV 13,4, Börsenwert 206 Mio. €, Eigenkapitalquote 39,4 %, Streubesitz 26,4 %, Ergebnis pro Aktie 1,78/2,21/2,33 €, Dividende 0,62 €, Dividendenrendite 2,0 %				
MeVis Medical	A0L BFE	28,50 €	28,55/21,95 €	+29/+154/+217 %
Software bildbasierte Medizin/digitale Radiologie/bildgebende Computertomografie; KGV 20,4, Börsenwert 50,09 Mio. €, Eigenkapitalquote 74 %, Streubesitz 18,1 %, Ergebnis pro Aktie 3,76/1,46/1,35 €, Dividende 0,95 €, Dividendenrendite 3,5 %				
Viscom	784 686	13,85 €	15,75/11,80 €	-12/+48/+94 %
Automatische Elektronik-Inspektionssysteme, Prüfung elektronischer Baugruppen; KGV 15,6, Börsenwert 122,4 Mio. €, Eigenkapitalquote 77 %, Streubesitz 33 %, Ergebnis pro Aktie 0,40/0,78/0,82 €, Dividende 0,60 €, Dividendenrendite 4,4 %				

2.2 Der MDAX mit 50 klassischen größeren Werten: seit 20 Jahren besser als der DAX

Der MDAX schlägt im Lang- und Kurzzeitvergleich den deutschen Leitindex DAX um Längen und liegt auch 2016 vorn

Der MDAX wurde schon im Januar 1996 eingeführt mit ursprünglich 70 Werten aus den klassischen Branchen. Seit der damals erfolgten Verkleinerung im Rahmen der Neuausrichtung der Börsenbarometer bzw. Indizes durch die im DAX gelistete Deutsche Börse AG umfasst der MDAX noch 50 Werte aus klassischen Sektoren. Er spiegelt also die Entwicklung der mittelgroßen Titel, Mid Caps genannt, wider. Voraussetzung für eine Aufnahme ist die Notierung im Prime Standard, dem deutschen Börsensegment mit den strengsten Zulassungsauflagen.

Die gelisteten Firmen – bei Börsennotierung in Frankfurt können auch Ausländer in den MDAX aufrücken – müssen sämtliche internationalen Transparentanforderungen erfüllen. Dazu zählt

> **Mid-Caps-Index MDAX**
>
> **Schlusskurse:**
> 2007: 9.865 Punkte (+4,9 %)
> 2008: 5.602 Punkte (-43 %)
> 2009: 7.507 Punkte (+34 %)
> 2010: 10.128 Punkte (+36 %)
> 2011: 8.625 Punkte (-19 %)
> 2012: 11.914 Punkte (+34 %)
> 2013: 16.574 Punkte (+39 %)
> 2014: 16.935 Punkte (+2,2 %)
> 2015: 20.775 Punkte (+24 %)
> **1. Hj. 2016: 20.526 P. (-6 %)**
>
> **Allzeittief:**
> **2.647 Punkte Frühjahr 2003**
>
> **Bisheriges Allzeithoch:**
> **21.680 Punkte April 2015**

ein vereinfachter Quartalsbericht, die Durchführung einer jährlichen Analystenkonferenz, die Veröffentlichung von Ad-hoc-Mitteilungen in deutscher und englischer Sprache. Der MDAX wird während der XETRA-Handelszeiten börsentäglich von 09:00 bis 17:30 Uhr gehandelt, außerdem in Frankfurt und den übrigen deutschen Börsenplätzen zumindest von 08:00 bis 20:00 Uhr, möglicherweise auch länger.

Im März 2003 – während des dreijährigen „Salamicrash" – notierte der MDAX lediglich bei 2.621 Punkten. 13 Jahre später – am 19. Juli 2016 – wurde mit 20.600 Punkten eröffnet. Kurse von 25.000 bis 26.000 Punkten – bereits für 2016 von einigen Börsenexperten vorausgesagt, wird es in diesem und nächstem Jahr nicht geben, längerfristig aber sicherlich. In turbulenten Börsenzeiten sind solche Übertreibungen ebenso wenig hilfreich wie Schreckensszenarien von Untergangspropheten. Was dagegen wahr ist und wohl auch künftig zutreffen wird, ist die Aussage: Der MDAX ist im Lang- wie im Kurzzeitvergleich bezüglich Kursentwicklung deutlich besser als der DAX und kann auch bei der Dividende mithalten. Bei einigen Werten sind Renditen von 4 % bis über 5 % möglich.

Der MDAX mit mittelgroßen Werten feierte seinen 20. Geburtstag: kein Mittelmaß, sondern trotz Börsencrash über 600 % Gewinn

Der Leitindex DAX schaffte gerade mal die Hälfte, wurde also mit einem Kursplus von gut 300 % in 20 Jahren deutlich abgehängt. Dennoch dreht sich in Fernsehen, Rundfunk und Tagespresse alles um den DAX. Es ist höchste Zeit, sich dem MDAX zu widmen und hier bevorzugt anzulegen. Der MDAX-Kurs hat sich in 5 Jahren mit +101 % verdoppelt und imponiert im Jahrzehnt mit einem Buchgewinn von 170 %. Da sieht der DAX Ende Juli 2016 mit einem Plus von 43 % in 5 Jahren und 80 % in 10 Jahren gar nicht gut aus.

Zu den Gründungsmitgliedern zählt der Familienkonzern Krones, Weltmarktführer für Abfüll- und Verpackungsanlagen in der Getränke- und Nahrungsmittelbranche. Wer sich diese Aktie vor einem Jahrzehnt zulegte, freut sich über einen steuerfreien Buchgewinn von rund 220 % im Altbestand. Wer wie ich die Aktie bereits im August 2002 splittbereinigt für 17 € kaufte und einen Teil davon noch besitzt, wird mit einem Kursplus von rund 500 % selbst unmittelbar nach dem kurzen BREXIT-Crash belohnt. Bei einer Ausschüttung von 1,50 € beträgt die jährliche Dividendenrendite in meinem Altbestand rund 9 %.

Beim Baukonzern Hochtief bin ich seit über einem Jahrzehnt dabei. Nach der Übernahme durch das spanische Unternehmen ACS, zunächst abgestraft mit einem starken Kurseinbruch, hat sich Deutschlands größtes Bauunternehmen jetzt endlich berappelt. Mitte Juli 2016 schaffte Hochtief ein Allzeithoch von 121 € bei einem 52-Wochen-Tief von 60 €. Ich stieg Ende Mai 2003 zu 13,50 € ein, kaufte während der Weltwirtschaftskrise 2008 für den steuerfreien Altbestand günstig zu, saß dagegen den Absturz als Folge der ACS-Übernahme aus. Das Kursplus beträgt 900 %, die Dividendenrendite bei einer Ausschüttung von 2,30 € sogar 17 %. Alle 6 Jahre übersteigt allein die Dividende rechnerisch meinen Einsatz.

Warum schreibe ich dies? Um zu dokumentieren, dass sich Nebenwerte lohnen, winken doch bei langem Anlagezeitraum hohe Kursgewinne und Dividendenrenditen. Freilich gibt es auch Aktien, die enttäuschen. Dies traf bis 2016 für das dritte Gründungsmitglied Südzucker zu, den weltgrößten Nahrungsmittelkonzern. Die Aktie notierte Mitte Januar 2016 bei 13,65 €, weit entfernt vom Höchststand 2013 bei 34 €. Hier war Aussitzen wohl fehl am Platz. So verkaufte ich meinen Neubestand getreu dem Motto: *„Gewinne lass laufen – im Verlust nicht ersaufen!"* Im Nachhinein war diese Verlustbegrenzung unklug. Mitte Juli 2016 kostet die Aktie 21,60 € – ein Plus von zwei Dritteln in 6 Monaten. Sie sehen, dass auch ich falsch entscheide, dies aber verkrafte. Tröstlich ist, dass selbst ein Totalverlust nie den Einsatz übersteigt. Nach oben gibt es keine Grenze. Wer Aktien ein Jahrzehnt hält, kann vereinzelt vierstellige Kursgewinne einsacken.

50 MDAX-Firmen stellen sich mit Kennzahlen/Kursen vor

MDAX-Aktien/ Unternehmen	WKN 846 741	Kurs 15.06.16	52 Wochen- Hoch/Tief	Kursverlauf 1, 3, 5 Jahre
Aareal Bank	540 811	30,10 €	38,05/21,55 €	-13/+59/+31 %
Immobilienbank; strukturierte Finanzierung/Beratung, Drei-Kontinente-Strategie; KGV 10,8, Marktkapitalisierung 1,96 Mrd. €, Eigenkapitalquote 6 %, Buchwert 46 €, Ergebnis je Aktie 5,28/5,66/3,21/3,04 €, Dividende 1,90 €, Dividendenrendite **5,8** %				
Airbus Group	938 914	51,95 €	68,50/50,00 €	-13/+20/+139 %
Europas größter Luft-/Raumfahrt-/Rüstungskonzern, Verteidigungstechnologie; KGV 13, Marktkapitalisierung 41,6 Mrd. €, Eigenkapitalquote 5,6 %, Buchwert 6,5 €, Ergebnis je Aktie 2,99/3,43/3,37/4,13 €, Dividende 1,40 €, Dividendenrendite 2,6 %				
Alstria office Reit	A0L D2U	11,65 €	13,15/10,75 €	+1/+32/+11 %
Übernahme/Besitz/Verwaltung 75 hochwertige Büroimmobilien, Deutschland; KGV 15, Marktkapitalisierung 1,83 Mrd. €, Eigenkapitalquote 43 %, Buchwert 10,3 €, Ergebnis je Aktie +0,47/-1,15/+0,92/+0,80 €, Dividende 0,50 €, Div.-Rendite **4,2** %				
Aurubis	676 650	42,50 €	62,30/36,70 €	-18/-8/+8 %
Größter Kupfer-Produzent/Recycler, Gussformen/Walzprodukte/Spezialdrähte; KGV 10,3, Marktkapitalisierung 2,07 Mrd. €, Eigenkapitalquote 49 %, Buchwert 43 €, Ergebnis je Aktie 0,95/2,95/3,44/4,45 €, Dividende 1,40 €, Dividendenrendite **3,0** %				
Axel Springer	550 135	46,90 €	55,70/42,05 €	-1/+42/+32 %
Pressemedien Print/Online, erfüllt Infobedürfnisse verschiedenartiger Zielgruppen; KGV 19, Marktkapitalisierung 5,5 Mrd. €, Eigenkapitalquote 32 %, Buchwert 13,2 €, Ergebnis je Aktie 8,08/2,53/2,30/2,63 €, Dividende 1,90 €, Dividendenrendite **3,7** %				
Bilfinger	590 900	**28,70 €**	45,35/**28,70 €**	-20/-61/-55 %
Baufirma; Wartung/Instandhaltung Industrieanlagen/Kraftwerke/Hoch-/Tunnelbau; KGV 14, Marktkapitalisierung 1,6 Mrd. €, Eigenkapitalquote 28 %, Buchwert 30,5 €, Ergebnis je Aktie -1,61/-10,62/+1,67/+2,47 €, Dividende 0,75 €, Div.-Rendite 2,1 %				
Brenntag	A1D AHH	43,40 €	56,90/39,90 €	-14/+10/+65 %
Bindeglied Chemieproduktion und verarbeitende Industrie, Spezialchemikalien; KGV 16, Marktkapitalisierung 7,4 Mrd. €, Eigenkapitalquote 38,6 %, Buchwert 16 €, Ergebnis je Aktie 2,20/2,36/2,51/2,92 €, Dividende 1,05 €, Dividendenrendite 2,2 %				
Covestro	606 214	38,40 €	40,00/24,40 €	+17/Börsengang
Führender Hersteller Hightech-Polymer-Werkstoffe, Hochleistungs-Kunststoffe; KGV 12,8, Marktkapitalisierung 7,99 Mrd. €, Eigenkapitalquote 34 %, Buchwert 17 €, Ergebnis je Aktie 1,37/2,21/2,68/3,08 €, Dividende 0,90 €, Dividendenrendite 2,3 %				

MDAX-Aktien/ Unternehmen	WKN 846 741	Kurs 15.06.16	52 Wochen- Hoch/Tief	Kursverlauf 1, 3, 5 Jahre
CTS Eventim	547 030	28,35 €	37,70/27,85 €	-8/+78/+136 %
Ticketvermarktung Konzert/Theater/Sport, alljährlich über 180.000 Live-Events; KGV 23,9, Marktkapitalisierung 2,86 Mrd. €, Eigenkapitalquote 32 %, Buchwert 3 €, Ergebnis je Aktie 0,80/0,93/1,05/1,25 €, Dividende 0,50 €, Dividendenrendite 1,7 %				
Dt. Euroshop	748 020	41,15 €	44,05/35,70 €	+1/+29/+43 %
Beteiligungsgesellschaft, Schwerpunkt: ertragsstarke Shoppingcenter in Städten; KGV 18, Marktkapitalisierung 2,27 Mrd. €, Eigenkapitalquote 53,5 %, Buchwert 37 €, Ergebnis je Aktie 3,29/5,73/3,14/2,33 €, Dividende 1,40 €, Dividendenrendite 3,3 %				
Dt. Pfandbriefbank	801 900	9,60 €	12,30/7,35 €	-8 %/Börsengang
Immobilien-Spezialbankhaus, Finanzierung Büro-/Einzelhandels-/Logistikfirmen; KGV 8,4, Marktkapitalisierung 1,35 Mrd. €, Eigenkapitalquote 4,1 %, Buchwert 20 €, Ergebnis je Aktie 0,03/1,71/1,31/1,20 €, Dividende 0,50 €, Dividendenrendite 5,0 %				
Deutsche Wohnen	A0H N5C	28,75 €	29,90/20,55 €	+32/+115/+182 %
Wohnungsbewirtschaftung und Portfoliomanagement, 150.000 Wohneinheiten; KGV 21, Marktkapitalisierung 10,0 Mrd. €, Eigenkapitalquote 50 %, Buchwert 19,3 €, Ergebnis je Aktie 0,44/0,54/0,60/0,70 €, Dividende 0,60 €, Dividendenrendite 2,0 %				
DMG Mori Seiki	587 800	41,70 €	46,00/31,55 €	+28/+149/+166 %
Hightech-Maschinenbau, Service/Automatisierungs-/Software-/Energielösungen; KGV 24,8, Marktkapitalisierung 3,3 Mrd. €, Eigenkapitalquote 59 %, Buchwert 15 €, Ergebnis je Aktie 1,41/1,90/1,51/1,70 €, Dividende 0,65 €, Dividendenrendite 1,5 %				
DÜRR	556 520	63,20 €	90,30/49,50 €	-24/+28/+353 %
Maschinenbauer Autoindustrie, Lackieranlagen, Endmontage, Komponenten; KGV 12,7, Marktkapitalisierung 2,4 Mrd. €, Eigenkapitalquote 24 %, Buchwert 18 €, Ergebnis je Aktie 4,33/4,82/5,08/5,46 €, Dividende 2,00 €, Dividendenrendite 2,7 %				
EVONIK	EVN K01	26,15 €	37,75/24,35 €	-22/-9 %/IPO
Kunststoff-/Gummi-/Spezialchemie Konsumgüter/Pharma/Tiernahrung/Energie; KGV 12,8, Marktkapitalisierung 12,7 Mrd. €, Eigenkapitalquote 45 %, Buchwert 15 €, Ergebnis je Aktie 1,22/2,13/1,77/2,12 €, Dividende 1,15 €, Dividendenrendite 4,2 %				
Fielmann	577 220	63,80 €	70,35/53,40 €	+4/+53/+66 %
Gute, preiswerte Augenoptik/Hörgeräte, Gleitsicht-/Sonnenbrillen/Kontaktlinsen; KGV 28,5, Marktkapitalisierung 5,5 Mrd. €, Eigenkapitalquote 75 %, Buchwert 6,3 €, Ergebnis je Aktie 1,87/2,02/2,16/2,30 €, Dividende 1,85 €, Dividendenrendite 2,8 %				
Fraport	577 330	47,30 €	61,50/46,55 €	-17/+4/-13 %
Betrieb Flughafen Frankfurt, die bedeutendste Verkehrsdrehscheibe in Europa; KGV 15,2, Marktkapitalisierung 4,7 Mrd. €, Eigenkapitalquote 40 %, Buchwert 36 €, Ergebnis je Aktie 2,54/3,00/3,01/3,35 €, Dividende 1,45 €, Dividendenrendite 2,8 %				

MDAX-Aktien/ Unternehmen	WKN 846 741	Kurs 15.06.16	52 Wochen- Hoch/Tief	Kursverlauf 1, 3, 5 Jahre
Fuchs Petrolub Vz	579 040	34,40 €	39,40/29,55 €	-9/+13/+82 %
Schmierstoff-Spezialist, Standardprodukte, Speziallösungen; Beratung/Service; KGV 19,6, Marktkapitalisierung 2,55 Mrd. €, Eigenkapitalquote 72 %, Buchwert 7 €, Ergebnis je Aktie 1,57/1,69/1,78/1,87 €, Dividende 0,87 €, Dividendenrendite 2,4 %				
GEA Group	660 200	41,45 €	43,60/31,25 €	+2/+44/+74 %
Technologie/Spezialmaschinenbau, Anbieter Nahrungsverarbeitungs-Industrie; KGV 18, Marktkapitalisierung 8,28 Mrd. €, Eigenkapitalquote 46,5 %, Buchwert 14 €, Ergebnis je Aktie 1,66/1,88/2,00/2,38 €, Dividende 0,85 €, Dividendenrendite 2,0 %				
Gerresheimer	A0L D6E	67,40 €	76,50/50,65 €	+33/+52/+106 %
Hochwertige Verpackungs-/Systemlösungen Glas/Kunststoff Pharma/Medtech; KGV 16,5, Marktkapitalisierung 2,3 Mrd. €, Eigenkapitalquote 29 %, Buchwert 19 €, Ergebnis je Aktie 2,11/2,32/3,10/4,43 €, Dividende 1,00 €, Dividendenrendite 1,4 %				
Hannover Rück	840 221	92,45 €	112,5/83,85 €	+8/+67/+156 %
Führende Schaden-/Personen-Rückversicherung, Prämienumfang 13,8 Mrd. €; KGV 11, Marktkapitalisierung 11,95 Mrd. €, Eigenkapitalquote 14 %, Buchwert 62 €, Ergebnis je Aktie 8,17/8,54/8,57/8,82 €, Dividende 4,75 €, Dividendenrendite **4,8** %				
HELLA	A13 SX2	32,20 €	46,20/30,80 €	-27 %/Börsengang
Autozulieferer Lichtsysteme, Fahrzeugelektronik und Fahrer-Assistenzsysteme; KGV 9,5, Marktkapitalisierung 3,8 Mrd. €, Eigenkapitalquote 39 %, Buchwert 16,4 €, Ergebnis je Aktie 2,70/2,43/3,20/3,65 €, Dividende 0,95 €, Dividendenrendite 2,7 %				
Hochtief	607 000	111,60 €	116,9/65,50 €	+67/+118/+79 %
Internationaler Baukonzern, Verkehr/Energie, soziale und urbane Infrastruktur; KGV 20,7, Marktkapitalisierung 8,1 Mrd. €, Eigenkapitalquote 24 %, Buchwert 29 €, Ergebnis je Aktie 3,64/3,11/5,06/5,65 €, Dividende 2,30 €, Dividendenrendite 2,3 %				
Hugo Boss	A1P HFF	53,40 €	114,5/49,50 €	-48/-37/-7 %
Premium-Freizeit-/Business-Mode Damen/Herren, Accessoire-Kollektionen; KGV 14,0, Marktkapitalisierung 4,0 Mrd. €, Eigenkapitalquote 53 %, Buchwert 10 €, Ergebnis je Aktie 4,83/4,63/3,91/4,05 €, Dividende 2,80 €, Dividendenrendite **4,9** %				
Jungheinrich Vz	621 993	26,80 €	29,85/18,75 €	+31/+132/+167 %
Gabelstapler-Maschinenbauer; Flurförderzeug-/Lager-/Materialflusstechnologie; KGV 15, Marktkapitalisierung 1,23 Mrd. €, Eigenkapitalquote 30,6 %, Buchwert 15 €, Ergebnis je Aktie 1,22/1,35/1,51/1,67 €, Dividende 0,42 €, Dividendenrendite 1,6 %				
KION Group	KGX 888	48,60 €	52,10/36,05 €	+17 %/Börsengang
Technologie-Konzern, Gabelstapler mit Hydrostatik-, Diesel- und Elektro-Motoren; KGV 14,3, Marktkapitalisierung 5,02 Mrd. €, Eigenkapitalquote 29 %, Buchwert 18 €, Ergebnis je Aktie 1,79/2,24/2,72/3,55 €, Dividende 0,85 €, Dividendenrendite 1,7 %				

MDAX-Aktien/ Unternehmen	WKN 846 741	Kurs 15.06.16	52 Wochen- Hoch/Tief	Kursverlauf 1, 3, 5 Jahre
Krones	633 500	97,70 €	116,6/88,60 €	+6/+79/+81 %

Abfüllanlagen/Verpackungstechnik Getränk/Nahrung/Chemie/Pharma/Kosmetik; KGV 18,7, Marktkapitalisierung 3,37 Mrd. €, Eigenkapitalquote 41 %, Buchwert 34 €, Ergebnis je Aktie 4,30/4,98/5,24/5,70 €, Dividende 1,50 €, Dividendenrendite 1,7 %

K+S	KSA G88	20,00 €	40,20/17,65 €	-27/-33/-63 %

DAX-Abstieg 2016: kali- und magnesiumhaltiger Standarddünger, Salzprodukte; KGV 12, Marktkapitalisierung 4,2 Mrd. €, Eigenkapitalquote 52 %, Buchwert 21,5 €, Ergebnis je Aktie 1,99/2,59/1,70/1,85 €, Dividende 1,15 €, Dividendenrendite **5,2 %**

Lanxess	547 040	40,15 €	56,20/32,90 €	-22/-26/-30 %

Kunststoff/Kautschuk/Spezial-Chemikalien, umweltfreundliche Systemlösungen; KGV 15,7, Marktkapitalisierung 4,02 Mrd. €, Eigenkapitalquote 32 %, Buchwert 25 €, Ergebnis je Aktie 0,53/1,80/1,90/2,80 €, Dividende 0,80 €, Dividendenrendite 1,8 %

LEG Immobilien	LEG 111	79,60 €	84,95/61,10 €	-21/+92 %/IPO

Wohnimmobilien Nordrhein-Westfalen, Stadtnähe/Garage/Sanierung/Verwaltung; KGV 16, Marktkapitalisierung 5,14 Mrd. €, Eigenkapitalquote 41,5 %, Buchwert 45 €, Ergebnis je Aktie 2,87/3,74/6,66/4,99 €, Dividende 2,40 €, Dividendenrendite 2,9 %

LEONI	540 888	27,65 €	61,55/23,35 €	-51/-30/-27 %

System-/Entwicklungslieferant Drähte/Kabel/Bordnetz, einige Industriezweige; KGV 10, Marktkapitalisierung 987 Mio. €, Eigenkapitalquote 35 %, Buchwert 27,4 €, Ergebnis je Aktie 3,51/2,36/1,71/3,03 €, Dividende 1,00 €, Dividendenrendite **3,3** %

METRO	725 750	27,50 €	31,80/21,70 €	-7/+5/-38 %

Weltweit viertgrößter Handelskonzern, Marken Saturn/Media Markt, Galeria; KGV 14,4, Marktkapitalisierung 9,6 Mrd. €, Eigenkapitalquote 19 %, Buchwert 15 €, Ergebnis je Aktie 0,39/2,06/1,94/2,06 €, Dividende 1,00 €, Dividendenrendite **3,4** %

MTU Aero Engines	A0D 9PT	80,85 €	94,45/73,10 €	-3/+5/+51 %

Flugzeugtriebwerke/Industriegasturbinen, Triebwerkmodule und Komponenten; KGV 13,0, Marktkapitalisierung 4,77 Mrd. €, Eigenkapitalquote 25 %, Buchwert 21 €, Ergebnis je Aktie 3,84/4,26/5,33/6,43 €, Dividende 1,80 €, Dividendenrendite 2,2 %

Norma Group	A1H 8BV	42,50 €	52,85/40,05 €	-8/+55/+108 %

Technologiekonzern; hochwertige Verbindungslösungen/Befestigungsschellen; KGV 14,9, Marktkapitalisierung 1,43 Mrd. €, Eigenkapitalquote 37 %, Buchwert 13 €, Ergebnis je Aktie 1,72/2,31/2,58/3,01 €, Dividende 1,00 €, Dividendenrendite 2,2 %

OSRAM	LED 400	45,50 €	55,30/34,55 €	-1 %/Börsengang

Halbleiter, Beleuchtungs-Produkte und Lösungen, volle Wertschöpfungskette; KGV 15,6, Marktkapitalisierung 5,01 Mrd. €, Eigenkapitalquote 52 %, Buchwert 23 €, Ergebnis je Aktie 1,80/1,59/3,71/3,08 €, Dividende 0,90 €, Dividendenrendite 1,9 %

MDAX-Aktien/ Unternehmen	WKN 846 741	Kurs 15.06.16	52 Wochen- Hoch/Tief	Kursverlauf 1, 3, 5 Jahre
Rational	701 080	393,10 €	482,3/310,0 €	+16/+58/+118 %

Weltmarktführer thermische Speisezubereitung Profiköche/Groß-/Gewerbeküchen;
KGV 33, Marktkapitalisierung 4,85 Mrd. €, Eigenkapitalquote 74 %, Buchwert 24,5 €,
Ergebnis je Aktie 9,68/10,71/11,70/12,82 €, Dividende 8,30 €, Div.-Rendite 1,9 %

Rheinmetall	703 000	56,05 €	71,25/42,35 €	+20/+44/-4 %

Traditions-Technologiekonzern Automotive, Rüstung, Verteidigungselektronik;
KGV 11,3, Marktkapitalisierung 2,67 Mrd. €, Eigenkapitalquote 27 %, Buchwert 34 €,
Ergebnis je Aktie 0,47/3,88/4,54/5,45 €, Dividende 1,40 €, Dividendenrendite 2,3 %

Rhön-Klinikum	704 230	25,15 €	28,35/22,35 €	+3/+40/+47 %

Staatlich anerkannte private Akut-Klinik; unterschiedliche Versorgungsstufen;
KGV 21, Marktkapitalisierung 1,83 Mrd. €, Eigenkapitalquote 68 %, Buchwert 15,4 €,
Ergebnis je Aktie 1,36/1,21/1,21/1,30 €, Dividende 0,80 €, Dividendenrendite 2,9 %

RTL Group	861 149	77,75 €	87,90/68,95 €	-4/+45 %/k. A.

Europäisches Entertainment-Netzwerk, 254 Fernsehsender, 29 Radiostationen;
KGV 15,4, Marktkapitalisierung 12,5 Mrd. €, Eigenkapitalquote 42 %, Buchwert 14 €,
Ergebnis je Aktie 4,25/5,14/4,96/5,25 €, Dividende 3,40 €, Dividendenrendite **4,2** %

Salzgitter	620 200	25,85 €	35,00/16,90 €	-21/-5/-49 %

Führender Stahl-Technologie-Konzern Europa, Walzstahl/Röhrenerzeugnisse;
KGV 15,4, Marktkapitalisierung 1,75 Mrd. €, Eigenkapitalquote 35 %, Buchwert 48 €,
Ergebnis pro Aktie -0,64/-0,89/+0,71/+1,88 €, Dividende 0,25 €, Div.-Rendite 0,9 %

Schaeffler Vorzüge	SHA 015	13,90 €	17,35/11,80 €	-15 %/Börsengang

Zulieferer Autoindustrie, Präzisions-Komponenten Motoren/Getriebe/Fahrwerk
MDAX-Aufstieg Juni 2016, KGV 9, Börsenwert 2,45 Mrd. €, Eigenkapitalquote 27 %,
Ergebnis je Aktie 0,99/0,96/1,55/1,64 €, Dividende 0,45 €, Dividendenrendite **3,0** %

STADA	725 180	44,45 €	49,30/28,25 €	+55/+36/+59 %

Generika-Vertrieb, viele Präparate zur Selbstmedikation, Spezial-Pharmazeutika;
KGV 15, Marktkapitalisierung 3,03 Mrd. €, Eigenkapitalquote 12,6 %, Buchwert 15 €,
Ergebnis je Aktie 1,07/1,79/2,40/3,12 €, Dividende 0,75 €, Dividendenrendite 1,5 %

Steinhoff	A14 XB9	5,05 €	5,95/3,75 €	+8 %/Börsengang

Einzelhandelskonzern Steinhoff international Holdings: Möbel-Produzent, 2016
MDAX-Aufstieg, KGV 12,5, Börsenwert 19,38 Mrd. €, Eigenkapitalquote 43,4 %, Ergebnis je Aktie 0,32/0,35/0,36/0,40 €, Dividende 0,16 €, Dividendenrendite **3,2 %**

STRÖER	749 399	43,75 €	64,10/36,50 €	+10/+462/+114 %

Internet-/Außen-Werbung, individuelle, voll integrierte Kommunikationslösungen;
KGV 14, Marktkapitalisierung 2,7 Mrd. €, Eigenkapitalquote 46 %, Buchwert 11,5 €,
Ergebnis je Aktie 0,43/1,16/2,04/3,31 €, Dividende 0,80 €, Dividendenrendite 1,6 %

MDAX-Aktien/ Unternehmen	WKN 846 741	Kurs 15.06.16	52 Wochen- Hoch/Tief	Kursverlauf 1, 3, 5 Jahre
Südzucker	729 700	17,95 €	19,00/11,90 €	+15/-30/-21 %
Führender Lebensmittel-Produzent Europa: Zucker/Süßungsmittel/Tiefkühlkost; KGV 18,3, Marktkapitalisierung 3,7 Mrd. €, Eigenkapitalquote 55 %, Buchwert 18 €, Ergebnis je Aktie 0,10/0,53/0,81/0,99 €, Dividende 0,30 €, Dividendenrendite 1,7 %				
Symrise	SYM 999	56,00 €	64,45/50,35 €	-1/+83/+155 %
Führender Duft-/Geschmackstoff-Konzern, viele Produkte zum täglichen Leben; KGV 22,7, Marktkapitalisierung 7,4 Mrd. €, Eigenkapitalquote 38 %, Buchwert 11 €, Ergebnis je Aktie 1,48/1,90/2,01/2,52 €, Dividende 0,90 €, Dividendenrendite 1,6 %				
TAG Immobilien	830 350	11,90 €	12,45/9,55 €	+3/+37/+68 %
Holding deutsche Wohn-/Gewerbe-Immobilien; kompletter Dienstleistungssektor; KGV 17,1, Börsenwert 1,689 Mrd. €, Eigenkapitalquote 29,5 %, Buchwert 7,50 €, Ergebnis je Aktie 0,18/1,10/1,06/0,72 €, Dividende 0,55 €, Dividendenrendite **4,2** %				
Talanx	TLX 100	27,65 €	30,40/23,20 €	+4/+10 %/k. A.
Mehrmarkenanbieter Erst-/Rückversicherung u. Finanzdienstleistungsbranche; KGV 8,9, Marktkapitalisierung 7,5 Mrd. €, Eigenkapitalquote 8,8 %, Buchwert 30,2 €, Ergebnis je Aktie 3,04/2,90/3,09/3,33 €, Dividende 1,35 €, Dividendenrendite **4,5** %				
Wacker Chemie	WCH 888	82,15 €	102,1/58,50 €	-20/+36/-47 %
Silikon-/Polymerchemie/Feinchemikalien, Biotechprodukte/Polysilizium/Wafer; KGV 18, Marktkapitalisierung 4,5 Mrd. €, Eigenkapitalquote 38,5 %, Buchwert 48 €, Ergebnis je Aktie 4,10/4,60/2,58/4,64 €, Dividende 1,50 €, Dividendenrendite 1,8 %				
Zalando	ZAL 111	25,55 €	36,35/24,35 €	-16 %/Börsengang
Online-Versandhändler, Trendmarken Schuhe und Damen-/Herren-/Kindermode; KGV 39,9! Marktkapitalisierung 6,6 Mrd. €, Eigenkapitalquote 60 %, Buchwert 5,2 €, Ergebnis je Aktie 0,21/0,49/0,45/0,67 €, Dividende 0,00 €, Dividendenrendite 0,0 %				

Weshalb hängt der MDAX in 20 Jahren den DAX um Längen ab?

Der MDAX mit seinen 50 klassisch ausgerichteten wachstums-, substanzstarken und nachhaltig wirtschaftenden Mittelständlern spiegelt eine Erfolgsgeschichte ohnegleichen wider. Zahlreiche Weltmarktführer in ihren attraktiven zukunftsträchtigen Marktnischen lassen dem Leitindex bezüglich Kursentwicklung keine Chance. Im MDAX sind noch einige Firmengründer mit „Entdecker-Gen" und UiU aktiv (Mitarbeiter als Unternehmer im eigenen Unternehmen). 20 Jahre nach Einführung schafft der MDAX trotz BREXIT und anderer Krisenherde ein Kursplus von 640 %. Der DAX erreicht mit 320 % halb so viel. Ähnlich gut läuft es beim Kleinwerte-Index SDAX und seit 4 Jahren noch besser beim TecDAX. Norwegens staatlicher Pensionsfonds ist größter Investor im MDAX.

Die Hauptgründe für diese Erfolgsgeschichte, die mangels aktiver Pressearbeit oft von Privatanlegern nicht wahrgenommen wird

➤ Die größeren Mittelständler, oft familiengeführt, sind flexibler als die DAX-Dickschiffe und können auf neue Herausforderungen rascher reagieren. Mehr als ein Drittel vom DAXplus Family Index gehören dem MDAX an.

➤ Während der DAX in seiner Zusammensetzung weitgehend stabil ist, veränderte sich der MDAX seit Einführung 1996 schon 132-mal. Die beiden Baukonzerne Hochtief und Bilfinger, der Anlagen- und Maschinenbauer GEA, der Getränkeabfüll-Spezialist Krones sowie der Rüstungs- und Verteidigungsstrategiekonzern Rheinmetall sind Gründungsmitglieder.

➤ Gerade in Börsenjahren mit großen Neuemissionen sorgt der Aufstieg in den MDAX – an die 2. Fußballbundesliga erinnernd – bei gleichzeitigem Abstieg in den SDAX für eine willkommene Blutauffrischung.

➤ Allein 2014/2015 etablierten sich folgende neuen Werte: Covestro (Bayer-Abspaltung, Kunststoffchemie) CTS Eventim (Ticketvermarktung), HELLA (Autozulieferer), Lanxess (DAX-Absteiger, Spezialchemie, im Austausch mit Vonovia), Osram (Beleuchtung/Halbleiter), Ströer (Werbeagentur) und Zalando (Online-Modehändler). 2016 kamen noch Alstria (Immobilien), Dt. Pfandbrief (Spezialbank), K+S (Dünger/Streusalz, DAX-Absteiger, im Austausch mit Pro7SAT.1), Schaeffler (Autozulieferer) und Steinhoff (Möbelhandel) hinzu.

Wo liegen die Gefahren bei Auswertung der MDAX-Erfolgsstory?

Die besten Aktien sind nicht mehr billig, sondern höher bewertet als die DAX-Titel im Durchschnitt. Als Folge heftiger Kurseinbrüche liegt das KGV als wichtigste Finanzkennzahl beim DAX lediglich bei 12,6, beim MDAX dagegen bei 16,6 (Stand: Mitte Juli 2016). Der Duftstoff- und Aroma-Produzent Symrise, der Baukonzern Bilfinger, der Profiküchenbauer Rational, der Maschinenbauer DMG Mori Seiki (vormals Gildemeister), der Immobilienriese Deutsche Wohnen sowie der Brillen- und Hörgeräte-Anbieter Fielmann weisen allerdings bereits Kurs-Gewinn-Verhältnisse von deutlich über 20 auf.

Welche Chancen winken risikofreudigen, mutigen Anlegern?

Auch im MDAX gibt es niedrig bewertete Verlustbringer, die derzeit ungeliebten Finanztitel Aareal Bank und Deutsche Pfandbriefbank, Versicherer Talanx, der mit Rohstoff-Vertrauensverlust belastete Kupferverarbeiter Aurubis, der durch hohe Investitionen bzw. Umstrukturierung abgestrafte Kabel-Weltmarktführer LEONI sowie Autozulieferer HELLA. Das KGV liegt im Juli 2016 zwischen 7 und 9. Bei erfolgreichem Comeback könnten dies die Kursgewinner von morgen sein.

Die besten MDAX-Unternehmen im Langzeitvergleich

Nr.	Aktie/Unter-nehmen	WKN 846 741	Firmen-Hauptsitz	Kurs 15.06.16	Kursplus 10 Jahre
01	DMG Mori Seiki	587 800	Bielefeld	41,70 €	515 %
02	Fuchs Petrolub	579 043	Mannheim	34,40 €	484 %
03	KUKA (Übernahme)	620 440	Augsburg	105,90 €	415 %
04	CTS Eventim	547 030	Bremen	28,40 €	404 %
05	Fielmann	577 220	Hamburg	63,80 €	283 %
06	Hannover Rück	840 221	Hannover	92,40 €	238 %
07	Krones	633 500	Neutraubling	97,60 €	210 %
Nr.	Unternehmen	WKN	Firmensitz	15.06.16	5 Jahre
01	Kuka (Midea-Übern.)	620 440	Augsburg	105,90 €	512 %
02	DÜRR	556 520	Bietigheim	63,20 €	353 %
03	Jungheinrich	621 993	Hamburg	84,70 €	187 %
04	DMG Mori Seiki	587 800	Bielefeld	41,70 €	187 %
05	Dt. Wohnen	A0H N5C	Frankfurt	28,75 €	166 %
06	Symrise	SYM 999	Holzminden	57,95 €	159 %
07	Hannover Rück	840 221	Hannover	92,40 €	156 %
08	Airbus	938 914	Niederlande	51,90 €	140 %
Nr.	Unternehmen	WKN	Firmensitz	15.06.16	3 Jahre
01	Ströer	749 399	Köln	43,75 €	462 %
02	KUKA (Abstieg)	620 440	Augsburg	105,90 €	215 %
03	DMG Mori Seiki	587 800	Bielefeld	41,70 €	149 %
04	Jungheinrich	621 993	Hamburg	84,70 €	132 %
05	Hochtief	607 000	Essen	111,60 €	118 %
06	Dt. Wohnen	A0H N5C	Frankfurt	28,75 €	115 %

Die märchenhafte Erfolgsgeschichte von ProSiebenSAT.1 Media: Pennystock – MDAX – DAX-Aufstieg zum 21. März 2016

Als erster Vertreter der deutschen Medienbranche stieg ProSiebenSAT.1 Media (WKN PSM 777) zum 21. März 2016 in den deutschen Leitindex DAX auf und verdrängte K+S, nun Mitglied im MDAX. Von dieser Erfolgsstory wagte wohl niemand zu träumen. Sonst hätte er vor sieben Jahren die Aktie für 0,88 € erworben und seitdem bestenfalls Teilverkäufe getätigt. Jetzt notiert die Aktie bei ca. 47 € – ein Kursgewinn von über 5.000 %. Auch ich verpasste diese Rallye und stieg erst bei 31 € ein – nicht zuletzt mit Blick auf die üppige Dividende.

2.3 Der TecDAX mit 30 Hightechtiteln: seit 2013 als Kursüberflieger nicht zu bremsen?

Die Hightechschmiede TecDAX ist mittel- und langfristig deutlich erfolgreicher als der deutsche Leitindex DAX

Der TecDAX wurde als Nachfolger des „beerdigten" Neuen Marktes aufgrund von Kursverlusten über 95 % im Rahmen der Neusegmentierung 2003 installiert. Der TecDAX ist das geeignete Kursbarometer für Hightechwerte. Er umfasst 30 Titel vor allem aus den Sparten Software, Internet, Biotech, Medizintechnik, erneuerbare Energie.

Auch ausländische Werte sind zugelassen, sofern sie im Prime Standard der Deutschen Börse AG in Frankfurt gelistet sind und die internationalen Anforderungen im Hinblick auf Transparenz erfüllen. Dazu gehören die pünktliche Vorlage der Finanzberichte, die Durchführung der Analystenkonferenz sowie die Veröffentlichung von Ad-hoc-Mitteilungen in deutscher und englischer Sprache.

Hightech-Index TecDAX
Schlusskurse:
2007: 974 Punkte (+30 %)
2008: 508 Punkte (-48 %)
2009: 818 Punkte (+61 %)
2010: 851 Punkte (+4 %)
2011: 667 Punkte (-22 %)
2012: 828 Punkte (+21 %)
2013: 1.167 Punkte (+41 %)
2014: 1.371 Punkte (+18 %)
2015: 1.843 Punkte (+34 %)
1. Hj. 2016: 1.690 P. (-13 %)
Allzeittief NEMAX 50:
310 Punkte Frühjahr 2003
Bisheriges Allzeithoch:
1.889 Punkte April 2015

Der TecDAX wird während der XETRA-Handelszeiten börsentäglich von 09:00 bis 17:30 Uhr gehandelt, zudem in Frankfurt sowie den übrigen deutschen Börsenplätzen zumindest von 08:00 bis 20:00 Uhr, möglicherweise auch länger. Die Auswahl der TecDAX- und MDAX-Aktien wird im Regelfall nach deren Gewichtung alle 6 Monate im März und September überprüft und gegebenenfalls aktualisiert.

➤ **Gibt es zahlreiche größere Börsengänge, so sorgt der Aufstieg neuer Titel verbunden mit dem Abstieg nicht mehr überzeugender Werte für die gewünschte Blutauffrischung.** Dies dürfte ein Grund dafür sein, dass sich der TecDAX – anfangs durch schlechte Erfahrungen mit dem Vorgänger Neuer Markt noch abgestraft – ab 2012 so gut entwickelt. Seitdem wird der DAX klar abgehängt. Gegenüber 2014 hat sich die Zusammensetzung im TecDAX entscheidend verändert. Neue Mitglieder sind GFT, RIB Software, Siltronic, SLM Solutions und Süss Micro Tec. Wer sich scheut, auf einzelne Titel zu setzen, ist mit einem TecDAX-ETF gut bedient, da preiswert und weniger riskant.

30 TecDAX-Firmen stellen sich mit Kennzahlen/Kursen vor

TecDAX-Aktien/ Unternehmen	WKN 720 327	Kurs am 17.06.16	52-Wochen- Hoch/Tief	Kursverlauf 1, 3, 5 Jahre
Adva	510 300	8,15 €	12,05/6,65 €	+23/102/+92 %

Telekommunikationsinfrastruktur, Netzwerke, integrierte Soft- und Hardware; KGV 9,5, Marktkapitalisierung 403 Mio. €, Eigenkapitalquote 55 %, Buchwert 4,4 €, Ergebnis je Aktie 0,17/0,55/0,64/0,86 €, Dividende 0,0 €, Dividendenrendite 0,0 %

Aixtron	A0W MPJ	5,35 €	7,75/2,90 €	-20/-57/-78 %

Beschichtungsanlagen Halbleiterindustrie zur Herstellung von Bauelementen; KGV negativ, Börsenwert 601 Mio. €, Eigenkapitalquote 82,3 %, Buchwert 3,5 €, Ergebnis/Aktie -0,56/-0,26/-0,21/-0,06 €, Dividende 0,0 €, Dividendenrendite 0,0 %

Bechtle	515 870	94,60 €	103,0/63,55 €	+41/+155/+236 %

Infotechnologie Firmenkunden, hochwertige IT-Konzepte Hard- und Software; KGV 19, Marktkapitalisierung 2,14 Mrd. €, Eigenkapitalquote 54 %, Buchwert 28 €, Ergebnis je Aktie 3,63/4,42/4,89/5,38 €, Dividende 1,40 €, Dividendenrendite 1,4 %

Cancom	541 910	47,00 €	53,00/28,60 €	+49/+180/+489 %

Systemhaus IT-Infrastruktur, Finanzierung strategisch wichtiger Übernahmen; KGV 19, Marktkapitalisierung 847 Mio. €, Eigenkapitalquote 47 %, Buchwert 12 €, Ergebnis je Aktie 0,86/1,50/2,25/2,64 €, Dividende 0,60 €, Dividendenrendite 1,2 %

Carl Zeiss Meditec	531 370	34,00 €	35,20/21,55 €	+54/+33/+121 %

Medizintechnik/Augenheilkunde/Mikrochirurgie; Diagnose/Therapie-Produkte; KGV 25,4, Marktkapitalisierung 2,79 Mrd. €, Eigenkapitalquote 70 %, Buchwert 9 €, Ergebnis je Aktie 0,92/0,77/1,19/1,35 €, Dividende 0,45 €, Dividendenrendite 1,3 %

CompuGroup	543 730	35,55 €	40,25/24,50 €	+20/+85/+243 %

Software/Kommunikationslösungen/Internet-Infodienste Arzt/Zahnarzt/Klinik; KGV 20,5, Marktkapitalisierung 2,04 Mrd. €, Eigenkapitalquote 24 %, Buchwert 3 €, Ergebnis je Aktie 0,53/0,88/1,11/1,87 €, Dividende 0,40 €, Dividendenrendite 1,0 %

Dialog Semicond.	927 200	26,90 €	53,85/24,20 €	-46/+130/+127 %

Halbleiterlösungen, Power-Management, Audio, drahtlose Kommunikation; KGV 11, Marktkapitalisierung 2,25 Mrd. €, Eigenkapitalquote 79 %, Buchwert 12 €, Ergebnis je Aktie 1,55/2,18/3,15/2,81 €, Dividende 0,0 €, Dividendenrendite 0,0 %

Drägerwerk Vz	555 063	55,80 €	101,3/51,15 €	-42/-44/-23 %

1.900 Systeme Notfall-/Akutmedizin/Sicherheitstechnik/Beatmungsgeräte; KGV 11, Marktkapitalisierung 454 Mio. €, Eigenkapitalquote 41 %, Buchwert 51 €, Ergebnis je Aktie 5,69/1,86/3,44/5,11 €, Dividende 0,34 €, Dividendenrendite 0,6 %

TecDAX-Aktien/ Unternehmen	WKN 720 327	Kurs am 17.06.16	52-Wochen- Hoch/Tief	Kursverlauf 1, 3, 5 Jahre
Drillisch	554 550	33,90 €	49,60/33,20 €	-17/+166/+353 %

Netzunabhängiger Telekommunikationsanbieter, mobile Sprach-/Datendienste; KGV 25,9, Marktkapitalisierung 2,04 Mrd. €, Eigenkapitalquote 51 %, Buchwert 5 €, Ergebnis je Aktie 1,03/0,85/0,90/1,44 €, Dividende 1,80 €, Dividendenrendite **4,8** %

Evotec	566 480	3,65 €	4,30/2,90 €	-3/+27/+33 %

Wirkstoff-Forschung, Neurowissenschaft/Stoffwechsel/Entzündungen/Schmerz; KGV 75, Marktkapitalisierung 537 Mio. €, Eigenkapitalquote 65 %, Buchwert 1,4 €, Ergebnis/Aktie -0,05/+0,13/+0,01/+0,05 €, Dividende 0,0 €, Dividendenrendite 0 %

Freenet	A0Z 2ZZ	23,30 €	33,10/22,80 €	-22/+36/+153 %

Telekommunikationsanbieter, Mobilfunkdienstleistung, eigene Netzinfrastruktur; KGV 12, Marktkapitalisierung 3,25 Mrd. €, Eigenkapitalquote 50,6 %, Buchwert 9 €, Ergebnis je Aktie 1,93/1,73/1,95/2,02 €, Dividende 1,60 €, Dividendenrendite **6,3** %

GFT Technologies	580 060	18,80 €	32,65/15,75 €	+1/+341/+394 %

Realisierung europaweiter IT-Lösungen für Finanzbereich und Logistikbranche; KGV 17, Marktkapitalisierung 570 Mio. €, Eigenkapitalquote 38 %, Buchwert 4,5 €, Ergebnis je Aktie 0,76/1,00/0,99/1,73 €, Dividende 0,35 €, Dividendenrendite 1,6 %

Jenoptik	622 910	13,85 €	15,25/10,35 €	+28/+34/+118 %

Integrierte Optoelektronik, Halbleiter-/Autoindustrie, Medizintechnik/Luftfahrt; KGV 15, Marktkapitalisierung 852 Mio. €, Eigenkapitalquote 57 %, Buchwert 7,4 €, Ergebnis je Aktie 0,73/0,87/0,87/0,95 €, Dividende 0,24 €, Dividendenrendite 1,6 %

MorphoSys	663 200	39,35 €	76,95/33,90 €	-40/-1/+94 %

Antikörper-Produkte; Autoimmunkrankheiten/Krebs/Infektionen/Entzündungen; KGV negativ, Börsenwert 1,24 Mrd. €, Eigenkapitalquote 90,7 %, Buchwert 13,7 €, Ergebnis je Aktie -0,12/+0,57/-1,83/-1,29 €, Dividende 0,0 €, Dividendenrendite 0 %

Nemetschek	645 290	50,10 €	54,25/26,80 €	+86/+300/+550 %

Software Architektur/Bauwesen, CAD-Lösungen, 800.000 Kunden, 142 Länder; KGV 34, Marktkapitalisierung 2,08 Mrd. €, Eigenkapitalquote 44 %, Buchwert 3,9 €, Ergebnis je Aktie 0,82/0,93/1,22/1,57 €, Dividende 0,55 €, Dividendenrendite 1,0 %

Nordex	A0D 655	25,40 €	33,90/20,15 €	+15/+347/+296 %

Windkraftanlagen Megawattbereich, Rotorblätter/Windturbinen/Komplettservice; KGV 18, Marktkapitalisierung 2,73 Mrd. €, Eigenkapitalquote 31%, Buchwert 4,7 €, Ergebnis je Aktie 0,48/0,65/1,02/1,57 €, Dividende 0,0 €, Dividendenrendite 0,0 %

Pfeiffer Vacuum	691 660	81,05 €	115,5/75,30 €	-2/-1/-1 %

Vakuum-Pumpen/-Systeme, Mess-/Analysegeräte, analytische Anwendungen; KGV 15, Marktkapitalisierung 854 Mio. €, Eigenkapitalquote 67 %, Buchwert 28 €, Ergebnis je Aktie 3,29/4,25/4,75/5,48 €, Dividende 3,40 €, Dividendenrendite **3,9** %

TecDAX-Aktien/ Unternehmen	WKN 720 327	Kurs am 17.06.16	52-Wochen- Hoch/Tief	Kursverlauf 1, 3, 5 Jahre
Qiagen	901 626	18,45 €	26,05/17,75 €	-15/+26/+35 %

Molekularbiologische Diagnostiktests für Forschungsinstitute/Pharmaindustrie; KGV 18,9, Börsenwert 4,746 Mrd. €, EK-Quote keine Angaben, Buchwert 9,8 €, Ergebnis je Aktie 0,50/0,54/0,56/1,19 €, Dividende 0,0 €, Dividendenrendite 0,0 %

RIB Software	A0Z 2XN	8,25 €	17,00/8,05 €	-39/+118/+18 %

Software Bauindustrie/Infrastrukturprojekte, komplette Wertschöpfungskette; KGV 29,9, Marktkapitalisierung 422 Mio. €, Eigenkapitalquote 86 %, Buchwert 6 €, Ergebnis je Aktie 0,52/0,24/0,23/0,30 €, Dividende 0,18 €, Dividendenrendite 2,0 %

Sartorius Vorzüge	716 563	59,95 €	61,10/39,50 €	+50/+188/+620 %

Labortechnologie für Pharma-/Nahrungsmittelindustrie, Instrumente/Waagen; KGV 29,9, Marktkapitalisierung 2,4 Mrd. €, Eigenkapitalquote 45 %, Buchwert 27 €, Ergebnis je Aktie 2,84/7,40/6,88/8,70 €, Dividende 0,45 €, Dividendenrendite 0,7 %

Siltronic	WAF 300	14,65 €	36,70/12,25 €	-56 %/IPO

Reinstsilizium-Wafer für Halbleiterindustrie, Basis Mikro- und Nanoelektronik; KGV 15, Marktkapitalisierung 452 Mio. €, Eigenkapitalquote 48 %, Buchwert 17 €, Ergebnis pro Aktie -0,90/-0,50/-0,02/+0,95 €, Dividende 0,10 €, Div.-Rendite 0,7 %

SLM Solutions	A11 133	22,80 €	26,35/13,30 €	+16 %/IPO

3D-Metalldrucker für Luftfahrt, Energiesektor, Gesundheitswesen, Autoindustrie; **TecDAX-Aufstieg 2016;** KGV 32, Börsenwert 454 Mio. €, Eigenkapitalquote 76 %, Ergebnis/Aktie -0,30/+0,12/+0,34/+0,79 €, Dividende 0,0 €, Dividendenrendite 0 %

SMA Solar	A0D J6J	46,60 €	56,00/19,70 €	+119/+85/-36 %

Wechselrichter-Weltmarktführer, Hersteller für Komponenten in Solarindustrie; KGV 19, Marktkapitalisierung 1,74 Mrd. €, Eigenkapitalquote 49 %, Buchwert 16 €, Ergebnis je Aktie -5,16/+0,41/+2,15/+2,58 €, Dividende 0,45 €, Div.-Rendite 0,9 %

Software AG	330 400	31,40 €	36,75/22,85 €	+20/+29/-21 %

Marktführer benutzerfreundliche Infrastruktursoftware Geschäftsprozesse; KGV 14, Marktkapitalisierung 2,7 Mrd. €, Eigenkapitalquote 60 %, Buchwert 13,3 €, Ergebnis je Aktie 1,39/1,78/1,97/2,42 €, Dividende 0,55 €, Dividendenrendite 1,6 %

Stratec Biomedical	STR A55	51,85 €	62,90/41,00 €	+9/+43/+72 %

Vollautomatische Systeme für klinische Diagnostik (IVD) und Biotechnologie; KGV 22, Marktkapitalisierung 603 Mio. €, Eigenkapitalquote 82 %, Buchwert 10 €, Ergebnis je Aktie 1,68/1,87/2,06/2,33 €, Dividende 0,90 €, Dividendenrendite 1,8 %

SÜSS MicroTec	A1K 023	6,45 €	9,95/4,75 €	+20/-20/-28 %

Anlagen-Produktion Mikroelektronik, Mikrosystemtechnik und Halbleitertechnik; **TecDAX-Aufstieg 2016,** KGV 13, Börsenwert 140 Mio. €, Eigenkapitalquote 67 %, Ergebnis je Aktie 0,24/0,01/0,42/0,50 €, Dividende 0,0 €, Dividendenrendite 0,0 %

TecDAX-Aktien/ Unternehmen	WKN 720 327	Kurs am 17.06.16	52-Wochen- Hoch/Tief	Kursverlauf 1, 3, 5 Jahre
Telefónica Dtld.	A1J 5RX	3,65 €	6,00/3,65 €	-26/-18 %/IPO
Über 48 Mio. Telefonanschlüsse, Mobil-/Festnetzprodukte Firmen-/Privatkunden; KGV negativ, Börsenwert 11,758 Mrd. €, Eigenkapitalquote 62 %, Buchwert 3,3 €, Ergebnis/Aktie -0,45/-0,13/-010/-0,03 €, Dividende 0,25 €, Dividendenrendite **6,3** %				
United Internet	508 903	37,20 €	51,90/36,70 €	-6/+67/+178 %
Online-Zugangsprodukte Privat-/Firmenkunden, E-Mail-Dienste GMX, WEB.de; KGV 16,4, Marktkapitalisierung 8,52 Mrd. €, Eigenkapitalquote 30 %, Buchwert 5 €, Ergebnis je Aktie 2,28/1,80/1,91/2,53 €, Dividende 0,75 €, Dividendenrendite 1,4 %				
Wirecard	747 206	39,25 €	48,90/29,40 €	+7/+81/+224 %
Elektronische Zahlungs-/Risikomanagement-Lösungen, 20.000 Firmenkunden; KGV 18,8, Marktkapitalisierung 4,8 Mrd. €, Eigenkapitalquote 44 %, Buchwert 10 €, Ergebnis je Aktie 0,89/1,16/1,70/2,06 €, Dividende 0,15 €, Dividendenrendite 0,4 %				
XING	XNG 888	166,30 €	200,0/135,7 €	+12/+195/+196 %
Internetplattform/Netzwerk Berufskontakte/Jobvermittlung, 9 Mio. Mitglieder; KGV 32, Marktkapitalisierung 984 Mio. €, Eigenkapitalquote 43 %, Buchwert 9,9 €, Ergebnis je Aktie 1,11/3,15/4,26/5,48 €, Dividende 1,40 €, Dividendenrendite 0,8 %				

Rückschau: Chancenreiche Koppelgeschäfte mit TecDAX-Aktien Jan./Febr. 2016 beim drittschlechtesten Start in 3 Jahrzehnten

➤ **Der DAX büßte bis zum 4. Februar 2016 in diesem Jahr über 12 % ein, der TecDAX 2 % weniger,** was erneut bestätigt, dass die Kursgewinne in den letzten vier Jahren dreimal so hoch waren bei vergleichbarem Risiko.

➤ **Ich halte gar nichts davon, dass einige Bankhäuser nun den Totalausverkauf sämtlicher Aktien empfehlen.** Damit spülen sie durch die eingenommenen Transaktionskosten ordentlich Geld in ihre Kasse und werden mit erneuten Anlageempfehlungen noch zusätzlich verdienen. Für Privatanleger ist dies ein schlechter Rat. Beim BREXIT Ende Juni 2016 gab es ähnliche Ratschläge.

➤ **Interessiert Sie, was ich Anfang des Jahres 2016 an der Börse bewerkstelligte?** Keine fiktiven, sondern tatsächliche, überprüfbare Transaktionen. Aktives Handeln war angesagt – kein zögerliches Hinauszögern, weder Jammern noch Orientierung in Richtung Massenphänomen Herdentrieb.

➤ **Auch mein Depot büßte beim „Salamicrash" ein,** befindet sich aber im Vergleich zum Jahresbeginn 2015 Mitte Februar 2016 um 9 % und Ende März 2016 um 16 % im Plus. Die jetzigen Trades sind Optionen für künftige Kursgewinne, finanziert mit Teilverkäufen.

Die besten TecDAX-Unternehmen im Langzeitvergleich					
Nr.	Aktie/Unter- nehmen	WKN 720 327	Firmen- Hauptsitz	Kurs am 17.06.16	Kursplus 10 Jahre
01	Dialog Semic.	927 200	GB, Kirchheim/T	26,90 €	2.081 %
02	Cancom	541 910	München	47,00 €	1.365 %
03	Wirecard	747 206	Aschheim	39,25 €	941 %
04	Nemetschek	645 290	München	50,00 €	880 %
05	Sartorius Vz	716 563	Göttingen	60,00 €	695 %
06	Drillisch	554 550	Maintal	36,25 €	680 %
07	GFT SE	580 060	Stuttgart	18,80 €	612 %
08	Bechtle	515 870	Neckarsulm	94,60 €	486 %
09	United Intern.	508 903	Montabaur	37,20 €	260 %
Nr.	Aktie	WKN	Firmensitz	17.06.16	5 Jahre
01	Sartorius Vz	716 563	Göttingen	60,00 €	620 %
02	Nemetschek	645 290	München	50,00 €	550 %
03	Cancom	541 910	München	47,00 €	488 %
04	GFT SE	580 060	Stuttgart	18,80 €	394 %
05	Drillisch	554 550	Maintal	36,25 €	353 %
06	Nordex	80D 655	Hamburg	25,40 €	296 %
07	CompuGroup	543 730	Koblenz	35,55 €	243 %
08	Bechtle	515 870	Neckarsulm	94,60 €	236 %
09	Wirecard	747 206	Aschheim	39,25 €	224 %
10	XING	XNG 888	Hamburg	18,80 €	196 %
Nr.	Aktie	WKN	Firmensitz	17.06.16	3 Jahre
01	Nordex	80D 655	Hamburg	25,40 €	347 %
02	GFT SE	580 060	Stuttgart	18,80 €	341 %
03	Nemetschek	645 290	München	50,00 €	300 %
04	XING	XNG 888	Hamburg	166,30 €	195 %
05	Sartorius Vz	716 563	Göttingen	60,00 €	188 %
06	Cancom	541 910	München	47,00 €	180 %
07	Drillisch	554 550	Maintal	36,25 €	177 %

> ➢ Kein anderer deutscher Index präsentiert so hohe Kursgewinne wie der TecDAX. Hier gibt es im 10-Jahresvergleich Gewinne von mehr als 1.000 bis über 2.000 %, auf 5-Jahressicht Renditen von über 500 und 600 % sowie im 3-Jahresvergleich ein Kursplus ab 300 % aufwärts.

Zukauf Nebenwerte-Indizes Januar/Februar/März 2016

**Zukäufe als Basis für spätere Teilverkäufe bei hohem Kursgewinn.
Lohn für Mut: üppige Rendite oft bereits in kurzer Zeit.**

Aktie, Firma, Index	WKN	Kauf 2016	Kauf-preis	Kurs am 20.07.16	52-Wochen-Hoch/Tief
Covestro, MDAX	606 214	27.01.16	29,95 €	41,25 €	43,25/24,40 €
DÜRR, MDAX	556 520	11.02.16	52,60 €	73,40 €	90,00/49,50 €
FUCHS Vz, MD	579 043	19.02.16	36,15 €	37,25 €	45,45/33,20 €
GFK, SDAX	587 530	07.01.16	26,60 €	35,00 €	41,00/25,05 €
Hannover R., MD	840 221	08.02.16	86,80 €	93,00 €	112,50/83,05 €
Hugo Boss, MD	A1P HFF	24.02.16	51,60 €	50,45 €	113,90/46,00 €
Hypoport, SDAX	549 336	18.01.16	55,40 €	95,00 €	95,00/27,05 €
Stratec, TecDAX	STR A55	16.03.16	43,60 €	51,40 €	62,80/41,00 €
Ströer, MDAX	749 399	07.02.16	52,60 €	41,40 €	64,50/36,10 €
Wacker Ch., MD	WCH 888	02.02.16	60,10 €	85,60 €	94,10/58,25 €
Wirecard, TecD	747 206	24.02.16	33,15 €	41,05 €	48,50/29,40 €
XING, TecDAX	XNG 888	07.03.16	150,40 €	173,20 €	200,00/135,80 €

Teilverkauf Nebenwerte Januar/Februar 2016 Kapitalzufluss

**Weitgehende Schonung des steuerfreien Altbestands im Erstdepot;
bei Teilverkauf statt Komplettverkauf bleiben beste Aktien im Depot**

Aktie, Firma, Index	WKN	Kauf seit 2009	Kauf-preis	Ver-kaufstag	Verkaufs-preis
Basler, Prime Stand.	510 200	28.08.2013	21,25 €	19.01.2016	48,90 €
Cancom, TecDAX	541 910	20.08.2012	12,95 €	04.02.2016	42,70 €
CompuGroup, TecD	543 730	21.11.2012	13,30 €	03.02.2016	36,15 €
GEA, MDAX	660 200	08.03.2009	8,10 €	04.02.2016	43,30 €
Grenke, SDAX	A16 1N3	17.12.2013	70,00 €	26.01.2016	179,50 €
I:FAO, General Stand.	622 452	13.08.2012	9,45 €	14.01.2016	21,25 €
ISRA Vision, Prime	548 810	14.06.2013	32,50 €	07.01.2016	61,50 €
KUKA (Midea-Übern.)	620 440	01.06.2012	16,60 €	04.02.2016	79,70 €
Leifheit, Prime Stand.	646 450	21.06.2011	19,95 €	15.01.2016	46,80 €
MTU Aero, MDAX	A0D 9PT	24.02.2011	47,10 €	21.01.2016	77,80 €

2.4 Der SDAX mit 50 klassischen kleineren Titeln: vergleichbar mit der 3. Fußballliga

Auch der SDAX mit seinen Small Caps ist im Langzeitvergleich bei vergleichbarem Risiko im Kursverlauf viel besser als der DAX

Der SDAX wurde im Juni 1999 von der Deutschen Börse AG für kleinere Werte, sogenannte Small Caps, eingeführt. Bis zum Jahr 2002 enthielt er 100 Werte, danach nur noch 50 Titel aus klassischen Branchen wie Immobilien, Konsumgüter, Banken, Versicherungen, Beteiligungen, Maschinenbau, Logistik/Transport, Mode.

Entscheidend für die Aufnahme sind neben der Zugehörigkeit zum Prime Standard die Marktkapitalisierung und der Handelsumsatz. Klassisch ausgerichtete Gesellschaften, die zu den größten 110 Unternehmen hinter dem DAX gehören, können dort aufgenommen werden. Ausländische Unternehmen müssen in Frankfurt notiert sein. Ein Viertel der Aktien vom DAXplus Family Index zählen zum SDAX, der an die sich im Aufwind befindliche

Small-Caps-Index SDAX
Schlusskurse:
2006:   5.567 Punkte (+31 %
2007:   5.191 Punkte (-6,8 %)
2008:   2.801 Punkte (-46 %)
2009:   3.549 Punkte (+27 %)
2010:   5.174 Punkte (+46 %)
2011:   4.244 Punkte (-18 %)
2012:   5.249 Punkte (+19 %)
2013:   6.789 Punkte (+29 %)
2014:   7.186 Punkte (+5,9 %)
2015:   9.099 Punkte (+27 %)
1. Hj. 2016: 9.370 P. (-5 %)
Allzeittief:
2.647 Punkte Frühjahr 2003
Bisheriges Allzeithoch:
9.183 Punkte April 2015

3. Fußballbundesliga erinnert. Die DAX-Familie muss alle internationalen Transparentanforderungen erfüllen. Dazu zählen Finanzberichte, die jährliche Analystenkonferenz, Ad-hoc-Mitteilungen in deutscher und englischer Sprache.

Warum erzielt auch der SDAX höhere Kursgewinne als der DAX?

Nebenwerte sind vergleichbar mit manövrierfähigen Schnellbooten, die auf Herausforderungen flexibler reagieren als die DAX-Dickschiffe. Während beim DAX Umschichtungen eher selten vorkommen, gab es im SDAX bislang alle drei Monate, künftig alle 6 Monate Auf- und Abstiegskandidaten. Der Hauptgrund sind größere Börsengänge. Das sorgt für frischen Wind. Gegenüber 2014 präsentiert der SDAX über 20 neue Mitglieder: Adler Real Estate, ADO Properties, BayWa, Borussia Dortmund, Braas Monier, Capital Stage, Chorus Clean Energy, Elring-Klinger, Ferratum, Gerry Weber, Hapag-Lloyd, Hypoport, Klöckner & Co., König & Bauer, Scout 24, Stabilus, Tele Columbus, TLG Immobilien, WashTec, WCM, Wüstenrot.

SDAX-Aktien/ Unternehmen	WKN 965 338	Kurs 17.06.16	52 Wochen- Hoch/Tief	Kursverlauf 1, 3, 5 Jahre
50 SDAX-Firmen stellen sich mit Finanzzahlen vor				
Adler Real Estate	500 800	11,60 €	15,35/9,80 €	-13/+435/+2031 %

Substanz-/renditestarkes Wohn-Immobilienunternehmen, aktiv in Deutschland; KGV 7,3, Marktkapitalisierung 598 Mio. €, Eigenkapitalquote 25 %, Buchwert 15,6 €, Ergebnis je Aktie 4,65/1,88/1,46/1,78 €, Dividende 0,00 €, Dividendenrendite 0,0 %

Ado Properties	A14 U78	31,55 €	33,40/18,55 €	+30 %/IPO

Wohnimmobilienfirma, Schwerpunkt Berlin; 14.000 Ein-/Zwei-Zimmereinheiten; KGV 26, Marktkapitalisierung 1,28 Mrd. €, Eigenkapitalquote 48 %, Buchwert 20,4 €, Ergebnis je Aktie 1,98/5,04/3,70/1,28 €, Dividende 0,40 €, Dividendenrendite 1,2 %

Amadeus Fire	509 310	57,60 €	92,60/55,70 €	-21/+26/+94 %

Personaldienstleister/Zeitarbeitsvermittler kaufmännische Fach-/Führungskräfte; KGV 17, Marktkapitalisierung 327 Mio. €, Eigenkapitalquote 62 %, Buchwert 5,2 €, Ergebnis je Aktie 3,37/3,53/3,27/3,68 €, Dividende 3,55 €, Dividendenrendite **5,6** %

BayWa Stämme	519 406	26,05 €	34,60/25,30 €	-13/-31/-8 %

Handelskonzern Agrar-/Bau-/Energie-Industrie, Betriebsmittel Landwirtschaft; KGV 13, Marktkapitalisierung 1,01 Mrd. €, Eigenkapitalquote 18 %, Buchwert 22,3 €, Ergebnis je Aktie 2,03/1,39/2,10/2,28 €, Dividende 0,90 €, Dividendenrendite **3,0** %

Bertrandt	523 280	93,25 €	125,0/87,50 €	-18/+9/+78 %

Ingenieurdienstleister Autoindustrie, maßgeschneiderte Lösungen/47 Standorte; KGV 13,8, Marktkapitalisierung 1,0 Mrd. €, Eigenkapitalquote 57 %, Buchwert 29 €, Ergebnis je Aktie 6,19/6,12/6,51/7,37 €, Dividende 2,70 €, Dividendenrendite 2,7 %

Biotest	522 723	13,60 €	28,25/10,25 €	-41/-25/+1 %

Forschende Biotherapeutik-Firma; Schwerpunkt: Immunologie und Hämatologie; KGV 25, Marktkapitalisierung 311 Mio. €, Eigenkapitalquote 43 %, Buchwert 10,2 €, Ergebnis pro Aktie +0,48/-2,10/+0,44/+0,63 €, Dividende 0,16 €, Div.-Rendite 1,0 %

Borussia Dortmund	549 309	4,00 €	4,55/3,25 €	+20/+27/+60 %

Profi-Fußball BVB; Tickets/Fanartikel/TV-Rechte, Sponsoring und Spielertransfer; KGV 222, Marktkapitalisierung 409 Mio. €, Eigenkapitalquote 74 %, Buchwert 3,1 €, Ergebnis je Aktie 0,06/0,02/0,16/0,02 €, Dividende 0,05 €, Dividendenrendite 1,1 %

Braas Monier	BMS A01	21,85 €	27,10/18,40 €	+3 %/Börsengang

Bauindustrie; Produkte geneigtes Dach; Schornsteine/Dachziegel/Komponenten; KGV 13,2, Marktkapitalisierung 979 Mio. €, Eigenkapitalquote 10 %, Buchwert 3,4 €, Ergebnis je Aktie 1,07/1,41/1,51/1,90 €, Dividende 0,50 €, Dividendenrendite 2,0 %

SDAX-Aktien/ Unternehmen	WKN 965 338	Kurs 17.06.16	52 Wochen- Hoch/Tief	Kursverlauf 1, 3, 5 Jahre
Capital Stage	609 500	6,15 €	9,85/5,60 €	-12/+50/+171 %

Betreiber großer Solar-/Windkraftanlagen in Europa, Erwerb von Projektrechten; KGV 15,3, Marktkapitalisierung 498 Mio. €, Eigenkapitalquote 20 %, Buchwert 3,1 €, Ergebnis je Aktie 0,35/0,25/0,34/0,39 €, Dividende 0,20 €, Dividendenrendite **3,3 %**

CeWe Stiftung	540 390	63,05 €	63,05/43,75 €	+20/+81/+82 %

Internationaler Fotoentwickler stationär/online, Fotobuch/Grußkarten/Digitaldruck; KGV 14,5, Marktkapitalisierung 455 Mio. €, Eigenkapitalquote 53 %, Buchwert 24 €, Ergebnis je Aktie 3,07/3,24/3,77/4,23 €, Dividende 1,65 €, Dividendenrendite 2,7 %

Chorus Cl. Energy	A12 UL5	10,50 €	10,70/7,60 €	+24 %/IPO 2015

Betreiber von 70 Solarstrom- und Windkraftanlagen; Übernahmeangebot Capital Stage; KGV 11, Börsenwert 269 Mio. €, Eigenkapitalquote 38 %, Streubesitz 82 %, Ergebnis pro Aktie 0,45/0,65/0,85 €, Dividende 0,20 €, Dividendenrendite 2,1 %

Comdirect Bank	542 800	8,80 €	11,35/8,80 €	-2/-17/+8 %

Direktbank/Onlinebroker; Vollbanklizenz, komplette Finanzdienste Privatanleger; KGV 21, Marktkapitalisierung 1,35 Mrd. €, Eigenkapitalquote 3,7 %, Buchwert 4,3 €, Ergebnis je Aktie 0,47/0,46/0,61/0,45 €, Dividende 0,40 €, Dividendenrendite **4,2 %**

Dt. Beteiligung	A1T NUT	26,00 €	30,25/23,40 €	-5/+32/-13 %

Erwerb etablierter, wachstumsstarker, profitabler Mittelständler; Europa/USA; KGV 9,4, Marktkapitalisierung 376 Mio. €, Eigenkapitalquote 87,4 %, Buchwert 21 €, Ergebnis je Aktie 3,49/1,98/3,10/2,93 €, Dividende 1,20 €, Dividendenrendite **4,4 %**

DEUTZ	630 500	4,00 €	5,65/2,65 €	-25/-23/-39 %

Produktion von kompakten Dieselmotoren für On- und Nonroad-Anwendungen; KGV 15,8, Marktkapitalisierung 528 Mio. €, Eigenkapitalquote 45,5 %, Buchwert 4 €, Ergebnis je Aktie 0,18/0,04/0,13/0,28 €, Dividende 0,08 €, Dividendenrendite 1,8 %

DIC Asset	A1X 3XX	8,10 €	9,35/7,40 €	-4/+5/-4 %

Gewerbe-Immobilien-Unternehmen, renditeorientierte Investitionen Deutschland; KGV 21,5, Marktkapitalisierung 586 Mio. €, Eigenkapitalquote 32 %, Buchwert 11 €, Ergebnis je Aktie 0,22/0,30/0,39/0,40 €, Dividende 0,37 €, Dividendenrendite **4,3 %**

ElringKlinger	785 602	18,80 €	25,65/16,60 €	-28/-32/-22 %

Autozulieferer jede Antriebsart, Dichtungen/Kunststoffmodule/Bau-/Abschirmteile; KGV 10, Marktkapitalisierung 1,32 Mrd. €, Eigenkapitalquote 48,5 %, Buchwert 12 €, Ergebnis je Aktie 1,67/1,45/1,67/1,96 €, Dividende 0,60 €, Dividendenrendite 2,9 %

Ferratum	A1W 9NS	19,20 €	31,00/19,20 €	-18 %/IPO

Ferratum, Finnland, kurzfristige Konsumkredite für Privatkunden bis zu 2.000 €; KGV 12, Marktkapitalisierung 458 Mio. €, Eigenkapitalquote 55,4 %, Buchwert 3,5 €, Ergebnis je Aktie 0,30/0,51/0,95/1,76 €, Dividende 0,20 €, Dividendenrendite 0,9 %

SDAX-Aktien/ Unternehmen	WKN 965 338	Kurs 17.06.16	52 Wochen- Hoch/Tief	Kursverlauf 1, 3, 5 Jahre
Gerry Weber	330 410	10,75 €	23,35/9,65 €	-48/-67/-49 %
Damenmode mittlere Preislage, Lizenzgeber Accessoires, 5 Marken, 62 Länder; KGV 13, Marktkapitalisierung 560 Mio. €, Eigenkapitalquote 51,5 %, Buchwert 9,8 €, Ergebnis je Aktie 1,56/1,14/0,08/0,95 €, Dividende 0,40 €, Dividendenrendite **3,3 %**				
GFK SE	587 530	34,55 €	41,95/25,35 €	-6/-9/-4 %
Führendes Marktforschungs-Unternehmen; Service für jede wichtige Branche; KGV 10,9, Marktkapitalisierung 1,3 Mrd. €, Eigenkapitalquote 39 %, Buchwert 19 €, Ergebnis je Aktie 0,16/1,01/2,54/3,29 €, Dividende 0,80 €, Dividendenrendite 2,2 %				
Grammer	589 540	40,30 €	41,60/18,40 €	+25/+54/+144 %
Produktion Komponenten/Systeme PKW-Ausstattung; Sitze Bahn/Busse/Lkw; KGV 10, Marktkapitalisierung 459 Mio. €, Eigenkapitalquote 25,5 %, Buchwert 21 €, Ergebnis je Aktie 3,09/2,10/2,97/3,95 €, Dividende 0,80 €, Dividendenrendite 2,0 %				
GrenkeLeasing	A16 1N3	162,85 €	200,0/115,9 €	+38/+146/+302 %
IT-Leasing/Finanzierung Firmenkunden; Computer/Bildschirme/Drucker/Kopierer; KGV 22,7, Marktkapitalisierung 2,58 Mrd. €, Eigenkapitalquote 16 %, Buchwert 37 €, Ergebnis je Aktie 4,41/5,43/6,52/7,72 €, Dividende 1,60 €, Dividendenrendite 0,9 %				
Hamborner Reit	601 300	9,30 €	10,10/8,00 €	+4/+33/+37 %
Immobilienportfolio Einzelhandelsflächen/Fachmärkte; in deutschen Städten; KGV 25, Marktkapitalisierung 604,5 Mio. €, Eigenkapitalquote 52 %, Buchwert 6,2 €, Ergebnis je Aktie 0,37/0,22/0,24/0,39 €, Dividende 0,42 €, Dividendenrendite **4,3 %**				
Hapag-Lloyd	HLA G47	18,70 €	22,20/14,60 €	+12 %/IPO
Weltweit führendes Transport-/Logistikunternehmen mit 200 Containerschiffen; **SDAX-Aufstieg 2016,** KGV 9,0, Börsenwert 1,38 Mrd. €, Eigenkapitalquote 42,6 %, Ergebnis je Aktie -5,77/+1,06/+1,50/+2,25 €, Dividende 0,25 €, Div.-Rendite 1,2 %				
Heidelberger Druck	731 400	2,45 €	2,80/1,60 €	+10/+12/-12 %
Präzisionsmaschinen gesamte Druckindustrie; Digital-/Bogenoffset-/Flexodruck; KGV 10,3, Marktkapitalisierung 689 Mio. €, Eigenkapitalquote 8 %, Buchwert 0,7 €, Ergebnis je Aktie -0,29/+0,11/+0,21/+0,26 €, Dividende 0,0 €, Dividendenrendite 0 %				
HHLA	A0S 848	13,45 €	19,35/11,85 €	-26/-22/-54 %
Hamburger Hafen und Logistik AG; Transportsysteme, Container-Verladungen; KGV 164, Marktkapitalisierung 1,049 Mrd. €, Eigenkapitalquote 33 %, Buchwert 7 €, Ergebnis je Aktie 0,81/0,92/0,75/0,91 €, Dividende 0,62 €, Dividendenrendite **4,1 %**				
Hornbach Holding	608 340	58,20 €	79,25/50,55 €	-23/+16/+7 %
Internationaler Zulieferer für Baustoffe; zahlreiche Börsennotierungen weltweit; KGV 11, Marktkapitalisierung 1,01 Mrd. €, Eigenkapitalquote 50 %, Buchwert 67,5 €, Ergebnis je Aktie 5,63/5,04/5,17/5,72 €, Dividende 1,50 €, Dividendenrendite 2,4 %				

SDAX-Aktien/ Unternehmen	WKN 965 338	Kurs 17.06.16	52 Wochen- Hoch/Tief	Kursverlauf 1, 3, 5 Jahre
Hypoport	549 336	81,00 €	94,60/21,60 €	+268/+1.016/+773
Internetbasierter Finanzdienstleister; Immobilienfinanzierung/Bausparen/Kredite; KGV 24,2, Marktkapitalisierung 569 Mio. €, Eigenkapitalquote 55 %, Buchwert 8,5 €, Ergebnis je Aktie 0,96/2,61/3,30/3,80 €, Dividende 0,00 €, Dividendenrendite 0,0 %				
Indus Holding	620 010	42,85 €	47,90/35,60 €	-5/+62/+83 %
Beteiligung Produktionsindustrie Mittelstand aus interessanten Nischenmärkten; KGV 14,8, Marktkapitalisierung 1,17 Mio. €, Eigenkapitalquote 42 %, Buchwert 23 €, Ergebnis je Aktie 2,58/2,78/3,04/3,23 €, Dividende 1,30 €, Dividendenrendite 2,7 %				
Klöckner & Co.	KC0 100	10,65 €	11,65/6,75 €	+35/+17/-47 %
Unabhängiger Stahl-/Metallhändler Europa/USA, verschiedene Industriezweige; KGV 27,3, Marktkapitalisierung 1,15 Mrd. €, Eigenkapitalquote 39 %, Buchwert 11 €, Ergebnis/Aktie +0,22/-3,48/+0,12/+0,42 €, Dividende 0,0 €, Dividendenrendite 0 %				
König & Bauer	719 350	45,00 €	48,35/18,05 €	+137/+206/+164
Weltweiter Druckmaschinenbauer; innovative Drucksysteme/periphere Anlagen; KGV 15, Marktkapitalisierung 788 Mio. €, Eigenkapitalquote 26,5 %, Buchwert 16 €, Ergebnis je Aktie 0,23/1,62/2,48/3,10 €, Dividende 0,40 €, Dividendenrendite 0,8 %				
KWS Saat	707 400	288,00 €	313,6/235,1 €	+1/+5/+81 %
Internationaler Saatgutkonzern, Züchtung von landwirtschaftlichen Nutzpflanzen; KGV 19,7, Marktkapitalisierung 2,1 Mrd. €, Eigenkapitalquote 51 %, Buchwert 108 €, Ergebnis je Aktie 12,53/12,52/14,26/15,47 €, Dividende 3,40 €, Div.-Rendite 1,1 %				
Patrizia	PAT 1AG	22,15 €	28,30/17,85 €	+13/+245/+540 %
Bankenunabhängiges vollstufiges Gewerbe-/Wohnimmobilien-Investmenthaus; KGV 23,8, Marktkapitalisierung 1,9 Mrd. €, Eigenkapitalquote 33 %, Buchwert 7,1 €, Ergebnis je Aktie 0,46/1,45/3,22/1,05 €, Dividende 0,30 €, Dividendenrendite 1,2 %				
PUMA	696 960	203,75 €	219,3/141,0 €	+40/-9/+1 %
Internationaler Produzent für Sportartikel/Freizeitkleidung/Schuhe, In-/Outdoor; KGV 38, Marktkapitalisierung 2,23 Mrd. €, Eigenkapitalquote 62 %, Buchwert 106 €, Ergebnis je Aktie 4,29/2,48/3,78/5,59 €, Dividende 0,50 €, Dividendenrendite 0,2 %				
SAF Holland	A0M U70	10,55 €	15,45/8,90 €	-24/+36/+23 %
Produzent Bauteile/Systeme Anhänger/Lkw/Bus/Wohnmobil/Sattelzugmaschine; KGV 9,9, Marktkapitalisierung 524 Mio. €, Eigenkapitalquote 32,4 %, Buchwert 6 €, Ergebnis je Aktie 0,72/1,14/1,08/1,17 €, Dividende 0,55 €, Dividendenrendite 4,8 %				
Scout 24	A12 DM8	33,50 €	38,25/24,10 €	+1 %/Börsengang
Digitale Anzeigenplattform für Immobilien-/Automarkt, mehrere Eigenmarken; KGV 29, Marktkapitalisierung 4,06 Mrd. €, Eigenkapitalquote 42 %, Buchwert 8,6 €, Ergebnis je Aktie -0,19/+0,77/+0,73/+1,31 €, Dividende 0 €, Dividendenrendite 0 %				

SDAX-Aktien/ Unternehmen	WKN 965 338	Kurs 17.06.16	52 Wochen- Hoch/Tief	Kursverlauf 1, 3, 5 Jahre
SGL Carbon	723 530	10,50 €	17,25/8,25 €	-27/-61/-72 %

Weltweit größter Produzent Carbon/Graphit/Verbundmaterial Industriezweige; KGV negativ, Börsenwert 1,108 Mrd. €, Eigenkapitalquote 16,5 %, Buchwert 3,1 €, Ergebnis je Aktie -3,26/-3,22/-0,87/-0,27 €, Dividende 0,0 €, Dividendenrendite 0 %

SIXT Stämme	723 132	46,75 €	53,75/32,85 €	+17/+156/+131 %

Mobilitätsdienste, Mietwagenservice, Fahrzeugflotten, Flughafen-Verleihstationen; KGV 17, Marktkapitalisierung 1,61 Mrd. €, Eigenkapitalquote 29 %, Buchwert 18,4 €, Ergebnis je Aktie 2,28/2,39/2,69/3,06 €, Dividende 1,30 €, Dividendenrendite 2,5 %

Stabilus	A11 3Q5	46,00 €	49,85/28,80 €	+28 %/IPO

Luxemburger Hersteller von Gasdruckfedern sowie hydraulischen Dämpfern; KGV 14,3, Marktkapitalisierung 985 Mio. €, Eigenkapitalquote 14 %, Buchwert 3,7 €, Ergebnis je Aktie 0,54/0,82/2,34/3,31 €, Dividende 0,40 €, Dividendenrendite 0,8 %

TAKKT	744 600	18,40 €	20,50/14,40 €	+7/+61/+76 %

Versandhandel, Schwerpunkte: Betriebsausstattung/Werkzeuge/Arbeitssicherheit; KGV 14,4, Marktkapitalisierung 1,3 Mrd. €, Eigenkapitalquote 49 %, Buchwert 6,9 €, Ergebnis je Aktie 1,00/1,24/1,31/1,39 €, Dividende 0,50 €, Dividendenrendite 2,5 %

Tele Columbus	TCA G17	8,20 €	10,05/6,65 €	-10 %/IPO

Kabelnetzbetreiber, digitale Programmpakete, Internet- und Telefonanschluss; KGV 37,7, Marktkapitalisierung 1,12 Mrd. €, Eigenkapitalquote 25 %, Buchwert 4,2, Ergebnis je Aktie -0,84/-1,05/+0,05/+0,23 €, Dividende 0,0 €, Dividendenrendite 0 %

TLG Immobilien	A12 B8Z	18,35 €	19,85/13,95 €	+29 %/IPO

Immobilienfirma; spezialisiert auf ostdeutsche Büro-/Einzelhandels-/Hotelflächen; KGV 16,6, Marktkapitalisierung 1,29 Mrd. €, Eigenkapitalquote 48 %, Buchwert 14 €, Ergebnis je Aktie 1,65/2,11/1,69/1,21 €, Dividende 0,80 €, Dividendenrendite **4,2 %**

Vossloh	766 710	56,65 €	67,65/45,25 €	+10/-21/-37 %

Bahn-Infrastruktur; Schienenbefestigung/Weichen/Steuerungs-/Kontrollsysteme; KGV 19,1, Marktkapitalisierung 869 Mio. €, Eigenkapitalquote 31 %, Buchwert 26 €, Ergebnis je Aktie -15,97/+5,26/+1,87/+2,85 €, Dividende 0,85 €, Div.-Rendite 1,2 %

VTG	VTG 999	26,15 €	30,25/18,65 €	+27/+93/+47 %

Waggonvermietung und Schienenlogistik; Kessel-/Großraumgüter-/Flachwagen; KGV 14,2, Marktkapitalisierung 831 Mio. €, Eigenkapitalquote 25 %, Buchwert 26 €, Ergebnis je Aktie 0,93/0,75/1,49/2,03 €, Dividende 0,60 €, Dividendenrendite 2,1 %

Wacker Neuson	WAC K01	14,20 €	21,45/10,90 €	-30/+29/+12 %

Produktion/Vertrieb Baugeräte und Maschinen, Kompaktklasse, einige Marken; KGV 12,4, Marktkapitalisierung 1,07 Mrd. €, Eigenkapitalquote 69 %, Buchwert 15 €, Ergebnis je Aktie 1,30/0,94/1,05/1,23 €, Dividende 0,50 €, Dividendenrendite **3,3 %**

SDAX-Aktien/ Unternehmen	WKN 965 338	Kurs 17.06.16	52 Wochen- Hoch/Tief	Kursverlauf 1, 3, 5 Jahre
WashTec	750 750	29,80 €	37,70/19,00 €	+50/+191/+188 %

Fahrzeugwaschanlagen und SB-Waschplätze Pkw, Lkw und Schienenfahrzeuge; **SDAX-Aufstieg 2016**, KGV 16,6, Börsenwert 466 Mio. €, Eigenkapitalquote 42 %, Ergebnis je Aktie 0,91/1,78/1,94/2,01 €, Dividende 1,30 €, Dividendenrendite **3,9 %**

| WCM | A1X 3X3 | 3,05 € | 3,35/1,75 € | +30 %/IPO |

Beteiligung und Grundbesitz, Bestandshalter renditestarke Gewerbe-Immobilien; KGV 10,6, Marktkapitalisierung 385 Mio. €, Eigenkapitalquote 49 %, Buchwert 2,2 €, Ergebnis je Aktie 0,06/0,72/0,33/0,30 €, Dividende 0,05 €, Dividendenrendite 1,6 %

| Wincor Nixdorf | A0C AYB | 51,80 € | 54,60/32,40 € | +44/+22/+8 % |

IT-Lösungen, Automatisierungs-/Selbstbedienungs-Produkte/Kassenhardware; **MDAX-Abstieg Juni 2016,** KGV 13,2, Börsenwert 1,72 Mrd. €, EK-Quote 25,9 %, Ergebnis je Aktie 3,39/0,20/2,98/3,93 €, Dividende 1,20 €, Dividendenrendite 2,3 %

| Wüstenrot W & W | 805 100 | 17,00 € | 20,35/15,25 € | +1/+16/-8 % |

Unabhängiger Finanzdienstleister Versicherung/Bausparen/Vermögensbildung; **SDAX-Aufstieg 2016,** KGV 7,4, Börsenwert 1,77 Mrd. €, Eigenkapitalquote 4,9 %, Ergebnis je Aktie 2,52/2,88/2,58/2,56 €, Dividende 0,60 €, Dividendenrendite **3,2 %**

| ZEAL Network SE | TPP 024 | 35,85 € | 49,65/29,80 € | -21/-22/+9 % |

Ein privates Internet-Lotterie- und Glücksspiel-Unternehmen, aktiv in Europa; KGV 9,2, Marktkapitalisierung 301 Mio. €, Eigenkapitalquote 68 %, Buchwert 8,6 €, Ergebnis je Aktie 0,63/0,16/3,21/3,88 €, Dividende 2,80 €, Dividendenrendite **7,8 %**

| Zooplus | 511 170 | 123,50 € | 149,0/99,80 € | +6/+197/+140 % |

Onlinehandel Heimtierbedarf; Tierfutter/Futterbeigaben/Zubehör, 8.000 Produkte; KGV 45,5, Marktkapitalisierung 900 Mio. €, Eigenkapitalquote 56 %, Buchwert 13 €, Ergebnis je Aktie 0,83/1,13/1,72/2,83 €, Dividende 0,00 €, Dividendenrendite 0,0 %

Welche 10 Heimsuchungen von außen drohen Mittelständlern mit der Gefahr: Gewinnwarnung, Kurssturz, Notverkauf, Insolvenz?

Risikoexperten haben kürzlich aus 40 Gefahrenquellen die zehn größten Risiken herausgefiltert. Bei folgenden starken Beschädigungen drohen Gewinnwarnungen mit Kursverlust: ❶ Betriebsunterbrechungen, Störungen in der Lieferkette; ❷ negative Marktentwicklung, Wettbewerbsdruck, Konjunkturschwäche; ❸ Cyberkriminalität, verletzte Datenrechte; ❹ Naturkatastrophen; ❺ Wirtschaftssanktionen und Protektionismus; ❻ Sparprogramme, Einfluss auf Währungen und Rohstoffpreise; ❼ Ansehensverlust, geringerer Markt- und Markenwert; ❽ Feuer und Explosionen; ❾ politische Risiken: Krieg, Terrorismus, Unruhe; ❿ Diebstahl, Betrug, Korruption.

Die besten SDAX-Unternehmen im Langzeitvergleich					
Nr.	Aktien/Unternehmen	WKN 965 338	Firmen- Hauptsitz	Kurs am 17.06.16	Kursplus 10 Jahre
01	Bertrandt	523 280	Ehningen	93,25 €	785 %
02	GrenkeLeasing	A16 1N3	Baden-Baden	162,85 €	200 %
Nr.	Unternehmen	WKN	Firmensitz	17.06.16	5 Jahre
01	Adler Real Est.	500 800	Hamburg	11,60 €	2.031 %
02	Hypoport	549 336	Berlin	81,00 €	773 %
03	Patrizia	PAT 1AG	Augsburg	22,15 €	540 %
04	GrenkeLeasing	A16 1N3	Baden-Baden	162,85 €	302 %
05	WashTec	750 750	Augsburg	29,80 €	188 %
06	Capital Stage	609 500	Hamburg	6,15 €	171 %
07	SIXT Stämme	723 132	Pullach	46,75 €	170 %
08	König & Bauer	719 350	Würzburg	45,00 €	164 %
09	Grammer	589 540	Amberg	40,30 €	144 %
10	Zooplus	511 170	München	123,50 €	140 %
Nr.	Unternehmen	WKN	Firmensitz	17.06.16	3 Jahre
01	Hypoport	549 336	Berlin	81,00 €	1.016 %
02	Adler Real Est.	500 800	Hamburg	11,60 €	435 %
03	Patrizia	PAT 1AG	Augsburg	22,15 €	245 %
04	König & Bauer	719 350	Würzburg	45,00 €	206 %
05	Zooplus	511 170	München	123,50 €	197 %
06	WashTec	750 750	Augsburg	29,80 €	191 %
07	SIXT Stämme	723 132	Pullach	46,75 €	156 %
08	GrenkeLeasing	A16 1N3	Baden-Baden	162,85 €	146 %

Die Spitzenunternehmen mit der höchsten Marktkapitalisierung im SDAX als Aufstiegskandidaten für den MDAX

Der SDAX mit 50 kleineren Titeln kann nicht ein solches Kursfeuerwerk abliefern wie der TecDAX. Sehen wir vom Spitzenreiter Bertrandt im 10-Jahresvergleich mit 800 % Kursgewinn, dem 2015 aufgestiegenen Immobilienunternehmen Adler Real Estate mit der Top-Performance von über 2.000 % im 5-Jahresvergleich sowie Aufsteiger Hypoport mit mehr als 1.000 % in 3 Jahren ab. Es macht richtig Freude, dass auch mit mittelständischen klassischen SDAX-Firmen als Langzeitanleger ein hohes dreistelliges Plus erzielbar ist. So schaffte Neuling Hypoport in einem Jahr zeitweilig ein stolzes Plus von 270 %.

❸ Auch Micro Caps, kleine Neben-werte außerhalb der Indizes, verdienen unser Augenmerk

3.1 Harte Auswahlkriterien: Was macht kleine Nebenwerte zu Siegern und Verlierern?

Viele Privatanleger kennen nur den DAX. Verständlich, dreht sich doch in den Medien fast alles um den deutschen Leitindex. Da ist es schon erfreulich, wenn aufgeschlossene kritische Privatanleger nicht nur vermehrt in ETFs einstei-gen, sondern bevorzugt Aktien aus den Nebenwerte-Indizes MDAX, TecDAX und SDAX ordern. Sie wissen und haben es vielleicht schon selbst beim Beobachten der eigenen Performance entdeckt, dass Mid und Small Caps aus den Indizes bes-ser als der DAX abschneiden. Im Mehrjahresvergleich ist bei ähnlichem Risiko ein doppelter, ja sogar dreifacher Kursgewinn gegenüber dem Leitindex möglich. So war es bisher. Warum sollte es künftig anders sein?

➢ **Aber es gibt auch noch die Micro Caps, kleine Titel, die wir aus dem Prime Standard, Deutsche Börse AG, mit strengen Zulassungsauflagen, dem Entry Standard, mit geringeren Pflichten, sowie dem m:access Börse München, herausfiltern sollten.** Begeben wir uns also auf die Schatzsuche! Sie erfordert Geduld, stehen doch Hunderte von Titeln zur Auswahl.

➢ **Ich habe, wie die folgende Kursliste zeigt, 44 Small Caps mit Kurzprofil herausgefiltert und dabei folgende Beurteilungskriterien zugrunde gelegt:** faire Bewertung, kein überhöhtes KGV auf die jeweilige Branche bezogen; Zah-lung einer Dividende, verlässliche, angemessene Ausschüttung; ein Börsenwert von mindestens 50 Mio. €, möglichst darüber, Kennzeichen für mehr Stabilität und weniger Manipulation; eine Eigenkapitalquote über einem Drittel, damit die Schulden nicht über den Kopf wachsen.

➢ **Was besonders wichtig ist: Selbst in einem „Salamicrash", wie wir ihn im Januar/Februar 2016 erlebten, sollte die Kursentwicklung in einem, drei und möglichst auch in fünf Jahren positiv sein. Ähnliches gilt auch für den kurzen BREXIT-Crash am 24. und 26. Juni 2016.** „Grün" müsste, sofern es die Aktie schon solange gibt, auch der 10-Jahresvergleich signalisieren.

Aktien/ Unternehmen	WKN	Kurs am 09.06.16	52-Wochen- Hoch/Tief	Kursverlauf 1, 3, 5 Jahre
44 Small Caps: Langzeit-Kursplus, Dividende, faires KGV, reger Handel, Börsenwert ab 50 Mio. €, EK-Quote ab 25 %				
Adesso	A0Z 23Q	27,35 €	28,70/16,55 €	+56/+236/+270 %

Softwaredienste Beratung/Prozessschritte Erst-/Rück-/Krankenversicherungen; KGV: 15,9, Börsenwert: 161,2 Mio. €, Eigenkapitalquote: 46 %, Streubesitz: 35,3 %, Ergebnis pro Aktie: 0,82/1,51/1,75 €, Dividende: 0,35 €, Dividendenrendite: 1,3 %

Atoss Software	510 440	63,00 €	75,50/36,20 €	+63/+161/+280 %

Prime St., Anwendersoftware, Managementstrategie, innerbetriebliche Prozesse; KGV: 26,9, Börsenwert: 259 Mio. €, Eigenkapitalquote: 57 %, Streubesitz: 43,2 %, Ergebnis pro Aktie: 1,91/2,16/2,42 €, Dividende: 1,00 €, Dividendenrendite: 1,5 %

Aurelius	A0J K2A	57,05 €	57,05/35,10 €	+25/+192/+448 %

m:access, Beteiligungen mit Potenzial, Nutznießer von Finanzkraft/Management; KGV: 14,1, Börsenwert: 1,698 Mrd. €, Eigenkapitalquote: 28,0 %, Streubesitz: 74 %, Ergebnis pro Aktie: 4,95/5,27/3,81 €, Dividende: 2,00 €, Dividendenrendite: **3,7 %**

Basler	510 200	52,55 €	56,00/36,45 €	+1/+161/+283 %

Prime St., digitale Industriekameras, Lösungen/Komponenten Qualitätssicherung; KGV: 21,2, Börsenwert: 189 Mio. €, Eigenkapitalquote: 51,3 %, Streubesitz: 28,8 %, Ergebnis pro Aktie: 1,94/2,24/3,81 €, Dividende: 0,65 €, Dividendenrendite: 1,2 %

Bet-at-home	A0D NAY	66,60 €	75,30/36,50 €	+117/+458/+472

Entry St., Online-Glücksspiele, Sportwetten/Poker/Casino, über 4,2 Mio. Kunden; KGV: 15,2, Börsenwert: 488 Mio. €, Eigenkapitalquote: 74 %, Streubesitz: 18,3 %, Ergebnis pro Aktie: 4,37/3,90/4,57 €, Dividende: 0,70 €, Dividendenrendite: 1,1 %

CENIT	540 710	19,10 €	23,50/14,45 €	+21/+111/+261 %

Prime St., Internet-/Informationstechnologie, Soft- und Hardware Firmenkunden; KGV: 17,2, Börsenwert: 151 Mio. €, Eigenkapitalquote: 59,6 %, Streubesitz: 96 %, Ergebnis pro Aktie: 0,87/0,93/1,05 €, Dividende: 1,00 €, Dividendenrendite: **5,5 %**

Datagroup	A0J C8S	15,00 €	15,85/10,60 €	+33/+153/+147 %

Entry St., Software, Betrieb/Weiterentwicklung IT-Infrastruktur von Firmenkunden; KGV: 15,6, Börsenwert: 119,7 Mio. €, Eigenkapitalquote: 25 %, Streubesitz: 33,9 %, Ergebnis pro Aktie: 0,65/0,84/1,01 €, Dividende: 0,30 €, Dividendenrendite: 1,9 %

Data Modul	549 890	44,15 €	44,15/30,35 €	+35/+199/+237 %

Prime St., Flachbildschirme, Infosysteme, Software, elektronische Baugruppen; KGV: 13,6, Börsenwert: 152,3 Mio. €, Eigenkapitalquote: 66,6 %, Streubesitz: 46 %, Ergebnis pro Aktie: 2,41/2,94/3,18 €, Dividende: 1,20 €, Dividendenrendite: 2,8 %

Aktien/ Unternehmen	WKN	Kurs am 09.06.16	52-Wochen- Hoch/Tief	Kursverlauf 1, 3, 5 Jahre
Dr. Hönle	515 710	24,20 €	28,85/18,50 €	+7/+98/+88 %

Prime St., UV-Technologie, UV-Bestrahlungsgeräte Kleb-/Kunststoff-/Lackhärtung; KGV: 11,5, Börsenwert: 126,9 Mio. €, Eigenkapitalquote: 63,2 %, Streubesitz: 78 %, Ergebnis pro Aktie: 1,84/1,63/2,00 €, Dividende: 0,60 €, Dividendenrendite: 2,6 %

EUWAX	566 010	82,95 €	87,95/71,00 €	+2/+42/+63 %

Tochter Börse Stuttgart, Betreuung: Derivate/OS/Inlandsaktien/Anleihen/Fonds; KGV: 36, Börsenwert: 429,1 Mio. €, Eigenkapitalquote: 78,1 %, Streubesitz: 16 %, Ergebnis pro Aktie: 1,95/2,20/2,30 €, Dividende: 3,26 €, Dividendenrendite: **3,9 %**

FabaSoft	922 985	4,50 €	5,50/3,65 €	+21/+142/+171 %

Prime St., Software/Cloud, elektronisches Dokumenten-/Prozessmanagement; KGV: 14,1, Börsenwert: 49 Mio. €, Eigenkapitalquote: 49,3 %, Streubesitz: 32,8 %, Ergebnis pro Aktie: 0,25/0,28/0,32 €, Dividende: 0,15 €, Dividendenrendite: **3,3 %**

FROSTA	606 900	64,45 €	64,45/28,90 €	+88/+287/+237 %

Entry St., Tiefkühlkost europaweit, Fisch-/Fertig-/Gourmetgerichte, große Palette; KGV: 25,2, Börsenwert: 429 Mio. €, Eigenkapitalquote: 55 %, Streubesitz: 56,5 %, Ergebnis pro Aktie: 2,67/2,30/2,50 €, Dividende: 1,40 €, Dividendenrendite: 2,2 %

GSW Immobilien	GSW 111	77,10 €	77,90/50,00 €	+36/+166/+245 %

General St., 61.000 Wohnungen, Eigennutzung/Kapitalanlage/Vermietung/Verkauf; KGV: 26,0, Börsenwert: 4,13 Mrd. € (Geschäftssitz Luxemburg), EK-Quote: 52,5 % Ergebnis pro Aktie: 11,13/2,50/2,80 €, Dividende: 1,60 €, Dividendenrendite: 2,2 %

Haemato	619 070	5,40 €	5,40/3,90 €	+11/+87/+213 %

Entry Stand., Pharma-Beteiligungen, Medikamente Krebs/HIV/Kreislauf/Rheuma; KGV: 15,7, Börsenwert: 111 Mio. €, Eigenkapitalquote: 54,5 %, Streubesitz: 100 %, Ergebnis pro Aktie: 0,27/0,30/0,34 €, Dividende: 0,30 €, Dividendenrendite: **5,6 %**

Heliad Equity Part.	A0L 1NN	6,60 €	6,75/4,15 €	+24/+261/+163 %

Entry Stand., deutsche Beteiligungsfirma, Wachstumsphase/Sondersituationen; KGV: 3,1, Börsenwert: 61,85 Mio. €, Eigenkapitalquote: 99 %, Streubesitz: 53,0 %, Ergebnis pro Aktie: 2,37/2,00/2,10 €, Dividende: 0,30 €, Dividendenrendite: **4,6 %**

Hermle Berthold	605 283	259,00 €	259,0/170,1 €	+18/+70/+189 %

Entry St., Fräsmaschinenhersteller; Bearbeitung Werkzeuge/Formen/Serienteile; KGV: 19,2, Börsenwert: 254 Mio. €, Eigenkapitalquote: 72,3 %, Streubesitz: 100 %, Ergebnis/Aktie: 11,83/12,60/13,26 €, Dividende: 10,85 €, Dividendenrendite: **4,3 %**

HOMAG	529 720	35,30 €	37,00/34,05 €	+3/+145/+112 %

Entry St., Anlagen Holzverarbeitungsindustrie, Möbel/Fertighäuser/Bauelemente; KGV: 15,1, Börsenwert: 558,5 Mio. €, Eigenkapitalquote: 31,9 %, Streubesitz: 22 %, Ergebnis je Aktie: 0,86/2,22/2,35 €, Dividende: 1,01 €, Dividendenrendite: 2,8 %

Aktien/ Unternehmen	WKN	Kurs am 09.06.16	52-Wochen- Hoch/Tief	Kursverlauf 1, 3, 5 Jahre
I:FAO	622 452	28,90 €	32,75/16,60 €	+55/+144/+157 %

Länderübergreifende Standardsoftware Buchen/Verwalten von Geschäftsreisen;
KGV: 36, Börsenwert: 140,0 Mio. €, Eigenkapitalquote: 84,8 %, Streubesitz: 25,2 %,
Ergebnis pro Aktie: 0,57/0,65/0,72 €, Dividende: 0,30 €, Dividendenrendite: **1,1 %**

Innotec	540 510	14,25 €	15,50/10,50 €	+29/+76/+137 %

Bauzulieferer Türsysteme/Bauspezialwerte, auch Produkte Hochbau/Brücken;
KGV: 10,1, Börsenwert: 144,5 Mio. €, Eigenkapitalquote: 71,3 %, Streubesitz: 44 %,
Ergebnis pro Aktie: 1,18/1,40/1,50 €, Dividende: 0,50 €, Dividendenrendite: **3,3 %**

InVision	585 969	43,15 €	53,00/37,00 €	+1/+158/+124 %

Prime Standard, cloudbasierte Managementlösungen und Learning-Programme;
KGV: 14,2, Börsenwert: 94,1 Mio. €, Eigenkapitalquote: 58,8 %, Streubesitz: 33 %,
Ergebnis pro Aktie: 0,95/1,88/2,97 €, Dividende: 1,00 €, Dividendenrendite: 2,4 %

ISRA Vision	548 810	69,40 €	72,05/44,15 €	+19/+95/+320 %

Prime Standard, Oberflächen-Inspektionssysteme, Bildverarbeitung, 3D-Vision;
KGV: 16,7, Börsenwert: 313 Mio. €, Eigenkapitalquote: 56,3 %, Streubesitz: 72 %,
Ergebnis pro Aktie: 3,39/3,88/4,28 €, Dividende: 0,45 €, Dividendenrendite: 0,6 %

KPS Software	A1A 6V4	9,90 €	10,20/5,35 €	+71/+291/+654 %

General St., Systemhaus, Beratungsspezialist Transformation/Prozessoptimierung;
KGV: 13,6, Börsenwert: 328 Mio. €, Eigenkapitalquote: 58,5 %, Streubesitz: 13,3 %,
Ergebnis pro Aktie: 0,53/0,63/0,71 €, Dividende: 0,32 €, Dividendenrendite: **3,3 %**

Leifheit	646 450	55,70 €	58,10/37,80 €	+28/+102/+187 %

Prime Standard, Haushaltsartikel für Küche/Wäschepflege, Personenwaagen;
KGV: 17,4, Börsenwert: 287,5 Mio. €, Eigenkapitalquote: 45 %, Streubesitz: 76,7 %,
Ergebnis pro Aktie: 3,02/3,10/3,31 €, Dividende: 2,00 €, Dividendenrendite: **3,5 %**

MBB	A0E TBQ	32,15 €	32,15/19,05 €	+34/+45/+364 %

Prime Standard, familiengeführte Beteiligungsfirma, Wachstum/Wertzuwachs;
KGV: 13,7, Börsenwert: 209 Mio. €, Eigenkapitalquote: 39,4 , Streubesitz: 26,4 %,
Ergebnis pro Aktie: 1,78/2,21/2,31 €, Dividende: 0,62 €, Dividendenrendite: 2,0 %

Mensch & Masch.	658 080	14,75 €	15,35/6,30 €	+132/+197/+204

Entry Stand., CAD-Software Architektur/Maschinenbau, Planung/Konstruktion;
KGV: 22,7, Börsenwert: 229,5 Mio. €, Eigenkapitalquote: 38,6 %, Streubesitz: 56 %,
Ergebnis pro Aktie: 0,24/0,51/0,65 €, Dividende: 0,28 €, Dividendenrendite: 1,9 %

MeVis Medical	A0L BFE	27,85 €	30,45/21,65 €	+27/+160/+251 %

Prime St., Software bildbasierte Medizin/digitale Radiologie/Computertomografie;
KGV 21,3, Börsenwert 52,44 Mio. €, Eigenkapitalquote 74 %, Streubesitz 18,1 %,
Ergebnis pro Aktie: 3,76/1,46/1,35 €, Dividende: 0,95 €, Dividendenrendite: **3,3 %**

Aktien/ Unternehmen	WKN	Kurs am 09.06.16	52-Wochen- Hoch/Tief	Kursverlauf 1, 3, 5 Jahre
Mühlbauer	662 720	38,50 €	38,80/17,05 €	+130/+81/+1 %

Systeme/schlüsselfertige Lösungen Smartcards/Smartlabels/Halbleiterprodukte; KGV: 20,2, Börsenwert: 234,3 Mio. €, Eigenkapitalquote: 47 %, Streubesitz: 20,3 %, Ergebnis pro Aktie: 2,54/1,70/1,85 €, Dividende: 1,00 €, Dividendenrendite: 2,7 %

NEXUS	522 090	17,40 €	19,65/14,00 €	+6/+86/+144 %

Prime Standard, Software Gesundheitswesen, medizinische Dokumentationen; KGV: 18,7, Börsenwert: 266,7 Mio. €, Eigenkapitalquote: 68,7 %, Streubesitz: 80 %, Ergebnis pro Aktie: 0,49/0,68/0,91 €, Dividende: 0,16 €, Dividendenrendite: 0,9 %

Paul Hartmann	747 404	435,00 €	467,0/351,0 €	+21/+95/+96 %

Entry Standard, Medizin-/Sanitär-/Pflege-Produkte, Wundversorgung/Verbände; KGV: 13,2, Börsenwert: 1,58 Mrd. €, Eigenkapitalquote: 59,4 %, Streubesitz: 99 %, Ergebnis je Aktie: 22,21/32,00/33,50 €, Dividende: 7,00 €, Dividendenrendite: 1,6 %

Sanacorp	716 313	25,90 €	26,00/19,55 €	+26/+42/+44 %

Entry St., Pharmagroßhandel, flächendeckende Apothekenlieferung Arzneimittel; KGV: 24,8 Börsenwert: 57,5 Mio. €, Eigenkapitalquote: 98,3 %, Streubesitz: 100 %, Ergebnis pro Aktie: 1,11/1,02/1,05 €, Dividende: 0,99 €, Dividendenrendite: **3,8 %**

Schloss Wachen- heim	722 900	13,55 €	16,10/11,85 €	+10/+47/+88 %

Größter deutscher Sekterzeuger, alle Qualitäts- und Preisstufen, auch alkoholfrei; KGV: 10,2, Börsenwert: 109,6 Mio. €, Eigenkapitalquote: 55,3 %, Streubesitz: 30 %, Ergebnis pro Aktie: 1,20/1,35/1,36 €, Dividende: 0,40 €, Dividendenrendite: 2,9 %

Sinner Schrader	514 190	4,85 €	5,25/2,60 €	+33/+196/+106 %

Prime St., Agentur digitales Marketing: Weiterentwicklung Geschäftsprozesse; KGV: 14,9, Börsenwert: 58,1 Mio. €, Eigenkapitalquote: 49,7 %, Streubesitz: 35 %, Ergebnis pro Aktie: 0,14/0,28/0,34 €, Dividende: 0,15 €, Dividendenrendite: **3,0 %**

SNP Schneider & N.	720 370	29,50 €	33,90/13,05 €	+107/+92/+40 %

Prime St., Softwareanbieter, Service für Optimierung/Transformation IT-Systeme; KGV: 16,8, Börsenwert: 115,6 Mio. €, Eigenkapitalquote: 35,4 %, Streubesitz: 55 %, Ergebnis pro Aktie: 0,69/1,28/1,84 €, Dividende: 0,40 €, Dividendenrendite: 1,3 %

Steico	A0L R93	10,50 €	11,70/5,80 €	+69/+134/+2 %

Entry St., ökologische Baudämmstoffe/Stegträger, Produktion Holz und Hanf; KGV: 12,7, Börsenwert: 135,9 Mio. €, Eigenkapitalquote: 49,7 %, Streubesitz: 33 %, Ergebnis pro Aktie: 0,63/0,66/0,83 €, Dividende: 0,18 €, Dividendenrendite: 1,7 %

Syzygy	510 480	10,80 €	11,40/7,45 €	+40/+146/+198 %

Prime St., digitales Marketing, Markenführungsstrategie/Kommunikationsplanung; KGV: 24, Börsenwert: 143,4, Mio. €, Eigenkapitalquote: 66 %, Streubesitz: 11,6 %, Ergebnis pro Aktie: 0,96/1,11/1,31 €, Dividende: 0,53 €, Dividendenrendite: **3,1 %**

Aktien/ Unternehmen	WKN	Kurs am 10.06.16	52-Wochen- Hoch/Tief	Kursverlauf 1, 3, 5 Jahre
Technotrans	A0X YGA	18,00 €	20,00/12,80 €	+20/+88/+180 %
Prime St., Flüssigkeiten-Technologie, Filtration, Mess- und Dosierungssteuerung; KGV: 13,1, Börsenwert: 118,4 Mio. €, Eigenkapitalquote: 68 %, Streubesitz: 87,4 %, Ergebnis pro Aktie: 0,96/1,11/1,31 €, Dividende: 0,53 €, Dividendenrendite: **3,1 %**				
Turbon	750 450	20,75 €	23,00/16,05 €	+20/+109/+77 %
General St., Spezialist Bürokommunikation, Farbbandkassetten/Bürodrucker; KGV: 11,7, Börsenwert: 67,55 Mio. €, Eigenkapitalquote: 38,1 %, Streubesitz: 26 %, Ergebnis pro Aktie: 1,88/1,65/1,75 €, Dividende: 0,80 €, Dividendenrendite: **3,9 %**				
USU Software	A0B VU2	19,70 €	21,50/13,50 €	+23/+126/+272 %
Prime St., Management-Software, zukunftsfähige Beratung/Produkte/Lösungen; KGV: 11,7, Börsenwert: 211,6 Mio. €, Eigenkapitalquote: 68,2 %, Streubesitz: 37 %, Ergebnis pro Aktie: 0,80/0,79/1,14 €, Dividende: 0,40 €, Dividendenrendite: 2,0 %				
Uzin Utz	755 150	48,00 €	51,00/34,25 €	+27/+130/+94 %
General St., Komplettanbieter Bodensysteme, Neuverlegung und Renovierung; KGV: 14, Börsenwert: 247,7 Mio. €, Eigenkapitalquote: 55,2 %, Streubesitz: 19 %, Ergebnis pro Aktie: 2,72/2,97/3,47 €, Dividende: 1,00 €, Dividendenrendite: 2,0 %				
Vectron Systems	A0K EXC	49,00 €	53,30/12,85 €	+255/+399/+245
Kassensysteme/Kommunikationssoftware zur Vernetzung von Betriebsfilialen; KGV: 13,2, Börsenwert: 74,78 Mio. €, Eigenkapitalquote: 40 %, Streubesitz: 34,2 %, Ergebnis pro Aktie: 0,79/1,39/3,78 €, Dividende: 0,35 €, Dividendenrendite: 0,7 %				
Verbio	A0J L9W	5,85 €	8,75/3,10 €	+70/+580/+62 %
Prime St., Biokraftstoffe, großindustrielle Produktion Bio-Diesel/-Ethanol/-Methan; KGV: 10,2, Börsenwert: 384 Mio. €, Eigenkapitalquote: 70,8 %, Streubesitz: 34,5 %, Ergebnis pro Aktie: 0,61/0,51/0,60 €, Dividende: 0,10 €, Dividendenrendite: 1,6 %				
VIB Vermögen	245 751	19,50 €	19,60/15,15 €	+20/+99/+127 %
m:access, Gewerbeimmobilien Süddeutschland, Beteiligung Immobilienfirmen; KGV: 10,2, Börsenwert: 468 Mio. €, Eigenkapitalquote: 40,3 %, Streubesitz: 100 %, Ergebnis pro Aktie: 1,48/1,51/1,50 €, Dividende: 0,58 €, Dividendenrendite: **3,1 %**				
Villeroy & Boch	765 723	13,35 €	15,00/10,80 €	-2/+67/+81 %
Prime St., Komplettanbieter **Badarmaturen**/Küchengestaltung/Wohn-/Essbereich; KGV: 11, Börsenwert: 188,7 Mio. €, Eigenkapitalquote: 26 %, Streubesitz: 90,5 %, Ergebnis pro Aktie 1,03/1,17/1,23 €, Dividende: 0,52 €, Dividendenrendite: **3,9 %**				
Viscom	784 686	13,30 €	15,75/11,85 €	-1/+44/+96 %
Prime St., automatische Inspektionssysteme und Prüfobjekte Elektronikindustrie, KGV: 15,0, Börsenwert: 117,9 Mio. €, Eigenkapitalquote: 77 %, Streubesitz: 33 %, Ergebnis pro Aktie: 0,40/0,78/0,87 €, Dividende: 0,60 €, Dividendenrendite: **4,5 %**				

Warum bei der Aktienauswahl neben KGV und Dividendenrendite auch Börsenwert, Ergebnis und Eigenkapitalquote beachten?

Wer als Nutznießer des demografischen Wandels die attraktive Langzeitstrategie pflegen will, braucht gute Aktien, die nicht beim ersten Windstoß in die Tiefe sausen. Sie müssen substanz- und ertragsstark sein, um Krisen zu überstehen. Viele Fondsmanager setzen für ihr eigenes Investment als unterste Grenze beim Börsenwert 100 Mio. € voraus. Eine kleinere Gruppe gibt sich mit einer Marktkapitalisierung von 50 Mio. € zufrieden.

Bei einstelligem Börsenwert ist der Handel meist gering, aber das Manipulationsrisiko seitens geldgieriger, gewissenloser Börsengurus extrem hoch. Außerdem sind große Kursschwankungen üblich. Möglicherweise ist das finanzielle Polster zu gering, um Konjunktureinbrüche zu überstehen. All dies sind Gründe, im Rahmen einer veränderten Bevölkerungsstruktur das Risiko mittel- und langfristig möglichst niedrig zu halten. Schnäppchenjäger für das schnelle Rein und Raus fühlen sich bitte nicht angesprochen. Für sie sind Pennystocks eine begehre Spielwiese.

Wer reich sein will, kommt an Aktien nicht vorbei

Das Geldvermögen der Deutschen stieg 2014 um 140 Mrd. € bzw. um 3 % auf 5,2 Billionen €. Bundesbürger gelten als Aktienmuffel und pflegen zu 80 % Zinsanlagen. Nur jeder achte Erwachsene legt Geld in Aktien an. Dennoch sorgten Kursgewinne und Dividenden bei Aktien, deren Besitzer meist Besserverdiener und Institutionelle sind, für den Löwenanteil des Zugewinns von 90 Mrd. €. Die restlichen 50 Mrd. € stammen laut Bundesbank aus Guthaben von Sparbüchern und Sparbriefen trotz Zinspolitik nahe null.

Höhere Löhne und Gehälter, ebenso der niedrige Ölpreis, eine deutliche Ersparnis beim Tanken und Heizen, ermöglichten den Vermögenszuwachs. Einerseits Gewinnmitnahmen, andererseits Verlustangst bewirkten, dass im Vorjahr Aktien im Gegenwert von 6,5 Mrd. € verkauft wurden. Ein breit gestreutes Langzeitdepot, mindestens ein Jahrzehnt gepflegt, stellt Weichen auf Wohlstand. Aber es ist nicht zu spät, die Strategie dem demografischen Wandel anzupassen. Nutzen Sie die gestiegene Lebenserwartung! Immerhin leben Sie im Schnitt in 20 Jahren 5 Jahre, in 40 Jahren ein Jahrzehnt länger.

Warum eine Perlensuche im Prime und Entry Standard starten?

Es gibt etliche AGs außerhalb der DAX-Familie, die Aktionäre mit hohen Kursgewinnen und üppiger Dividende erfreuen. Mal fehlt es am Umsatz, mal an der Marktkapitalisierung oder generell an der Notierung im Prime Standard, um aufzusteigen. Je kleiner der Wert, umso größer die Kursschwankungen. Bei Kauf und Verkauf ist die Reaktion oft heftig.

Nebenwerte-Sieger aus der vorstehenden Aktienauswahl

Nr.	Prime-Aktien, Unternehmen	WKN 720 332	Firmen-Hauptsitz	Kurs am 10.06.16	Kursplus 10 Jahre
01	Haemato	619 070	Schönefeld	5,15 €	480 %
02	Atoss Software	510 440	München	62,75 €	455 %
03	ISRA Vision	548 810	Darmstadt	71,35 €	255 %
Nr.	Unternehmen	WKN	Firmensitz	10.06.16	5 Jahre
01	KPS	A1A 6V4	Grünwald	9,70 €	665 %
02	Aurelius	A0J K2A	Grünwald	55,85 €	467 %
03	Bet-at-home	A0D NAY	Düsseldorf	72,40 €	450 %
04	MBB	A0E TBQ	Berlin	32,15 €	340 %
05	ISRA Vision	548 810	Darmstadt	71,35 €	320 %
06	Basler	510 200	Ahrensburg	52,95 €	280 %
07	Adesso	A0Z 23Q	Dortmund	27,10 €	279 %
08	Atoss Software	510 440	München	62,75 €	275 %
09	USU Software	A0B VU2	Möglingen	19,90 €	272 %
10	CENIT	540 710	Stuttgart	18,85 €	269 %
11	MeVis Medical	A0L BFE	Bremen	27,85 €	251 %
12	Frosta	606 900	Bremerhaven	65,70 €	246 %
13	Vectron Syst.	A0K EXC	Münster	48,40 €	245 %
Nr.	Unternehmen	WKN	Firmensitz	10.06.16	3 Jahre
01	Verbio Bioener.	A0J L9W	Zörbig	5,80 €	581 %
02	Bet-at-home	A0D NAY	Düsseldorf	72,40 €	430 %
03	Vectron Syst.	A0K EXC	Münster	48,40 €	398 %
04	Frosta	606 900	Bremerhaven	65,70 €	304 %
05	KPS	A1A 6V4	Grünwald	9,70 €	288 %
06	Heliad Equity	A0L 1NN	Dortmund	6,50 €	272 %
07	Adesso	A0Z 23Q	Dortmund	27,10 €	230 %
08	Mensch & Ma.	658 080	München	14,60 €	205 %
09	Sinner Schrader	514 190	Hamburg	4,80 €	197 %
10	Aurelius	A0J K2A	Grünwald	55,85 €	193 %
11	Data Modul	549 890	München	50,85 €	192 %

Selbst in unruhigen Börsenzeiten gibt es Nebenwerte-Sieger

Trotz heftiger Börsenturbulenzen haben sich etliche kleine Werte tapfer ge-schlagen. Dies zeigen deutliche Kursgewinne im 3- und 5-Jahresvergleich.

Small-Caps-Spitzenaktien im Software-Zukunftsmarkt

Im TecDAX stammen die Aktien mit höchstem Kursgewinn neben Biotech aus dem Softwaresektor. Aber auch außerhalb der Indizes finden wir im Prime und Entry Standard IT-Firmen, die sich attraktive Marktnischen erobert haben. Die Kursliste zeigt Werte für risikofreudige Anleger. Treffen Sie Ihre Auswahl mit Bedacht und Blick auf aktuelle Kursentwicklungen. Bei wenig Geld ist ein Branchen-Indexfonds, also Software-ETF, die bessere Wahl. Da dieses Thema bereits auf S. 47 bis 50 behandelt wird, genügt hier eine Kurzvorstellung.

Zukunftsmarkt Software, Aktien Prime/Entry Standard				
Aktien/ Unternehmen	**WKN**	**Kurs am 06.06.16**	**52-Wochen- Hoch/Tief**	**Kursverlauf 1, 3, 5 Jahre**
Adesso	A0Z 23Q	27,65 €	28,70/16,60 €	+56/+232/+293 %
Herstellerunabhängige IT-Dienstleistungen, Softwarelösungen Geschäftsprozesse				
Allgeier	508 630	15,65 €	18,50/13,85 €	-10/+22/+16 %
IT-Dienstleister Full-Service-Ansatz, mehrere Produkte, komplette IT-Landschaften				
Atoss Software	510 440	67,00 €	75,45/36,25 €	+65/+156/+295 %
Prime Standard, Entwicklung/Vertrieb Software Mitarbeiter-Management-Strategie				
CENIT	540 710	18,60 €	23,50/14,40 €	+13/+107/+266 %
Prime St., Infotechnologie, Systemhaus maßgeschneiderte Managementlösungen				
Datagroup	A0J C8S	14,90 €	15,25/10,65 €	+20/+132/+127 %
Entry St., Entwicklung IT-Infrastrukturen für Firmenkunden; Full-Service-Provider				
FabaSoft	922 985	4,65 €	5,45/3,15 €	+22/+144/+172 %
Prime St., Softwarehersteller/Cloud-Anbieter Dokumenten-/Prozessmanagement				
InVision	585 969	45,00 €	53,90/36,50 €	+4/+157/+136 %
Prime St., cloudbasierte Workforce-Management-Lösungen/Learning-Programme				
Mensch & Ma.	658 080	14,65 €	15,35/13,55 €	+123/+191/+187 %
Entry St. (MUM), Familienfirma, CAD-Software für Architektur und Maschinenbau				
SNP Schneider	720 370	31,00 €	34,00/13,05 €	+123/+108/+41 %
Prime St., Softwareanbieter, Service für Optimierung/Transformation IT-Systeme				
SQS Software	549 351	5,70 €	9,00/5,70 €	-29/+46/+137 %
Prime St., automatisierte Offshore-Prozesslösungen, hoher Qualitätsanspruch				
USU Software	A0B VU2	20,20 €	21,50/13,55 €	+21/+128/+278 %
Prime St., IT-Management/Anwenderlösungen, Schwerpunkt Business-Software				

3.2 Kleinere Nebenwerte im Familienfirmen-Index GEX als Fundgrube für Perlenfischer

Viele Privatanleger haben vom GEX (WKN A0A ER0), dem Index für familien-geführte Unternehmer, noch nie etwas gehört. Im Kapitel 2.1.5 *„Familienfirmen als Trümpfe im Nebenwertemarkt: Blick auf den DAXplus Family Index und den GEX"* wählte ich bereits jene Aktien aus, die im MDAX, TecDAX oder SDAX notiert sind. Auch bei den Small Caps, wo Marktkapitalisierung und Umsatz bzw. ein zu niedriger Streubesitz und damit verbundener geringer Börsenhandel für einen Aufstieg nicht reichen, gibt es gute Aktien mit überzeugender Kursentwicklung und oft üppiger Dividende. Um diese Titel geht es hier. Trennen Sie Spreu vom Weizen!

➤ **Der GEX für 30 Familienfirmen innerhalb und außerhalb der Indizes MDAX, TecDAX, SDAX notierte Mitte Juli 2016 bei 1.655 Punkten. Das Jahreshoch lag bei 1.862, das 52-Wochen-Tief bei 1.422 Punkten. Trotz heftiger Börsenturbulenzen befriedigt der Kursverlauf: ein winziges Minus von 1 % in einem Jahr, ein deutliches Plus von 83 % in 3 und von 6 % in 5 Jahren.** Aktuell sind im GEX vier TecDAX-Aktien (Drägerwerk, SLM Solutions Group, SMA Solar, XING) drei MDAX-Werte (Ströer, Wacker Chemie, Zalando) und drei SDAX-Titel (Hypoport, Patrizia, Wacker Neuson) vertreten. Aktien, die seit Jahren tiefrot in der Verlustzone notieren, berücksichtige ich hier nicht.

12 GEX-Firmen außerhalb der Indizes stellen sich vor				
GEX-Aktien/ Unternehmen	**WKN A0A ER0**	**Kurs am 06.06.16**	**52-Wochen-Hoch/Tief**	**Kursverlauf 1, 3, 5 Jahre**
Adler Modemärkte	A1H 8MU	7,75 €	11,65/7,25 €	-30/+13 %/IPO
Mode-Einzelhandelskette; Damen und Herren über 45 Jahre, mittlere Preislage; KGV: 6,3, Börsenwert: 148 Mio. €, Eigenkapitalquote: 43,1 %, Streubesitz: 42,2 %; Ergebnis pro Aktie: 0,43/0,58/0,71 €, Dividende: 0,50 €, Dividendenrendite: **6,3 %**				
Bastei Lübbe	A1X 3YY	7,75 €	8,05/6,20 €	+4 %/Börsengang
Verlag; Roman/Sachbuch E-Book/Print, Zeitschriften unterschiedliche Zielgruppen; KGV: 8,4, Börsenwert: 103,4 Mio. €, Eigenkapitalquote: 48,8 %, Streubesitz: 49 %; Ergebnis pro Aktie: 0,57/0,75/0,93 €, Dividende: 0,35 €, Dividendenrendite: **4,5 %**				
Bauer	516 810	14,20 €	19,45/13,55 €	-14/-33/-56 %
Maschinenbau; komplexe Baugruppen, Maschinen/Geräte/Werkzeuge im Tiefbau; KGV: 7,3, Börsenwert: 234,5 Mio. €, Eigenkapitalquote: 27,2 %, Streubesitz: 48 %; Ergebnis pro Aktie: 1,73/1,37/1,86 €, Dividende: 0,30 €, Dividendenrendite: 2,2 %				

12 GEX-Aktien/ Unternehmen	WKN A0A ER0	Kurs am 06.06.16	52-Wochen- Hoch/Tief	Kursverlauf 1, 3, 5 Jahre
Ecotel Communic.	585 434	7,90 €	10,45/7,35 €	-13/+42/+15 %

Telekommunikation; netzunabhängig, Komplettpaket Sprach-/Daten-/Mobillösung; KGV: 13,3, Börsenwert: 32 Mio. €, Eigenkapitalquote: 43,8 %, Streubesitz: 32,3 %; Ergebnis pro Aktie: 0,46/0,44/0,61 €, Dividende: 0,25 €, Dividendenrendite: **3,0 %**

GK Software	757 142	44,30 €	46,25/28,90 €	+33/+61/-7 %

Datenverarbeitung; plattformunabhängige Softwarelösungen für Einzelhandel; KGV: 21, Börsenwert: 83,7 Mio. €, Eigenkapitalquote: 42,7 %, Streubesitz: 39,4 %; Ergebnis je Aktie: -0,48/+0,47/+2,10 €, Dividende: 0,25 €, Dividendenrendite: 0,6 %

InVision	585 969	43,50 €	53,00/37,00 €	+4/+157/+136 %

Software; cloudbasierte Managementlösungen, Cloud-Mitarbeiterlernprogramme; KGV: 15,2, Börsenwert: 100,7 Mio. €, Eigenkapitalquote: 59 %, Streubesitz: 33 %; Ergebnis pro Aktie: 0,95/1,88/2,97 €, Dividende: 1,00 €, Dividendenrendite: **2,2 %**

KROMI Logistik	A0K FUJ	9,85 €	10,20/8,90 €	+2/+11/+19 %

Werkzeughandel; anspruchsvolle Präzisionswerkzeuge Metall-/Kunststoffindustrie; KGV: 20,7, Börsenwert: 41,9 Mio. €, Eigenkapitalquote: 58,8 %, Streubesitz: 33 %; Ergebnis pro Aktie: 0,07/0,39/0,49 €, Dividende: 0,10 €, Dividendenrendite: 1,0 %

MANZ	A0J Q5U	39,30 €	80,25/22,35 €	-49/+23/+2 %

Hightech-Maschinenbauer; Produktionsanlagen Photovoltaik, Flachbildschirme; KGV: 90, Börsenwert: 292,7 Mio. €, Eigenkapitalquote: 42,8 %, Streubesitz: 58 %; Ergebnis je Aktie: -12,02/-1,84/+0,42 €, Dividende: 0,0 €, Dividendenrendite: 0,0 %

MBB SE	A0E TBQ	31,10 €	32,15/19,05 €	+26/+52/+354 %

Mischkonzern; Mittelständler wächst organisch, steigert Wert durch Übernahmen; KGV: 13,4, Börsenwert: 206 Mio. €, Eigenkapitalquote: 39,4 %, Streubesitz: 26,4 %; Ergebnis pro Aktie: 1,78/2,21/2,33 €, Dividende: 0,62 €, Dividendenrendite: 2,0 %

MeVis Medical	A0L BFE	28,80 €	29,05/21,60 €	+29/+154/+217 %

Softwareprodukte für bildbasierte Medizin; digitale Radiologie, CT, Ultraschall; KGV: 20,4, Börsenwert: 50,1 Mio. €, Eigenkapitalquote: 74 %, Streubesitz: 18,1 %; Ergebnis pro Aktie: 3,76/1,46/1,35 €, Dividende: 0,95 €, Dividendenrendite: **3,5 %**

Verbio	A0J L9W	5,95 €	8,75/3,05 €	+77/+542/+48 %

Biokraftstoffe europaweit; industrieller Produzent Biodiesel/Bioethanol/Biomethan; KGV: 9,7, Börsenwert: 366,9 Mio. €, Eigenkapitalquote: 71 %, Streubesitz: 34,5 %; Ergebnis pro Aktie: 0,61/0,51/0,60 €, Dividende: 0,10 €, Dividendenrendite: 1,7 %

Viscom	784 686	13,55 €	15,65/11,90 €	-12/+48/+94 %

Automatische Inspektions- und Prüfsysteme vor allem für Elektronikindustrie; KGV: 15,6, Börsenwert: 122,4 Mio. €, Eigenkapitalquote: 77 %, Streubesitz: 33 %; Ergebnis pro Aktie: 0,40/0,78/0,87 €, Dividende: 0,60 €, Dividendenrendite: **4,4 %**

GEX-Sieger im 3- und 5-Jahresvergleich, Mitgliedschaft maximal 10 Jahre, auch TecDAX, MDAX, SDAX dabei					
Nr.	GEX-Aktien, Unternehmen	WKN A0A ER0	Firmen-Hauptsitz	Kurs am 06.06.16	Kursplus 5 Jahre
01	Hypoport, SDAX	549 336	Berlin	88,20 €	2.218 %
02	Patrizia, SDAX	PAT 1AG	Augsburg	25,05 €	732 %
03	MBB SE	A0E TBQ	Berlin	32,15 €	354 %
04	Atoss Software	510 440	München	67,50 €	295 %
05	Adesso	A0Z 23Q	Dortmund	27,75 €	293 %
06	Verbio Bioener.	A0J L9W	Zörbig	5,95 €	290 %
07	CENIT	540 710	Stuttgart	18,60 €	266 %
08	MeVis Medical	A0L BFE	Bremen	29,05 €	217 %
09	XING, TecDAX	XNG 888	Hamburg	173,15 €	205 %
Nr.	Unternehmen	WKN	Firmensitz	06.06.16	3 Jahre
01	Hypoport, SDAX	549 336	Berlin	88,20 €	1.077 %
02	Verbio Bioener.	A0J L9W	Zörbig	5,95 €	542 %
03	Ströer, MDAX	749 399	Köln	47,80 €	462 %
04	Patrizia, SDAX	PAT 1AG	Augsburg	25,05 €	233 %
05	Adesso	A0Z 23Q	Dortmund	27,75 €	232 %
06	Atoss Software	510 440	München	67,50 €	157 %
07	InVision	585 969	Düsseldorf	44,25 €	157 %
08	MeVis Medical	A0L BFE	Bremen	29,05 €	154 %

Seien Sie achtsam beim Kauf von Aktien, die als Pennystock abgedriftet sind. Diese Titel eignen sich nur für Spekulanten, die das schnelle Rein und Raus schätzen. Solche Aktien sind extrem schwankungsfreudig. Bei geringer Marktkapitalisierung im einstelligen Millionenbereich ist die Manipulationsgefahr seitens listiger und betrügerischer Gurus groß. Schon mit einem niedrigen sechsstelligen Einsatz lassen sich die Kurse zweistellig beeinflussen.

Sie sollten sich fragen, weshalb der Titel so stark abgestürzt ist und seit langem Kursverluste erzielt. Bei chinesischen Aktien sind niedrige Kurse im einstelligen Bereich üblich, bei substanzstarken deutschen AGs nicht. Kostet die Aktie nur wenige Cent, dürften Sie mit dem Fernglas den kreisenden Pleitegeier sichten. Also besser Hände weg! Es gibt viele gute Titel auch im GEX, umso mehr, wenn Sie die DAX-Familie einbeziehen. Es macht keinen Sinn, nur auf „gefallene Engel" zu setzen. Etwas „Spielgeld" ist o.k., wenn jemand Nervenkitzel liebt.

3.3 Auch der Entry Standard mit 30 Neben-werten eignet sich für Stock Picking

Der Entry Standard (WKN A0G 834) zeigt ein schwankungsfreudiges Auf und Ab. Nichts für schwache Nerven, aber spannend für risikofreudige Anleger mit Lust, Zeit für Marktbeobachtung und fundiertem Börsenwissen. Das 52-Wochen-Hoch lag Mitte Juli 2016 bei 445 Punkten. Das Jahrestief betrug 356 Zähler. Bei einem Miniverlust von 1 % in einem Jahr, dem geringen Plus von 16 % in 3 Jahren und dem Minus von 20 % in 5 Jahren kommt kaum Freude auf. Hier wäre ein ETF unklug. Tipp: Hände weg oder Perlenfischerei!

Den Entry Standard gibt es seit Herbst 2005. Die erste dort gelistete Firma war die Design Bau AG aus Kiel – heute aus dem Blickfeld verschwunden. Der von der Deutschen Börse AG ins Leben gerufene Entry Standard mit 30 Titeln ist wegen geringer Zulassungsbedingungen preisgünstiger als der Prime Standard mit seinen strengen Auflagen. Es geht um geringere Kosten und um Zeitersparnis. Als sechs erfolgreiche Gäste nehme ich I:FAO, GSW, KPS, Strabag, Turbon, Uzin Utz in diese Liste auf, da der General Standard zusehends an Interesse einbüßt.

Auswahl aus dem Entry Standard mit 30 Titeln				
Entry-Aktien/ Unternehmen	**WKN A0G 834**	**Kurs am 08.06.16**	**52-Wochen-Hoch/Tief**	**Kursverlauf 1, 3, 5 Jahre**
Bet-at-home.com	A0D NAY	62,30 €	75,30/38,25 €	+117/+458/+472
Online-Glücksspiel, Sportwette/Poker/Casino, über 4,2 Mio. Kunden europaweit; KGV: 15,2, Börsenwert: 488 Mio. €, Eigenkapitalquote: 74 %, Streubesitz: 18,3 %, Ergebnis pro Aktie: 8,74/7,80/9,14 €, Dividende: 1,40 €, Dividendenrendite: 1,0 %				
Blue Cap	A0J M2M	6,10 €	6,55/5,00 €	-4/+46/+59 %
m:access Börse München, Beteiligung an Firmen mit profitablem Kerngeschäft; KGV: 9,3, Börsenwert: 24,4 Mio. €, Eigenkapitalquote: 28,3 %, Streubesitz: 100 %, Ergebnis pro Aktie: 0,42/0,50/0,66 €, Dividende: 0,00 €, Dividendenrendite: 0,0 %				
Datagroup	A0J C8S	15,60 €	15,80/10,65 €	+33/+153/+147 %
Softwarehaus, IT-Dienstleister für Kundeninfrastrukturen und Cloud-Computing; KGV: 14,1, Börsenwert: 108,3 Mio. €, Eigenkapitalquote: 23 %, Streubesitz: 34 %, Ergebnis pro Aktie: 0,65/0,84/1,01 €, Dividende: 0,30 €, Dividendenrendite: 2,1 %				
Deutsche Rohstoff	A0X YG7	16,95 €	18,00/12,15 €	-6/+9/+26 %
Erschließung Rohstoffvorkommen, zwei Geschäftsbereiche: Metall und Gas/Öl; KGV: 2,8, Börsenwert: 87,6 Mio. €, Eigenkapitalquote: 46,4 %, Streubesitz: 94 %, Ergebnis pro Aktie: 0,10/3,77/5,86 €, Dividende: 0,75 €, Dividendenrendite: 4,6 %				

Entry-Aktien/ Unternehmen	WKN A0G 834	Kurs am 08.06.16	52-Wochen- Hoch/Tief	Kursverlauf 1, 3, 5 Jahre
FinTech Group	**524 960**	15,30 €	20,50/11,05 €	**+15/+244/+174 %**
Online-Brokerage, zentrale Aufgaben in Deutschland/Österreich, Vollbanklizenz; KGV: 10,1, Börsenwert: 264 Mio. €, Eigenkapitalquote: 47,7 %, Streubesitz: 55 %, Ergebnis pro Aktie: 0,55/1,22/1,56 €, Dividende: 0,20 €, Dividendenrendite: 1,3 %				
Formycon	**A1E WVY**	19,85 €	29,30/14,35 €	**-29/+325/+145 %**
Biotechnologie, Entwickler hochwertiger biopharmazeutischer Biosimilarprodukte; KGV: 22,7, Börsenwert: 184,3 Mio. €, Eigenkapitalquote: 92 %, Streubesitz: 100 %, Ergebnis je Aktie: +0,07/-0,18/+0,90 €, Dividende: 0,0 €, Dividendenrendite: **0,0 %**				
FROSTA	**606 900**	**65,70 €**	**65,70**/28,90 €	**+88/+287/+237 %**
Tiefkühlnahrung, Hauptmarkt Polen, Fisch-/Fertiggerichte, Gourmetmahlzeiten; KGV: 24, Börsenwert: 408,6 Mio. €, Eigenkapitalquote: 55 %, Streubesitz: 56,5 %, Ergebnis pro Aktie: 2,67/2,30/2,50 €, Dividende: 1,40 €, Dividendenrendite: 2,3 %				
GSW (General St.)	**GSW 111**	71,90 €	78,00/50,00 €	**+28/+148/+218 %**
61.000 Wohnungen, Verwaltung/Eigennutzung/Kapitalanlage/Vermietung/Verkauf; KGV: 25,8, Börsenwert: 4,09 Mrd. € (Firmenzentrale in Berlin), Streubesitz: 8 %, Ergebnis je Aktie: 11,13/2,50/2,80 €, Dividende: 1,66 €, Dividendenrendite: 2,2 %				
Grand City Prop.	**A1J XCV**	18,35 €	21,70/14,55 €	**+22/+234 %/IPO**
Wohnimmobilien mit Schwerpunkt Nordrhein-Westfalen, 18.000 Wohneinheiten; KGV: 16, Börsenwert: 2,83 Mrd. € (Firmensitz Luxemburg), Streubesitz: 58,6 %, Ergebnis pro Aktie: 2,71/1,00/1,17 €, Dividende: 0,32 €, Dividendenrendite: 1,8 %				
Haemato	**619 070**	5,30 €	5,50/3,90 €	**+11/+87/+213 %**
Pharma-Beteiligungen, Wirkstoffe: Krebs/HIV/Rheuma/Kreislauf/Nervensystem; KGV: 16, Börsenwert: 111,4 Mio. €, Eigenkapitalquote: 54,5 %, Streubesitz: 100 %, Ergebnis pro Aktie: 0,27/0,30/0,34 €, Dividende: 0,30 €, Dividendenrendite: **5,6 %**				
Heliad Equity Part.	**A0L 1NN**	**6,70 €**	**6,80**/4,15 €	**+24/+261/+163 %**
Beteiligungsfirma deutschsprachiger Raum, Wachstumsphase/Sondersituationen; KGV: 3,0, Börsenwert: 60,51 Mio. €, Eigenkapitalquote: 89 %, Streubesitz: 53 %, Ergebnis pro Aktie: 2,37/2,00/2,10 €, Dividende: 0,30 €, Dividendenrendite: **4,7 %**				
Helma Eigenheim	**A0E Q57**	54,15 €	59,30/31,20 €	**+50/+228/+380 %**
Massivbau, individuelle Ein-/Zwei-Familienhäuser, Baudienstleister Full-Services; KGV: 10,3, Börsenwert: 262 Mio. €, Eigenkapitalquote: 28,5 %, Streubesitz: 53 %, Ergebnis je Aktie: 2,69/3,75/5,39 €, Dividende: 0,85 €, Dividendenrendite: 1,6 %				
Hermle Berthold	**605 283**	251,10 €	254,0/170,1 €	**+18/+70/+189 %**
Maschinenbau, Fräsmaschinen/Werkzeuge/Formen/Serienteile Industriebereich; KGV: 19, Börsenwert: 253,9 Mio. €, Eigenkapitalquote: 73 %, Streubesitz: 100 %, Ergebnis/Aktie: 11,83/12,60/13,26 €, Dividende: 10,85 €, Dividendenrendite: **4,3 %**				

Entry-Aktien/ Unternehmen	WKN A0G 834	Kurs am 08.06.16	52-Wochen- Hoch/Tief	Kursverlauf 1, 3, 5 Jahre
HOMAG	529 720	35,50 €	37,00/34,05 €	+3/+146/+112 %

Holzverarbeitende Industrie; Anlagen/Maschinenbau, Firmentochter von DÜRR;
KGV: 15,1, Börsenwert: 555,5 Mio. €, Eigenkapitalquote: 32 %, Streubesitz: 22 %,
Ergebnis je Aktie: 2,10/2,22/2,35 €, Dividende: 1,18 €, Dividendenrendite: **3,3** %

I:FAO (General St.)	622 452	27,00 €	32,75/16,60 €	+55/+144/+157 %

Weltweiter Softwareanbieter für Buchung/Verwaltung von Geschäftsreisen;
KGV: 37, Börsenwert: 141,5 Mio. €, Eigenkapitalquote: 84,8 %, Streubesitz: 25 %,
Ergebnis je Aktie: 0,57/0,65/0,72 €, Dividende: 0,30 €, Dividendenrendite: 1,1 %

KPS (General St.)	A1A 6V4	9,90 €	10,20/5,35 €	+71/+291/+654 %

Softwaresystemhaus, Beratungsspezialist Transformation/Prozessoptimierung;
KGV: 13, Börsenwert: 318 Mio. €, Eigenkapitalquote: 58,5 %, Streubesitz: 13,3 %,
Ergebnis pro Aktie: 0,53/0,62/0,71 €, Dividende: 0,32 €, Dividendenrendite: **3,4 %**

Lang & Schwarz	645 932	18,65 €	19,25/13,75 €	-6/+286/+100 %

Wertpapierhandel, Aktien-/Derivatehandel außerbörslich, vor allem mit Hebel;
KGV: 9,1, Börsenwert: 57 Mio. €, Eigenkapitalquote: 13,6 %, Streubesitz: 75 %,
Ergebnis pro Aktie: 1,90/1,95/2,00 €, Dividende: 1,50 €, Dividendenrendite: **8,3 %**

Magforce	A0H GQF	5,00 €	7,05/4,40 €	-29/+70/-74 %

Beteiligungen Pharma/Biotech/Medtech: Biotest/Curasan/Evotec/MorphoSys;
KGV: 32,5, Börsenwert: 117 Mio. €, Eigenkapitalquote: 85 %, Streubesitz: 54 %,
Ergebnis je Aktie: -0,12/-0,28/+0,14 €, Dividende: 0,0 €, Dividendenrendite: 0,0 %

Mensch & Masch.	658 080	14,75 €	15,35/6,30 €	+132/+204/+204

m:access, CAD-Software Architektur/Maschinenbau, Planung/Konstruktion;
KGV: 22, Börsenwert: 223,3 Mio. €, Eigenkapitalquote: 38,6 %, Streubesitz: 56 %,
Ergebnis pro Aktie: 0,24/0,51/0,65 €, Dividende: 0,28 €, Dividendenrendite: 2,0 %

Mobotix	521 830	16,80 €	17,10/10,85 €	+43/+15/-3 %

Telekommunikation, Anbieter digitale netzwerkbasierte Videosicherheitssysteme;
KGV: 22,8, Börsenwert: 219 Mio. €, Eigenkapitalquote: 65,5 %, Streubesitz: 99 %,
Ergebnis pro Aktie: 0,31/0,53/0,72 €, Dividende: 0,50 €, Dividendenrendite: **3,0** %

Mühlbauer Holding	662 720	38,40 €	38,40/16,65 €	+112/+72/-3 %

Technologie, breites Spektrum schlüsselfertiger Lösungen Smartcard/Smartlabel;
KGV: 20,2, Börsenwert: 234 Mio. €, Eigenkapitalquote: 47 %, Streubesitz: 20,3 %,
Ergebnis pro Aktie: 2,54/1,70/1,85 €, Dividende: 1,00 €, Dividendenrendite: 2,7 %

Nabaltec	A0K PPR	14,20 €	19,05/12,15 €	-4/+120/+26 %

Chemieproduktion: feuerhemmende funktionelle Füllstoffe für Kunststoffindustrie;
KGV: 12,6, Börsenwert: 114 Mio. €, Eigenkapitalquote: 29 %, Streubesitz: 39 %,
Ergebnis pro Aktie: 0,84/0,90/1,13 €, Dividende: 0,18 €, Dividendenrendite: 1,3 %

Entry-Aktien/ Unternehmen	WKN A0G 834	Kurs am 08.06.16	52-Wochen- Hoch/Tief	Kursverlauf 1, 3, 5 Jahre
Nanogate	A0J KHC	33,50 €	41,00/24,30 €	-7/+40/+85 %
Materialveredlung, Systemhaus für Hochleistungsoberflächen/Zusatzfunktionen; KGV: 44, Börsenwert: 108,0 Mio. €, Eigenkapitalquote: 41,4 %, Streubesitz: 55 %, Ergebnis pro Aktie: 0,16/0,23/0,74 €, Dividende: 0,14 €, Dividendenrendite: 0,4 %				
Paul Hartmann	747 404	442,80 €	467,0/351,0 €	+22/+96/+96 %
Wundbehandlung, Verbandsmaterial, Inkontinenz-Versorgung, Medizin-Produkte; KGV: 13,2, Börsenwert: 1,58 Mrd. €, Eigenkapitalquote: 59 %, Streubesitz: 99,4 %, Ergebnis/Aktie: 22,20/32,00/33,50 €, Dividende: 7,00 €, Dividendenrendite: 1,6 %				
Publity AG	697 250	33,35 €	44,35/26,80 €	+21 %/IPO
Leipziger Finanzdienstleister; Plattform für Anbieter innovativer Anlageprodukte; KGV: 4,9, Börsenwert: 182,5 Mio. €, Eigenkapitalquote: 45,8 %, Streubesitz: 23 %, Ergebnis pro Aktie: 2,27/5,91/6,81 €, Dividende: 2,00 €, Dividendenrendite: **6,0 %**				
Sberbank ADR	A1J B8N	7,90 €	7,90/3,40 €	+78/-16/-26 %
Russische Businessbank: 18.000 Filialen mit diversifizierten Geschäftszweigen; Börsenwert: 40 Mrd. €, Ergebnis/Aktie: 0,91/1,78/1,39 €, keine weiteren Angaben				
Steico SE	A0L R93	10,65 €	11,70/5,75 €	+66/+139/+1 %
m:access; ökologische Wohnbaudämmstoffe, Stegträger aus Holz und Hanf; KGV: 12,7, Börsenwert: 135,9 Mio. €, Eigenkapitalquote: 50 %, Streubesitz: 33 %, Ergebnis pro Aktie: 0,63/0,66/0,83 €, Dividende: 0,18 €, Dividendenrendite: 1,7 %				
Strabag (General)	A0Z 23N	234,00 €	248,3/200,0 €	+5/+8/+7 %
Führender Baukonzern: Straßen-/Gleis-/Fahrleitungs-/Kanal-/Rohrleitungsbau; KGV: 10, Börsenwert: 907,8 Mio. €, Eigenkapitalquote: 50 %, Streubesitz: 6,4 %, Ergebnis/Aktie: 20,00/22,00/22,50 €, Dividende: 1,04 €, Dividendenrendite: 0,5 %				
Turbon (General)	750 450	20,45 €	23,20/16,05 €	-8/+109/+71 %
Spezialist Bürokommunikation, Anbieter von Farbbandkassetten/Bürodruckern; KGV: 11,7, Börsenwert: 67,55 Mio. €, Eigenkapitalquote: 38 %, Streubesitz: 26 %, Ergebnis pro Aktie: 1,88/1,65/1,75 €, Dividende: 0,80 €, Dividendenrendite: **3,9 %**				
Uzin Utz (General)	755 150	49,00 €	51,00/34,25 €	+24/+135/+97 %
Weltweit aktiver Komplettanbieter Bodensysteme, Neuverlegung/Renovierung; KGV: 14, Börsenwert: 247,7 Mio. €, Eigenkapitalquote: 55,2 %, Streubesitz: 19 %, Ergebnis pro Aktie: 2,72/2,97/3,47 €, Dividende: 1,00 €, Dividendenrendite: 2,0 %				
Vectron	A0K EXC	50,50 €	53,30/12,85 €	+265/+399/+253
Kassensysteme/Kommunikationssoftware zur Vernetzung von Betriebsfilialen; KGV: 13,2, Börsenwert: 74,78 Mio. €, Eigenkapitalquote: 40 %, Streubesitz: 25 %, Ergebnis je Aktie: 0,79/1,39/3,78 €, Dividende: 0,35 €, Dividendenrendite: 0,7 %				

Für welche Unternehmen ist der Entry Standard interessant?

Der Entry Standard (WKN A0G 834) schnitt bis Mitte Juli 2016 mit 445 Punkten und einem winzigen Minus von 1 % in 52 Wochen besser als die meisten anderen Indizes ab. Der Entry Standard ist ein Teilbereich vom Open Market der Frankfurter Börse. Hier regelt nicht der Gesetzgeber die Anforderungen, sondern die Deutsche Börse AG. Die erleichterten Zulassungsauflagen, verbunden mit weniger Pflichten und geringeren Kosten, sollen kleineren Firmen den Zugang zum Kapitalmarkt ermöglichen. Wer hier gelistet ist, muss nur einen Halbjahresbericht und testierten Jahresabschluss vorlegen. Erfolgreiche Firmen wechseln später gern in den Prime Standard über, um Aufstiegschancen in den SDAX oder TecDAX wahrzunehmen. Da der General Standard kaum mehr beachtet wird, nehme ich die besten Aktien als Gäste in diese Siegerliste mit auf.

Sieger Entry (A0G 834) und General Standard (A0C 4B8)

Nr.	Aktie/Unternehmen	WKN	Firmen-Hauptsitz	Kurs am 08.06.16	Kursplus 10 Jahre
01	Hermle	605 283	Gosheim	251,50 €	490 %
02	Frosta	606 900	Bremerhaven	65,70 €	390 %
03	Bet-at-home.com	A0D NAY	Düsseldorf	62,40 €	230 %
04	Mensch & Masch.	658 080	München	14,75 €	215 %
Nr.	**Unternehmen**	**WKN**	**Firmensitz**	**08.06.16**	**5 Jahre**
01	KPS (General St.)	A1A 6V4	Unterföhring	9,90 €	654 %
02	Bet-at-home.com	A0D NAY	Düsseldorf	62,40 €	472 %
03	Helma Eigenheim	605 283	Lehrte	54,15 €	380 %
04	Vectron Systems	A0K EXC	Münster	50,50 €	253 %
05	Frosta	606 900	Bremerhaven	65,40 €	237 %
Nr.	**Unternehmen**	**WKN**	**Firmensitz**	**08.06.16**	**3 Jahre**
01	Bet-at-home.com	A0D NAY	Düsseldorf	62,40 €	458 %
02	Vectron Systems	A0K EXC	Münster	50,50 €	400 %
03	Formycon	A1E WVY	Martinsried	19,50 €	325 %
04	KPS (General St.)	A1A 6V4	Unterföhring	9,90 €	291 %
05	Frosta	606 900	Bremerhaven	65,70 €	287 %
06	Lang & Schwarz	645 932	Düsseldorf	18,80 €	286 %
07	Heliad Equity Part.	A0L 1NN	Frankfurt/Main	6,70 €	261 %
08	FinTech	524 960	Kulmbach	15,45 €	244 %
09	Grand City Prop.	A1J XCV	Luxemburg	18,25 €	234 %

❹ Viel Kurspotenzial im Nasdaq 100, der US-Technologiebörse

4.1 Der Nasdaq 100, Vorbild für den TecDAX

Die US-Hightechbörse Nasdaq 100 – Vorbild und Wegweiser für die Entwicklung des deutschen Börsenbarometers TecDAX – enthält 100 Titel. Pennystocks werden dort nicht geduldet. Gut für Anleger mit langem Zeithorizont, schlecht für Zocker mit raschem Rein und Raus.

Der Index Nasdaq 100, WKN A0A E1X, erzielte im April 2015 das stolze Allzeithoch von 4.740 Punkten. Das 52-Wochen-Tief betrug 3.790 Zähler. 15 Monate später, am 20. Juli 2016, notiert der Nasdaq 100 bei 4.660 Punkten mit -1/+52/+92 % im Ein-/Drei-/Fünfjahresvergleich. Die Zusammensetzung im US-Technologie-Index spiegelt Zukunftsmärkte wider. Zu den besten Werten gehören führende Biotechtitel, innovative Software-, Digitalisierungs- und Vernetzungsspezialisten. Die Spitzenwerte weisen einen solch hohen Börsenwert auf, dass sie bei uns längst in den DAX eingezogen wären. Der Begriff Nebenwerte passt nur insoweit, als darüber der Dow Jones mit den 30 größten Titeln steht.

Vermutlich macht es Ihnen wenig Spaß, alle 100 Nasdaq-Werte zu studieren. Darum wähle ich diejenigen Titel aus, die auf Sicht von drei und möglichst auch fünf Jahren eine überzeugende Kursentwicklung aufweisen. Jede Aktie wird in zwei Zeilen vorgestellt. Einige Nasdaq-Aktien sind auch im Dow Jones notiert wie Apple. Der Technologieriese wird als wertvollste AG von Alphabet (Google) überholt.

Aktienauswahl aus der US-Technologiebörse Nasdaq 100				
Nasdaq-Aktien/ Unternehmen	**WKN A0A E1X**	**Kurs am 10.06.16**	**52-Wochen-Hoch/Tief**	**Kursverlauf 1, 3, 5 Jahre**
Activision Blizzard	A0Q 4K4	33,60 €	38,45/20,90 €	+49/+202/+322 %
Computer-/Videospiele, US-Konzern, Aktion, Sport, Strategie- und Rollenspiele				
Adobe Systems	871 981	80,00 €	89,00/61,70 €	+25/+159/+287 %
Software, um digitale Inhalte zu erstellen, Grafik- und Bildbearbeitungsprogramme				
Alexion Pharmac.	899 527	121,40 €	190,0/112,5 €	-12/+70/+101 %
Biopharmazie, Medikamentenentwicklung lebensbedrohliche u. seltene Krankheiten				

Nasdaq-Aktien/ Unternehmen	WKN A0A E1X	Kurs am 10.06.16	52-Wochen- Hoch/Tief	Kursverlauf 1, 3, 5 Jahre
Alphabet Aktie A	A14 Y6F	650,65 €	750,7/477,2 €	+33/+93/+263 %
Internet-Suchmaschine in 130 Sprachen, zahlreiche Online-Informationsprodukte				
Alphabet Aktie C	A14 Y6H	638,35 €	728,5/463,6 €	+36 %/keine Ang.
Vernetzungsangebote: Applikationen/selbstfahrende Autos, Medizin-Forschung				
Amazon.com	906 866	636,20 €	656,6/374,5 €	+68/+201/+382 %
Weltweit größter Online-Händler: Bücher/Musik/Elektronik/DVD/Spiele/Freizeit				
Amgen	867 900	134,00 €	164,0/116,2 €	+1/+85/+240 %
Biotechnologie, Medizin: Blutkrankheiten/Krebs/Nierenleiden/Rheuma/Diabetes				
Apple	865 985	87,90 €	123,2/78,45 €	-22/+86/+171 %
Auch Dow Jones, weltgrößte Technologiefirma, Mobilgeräte/Musikplayer/Apps				
Autodesk	869 964	50,95 €	61,00/37,40 €	+5/+49/+104 %
Software für computerunterstütztes Design und CAD: Maschinenbau/Architektur				
Automatic Data	850 347	77,35 €	83,00/65,15 €	+10/+74/+163 %
Software Personal-Management/Gehaltsabrechnungen, Lösungen Kfz-Industrie				
BAIDU	A0F 5DE	147,30 €	380,0/116,7 €	-18/+89/+73 %
Internet-Provider, Suchmaschine China: Karten/Bilder/Videos/Nachrichten usw.				
Biogen	789 617	249,00 €	447,0/223,0 €	-36/+30/+246 %
Biotechnologie, lebensrettende Arznei/Impfstoffe: Hepatitis, MS, Schuppenflechte				
Broadcom	A2A DV9	144,50 €	149,4/86,05 €	+12/+415/+536 %
Integrierte Schaltkreise für Netzwerkanwendungen, 2016 Fusion mit AVAGO				
Celgene	881 244	93,05 €	128,0/82,95 €	-8/+106/+348 %
Biotechnologie, Stammzellentherapie, Medikamente: Krebs, Immunkrankheiten				
Cerner Corp.	892 807	52,00 €	71,60/49,75 €	-16/+34/+148 %
Informationstechnologien Gesundheitswesen, medizinische Apparate/Software				
Charter Commun.	A0Y F1T	157,40 €	186,0/131,8 €	+30/+99/+289 %
Größter US-Kabelbetreiber, 25 Länder, Breitbandnetzwerke, digitales Fernsehen				
Check Point Softw.	901 638	66,90 €	83,05/58,30 €	+3/+96/+104 %
Software sorgt für Internetsicherheit von Kunden: Netze/Systeme/Applikationen				
Cognizant Techno.	658 080	54,85 €	64,25/47,10 €	-6/+122/+112 %
Informationstechnologien, Beratungs- und Geschäftsprozess-Dienstleistungen				

Nasdaq-Aktien/ Unternehmen	WKN A0A E1X	Kurs am 10.06.16	52-Wochen- Hoch/Tief	Kursverlauf 1, 3, 5 Jahre
Comcast	157 484	55,10 €	59,50/46,00 €	+7/+78/+232 %
Kabelnetzbetreiber, Kommunikations- und Medienangebote Firmen-/Privatkunden					
Costco	888 351	135,85 €	155,5/114,4 €	+12/+62/+152 %
Handel/rascher Warenumschlag, ausgewählte Markenartikel für kleinere Firmen					
CTRIP.com	A0B K6U	34,65 €	53,80/20,05 €	-7/+176/+149 %
China-Individualreisen, Flugticket/Hotelbuchung/Verwaltung/Zielgebiets-Aktivitäten					
Dollar Tree	A0N FQC	80,65 €	82,30/53,10 €	+18/+117/+287 %
Betreiber Billig-Gemischtläden in USA, viele Produkte/kundengerechte Größen					
EBAY	916 529	21,50 €	28,10/19,50 €	-5/+275/+142 %
Weltweit größte Internet-Handelsplattform, Online-Tauschbörse u. Auktionshaus					
Electronic Arts (EA)	878 372	67,00 €	70,25/47,80 €	+21/+285/+324 %
US-Hersteller Unterhaltungssoftware, Video-/Computerspiele, Computergrafiken					
Expedia	A1J RLJ	94,70 €	129,0/80,15 €	+4/+123/+404 %
Weltweit größtes Reisebüro, Flugticket/Hotel/Mietwagen/Zielgebiets-Aktivitäten					
Facebook	A1J WVX	104,50 €	108,5/63,00 €	+43/+467 %/IPO
Soziales Netzwerk, weltweit führend, virtuelle Verbindungen über Online-Plattform					
FISERV	881 793	94,40 €	96,40/68,90 €	+33/+191/+337 %
Finanz-Informationsmanagement für Banken/Broker/Versicherungen/Investoren					
Gilead Sciences	885 823	74,95 €	110,4/71,95 €	-28/+89/+432 %
Biotech, Therapie bedrohlicher Tumor-/Infektions-/Pilzerkrankungen/HIV/Hepatitis					
Henry Schein	897 961	158,60 €	158,9/112,0 €	+27/+121/+233 %
Medizinhandel/Spezialversand Verbrauchsmaterial/Impfstoffe/Geräte/Tiermedizin					
Incyte Genomics	896 133	68,70 €	118,0/63,90 €	-25/+347/+475 %
Biotechnologie, Gesundheitskonzern Amerika, hohe Bewertung, keine Dividende					
INTEL	855 681	28,50 €	33,25/21,40 €	+1/+51/+91 %
Auch Dow Jones, Halbleiterchips, digitale Technologie-Lösungen für Computer					
INTUIT	886 053	94,50 €	98,55/69,25 €	+3/+112/+172 %
Finanzsoftware Rechnungswesen, Lohnlisten/Bezahlung/Bonitäts-/Steuerprüfung					
Intuitive Surgical	888 024	566,50 €	584,5/395,3 €	+29/+49/+137 %
Medizintechnik, führend bei Robotersystemen für Chirurgie Herz/Lunge/Urologie					

Nasdaq-Aktien/ Unternehmen	WKN A0A E1X	Kurs am 10.06.16	52-Wochen- Hoch/Tief	Kursverlauf 1, 3, 5 Jahre
KLA Tencor	865 884	64,25 €	65,05/40,25 €	+31/+50/+130 %
Prozesssteuerung/Ertragsmanagement für Halbleiter-/Mikroelektronikindustrie				
Linear Technology	872 629	41,80 €	43,00/32,85 €	+4/+51/+90 %
Technologie, Schaltkreise für Telekommunikation/Netzwerke/Satellitensysteme				
Marriott	913 070	59,00 €	72,10/51,90 €	-13/+88/+121 %
Weltweit führender Hotelbetreiber, 4.200 Lokalitäten/80 Länder/675.000 Zimmer				
MAXIM	876 158	33,15 €	38,00/26,65 €	+13/+56/+89 %
Halbleiterproduzent, integrierte Schaltkreise, Verbindung reale und digitale Welt				
Mondelez	A1J 4U0	40,00 €	47,80/31,85 €	+12/+79/+159 %
Weltweit größter Lebensmittelproduzent, breites Snack-Sortiment, 165 Länder				
Monster Beverage	A14 U5Z	137,10 €	149,3/100,4 €	+22/+191 %/k. A.
Hersteller/Vermarkter Energydrinks, Erfrischungsgetränke/Vitaminsaft, 70 Länder				
Netflix	552 484	83,80 €	124,0/71,40 €	-2/+249/+222 %
Weltweit führender US-Anbieter für Streaming-Dienste und Online-Serien				
Nvidia Corp.	918 422	41,30 €	42,50/17,10 €	+116/+277/+466
Führender Hersteller IT-Hardware, Grafik-/Medienkommunikations-Prozessoren				
NXP Semiconductor	A1C 5WJ	26,20 €	31,50/16,70 €	+46/+188/+45 %
Halbleiterprodukte, Software und Systemlösungen für Autos und Heimelektronik				
Priceline.com	766 054	1.170,0 €	1.361/854,0 €	+13/+89/+238 %
Reisekonzern Hotel/Flug/Mietauto, Auktionssystem, Kunde nennt Ziel und Preis				
O Reilly Automotive	A1H 5JY	232,70 €	258,1/190,0 €	+17/+177/+466 %
US-Autozulieferer, Vertrieb von Einzel- und Ersatzteilen, großes Produktportfolio				
Paychex	868 284	48,30 €	51,40/37,10 €	+13/+73/+133 %
US-Finanz-/Personaldienstleister, Gehaltsabrechnungen, 570.000 Firmenkunden				
Regeneron Pharma.	881 535	330,40 €	558,6/300,2 €	-27/+73/+762 %
Biopharmazeutik, Behandlung schwerer Krankheiten mit Antikörpertechnologien				
Ross Stores	870 053	47,45 €	53,10/39,65 €	+10/+95/+231 %
Preisgünstige Bekleidungskette USA, Zielgruppe 25 bis 55 Jahre, 1.150 Läden				
SBA Communicat.	923 376	91,35 €	117,9/74,90 €	-9/+59/+264 %
Mobilfunktürme-Betreiber Amerika, Antennenplatz-Vermietung, 17.500 Masten				
Sirius XM	A1W 8XE	3,50 €	3,95/2,95 €	+6/+35/+142 %
Gebührenpflichtiges Satellitenradio, 135 digitale Radiokanäle, 28 Mio. Kunden				

Nasdaq-Aktien/ Unternehmen	WKN A0A E1X	Kurs am 10.06.16	52-Wochen- Hoch/Tief	Kursverlauf 1, 3, 5 Jahre
Skyworks Solut.	857 760	59,65 €	99,65/49,25 €	-33/+255/+234 %
US-Technologiekonzern, Produzent Chip/Halbleiter/elektronische Bauelemente				
Starbucks Corp.	884 437	48,50 €	59,40/41,00 €	+5/+96/+296 %
Führender Kaffeeproduzent, Kaffeehauskette, hochwertige Kaffee-/Teegetränke				
T-Mobile US	A1T 7LU	37,75 €	38,85/29,80 €	+10/+139/+66 %
Anbieter klassischer Mobilfunk-Services und Netze, unterschiedliche Verträge				
Tesla Motors	A1C X3T	197,20 €	260,8/124,2 €	-11/+159/+916 %
Produktion Elektrosportwagen/Antriebskomponenten, Ladestation-Installation				
Texas Instruments	852 654	55,10 €	55,20/38,30 €	+16/+87/+86 %
Chiphersteller digitale Signalprozessoren/analoge Technologien, viele Produkte				
The Kraft Heinz	A14 TU4	75,25 €	76,50/58,00 €	+11 %/Fusion
Globaler Nahrungsmittel-/Getränkekonzern durch Fusion von Kraft Foods/Heinz				
The Priceline.com	766 054	1.170,0 €	1.361/854,0 €	+13/+89/+238 %
Reisekonzern Hotel/Flug/Mietauto, Auktionssystem, Kunde nennt Ziel und Preis				
Tractor Supply	889 826	82,05 €	87,50/69,50 €	+5/+92/+298 %
Landwirtschafts-Einzelhandelskette: Garten-/Heimwerkerbedarf und Tierhaltung				
ULTA Salon Cosm.	A0M 240	212,65 €	212,7/129,7 €	+58/+228/+445 %
Pharma, Gesundheitsprodukte, Kosmetik, hohes KGV, Profilsuche vergeblich				
Verisk Analytics	A0Y A2M	69,90 €	73,50/58,35 €	+8/+57+226 %
Analysen: Risikoprofile/Entscheidungsmodelle für Versicherung/Bank/Behörde				
Vertex Pharmac.	882 807	81,70 €	130,5/67,40 €	-25/+31/+143 %
Globaler Biotechkonzern, Entwicklung/Entdeckung kleinmolekularer Arzneimittel				
Walgreens Boots	A12 HJF	73,85 €	89,30/64,90 €	+4/+95/+149 %
Drogerie-/Apotheker-Einzelhandel, verschreibungspflichtige/rezeptfreie Medizin				
XILINX	880 135	41,35 €	47,20/33,55 €	+2/+36/+79 %
Produzent Halbleiter/programmierte Plattformen, verschiedene Komponenten				
YAHOO	900 103	27,65 €	45,75/25,00 €	-12/+60/+212 %
Medienkonzern/Internetprovider, breite Service-Palette Firmen-/Privatkunden				

Bei wenig Lust, Zeit- und Geldmangel sollten Sie den Nasdaq 100 mit einem ETF abdecken. Der Technologie-Index schaffte am 10. Juni 2016 binnen 1, 3, 5 Jahren ein Kursplus von 1 %, 50 %, 100 %. Während DAX & Co. in den Keller rauschten, präsentierte sich der Nasdaq im 1. Halbjahr halbwegs stabil.

Nr.	Aktien/Unternehmen	WKN A0A E1X	Kurs am 10.06.16	52-Wochen-Hoch/Tief	Kursplus 10 Jahre
	NASDAQ-Sieger im Mehrjahresvergleich bis zu 10 Jahren				
01	Priceline.com	766 054	1.170,0 €	1.361/854,0 €	4.656 %
02	Amazon	906 866	636,20 €	656,6/374,5 €	2.276 %
03	BAIDU	A0F 5DE	147,30 €	380,0/114,5 €	1.998 %
04	APPLE	865 985	87,90 €	123,2/78,45 €	1.194 %
05	Ross Stores	870 053	47,45 €	53,10/39,65 €	789 %
06	Gilead	885 823	74,95 €	110,4/71,95 €	586 %
07	Intuitive Surg.	888 024	566,50 €	584,5/395,3 €	546 %
08	Henry Schein	897 961	158,70 €	158,9/112,0 €	513 %

Nr.	Aktien/Firma	WKN	10.06.16	Hoch/Tief	5 Jahre
01	Tesla Motors	A1C X3T	197,20 €	260,8/124,2 €	916 %
02	Regeneron	881 535	330,40 €	558,6/300,2 €	762 %
03	Broadcom	A2A DV9	144,50 €	149,4/86,05 €	536 %
04	Incyte	896 133	68,70 €	118,0/63,90 €	475 %
05	O Reilly Auto.	A1H 5JY	232,70 €	258,1/190,0 €	466 %
06	ULTA Salon	A0M 240	212,65 €	212,7/129,7 €	445 %
07	FISERV	881 793	94,40 €	96,40/68,90 €	432 %
08	Gilead	885 823	74,95 €	110,4/71,95 €	432 %
09	Expedia	A1J RLJ	94,70 €	129,0/80,15 €	404 %
10	Amazon	906 866	636,20 €	656,6/374,5 €	382 %
11	NXP Semicond.	A1C 5WJ	26,20 €	31,50/16,70 €	361 %
12	Celgene	881 244	93,05 €	128,0/82,95 €	348 %

Nr.	Aktien/Firma	WKN	10.06.16	Hoch/Tief	3 Jahre
01	Facebook	A1J WVX	104,50 €	108,5/63,00 €	467 %
02	Broadcom	A2A DV9	144,50 €	149,4/86,05 €	415 %
03	Incyte	896 133	68,70 €	118,0/63,90 €	347 %
04	Electronic Arts	878 372	67,00 €	70,25/47,80 €	285 %
05	NVIDIA	918 422	41,30 €	42,50/17,10 €	277 %
06	Skyworks Solut.	857 760	59,65 €	99,65/49,25 €	255 %
07	Netflix	552 484	83,80 €	124,0/71,40 €	249 %
08	NXP Semicond.	A1C 5WJ	26,20 €	31,50/16,70 €	240 %
09	ULTA Salon	A0M 240	212,65 €	212,7/129,7 €	228 %

4.2 Börsentrends 2016: Boom-Branche Biotech mit Nasdaq-Favoriten BÖRSE AM SONNTAG

Bei den Anlagetrends in Zukunftsmärkte 2016, auf kompakten 114 Seiten von BÖRSE AM SONNTAG Ende 2015 veröffentlicht, dominierte in Übereinstimmung mit meiner Einschätzung der Titel: „Boom-Branche Biotechnologie". Mein Favorit blieb wie in den letzten Jahren das Gesundheitswesen als Kondratjew VI mit den Schwerpunkten Biotech, Medtech, Pharma, Alten- und Pflegeheimbetreiber sowie Gesundheitsdienste.

Beim Blick auf die besten NASDAQ-Einzelaktien besteht bei der BÖRSE AM SONNTAG-Auswahl ein 100-prozentiger Übereinklang mit meinen damaligen Favoriten: Alexion, Amgen, Biogen, Celgene, Gilead, Illumina, Regeneron und Vertex. Allerdings wurden Gesundheitsaktien im 1. Halbjahr 2016 von einer scharfen Korrektur heimgesucht. Es gibt Anzeichen, dass die Bodenbildung abgeschlossen ist und sich eine Erholung anbahnt. Dies hängt auch vom Börsenklima ab. Ich ersetze strategisch Illumina durch Allergan.

Was haben diese Aktien über einen Zeitraum von 52 Wochen, 3 und 5 Jahren zu bieten? Bei mir ist das Risiko begrenzt, weil ich auch zeitlich breit streue. Pro Order setze ich 1.200 € bis 1.500 € ein, kaufe hier und da nach und nehme bei hohem dreistelligen, manchmal sogar vierstelligem Kursgewinn Teilverkäufe vor. Ein Teilverkauf soll den Einsatz einschließlich Transaktionskosten und Steuer voll abdecken. Diese Strategie deckt sich voll mit der aktuellen Statistik, die davon ausgeht, dass jeder Aktionär im Schnitt immerhin 8 % Kursgewinn erreicht, wenn er mindestens 14 Jahre lang sein breit gestreutes Aktiendepot pflegt.

Nasdaq-Biotech-Favoriten von BÖRSE AM SONNTAG				
Aktien/ Unternehmen	WKN A0A E1X	Kurs am 10.06.16	52-Wochen- Hoch/Tief	Kursverlauf 1, 3, 5 Jahre
Alexion	899 527	121,40 €	191,3/113,5 €	-19/+74/+280 %
Weltweit aktiver Biopharmaziekonzern, Kernkompetenz: Forschung, Entwicklung, Herstellung von Arzneimitteln gegen lebensbedrohliche, sehr seltene Krankheiten.				
Allergan (S&P 500)	A14 U12	217,00 €	326,0/170,3 €	+19/+232/+374 %
Forschung/Herstellung/Vermarktung von Generika. Actavis schluckte 2015 den auf Botox spezialisierten US-Rivalen Allergan u. benannte sich wegen der Marke um.				
AMGEN	867 900	134,00 €	164,0/116,2 €	+1/+85/+240 %
Forschungsschwerpunkte des weltweit führenden Biotechnologiekonzerns sind Blutkrankheiten, Krebs, Nierenleiden, Rheuma, Diabetes, Neurologie und Zelltherapie.				

Aktien/ Unternehmen	WKN A0A E1X	Kurs am 10.06.16	52-Wochen- Hoch/Tief	Kursverlauf 1, 3, 5 Jahre
BIOGEN	789 617	249,00 €	447,0/223,0 €	-36/+30/+246 %
Forschung/Entwicklung lebensrettender und -verlängernder Neurologie-Arzneimittel. Außerdem: Multiple Sklerose, Schuppenflechte, Krebs, Rheuma, Impfstoff Hepatitis.				
Celgene	881 244	93,05 €	128,0/82,95 €	-8/+106/+348 %
Die Kernkompetenz ist das Erforschen/Entwickeln von Arzneimitteln gegen Krebs, Krankheiten des Immunsystems sowie neue Wege in der Stammzellentherapie.				
Gilead Sciences	885 823	74,95 €	110,4/71,95 €	-28/+89/+432 %
Weltweit das ertragsstärkste Unternehmen 2014. Kernkompetenzen: Behandlung von lebensgefährlichen Infektionen und Pilz-Erkrankungen, Krebs, HIV, Hepatitis.				
Regeneron Pharm.	881 535	330,40 €	558,6/300,2 €	-27/+73/+762 %
Forschung, Entwicklung und Produktion von Arzneimitteln zur Behandlung lebensbedrohlicher Krankheiten mit dem Schwerpunkt humane Antikörper-Technologien.				
Vertex Pharmac.	882 807	81,70 €	130,5/67,40 €	-25/+31/+143 %
Weltweit aktiv. Entdeckung und Entwicklung kleinmolekularer Arzneimittel. Schwerpunkte: Virusinfektionen, Autoimmunkrankheiten, Krebs, HIV und Entzündungen.				

Die Biotech-Musik spielt in den USA: erfolgreiche Börsengänge, Kapitalerhöhungen, Übernahmeflut und innovative Forschung

Neue Wirkstoffe und Behandlungsmethoden wie Immuntherapie, Gentechnik, Einsatz von Antikörpern, personalisierte Medizin insbesondere bei Krebs, seltenen Krankheiten, Schlaganfall, Alzheimer, Hepatitis und Diabetes wecken große Hoffnungen für einen Durchbruch in den nächsten Jahren. Neuer Forschungsschwerpunkt sind Biosimilars. Generische Biopharmazeutika werden nicht mittels chemischer Prozesse hergestellt, sondern innerhalb spezieller lebendiger Zellen entwickelt. Hinzu kommt die Kampfansage an das zunehmende Übergewicht bis hin zur Fettleibigkeit (Adipositas). Die kräftigen Wachstumsraten erfolgreicher Biotechfirmen rechtfertigen ein KGV von 20 bis 30 gegenüber 16 im US-Index S&P 500.

Ein Zitat von BÖRSE AM SONNTAG zum Thema „Die neuen Anlagetrends 2016": *„Schon zwischen 2006 und 2014 hat sich der Anteil der Biotech-Präparate an den weltweit 100 wichtigsten Medikamenten von 21 auf 44 % mehr als verdoppelt. Bis 2025 wird jedes dritte neu zugelassene Medikament einen biopharmazeutischen Ursprung haben. – Um von dieser Entwicklung nicht komplett überrollt zu werden, versucht die Pharmaindustrie seit Jahren, ihre austrocknenden Forschungspipelines durch Übernahme von Biotechunternehmen aufzupolieren. Von den Top-10-US-Biotechfirmen 2000 wurden bis heute sechs im Rahmen von Megadeals im Volumen von mehr als 10 Mrd. US-Dollar übernommen."*

❺ Erntezeit: Verschiedenartige Musterdepots mit Nebenwerten

5.1 Tipps für den Umgang mit Musterdepots

Zugegeben: Stock Picking mit Nebenwerten ist eine mühsame Sache. Oft setzen Beruf und Familie zeitliche Grenzen. Da kann es hilfreich sein, auf Basis der abgebildeten Musterdepots eine eigene passende Strategie zu entwickeln. Kein schnelles Rein und Raus, sondern breit gestreute Langzeitanlage, die unterschiedliche Schwerpunkte und Vorlieben berücksichtigt. Ich denke hier weniger an eine komplette Nachbildung als den schrittweisen Aufbau des eigenen Portfolios. Dabei gilt es, günstige Einstiegskurse zu nutzen und Zug um Zug zu kaufen. Alternativ bieten sich ETF-Musterdepots an.

Die ersten vier Musterdepots konzentrieren sich mit unterschiedlichen Schwerpunkten auf MDAX, TecDAX und SDAX. Bei der „Schnäppchen-Auswahl" geht es um fair bewertete Titel. „Familienfirmen" bringt inhabergeführte Unternehmen, die im DAXplus Family oder GEX gelistet sind. „Klein, aber fein" zeigt, dass es auch unter kleinen Titeln exzellente Werte gibt. „Zukunftsmärkte" konzentriert sich auf neue Trends im globalen Wandel, also Industrie 4.0, Internet der Dinge, Digitalisierung und vernetzte Welt. Die Auswahl „Dividende" macht üppige Ausschüttungen zum Schwerpunkt. Musterdepot „Nasdaq 100" für Mutige widmet sich der US-Technologiebörse Nasdaq 100, dem Vorbild für den TecDAX.

❶ Musterdepot *„Sicherheit/Substanz":* Erfolgreiche MDAX-Aktien

❷ Musterdepot *„Sicherheit/Substanz":* Erfolgreiche SDAX-Aktien

❸ Musterdepot *„Erfolgsorientierung":* Aktien aus MDAX, TecDAX, SDAX

❹ Musterdepot *„Risikofreude":* Auswahlschwerpunkt TecDAX

❺ Musterdepot *„Auf Schnäppchenjagd":* Niedrige Bewertung

❻ Musterdepot *„Familienfirmen":* Nebenwerte DAXplus Family und GEX

❼ Musterdepot *„Klein, aber fein":* Prime und Entry Standard im Fokus

❽ Musterdepot *„Zukunftsmärkte":* Biotech, Software und Immobilien

❾ Musterdepot *„Dividende":* Üppige Ausschüttung MDAX, TecDAX, SDAX

❿ Musterdepot *„Nasdaq 100":* Renditesieger US-Technologie-Index

5.2 10 Musterdepots als Hilfe für Ihre Auswahl

❶ Musterdepot „Sicherheit/Substanz", MDAX-Auswahl				
15 Aktien/ Unternehmen	**WKN 846 741**	**Kurs 17.06.16**	**52 Wochen- Hoch/Tief**	**Kursverlauf 1, 3, 5 Jahre**
Alstria Office Reit	A0L D2U	11,70 €	13,10/10,35 €	+4/+34/+14 %
Übernahme/Besitz/Verwaltung 75 hochwertiger Büroimmobilien, Deutschland				
Covestro	606 214	39,95 €	39,95/24,10 €	+16 %/IPO
Führender Hersteller Hightech-Polymer-Werkstoffe, Hochleistungskunststoffe				
Deutsche Wohnen	A0H N5C	28,40 €	29,85/20,50 €	+36/+109/+170 %
Wohnungsbewirtschaftung und Portfoliomanagement, 150.000 Wohneinheiten				
DÜRR	556 520	63,70 €	90,50/49,70 €	-21/+30/+366 %
Maschinenbauer Autoindustrie, Lackieranlagen, Endmontage und Komponenten				
Fuchs Petrolub Vz	579 043	34,50 €	45,45/33,75 €	-8/+7/+89 %
Schmierstoff-Spezialist; Standardprodukte, Speziallösungen, Beratung, Service				
Gerresheimer	A0L D6E	66,25 €	76,45/50,65 €	+29/+49/+108 %
Hochwertige Verpackungs-/Systemlösungen Glas/Kunststoff, Pharma/Medtech				
Hannover Rück	840 221	93,00 €	112,5/83,85 €	+8/+62/+159 %
Führende Schaden-/Personen-Rückversicherung; Prämienumfang 13,8 Mrd. €				
Hochtief	607 000	108,35 €	116,9/67,05 €	+64/+112/+82 %
Internationaler Baukonzern; Verkehr/Energie, soziale/urbane Infrastrukturprojekte				
Jungheinrich	621 993	28,50 €	29,35/18,70 €	+45/+140/+194 %
Gabelstapler-Maschinenbauer; Flurförderzeug-/Lager-/Materialflusstechnologie				
Krones	633 500	96,80 €	117,1/88,50 €	+5/+78/+86 %
Abfüllanlagen/Verpackungstechnik Getränke/Nahrung/Chemie/Pharma/Kosmetik				
LEG Immobilien	LEG 111	87,05 €	87,05/61,35 €	+27/+127 %/IPO
Wohnimmobilien Nordrhein-Westf., 110.000 stadtnahe Mietwohnungen/Garagen				
Rational	701 080	393,10 €	482,3/310,0 €	+16/+58/+118 %
Weltmarktführer thermische Speisenzubereitung, Profiköche/Gewerbeküchen				
Rhön-Klinikum	704 230	25,15 €	28,35/22,35 €	+5/+40/+50 %
Staatlich anerkannte private Akut-Klinik; unterschiedliche Versorgungsstufen				
STADA	725 180	43,65 €	49,30/28,20 €	+50/+30/+59 %
Generika-Vertrieb, Präparate zur Selbst-Medikation, Spezial-Pharmazeutika				
Symrise	SYM 999	55,25 €	64,40/50,45 €	-1/+80/+159 %
Führender Duft-/Geschmackstoff-Konzern, viele Produkte zum täglichen Leben				

16 Aktien/ Unternehmen	WKN 965 338	Kurs 17.06.16	52 Wochen- Hoch/Tief	Kursverlauf 1, 3, 5 Jahre
Amadeus Fire	509 310	57,60 €	92,60/55,70 €	-21/+26/+94 %
Personaldienstleister/Zeitarbeitsvermittler kaufmännische Fach-/Führungskräfte				
BayWa Stämme	519 406	26,05 €	34,60/25,30 €	-13/-31/-8 %
Handelskonzern Agrar-/Bau-/Energie-Industrie, Betriebsmittel, Landwirtschaft				
Bertrandt	523 280	93,25 €	125,0/87,50 €	-18/+9/+78 %
Ingenieurdienstleister Autoindustrie, maßgeschneiderte Lösungen/47 Standorte				
CeWe Stiftung	540 390	63,05 €	63,05/43,75 €	+20/+81/+82 %
Globaler Fotoentwickler stationär/online, Fotobücher/Grußkarten/Digitaldruck				
Grammer	589 540	40,30 €	41,60/18,40 €	+25/+54/+144 %
Produktion Komponenten/Systeme Pkw-Ausstattung; Sitze Bahn/Busse/Lkw				
GrenkeLeasing	A16 1N3	162,85 €	200,0/115,9 €	+38/+146/+302 %
Bürogeräte-Leasing für Firmenkunden, Computer/Bildschirme/Kopierer/Drucker				
Hamborner Reit	601 300	9,30 €	10,10/8,00 €	+4/+33/+37 %
Immobilienportfolio Einzelhandelsflächen/Fachmärkte in deutschen Städten				
Indus Holding	620 010	42,85 €	47,90/35,60 €	-5/+62/+83 %
Erwerb Mittelständler Produktionsindustrie aus interessanten Nischenmärkten				
König & Bauer	719 350	45,00 €	48,35/18,05 €	+137/+206/+164 %
Weltweiter Druckmaschinenbauer; innovative Drucksysteme/periphere Anlagen				
Patrizia	PAT 1AG	22,15 €	28,30/17,85 €	+13/+245/+540 %
Bankenunabhängiges vollstufiges Gewerbe-/Wohnimmobilien-Investmenthaus				
SIXT Stämme	723 132	46,75 €	53,75/32,85 €	+17/+156/+131 %
Mobilitätsdienste Mietwagenservice/Fahrzeugflotten/Flughafen-Vermiet-Stationen				
Stabilus	A11 3Q5	46,00 €	49,85/28,80 €	+28 %/IPO
Luxemburger Hersteller von Gasdruckfedern und hydraulischen Dämpfern				
TAKKT	744 600	18,40 €	20,50/14,40 €	+7/+61/+76 %
Versandhandel, Schwerpunkte: Betriebsausstattung/Werkzeuge/Arbeitssicherheit				
TLG Immobilien	A12 B8Z	18,35 €	19,85/13,95 €	+29 %/IPO
Immobilienfirma; spezialisiert auf ostdeutsche Büro-/Einzelhandels-/Hotelflächen				
VTG	VTG 999	26,15 €	30,25/18,65 €	+27/+93/+47 %
Waggonvermietung und Schienenlogistik; Kessel-/Großraumgüter-/Flachwagen				
WashTec	750 750	29,80 €	37,70/19,00 €	+50/+191/+188 %
Fahrzeugwaschanlagen und SB-Waschplätze Pkw, Lkw und Schienenfahrzeuge				

❸ Musterdepot „Erfolgsorientierung", Aktienauswahl deutsche Nebenwerte-Indizes MDAX, TecDAX, SDAX

15 Aktien/ Unternehmen	WKN	Kurs 17.06.16	52 Wochen- Hoch/Tief	Kursverlauf 1, 3, 5 Jahre
Axel Springer	550 135	47,80 €	55,70/42,05 €	+15/+46/+77 %
MDAX: Größter Zeitungs-/Zeitschriftenverlag BRD, unterschiedliche Zielgruppen			
Bechtle	515 870	94,55 €	103,0/65,75 €	+44/+156/+234 %
TecDAX: Software-Systemhaus, IT-Informationstechnologie für Firmenkunden			
Drillisch	554 550	34,25 €	49,45/32,60 €	-13/+171/+362 %
TecDAX: Telekommunikation, Sprache/Daten, Netz Dt. Telekom/Vodafone/E-Plus			
Fielmann	577 220	62,20 €	71,00/53,90 €	+5/+54/+70 %
MDAX: Preiswerte Augenoptik/Hörgeräte, Gleitsicht-/Sonnenbrillen/Kontaktlinsen			
Freenet	A0Z 2ZZ	23,15 €	33,10/22,75 €	-21/+37/+151 %
TecDAX: Telekommunikation, Sprach-/Datendienste, eigene Netz-Infrastruktur			
GEA Group	660 200	41,60 €	43,55/31,25 €	+3/+46/+79 %
MDAX: Technologie/Spezialmaschinenbau, Nahrungsverarbeitungs-Industrie			
Hannover Rück	840 221	93,00 €	112,5/83,85 €	+8/+62/+159 %
MDAX: Schadens-/Personen-Rückversicherung; Prämienumfang ca. 13,8 Mrd. €			
Indus Holding	620 010	42,90 €	47,90/35,60 €	-5/+63/+83 %
SDAX: Übernahmen mittelständische Produktionsindustrie in Nischenmärkten			
KION Group	KGX 888	47,60 €	52,10/36,05 €	+18 %/IPO
MDAX: Technologiekonzern, Gabelstapler Hydrostatik-/Diesel-/Elektromotoren			
König & Bauer	719 350	44,95 €	48,35/18,40 €	+146/+212/+174 %
SDAX: Druckmaschinenbauer; innovative Drucksysteme und periphere Anlagen			
Nemetschek	645 290	49,30 €	54,50/26,05 €	+78/+291/+534 %
TecDAX, Software Architektur/Statik/Bauwesen, gesamte Wertschöpfungskette			
Nordex	662 720	26,20 €	33,90/20,35 €	+23/+363/+311 %
TecDAX: Windkraftanlagen Megawattklasse, riesige Rotorblätter/Windturbinen			
SAF Holland	A0M U70	11,10 €	15,45/8,85 €	-18/+55/+37 %
SDAX: Bauteil-Produzent Anhänger/Lkw/Busse/Wohnmobile/Sattelzugmaschinen			
Sartorius Vorzüge	716 563	59,50 €	66,40/29,80 €	+100/+186/+667 %
TecDAX: Biopharmazeutik-Produkte, Labor-/Prozesstechnologie Biotech/Pharma			
Stratec Biomedical	STR A55	52,20 €	62,30/41,50 €	+15/+121/+164 %
TecDAX: Vollautomatische Systeme klinische Diagnostik und Biotechnologie			

❹ Musterdepot „Risikofreude", Aktienauswahl auch mit Turnaround-Kandidaten, Schwerpunkt MDAX, TecDAX

15 Aktien/ Unternehmen	WKN	Kurs 20.06.16	52 Wochen- Hoch/Tief	Kursverlauf 1, 3, 5 Jahre
Carl Zeiss Meditec	531 370	34,35 €	35,20/21,60 €	+54/+33/+120 %
TecDAX: Medtech/Augenheilkunde/Mikrochirurgie; Diagnose/Therapie-Produkte				
CTS Eventim	547 030	29,70 €	37,75/27,60 €	-5/+80/+141 %
MDAX: Ticketvermarktung Konzert/Theater/Sport/Live-Event, ca. 100 Mio. Karten				
CompuGroup	543 730	36,20 €	40,25/24,50 €	+22/+86/+240 %
TecDAX: Software/Kommunikationslösungen/Online-Infodienste Arzt/Zahnarzt				
Dialog Semicond.	927 200	28,60 €	53,85/24,20 €	-39/+141/+140 %
TecDAX: Halbleiterlösungen, Powermanagement/Audio/drahtlose Kommunikation				
GFT Technologie	580 060	20,05 €	32,70/16,75 €	+10/+356/+414 %
TecDAX: Technologie; integrierte E-Business-/IT-Lösungen Finanzsektor/Logistik				
Hugo Boss	A1P HFF	54,70 €	113,9/49,90 €	-44/-33/-3 %
MDAX: Freizeit-/Geschäftsmode Damen/Herren, obere Preisklasse, Accessoires				
Hypoport	549 336	84,00 €	93,50/21,80 €	+272/+1.036/+777
SDAX: Online-Finanzdienste Immobilien: Finanzierung/Bausparen/Internetkredit				
ISRA Vision	548 810	74,05 €	74,05/43,60 €	+24/+116/+314 %
Prime St.: Oberflächen-Inspektionssysteme und Bildverarbeitungsprogramme				
LEONI	540 888	29,75 €	61,95/23,25 €	-45/-22/-20 %
MDAX: Autozulieferer, Produktion Spezialkabel/Bordnetzsysteme/Drähte/Litzen				
Mühlbauer	A0D 655	36,60 €	39,00/18,25 €	+100/+76/-3 %
Entry St.: Systeme/Lösungen für Smartcards/Smartlabels und Halbleiterprodukte				
Pfeiffer Vacuum	691 660	87,20 €	115,7/75,30 €	+10/+9/+8 %
SDAX: Bauteile/Systeme für Anhänger/Lkw/Bus/Wohnmobil/Sattelzugmaschinen				
SLM Solutions Gr.	A11 133	27,85 €	28,00/13,30 €	+50 %/IPO
TecDAX: Metall-3D-Drucker, Entwicklung/Herstellung Maschinen/Systemlösungen				
SMA Solar	A0D J6J	47,40 €	56,00/19,75 €	+127/+85/-32 %
TecDAX: Wechselrichter-Weltmarktführer, Komponenten Photovoltaikindustrie				
STRÖER	749 399	46,85 €	64,50/36,10 €	+11/+447/+125 %
MDAX: Internet-/Außenflächenwerbung, Kommunikationslösungen in Städten				
United Internet	508 903	38,90 €	51,95/36,60 €	-17/+71/+183 %
TecDAX: Etliche Online-Zugangsprodukte/Applikationen Firmen-/Privatkunden				

⑤ Musterdepot „Schnäppchenjagd", niedrige Bewertung, Dividende, steigende Ergebnisse, mäßige Verschuldung

15 Aktien/ Unternehmen	WKN	Kurs am 20.06.16	52-Wochen- Hoch/Tief	Kursverlauf 1, 3, 5 Jahre
Freenet	A0Z 2ZZ	23,50 €	33,10/22,80 €	-20/+38/+152 %
TecDAX, KGV 11,5, Ergebnis/Aktie 1,73/1,95/2,02 €, EK-Quote 51 %, Divid. 6,9 %				
Pfeiffer Vaccum	691 660	87,50 €	115,6/75,30 €	+10/+9/+8 %
TecDAX, KGV 14,8, Ergebnis/Aktie 4,25/4,72/5,48 €, EK-Quote 67 %, Divid. 4,2 %				
Software AG	330 400	32,15 €	36,70/22,80 €	+27/+34/-17 %
TecDAX, KGV 13,3, Ergebnis/Aktie 1,78/1,97/2,42 €, EK-Quote 60 %, Divid. 1,7 %				
LEONI	540 888	29,70 €	61,95/23,25 €	-45/-22/-20 %
MDAX, KGV 9,0, Ergebnis/Aktie 2,36/1,73/3,03 €, EK-Quote 35 %, Divid. 3,7 %				
NORMA	A1H 8BV	45,20 €	53,30/39,90 €	-1/+60/+117 %
MDAX, KGV 14,0, Ergebnis/Aktie 2,31/2,58/3,01 €, EK-Quote 37 %, Divid. 2,4 %				
STRÖER	749 399	46,20 €	64,50/36,10 €	+11/+448/+125 %
MDAX, KGV 9,0, Ergebnis/Aktie 1,16/2,04/3,31 €, EK-Quote 46 %, Divid. 1,8 %				
Bertrandt	523 280	97,10 €	125,0/86,50 €	-13/+13/+86 %
SDAX, KGV 12,7, Ergebnis/Aktie 6,21/6,51/7,37 €, EK-Quote 57 %, Divid. 2,9 %				
CeWe Stiftung	540 390	64,40 €	64,40/36,10 €	+28/+91/+99 %
SDAX, KGV 14,2, Ergebnis/Aktie 3,24/3,77/4,23 €, EK-Quote 53 %, Divid. 2,8 %				
ElringKlinger	785 602	19,70 €	25,75/16,55 €	-18/-25/-14 %
SDAX, KGV 9,3, Ergebnis/Aktie 1,45/1,67/1,96 €, EK-Quote 48,5 %, Divid. 3,3 %				
TAKKT	744 600	18,90 €	20,40/14,50 €	+8/+61/+72 %
SDAX, KGV 13,3, Ergebnis/Aktie 1,24/1,31/1,39 €, EK-Quote 49 %, Divid. 2,7 %				
Wacker Neuson	WAC K01	14,80 €	21,15/10,95 €	-22/+39/+22 %
SDAX, KGV 11,3, Ergebnis/Aktie 0,94/1,05/1,23 €, EK-Quote 69 %, Divid. 3,6 %				
ZEAL Network	TPP 024	37,45 €	49,50/29,90 €	-10/-14/+19 %
SDAX, KGV 8,8, Ergebnis je Aktie 0,16/3,21/3,88 €, EK-Quote 68 %, Divid. 8,2 %				
Heliad Equity Part.	A0L 1NN	6,35 €	6,85/4,15 €	+24/+269/+129 %
Entry St., KGV 3,0, Ergebnis/Aktie 2,37/2,00/2,10 €, EK-Quote 99 %, Divid. 4,3 %				
Lang + Schwarz	645 932	18,95 €	19,25/13,70 €	+24/+308/+112 %
Entry St., KGV 9,1, Ergebnis/Aktie 1,90/1,95/2,00 €, Dividende 1,50 €, Divid. 8,3 %				
Villeroy + Boch	765 723	13,65 €	14,95/10,80 €	+1/+63/+98 %
Prime St., KGV 10,9, Ergebnis/Aktie 1,03/1,17/1,23 €, Dividende 0,52 €, Div. 3,9 %				

15 Aktien/ Unternehmen	WKN A0Y KTP	Kurs am 20.06.16	52-Wochen- Hoch/Tief	Kursverlauf 1, 3, 5 Jahre
Bechtle	515 870	96,45 €	103,5/65,70 €	**+46/+157/+235 %**
DAXplus Family/TecDAX; **Softwaresystemhaus,** IT-Informationstechnik/Cloud				
DÜRR	556 520	66,50 €	90,50/49,70 €	**-17/+33/+370 %**
DAXplus Family/MDAX; **Maschinenbau,** Fahrzeug-/Lackier-/Endmontageanlagen				
CeWe Stiftung	540 390	**64,40 €**	**64,40/36,10 €**	**+28/+91/+99 %**
DAXplus Family/SDAX; **europaweite Fotoentwicklung,** Fotobücher, Digitaldruck				
Fuchs Petrolub Vz	579 043	36,00 €	45,50/33,60 €	**-5/+12/+96 %**
DAXplus Family/MDAX, Schmierstoffe, Standardprodukte und Speziallösungen				
GFT Technologie	580 060	20,05 €	32,70/16,75 €	**+10/+356/+414 %**
DAXplus Family/TecDAX; **Technologie,** Business-/IT-Lösung Finanzen/Logistik				
GrenkeLeasing	A16 1N3	166,35 €	200,0/115,9 €	**+40/+148/+191 %**
DAXplus Family/SDAX; **Bürogeräte-Leasing,** PC/Bildschirme/Kopierer/Drucker				
Hypoport	549 336	84,00 €	93,50/21,80 €	**+272/+1.036/+777**
GEX/SDAX; **Online-Finanzdienste Immobilien:** Finanzierung/Bausparen/Kredite				
Krones	633 500	98,20 €	116,7/88,60 €	**+5/+79/+87 %**
DAXplus Family/MDAX; **Maschinenbauer, Anlagen** Abfüll-/Verpackungstechnik				
Nemetschek	645 290	51,10 €	54,50/26,05 €	**+101/+294/+536 %**
DAXplus Family/TecDAX; **Software Architektur/Bau,** volle Wertschöpfungskette				
Patrizia Immob.	PAT 1AG	22,70 €	28,25/17,80 €	**+18/+249/+542 %**
GEX/SDAX; **Wohn-/Gewerbeimmobilien,** bankenunabhängiges Investmenthaus				
SMA Solar	A0D J6J	47,40 €	56,00/19,75 €	**+127/+85/-32 %**
GEX/TecDAX; **Wechselrichter-Weltmarktführer,** Komponenten Solarindustrie				
SIXT Stämme	723 132	47,30 €	53,60/33,05 €	**+23/+164/+141 %**
DAXplus Family/SDAX; **Autovermietung,** Mobilitätsdienste/Flughäfen-Stationen				
STRÖER	749 399	46,85 €	64,50/36,10 €	**+11/+447/+125 %**
DAXplus Family/MDAX; **Online-/Band/Außenwerbung,** Kommunikationslösungen				
Symrise	SYM 999	57,10 €	64,40/50,45 €	**+2/+82/+161 %**
DAXplus Family/MDAX, **Duft-/Geschmackstoffe,** Parfum/Kosmetik/Lebensmittel				
XING	XNG 888	168,30 €	199,1/135,5 €	**+15/+198/+203 %**
GEX/TecDAX, **soziales Netzwerk Berufsfindung/Vermittlung,** 9 Mio. Mitglieder				

❼ Musterdepot „Klein, aber fein", Nebenwerte-Auswahl mit Prime Standard und Entry Standard im Fokus

Aktien/ Unternehmen	WKN	Kurs am 20.06.16	52-Wochen- Hoch/Tief	Kursverlauf 1, 3, 5 Jahre
Adesso	A0Z 23Q	26,95 €	29,15/16,55 €	+42/+238/+280 %
IT-Dienstleister; Softwareentwicklung/Beratung/übergreifende Geschäftsprozesse				
Aurelius	A0J K2A	54,15 €	57,15/35,00 €	+34/+181/+478 %
Beteiligungen; 22 strategisch ausgerichtete Übernahmen mit Traditionsmarken				
Basler	510 200	48,25 €	56,00/36,35 €	-4/+154/+269 %
Technologie; digitale Industriekameras; Komponenten zur Qualitätssicherung				
Bet-at-home	A0D NAY	70,50 €	125,3/36,35 €	+98/+412/+427 %
Erfolgreichster Glücksspielanbieter Europas; Online-Sportwetten/Online-Spiele				
CENIT	540 710	18,60 €	23,70/14,40 €	+25/+113/+265 %
Internet-Informationstechnik; Hard-/Software zur Implementierung Firmenkunden				
Data Modul	549 890	42,95 €	44,15/30,90 €	+32/+194/+232 %
Flachbildschirme; Displays, elektronische Baugruppen/Systeme Bildbearbeitung				
Frosta	606 900	60,25 €	66,00/28,90 €	+74/+271/+215 %
Gefrierkost; Fisch- und Gemüseprodukte, Fertiggerichte und Gourmetmahlzeiten				
Heliad Equity Part.	A0L 1NN	6,35 €	6,85/4,15 €	+24/+269/+129 %
Beteiligungsfirma deutschsprachiger Raum, Wachstumsphase/Sondersituation				
Hermle	605 283	255,00 €	260,0/170,0 €	+16/+74/+200 %
Fräsmaschinenbauer; Bearbeitung von Werkzeugen, Formen und Serienteilen				
NEXUS	522 090	17,50 €	19,65/14,00 €	+8/+92/+154 %
Software Gesundheitswesen; Patientenmanagement/medizinische Fachlösungen				
SinnerSchrader	514 190	4,85 €	5,25/2,60 €	+51/+204/+118 %
Agentur für digitales Marketing; interaktive Strategie/Plattformen/Applikationen				
Technotrans	A0X YGA	17,40 €	20,00/12,90 €	+8/+70/+172 %
Technologie/Dienstleistungen; Flüssigkeits-Technologie: Temperierung/Filtration				
USU Software	A0B VU2	20,70 €	20,80/13,30 €	+32/+141/+280 %
Software IT-Management/Prozesse/Infrastruktur; Lösungen/Produkte/Beratung				
Vectron Systems	A0K EXC	48,30 €	52,90/12,80 €	+266/+427/+233 %
Intelligente Kassensysteme und Kommunikationssoftware zur Filialvernetzung				
Verbio Bioenergie	A0J L9W	5,70 €	8,80/3,10 €	+70/+575/+64 %
Erneuerbare Energie; führender Industrieproduzent Bio-Diesel/-Ethanol/-Methan				

⑧ Musterdepot „Zukunftsmärkte", deutsche Nebenwerte Biotech, Immobilien, Internet, IT/Software, Robotik				
Aktien/ Unternehmen	**WKN**	**Kurs am 21.06.16**	**52-Wochen- Hoch/Tief**	**Kursverlauf 1, 3, 5 Jahre**
Atoss Software	510 440	58,80 €	75,50/38,10 €	+49/+141/+249 %
Softwareentwicklung Strategie-Management, betriebliche Prozesse, Mitarbeiter				
Cancom	541 910	47,00 €	53,00/28,60 €	+51/+185/+473 %
Systemhaus IT-Infrastruktur, Finanzierung strategisch passender Übernahmen				
CompuGroup	543 730	36,20 €	40,25/24,50 €	+16/+92/+252 %
Medizinische Software Ärzte/Kliniken/Forschungsinstitute für Diagnose/Therapie				
Datagroup	A0J C8S	14,70 €	15,80/10,65 €	+23/+147/+132 %
Softwaresystemhaus, Cloud-Computing/Infrastruktur Firmenkunden, Übernahmen				
Drillisch	554 550	36,20 €	49,60/33,20 €	-12/+182/+348 %
TecDAX, Telekommunikat., Sprache/Daten, Netze: Dt. Telekom/Vodafone/E-Plus				
Freenet	A0Z 2ZZ	23,35 €	33,10/22,80 €	-24/+43/+150 %
TecDAX, Telekommunikation, Sprach- u. Datendienste, eigene Netzinfrastruktur				
GFT Technologie	580 060	20,70 €	32,70/16,75 €	+9/+396/+450 %
TecDAX, Technologie; integrierte E-Business-/IT-Lösungen Finanzsektor/Logistik				
Helma Eigenheim	A0E Q57	53,75 €	59,30/31,25 €	+64/+229/+400 %
Bauindustrie Massivwohnhaus, kundenorientierte Full-Services-Dienstleistungen				
I:FAO	622 452	26,70 €	32,75/16,60 €	+53/+140/+139 %
Standardsoftware länderübergreifend: Buchen/Verwalten von Geschäftsreisen				
Hypoport	549 336	87,10 €	93,50/23,05 €	+233/+1.043/+814
SDAX, Online-Finanzdienste Immobilien: Finanzierung/Bausparen/Internetkredit				
Nemetschek	645 290	50,40 €	54,25/26,80 €	+77/+312/+564 %
TecDAX, Software Architektur/Statik/Bauwesen, gesamte Wertschöpfungskette				
Patrizia Immob.	PAT 1AG	22,45 €	28,30/17,85 €	+17/+278/+574 %
SDAX, Wohn- und Gewerbeimmobilien, bankenunabhängiges Investmenthaus				
Sartorius Vorzüge	716 563	62,65 €	62,65/29,75 €	+106/+210/+674 %
TecDAX, Biopharmazeutic-Produkte, Labor-/Prozesstechnologie Biotech/Pharma				
United Internet	508 903	38,70 €	51,95/36,60 €	-4/+75/+190 %
TecDAX, etliche Online-Zugangsprodukte/Applikationen Firmen-/Privatkunden				
XING	XNG 888	171,40 €	200,0/135,7 €	+15/+220/+211 %
TecDAX, soziales berufliches Netzwerk, Kontakte/Vermittlung, 9 Mio. Mitglieder				

⑨ Musterdepot „Nebenwerte Dividende", Rendite ab 4 %, MDAX, TecDAX, SDAX, mit einem KGV deutlich unter 20

Aktie; Unternehmen	WKN	Kurs am 21.06.16	Div. 2016	Div.-Rendite	Kursverlauf 1, 3, 5 Jahre
Aareal Bank	540 811	31,35 €	1,90 €	6,4 %	-12/+73/+38 %
MDAX: Immobilienbank; Finanzierung und Beratung, Drei-Kontinente-Strategie					
Alstria Office R.	A0L D2U	11,95 €	0,50 €	4,3 %	+5/+39/+15 %
MDAX: Übernahmen, Besitz, Verwaltung von hochwertigen Büroimmobilien					
Amadeus Fire	509 310	58,65 €	3,55 €	6,1 %	-24/+30/+105 %
SDAX: Personaldienstleister/Zeitarbeitsvermittler, kaufmännische Fachkräfte					
Axel Springer	550 135	49,60 €	1,90 €	4,1 %	+4/+49/+45 %
MDAX: Pressemedien Print/Online, Bedürfniserfüllung verschiedener Zielgruppen					
Comdirect B.	542 800	9,00 €	0,40 €	4,4 %	-3/+20/+12 %
SDAX: Direktbank/Online-Broker/Vollbanklizenz, Finanzdienste Privatanleger					
Dt. Beteiligung	A1T NUT	26,35 €	1,20 €	4,6 %	-3/+41/+36 %
SDAX: Übernahme etablierter, wachstumsstarker, profitabler Mittelständler					
Dt. Pfandbrief	801 900	9,95 €	0,50 €	5,2 %	+4 %/Börsengang
MDAX: Immobilien-Spezialbank, Finanzierung Büro-/Einzelhandels-/Logistikfirmen					
DIC Asset	A1X 3XX	8,30 €	0,37 €	4,6 %	+1/+12/+1 %
SDAX: Gewerbeimmobilien-Unternehmen, renditeorientierte Beteiligungen					
Drillisch	554 550	36,60 €	1,80 €	5,3 %	-11/+183/+349 %
TecDAX: Netzunabhängige Telekommunikation, mobile Sprach-/Datendienste					
Evonik	EVN K01	27,40 €	1,15 €	4,4 %	-20/+2 %/IPO
MDAX: Kunststoff-/Gummi-/Spezialchemie, Konsumgüter/Pharma/Tiernahrung					
Freenet	A0Z 2ZZ	23,40 €	1,60 €	6,9 %	-24/+43/+150 %
TecDAX: Telekommunikation und Mobilfunkdienste, eigene Netzinfrastruktur					
Hamborner Reit	601 300	10,00 €	0,42 €	4,5 %	+6/+40/+40 %
SDAX: Damenmode mittlere Preislage, Lizenz Accessoires, 5 Marken, 62 Länder					
Hannover Rück	840 221	96,45 €	4,75 €	5,2 %	+8/+72/+171 %
MDAX: Schadens-/Personen-Rückversicherung, Prämienvolumen 13,8 Mrd. €					
HHLA	A0S 848	13,90 €	0,62 €	4,4 %	-26/-17/-52 %
SDAX: Hamburger Hafen und Logistik: Transportsysteme/Containerverladungen					
Hugo Boss	A1P HFF	55,30 €	2,80 €	5,3 %	-46/-31/-5 %
MDAX: Premium-Freizeit-/Businessmode Damen/Herren, Accessoire-Kollektion					

Aktie, Unternehmen	WKN	Kurs am 21.06.16	Div. 2016	Div.-Rendite	Kursverlauf 1, 3, 5 Jahre
K+S	KSA G88	21,10 €	1,15 €	5,8 %	-27/-27/-60 %
MDAX, DAX-Abstieg 2016: kali- und magnesiumhaltiger Standarddünger, Salz					
MLP	656 990	3,35 €	0,19 €	5,7 %	-13/-27/-51 %
SDAX: Finanzdienstleistung; Ingenieure/Juristen/Ärzte/wohlhabende Privatleute					
Pfeiffer Vac.	691 660	89,00 €	3,40 €	4,2 %	+10/+11/+10 %
TecDAX: Vakuum-Pumpen, Mess-/Analyse-Apparate, analytische Anwendungen					
RTL Group	861 149	80,00 €	3,40 €	4,4 %	-2/+29 %/IPO
MDAX: Europäisches Entertainmentnetzwerk, 254 TV-Sender, 29 Radiostationen					
SAF Holland	A0M U70	11,25 €	0,55 €	5,3 %	-18/+55/+37 %
SDAX, Bauteile/Systeme Anhänger/Lkw/Bus/Wohnmobil/Sattelzugmaschinen					
TAG Immobil.	830 350	11,65 €	0,55 €	4,7 %	+11/+40/+70 %
MDAX: Deutsche Wohn-/Gewerbeimmobilien, kompletter Dienstleistungssektor					
Talanx	TLX 100	28,30 €	1,35 €	4,9 %	+4/+16 %/IPO
MDAX: Mehrmarkenanbieter Erst-/Rückversicherung, Finanzdienstleistungen					
TLG Immobil.	A12 B8Z	18,90 €	0,80 €	4,3 %	+30 %/Börsengang
SDAX: Immobilienfirma; Spezialist ostdeutsche Büro-/Einzelhandels-/Hotelflächen					
WashTec	750 750	31,85 €	1,30 €	4,3 %	+51/+203/+203 %
SDAX: Fahrzeugwaschanlagen/SB-Waschplätze Pkw, Lkw, Schienenfahrzeuge					
ZEAL Network	TPP 024	36,55 €	2,80 €	8,2 %	-18/-19/+17 %
SDAX: Privates Internet-Lotterie-/Glücksspiel-Unternehmen, aktiv in Europa					

Was beim Blick auf die Dividendenrendite besonders wichtig ist

➢ Je mehr die Kurse bei einem Crashszenario oder einer scharfen Korrektur abstürzen, wie im ersten Quartal und in der zweiten Junihälfte 2016 wegen zunehmender BREXIT-Ängste geschehen, umso stärker steigt die prozentuale Dividendenrendite. Dabei wird vorausgesetzt, dass die Gewinnausschüttung weder gekürzt noch gestrichen wird.

➢ Im Musterdepot „Nebenwerte Dividende" ist die Rendite vor allem deshalb so hoch, weil die Kurse in den Keller rutschten. Folglich sinkt auch das Kurs-Gewinn-Verhältnis. Dennoch werden unter diesem Blickwinkel einige Titel aussortiert, weil das KGV immer noch über 20 liegt, also die Bewertung nicht fair, sondern im historischen Vergleich ziemlich hoch erscheint. Solche Titel sind im Allgemeinen besonders schwankungsanfällig. Früher oder später steht meist eine Kursbereinigung an.

⑩ Musterdepot „Nasdaq 100", Aktienauswahl
mit Renditesiegern aus der Technologiebörse Amerika

Aktien/ Unternehmen	WKN A0A E1X	Kurs am 22.06.16	52-Wochen- Hoch/Tief	Kursverlauf 1, 3, 5 Jahre
Activision Blizzard	A0Q 4K4	34,45 €	38,45/20,90 €	+54/+221/+356 %
Computer-/Videospiele, US-Konzern; Aktion, Sport, Strategie- und Rollenspiele				
ADOBE	871 981	84,00 €	90,55/61,70 €	+24/+157/+309 %
Software, um digitale Inhalte zu erstellen, Grafik- und Bildbearbeitungsprogramme				
Alphabet Aktie A	A14 Y6F	632,00 €	750,7/483,4 €	+27/+60/+91 %
Internet-Suchmaschine in 130 Sprachen, zahlreiche Online-Informationsprodukte				
Amazon.com	906 866	634,15 €	656,6/384,2 €	+65/+207/+371 %
Weltweit größter Online-Händler: Bücher/Musik/Elektronik/DVD/Spiele/Freizeit				
AMGEN	867 900	133,00 €	163,7/115,0 €	-7/+80/+157 %
Biotechnologie, Medizin: Blutkrankheiten/Krebs/Nierenleiden/Rheuma/Diabetes				
Broadcom	A2A DV9	137,60 €	149,0/86,00 €	+9/+394/+524 %
Integrierte Schaltkreise für Netzwerkanwendungen, 2016 Fusion mit AVAGO				
CTRIP.com	A0B K6U	34,75 €	53,80/26,05 €	+7/+178/+145 %
China-Individualreisen, Flugticket/Hotelbuchung/Verwaltung/Zielgebiets-Aktivitäten				
Dollar Tree	A0N FQC	81,70 €	82,30/53,10 €	+16/+116/+644 %
Betreiber Billig-Gemischtläden in USA, viele Produkte/kundengerechte Größen				
Electronic Arts EA	878 372	66,70 €	70,75/48,30 €	+15/+288/+426 %
US-Hersteller Unterhaltungssoftware, Video-/Computerspiele, Computergrafiken				
Expedia	A1J RLJ	94,70 €	129,2/80,15 €	-2/+113/+404 %
Weltweit größtes Reisebüro, Flugticket/Hotel/Mietwagen/Zielgebiets-Aktivitäten				
Facebook	A1J WVX	101,45 €	108,3/64,60 €	+38/+452 %/IPO
Weltweit größtes Sozialnetzwerk, um sich mit „Freunden" zusammenzuschließen				
FISERV	881 793	93,25 €	96,40/68,95 €	+24/+185/+336 %
Finanz-Informationsmanagement Banken, Broker, Versicherungen, Investoren				
Netflix	552 484	80,20 €	124,0/71,40 €	-2/+243/+229 %
Weltweit führender US-Anbieter für Streaming-Dienste und Online-Serien				
Nvidia Corp.	918 422	42,20 €	42,45/17,20 €	+119/+283/+260 %
Führender Hersteller IT-Hardware, Grafik-/Medienkommunikations-Prozessoren				
O Reilly Automot.	A1H 5JY	230,15 €	258,0/190,0 €	+16/+178/+433 %
US-Autozulieferer, Vertrieb von Einzel- und Ersatzteilen, großes Produktportfolio				

Aktien/ Unternehmen	WKN A0A E1X	Kurs am 22.06.16	52-Wochen- Hoch/Tief	Kursverlauf 1, 3, 5 Jahre
Priceline.com	766 054	1.209,00 €	1.361/854,0 €	+16/+93/+252 %
Reisekonzern Hotel/Flug/Mietauto, Auktionssystem, Kunde nennt Ziel und Preis				
Regeneron Pharm.	881 535	307,60 €	558,6/306,6 €	-33/+86/+731 %
Biopharmazeutik, Behandlung schwerer Krankheiten mit Antikörper-Technologien				
Ross Stores	870 053	48,60 €	53,05/39,65 €	+8/+298/+623 %
Preisgünstige Bekleidungskette USA, Zielgruppe 25 bis 55 Jahre, 1.150 Läden				
Starbucks Corp.	884 437	49,20 €	59,40/41,00 €	+4/+100/+172 %
Führender Kaffeeproduzent, Kaffeehauskette, hochwertige Kaffee-/Teegetränke				
TESLA Motors	A1C X3T	172,50 €	260,8/124,4 €	-15/+159/+959 %
Produktion Elektrosportwagen/Antriebskomponenten, Ladestation-Installation				
ULTA Salon Cosm.	A0M 240	213,00 €	213,8/129,7 €	+58/+202/+423 %
Pharma, Gesundheitsprodukte, Kosmetik, hohes KGV, Profilsuche vergeblich				

Wichtige Kriterien für die Aktienauswahl in den Musterdepots

Einzelne Aktien kommen sowohl im Musterdepot ❶ bzw. ❷ für sicherheitsbewusste Anleger als auch in der Auswahl ❸ unter dem Titel „Erfolgsorientierung" vor. Die Abgrenzung ist nicht einfach. Zudem sind einige Aktien so aussichtsreich, dass sie für beide Anlegergruppen zu empfehlen sind.

Das Kurs-Gewinn-Verhältnis (KGV) als wichtigste Kennziffer soll den Wert von 20 nicht überschreiten. Ausnahme im Musterdepot ❶: Rational aus dem MDAX. Weltmarktführer Rational für Großküchen und Profiköche bei der thermischen Speisenzubereitung erfreut seit Jahren mit Kursgewinn und hoher Ausschüttung. Ähnliches gilt für das Bausoftwareunternehmen Nemetschek und für die Biotechfirma Sartorius aus dem Musterdepot ❸, beide TecDAX.

Eine Dividendenrendite im Musterdepot ❾ ab 4 % ist Grundbedingung. Freilich hängt die aktuelle Höhe immer vom jeweiligen Aktienkurs ab. Die Verschuldung muss sich in Grenzen halten. Über 40 % Eigenkapitalquote sind wünschenswert, zumindest aber mehr als 25 %. Der Versicherer Talanx aus dem MDAX, einstelliges KGV, extrem hohe Dividende, wich mit einer Eigenkapitalquote von unter 10 % zu stark von dem Grenzwert ab.

Das Musterdepot ❹ für risikofreudige Anleger nimmt einige Titel auf, die jahrelang mit imposanter Kursentwicklung erfreuten, 2015/16 aber mit geringerem Umsatz und Ertrag sowie Gewinnwarnung enttäuschten.

Kriterien für die Aktienauswahl in den Musterdepots (Fortsetzung)

Der Hauptgrund waren Übernahmen und Investitionen, die sich verständlicherweise nicht sofort rechneten. Hinzu kamen China-Börsencrash, Flüchtlingskrise, Konjunkturschwäche, Ölpreisverfall und Vertrauensverlust in der Automobilbranche, herbeigeführt durch die Manipulations-Software zur Verringerung der Abgaswerte bei Dieselfahrzeugen von VW. Hauptleidtragende sind vor allem ElringKlinger und LEONI. Der SDAX-Aufsteiger Hypoport findet nur im Risikofreude-Depot ❹ einen Platz, weil eine Kursentwicklung von rund 300 % in einem Jahr und über 1.000 % in drei Jahren Übertreibung befürchten lässt. Bei Nemetschek, Drillisch und Sartorius führt der starke Kursgewinn zum hohen Premium-KGV. Darunter leidet auch die Dividendenrendite. Der Wechselrichter-Weltmarktführer SMA Solar und der Windkraftanlagenbauer Nordex schütten zwar keine Dividende aus, decken aber wichtige Zukunftsmärkte ab.

Das Musterdepot ❺ „Schnäppchenjagd" bringt fair bewertete Aktien aus TecDAX, MDAX und SDAX, erkennbar an einem oft einstelligen KGV, Höchstgrenze 14, bei Technologieaktien dennoch günstig. Zudem müssen diese Werte im Dreijahresvergleich mit einer positiven Ergebnisentwicklung pro Aktie, einer Eigenkapitalquote über 30 % und einer Dividendenrendite von möglichst mehr als 2 % aufwarten. Allerdings hängen diese Kennzahlen immer vom aktuellen Börsentrend ab. Springen die Kurse aufwärts, steigt auch das KGV. Die auf den aktuellen Kaufkurs bezogene Dividendenrendite sinkt dagegen.

Das Nasdaq-Musterdepot ❿ weist 20 Werte auf. Es ist schwierig, aus einem Index von 100 Titeln die beste Auswahl zu treffen. Dabei geht es um die mittel- und langfristige Kursentwicklung. Da der Biotechnologiesektor im 1. Halbjahr 2016 korrigierte, ist das Minus beim einjährigen Kursvergleich tolerierbar.

> **Die 10 Musterdepots ermutigen, gerade in Börsenkrisen auf Aktien zu setzen und günstige Kaufchancen zu nutzen. Wer seinen Wohlstand sichern will, kommt an Aktien nicht vorbei und sollte Nebenwerte nicht ausklammern, sondern übergewichten. Zukauf und Teilverkauf mit Marktbeobachtung fordern bei Börsenturbulenzen zu aktivem Handeln auf.**

Stimmt tatsächlich: *„Die Zeit für Kaufen und Halten ist vorbei"* als Erkenntnis der Auswertung von drei Handelsblatt-Musterportfolios?

Anfang 2016 begründete das Handelsblatt die Wertentwicklung seiner Musterdepots: *„Die Zeit für Kaufen und Halten ist vorbei. – Die Handelsblatt-Musterportfolios schlagen den Markt – und werden nun auf Turbulenzen ausgerichtet. – Zweistellige Erträge seit Auflegung der drei Depots."*

Der Start erfolgte am 01. Januar 2014. Die Rendite beträgt pro Jahr knapp 7 %. Dies ist gegenüber dem Euroland-Index STOXX 50, der im gleichen Zeitraum nicht einmal ein kleines Plus schaffte, nicht schlecht, aber auch nicht überragend. Wer börsentäglich sein Depot vorstellt, argumentiert vielleicht mit *„Die Zeit für Kaufen und Halten ist vorbei"*, um sein Depot zu verteidigen. Ob dies immer richtig ist, steht auf einem anderen Blatt. Zutreffend bei schnellem Rein und Raus, fragwürdig bei langem Anlagehorizont! Die Rendite von 7 % in schwierigen Börsenzeiten wäre sicherlich höher, ständen statt Blue Chips überwiegend Nebenwerte im Fokus.

BÖRSE ONLINE macht dies mit dem Musterdepot „Nebenwerte-Wikifolio" eindrucksvoll vor. Es startete im September 2013, also 4 Monate früher als die Handelsblatt-Musterdepots. Der Kurszugewinn beträgt seit Auflage 50 %. Freilich ist nicht erkennbar, ob die Dividende wieder angelegt und Ordergebühren und Abgeltungsteuer eingerechnet wurden. Es bestätigt sich die Aussage eindrucksvoll: MDAX, TecDAX, SDAX schneiden besser ab als der DAX. Auch im Entry Standard gibt es Spitzenwerte mit hohem Kursgewinn und üppiger Dividende.

Depotvergleich: Nach Gebühren und Steuerabzug schaffte ich 2014 ein Plus von 12 %, 2015 gerundet 20 % und zum Halbjahresende 2016 noch 2 %. Mein Depot legte seit Jahresanfang 2014 bis Ende Juli 2016 um gut 36 % zu. Das überzeugende Plus ergibt sich durch Übergewichtung von Nebenwerten und Halten bester Werte im steuerfreien Altbestand. Hier sorgen auch die Dividendenrenditen teilweise bereits im zweistelligen Bereich für sprudelnde Aktiengewinne. Ein paar Kostproben, Stand 21. Juli 2016, als Beweis, dass die Zeit für langfristiges Anlegen von Qualitätsaktien nicht vorbei ist.

Deutsche Nebenwerte-Aktien eigenes Depot: von A bis C					
Nebenwerte-Aktien	WKN	Kauftag ab 2003	Kaufpreis	Kurs 21.07.16	Rendite Dividende
Amadeus Fire	509 310	06.06.07	19,00 €	64,10 €	3,55 €/18,7 %
Atoss Software	510 440	08.10.10	14,80 €	62,50 €	1,00 €/6,75 %
Aurelius	A0J K2A	02.09.09	2,70 €	54,00 €	1,40 €/51,9 %
Basler	510 200	28.08.13	21,25 €	53,50 €	0,65 €/3,06 %
BB Biotech	A0N FN3	29.04.03	8,85 €	43,90 €	2,60 €/29,3 %
Bertrandt	523 280	22.06.09	14,75 €	93,75 €	2,70 €/18,3 %
Bechtle	515 870	20.09.04	13,25 €	101,30 €	1,40 €/10,6 %
Boss Hugo	A1P HFF	24.02.03	11,40 €	51,20 €	2,80 €/24,6 %
Cancom	541 910	20.08.12	12,95 €	43,80 €	0,60 €/4,63 %
CompuGroup	543 730	21.11.12	13,30 €	38,90 €	0,40 €/3,30 %

5.3 Wie baue ich mein Portfolio nach dem Baukastenprinzip als Stufenmodell auf?

Aktienanlage nach Baukastensystem als Stufenmodell			
Der sicherheitsbewusste, risikoscheue Privatanleger			
Kriterien: faire Bewertung, Dividende, Stabilität, Substanzkraft			
ETF (Indexfonds)	**DAX-Aktien**	**MDAX-Aktien**	**SDAX-Aktien**
MDAX (593392) **Immobilien** (DBX0F1) **Wasser** (LYX0CA)	**BASF** (BASF11) **Fresenius** (578560) **Henkel** (604843)	**KION** (KGX888) **Gerresheimer** (A0LD6E)	**SIXT** (723132) **GrenkeLeasing** (A161N3)
Der erfolgsorientierte, renditebewusste Privatanleger			
Kriterien: faire Bewertung, Dividende, aktiv im Zukunftsmarkt			
ETF (Indexfonds)	**DAX-Aktien**	**MDAX-Aktien**	**SDAX-Aktien**
SDAX (ETF005) **Gesundheit** (A0Q4R3) **Konsum** (A0H08N)	**Adidas** (A1EWWW) **Munich Re** (843002) **Daimler** (710000)	**Fuchs** (579043) **Hannover Rück** (840221)	**CeWe** (540390) **König & Bauer** (719350)
Der risikobewusste, spekulative Privatanleger			
Kriterien: hohe globale Wachstums- und Ertragschancen			
ETF (Indexfonds)	**DAX-Aktien**	**MDAX/SDAX-**	**TecDAX**
Nasdaq 100 (A0F5UF) **TecDAX** (593397) **Biotech** (657791) **Software** (A0M 2EH)	**Bayer** (BAY001) **Siemens** (723610) **Allianz** (840400) **SAP** (716460)	**DÜRR** (556520) **Rational** (701080) **Ströer** (749399) **Hypop.** (549346)	**Bechtle** (515870) **Freenet** (A0Z2ZZ) **Nemet.** (645290) **Sartor.** (716563)

Anmerkung: Ich empfehle, als Einsteiger die ersten 10 Titel zu erwerben mit einem Mindesteinsatz von 1.000 €, bei größerem Vermögen bis zu 5.000 €. Als 2. Schritt ordern Sie die 10 Werte für erfolgsorientierte Anleger. Danach können Sie Ihr Depot mit 12 ETFs und Aktien für risikobewusste Anleger ergänzen.

Längst sind Sie kein Angsthase mehr und haben so viel Erfahrung gesammelt, dass Sie im Laufe der Jahre diese 36 Werte im Depot verkraften. Sie kaufen nach, wenn sich eine Erfolgsstory abzeichnet. Bei hohem Kursgewinn machen Sie Teilverkäufe. Als Könner kommen Auslandtitel hinzu wie **Alphabet, Amazon, Amgen, Facebook, Johnson & Johnson, Nestle, Novo Nordisk, Samsung, Vestas. Tipp: Breit gestreut – nie bereut! Meide die gefährlichen 4: Euphorie, Panik, Angst und Gier!**

⑥ Chancenreich: Nebenwerte-Index-fonds mit börsengehandelten ETFs

6.1 Warum sind Nebenwerte-ETFs interessant?

Die drei Buchstaben ETF, Abkürzung für Exchange Traded Funds, zogen anfangs nur Profis an. Jetzt erkennen auch Privatanleger, wie vorteilhaft passiv gemanagte Indexfonds mit den börsengehandelten ETFs sind – zum Leidwesen von Banken, die an Aktienfonds mehr verdienen als an ETFs mit den niedrigen Gebühren von durchschnittlich nur 0,35 %. 2000 gab es zwei Produkte. Heute sind es einige Tausend mit einem Billionen-Anlagevermögen.

Größte ETFs 2016 in Europa	
13,5 Mrd. €	iShares Core S&P 500
12,0 Mrd. €	Vanguard S&P 500 ETF
7,7 Mrd. €	iShares Core Dax Ucits
7,5 Mrd. €	iShares S&P 500 Ucits

Warren Buffett empfiehlt S&P-ETFs. Die Zukunft für das bei passivem Management leicht verständliche und preiswerte Anlageprodukt erscheint rosig. Im Jahr 2006 wurden weltweit 566 Mrd. US-Dollar in ETFs angelegt. 2015 hat sich die Summe verfünffacht.

Der anfangs klar und einfach strukturierte ETF-Markt mutiert – wie zuvor der Zertifikatsektor – zu einem komplizierten, mit Begriffswirrwarr überfrachteten Multiproduktmarkt. Die Gewichtung wird verändert, der ETF nach Dividendenhöhe ausgerichtet, auf steigende (Long) oder fallende Kurse (Short) gesetzt, eine ausschüttende oder anlegende Form (thesaurierend) angeboten und das Währungsrisiko bei Euro und Dollar (Quanto) beseitigt. Längst stimmt die kreative Abkürzung **E**infach – **T**ransparent – **F**abelhaft nicht mehr. Komplizierte Namen wie *„US Wide Moat Ucits ETF", „Japan Minimum Variance NR Ucits ETF"* oder *„MSCI Europe Weighted Buyback Yield Index"* verdeutlichen das Dilemma.

Was den Aufwärtstrend bei Privatanlegern ausbremst, ist die Tatsache, dass sich viele Depotbanken davor drücken, ETFs überhaupt bzw. fair zu handeln. Zudem ist das ETF-Wissen der meisten Bundesbürger so gering wie der Guthabenzinssatz, also nahe null. Manager Michael Grüner vom Weltmarktführer Blackrock berichtet: *„Immer mehr Investoren wollen die Instrumente nicht nur für das Trading, sondern auch für die langfristige Anlage nutzen."* Damit dies klappt, hat BlackRock bei 10 Produkten die Gebühren auf 0,20 % pro Jahr gesenkt.

ETFs verstehen sich als preiswerte Alternative zu Einzelaktien und folgen der Wertentwicklung eines Index bzw. Börsenbarometers. Da sie wie Aktien als Sondervermögen gelten, entfällt das Emittentenrisiko. Mit einer einzigen Transaktion können Sie alle im Index gelisteten Werte erwerben. So lassen sich mit wenigen ETFs die wichtigsten Märkte weltweit preiswert abdecken. Dies ist interessant, wenn es an Zeit und Geld fehlt, mit Einzelaktien breit zu streuen. Die Kurslisten zeigen meine ETF-Vorschläge für Deutschland und Europa, die USA und eine Auswahl nach Branchen geordnet sowie eine Musterdepotidee.

Worin unterscheiden sich aktiv und passiv gemanagte ETFs?

Beim aktiv gemanagten ETF entscheiden Expertenteams über die Zusammensetzung. Ein passiv gemanagter Indexfonds ist ein exakter Nachbau im Verhältnis 1:1. Er schneidet weder besser noch schlechter als die Benchmark ab. Beim aktiv gemanagten ETF lässt sich durch strategische Veränderung die Rendite steigern. Aber auch das Risiko nimmt zu. Hier gewichten Fondsmanager einzelne Titel gegenüber dem Vergleichsindex höher oder tiefer bzw. berücksichtigen nur die besten Aktien. Dadurch verwischen sich die Grenzen, zumal sich umgekehrt etliche Aktienfonds an den Indizes ausrichten. Warum nicht ETFs passiv und Aktienfonds aktiv? So blieben die frühere Übersichtlichkeit und leichte Verständlichkeit erhalten. Stattdessen erobern Mischgebilde den Markt – darunter spekulative Long- und Short-Produkte. Es wird Zeit, einen Riegel vorzuschieben auf dem unaufhaltsamen Weg zum totalen Begriffswirrwarr. Wer Privatanleger an die Börse zurückholen will, muss Vertrauen aufbauen und verständliche Produkte anbieten, also passiv gemanagte ETFs mit einprägsamen Namen.

> **Da ein ETF zum Sondervermögen zählt, verlieren Sie nicht Ihr Geld, wenn der Emittent, also die ausgebende Kapitalgesellschaft, pleitegeht. Lassen Sie sich von Ihrer Bank nicht zu anderen Produkten überreden. ETFs erleichtern den Zugang zu neuen Märkten und eine breite Streuung.**

Welche Angaben sind bei einer ETF-Info bzw. Order wichtig?

Ausschüttend bedeutet, dass die Dividende ausgezahlt wird, z. B. einmal im Jahr.

Thesaurierend heißt, dass die Gewinnausschüttung wieder angelegt wird, Ihr ETF also wächst. Thesaurierend rechnet sich insbesondere im steuerfreien Altbestand, aber sorgt auch sonst für eine allmählich steigende Zahl an Anteilen.

Zum Volumen: Beträgt das ETF-Vermögen nur wenige Mio. €, besteht die Gefahr, dass der Indexfonds mangels Zuspruch bald aufgelöst wird.

Unterschied ETC/ETF: Ein ETC ist kein Sondervermögen, sondern eine Schuldverschreibung, üblich bei Rohstoffen. Hier tragen Sie das volle Emittentenrisiko. Beim Edelmetall-ETC wird Gold, Silber usw. jedoch meist physisch hinterlegt.

Markt, Index, Name Emittent	WKN	Kurs am 23.06.16	Hoch/Tief 1 Jahr	Entwicklung 1, 3, 5 Jahre
Nebenwerte-ETF-Auswahl Deutschland und Europa				
Emerging Markets db x-trackers MSCI	DBX 1EM	29,95 €	35,45/24,80 €	-14/+15/+2 %
Umfang 1,6 Mrd. €, Alter 9 J., Gebühr 0,65 %, thesaurierend, Währung $, Zusammensetzung: unbekannt; Turnaround?				
Deutsche Mid Cap Comstage 1 MDAX UCITS	ETF 907	122,65 €	128,8/103,6 €	+2 %/neu aufgelegt
Umfang 20 Mio. €, Alter 1 Jahr, Gebühr 0,30 %, ausschüttend, weitgehende Übereinstimmung MDAX-ETF, WKN 593 392				
Europa Mid Cap iShares Stoxx Mid	593 399	40,60 €	44,90/34,65 €	-7/+39/+45 %
Umfang 265 Mio. €, Alter 11 J., Gebühr 0,20 %, ausschüttend, zahlreiche Europa-Titel, deutsche Werte nicht aufgeführt				
Europa Nebenw. db x-trackers MSCI Europe Small Cap	DBX 1AU	35,85 €	38,05/29,75 €	-2/+61/+81 %
Umfang 592 Mio. €, Alter 8 J., Gebühr 0,30 %, thesaurierend, Währung $, wichtige Titel: Wirecard (TecDAX), MTU (MDAX)				
Europa Nebenw. iShares STOXX Europe Small 200	A0D 8QZ	24,90 €	28,20/21,10 €	-9/+35/+37 %
Umfang 332 Mio. €, Alter 11 J., Gebühr 0,20 %, ausschüttend, Währung €, deutsche Titel: Evonik, Zalando (beide MDAX)				
Europa Nebenw. iShares EURO STOXX Small	A0D K61	28,05 €	29,30/26,10 €	-1/+33/+43 %
Umfang 441 Mio. €, Alter 12 J., Gebühr 0,40 %, ausschüttend, Währung €, mehrere deutsche Titel: Freenet (TecDAX, 1,7 %)				
Europa Nebenw. iShares MSCI EMU Small Cap	A0X 8SE	154,05 €	163,8/129,2 €	-2/+59/+60 %
Umfang 540 Mio. €, Alter 7 J., Gebühr 0,58 %, thesaurierend, deutsche Titel: Wirecard, LEG Immobilien, MTU, Freenet				
Europa Nebenw. UBS ETF MSCI EMU Small Cap	A1J HNE	80,00 €	87,10/67,65 €	-5/+50 %/zu jung
Umfang 33 Mio. €, Alter 4 J., Gebühr 0,33 %, ausschüttend, deutsche Titel: Wirecard, LEG Immobilien, MTU, Freenet				
MDAX iShares MDAX (Index-Nachbildung)	593 392	182,15 €	191,7/153,8 €	+2/+48/+83 %
Gebühr 0,50 %, thesaurierend; Schwergewichte: Pro7SAT.1, Deutsche Wohnen, Symrise, Brenntag, GEA, Hannover Rück				
SDAX Comstage SDAX® TR ETF	ETF 005	87,80 €	91,35/72,55 €	+4/+60/+63 %/
Umfang 87 Mio. €, Alter 5 J., Gebühr 0,70 %, thesaurierend, weitgehende Nachbildung SDAX, Einzeltitel nicht aufgeführt				
TecDAX iShares-TecDAX® (DE)	593 397	15,20 €	17,65/13,60 €	-3/+77/+80 %
Umfang 296 Mio. €, Alter 15 J., Gebühr 0,51 %, thesaurierend, Schwergewichte: Wirecard, Qiagen, United Internet, Freenet				

Nebenwerte-ETF USA: S&P/Nasdaq, Biotech/Wasser				
Markt, Index, Name Emittent	WKN	Kurs am 24.06.16	Hoch/Tief 1 Jahr	Entwicklung 1, 3, 5 Jahre
MSC USA Mid Cap Comstage MSCI USA I	ETF 122	139,40 €	150,1/115,2 €	-4/+58/+112 %
	Umfang 39 Mio. €, Alter 8 J., Gebühr 0,35 %, thesaurierend, Währung $, kein Ansparplan. Mittelständische Nasdaq-Aktien mit höchster Gewichtung: Ross Stores, Fiserv, Nvidia, Incyte			
MSCI USA Small Cap iShares	A0X 8SB	212,75 €	232,6/170,5 €	-7/+52/+103 %
	Währung $, Umfang 297 Mio. €, Alter 7 J., Gebühr 0,43 %, thesaurierend, großes Portfolio wenig bekannter Nebenwerte			
MSCI USA Small Cap; SPRD Cap Value Weighted	A12 HU5	25,25 €	27,50/20,05 €	-7 %/neu aufgelegt
	Währung $, Umfang 17 Mio. €, Alter 1 J., Gebühr 0,30 %, thesaurierend. Unbekannte kleine Werte, seit 2015 im Markt			
Nasdaq 100® (DE) iShares	A0F 5UF	38,70 €	44,50/31,00 €	-4/+78/+147 %
	Währung $, Umfang 821 Mio. €, Alter 10 J., Gebühr 0,31 %, thesaurierend. **Schwergewichte**: Apple, Microsoft, Amazon Alphabet, Facebook, Intel, Comcast, Cisco Systems, Gilead			
SPDR Russell Small Cap UCITS ETF 2000 U.S.	A1XFN1	27,20 €	30,70/21,95 €	-9 %/neu aufgelegt
	Währung $, Umfang 55 Mio. €, Alter 2 J., Gebühr 0,30 %, thesaurierend, kleine, unbekannte amerikanische Aktien			
S&P Small Cap 600 UCITS ETF iShares	A0Q 1 YY	42,10 €	42,20/41,60 €	-3/+33/+71 %
	Währung €, Umfang keine Angabe, Alter 8 J., Gebühr 0,40 %, ausschüttend, 98 % USA, 99 % Aktien, nur kleine Werte			
Wasser LYXOR ETF World Water D-EUR A	LYX 0CA	34,90 €	35,00/27,10 €	+8/+76/+109 %
	Währung €, Umfang 404 Mio. €, Alter 9 J., Gebühr 0,60 %, ausschüttend. Alle Branchen, die mit Wasser zu tun haben			

Vernichtetes Anlegerkapital am BREXIT-Absturztag, 24. Juni 2016: weltweit 5 Billionen €, allein im DAX 95 Milliarden €

Kürzlich las ich: *„Die Zeiten von Kaufen und Halten sind endgültig vorbei. Nur rasches Handeln, schnelles Rein und Raus eröffnen Kursgewinnchancen".* Diese kritisch zu bewertende Aussage stimmt für die ETF-Anlage keineswegs. Auch beim überraschenden BREXIT am 24. Juni, der die meisten Anleger auf dem falschen Fuß erwischte, war „alles verkaufen" die falsche Strategie, zumal zum Handelsbeginn die DAX-Kurse um ca. 15 % in die Tiefe stürzten. Danach fand eine Beruhigung um 400 Punkte statt. Ich kaufte an diesem Tag fleißig zu und orderte dividendenstarke Qualitätsaktien, die zweistellig einbüßten.

6.2 Immer beliebter: branchenbezogene ETFs

Der unglaubliche Aufschwung im ETF-Sektor führt nicht nur dazu, dass neben den klassischen passiv gemanagten Indexfonds auch immer mehr aktiv strukturierte Produkte hinzukommen. Die Abweichung gegenüber dem zugrunde liegenden Index bezieht sich auf prozentuale Anteile, die Aufnahme einzelner Titel aus benachbarten Börsenbarometern bzw. das Streichen bestimmter Wertpapiere. Hinzu kommt möglicherweise eine Ausrichtung auf steigende Kurse (Long) oder fallende Notierungen (Short). Neuerdings werden von den ETF-Managern auch Branchen-Indizes aufgegriffen und als ETF angeboten – durchaus interessant. Ich setze diese tolle Innovation in einer eigenen Branchenauswahl um. So lassen sich z. B. die attraktiven Zukunfts-Sektoren Immobilien/Bauwirtschaft, Hightech/IT/Software und Gesundheitswesen Biotech/Pharma/Medizintechnik mit Indexfonds abdecken. Statt aus diesen Sparten die Aktien von mehreren Unternehmen ins Depot zu nehmen, sparen Sie Zeit, Mühe und Kosten, wenn Sie interessante Bereiche in einem passenden ETF berücksichtigen. Als Nachteil ist jedoch zu vermerken, dass Sie Zukäufe bei Kursschwäche und Teilverkäufe nahe dem Jahres- oder Allzeithoch nicht flexibel nutzen können und es nicht spannend ist.

➢ **Die schwerverständlichen Produktbezeichnungen sind ein Problem. Die meist gewählte zwölfstellige ISIN ist kaum zu entziffern und birgt Fehlerquellen wegen geringer Unterscheidbarkeit. Hilfreich wäre die generelle Angabe der sechsstelligen Wertpapiernummer in deutlicher Schrift.**

Branchenbezogene ETF-Auswahl: Large, Mid, Small Caps; Einstiegskurse am BREXIT-Absturztag, 24. Juni 2016				
Markt, Index, Name Emittent	**WKN**	**Kurs am 24.06.16**	**Hoch/Tief 1 Jahr**	**Entwicklung 1, 3, 5 Jahre**
Automobilbranche: Hersteller und Zulieferer				
iShares Stoxx Europe 600 Auto & P (DE)	**A0Q 4R2**	43,65 €	63,40/40,15 €	**-30/+23/+21 %**
	Umfang 77 Mio. €, Alter 14 J., Gebühr 0,45 %, ausschüttend, Währung €. Dieser ETF bildet Unternehmen mit großem, mittlerem und geringem Börsenwert (Large, Mid, Small Cap) ab.			
Assekuranz, Versicherungsbranche, Finanzdienstleistungen				
iShares Stoxx Europe 600 Insurance (DE)	**A0H 08K**	23,10 €	30,50/22,20 €	**-20/+23/+45 %**
	Umfang 75 Mio. €, Alter 14 J., Gebühr 0,46 %, ausschüttend, Währung €. Dieser ETF enthält Unternehmen mit großem, mittlerem und geringem Börsenwert (Large, Mid, Small Cap).			

Branche Chemie und Gesundheit: Biotech, Pharma, Medtech				
iShares Europe Stoxx 600 HealthCare UCITS ETF (DE)	A0Q 4R3	71,35 €	87,70/65,35 €	-14/+34/+78 %
	Umfang 538 Mio. €, Alter 15 J., Gebühr 0,46 %, ausschüttend, Währung €. Dieser zukunftsträchtige ETF bildet den Gesund-heits-Branchen-Index Dow Jones Stoxx 600 HealthCare mit großen und mittleren Titeln aus Europa und den USA ab.			
iShares Stoxx Eu-rope 600 Chemi-cals (DE)	A0H 08E	74,35 €	90,35/69,35 €	-21/+12/+26 %
	Umfang 52 Mio. €, Alter 14 J., Gebühr 0,46 %, ausschüttend, Währung €. Dieser ETF schafft Zugang zu Europas Chemie-industrie mit großen, mittleren und kleineren Titeln, darunter auch das Duftstoff-/Aroma-Unternehmen Symrise, MDAX.			
Branche Gold bzw. Edelmetalle mit Minen-Unternehmen				
M.A.-NYSE Market Nyse Arca GoldBugs ETF	A0M MBG	88,25 €	94,00/37,90 €	+57/+27/-39 %
	Umfang keine Angabe, Alter 9 J., Gebühr 0,46 %, thesaurie-rend, Währung €. Die Börsenturbulenzen, gipfelnd im BREXIT-Crash, führen zu großem Interesse an Gold und Minenwerten. Der ETF bildet Goldminenaktien wie Goldcorp, Barrick Gold, Newmont, Eldorado, Kinross, Agnico-Eagle, Randgold ab.			
Zukunftsmarkt Immobilien, Bauwirtschaft (Flüchtlingszustrom)				
db x-trackers FTSE Eprat/Nareit/Dev. Europe RE	DBX 0F1	22,35 €	25,70/20,90 €	-4/+53/+61 %
	Umfang 238 Mio. €, Alter 6 J., Gebühr 0,40 %, thesaurierend, Währung €. Dieser ETF schafft Zugang zu Europas Bau- und Immobilienindustrie mit deutschen Firmen wie DAX-Aufsteiger Vonovia, Deutsche Wohnen, LEG Immobilien (beide MDAX).			
Branche Hightech, Datenverarbeitung, Informatik, Software				
Power Shares Global Funds Ireland Dynamic US Market ETF	A0M 2EH	12,15 €	13,80/10,55 €	-9/+50/+95 %
	Umfang 21 Mio. €, Alter 9 J., Gebühr 0,75 %, ausschüttend, Währung $. Die Aktienauswahl in dem ETF erfolgt auf Basis wichtiger Fundamental-Kennzahlen wie Wachstum, Bewer-tung, Anlagezeitpunkt, Risikofaktoren. Der hohe Aufwand rechtfertigt höhere Verwaltungsgebühren von 0,75 € pro Jahr.			
Branche: Konsumgüterindustrie, Schwerpunkt: Haushaltswaren				
iShares Stoxx Europe 600 Per-sonal & House-hold (P&H) Goods UCITS ETF (DE)	A0H 08N	73,40 €	81,90/67,30 €	-4/+37/+81 %
	Umfang 51 Mio. €, Alter 14 J., Gebühr 0,46 %, ausschüttend, Währung €. Dieser ETF bietet Zugang zum europäischen Sek-tor Konsumgüter und Haushaltswaren. Der Indexfonds bildet substanzstarke Aktien von Unternehmen mit großem, mittle-rem und geringem Börsenwert (Large, Mid, Small Cap) ab.			

Branche Nahrungsmittel, Essen und Trinken, Speisen und Getränke				
iShares Stoxx	**A0H 08H**	61,75 €	68,15/53,15 €	-2/+32/+69 %
Europe 600 Food & Beverage UCITS ETF (DE)	Umfang 159 Mio. €, Alter 14 J., Gebühr 0,46 %, ausschüttend, Währung €. Dieser ETF verschafft Zugang zur europäischen Nahrungsmittel- und Getränkeindustrie und berücksichtigt Konzerne mit hohem, mittlerem und geringem Börsenwert.			

Branche Medien: Film, Fernsehen, Presse, Online und Print				
iShares Stoxx	**A0H 08L**	26,20 €	33,70/25,60 €	-20/+29/+52 %
Europe 600 Media UCITS ETF (DE)	Umfang 19 Mio. €, Alter 14 J., Gebühr 0,46 %, ausschüttend, Währung €. Der ETF bildet Firmen mit großem, mittlerem und geringem Börsenwert vom Europa-Medien-Index ab. DAX-Aufsteiger ProSiebenSAT.1 hat einen Anteil von fast 5 %.			

Branche fossile Energie: Erdöl und Erdgas				
iShares Stoxx	**A0H 08M**	27,50 €	32,65/22,45 €	-15/-10/-13 %
Europe 600 Oil & Gas UCITS ETF (DE)	Umfang 523 Mio. €, Alter 14 J., Gebühr 0,46 %, thesaurierend, Währung €. Dieser thesaurierende ETF mit niedriger Gebühr ist für Anleger interessant, die an ein mittel- bis langfristiges Comeback bei Erdöl und Erdgas glauben. Der ETF bildet europäische Energieunternehmen unterschiedlicher Größe ab.			

Technologie, Telekommunikation, Kommunikationstechnologie				
iShares Stoxx	**A0H 08Q**	30,75 €	36,05/27,60 €	-12/+32/+47 %
Europe 600 Technology UCITS ETF (DE)	Umfang 45 Mio. €, Alter 15 J., Gebühr 0,46 %, ausschüttend, Währung €. In diesem zukunftsträchtigen ETF mit Industrie 4.0, Digitalisierung und Internet der Dinge wird der Dow Jones Euro Stoxx 50 Kommunikations-Technology abgebildet.			

Branche Versorger/Energie europaweit				
iShares Stoxx	**A0Q 4R0**	27,55 €	33,70/26,65 €	-17/+9/-8 %
Europe 600 Utilities (DE)	Umfang 212 Mio. €, Alter 14 J., Gebühr 0,46 %, ausschüttend, Währung €. Dieser ETF verschafft Zugang zur europäischen Versorgerbranche, die sich durch Kernkraftausstieg und Umstellung auf erneuerbare Energie neu ausrichtet. Der ETF bringt Firmen mit großem, mittlerem, geringem Börsenwert.			

Industriebereich, Personal, Investitionsgüter				
db x-trackers	**DBX 1F0**	69,95 €	80,70/62,05 €	-12/+25/+40 %
Stoxx Europe 600 Industrial Gds UCITS ETF 1	Umfang 36 Mio. €, Alter 9 J., Gebühr 0,30 %, thesaurierend, Währung €. Der europäische Industrie-ETF berücksichtigt Gesellschaften mit großem, mittlerem und geringem Börsenwert. Dazu zählen Airbus (MDAX) und Amadeus Fire (SDAX).			

Branche Wasser, unterschiedliche Geschäftsfelder und Bereiche			
LYXOR World Water D-EUR A/I	**LYX 0CA**	29,60 €	34,25/27,10 €	**+1/+49/+69 %**
	Umfang 273 Mio. €, Alter 8 J., Gebühr 0,60 %, ausschüttend, Währung €. Der ETF orientiert sich am Index World Water CD, hält das Schwankungsrisiko gering und berücksichtigt Gesellschaften mit großem, mittlerem und geringem Börsenwert.		
Robotik, Automatisierungssysteme, Künstliche Intelligenz			
ROBO Global Robotics and Auto Go	**A12 DB1**	**10,00 $**	**10,00/8,00 $**	-1 %/keine Angabe
	Umfang 98 Mio. €, Alter 2 J., Gebühr 0,95 %, thesaurierend, Währung $. Dieser neue ETF legt rund um den Globus in mittelgroße Robotik-Aktien an, z. B. KUKA und Krones, MDAX		
Branche Windkraftanlagen, erneuerbare Energie			
LYXOR ETF New Energy D-EUR A/I	**LYX 0CB**	16,30 €	20,70/14,55 €	**-21/+21/-7 %**
	Umfang 44 Mio. €, Alter 9 J., Gebühr 0,60 %, ausschüttend, Währung €. Dieser ETF orientiert sich am Index World Alternative Energy CW und versucht zusätzlich, das Schwankungsrisiko möglichst niedrig zu halten. Dies mag der Hauptgrund für die vergleichsweise hohe Gebühr von 0,60 % pro Jahr sein.		

Was die ETF-Auswahl so schwierig macht: vom überschaubaren passiven zum aktiven Management in Richtung Zertifikat-Struktur

Als die ersten ETFs von Fondsmanagern entwickelt wurden, war dies keine komplizierte Aufgabe. Ein Index wie DAX, Dow Jones, Euro Stoxx 50, MDAX, TecDAX oder SDAX wurde genau nachgebildet. Die preiswerten Produkte, mit denen sich langfristig ohne großen Aufwand und mit wenig Kapital die wesentlichen Märkte weltweit abdecken ließen, bezogen sich auf die etablierten Börsenbarometer, waren damit vorgegeben und unveränderbar.

Die Grenze bezüglich Anzahl war also vorgezeichnet. Also machten sich ETF-Manager daran, Zusammensetzung und Gewichtung zu verändern. Als dies im Interesse von Wachstum nicht mehr ausreichte, bot es sich an, das aktive Management auszubauen. So wurden als nächste Schritte Absicherungsstrategien eingebaut und das Währungsrisiko verringert. Damit nicht genug! Selbst Derivat-Hebel-Strukturen mit Long auf steigende und Short auf fallende Kurse fanden Eingang in manche Indexfonds. Dies alles verknüpft mit komplizierten, langen Namen. Aber die ETF-Vielfalt ging weiter. Ein Füllhorn von Chancen bieten aktuell die Branchen-ETFs, von denen ich in Perlenfischermanier auf der Suche nach den besten und wichtigsten bin. Manche dieser Branchen-ETFs sind noch so jung, dass verlässliche Aussagen kaum möglich sind bezüglich Akzeptanz und Qualität.

6.3 Zwei ETF-Musterdepots: ausgewogen/ erfolgsorientiert und risikofreudig

Vor allem Einsteiger mit bescheidener Vermögensdecke sollten mit einem ETF-Depot starten, das wichtige Märkte abdeckt. Pro Titel sind mindestens 1.000 € einzusetzen, damit die Transaktionskosten prozentual nur geringfügig belasten, umgekehrt aber ansehnliche Gewinne bei Langzeitanlage ermöglichen. Denken Sie daran, dass ein breit gestreutes Aktien-Investment in einem Zeitraum von 14 Jahren bzw. seit 1991 stets gewinnbringend war, im Schnitt 8 % pro Jahr. Auch beim Einsteigerdepot darf es keine Einwert-Strategie geben. Bis zu 12 Titel sind vernünftig. Ich biete Ihnen je eine Auswahl von ETFs für erfolgsorientierte und risikobewusste Anleger an. Einige Titel haben in beiden Depots ihren Platz. Die reichsten deutschen Familien nutzen in voller Übereinstimmung mit mir Börsenturbulenzen wie den BREXIT aus für den Aktienzukauf.

❶ Nebenwerte-ETF-Depot für erfolgsorientierte Anleger
Einstiegskurse am BREXIT-Absturztag, 24. Juni 2016

Markt, Index, Name Emittent	WKN	Kurs am 24.06.16	Hoch/Tief 1 Jahr	Entwicklung 1, 3, 5 Jahre
Autobranche	A0Q 4R2	43,65 €	63,40/40,15 €	**-30/+23/+21 %**
iShares Stoxx Europe 600 Auto & P (DE)	Umfang 77 Mio. €, Alter 14 J., Gebühr 0,45 %, ausschüttend, Währung €. Dieser ETF bildet Unternehmen mit großem, mittlerem und geringem Börsenwert (Large, Mid, Small Cap) ab.			
Chemie und Pharma	A0H 08E	74,35 €	90,35/69,35 €	**-21/+12/+26 %**
iShares Stoxx Europe 600 Chemicals (DE)	Umfang 52 Mio. €, Alter 14 J., Gebühr 0,46 %, ausschüttend, Währung €. Dieser ETF schafft Zugang zu Europas Chemieindustrie mit großen, mittleren und kleineren Titeln, darunter auch das Duftstoff-/Aroma-Unternehmen Symrise, MDAX.			
Gesundheit	A0Q 4R3	71,35 €	87,70/65,35 €	**-14/+34/+78 %**
iShares Stoxx Europe 600 HealthCare (DE)	Umfang 538 Mio. €, Alter 15 J., Gebühr 0,46 %, ausschüttend, Währung €. Dieser zukunftsträchtige ETF bildet den Gesundheits-Branchen-Index Dow Jones Stoxx 600 HealthCare mit großen und mittleren Titeln aus Europa und den USA ab.			
Immobilien	DBX 0F1	22,35 €	25,70/20,90 €	**-4/+53/+61 %**
db x-Trackers FTSE E/N Dev Eurp RE	Umfang 238 Mio. €, Alter 6 J., Gebühr 0,40 %, thesaurierend, Währung €. Dieser ETF schafft Zugang zu Europas Bau- und Immobilienindustrie mit deutschen Firmen wie DAX-Aufsteiger Vonovia, Deutsche Wohnen, LEG Immobilien (beide MDAX).			

Konsumgüter	A0H 08N	73,40 €	81,90/67,30 €	-4/+37/+81 %
iShares Stoxx Eurp 600 P & H Goods (DE)	Umfang 51 Mio. €, Alter 14 J., Gebühr 0,46 %, ausschüttend, Währung €. Der ETF bietet Zugang zum europäischen Sektor Konsumgüter/Haushaltswaren. Er bildet Aktien von großen, mittleren und kleinen AGs ab (Large, Mid, Small Cap).			
MDAX Mid Caps Index deutsch iShares MDAX®	593 392	173,70 €	191,0/153,8 €	-3/+43/+79 %
	Umfang 1,5 Mrd. €, Alter 15 J., Gebühr 0,51 %, thesaurierend. Die größten Posten im MDAX zwischen 10 und 3 % sind Airbus, Pro7SAT.1, Deutsche Wohnen, Symrise, Brenntag, GEA, Hannover Rück, LEG Immobilien, Hugo Boss, MTU Aero.			
Mid Caps Europa iShares Stoxx Europe Mid 200	593 399	37,30 €	44,90/34,65 €	-15/+28/+36 %
	Umfang 248 Mio. €, Alter 11 J., Gebühr 0,20 %, ausschüttend. Der breit gestreute ETF besticht durch die geringe Gebühr von nur 0,19 €, schafft Zugang zu mittelgroßen Werten in Europa, enthält aber auch einige große Titel wie Beiersdorf, DAX.			
Nahrung iShares Stoxx Europe 600 Food & Bev (DE)	A0H 08H	61,75 €	68,15/53,15 €	-2/+32/+69 %
	Umfang 159 Mio. €, Alter 14 J., Gebühr 0,46 %, ausschüttend, Währung €. Dieser ETF verschafft Zugang zur europäischen Nahrungsmittel- und Getränkeindustrie und berücksichtigt Konzerne mit hohem, mittlerem und geringem Börsenwert.			
SDAX Small Caps Index ComStage SDAX® TR ETF	ETF 005	85,85 €	91,35/72,50 €	+2/+57/+62 %
	Umfang 87 Mio. €, Alter 5 J., Gebühr 0,70 %, thesaurierend. Die stärksten Positionen zwischen 6 bis 3 % Anteil: Rational, GrenkeLeasing, Alstria, Indus, Stabilus, Patrizia, Bertrandt. Es führen Aktien aus den Sektoren Industrie/Gebrauchsgüter.			
USA Small Cap iShares USA Small Cap	A0X 8SB	212,10 €	232,6/170,5 €	-7/+50/+98 %
	Umfang 297 Mio. €, Alter 7 J., Gebühr 0,43 %, thesaurierend, Währung US-Dollar. Die meisten dieser kleinen Titel mit niedriger Marktkapitalisierung haben ihren Geschäftssitz in Amerika und sind an der Technologiebörse Nasdaq 100 gelistet.			
Versicherung iShares Stoxx Europe 600 Insurance (DE)	A0H 08K	23,10 €	30,50/22,20 €	-20/+23/+45 %
	Umfang 75 Mio. €, Alter 14 J., Gebühr 0,46 %, ausschüttend, Währung €. Dieser ETF enthält Unternehmen mit großem, mittlerem und geringem Börsenwert (Large, Mid, Small Cap).			
Wasserwirtschaft LYXOR World Water D-EUR A/I	LYX 0CA	29,60 €	34,25/27,10 €	+1/+49/+69 %
	Umfang 273 Mio. €, Alter 8 J., Gebühr 0,60 %, ausschüttend, Währung €. Der ETF orientiert sich am Index World Water CD, hält das Schwankungsrisiko gering und berücksichtigt Gesellschaften mit großem, mittlerem und geringem Börsenwert.			

❷ Nebenwerte-ETF-Depot für risikofreudige Anleger

Markt, Index, Name Emittent	WKN	Kurs am 24.06.16	Hoch/Tief 1 Jahr	Entwicklung 1, 3, 5 Jahre
Biotechnologie	**657 791**	225,10 €	376,0/214,6 €	**-33/+49/+142 %**
iShares Nasdaq Biotechnology Index Fund		Umfang 8,4 Mrd. €, Alter 15 J., Gebühr 0,48 %, ausschüttend, Währung $. Die wichtigsten Positionen in diesem Nasdaq-ETF mit Anteilen zwischen 8 und 3 % sind Biogen, Amgen, Celgene, Gilead, Regeneron, Vertex, Alexion, Illumina, Biomarin.		
Datensicher-heit/Software	**A0M 2EH**	12,15 €	13,80/10,55 €	**-9/+50/+95 %**
Power Shares Dynamic US M.		Umfang 21 Mio. €, Alter 9 J., Gebühr 0,75 %, ausschüttend, Währung $. Die Aktienauswahl in diesem ETF erfolgt auf der Grundlage wichtiger Fundamental-Kennzahlen wie Wachstum, Ertrag, Bewertung, Anlagezeitraum und Risikofaktoren.		
Erneuerbare Energie	**LYX 0CB**	16,30 €	20,10/14,55 €	**-21/+21/-7 %**
LYXOR ETF New Energy D-EUR A/I		Umfang 44 Mio. €, Alter 9 J., Gebühr 0,60 %, ausschüttend, Währung €. Dieser ETF orientiert sich am Index World Alternative Energy CW und versucht zusätzlich, das Schwankungsrisiko möglichst niedrig zu halten. Dies mag wohl der Hauptgrund für die relativ hohe Gebühr von 0,60 % pro Jahr sein.		
Gesundheit, Pharma/Chemie	**A0H 08E**	74,35 €	90,35/69,35 €	**-21/+12/+26 %**
iShares Stoxx Europe 600 Chemic.		Umfang 52 Mio. €, Alter 14 J., Gebühr 0,46 %, ausschüttend, Währung €. Dieser ETF schafft Zugang zu Europas Chemieindustrie mit großen, mittleren und kleineren Titeln, darunter auch das Duftstoff-/Aroma-Unternehmen Symrise, MDAX.		
Goldminen	**ETF 091**	21,45 €	22,60/9,10 €	**+56/+26/-39 %**
ComStage NYSE Arca Gold BUGS ETF		Umfang 158 Mio. €, Alter 6 J., Gebühr 0,65 %, thesaurierend, Währung $. Von Anfang Januar bis Mitte Februar 2016 stiegen Goldminenaktien um ein Drittel. Die größten Positionen bilden Goldcorp, Newmont, Barrick, Newcrest, Randgold, Kinross.		
Immobilien	**DBX 0F1**	22,35 €	25,70/20,90 €	**-4/+53/+61 %**
db x-trackers FTSE E/N Dev Eurp RE		Umfang 238 Mio. €, Alter 6 J., Gebühr 0,40 %, thesaurierend, Währung €. Dieser ETF schafft Zugang zu Europas Bau- und Immobilienindustrie mit deutschen Firmen wie DAX-Aufsteiger Vonovia, Deutsche Wohnen, LEG Immobilien (beide MDAX).		
Medien, Film, TV, Presse	**A0H 08L**	26,20 €	33,70/25,60 €	**-20/+29/+52 %**
iShares Stoxx Eur. 600 Media		Umfang 19 Mio. €, Alter 14 J., Gebühr 0,46 %, ausschüttend, Währung €. Der ETF bildet Firmen mit großem, mittlerem und geringem Börsenwert vom Europa-Medien-Index ab. DAX-Aufsteiger ProSiebenSAT.1 hat einen Anteil von fast 5 %.		

MDAX Mid Caps Index deutsch iShares MDAX®	**593 392**	173,70 €	191,0/153,8 €	**-3/+43/+79 %**
	Umfang 1,5 Mrd. €, Alter 15 J., Gebühr 0,51 %, thesaurierend. Die größten Posten im MDAX zwischen 10 und 3 % sind Airbus, Pro7SAT.1, Deutsche Wohnen, Symrise, Brenntag, GEA, Hannover Rück, LEG Immobilien, Hugo Boss, MTU Aero.		

Nahrung, Essen, Trinken iShares Stoxx Europe 600 Food	**A0H 08H**	61,75 €	68,15/53,15 €	**-2/+32/+69 %**
	Umfang 159 Mio. €, Alter 14 J., Gebühr 0,46 %, ausschüttend, Währung €. Dieser ETF verschafft Zugang zur europäischen Nahrungsmittel- und Getränkeindustrie und berücksichtigt Konzerne mit hohem, mittlerem und geringem Börsenwert.		

NASDAQ 100 iShares Nasdaq 100® (DE)iShares	**A0F 5UF**	38,50 €	44,50/31,00 €	**-4/+75/+142 %**
	Währung $, Umfang 745 Mio. €, Alter 8 J., Gebühr 0,45 %, thesaurierend. **Schwergewichte**: Apple, Microsoft, Amazon, Alphabet, Facebook, Intel, Comcast, Cisco Systems, Gilead.		

Nebenwerte Europa db x-trackers MSCI Europe Small Cap	**DBX 1AU**	32,75 €	38,05/29,05 €	**-10/+48/+69 %**
	Umfang 541 Mio. €, Alter 8 J., Gebühr 0,40 %, thesaurierend, Währung $. Die wichtigsten deutschen Titel in dem großen europäischen Nebenwerte-Indexfonds sind Wirecard (TecDAX), MTU Aero Engines und LEG Immobilien (beide MDAX).		

SDAX Small Caps Index ComStage SDAX® TR ETF	**ETF 005**	85,85 €	91,35/72,50 €	**+2/+57/+62 %**
	Umfang 87 Mio. €, Alter 5 J., Gebühr 0,70 %, thesaurierend. Die stärksten Positionen zwischen 6 bis 3 % Anteil: Rational, GrenkeLeasing, Alstria, Indus, Stabilus, Patrizia, Bertrandt. Es führen Aktien aus den Sektoren Industrie/Gebrauchsgüter.		

TecDAX Technologie Index iSharesTecDAX®	**593 397**	14,65 €	17,65/13,55 €	**-6/+73/+78 %**
	Umfang 289 Mio. €, Alter 15 J., Gebühr 0,51 %, thesaurierend. Die größten Positionen mit Gewichtung von 11 bis 4 % sind Wirecard, United Internet, Qiagen, Telefónica Deutschland, Dialog Semiconductor, Nordex, Freenet und Software AG.		

Telekommunikation iShares Stoxx Europe 600 Technology (DE)	**A0H 08Q**	30,75 €	36,05/27,60 €	**-12/+32/+47 %**
	Umfang 45 Mio. €, Alter 15 J., Gebühr 0,46 %, ausschüttend, Währung €. In diesem zukunftsträchtigen ETF mit Industrie 4.0, Digitalisierung und Internet der Dinge wird der Dow Jones Euro Stoxx 50 Kommunikations-Technology abgebildet.		

Wasserwirtschaft LYXOR World Water D-EUR A/I	**LYX 0CA**	29,60 €	34,25/27,10 €	**+1/+49/+69 %**
	Umfang 273 Mio. €, Alter 8 J., Gebühr 0,60 %, ausschüttend, Währung €. Der ETF orientiert sich am Index World Water CD, hält das Schwankungsrisiko möglichst gering und bildet Unternehmen mit großem, mittlerem und geringem Börsenwert ab.		

❼ Spannend und oft erfolgreich: Spezial-Nebenwerte-Aktienfonds

7.1 Nebenwerte-Aktienfonds meist besser als Standardfonds mit DAX & Co.

Grundsätzliches zur Anlage der von Banken bevorzugt angebotenen Aktienfonds: Nationale und internationale Spezial- und Nebenwerte-Fonds sind oft top. Die großen Blue-Chips- bzw. Standardfonds weltweit floppen eher im Langzeitvergleich und sind zudem mit hohen jährlichen Verwaltungsgebühren belastet. Hinzu kommt meist noch ein Ausgabeaufschlag von bis zu 5 %, der allerdings verhandelbar ist. Orientieren Sie sich am Anlageverhalten der Reichen, die rund ein Drittel ihres Vermögens breit gestreut in Aktien investieren, große Krisen wie den Weltwirtschaftscrash 2008/09 und das BREXIT-Szenario aussitzen und eher zum Nachkauf nutzen wie ich selbst.

Zählen Sie zu den Anlegern, die nicht täglich ihr Depot im Auge behalten wollen, die weder Zeit noch Lust haben, ständig den Markt zu beobachten? Fühlen Sie sich in schwierigen Zeiten unsicher? Ist Ihre Risikobereitschaft gering? Hindert Sie eine schmale Kapitaldecke daran, weltweit in Einzelaktien zu investieren? Dann bieten sich im Nebenwertesektor neben ETFs auch Spezial-Aktienfonds an. Die deutsche Fondsbranche hat ihr in Themenfonds verwaltetes Vermögen erhöht: Allein vom Jahresanfang 2014 bis 2015 wuchsen Publikumsfonds von 3,1 auf 8,8 Mrd. €. Besonders beliebt sind Dividenden-Aktienfonds, die ich gesondert abbilde.

In der Bundesrepublik werden rund 10.000 unterschiedliche Investmentfondsarten angeboten. Dabei wird zwischen offenen und geschlossenen Fonds unterschieden, wobei für unerfahrene Anleger wegen des geringeren Risikos nur offene Fonds ratsam sind. Mit geschlossenen Fonds sind Sie angekettet, kommen wegen der langen Laufzeit ohne Ersatzperson nicht heraus. Notfalls müssen Sie Geld nachschießen. Aktiv gemanagte Aktienfonds erfassen neben den weltweiten Indizes unterschiedliche Branchen, Sektoren und Themen. Einige zertifizierte Aktienfonds sind für die staatlich geförderte Riester-Rente zugelassen. Als Sparplan lässt sich der Cost-Average-Effekt ideal nutzen. Der Zusatz „thesaurierend" besagt, dass das Management die Dividende anlegt. Obgleich viele Anleger Aktienfonds gegenüber Einzelaktien bevorzugen und sich trotz hoher Gebühren nicht abschrecken lassen, überzeugt die Gewinnentwicklung oft nicht.

Mit aktiv gemanagten Aktienfonds lassen sich theoretisch zwar bessere Renditen erzielen als mit Indexfonds (Exchange Traded Fonds), die das jeweilige Börsenbarometer exakt abbilden. Zwei Drittel der Fondsmanager verlieren aber gegenüber dem Index. Bei global ausgerichteten Fonds sind es 80 % bis 90 %.

Grundlegende Informationen zum Sektor Aktienfonds

Wer Aktienfonds erwirbt, nutzt das Wissen der Profis. Da jedoch die meisten Standardwertefonds den Vergleichsindex nicht schlagen, sind Sie mit den preiswerten, passiv gemanagten Indexfonds ETFs oft besser dran. Dies gilt auch für den Nebenwertesektor. Im Fünfjahresvergleich schnitten die Fondsschlusslichter zu 72 % bis 98 % schlechter ab als die Vergleichsindizes, Benchmark genannt. Sie sollten bedenken, dass ein aktives Einzelaktien-Investment über längere Zeit zwar gute Renditen ermöglicht, aber durch Einstieg, Zukauf, Teil- und Komplettverkauf mit Transaktionskosten belastet wird.

Ist das Fondsmanagement gut – Hinweise liefern Rating-Einstufungen –, sind Sie mit Themenfonds auf der richtigen Seite. Der Aktienfonds übernimmt die Spartopffunktion. Vom eingesammelten Geld kauft das Management je nach Ausrichtung Blue Chips, Nebenwerte, Biotech-, Rohstoff- oder Hightechaktien usw. Sie selbst können die gewünschten Märkte abdecken, ohne Millionär zu sein, und werden mit dem Kauf von Anteilen Miteigentümer am Fondsvermögen der Kapitalanlagegesellschaft. Sie sollten aktuelle Trends wahrnehmen und Schwellenländer im Auge behalten. Informationen über ausländische Nebenwerte sind leider dünn gesät. Mit Qualitätsfonds vermeiden Sie das gebührenpflichtige Umschichten – ein Ausgleich für Ausgabeaufschlag und Managementgebühr. Umfasst ein Fonds nur wenige Millionen Anlagekapital, wächst das Risiko, dass er aufgelöst wird.

➢ **Laut Expertenmeinung bieten passiv gemanagte Indexfonds (ETF) und aktiv ausgerichtete Spitzenfonds längerfristig beste Renditechancen. Fähige Manager bringen eigene Innovationen ein. Diese Chance gilt es zu nutzen.**

Bei der Fondsauswahl helfen Rating-Agenturen wie S&P, Moody's, Fitch Ratings und Morningstar, die besten Produkte aufzuspüren. Das Ranking umfasst quantitative Faktoren wie Rendite, Schwankungsbreite und Risikoprofil. Das Rating bewertet die Qualität, also die Leistungsfähigkeit der Fondsmanager. Interessant ist beim Ranking die Anzahl der Sterne – vergleichbar mit Hoteleinstufungen. Bei vier oder fünf Sternen schnitt dieser Fonds in den letzten 3 bis 5 Jahren bei der Rendite gut bis sehr gut ab. Die Rating-Buchstaben, selbst AAA, sind jedoch kein Freibrief für eine künftig positive Einschätzung. Bei Crash, Trendumkehr und Branchenrotation sind die Favoriten von gestern vielleicht die Verlustbringer von morgen. Rating und Ranking erleichtern die Orientierung. Leicht verstecken sich schlechte Fonds im Bullenmarkt, solange sie ein kleines Plus zeigen.

Fondsbewertungen von Standard & Poor's (S&P)		
Ranking **Rendite und** **Risiko, auf** **drei Jahre** **bezogen**	★★★★★	Zählt zu den Top-Zehn-Prozent der Gruppe
	★★★★	Gutes Rendite- und Risikoprofil
	★★★	Mittleres Rendite- und Risikoprofil
	★★	Schwaches Rendite- und Risikoprofil
	★	Gehört zum schlechtesten Viertel der Gruppe
Rating **auf Basis der** **S&P-Analyse** **über das Ma-** **nagement**	AAA	Außergewöhnlich hohe Managementqualität
	AA	Sehr gute Qualität des Fondsmanagements
	A	Gute Qualität des Fondsmanagements
	NR	Das Rating wurde entzogen
	UR	Steht unter Beobachtung (Managerwechsel o. Ä.)
Alljährlich überprüft S&P europaweit ungefähr 1.400 Investmentfonds		

Leider führt übertriebene Angst wie der BREXIT, EU-Austritt Englands, Ende Juni 2016, dazu, dass deutsche Anleger die Börse meiden und weiter auf die schleichende Kapitalvernichtung Sparbuch/Sparkonto vertrauen. Eine Mehrheit von 55 % der vom Deutschen Aktieninstitut befragten Personen will keinen Cent in Aktien oder Aktienfonds investieren, wenn 10.000 € für 25 Jahre anzulegen sind. Der Anteil der Aktionäre und Fondsbesitzer in Deutschland liegt jetzt bei 14 % und steigt trotz gegenwärtiger Börsenturbulenzen mit heftigem Kurseinbruch leicht. Immerhin haben 2015 gut 9 Mio. Privatanleger direkt oder indirekt in Aktien investiert: ein Plus von 560.000 Privatleuten laut Aussage des Deutschen Aktieninstituts. Dazu meint die Vorstandsvorsitzende Dr. Christine Bortenländer: *„Es ist also Potenzial für die Gewinnung von mehr Aktionären vorhanden, das erschlossen werden kann. Insofern zeigt unsere Studie nicht nur Schatten, sondern auch Licht.“*

Investmentfonds: für viele Deutsche ein Buch mit sieben Siegeln

Laut einer Finanzdienstleister-Studie glaubt jeder zweite Deutsche, dass Rentenfonds die gesetzliche Rente absichern. Die knappe Hälfte hält eine Fondsanlage für kompliziert und genauso riskant wie Einzelaktien. Nur 3 % können sich unter einem ETF etwas vorstellen. Und wer kennt sich schon mit der Prozentrechnung aus? Ist es günstiger, wenn ich statt 100 € wahlweise 105 € bezahle oder 3 % aufschlage? Drei von vier Befragten glauben, dass für eine Aktienanlage Wirtschaftswissen notwendig ist. Aber gerade daran mangelt es hierzulande. Viele Sparer halten Börsen-Investments für schwer verständlich. Seit der Finanzkrise 2008/2009 ließ die Begeisterung für Aktien nach. Die Nullzinspolitik sorgt für neues Interesse.

Als Fondsanleger nehmen Sie mit geschütztem Sondervermögen und dynamischen Sachwerten am Wirtschaftswachstum und über Kursgewinn und Dividende an der Wertschöpfung teil. Sie können Trends nutzen, in Schwellenländer, neue Märkte, Geschäftsmodelle wie Digitalisierung und soziale Netzwerke investieren. Informationen über kleinere ausländische Einzeltitel sind dünn gesät. Mit den richtigen Fonds vermeiden Sie das gebührenpflichtige Umschichten – ein Ausgleich für die hohe jährliche Verwaltungsgebühr, die meist bei über 1,5 % liegt.

Passive Indexfonds (ETF) und aktiv gemanagte Spitzenfonds, deutschlandweit, europäisch, international, nach Indizes, Märkten und Themen ausgerichtet, bieten langfristig gute Renditechancen. Fähige Fondsmanager schichten im Rahmen ihrer Vorgaben mit Augenmaß um. Für Sie bleiben diese Aktivitäten gebührenfrei. Ein ETF ist preiswert: kein Ausgabeaufschlag, nur ein geringer Spread (Unterschied zwischen Geld- und Briefkurs) und eine kleine Jahresgebühr, meist schwankend zwischen 0,10 % und 0,65 %. Als Privatanleger zahlen Sie für Aktienfonds im Schnitt an Managementgebühren jährlich 1,5 % bis über 2 %. Ein Grund für die hohen Gebühren sind die strengen Regulierungsauflagen. Hinzu kommt oft ein Ausgabeaufschlag von bis zu 5 %, bei Hedgefonds auch darüber. Dass die eigene Einzelaktienanlage mit laufenden Transaktionskosten verbunden ist, wird häufig nicht bedacht. Jeder Kauf und Verkauf kostet mindestens 8 €.

Gesundheits- und Datenverarbeitungs-Branche mit Industrie 4.0 – Börsenstars bei Digitalisierung, Cloud-Computing und Vernetzung

Als Fondsliebhaber sollten Sie sich bei einem Neuinvestment unbedingt auf wachstumsstarke Branchen konzentrieren. Goldminenaktien liefen bis 2010 überdurchschnittlich gut, um ab 2011 zweistellig abzustürzen und sich seit 2016 als Angstbarometer großteils zu verdoppeln. Eine ähnlich dramatische Entwicklung zeigt der Rohstoffsektor. Der Gesundheitsbereich mit Biotechnologie bietet nach halbjähriger scharfer Korrektur gute Chancen. Zahlreiche neuartige Wirkstoffe und Therapieansätze erobern den Markt. Der Traum vom ewigen Leben und der Kampf gegen Krebs machen Pharma zum eingebauten Risikopuffer. Das Gesundheitswesen bleibt wegen des demografischen Wandels mit steigender Lebenserwartung für viele Fondsmanager ein großes Zukunftsthema.

Der Ölpreis stürzte ins tiefste Kellerloch, um sich danach leicht zu erholen. Positiv für alle Autofahrer und Erdölheizer, für Fluglinien und alle Unternehmen, die viel fossile Energie verbrauchen. Für ölexportierende Länder und ölfördernde Firmen sind dies dagegen Horrornachrichten. Der lange Zeit abgestürzte Edelmetallsektor feiert ein erfolgreiches Comeback. Kracht es an den weltweiten Börsen, sind Gold und Silber als sicherer Hafen wieder begehrt, physisch und in Form von Wertpapieren. Abgeschwächt gilt dies auch für Platin.

Als zukunftsträchtig gilt laut Experteneinschätzung die Immobilienbranche wegen des starken Bedarfs an bezahlbarem Wohnraum – befeuert durch den Flüchtlingszustrom von über 1 Mio. Migranten 2015. Selbst wenn die einheimische Bevölkerung trotz längerer Lebenserwartung wegen der immer noch zu geringen Geburtenrate von nunmehr 1,47 % pro Frau nicht wächst, so steigt doch der Bedarf an größeren Wohnflächen, soweit man es sich leisten kann.

Viel Wachstumsfantasie wird mit vollautomatisierten Fabriken wegen der um sich greifenden Robotik nicht nur im Sektor Autobau, Logistik und Medizintechnik verknüpft. Der Technologie- und Internetsektor sind im Umbruch wegen zunehmender Digitalisierung, Cloud-Computing, Internet der Dinge, Interesse an Sozialnetzwerken und mehr Datensicherheit. Eine weitere Erfolgsformel stellen Nachhaltigkeit, Wachstumsstrategie und Wahrnehmung von Megatrends wie die Industrie 4.0 dar. Was hier noch möglich sein wird, übersteigt unsere Vorstellungswelt. Einen Vorgeschmack bilden Drohnen und Roboter, die manchen Nobelpreisträger und Schachweltmeister alt aussehen lassen. Die internationale Autoindustrie, aber auch Alphabet (Google) treiben das autonome Fahren, insbesondere von Senioren stark nachgefragt, neben Elektromobilität mit Riesenschritten voran.

Datenschutz und Datensicherheit sind wegen Missbrauchs in Richtung „gläserner Mensch" und Internetkriminalität mit frechen Methoden, ahnungslosen Verbrauchern ihr Geld abzujagen, heute in aller Munde. Dies ist die düstere, gefährliche Kehrseite bei Computern und Internet. Jeder Nutzer sollte sich verantwortlich fühlen. Die Softwarebranche muss Privat- und Firmenkunden praktikable, leicht umzusetzende, benutzerfreundliche Hilfen anbieten. Auch dies gehört zu einer wegweisenden Digitalisierung und vernetzten Welt.

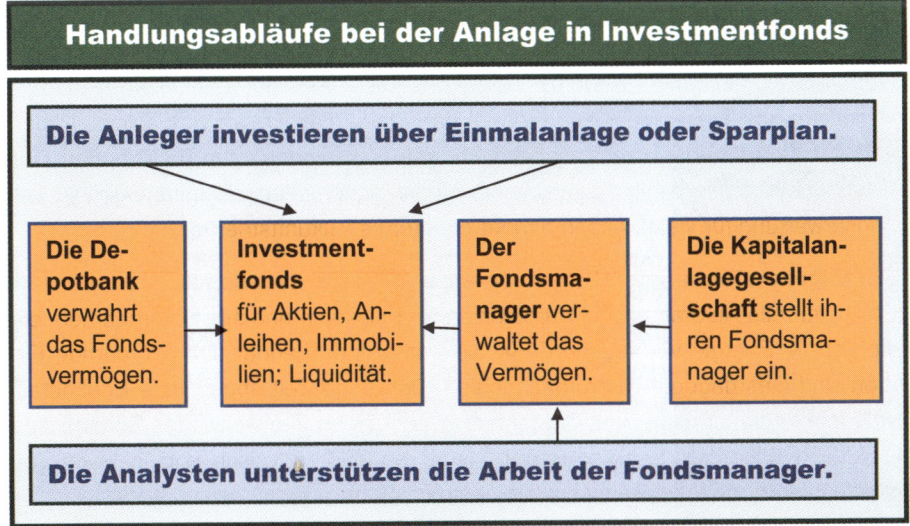

Handlungsabläufe bei der Anlage in Investmentfonds

Die Anleger investieren über Einmalanlage oder Sparplan.

Die Depotbank verwahrt das Fondsvermögen.

Investmentfonds für Aktien, Anleihen, Immobilien; Liquidität.

Der Fondsmanager verwaltet das Vermögen.

Die Kapitalanlagegesellschaft stellt ihren Fondsmanager ein.

Die Analysten unterstützen die Arbeit der Fondsmanager.

7.2 Eine Auswahl von Nebenwerte-Aktienfonds: Deutschland, Europa, USA, Asien, weltweit

❶ Auswahl von Nebenwerte-Aktienfonds Deutschland; Einstieg für Mutige; BREXIT-Absturztage 24./26.06.2016				
Markt, Index, Name Emittent	**WKN**	**Kurs am 24.06.16**	**Hoch/Tief 1 Jahr**	**Entwicklung 1, 3, 5, 10 Jahre**
Allianz Adifonds A EUR	**847 103**	100,10 €	120,2/94,00 €	-13/+30/+40/+210 %
Umfang 198 Mio. €, Alter 58 Jahre, Ausgabeaufschlag 5,0 %, Jahres-Verwaltungsgebühr 1,80 %, ausschüttend, Währung €. Der Fonds konzentriert sich auf DAX und deutsche Nebenwerte. Ziel ist eine ansehnliche Rendite bei Langzeitanlage.				
CS IF 11 (LUX) Small & Mid Cap Germany Equity F	**973 882**	1.950,0 €	2.200/1.760 €	-5/+36/+110/+282 %
Umfang 265 Mio. €, Alter 22 Jahre, Ausgabeaufschlag 5,0 %, Verwaltungsgebühr 1,92 %, thesaurierend, Währung €. Der Fonds fällt durch hohe Gebühren auf, ist aber interessant mit Werten aus MDAX, TecDAX, SDAX, Gewichtung 9 % bis 3 %: Airbus, Wirecard, MorphoSys, GEA, Dt. Wohnen, United Internet, Brenntag, Symrise, GrenkeLeasing, Hannover Rück.				
DWS German Small/MidCap	**515 240**	114,50 €	129,6/103,2 €	-5/+58/+87/108 %
Umfang 173 Mio. €, Alter 10 Jahre, Ausgabeaufschlag 5,0 %, Jahres-Verwaltungsgebühr 1,40 %, ausschüttend, Währung €. Die größten Positionen mit Anteilen von 7,5 % bis 3 % stammen aus MDAX und TecDAX: Airbus, United Internet, Zalando, Symrise, Qiagen, MTU, Metro, Pro7SAT.1 (jetzt DAX).				
FPM Fds Stock-picker Germany Small/Mid Cap (C)	**A0D N1Q**	278,85 €	292,7/238,6 €	+1/+44/+70/+106 %
Umfang 53 Mio. €, Alter 12 Jahre, Ausgabeaufschlag 4,0 %, Verwaltungsgebühr 0,00 %, ausschüttend, Währung €. Dieser Fonds ist schon deshalb interessant, weil er auf die Verwaltungsgebühr verzichtet und breit gestreut anlegt in TecDAX, MDAX, SDAX und kleinere Titel. Wichtigste Positionen sind zwischen 7 % und 3 %: Klöckner & Co., SÜSS Micro, Elumeo, Grammer, LEONI, SIXT SE, Rheinmetall und SAF Holland.				
LAF Lupus alpha Smaller German Champions	**974 564**	276,10 €	287,8/240,6 €	+6/+72/+94/+200 %
Umfang 470 Mio. €, Alter 15 Jahre, Ausgabeaufschlag 5,0 %, Verwaltungsgebühr 1,50 %, thesaurierend, Währung €. Der Fonds mischt breit gestreut Nebenwerte aus MDAX, TecDAX, SDAX mit Anteilen zwischen 3 % und 2 %: Aurubis, KION, United Internet, Airbus, SIXT SE, Krones, Vossloh und GEA.				

MainFirst Germany Fund A	A0R AJN	167,85 €	178,5/137,8 €	+8/+100/+104/+243
	Umfang 173 Mio. €, Alter 8 Jahre, Ausgabeaufschlag 5,0 %, Verwaltungsgebühr 1,50 %, thesaurierend, Währung €. Dieser interessante Fonds mit beeindruckender Kursentwicklung berücksichtigt nicht nur DAX-, MDAX- und SDAX-Werte, sondern greift auf substanzstarke Softwareaktien aus dem Prime Standard zurück, die sich auch in meinem Depot befinden. Mit einem Anteil von 9 % bis rund 5 % sind die wichtigsten Titel: CENIT, ATOSS Software, SIXT SE, Bertrandt, Leifheit, König & Bauer, Aareal Bank und Deutsche Pfandbriefbank.			
UBS (D) Eq-Mid Caps Germany	975 175	335,50 €	335,6/285,1 €	-1/+39/+69/+127 %
	Umfang 80 Mio. €, Alter 20 Jahre, Ausgabeaufschlag 4,0 %, Verwaltungsgebühr 1,80 %, thesaurierend, Währung €. Die wichtigsten Posten mit Anteilen zwischen 7 % und 3 % sind: Airbus, Rheinmetall, LEG Immobilien, Brenntag, GEA, Dt. Wohnen, Steinhoff, MTU, Symrise, Evonik (alle MDAX).			
UBS (D) Eq-Small Caps Germany	975 165	421,00 €	470,9/356,7 €	-7/+37/+43/+110 %
	Umfang 105 Mio. €, Alter 23 Jahre, Ausgabeaufschlag 4,0 %, Verwaltungsgebühr 1,80 %, thesaurierend, Währung €. Die größten Positionen stammen aus TecDAX und SDAX in einer Gewichtung 5,5 % bis 3 %: RIB Softw., Vossloh, BayWa, Patrizia, Stabilus, HELLA, Salzgitter, SAF Holland, Jungheinrich.			
Uni Deutschland XY	975 049	133,25 €	139,5/110,8 €	+4/+77/+87/+209 %
	Umfang 623 Mio. €, Alter 10 Jahre, Ausgabeaufschlag 4,0 %, Verwaltungsgebühr 1,55 %, thesaurierend, Währung €. Die größten Positionen aus MDAX, TecDAX, SDAX mit Anteil von 10 % bis 4 % sind: Patrizia, Schaeffler, Ado Properties, König & Bauer, Heidelberger Druck, SIXT SE, PUMA und XING.			

Für wen sind deutsche Nebenwerte-Fonds im Vergleich zu einem ETF interessant oder eher nachteilig?

Interessiert Sie nur der MDAX, TecDAX oder SDAX, sind Sie mit einem ETF besser bedient, weil Sie den Ausgabeaufschlag sparen und die jährliche Verwaltungsgebühr im Schnitt bei 0,35 % statt 1,90 % liegt. Möchten Sie dagegen Aktien aus den drei Nebenwerte-Indizes und noch einige kleinere Werte in einem einzigen Produkt abgedeckt, bietet Ihnen dies ein Aktienthemenfonds. Die Übergewichtung einzelner Titel und die Nichtberücksichtigung anderer Werte müssen Sie nicht stören, wenn Sie generell die Zusammensetzung bejahen. Gegenüber Einzelaktien sparen Sie Transaktionskosten, können aber auch nicht sofort auf Börsenturbulenzen reagieren wie beim BREXIT-Crash am 24./26. Juni 2016: großteils zweistellige Kursabschläge auch bei Qualitätstiteln.

Markt, Index, Name Emittent	WKN	Kurs am 24.06.16	Hoch/Tief 1 Jahr	Entwicklung 1, 3, 5, 10 Jahre
Comgest Growth Greater Europe Opportunitis	A0Y AJD	25,55 €	27,70/22,05 €	+2/+45/+94/+157 %

Umfang 131 Mio. €, Alter 8 Jahre, Ausgabeaufschlag 4,0 %, Verwaltungsgebühr 1,50 %, thesaurierend, Währung €. Der auf Europa zugeschnittene Nebenwerte-Fonds konzentriert sich auf wachstumsstarke, konjunkturunabhängige Titel. Sartorius und Eurofins zählen auch zu den Siegern in meinem Depot. Bei Wirecard reagierte ich auf hohe Kursverluste nach Hedge-fonds-Abstrafung. BAYER (DAX) ist auch vertreten.

Comgest Growth plc Mid-Caps Europe	631 027	22,55 €	24,15/19,65 €	+6/+53/+108/+137 %

Umfang 121 Mio. €, Alter 16 Jahre, Ausgabeaufschlag 4,0 %, Verwaltungsgebühr 1,50 %, thesaurierend, Währung €. Der erfolgreiche Fonds konzentriert sich auf wachstumsstarke, konjunkturunabhängige Growth-Aktien. Spitzenwerte mit einer Gewichtung zwischen 8 % und 4 % sind Sartorius, Wirecard, Eurofins, Stratec Biomedical und CTS Eventim, wobei Sartorius, Eurofins und Stratec schon mehrere Jahre mein Depot schmücken und Wirecard bei mir neu hinzugekommen ist.

CS (LUX) IF11 Small & Mid Cap Europe Equity B	973 136	2.299,00 €	2.693/2.034 €	-1/+51/+64/+84 %

Umfang 68 Mio. €, Alter 22 Jahre, Ausgabeaufschlag 5,0 %, Verwaltungsgebühr 1,92 %, thesaurierend, Währung €. Dieser die Erwartungen erfüllende Nebenwerte-Fonds fällt einerseits durch geringe Stückelung, andererseits durch hohe Verwaltungsgebühren und ein ansehnliches Alter auf. Er dürfte sich aber wegen erfreulicher Kursentwicklung insbesondere für kapitalkräftige Anleger eignen. Auch hier nimmt das französische Bioanalytik-Unternehmen Eurofins einen Stammplatz ein. Dies gilt ebenso für mein Alt- und Neubestandsdepot.

F&C Portfolios Fund European Small Cap A (EUR)	A0D N0Y	26,50 €	30,00/23,00 €	-7/+48/+98/+89 %

Umfang 424 Mio. €, Alter 11 Jahre, Ausgabeaufschlag 5,0 %, Jahres-Verwaltungsgebühr 2,50 %, ausschüttend, Währung €. In diesem breit gestreuten Nebenwerte-Aktienfonds mit einer Gewichtung von höchstens 3,5 % befindet sich als bekannter deutscher Vertreter der MDAX-Titel Gerresheimer; schon seit etlichen Jahren auch in meinem Depot. Die übrigen Werte dürften Privatanlegern großteils wohl unbekannt sein.

Metzler European Smaller Companies A	987 735	218,75 €	269,7/209,8 €	<u>+3</u>/+63/+86/+126 %
	Umfang 536 Mio. €, Alter 18 Jahre, Ausgabeaufschlag 5,0 %, Jahres-Verwaltungsgebühr 1,50 %, ausschüttend, Währung €. Der Fonds ist so breit gestreut, dass kein Titel über 3 % gewichtet ist. Er bringt europäische Aktien mit mittlerem und niedrigem Börsenwert. Aus Deutschland ist der MDAX-Aufsteiger HELLA vertreten, auch zu meinem Depot gehörend.			
Pioneer Funds European Potenzial A	A0M J5A	144,00 €	176,0/137,8 €	-17/+43/+70/+78 %
	Umfang 1,84 Mrd. €, Alter 9 Jahre, Ausgabeaufschlag 5,0 %, Verwaltungsgebühr 1,50 %, thesaurierend, Währung €. Mit ca. 1,5 Mrd. Anlagevolumen zählt der europäische Nebenwerte-Aktienfonds zu den Schwergewichten, was für mehr Sicherheit sorgt. Die breite Streuung ist durch Gewichtung von maximal 2,8 % gewährleistet. Aus dem MDAX ist hier Deutsche Wohnen vertreten, seit dem IPO auch zu meinem Depot zählend.			
SEB European Equity Small Caps D (EUR)	989 941	257,80 €	295,8/223,6 €	-1/<u>+78</u>/+101/+152 %
	Umfang 165 Mio. €, Alter 17 Jahre, Ausgabeaufschlag 1,0 %, Verwaltungsgebühr 1,50 %, ausschüttend, Währung €. In diesem breit gestreuten Europa-Nebenwerte-Fonds überzeugt neben dem geringen Ausgabeaufschlag von 1,0 % die beeindruckende Kursentwicklung. Die größten Posten mit einer Gewichtung von 5 bis 3,5 % bilden GrenkeLeasing und Patrizia Immobilien aus dem SDAX, beide auch in meinem Depot.			
TIF Threadneedle Investment Funds ICVC European Smaller Companie	987 665	7,50 €	8,00/6,75 €	-1/+48/+85/<u>+153 %</u>
	Umfang 1,77 Mrd. €, Alter 18 Jahre, Ausgabeaufschlag 5,0 %, Verwaltungsgebühr 1,50 %, thesaurierend, Währung €. Dieser erfolgreiche europäische Growth-Nebenwerte-Fonds zählt zu den Schwergewichten der Branche. Auch hier hat, wie fast überall, die französische Bioanalytik-Aktie Eurofins ihren verdienten Stammplatz. Zu den führenden deutschen Positionen zählen NORMA aus dem MDAX und SDAX-Neuling Tele Columbus. Keine Aktie ist im Fonds über 2,15 % gewichtet.			

Für wen und aus welchem Grund sind gute europäische Nebenwerte-Aktienfonds interessant?

Es ist nicht schwierig, sein Depot mit attraktiven deutschen Nebenwerten zu bestücken. Die Entwicklung von MDAX, TecDAX, SDAX wird zumindest in der Wirtschaftspresse regelmäßig veröffentlicht. Es fehlt nicht an weiteren Infos auf Internet-Plattformen, wie BILD.de, boerse.ARD.de, finanzen.net oder OnVista Bank. News von europäischen Nebenwerten außerhalb Deutschlands sind kaum zu beschaffen. Hier ist ein ETF oder Themenfonds goldrichtig.

Markt, Index, Name Emittent	WKN	Kurs am 28.06.16	Hoch/Tief 1 Jahr	Entwicklung 1, 3, 5, 10 Jahre
AXA REAT Rosenberg Equity Alpha Trust Global Small Cap	**692 188**	27,25 €	31,10/24,25 €	**-8/+48/+88/+66 %**
	Umfang 468 Mio. €, Alter 15 Jahre, Ausgabeaufschlag 2,00 %, Verwaltungsgebühr 1,50 %, thesaurierend, Währung €. Der weltweit anlegende Nebenwerte-Fonds bringt so niedrig kapitalisierte Werte, dass Sie davon wohl kaum eine Aktie kennen dürften. Der Fonds ist dermaßen breit gestreut, dass selbst bei den größten Posten die Gewichtung unter 1 % liegt.			
BGF BlackRock Global Funds SmallCap A2 EUR	**A0B MA1**	70,55 €	84,25/60,20 €	**-13/+37/+63/+93 %**
	Umfang 309 Mio. €, Alter 21 Jahre, Ausgabeaufschlag 5,0 %, Verwaltungsgebühr 1,50 %, thesaurierend, Währung €. Dieser weltweit anlegende Nebenwerte-Fonds ist so breit gestreut, dass kein einziger Titel höhere Anteile als über 1,4 % bekommt. Diese Small Caps dürften großteils unbekannt sein.			
Comgest Monde C	**939 942**	1.373,00 €	1.526/1.242 €	**-6/+43/+71/+84 %**
	Umfang 475 Mio. €, Alter 25 Jahre, Ausgabeaufschlag 2,50 %, Verwaltungsgebühr 2,00 %, thesaurierend, Währung €. Dieser Fonds bevorzugt Mid Caps, darunter bekannte Titel. Die Gewichtung liegt zwischen 4,7 und 5,3 %. Der Ausgabeaufschlag ist niedrig, die Verwaltungsgebühr hoch. Die geringe Stückelung fällt auf – interessant nur für wohlhabende Anleger.			
Dimensional PLC Global Small Companies Fund EUR	**A1J JAF**	17,30 €	18,90/14,80 €	**-7/+46/+48 %**
	Umfang 405 Mio. €, Alter 5 Jahre, Ausgabeaufschlag 0,00 %, Verwaltungsgebühr 0,43 %, thesaurierend, Währung €. Dieser Fonds überzeugt schon deshalb, weil er auf einen Ausgabeaufschlag verzichtet und die Verwaltungsgebühr niedrig ist – echte Konkurrenz für ETFs. Die mittelgroßen und kleinen Titel sind unter 0,25 % gewichtet, was für breite Streuung sorgt. LEG Immobilien, MDAX, und Qiagen, TecDAX, zählen zu den führenden Titeln und schmücken auch mein Depot.			
Dimensional Funds PLC Global Targeted Value Fund B	**A0R MKW**	17,60 €	19,95/15,05 €	**-11/+38/+64/+76 %**
	Umfang 1,23 Mrd. €, Alter 8 Jahre, Ausgabeaufschlag 0,00 %, Verwaltungsgebühr 0,50 %, thesaurierend, Währung €. Der Fonds legt weltweit mit niedriger Gewichtung unter 0,30 % in nachhaltige, substanzstarke, konjunkturunabhängige mittlere und kleinere Value-Aktien an. Auffällig ist der Verzicht auf einen Ausgabeaufschlag und die geringe Verwaltungsgebühr.			

Kepler Growth Aktienfonds T	A0E ANG	152,85 €	175,2/138,2 €	-10/+39/+73/+39 %
	Umfang 30 Mio. €, Alter 11 Jahre, Ausgabeaufschlag 4,50 %, Verwaltungsgebühr 1,65 %, thesaurierend, Währung €. Dieser internationale Aktienfonds investiert in große, mittelgroße und kleinere Firmen in einer Gewichtung bis zu 2,6 %. Der Nebenwerte-Fonds bevorzugt wachstumsstarke, bei intakter Konjunktur besonders gut laufende Titel. Aktien aus Emerging Markets dürfen, müssen aber nicht beigemischt werden.			
Monega Innovation	532 102	53,50 €	59,05/47,30 €	-7/+44/+59/+94 %
	Umfang 19 Mio. €, Alter 15 Jahre, Ausgabeaufschlag 3,50 %, Jahres-Verwaltungsgebühr 0,08 %, ausschüttend, Währung €. Dieser Nebenwerte-Fonds überzeugt mit fairem Ausgabeaufschlag und extrem niedriger Verwaltungsgebühr. Sorgen bereitet das geringe Volumen von kaum 20 Mio. €. Der Fonds ist breit gestreut mit Gewichtung unter 2,75 %. Bevorzugt werden mittlere und kleinere Value-Titel, also konjunkturunabhängige, nachhaltige Aktien aus den USA, Europa und Japan.			
Siemens Global Growth	977 265	6,95 €	7,15/5,65 €	+4/+56/+93/+152 %
	Umfang 17 Mio. €, Alter 15 Jahre, Ausgabeaufschlag 0,00 %, Verwaltungsgebühr 1,50 %, thesaurierend, Währung €. Der Fonds verzichtet auf den Ausgabeaufschlag. Aber das geringe Volumen von 17 Mio. € gefährdet die Sicherheit. Bevorzugt werden Growth-Aktien aus den Sektoren Internet, Technologie, Medien, Telekommunikation, Biotech, darunter etliche TecDAX-Aktien in einer Gewichtung bis zu 3 %: Nemetschek, Sartorius, Wirecard, Freenet, Bechtle, Stratec und XING.			
Threadneedle TIV American ICVC Fund RNA	A0J D21	2,55 €	2,85/2,25 €	-5/+51/+105/+110 %
	Umfang 6,17 Mrd. €, Alter 9 Jahre, Ausgabeaufschlag 3,75 %, Verwaltungsgebühr 1,50 %, thesaurierend, Währung €. Der auf Growth-Aktien ausgerichtete Fonds mit Fokus auf Technologie und Internet investiert in große und mittelgroße Nordamerika-Aktien und darf zusätzlich kanadische Werte aufnehmen. Das Volumen von 2,6 Mrd. € sorgt für Sicherheit.			
Triodos Sicav Sustainable Pioneer Fund R	A0R J3B	33,05 €	39,25/29,75 €	-13/+53/+53/+36 %
	Umfang 154 Mio. €, Alter 9 Jahre, Ausgabeaufschlag 5,0 %, Verwaltungsgebühr 1,70 %, thesaurierend, Währung €. Dieser Fonds investiert rund um den Globus insbesondere in mittelgroße Werte. Zu den Favoriten zählt eindeutig die Branche erneuerbare Energien mit zahlreichen Solarstrom- und Windkraftaktien in einer Gewichtung bis zu 3,75 %.			

④ Nebenwerte-Aktienfonds Ostasien mit Japan/China				
Markt, Index, Name Emittent	WKN	Kurs am 28.06.16	Hoch/Tief 1 Jahr	Entwicklung 1, 3, 5, 10 Jahre
Allianz Global Investors Fund V Japan Smaller Companies A EUR	933 998	51,20 €	52,25/40,40 €	+7/+56/+94/+51 %
	Umfang 23 Mio. €, Alter 16 Jahre, Ausgabeaufschlag 5,00 %, Jahres-Verwaltungsgebühr 2,05 %, ausschüttend, Währung €. Dieser sehr erfolgreiche Aktienfonds mit allerdings niedrigem Volumen und vergleichsweise hoher Verwaltungsgebühr von 2,05 % pro Jahr konzentriert sich auf mittelgroße und kleinere japanische Firmen mit langfristig starkem Ertragswachstum. Die Gewichtung der japanischen Aktien beträgt bis zu 4,2 %.			
BGF BlackRock Global Funds Pacific Equity A2 EUR	A0B MA4	27,25 €	32,00/23,50 €	-14/+23/+44/+107 %
	Umfang 356 Mio. €, Alter 22 Jahre, Ausgabeaufschlag 5,0 %, Verwaltungsgebühr 1,50 %, thesaurierend, Währung €. Die weltweit führende Fondsgesellschaft BlackRock konzentriert sich auf Firmen unterschiedlicher Größe in aufstrebenden Ländern des asiatischen Pazifik-Raumes. Das Ziel ist langfristiger Wertzuwachs. Neben Aktien darf in Rententitel investiert werden. Die Gewichtung der Aktien beträgt bis zu 3 %.			
DKB Asien Fonds TNL	795 322	24,90 €	28,50/21,55 €	-10/+23/+30/+26 %
	Umfang 18 Mio. €, Alter 15 Jahre, Ausgabeaufschlag 0,00 %, Verwaltungsgebühr 1,40 %, thesaurierend, Währung €. Dieser auf den Ausgabeaufschlag verzichtende preiswerte Aktienfonds konzentriert sich auf Wachstumswerte unterschiedlicher Größe aus den Ländern Japan, Singapur und Hongkong. Die Gewichtung der einzelnen Aktien beträgt bis zu 4 %.			
DNB Asian Small Cap retail A	986 071	5,35 €	6,60/4,55 €	-17/+48/+21/+56 %
	Umfang 171 Mio. €, Alter 21 Jahre, Ausgabeaufschlag 5,00 %, Verwaltungsgebühr 1,75 %, thesaurierend, Währung €. Dieser auf kleinere wachstums- und ertragsstarke Unternehmen ausgerichtete Nebenwerte-Fonds gewichtet seine größten Posten bis zu knapp 5 %. Er investiert in Fernost außer Japan. Der Beteiligungsanteil unter den Ländern schwankt.			
Deutsche Invest I Asian Small/Mid Cap L	A0H MCD	193,40 €	224,1/164,7 €	-14/+19/+32/+94 %
	Umfang 72 Mio. €, Alter 10 Jahre, Ausgabeaufschlag 5,00 %, Verwaltungsgebühr 1,50 %, thesaurierend, Währung €. Dieser Aktienfonds investiert in mittelgroße und kleinere asiatische Unternehmen mit dem Ziel, einen langfristigen Wertzuwachs zu erzielen. Die im Fonds bis zu 5,5 % gewichteten Aktien dürften wohl kaum einem Privatanleger bekannt sein.			

KBC Equity Fund Pacific Classic C	**A0M RMB**	459,50 €	545,0/411,8 €	**-14/+20/+35/-1 %**
	Umfang 5 Mio. €, Alter 10 Jahre, Ausgabeaufschlag 0,00 %, Verwaltungsgebühr 1,50 %, thesaurierend, Währung €. Dieser Aktienfonds mit sehr geringem Volumen, aber Verzicht auf den Ausgabeaufschlag, investiert in 150 Titel unterschiedlicher Größe, und zwar zu 28 % in Finanzwerte und zu 23 % in den Konsumgütersektor. Die Gewichtung beträgt bis zu 5 %.			
Lemanik SICAV Asian Opportunity Retail EUR	**626 644**	14,75 €	17,40/13,10 €	**-15/+30/+80/+88 %**
	Umfang 60 Mio. €, Alter 22 Jahre, Ausgabeaufschlag 3,00 %, Verwaltungsgebühr 1,85 %, thesaurierend, Währung €. Dieser Fonds investiert insbesondere in asiatische Nebenwerte, darf aber auch weniger als die Hälfte mit Rentenpapieren abdecken. Die Gewichtung der Aktien beträgt bis zu 1,4 %.			
NESTOR-Fonds Fernost Fonds B	**972 880**	83,25 €	111,3/73,60 €	**-26/+25/+21/+80 %**
	Umfang 22 Mio. €, Alter 22 Jahre, Ausgabeaufschlag 3,00 %, Verwaltungsgebühr 1,40 %, thesaurierend, Währung €. Der Fonds investiert in unterbewertete kleinere Firmen, die durch viel Substanzwert und Gewinnwachstum überzeugen und aus Asien, Australien und Neuseeland stammen. Zwar ist das Volumen gering; es sprechen aber der faire Ausgabeaufschlag und die geringe Jahresgebühr für ein Investment.			
Raiffeisen-Pazifik-Aktien RT	**631 577**	135,75 €	156,2/115,1 €	**-13/+27/+33/+22 %**
	Umfang 143 Mio. €, Alter 17 Jahre, Ausgabeaufschlag 4,0 %, Verwaltungsgebühr 1,50 %, jetzt ausschüttend, Währung €. Der auf große und mittelgroße Titel ausgerichtete Aktienfonds investiert im pazifischen Raum in fair bewertete Aktien mit einer Gewichtung bis zu 2,85 % und sorgt für breite Streuung.			
Robeco CG Capital Growth Funds Asia-Pacific Equities D E	**988 149**	125,20 €	146,3/110,0 €	**-16/+28/+47/+67 %**
	Umfang 511 Mio. €, Alter 18 Jahre, Ausgabeaufschlag 5,0 %, Verwaltungsgebühr 1,50 %, thesaurierend, Währung €. Dieser Fonds investiert in Aktien von Firmen unterschiedlicher Größe aus Japan, China, Südkorea und Australien. Die Gewichtung beträgt bis zu 3,8 % und sorgt für breite Streuung.			
UNI Asia	**971 267**	54,45 €	65,00/48,10 €	**-18/+16/+27/+56 %**
	Umfang 80 Mio. €, Alter 27 Jahre, Ausgabeaufschlag 5,0 %, Verwaltungsgebühr 1,20 %, thesaurierend, Währung €. Endlich einmal ein kurzer, einprägsamer Name! Dieser Fonds mit fairer Verwaltungsgebühr verzichtet auf Währungsabsicherung, investiert in Unternehmen unterschiedlicher Größe und bevorzugt Aktien aus Japan, Südkorea, Hongkong, Taiwan, Singapur und China mit einer Gewichtung bis zu rund 4 %.			

7.3 Weltweite Fondssieger 2015: Nebenwerte rund um den Globus auf Rang 2, 3, 4, 5, 7

Wie schon ein Jahr zuvor: Nebenwerte und Gesundheitswesen vorn

Beste Investmentfonds weltweit im Gesamtjahr 2015			
Rang	**Fonds-Anlageschwerpunkt**	**Jahr 2015**	**Schnitt 5 J.**
01	Aktien Japan	+22,1 %	+8,5 %
02	Aktien Euroland Nebenwerte	+21,9 %	+8,9 %
03	Aktien Europa Nebenwerte	+21,4 %	+10,9 %
04	Aktien Japan Nebenwerte	+20,9 %	+11,7 %
05	Aktien Deutschland Nebenwerte	+19,3 %	+12,0 %
06	Aktien Gesundheitswesen Welt	+16,1 %	+19,1 %
07	Aktien Welt Nebenwerte	+13,4 %	+10,9 %
08	Anleihen Emerging Markets	+12,8 %	+9,8 %
09	Aktien Technologie Welt	+12,7 %	+12,2 %
10	Aktien Deutschland	+12,1 %	+8,5 %
11	Aktien Gesamteuropa	+11,2 %	+8,0 %
12	Aktien Euroland/Eurozone	+10,8 %	+7,2 %
13	Anleihen US-Dollar	+10,6 %	+6,4 %
14	Aktien Telemedien Welt	+10,2 %	+11,1 %
15	Aktien Nordamerika	+9,8 %	+13,9 %
16	Aktien Nachhaltigkeit/Ethik Welt	+9,7 %	+8,6 %
17	Mischfonds Global flexibel	+9,6 %	+8,6 %
18	Aktien Welt	+8,1 %	+7,7 %
19	Aktien China	+6,7 %	+4,3 %
20	Aktien Nordamerika Nebenwerte	+6,5 %	+12,7 %

Anmerkung: Die Fondsrangliste von 2015 berücksichtigt noch nicht den weltweiten Kursabsturz von Januar/Februar 2016, einen „Salamicrash" auf Raten. Für 2016 sind wohl selbst bei den siegreichen Aktienfonds, für die ich erneut den Nebenwertesektor favorisiere, kaum noch zweistellige Renditen zu erwarten. Hoffen wir dennoch auf eine positive Überraschung; denn Prognosen sind Spekulation.

Quellen: links: Handelsblatt Nr. 26, 08.02.2016, **rechts:** Nr. 134, 14.07.2016

7.4 Ein gewaltiger Umbruch bei der Fonds-Entwicklung im 1. Halbjahr 2016

Großes Comeback für Goldminen-, Rohstoff- und Schwellenländer-Aktien. Japan und Gesundheitswesen stürzen dagegen ab.

\multicolumn{4}{c}{Die besten Aktienfonds weltweit im 1. Halbjahr 2016}			
Rang	Fonds-Anlageschwerpunkt	1. Hj. 2016	5 Jahre p. a.
01	Aktien Goldminen	+93,6 %	-14,9 %
02	Aktien Rohstoffe & Energie	+21,3 %	-16,5 %
03	Aktien Lateinamerika	+19,7 %	-21,6 %
06	Aktien Mittel-/Osteuropa	+4,6 %	-0,2 %
07	Aktien Emerging Markets	+3,7 %	-4,7 %
14	Aktien Telemedien Welt	+2,4 %	+11,1 %
17	Aktien Japan Nebenwerte	+0,1 %	+20,9 %
20	Aktien Nordamerika Nebenwerte	-0,2 %	+6,5 %
21	Aktien Asien Pazifik ohne Japan	-0,3 %	+2,2 %
22	Aktien Nordamerika	-1,0 %	+9,8 %
24	Aktien Welt	-3,3 %	+8,1 %
25	Aktien Welt Nebenwerte	-3,7 %	+13,4 %
26	Aktien Technologie Welt	-4,5 %	+12,7 %
27	Aktien Nachhaltigkeit/Ethik Welt	-4,5 %	+9,7 %
28	Aktien Deutschland Nebenwerte	-5,6 %	+19,3 %
29	Aktien Japan	-6,1 %	+22,1 %
30	Aktien Gesundheitswesen Welt	-7,4 %	+16,1 %
31	Aktien China	-7,7 %	+11,2 %
33	Aktien Euroland Nebenwerte	-8,9 %	+21,9 %
36	Aktien Deutschland	-10,7 %	+21,4 %

Anmerkung: Die positive Trendwende bei Aktien in den Sektoren Goldminen, Rohstoffe & Energie, Lateinamerika, Mittel-/Osteuropa und Emerging Markets, umgekehrt der starke Rückgang bei Japan und Gesundheitswesen zeigen: Für Aktienfonds gilt uneingeschränkt: Breit gestreut – nie bereut! Wer alles auf eine Karte setzt und den Markt nicht beobachtet, kann viel Geld verlieren. Grundsätzlich ist für Aktienfonds wie für ETFs ein mittel- bis langfristiger Anlagehorizont anzusetzen.

7.5 Mischfonds: beliebt, aber renditeschwach

Viele Bankberater empfehlen Mischfonds wegen des geringeren Risikos. – Trotz schlechter Ergebnisse sind diese Produkte beliebt.

Wie die Grafik zeigt, ist die Bilanz internationaler Mischfonds mit freien Anlageklassen miserabel. Die 657 Mischfonds mit über 1 Mrd. € Kapital schlossen 2015 durchwegs im Minus ab. Nur 4 von 657 Mischfonds erzielten karge Gewinne von 0,1/0,3/1,3/1,8 %. Der Vergleichsindex mit je zur Hälfte Aktien/Anleihen konnte mit seinem mageren Plus von 0,5 % auch nicht überzeugen. Wie stehen demgegenüber die deutschen Nebenwerte-Indizes Ende 2015 da? TecDAX +34 %, SDAX +27 %, MDAX +23 %. Nachdem 10-jährige Bundesanleihen nun mit einem Minuszins von 0,01 % belastet werden, wird es für Mischfonds 2016/17 noch schwieriger sein, positiv abzuschneiden.

657 Mischfonds Aktien/Anleihen 2015: Trauerspielbilanz			
Rang	**Jeder Fonds ab Rang 5 im Minus**	**Jahr 2015**	**3 Jahre p. a.**
Index MSCI World, 50:50 Aktien/Anleihen		**+0,5 %**	**+6,6 %**
Durchschnitt aller 657 Mischfonds		**-6,1 %**	**+1,8 %**
01	MFS Meridian Funds – Prudent Wealth	+8,1 %	+14,3 %
02	Acatis – Gané Value Event Fonds UI	+1,3 %	+5,3 %
03	Nordea 1 – Stable Return	+0,8 %	+6,6 %
04	Fidelity Funds GI MA Income	+0,1 %	–
05	Pictet – Multi Asset Global Opp.	-0,1 %	–
06	Goldman Sachs Tactical Tilt	-1,4 %	+9,5 %
07	Flossbach von Storch – Multiple Opp.	-2,8 %	+7,1 %
08	Pimco GIS Global Multi-Asset Inst.	-3,3 %	+4,8 %
09	Newton Real Return	-3,9 %	+6,2 %
10	UBS (Lux) KSS – Global Allocation	-5,2 %	+8,5 %
11	Schroder ISF Global Multi-Asset Inco.	-5,6 %	+6,7 %
12	Carmignac Patrimoine	-6,3 %	+3,8 %

Anmerkung: Wer nur die Sicherheit im Blick hat, gerät mit der Rendite leicht ins Hintertreffen. Die Nullzinspolitik bewirkt beim Sparbuch eine schleichende Kapitalvernichtung. Nicht viel besser sieht es derzeit bei Mischfonds aus. Die Anleihen stoßen fast alle Fonds ins Kellerloch. Die beste Alternative: Breit gestreut in Nebenwerte-Aktien investieren, sowohl Wachstum (Growth) als auch Nachhaltigkeit (Value).

Quelle: Handelsblatt, Nr. 36, am 22. Februar 2016

Wie sieht es 2016 mit Mischfonds aus? Sicherheitsbewusste Anleger ordern sie trotz Negativzins bei besten Staatsanleihen.

Mischfonds legen in Aktien großer, mittlerer und kleiner Unternehmen hierzulande und weltweit an, je nach Ausrichtung auch in Staats- und Unternehmensanleihen sowie Währungen, Geld- und Rentenfonds, öfters auch Gold. Ebenso ist es möglich, dass ein Mischfonds in andere Fonds unterschiedlicher Klassen anlegt. All dies dient der Streuung (Diversifikation). Banken verdienen recht gut an Mischfonds und bieten sie weiterhin bevorzugt an.

➢ **Aber dies ist nicht kostenlos zu haben. Laut Handelsblatt ist mit jährlichen Belastungen zwischen 2,8 % und 4,8 % zu rechnen.** Dabei kommt es weniger auf den nur einmal fälligen Ausgabeaufschlag als die jährlich anfallenden Verwaltungs- bzw. Erfolgsgebühren an.

➢ **Nachteilig ist, dass wegen der abgeschafften Guthabenzinsen Anleihen kaum noch Rendite abwerfen. Sogar Negativ- bzw. Strafzinsen sind zu befürchten wie neuerdings bei den 10-jährigen Bundeswertpapieren -0,01 %.** Mit niedrigeren Gebühren ist nicht zu rechnen – bestenfalls durch den harten Konkurrenzkampf. Mischfonds mit kleinem Anteil sind höchstens für sicherheitsbewusste Investoren zu empfehlen, um in unterschiedlichen Anlageklassen dabei zu sein.

➢ **Ich habe mich auf die Suche nach guten Mischfonds gemacht.** Auch wenn ich selbst Einzelaktien, ETFs und Themenfonds vorziehe und insbesondere in Nebenwerte aus unterschiedlichen Indizes und Branchen investiere. Ein Mischfonds befindet sich nicht in meinem Wertpapierdepot – auch keiner, der Nebenwerte enthält, was jedoch nur ausnahmsweise zutrifft.

Mischfonds-Auswahl mit befriedigender Entwicklung: Nur für sicherheitsbewusste Privatanleger interessant				
Markt, Index, Name Emittent	WKN	Kurs am 13.07.16	Hoch/Tief 1 Jahr	Entwicklung 1, 3, 5, 10 Jahre
C-Quadrat Arts Total Return Dynamic T	A0B 6W0	179,65 €	202,2/175,2 €	-7/+11/+13/+45 %
	Umfang 369 Mio. €, Alter 13 Jahre, Ausgabeaufschlag 5,00 %, Jahres-Verwaltungsgebühr 2,00 %, thesaurierend, Währung €			
C-Quadrat Arts Total Return Global AMI	A0F 5G9	104,50 €	116,7/102,1 €	-7/+12/+13/+59 %
	Umfang 495 Mio. €, Alter 15 Jahre, Ausgabeaufschlag 5,00 %, Jahres-Verwaltungsgebühr 2,00 %, ausschüttend, Währung €. Beide Versionen können ohne Benchmark-Orientierung bis zu 100 % in Aktien-, Anleihen- und Geldmarktfonds investieren.			

ETHNA-Aktiv A	764 930	125,50 €	136,6/123,2 €	-5,5/+7/+16/+53 %
	Umfang 8,69 Mrd. €, Alter 14 Jahre, Ausgabeaufschlag 3,0 %, Jahres-Verwaltungsgebühr 1,50 %, ausschüttend, Währung €.			
ETHNA-Aktiv T	A0X 8U6	130,20 €	139,3/127,0 €	-5,5/+7/+16%
	Umfang 8,69 Mrd. €, Alter 7 Jahre, Ausgabeaufschlag 3,0 %, Jahres-Verwaltungsgebühr 1,50 %, thesaurierend, Währung €.			
	Beide Versionen investieren in Wertpapiere aller Art, zu denen Aktien, Renten, Geldmarkt, Zertifikate, Festgeld zählen. Der Aktien- und Aktienfondsanteil darf bis zu 49 % betragen.			
FvS Flossbach von Storch SICAV Multiple Opportunities F	A0M 43Z	253,15 €	253,2/218,1 €	+8,0/+36/+81/160 %
	Umfang 9,58 Mrd. €, Alter 9 Jahre, Ausgabeaufschlag 5,0 %, Jahres-Verwaltungsgebühr 1,03 %, ausschüttend, Währung €.			
	A1X EQ3	126,40 €	126,4/109,6 €	+7,4/+27 %
FvS Multiple Opp II IT	Umfang 1,89 Mrd. €, Alter 2 Jahre, Ausgabeaufschlag 5,0 %, Jahres-Verwaltungsgebühr 0,78 %, thesaurierend Währung €.			
FvS Multiple Opp R	A0M 430	229,05 €	229,5/198,80 €	+7/+30/+67/+134 %
	Umfang 9,58 Mrd. €, Alter 9 Jahre, Ausgabeaufschlag 5,0 %, Jahres-Verwaltungsgebühr 1,53 %, ausschüttend, Währung €.			
	Die drei Versionen notieren auf Jahreshoch und schneiden als Mischfonds ungewöhnlich gut ab. Der Fonds investiert in Aktien, Anleihen, festverzinsliche Wertpapiere, Wandel- und Optionsanleihen, Geldmarkt, Zertifikate, Gold, Festgeld und andere Fonds. Breiter kann ein Mischfonds kaum streuen.			
Oyster Multi-Asset Diversified C EUR PF	926 300	284,85 €	294,8/251,8 €	-0,8/+13/+23/+26 %
	Umfang 119 Mio. €, Alter 17 Jahre, Ausgabeaufschlag 5,00 %, Jahres-Verwaltungsgebühr 1,50 %, thesaurierend, Währung €.			
	792 645	204,60 €	213,3/181,4 €	-1,6/+11/+19/+17 %
Oyster Multi-Asset Diversified N EUR PF	Umfang 119 Mio. €, Alter 15 Jahre, Ausgabeaufschlag 0,00 %, Jahres-Verwaltungsgebühr 2,25 %, thesaurierend, Währung €.			
	Dieser Mischfonds, der auf einen Ausgabeaufschlag verzichtet, dafür aber eine höhere Verwaltungsgebühr verlangt, zielt darauf ab, mit seinem Anlageportfolio aus Aktien vorwiegend mittelgroßer Konzerne und Anleihen eine möglichst hohe Wertsteigerung zu erreichen. Bei langem Anlagehorizont spielt der Ausgabeaufschlag keine große Rolle. Dagegen sollte die Verwaltungsgebühr prozentual möglichst niedrig sein.			

7.6 Aktienfonds in Frontiermärkten: Entdecker und Schatzsucher in Entwicklungsländern

Frontiermärkte als Emerging Markets der zweiten Generation sind nun an einem Punkt ihrer Entwicklung angelangt, an dem bekannte Schwellenländer vor zwei oder drei Jahrzehnten standen

Die Marktkapitalisierung der Industrieländer umfasst 32.344 Mrd. US-Dollar. Bei den Emerging Markets sind es 3.507 Mrd. $, bei den Fontier Markets 89 Mrd. $. Bezüglich der Länderanteile im Index Frontier Markets führt Kuweit mit 20 % vor Argentinien mit 15 %, Nigeria 13 %, Pakistan 9 %, Marokko 8 %. Interessante Mitspieler sind Aktienfonds in Frontier Markets. Sie sind in der Art von Schatzsuche oder Perlenfischerei mit Nebenwerten bestückt, die hierzulande kaum jemand kennt, über die es keine Nachrichten gibt, von denen aber die eine oder andere Firma mit ihren Aktien eine große Karriere starten dürfte. Das Risiko ist dank breiter Streuung begrenzt. Vietnam und Pakistan zählen zu den Favoriten.

Nebenwerte-Fonds aus Frontiermärkten mit Börsenwert ab 30 Mio. € und einer positiven Wertentwicklung				
Markt, Index, Name Emittent	**WKN**	**Kurs am 13.07.16**	**Hoch/Tief 1 Jahr**	**Entwicklung 1, 3, 5, 10 Jahre**
FTIF Franklin Templeton Investment	A0R AK3	19,90 €	22,90/17,45 €	-10/+7/+25/+99 %
	Umfang 765 Mio. €, Alter 8 Jahre, Ausgabeaufschlag 5,75 %, Jahres-Verwaltungsgebühr 1,60 %, thesaurierend, Währung €			
Funds Frontier Markets A	A0R AK5	21,60 €	24,65/18,85 €	-9/+11/+31/+129 %
FTIF Tem Front. Markets I	Umfang 765 Mio. €, Alter 8 Jahre, Ausgabeaufschlag 0,00 %, Jahres-Verwaltungsgebühr 1,60 %, ausschüttend, Währung €. Die beiden ähnlich strukturierten Versionen investieren in Aktien von Grenzmärkten. Sie unterscheiden sich vor allem durch den hohen Ausgabeaufschlag bei A und Verzicht bei G.			
SISF Schroder International Selection Fund Frontier Markets Equity C	A1W 2D2	130,15 €	146,4/108,1 €	-7/+31 %
	Umfang 1,16 Mrd. €, Alter 3 Jahre, Ausgabeaufschlag 1,00 %, Jahres-Verwaltungsgebühr 1,00 %, thesaurierend, Währung €. Der auf Kapitalzuwachs ausgerichtete Fonds investiert zwei Drittel in Aktien von Unternehmen in Frontiermärkten. Ausgabeaufschlag und Verwaltungsgebühr sind niedrig. Es dürfen andere Finanzinstrumente, z. B. Derivate, eingesetzt werden, um das Risiko zu senken oder den Ertrag zu steigern.			

HSBC Global	A1J RL8	82,60 €	89,85/68,50 €	+13/+27/+88 %
Investment Funds Frontier Markets A	Umfang 332 Mio. €, Alter 5 Jahre, Ausgabeaufschlag 5,54 %, Jahres-Verwaltungsgebühr 1,75 %, thesaurierend, Währung €.			
	A1J RMA	120,25 €	130,0/99,45 €	+14/+29/+93 %
HSBC GIF Frontier Markets I	Umfang 332 Mio. €, Alter 5 Jahre, Ausgabeaufschlag 5,54 %, Jahres-Verwaltungsgebühr 1,25 %, thesaurierend, Währung €.			
	Beide Versionen schneiden überdurchschnittlich gut ab. Die mühevolle Arbeit dürfte Grund für den hohen Ausgabeaufschlag von über 5,5 % sein. Der Fonds erstrebt langfristige Gesamtrenditen durch Aktienanlagen in Firmen, die ihren Geschäftssitz in Frontiermärkten haben und dort aktiv sind.			
MAGNA	A12 DG2	10,25 €	10,25/8,25 €	+16,9 %
Umbrella Fund Plc New	Umfang 121 Mio. €, Alter 2 Jahre, Ausgabeaufschlag 5,00 %, Jahres-Verwaltungsgebühr 1,75 %, ausschüttend, Währung €.			
Frontiers Fund D	A1W 8A6	10,85 €	10,85/8,75 €	+14,8/+8 %
	Umfang 121 Mio. €, Alter 2 Jahre, Ausgabeaufschlag 0,00 %, Jahres-Verwaltungsgebühr 1,00 %, thesaurierend, Währung €.			
Magna New Frontiers G	A1H 7JK	14,50 €	14,50/11,50 €	+8,9/+52/+55 %
	Umfang 121 Mio. €, Alter 5 Jahre, Ausgabeaufschlag 5,00 %, Jahres-Verwaltungsgebühr 1,25 %, thesaurierend, Währung €.			
Magna New Frontiers N	**Die 3 Fonds** investieren vor allem in Beteiligungspapiere von Unternehmen, die an anerkannten Börsen notieren und in Frontiermärkten tätig sind. Alle Versionen zeigen ein Jahreshoch. Magna G verzichtet sogar auf einen Ausgabeaufschlag und erhebt nur eine Verwaltungsgebühr von 1,00 %. Risikobewusste Nebenwertefans können hier zugreifen.			
OAKS Emerging	A1W 55J	12,10 €	12,10/10,25 €	-0,8/+13/+23/+26 %
Umbrella Fund plc Emerging	Umfang 30 Mio. €, Alter 3 Jahre, Ausgabeaufschlag 0,00 %, Jahres-Verwaltungsgebühr 1,50 %, thesaurierend, Währung €.			
and Frontier A	A1W 55Q	12,95 €	12,95/10,60 €	-1,6/+11/+19/+17 %
	Umfang 30 Mio. €, Alter 3 Jahre, Ausgabeaufschlag 0,00 %, Jahres-Verwaltungsgebühr 0,30 %, thesaurierend, Währung €.			
OAKS EUF Emerging and G	**Die beiden jungen Fonds** – dies erklärt den geringen Börsenwert von 30 Mio. € – notieren auf Allzeithoch und verzichten auf einen Ausgabeaufschlag. Die Version G begnügt sich mit der niedrigen Verwaltungsgebühr von 0,30 %. Die Fonds investieren bevorzugt in Long- und Short-Positionen auf Aktien an globalen Frontier- und Schwellenländern, dürfen aber auch andere Finanzinstrumente nutzen. Russland-Anlagen sind auf 30 % des Fondsvermögens begrenzt.			

7.7 Ethische, umweltfreundliche Geldanlage mit Aktienfonds unterschiedlich großer Firmen

Keine Qual der Wahl: Wenig reine Nebenwerte-Fonds für nachhaltige Kapitalanlage nach ökologischen und ethischen Maßstäben

Sein Geld mit gutem Gewissen anlegen! Dies ist vielen Sparern wichtig. Nachhaltige Geldanlagen in das Gesundheitswesen, die Softwarebranche, den Konsumgüter-, Wasser- und Immobilienbereich liegen im Trend. Gestützt auf den demografischen Wandel, auf gesellschaftliche Veränderungen sowie den Klimawandel durch steigende Erderwärmung.

Lupenreine attraktive Nebenwerte-Fonds für Geldanlagen nach strengen ethisch-ökologisch-sozialen Kriterien gibt es kaum: Seien Sie kompromissbereit. Richten Sie Ihr Investment nach wichtigen Anlagezielen aus. Die Kursliste bietet einige Ansatzpunkte. Machen Sie im Interesse Ihrer Rendite-Erwartung Zugeständnisse.

> **Nachhaltigkeit bezeichnet eine Entwicklung, die den Bedürfnissen der heutigen Generation entspricht, ohne die Entfaltungsmöglichkeiten künftiger Generationen zu gefährden. In Europa geht es vorrangig um Umweltschutz und ethisch-soziale Fragen, in den Entwicklungsländern eher um die Sicherung elementarer Lebensgrundlagen.**

Nicht alles ist nachhaltig, was angeboten wird. Hier tummeln sich auch dubiose Firmen mit fragwürdigem Geschäftsmodell, um unerfahrene Anleger über den Tisch zu ziehen Seien Sie hellhörig, wenn jemand unerfüllbare Renditewunschträume von 8 % +X anpreist. Solche Kapitalrenditen lassen sich mit Windkraft, Wasser, Kakaobohnen und Baumbeständen aus Pappeln und Weiden nicht erzielen. Alles leere, betrügerische Versprechen! Besonders beworben werden Anlagen in Bäume, Plantagen und Holz – hierzulande und im Ausland. Niemand erinnert daran, dass Schädlinge Pflanzen befallen, Wälder abbrennen, überflutet, ausgetrocknet oder entwurzelt werden können. Und dies in Zeiten dramatisch zunehmender Unwettergefahren und sich häufender Naturkatastrophen.

Nur jeder 6. Nachhaltigkeitsfonds hierzulande erfüllt die Kriterien

Aktien von Rüstungs- und Kernkraftfirmen haben hier keinen Platz. Ebenso ist es im Interesse des Umweltschutzes fragwürdig, in Tiefseebohrungen, Ölsandförderung und neue Fracking-Verfahren bei Gewinnung von Gas aus Schiefergestein zu investieren. Laut Greenpeace verdienen eher kleinere auf Nachhaltigkeit ausgerichtete Banken Ihr Vertrauen. Klicken Sie ruhig mal an bei www.ethikbank.de, www.gls.de, www.ordensbank.de, www.triodos.de und www.umweltbank.de.

Was bedeuten ethisch-ökologisch-soziale Standards?

Beim Corporate Governance Kodex geht es um die ethischen Standards einer verantwortungsvollen Unternehmensführung. Dieser Verhaltenskodex schafft Transparenz, erhöht den Anlegerschutz und will Skandale wie geschönte Bilanzierung und Umsatzbetrug verhindern, aufdecken, bekämpfen. Eine Regierungskommission überwacht das Einhalten der Vorschriften. Gerade in Zeiten, in denen wirklich nicht jeder Vorstand Vorbild ist, hinterfragen Aktionäre ethische Standards und reagieren empört auf unredliches Gebaren, Raffgier, mangelnde Wertschätzung und Machtmissbrauch. Freuen Sie sich, dass breit gestreute Nachhaltigkeitsfonds ähnlich hohe Renditen erwirtschaften wie herkömmliche Produkte.

Tabu sind Kernenergie, Waffen, Rüstung, Pornografie, Kinderarbeit, Menschenhandel, Tabak, Alkohol, Glücksspiel, Tierversuche, Genmanipulation, Bilanzbetrug. Auf der „schwarzen Liste" stehen Geschäfte, die Menschen-, Grund-, Arbeits- und Verbraucherrechte verletzen oder die Gesundheit gefährden. Ob Ausnahmezustand in der Türkei wegen des Putschversuchs oder der Wahlkampf in Amerika: Grotesk ist der Verstoß gegen Menschenrechte.

Beurteilungskriterien für Ethik und Nachhaltigkeit	
Verantwortung der AG	**Umweltverträglichkeit**
➢ Für Umwelt und Klimaschutz wegen drohender Erderwärmung ➢ Für den Menschen (Angehörige, Mitarbeiter, Kunden usw.) ➢ Für Region und Gesellschaft	➢ Schadstoffvermeidung, Energieersparnis; weiterer Ausbau erneuerbarer Energien (Windkraft und Solarstrom, Elektromobilität) ➢ Schutz für das Klima, die bedrohte Tier- und Pflanzenwelt, den beängstigenden Wassermangel
Ethisches und ökologisches Rating	**Sozial-/Kulturansprüche, Einbindung regionaler Gepflogenheiten**
➢ Umwelt-, Sozial- und Kulturverträglichkeit ➢ Vorbildwirkung durch vorgelebte Wertschätzung ➢ Beachtung Kodex Corporate (verantwortungsbewusste Unternehmensführung)	➢ Keine Niedrigstlöhne, Kinderarbeit, Menschenrechtsverstöße und sonstige Ausbeutung ➢ Keine Gewinnmaximierung auf Kosten der Mitarbeiter und Kunden ➢ Keine die Gesundheit gefährdenden Verfahren und Produkte

Aktienfonds: ethische, umweltfreundliche Anlage global; erste Gegenreaktionen nach dem heftigen BREXIT-Crash			
Markt, Index, Name Emittent	**WKN**	**Kurs am 30.06.16**	**Hoch/Tief 1 Jahr**	**Entwicklung 1, 3, 5, 10 Jahre**
Candriam Equities Sustainable World C	**578 004**	271,60 €	304,7/240,3 €	**-10/+11/+67/+40 %**
	Umfang 320 Mio. €, Alter 16 Jahre, Ausgabeaufschlag 3,50 %, Verwaltungsgebühr 1,50 %, thesaurierend, Währung €. Dieser Aktienfonds investiert weltweit in Aktien, die zu den 35 besten ihres Sektors zählen. Die Firmen müssen strenge Auflagen bei den ethisch-sozial-ökologischen Kriterien erfüllen.			
DEKA-Umwelt Invest CF	**DK0 ECS**	100,90 €	107,7/86,20 €	**-4/+36/+34/+1 %**
	Umfang 181 Mio. €, Alter 10 Jahre, Ausgabeaufschlag 3,75 %, Verwaltungsgebühr 1,50 %, thesaurierend, Währung €. Dieser Fonds investiert weltweit in große und mittelgroße Firmen, die in Klima-/Umweltschutz/Wasser/erneuerbare Energie tätig sind. Die Aktienquote darf 61 % nicht unterschreiten.			
Erste WWF Stock Umwelt A Environment	**694 114**	112,80 €	128,3/100,8 €	**-14/+35/+39/+19 %**
	Umfang 87 Mio. €, Alter 15 Jahre, Ausgabeaufschlag 4,00 %, Jahres-Verwaltungsgebühr 1,5 %, ausschüttend, Währung €. Dieser Fonds investiert weltweit in Unternehmen der Umweltbranche und spendet für „Austria Wasserschutzprogramme".			
F&C Pf Responsible Global Equity A EUR	**A0H 0G1**	14,65 €	16,75/13,20 €	**-9/+35/+68/+49 %**
	Umfang 27 Mio. €, Alter 10 Jahre, Ausgabeaufschlag 5,00 %, Jahres-Verwaltungsgebühr 2,0 %, ausschüttend, Währung €. Dieser Aktienfonds investiert weltweit in alle Sektoren, meidet aber Firmen, die der Umwelt, Menschen, Tieren und Pflanzen Schaden zufügen und Geschäfte mit Diktatoren machen.			
KBC Eco Fund Water Classic	**A0F 6Z0**	1.154,0 €	1.171/971,0 €	**-3/+41/+91/+96 %**
	Umfang 192 Mio. €, Alter 16 Jahre, Ausgabeaufschlag 3,00 %, Verwaltungsgebühr 1,40 %, thesaurierend, Währung €. Dieser Aktienfonds setzt auf Wasser-/Abwasser-Entsorgung, Wasseraufbereitung, Überwachung/Technik/Infrastruktur. Allgemeine ethisch-sozial-ökologische Auflagen sind zu erfüllen.			
KBC Eco Fund World	**A0J J55**	790,50 €	876,4/702,0 €	**-10/+34/+65/+56 %**
	Umfang 85 Mio. €, Alter 24 Jahre, Ausgabeaufschlag 3,00 %, Verwaltungsgebühr 1,40 %, thesaurierend, Währung €. Ziel der weltweiten Aktien-Anlagestrategie in alle Sparten ist eine langfristig hohe Rendite. Die Firmen müssen jedoch die Umweltbelastung niedriger halten als die Konkurrenz.			

LGT Funds SICAV LGT Sustainable Equity Global (EUR) B	**A0Y F5E**	**2.120,0 €**	**2.120/1.704 €**	**+11/+62/+88/+90 %**
	Umfang 159 Mio. €, Alter 7 Jahre, Ausgabeaufschlag 5,00 %, Verwaltungsgebühr 1,50 %, thesaurierend, Währung €. Dieser erfolgreiche Aktienfonds investiert breit gestreut weltweit in Unternehmen unterschiedlicher Branchen, die der Nachhaltigkeitsphilosophie gerecht werden und wesentliche soziale, ökologische und ethische Standards erfüllen.			
LO Lombard Odier Funds Generation Global (EUR) P	**A0R NUR**	20,85 €	22,10/18,10 €	**-2/+53/+95/+162 %**
	Umfang 901 Mio. €, Alter 7 Jahre, Ausgabeaufschlag 5,00 %, Jahres-Verwaltungsgebühr 1,0 %, ausschüttend, Währung €. Der Fonds investiert weltweit branchenunabhängig in Aktien von nachhaltig wirtschaftenden Firmen mit guten Fundamentalkennzahlen. Gesundheitliche, ökologische und soziale Faktoren sollen den Unternehmenserfolg langfristig sichern.			
NN (L) Global Sustainable Equity P	**797 410**	266,50 €	296,3/232,4 €	**-5/+33/+60/+53 %**
	Umfang 211 Mio. €, Alter 16 Jahre, Ausgabeaufschlag 3,00 %, Verwaltungsgebühr 1,50 %, thesaurierend, Währung €. Der Fonds investiert rund um den Globus in Aktien von Unternehmen mit erstklassigen Finanzkennzahlen und Erfüllung wichtiger Sozial- und Umweltkriterien. Übergewichtet werden Gesundheitswesen, Datenverarbeitung, Software, Internet.			
ÖkoWorld ÖkoVision Classic C	**974 968**	141,65 €	154,8/124,5 €	**-3/+35/+64/+35 %**
	Umfang 534 Mio. €, Alter 20 Jahre, Ausgabeaufschlag 5,0 %, Verwaltungsgebühr 1,76 %, thesaurierend, Währung €. Der Umweltfonds investiert weltweit vor allem in mittelgroße und kleinere Firmen, die in der Branche ökologische und ethische Kriterien erfüllen und hohe Ertragsaussichten haben.			
Parvest Global Environment Classic	**A0N E8U**	158,80 €	168,7/132,3 €	**-5/+32/+54/+59 %**
	Umfang 312 Mio. €, Alter 9 Jahre, Ausgabeaufschlag 5,00 %, Verwaltungsgebühr 1,75 %, thesaurierend, Währung €. Dieser Fonds investiert rund um den Globus in Aktien von Unternehmen in den Märkten Umwelttechnik, Umweltschutz, erneuerbare Energie, Energieeinsparung, Abwasserwirtschaft, Abfallentsorgung. Aus dem MDAX ist GEA führend gewichtet.			
Quest Management SICAV Cleantech Fund B	**A0N C68**	198,40 €	217,9/178,6 €	**-5/+45/+57/+99 %**
	Umfang 55 Mio. €, Alter 9 Jahre, Ausgabeaufschlag 0,00 %, Verwaltungsgebühr 1,25 %, thesaurierend, Währung €. Dieser Fonds verzichtet jetzt auf den Ausgabeaufschlag, investiert weltweit in Aktien mittelgroßer und kleinerer Firmen, die sich ökologisch-sozial-ethischen Standards verpflichtet fühlen. So ist hier INIT Innovation, Prime Standard, vertreten.			

Julius Baer	763 763	258,50 €	259,7/215,5 €	+3/+52/+79/+77 %
Multipartner RobecoSAM Sustainable Water Fund B	Umfang 664 Mio. €, Alter 15 Jahre, Ausgabeaufschlag 5,00 %, Verwaltungsgebühr 1,50 %, thesaurierend, Währung €. Dieser Fonds investiert weltweit in Unternehmen unterschiedlicher Größe, die langfristig eine möglichst hohe Rendite erwirtschaften und bevorzugt mit ihren Technologien, Produkten und Dienstleistungen in der Wasserwirtschaft engagiert sind.			
Swisscanto	216 770	120,20 €	138,4/105,5 €	-9/+26/+36/+18 %
(LU) Portfolio Fund Green Invest Equity A	Umfang 153 Mio. €, Alter 13 Jahre, Ausgabeaufschlag 3,00 %, Jahres-Verwaltungsgebühr 1,57 %, ausschüttend, Währung €. Anlageziel ist die Erwirtschaftung langfristiger Erträge. Der Fonds investiert rund um den Globus in Aktien großer und mittelgroßer Unternehmen, die sich der Nachhaltigkeit verpflichtet fühlen, also ökologische, ethische und soziale Standards erfüllen. Dabei wird das Gesundheitswesen übergewichtet.			
TerrAssisi	984 734	23,55 €	26,55/21,70 €	-3/+38/+77/+50 %
Aktien I AMI	Umfang 55 Mio. €, Alter 16 Jahre, Ausgabeaufschlag 4,50 %, Verwaltungsgebühr 1,35 %, thesaurierend, Währung €. Dieser Fonds investiert rund um den Globus in die Aktien großer und mittelgroßer Unternehmen, die neben wirtschaftlichen Aspekten auch Umwelt- und Sozialkriterien in ihre Firmenstrategie einbeziehen. Einen zusätzlichen ethischen Filter stellen zu erfüllende Grundsätze des Franziskanerordens dar.			
UBS (LUX)	676 908	62,85 €	76,90/54,60 €	-17/+24/+28/-1 %
Equity Fund Global Sustainable Innovators (EUR) P	Umfang 87 Mio. €, Alter 165 Jahre, Ausgabeaufschlag 2,00 %, Verwaltungsgebühr 1,63 %, thesaurierend, Währung €. Der internationale Nebenwerte-Fonds legt in Aktien mittlerer und kleinerer Unternehmen an, deren Technologie, Produkte und Dienstleistungen wichtige Beiträge zur nachhaltigen Entwicklung leisten. Neben Finanzkennzahlen werden ökologisch-ethisch-soziale Kriterien und die Firmenstrategie beachtet.			

Weshalb nachhaltig wirtschaftende Unternehmen bevorzugen?
Warum Geldanlage nach ökologisch-ethisch-sozialen Standards?

Eine Geldanlage mit gutem Gewissen sorgt nicht nur für gesunden Schlaf, sondern schafft Wohlbefinden durch das Gefühl, Gutes zu tun und Schäden für Umwelt, Mensch, Tier und Pflanze abzuwenden. Ein Rendite-Einbruch ist nicht zu befürchten. Die Kursliste zeigt, dass mit solchen Themenfonds gute Renditen zu erzielen sind. Nehmen Sie es deshalb hin, dass die meisten Nachhaltigkeitsfonds zwar weltweit investieren, aber sowohl auf große, als auch mittelgroße und kleinere Gesellschaften zurückgreifen.

7.8 Aktien – Aktienfonds – ETF im Vergleich

Vorteile und Nachteile rund um Aktien, Aktienfonds, ETF		
Vorteile Aktien	**Vorteile Aktienfonds**	**Vorteile ETF**
Bei niedrigen Kursen bietet sich ein spontaner Zukauf an. Nahe dem Jahres- oder Allzeithoch ist ein Teilverkauf zu überlegen.	Schichtet das Fondsmanagement um, wird der Aktionär nicht unmittelbar mit den Transaktionskosten belastet. Sie schlagen sich in der Jahresgebühr nieder.	Da der ETF die Indexzusammensetzung widerspiegelt, wird nur selten umgeschichtet. Dies ist ein Hauptgrund für die niedrigen Gebühren.
Bei Einzelaktien entscheiden Sie selbst, ob, wann, was, wie oft und in welcher Größenordnung Sie etwas tun.	Privatanleger nutzen die Fachkompetenz von Profis, sparen Zeit, Arbeit und Mühe und machen nicht die ganz großen Fehler.	Passiv gemanagte ETF bilden den Index exakt ab. Es reicht aus, einige Male im Jahr das Depot zu überprüfen.
Ein großes Aktiendepot bietet im Crash beste Chancen für kluge Hoch/Tief-Mut- und Kombinationsstrategien mit Zukauf/Teilverkauf.	Mit guten Spezialfonds lassen sich die attraktivsten Märkte, Indizes und Branchen durch ein geschicktes aktives Management gewinnbringend abdecken.	Selbst mit einem begrenzten Vermögen im mittleren fünfstelligen Bereich sind Sie in den wichtigsten Märkten und Branchen dabei.
Nachteile Aktien	**Nachteile Aktienfonds**	**Nachteile ETF**
Jeder Kauf und Verkauf ist mit Transaktionskosten verbunden. *„Viel Hin und Her macht Taschen leer."*	Ausgabeaufschläge bis zu 5 % und jährliche Managementgebühren zwischen 1,0 und 2,0 % belasten auch das Langzeitdepot.	Kein Ausgabeaufschlag und geringe Jahresgebühren im Schnitt von nur 0,3 %. Aber Sparpläne gibt es eher selten.
Über Aktien in den großen Indizes wird ausführlich berichtet. Infos über ausländische Nebenwerte gibt es kaum.	Spezialfonds schlagen oft den Markt. Aber 4 von 5 großen Standardfonds verlieren gegenüber dem Vergleichsindex (Benchmark).	Es ist für Privatanleger schwierig, ein klassisches passives vom aktiven Management mit Derivaten abzugrenzen.
Wer Einzelaktien ordert, verliert bei fehlendem Wissen, Herdentrieb und mangelnder Kontrolle oft viel Geld.	Die beratende Bank macht sich aus Eigennutz für eigene Aktienfonds stark und empfiehlt nur selten oder nie ETFs bzw. Indexfonds.	Die ETFs haben oft ellenlange unverständliche Namen. Die zwölfstellige ISIN in winziger Schrift führt zu Fehlern.

⑧ Die richtige Strategie bei Nebenwerte-Anlagen

8.1 Grundprinzip: Gewinne lass laufen – im Verlust nicht ersaufen!

Die bisherigen Ausführungen dürften Sie davon überzeugen, mit der Übergewichtung nachhaltig wirtschaftender, substanz-, wachstums- und ertragsstarker Nebenwerte-Aktien das genau Richtige zu tun. Generell unabhängig davon, ob Sie in Einzelaktien, ETFs oder Themenfonds anlegen.

Gewiss haben Sie bemerkt, dass der MDAX im Zweijahrzehntevergleich, also seit seiner Gründung, mehr als doppelt so viel Kursgewinn wie der DAX erzielt. Es bleibt Ihnen nicht länger verborgen, dass der SDAX mit den 50 kleineren klassisch orientierten Unternehmen im Zehnjahresvergleich gegenüber dem deutschen Leitindex ebenfalls ein doppelt so hohes Plus erreicht. Beim TecDAX erfreut wegen der Nachwehen Neuer Markt erst im Vierjahresvergleich ein fast verdreifachter Kursgewinn.

Solch hohe Renditen erzielen Sie nicht im Schlaf und schon gar nicht ohne eigenes aktives Dazutun. Die Einzelaktienanlage verlangt mehr Zeit, Mut, Marktbeobachtung, Wissen und Können als eine Langzeitanlage in ETFs und Themenfonds. Ich kenne Aktionäre, die dank ihrer Übergewichtung in attraktive Nebenwerte mit einem Einsatz von 250.000 € seit der Weltwirtschaftskrise 2008/09 Millionäre wurden. Demgegenüber stehen Privatanleger, die so gut wie alles falsch machten und denen von ihren 250.000 € Einsatz fast nichts mehr übrig blieb, quasi ein Totalverlust durch eigene Fehler infolge Unwissenheit und Leichtsinn.

Dazu gehören an vorderer Front die Einwert-Strategie und der Panik-Totalausverkauf im Crash-Tiefpunkt. Hinzu kommen Manipulation unseriöser Börsengurus aus Eigennutz und kriminelle Machenschaften der Finanzbetrüger am Grauen Kapitalmarkt. Große Kursverluste drohen, wenn Sie Gewinne verfrüht mitnehmen und umgekehrt alle abgestürzten Titel aussitzen und Verluste trostreich verdrängen: *„Kein Grund zur Sorge – diese Aktie wird sich schon wieder erholen!"* Freilich steht mancher wieder auf, der zu Boden geht, aber eben nicht jeder! Gefallene Engel können sich in Depot-Teufel verwandeln.

Der richtige Umgang mit Gewinnen und Verlusten

Strategie ➊: Im Bullenmarkt bietet es sich bei nicht so risikoreichen Aktien auch im Nebenwertesektor an, Gewinne nach oben laufen zu lassen. Wer beste Aktien ein Jahrzehnt und länger im Depot hält, freut sich nicht nur über drei- oder sogar vierstellige Kursgewinne. Da auch die Dividende oft steigt, ist hier eine zweistellige Ausschüttungsrendite möglich.

➊ Strategie der Sieger: Gewinne lass laufen – im Verlust nicht ersaufen! Ideal, bei viel Disziplin und Selbstkontrolle umsetzbar.

Gewinn/Plus ⟶

Verlust/Minus ⟵

Beispiele: Der berühmte schon über 80-jährige Investor Warren Buffett kauft seine Aktien mit dem Ziel, sie immer zu behalten, sofern nicht schlechte Nachrichten und negative Fundamentaldaten zum Verkauf drängen. So handle ich auch. Ob Sie zur Gewinnabsicherung Stoppkurse setzen oder besser spontan verkaufen, wenn eine Trendumkehr ansteht, hängt von Disziplin, Fachwissen und Zeitfaktor ab. Äußere Umstände wie längere Abwesenheit spielen mit. Stoppkurse zur Gewinnabsicherung sind mitunter nachteilig. Vielleicht werden Sie um die in Kürze fällige Dividende gebracht. Ärgerlich ist es, wenn der Kurssturz wegen haltloser Gerüchte erfolgt, ein Leerverkauf kommentiert wird oder enttäuschte Erwartungen Übertreibungen auslösen. Patzt der Marktführer, wird die Branche in „Sippenhaft" abgestraft. Ausgelöste Stop-Loss-Orders beschleunigen den Absturz. Vielleicht müssen Sie weit unter Ihrer Marke verkaufen; denn Stoppkurse garantieren keinen Ausführungspreis. Bei den schwankungsfreudigeren Nebenwerten sind Kurssprünge auch ohne neue Nachrichten zu beobachten.

Bei angespannter Marktlage, fundamental schlechten Nachrichten und charttechnischen Verkaufssignalen sollten Sie Ihre Verluste konsequent begrenzen. Ob dies bei einem Minus von 10 % oder erst ab 15 bis 25 % geschieht, hängt ab vom Orderumfang, von der Volatilität, der Branche, Ihrer Risikoneigung, Disziplin und Nervenstärke. Day-Trader handeln sekundenschnell und stellen ihre Position am gleichen Tag glatt. Sie tolerieren bei hohem Einsatz nur ein geringes Minus.

➤ **Es ist zu überlegen, bei kleineren Nebenwerten Stoppkurse zu setzen, bei Standardaktien aber darauf zu verzichten und Verluste spontan diszipliniert zu begrenzen. Wie meine eigenen Recherchen ergaben, sind Stop-Loss-Orders im Bärenmarkt meist vorteilhaft, im lang gezogenen Aufwärtstrend wegen der Erholungstendenz eher ungünstig. Der Bullenmarkt ist gekennzeichnet durch steigende Kurse.**

Strategie ❷: Anleger, die großteils Gewinne laufen lassen und bereits einige Aktien besitzen, die schon dreistellig zulegen konnten, sind gewiss auf dem richtigen Weg.

Wer bei fundamental schlechten Nachrichten und Angst vor dem Platzen einer sich auftürmenden Spekulationsblase seine Verluste frühzeitig begrenzt, kann sich hier und dort das „Aussitzen" leisten. Dies gilt auch für Nebenwerte mit Erholungspotenzial.

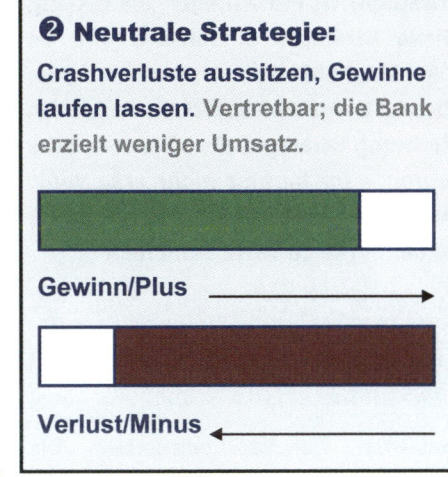

❷ Neutrale Strategie: Crashverluste aussitzen, Gewinne laufen lassen. Vertretbar; die Bank erzielt weniger Umsatz.

Gewinn/Plus ⟶

Verlust/Minus ⟵

Das Abwarten ist berechtigt, wenn ein Crash nicht durch Spekulationsblasen oder den drohenden Zusammenbruch des weltweiten Finanzsystems wie 2008/2009, sondern durch äußere Störfaktoren ausgelöst wird. Erinnert sei an Terrorakte, Naturkatastrophen, Kriegsgefahr, die wohl nur schwer von den EU-Ländern zu bewältigende Flüchtlingskrise und der EU-Austritt Englands, BREXIT Ende Juni 2016. An der Börse stellt sich die Frage nach irrationalen Über- und Untertreibungen. Grundsätzlich aber führt kein Weg an der Verlustbegrenzung vorbei.

Strategie ❸: Bezüglich Begrenzung ihrer Verluste machen die Anhänger der Minimalstrategie alles richtig. Die Chance auf gewisse Börsenerfolge bleibt erhalten. Die großen Erträge sind aber nicht erreichbar; denn die Überflieger verschwinden frühzeitig.

Üppige Gewinne gibt es nicht. Keine Chance auf ein gutes Gesamtergebnis! Durch das schnelle Rein und Raus summieren sich die Gebühren. Zudem bleibt die Aussicht auf eine steigende Dividendenrendite meist ungenutzt.

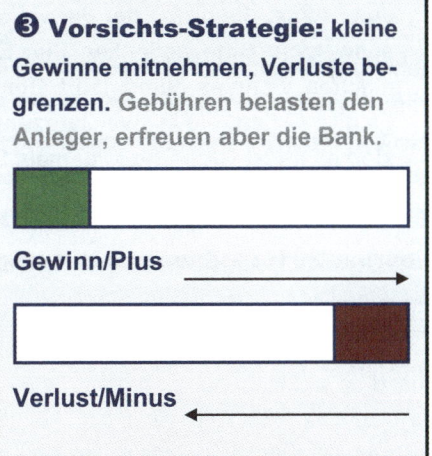

❸ Vorsichts-Strategie: kleine Gewinne mitnehmen, Verluste begrenzen. Gebühren belasten den Anleger, erfreuen aber die Bank.

Gewinn/Plus ⟶

Verlust/Minus ⟵

Sicherlich zählen Sie nicht zu jenen Anlegern, die Minigewinne mitnehmen wegen: *Wie gewonnen, so zerronnen!* Wer dies tut, bringt sich um die Chance, richtig viel Geld zu verdienen. Vorrangig geht es um die Chance, sich ein Langzeitdepot mit attraktiven Kapitalerträgen aufzubauen – auch für die Altersvorsorge.

Strategie ❹: Für Anleger, die bislang diese Strategie einsetzten, gibt es zwei Möglichkeiten: Am besten ist es, dieses Vorgehen sofort zu ändern in Richtung Strategie ❶: *„Gewinne lass laufen – im Verlust nicht ersaufen!"* Ansonsten ist es klüger, sich von der Aktienbörse zu verabschieden.

Misserfolg bei der „Verlierer"-Strategie ist unausweichlich. Der Name trifft den Kern. Die Börsenpsychologie erweist sich als Fallstrick. Die Sorge herrscht vor, seine Gewinne einzubüßen. Die Buchverluste werden verdrängt von der

> **❹ Strategie der Verlierer:**
>
> **Minigewinn mitnehmen – Verlust aussitzen.** Entweder Abschied von der Börse oder Strategie 1 bzw. 2.
>
> Gewinn/Plus ⟶
>
> Verlust/Minus ⟵

Hoffnung: *„Meine Aktien erholen sich wieder."* Höchste Zeit, das Problem aufzuarbeiten! Freilich ist braves Aussitzen nicht immer verkehrt. Dies gilt für ein unvorhersehbares plötzliches Crashszenario, eine irrational übertriebene Abstrafung einzelner Titel wegen widersprüchlicher Nachrichten. Dies trifft zu bei Gerüchten oder Kurseinbrüchen wegen Sippenhaft, weil der Marktführer gepatzt hat.

> ➤ **Das in Strategie ❹ gezeigte Verhalten verwehrt die Chance, mit üppigen Kursgewinnen den einen oder anderen hohen Verlust wettzumachen. Mit einer Aktie, die drei- oder gar vierstellig zulegt, lässt sich manche Scharte auswetzen. Bitte bedenken Sie: Eine Aktie kann Ihren Einsatz zunichtemachen, wenn es dumm läuft. Umgekehrt gibt es keine Grenze nach oben. Es gibt Aktien, die in zwei Jahrzehnten vier- und fünfstellig zulegen. Heute sind es meist Blue Chips, damals Start-ups, kleine Firmengründungen.**

Ein aktuelles Beispiel von einer Nebenwerte-Hauptversammlung im Februar 2016: Millionär mit Kursgewinn von FORTEC Elektronik

Ein Aktionär berichtet, dass er mit dem Einsatz von knapp 250.000 € allein mit dieser Aktie Millionär geworden sei. Ich will zurechtrücken: Dies ist möglich, wenn jemand so wohlhabend ist, dass er 250.000 € in einen Titel stecken kann, also bereits zuvor zu den Reichen zählte. Hat der Aktionär diese große Summe nur in insgesamt ein oder zwei erstklassige Titel gesteckt, war es großteils Glück. Überlegen Sie, wo diese 250.000 € geblieben wären, hätte er sie aufgeteilt in Deutsche Bank und RWE – der Anleger wäre arm dran. Eine Ein- oder Zweiwert-Strategie entspricht dem russischen Roulette. – Ich selbst kaufte 2009 im August 250 Fortec-Aktien für 5,25 €. Viel zu wenig, um damit eine Million einzuheimsen. Aber ein verdreifachter Kursgewinn und eine Dividende von fast 10 %.

8.2 Wie die Charttechnik am besten nutzen?

Die technische Analyse mit Trendkanal, Unterstützungs-, Widerstandslinien und verschiedenartigen Formationen leitet aus den Verhaltensmustern der Vergangenheit künftige Trends ab. Die Charttechnik verschafft einen raschen, anschaulichen Überblick über die bisherige Entwicklung von Indizes, Aktien und anderen Finanzinstrumenten. Viele interessante Vergleichsstudien basieren auf der Grundlage der technischen Analyse.

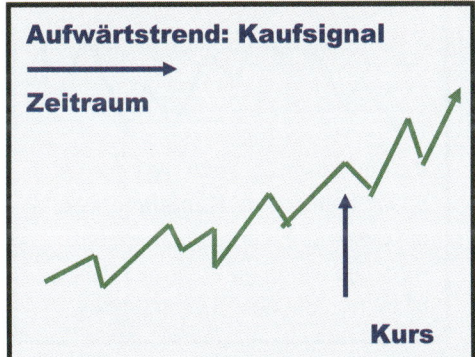
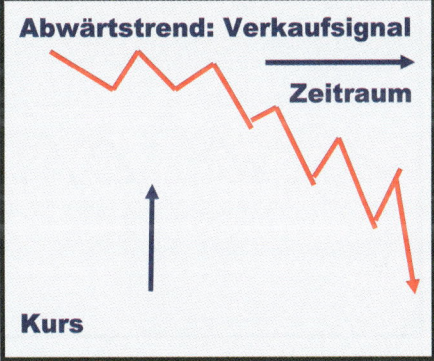

Im Börsenfernsehen zaubern die Spezialisten der technischen Analyse aus ihrem Notebook gern farbenfrohe Kursgrafiken mit Unterstützungs- und Widerstandslinien, Wimpel, Dreieck, Flagge, Ober- und Untertasse, M- und W-Formation, Bären- und Bullenfalle, Doppeltop, Keil- oder Schulter-Kopf-Schulter-Formation, Diamant, Rosshaken usw. hervor. Das nötigt den interessierten Zuschauern nicht nur respektvolles Staunen ab. Die Charttechnik hat sich längst als wichtige Orientierungshilfe für Kauf- und Verkaufsentscheidungen durchgesetzt.

➢ **Die technische Analyse bzw. Charttechnik dokumentiert Kurs- und Indexverläufe aus der Vergangenheit über bestimmte Zeiträume.** Angefangen vom Tageschart gibt es Wochen-, Monats-, 80-Tage-, 200-Tage-, Jahres-, Mehrjahres- und vergleichende Charts. Auf der Horizontalen zeichnet der Charttechniker die Zeitspanne, auf der Vertikalen den Aktienkurs ein. Er arbeitet mit Linien, Wellen, Strichen, Kurven, Kerzen, Pfeilen usw.

➢ **Die Charttechnik schätzt den Aktienmarkt als Resultat von Angebot und Nachfrage ein. Aus den Kursentwicklungen der Vergangenheit, verursacht durch wiederkehrende Verhaltensmuster und Regelabläufe als typisch menschliches Phänomen, werden Trends für die Zukunft abgeleitet.** Da sich Anleger daran orientieren, dient die Charttechnik zumindest als unentbehrliches Anschauungsmaterial für beliebige Zeiträume, z. B. 1 Tag bis 10 Jahre.

Sie fragen sich vielleicht, warum das Buch zu den zahlreichen Nebenwerte-Aktien keine Charts liefert. Einerseits würde sich der Umfang des Buches verdoppeln oder verdreifachen. Andererseits hätten Sie keine Wahl zwischen Tages-, Monats-, Jahres- und Jahrzehnt-Charts. Klicken Sie zum Auffinden Ihrer Wunschformation eine Finanzplattform an, wie boerse.ARD.de, finanzen.net oder OnVista Bank. Sie bekommen online sofort alles an Charts angeboten, was Sie wünschen.

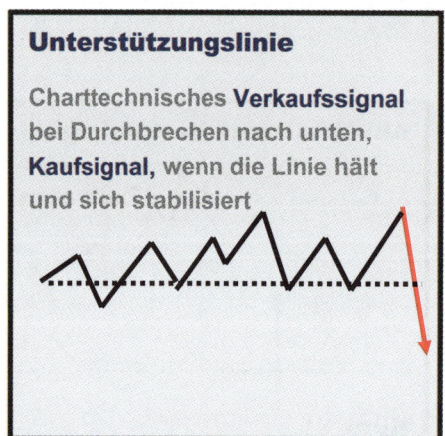

Unterstützungslinie

Charttechnisches **Verkaufssignal** bei Durchbrechen nach unten, **Kaufsignal,** wenn die Linie hält und sich stabilisiert

Widerstandslinie

Verkaufssignal, wenn die Linie nicht überschritten wird. **Kaufsignal,** wenn die Linie nach oben durchstoßen wird. Die bisherige Widerstandslinie bildet nun die neue Unterstützung.

Das menschliche Verhalten unterliegt gewissen Regelabläufen. Mithilfe der Charttechnik können Sie psychologische Einflussfaktoren aufspüren und bei Anlageentscheidungen nutzbringend umsetzen. Die Charttechnik signalisiert günstige Kaufgelegenheiten. Ebenso kann die technische Analyse durch frühzeitige Verkaufssignale vor hohem Verlust bewahren. Allerdings dürfen Sie bei aller Aussagekraft der Charts nicht die entscheidenden fundamentalen Daten vernachlässigen. Denken Sie auch daran, dass die Charts die Vergangenheit widerspiegeln und nur deshalb für die Gegenwart und Zukunft bedeutsam sind, weil der Mensch als „Gewohnheitstier" gilt und zu wiederkehrenden Verhaltensmustern neigt.

Für die Kritiker der technischen Analyse stellt sich die Frage nach Ursache und Wirkung bzw. dem Problem einer sich selbsterfüllenden Prophezeiung. Damit ist gemeint, dass die Charttechnik nur deshalb stimmt, weil so viele Anleger darauf vertrauen und ihr Verhalten entsprechend ausrichten. Sie orientieren sich am Trendkanal, kaufen, wenn die untere Unterstützungslinie hält, verkaufen, wenn sie nach unten durchbrochen wird. Sie steigen aus, wenn der Kurs wiederholt an der gedachten oberen Widerstandslinie abprallt. Sie steigen ein, wenn die Widerstandslinie durchstoßen wird und der Weg nach oben frei ist. Der Chart bestätigt das gezeigte Anlegerverhalten. Die Börse, die sonst eher ihrer Zeit vorauseilt, schätzt die genaue, einen schnellen Überblick vermittelnde anschauliche Charttechnik als unverzichtbares Instrumentarium für anstehende Entscheidungen.

➢ **Börsenexperten gehen davon aus, dass die Markteinschätzung und das daraus abzuleitende Anlegerverhalten zu jeweils einem Drittel aus Psychologie, Kapitalmanagement und Erkenntnissen der technischen Analyse bestehen. In extrem hektischen und aufregenden Phasen, wie wir sie zum Jahresanfang 2016 und unmittelbar nach dem BREXIT erlebten, steigt der psychologische Einfluss sogar auf 80 bis über 90 %.**

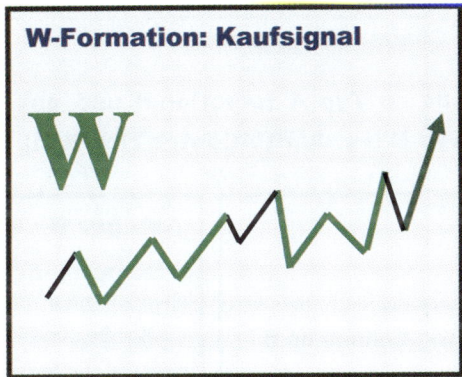

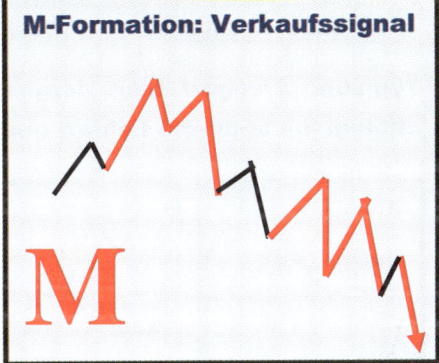

Der Trendkanal bietet eine gute und einfache Orientierung

Es ist wahrscheinlicher, dass eine eingeschlagene Bewegungsrichtung *„the trend is your friend"* anhält, als dass ein abrupter Richtungswechsel eintritt. Handlungsbedarf besteht, wenn der längerfristige Trendkanal einen klaren Ausbruch erfährt. Eine deutliche Tendenz nach oben gilt als Signal, dass die Talsohle vermutlich verlassen wird und sich die Bären verabschieden. Im Bereich der Bodenbildung steigen Mutige ein bzw. kaufen zu. Bei nachhaltigem Ausbruch nach unten können Sie bei rechtzeitigem Ausstieg den Verlust begrenzen, sei es mithilfe von Stop-Loss-Orders oder durch dynamische Verlustbegrenzung.

Widerstands- und Unterstützungslinien schaffen mehr Klarheit

Viele Börsianer verkaufen ihre Aktien, sobald sie nach einer Korrekturphase das alte Niveau bzw. den Einstandspreis erreichen. Nun entstehen an der Widerstandslinie erhöhte Angebote. Jedoch braucht die Aktie oft mehrere Anläufe, um die gedachte Linie nach oben zu durchstoßen. Gelingt der Ausbruch, ist charttechnisch ein Kursaufschwung vorgezeichnet. Sinkt der Kurs auf einen alten Tiefpunkt, glauben etliche Anleger, der Boden sei erreicht und greifen zu. So bildet sich eine Unterstützungslinie, die einen weiteren Kursrückgang zumindest zeitweilig verhindert. Bei Konjunkturschwäche, fundamental schlechten Nachrichten und einem miesen Börsenklima wie Januar/Februar und 24./26. Juni 2016 hält keine Unterstützungslinie mehr. Kurse brechen ein wie das Messer durch die weiche Butter. Statt Kaufsignale liefert die Charttechnik nun klare Verkaufshinweise.

➢ Da bei Nebenwerten außerhalb der deutschen Indizes MDAX, TecDAX und SDAX nur spärliche Informationen zu erlangen sind, erweist sich das Zugreifen auf Kurz- und Langzeitcharts als hilfreich. Dies gilt nicht nur für Einzelaktien, sondern ebenso für interessante Nebenwerte-ETFs und Themenfonds. Sie können den kostenlosen Service bei jedem Kauf und Verkauf zur Orientierung nutzen. Bei aller Begeisterung für die technische Analyse sollten Sie wichtige fundamentale Daten in Ihre Entscheidung einbeziehen und sich nicht von den Charts abhängig machen.

Typische Anlegerfehler: dargestellt an Typ A (emotional und psychologisch bedingte Fehler) und Typ B (vernunftbetontes Handeln)

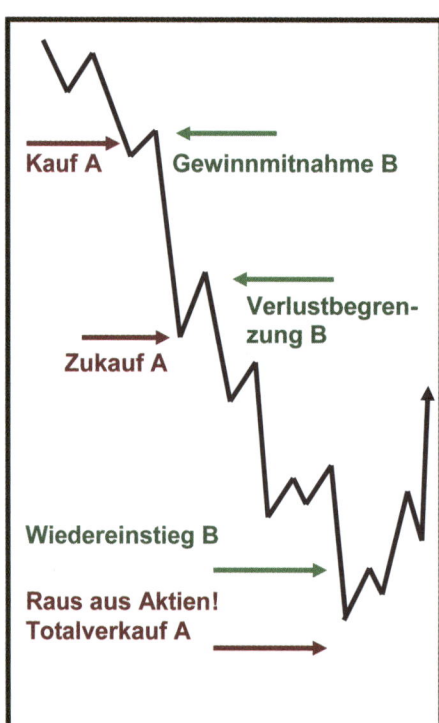

Anleger A

Optimismus: „Bald geht's nach oben! Hausse!"

Selbstberuhigung: „Nur eine Übertreibung nach unten!"

Hoffnung: „Bodenbildung! Ich kaufe jetzt zu!"

Erste Ängste: „Das verstehe ich überhaupt nicht!"

Verzweiflung: „Wie lange denn noch?"

Panik: „Alle Aktien weg! Nur noch Sparbuch!"

Kauf A — Gewinnmitnahme B

Verlustbegrenzung B

Zukauf A

Wiedereinstieg B

Raus aus Aktien! Totalverkauf A

Anleger B

Pessimismus: „Es geht nach unten. Baisse!"

Noch kein Boden: „Ich nehme Gewinne mit!"

Disziplin: „Ich begrenze meine Verluste!"

Erkenntnis: „Die Spekulationsblase platzt! Crashgefahr!"

Geduld: „Ich sorge für Cash!"

Hoffnung: „Bodenbildung. Also Aufbau neuer Positionen!"

Schulter-Kopf-Schulter-Formation: anschaulich und informativ

Zu den bekannten Umkehrformationen zählt die Schulter-Kopf-Schulter-Formation. Der Chart erinnert an einen Kopf mit linker und rechter Schulter. Die beiden Tiefpunkte zwischen Kopf und Schultern werden durch die gedachte Nackenlinie verbunden. Sie bildet oft eine stabile Unterstützung. Erst wenn der Kurs nachhaltig nach unten durchbricht, entsteht ein Verkaufssignal. Ansonsten wird zu früh verkauft und die Chance auf Kurserholung vertan.

Laut Statistik ist zu etwa 70 % damit zu rechnen, dass nach Absacken unter die Nackenlinie der Kurs weiter abstürzt. Das stimmt auch schon deshalb, weil eine Trendfortsetzung wahrscheinlicher ist als eine Trendumkehr.

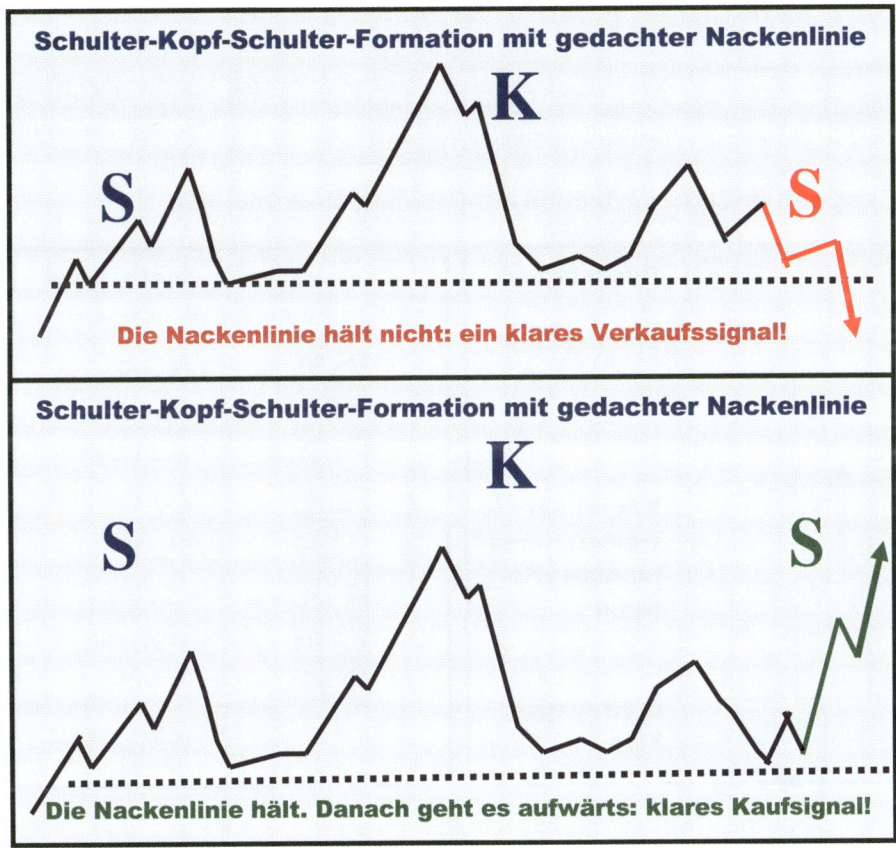

Schulter-Kopf-Schulter-Formation mit gedachter Nackenlinie

K

S **S**

Die Nackenlinie hält nicht: ein klares Verkaufssignal!

Schulter-Kopf-Schulter-Formation mit gedachter Nackenlinie

K

S **S**

Die Nackenlinie hält. Danach geht es aufwärts: klares Kaufsignal!

Trotz 200-Tage-Linie: Viel Hin und Her macht Taschen leer

Eine neue Studie wollte wissen, ob seit DAX-Auflegung vor 28 Jahren das charttechnische Depot mit strikt ausgeführten Kauf- und Verkaufssignalen den Leitindex schlägt. Durchbricht der DAX die 200-Tage-Linie nach oben, gilt dies als Kaufsignal. Durchstößt er die Linie nach unten, heißt es verkaufen.

Zum Ergebnis: Das Chartdepot mit häufigem Umschichten schafft 8,6 % Rendite, der DAX 8,2 % aufs Jahr berechnet. Doch die Rechnung klammert Transaktionskosten aus. Bei besten Konditionen von 0,1 % beträgt der Gewinn 8,1 % und liegt unter dem Standard-DAX-Depot. Bei Gebühren von 1 % verkümmert die Performance auf jährlich 3,4 % – nicht einmal halb so gut wie der DAX. Diese Langzeitstudie lässt sich auf MDAX, TecDAX, SDAX übertragen und bestätigt: Schnell rein und raus mit oder ohne Charttechnik bringt wenig.

Es ist spannend, wichtige Indizes in Mehrjahrescharts übereinanderzulegen, um zu sehen, wie sich MDAX, TecDAX und SDAX gegenüber dem DAX im Ein-, Drei-, Fünf-, Zehnjahresvergleich entwickelten. Wo sind Gemeinsamkeiten oder Unterschiede auffällig? Informativ ist es, bei inhabergeführten Unternehmen die Charts vom DAXplus Family und GEX übereinanderzulegen. Es wird Sie überraschen, dass der GEX, Index für Familienfirmen, von 2003 bis 2007 die anderen deutschen Börsenbarometer bezüglich Performance klar schlug, danach der Höhenflug stoppte, jetzt aber ein Aufbäumen erkennbar ist.

Candlestick-Charts erlauben eine genaue Marktanalyse

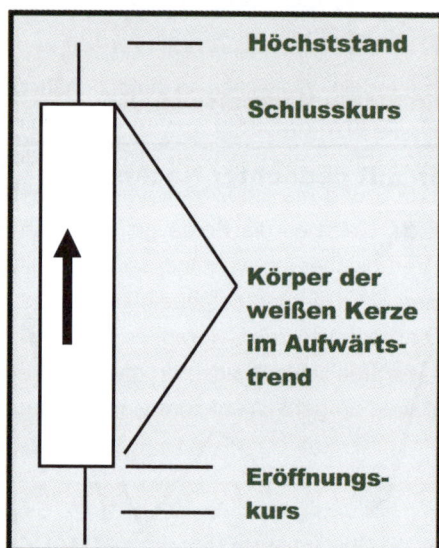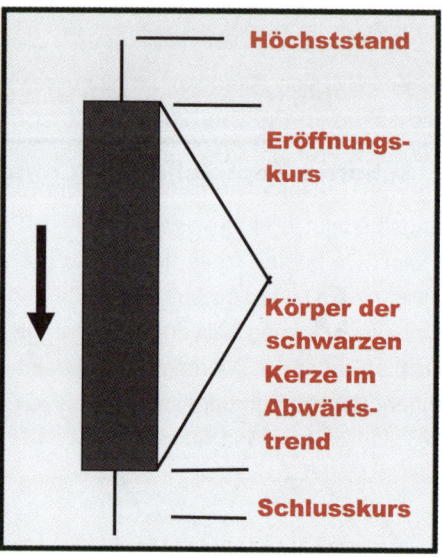

Die japanische Candlestick-Chartanalyse erinnert an schwarze und weiße Kerzen mit Dochten. Sie ist leicht verständlich, aufschlussreich und verstärkt die Effizienz der charttechnischen Analyse. Candlesticks zeigen anschaulich den Eröffnungs- und Schlusskurs, das Tageshoch und Tagestief. Die Aufwärtstendenz wird z. B. durch weiße, der Abwärtstrend durch schwarze Kerzen angezeigt.

Kritik bezüglich Verlässlichkeit der technischen Analyse

Ob sich mittels technischer Analyse tatsächlich gültige Aussagen über den weiteren Kursverlauf von Aktien und anderen Wertpapieren treffen lassen, ist wissenschaftlich umstritten und nicht hieb- und stichfest beweisbar.

Die Frage, ob die Charttechnik das geeignete Instrumentarium darstellt, um Marktentwicklungen wirklichkeitsnah und damit besser einschätzbar zu machen, als der bloße Zufall bewirkt, lässt sich weder verlässlich bestätigen noch widerlegen. Die Charttechnik liefert schnelle Überblicke, die Fundamentalanalyse Details.

8.3 Wann kaufen und verkaufen? Wie auf Börsenboom und Crashszenarien reagieren?

**Im billigen Einkauf und teurem Verkauf liegt der Gewinn.
Theoretisch einfach, in der praktischen Umsetzung oft schwierig**

Jeder Börsianer träumt davon, zum niedrigsten Kurs einzusteigen und zum Höchstkurs zu verkaufen. Wer behauptet, sogar beim selben Titel den günstigsten Ein- und Ausstiegspreis genutzt zu haben, schneidet wohl auf. Zu schwierig ist perfektes Timing. Ein Glücksfall, wenn es manchmal klappt.

Geben Sie sich zufrieden, im Nahbereich zu handeln. Wäre dies so einfach, hätten Sie schon im Frühjahr 2003 bei einem DAX-Stand von 2.200 Punkten, im Herbst 2008, im Frühjahr 2009 und 2011 beherzt zugegriffen, ebenso beim BREXIT Ende Juni 2016. Umgekehrt hätten Sie im März 2000 und Mai 2007 verkauft und nicht angstbedingt erst viel später. Freuen Sie sich, wenn es die Börse gut mit Ihnen meint. Am besten ist es, in Phasen großer Verunsicherung während der Bodenbildung einzusteigen und bei Euphorie und einem vom Herdentrieb beeinflussten Gefühlsüberschwang Teilverkäufe zu wagen. Die Übersicht zeigt, worauf es ankommt. Das an jedem 2. Montag im Handelsblatt veröffentlichte Insiderbarometer verrät Ihnen, wie die Führungsspitze mit eigenen Aktien umgeht. Wer kennt eine AG besser als Vorstand und Aufsichtsrat?

Mit günstigem Einkauf bei Nebenwerten zum Kursgewinn	
Stichwort	**Erläuterung: Strategie und Psychologie**
Bei Angst in der Bodenbildung kaufen.	Erfolgreich sind jene Aktionäre, die den Mut haben, nach einem Crash frühzeitig einzusteigen statt zuvor panikartig alle Aktien in den Markt zu werfen.
In 2 oder 3 Tranchen ordern, um den Cost-Average-Effekt zu nutzen.	Günstige Kurse sind gute Zukaufchancen. Jedoch sollte eine 2. oder 3. Tranche nicht erfolgen, um den Einstandspreis zu senken, sondern nur bei Blick auf den Chart und überzeugenden Fundamentaldaten.
Bei Empfehlungen für marktenge Werte geduldig sein. Oft kommt der Kurs zurück, sodass sich eine neue Chance bietet.	Small und Micro Caps schießen blitzschnell nach oben, wenn Gurus die Aktie anpreisen. Der Kurs von Titeln mit geringem Börsenwert wird nur deshalb aufwärts getrieben, um selbst mit hohem Gewinn zu verkaufen. Wer geduldig abwartet, statt gierig aufzuspringen, wird kein Herdentriebopfer.

Keine Einwert-Anlage! Streuung nach Branchen, Ländern, Indizes und zeitlich.	Wer alles auf eine Karte setzt, zählt zu den Verlierern. Es mangelt an Disziplin, cool und erfolgsorientiert zu handeln. Schon Miniverluste machen nervös. Steigende Aktien werden zu früh verkauft.
Bei marktengen Werten limitieren. Der *höhere Briefkurs* gilt für Käufe, der *niedrigere Geldkurs* für Verkäufe.	Marktenge Titel z. B. aus dem Entry Standard sind schwankungsfreudig. Je nach Wichtigkeit setzen Sie das Limit enger oder weiter. Der Briefkurs ist der Preis, den Sie beim Kauf bezahlen, der Geldkurs der Verkaufspreis, den Ihnen Ihre Bank gutschreibt.
Nie nur einer einzigen Analystenempfehlung folgen und sich ein eigenes Urteil bilden.	Selbst führende Analysten bewerten Aktien bei DAX & Co. uneinheitlich. Nutzen Sie einige Informationsquellen. Bilden Sie sich ein eigenes Urteil. Fühlen Sie sich verantwortlich für Ihre Entscheidung.
Zukunftsmärkte Biotech, Medtech, Software, Internet evtl. mit ETFs und Spezialfonds abdecken.	Im Gesundheitswesen und Hightechbereich können nur Experten Chancen und Risiken objektiv einschätzen. Decken Sie komplizierte Bereiche bei wenig Kapital, Zeit und geringem Fachwissen am besten mit Index- und Themenfonds ab.
Fundamentaldaten und Charttechnik beobachten. Auf Dividende, Bilanzierung, Substanzkraft, Nachhaltigkeit und faire Bewertung schauen.	Die Charttechnik verschafft einen anschaulichen Überblick über gewünschte Zeitspannen. Trends, Unterstützungs- und Widerstandslinien erleichtern die Entscheidung. Werten Sie auch Finanzkennzahlen wie KGV, Börsen- und Buchwert, Cashflow, Ergebnis je Aktie im Mehrjahresvergleich, Dividende, Kursentwicklung und Eigenkapitalquote aus.
Value-Aktien in Krisenzeiten übergewichten, aber konjunkturfreundliche Growth-Titel keineswegs ignorieren.	Zu den Value-Aktien gehören die weniger konjunkturabhängigen Aktien aus der Pharma-, Versicherungs-, Konsum- und Versorgerbranche. Zu den Growth-Titeln zählen die von der Marktlage beeinflussten Automobil- und Maschinenbauer, Hightech und Biotechnologie, Software und Internet.
Bei Konzentration auf Einzelaktien mindestens 10 Werte berücksichtigen, bei genug Geld und Zeit möglichst breit streuen.	Je besser ein Depot strukturiert ist, umso stärker sinkt das Verlustrisiko. Die Konzentration auf das „Heimatliebedepot DAX" ist ebenso ungünstig wie die krasse Übergewichtung bestimmter Branchen, Märkte und Segmente. Es ist gerechtfertigt, MDAX, TecDAX und SDAX hier und da zu bevorzugen.

Auch bei großer Versuchung niemals Aktien auf Kredit kaufen.	Es ist äußerst gefährlich, Aktien auf Pump zu kaufen. Geht die Spekulation daneben, droht ein Zwangsverkauf. Die Aktien sind weg – die Schulden bleiben.
Um Gewinne erzielen zu können, nur ausnahmsweise unter 1.000 Euro einsetzen.	Bei den sich eher gemächlich entwickelnden Blue Chips rechnet sich eine Order unter 1.000 € kaum. Erst beim Einsatz von 1.000 € deckt ein fünfprozentiger Gewinn die Gebühren und Steuer ab.
Sich an starken Aufwärtstrends orientieren; denn der Trend gilt als Freund.	Es ist wahrscheinlicher, dass ein Aufwärtstrend „the trend is your friend" weiter anhält, als dass er bricht. Wer nur zum Tiefstkurs kauft, übersieht, dass eine Spitzenaktie wohl auch künftig zu den Besten zählt.
Nicht nur auf Wachstum, sondern nachhaltige Gewinnentwicklung schauen.	Wichtiger als Umsatz und Übernahme sind gesunde Bilanzierung, dauerhafte Erträge, leistungsfähiges Management, starke Marke, Marktführerschaft, Alleinstellungsmerkmale und gute Zukunftschancen.
Überprüfen, ob sich Aktienclub und Börsenbrief rechnen. Die Werbung macht haltlose Versprechen.	Mancher Anleger liebäugelt wegen Gemeinschaftsdepot und Kontakten mit einem Aktienclub. Es gibt Börsenbriefe für spezielle Strategien. Die Werbung ist nicht objektiv. Das Depot muss groß genug sein, um Beitrag und Transaktionskosten wegzustecken.
Auch bei Nebenwerten auf eine hohe Dividende schauen.	Das Sparkonto vernichtet schleichend Kapital. Vor allem im MDAX und SDAX gibt es zahlreiche Aktien mit einer Gewinnausschüttung von über 4 %.
Solche Aktien bevorzugen, die man längerfristig behalten will.	Manch einer hält es für überholt, Aktien mit dem Ziel zu kaufen, sie zu behalten. Beliebt ist das schnelle Rein und Raus zur Freude von Börse, Broker, Bank.
Titel übergewichten, deren Geschäftsmodell Sie verstehen.	Es geht auch um Verständnis, Emotionalität und um bekannte Produkte. Wer Nikotin verabscheut, kann Altria höchstens als Contra-Indikator kaufen.
Sich vom Herdentrieb abkoppeln. Glück und Zufall spielen mit.	Bei Trendumkehr ist mutiges antizyklisches Handeln gefragt, um erfolgreich zu sein. Kostolany sprach einst von Geld, Geduld, Glück und guten Gedanken.
Spekulative Aktien nur bei Nervenstärke, Disziplin und genug Kapital beimischen.	Wer hochriskante Pennystocks aufnimmt, sollte es nur mit prozentual kleinem Anteil von 1 bis 2 % und übrigem „Spielgeld" tun. Im Ernstfall muss ein Totalverlust psychisch und finanziell verkraftbar sein.

8.4 Hoch/Tief-Mutstrategie mit Teilverkauf und Koppelgeschäft als Erfolgsformel

„Ein Crash ist gut – für Leute mit Mut!" hilft, bei Börsenturbulenzen die Weichen für künftige Kursgewinne auf Grün zu stellen. Nichts für Angsthasen, aber die richtige Strategie und Zauberformel für Langzeitanleger in Zeiten des demografischen und globalen Wandels.

DAX & Co. sorgten im Januar/Februar 2016 für Kursverluste von rund einem Fünftel. Statt zu jammern und zu wehklagen, gilt es, bei Börsenturbulenzen als Gegenwehr die richtige Strategie einzusetzen. Ich zeige Ihnen mein Abwehrverhalten 2015/2016 als Anschauungsmodell für eine erfolgversprechende Langzeitstrategie in den Zeiten des demografischen und globalen Wandels. Die beiden überprüfbaren Kurslisten für Teilverkäufe, um günstige Zukäufe finanzieren zu können, und Kauforders 2015 und Anfang 2016 als Koppelgeschäfte spiegeln mein aktives Handeln im Nebenwertesektor wider. Die Teilverkäufe von 2016 sind grün markiert. Der Kursgewinn lag 2015/2016 großteils zwischen 100 % und 1.000 %.

Nebenwerte-Teilverkauf 2015/Anfang 2016: Cash für Kauf

Weitgehende Schonung des steuerfreien Altbestands* im Erstdepot; Teilverkauf statt Komplettverkauf: So bleiben beste Aktien im Depot

Aktien/Unternehmen	WKN	Kauftag ab 2009	Kaufpreis	Teilverkaufstag	Verkaufspreis
Amadeus Fire	509 310	24.09.2009	12,40 €	03.02.2015	68,00 €
Atoss Software	510 440	08.10.2010	14,80 €	07.10.2015	48,00 €
Aurelius	A0J K2A	02.09.2009	2,70 €	29.07.2015	44,30 €
Aurubis	676 650	04.10.2010	33,70 €	10.11.2015	58,70 €
Basler	510 200	28.08.2013	21,25	19.01.2016	48,50 €
Boss Hugo	A1P HFF	19.12.2011	55,30 €	06.08.2015	113,00 €
Brenntag	A1D AHH	02.02.2011	23,00 €	11.03.2015	53,50 €
Cancom	541 910	20.08.2012	12,95 €	04.02.2016	42,70 €
CeWe Stiftung	540 390	06.07.2009	20,75 €	11.03.2015	57,00 €
CompuGroup	543 730	21.11.2012	13,30 €	03.02.2016	36,20 €
Dialog Semic.	927 200	11.02.2011	15,10 €	13.02.2015	33,85 €
DMG Mori Seiki	587 800	04.06.2004*	4,15 €	24.08.2015	32,50 €
Eckert & Zieg.	565 070	11.03.2015	8,05 €	11.03.2015	20,90 €

Aktien/Unternehmen	WKN	Kauftag ab 2009	Kaufpreis	Teilverkaufstag	Verkaufspreis	Jahre	Fakt
Weitgehende Schonung des steuerfreien Altbestands im Erstdepot; <u>Teilverkauf</u> **statt Komplettverkauf: So bleiben beste Aktien im Depot**							
GEA Group	660 200	08.03.2009	8,40 €	04.02.2016	43,30 €	5	5
Gerresheimer	A0L D6E	28.04.2011	32,00 €	28.07.2015	64,10 €	4	2
GrenkeLeasing	A16 1N3	27.12.2013	70,00 €	26.01.2016	179,50 €	3	2,5
Hermle Berth.	602 182	28.04.2011	59,05 €	03.06.2015	218,05 €	4	3,6
INIT	575 980	14.09.2009	8,50 €	20.07.2015	25,20 €	6	3
I:FAO	622 452	13.08.2012	9,45 €	14.02.2016	21,25 €	4	2,2
ISRA Vision	548 810	14.06.2013	32,50 €	07.01.2016	61,50 €	3	2
Jungheinrich	621 993	19.08.2011	19,25 €	11.08.2015	67,50 €	4	3.4
Krones	633 500	14.09.2009	32,85 €	17.07.2015	105,60 €	6	3.2
KUKA	620 444	01.06.2012	16,60 €	04.02.2016	79,70 €	4	4.7
Leifheit	646 450	01.06.2011	20,00 €	15.01.2016	46,80 €	5	2
MTU Aero	A0D 9PT	24.02.2011	47,10 €	21.01.2016	77,80 €	5	1.6
Nemetschek	645 290	12.08.2011	7,20 €	11.03.2015	31,20 €	4	4.3
NORMA	A1H 8BV	21.04.2011	20,15 €	13.08.2015	46,00 €	4	2.3
OSRAM	LED 400	25.07.2013	28,00 €	27.07.2015	49,50 €	2	1.7
Patrizia	PAT 1AG	18.05.2012	4,20 €	18.08.2015	24,40 €	3	5.7
Pfeiffer	691 660	24.02.2009	37,00 €	07.08.2015	89,05 €	6	2,4
Rational	701 080	03.05.2008*	33,80 €	06.11.2015	373,60 €	7	11
SAF Holland	A0M U70	16.06.2011	8,20 €	03.02.2015	13,45 €	4	1.6
Schaltbau	717 030	10.07.2009	12,00 €	13.08.2015	51,80 €	6	4.2
Steico	A0L R93	16.11.2012	4,30 €	27.07.2015	7,50 €	3	1.7
Symrise	SYM 999	18.04.2009	9,80 €	11.03.2015	57,50 €	6	5.8
United Internet	508 903	25.06.2013	20,70 €	13.08.2015	47,00 €	2	2.3
Villeroy & Bo.	765 723	05.06.2012	6,70 €	12.08.2015	14,50 €	3	2.1

Anfang 2016 ging es an den Börsen so turbulent zu, dass aktives Handeln als Basis künftiger Kursgewinne geboten war. Bei guten Aktien, die bis zur Hälfte verloren hatten, stieg ich ein bzw. kaufte ich nach. Ich finanzierte dies mit Teilverkäufen aus der vorstehenden Kursliste. Sie zeigt auf, was ich 2015 und intensiv bis Mitte Februar 2016 tat, um den Zukauf zu finanzieren. Freilich erstreckten sich meine Aktivitäten auch auf einige große Werte aus Zukunftsmärkten, wie Alphabet, Amazon, Amgen, Eurofins, Facebook, Priceline.

Zukauf in Wechselwirkung mit Teilverkauf und Koppelgeschäft bei hohem Kursgewinn. Lohn für Mut: üppige Rendite oft in kurzer Zeit

Aktien/ Unternehmen	Index	WKN	Kauf 2015/16	Kauf- preis	Kurs am 29.07.16
Amadeus Fire	SDAX	509 310	13.11.2015	67,30 €	67,70 €
Atoss Software	Prime St.	510 440	04.01.2016	61,90 €	63,40 €
Aurelius	m:access	A0J K2A	29.06.2015	37,50 €	53,80 €
Aurubis	MDAX	676 650	11.12.2015	46,75 €	46,15 €
Basler	Prime St.	510 200	21.08.2015	41,90 €	49,80 €
BayWa	SDAX	519 406	22.05.2015	32,30 €	28,60 €
Bechtle	TecDAX	515 870	10.12.2015	71,50 €	103,40 €
Bertrandt	SDAX	523 280	15.08.2015	105,30 €	97,50 €
BOSS Hugo	MDAX	A1P HFF	24.02.2016	51,50 €	52,50 €
CENIT	Prime	540 710	18.01.2016	17,30 €	19,90 €
Datagroup	Entry	A0J C8S	09.06.2015	11,65 €	16,90 €
Deutsche Wohnen	MDAX	A0H N5C	21.09.2015	22,50 €	33,45 €
Drillisch	TecDAX	554 550	17.08.2015	40,30 €	35,55 €
DÜRR	MDAX	556 520	11.02.2016	52,59 €	77,15 €
ElringKlinger	SDAX	785 602	21.09.2015	17,20 €	16,30 €
EUWAX		566 010	02.01.2016	71,50 €	81,75 €
Evonik	MDAX	EVN K01	03.02.2016	27,35 €	27,90 €
Freenet	TecDAX	A0Z 2ZZ	06.08.2015	31,40 €	24,95 €
GEA	MDAX	660 200	04.09.2015	33,80 €	47,75 €
GFT Software	TecDAX	580 060	08.02.2016	23,10 €	20,50 €
Grammer	SDAX	589 540	29.07.2015	25,45 €	43,00 €
GrenkeLeasing	SDAX	A16 1N3	29.09.2015	137,90 €	174,50 €
Hannover Rück	MDAX	840 221	08.02.2016	86,85 €	91,50 €
HELLA	MDAX	A13 SX2	18.09.2015	33,50 €	32,65 €
Helma Eigenheim	Entry	A0E Q57	21.01.2016	40,35 €	59,75 €
Hermle	General	605 283	24.08.2015	179,50 €	262,00 €
Hypoport	SDAX	549 336	18.01.2016	55,40 €	97,00 €

Aktien/ Unternehmen	Index	WKN	Kauf 2015/16	Kauf- preis	Kurs am 29.07.16
Zukauf im Zusammenhang mit Teilverkauf und Koppelgeschäft bei hohem Kursgewinn. Lohn für Mut: üppige Rendite oft in kurzer Zeit					
Invision	Prime St.	585 969	20.06.2015	41,20 €	41,50 €
Jungheinrich	MDAX	621 993	13.08.2015	21,30 €	27,25 €
KUKA (Midea-Übernahme)		620 440	27.07.2015	74,50 €	108,70 €
Lang & Schwarz	Entry St.	645 932	05.03.2015	15,55 €	22,25 €
LEONI	MDAX	540 888	11.11.2015	32,85 €	33,10 €
Mühlbauer	Entry St.	662 720	19.08.2015	22,80 €	38,60 €
Nemetschek	TecDAX	645 290	17.04.2015	27,35 €	56,25 €
NEXUS	Prime St.	522 090	17.04.2015	16,45 €	16,95 €
OSRAM Licht	MDAX	LED 400	11.11.2015	37,85 €	46,50 €
Pfeiffer Vacuum	TecDAX	691 660	13.08.2015	84,40 €	92,50 €
Sartorius Vorzüge	TecDAX	716 563	24.08.2015	43,30 €	71,50 €
Sartorius Stämme	Prime St.	716 560	16.01.2016	61,25 €	72,70 €
SIXT Vorzüge	Prime St.	723 133	30.04.2015	31,45 €	36,80 €
Stabilus	SDAX	A11 3Q5	28.08.2015	31,10 €	46,80 €
Stratec	TecDAX	STR A55	23.04.2015	46,90 €	51,30 €
STRÖER	MDAX	749 399	01.09.2015	49,20 €	42,55 €
Symrise	MDAX	SYM 999	06.08.2015	50,90 €	63,15 €
TLG Immobilien	SDAX	A12 B8Z	17.03.2015	14,45 €	20,10 €
USU Software	Prime St.	A0B VU2	18.01.2016	16,80 €	22,50 €
Wacker Chemie	MDAX	WCH 888	02.02.2016	60,10 €	83,30 €
WashTec	SDAX	750 750	06.11.2015	28,65 €	36,50 €
Wincor Nixdorf	MDAX	A0C AYB	20.01.2015	37,90 €	55,90 €
Wirecard	TecDAX	747 206	24.02.2016	33,15 €	41,60 €

Trotz Börsencrash ein ermutigendes Ergebnis beim Zukauf

Im Februar 2016 büßten DAX, MDAX, TecDAX, SDAX gegenüber dem Jahresende 2015 zweistellig ein. Von 50 Zukäufen notierten zum Quartalsende 10 Titel im Minus und 40 Werte im Plus. Bei Überprüfung Ende Juli 2016, rund einen Monat nach dem BREXIT, verbesserte sich das Verhältnis Sieger/Verlierer mit 41:9 stark. Der Buchgewinn ab 30 % bei 19 Werten ist unterstrichen.

8.5 Die Chancen im kurzen BREXIT-Crash – nachvollziehbar an meinen Aktivitäten

Die Wirtschaftsredaktion von BILD.de und Bild.online, für die ich monatlich eine Aktienkolumne mit eigener Marke und eigenem Titel schreibe, rief bei mir an: *„Soll man, wenn es zum BREXIT kommt, dem Austritt Großbritanniens aus der Europäischen Union, all seine Aktien verkaufen?" „Nein, auf gar keinen Fall! Selbst wenn der BREXIT eintrifft, wäre dies komplett verkehrt!"* Obwohl ein und zwei Tage vor der Bevölkerungsabstimmung die englischen Buchmacher auf ein Verbleiben in der EU zu 80 % die Wetten einstellten, trat das befürchtete, mit Angst und Panik verbundene Ereignis ein.

Es ist nicht Thema dieses Buches, auf Ursachen und mögliche Folgen einzugehen. Ein kurzer Abriss muss genügen mit Blick, was sich verbessern lässt, und Bereitschaft, aus Fehlern zu lernen. Die einzelnen Länder müssen mehr Souveränität erlangen. Vordringlich ist, dass sich die EU auf Kernkompetenzen konzentriert und jedem Land Eigenständigkeit und Entscheidungsfreiraum zugesteht. Nur so lässt sich die ausufernde Bürokratie, Wurzel vielen Übels, bekämpfen. Viele Briten wollten nur ihren Frust ausdrücken, empfundene Unzufriedenheit und Bevormundung signalisieren. Ohne Wut im Bauch, ohne ausgelebte Emotionen, hätte es keinen BREXIT gegeben. Junge Leute stimmten mehrheitlich für Verbleib. Senioren – verängstigt durch die Flüchtlingskrise – setzten meist ihr Kreuz unter Austritt. Millionen Petitionsanträge zeigen, wie gefährlich unkontrolliertes Bauchgefühl ist. Vier von sechs Teilverkäufen erzielten Kursgewinne über 100 % bis 700 %.

BREXIT-Teilverkauf Juni 2016 bevorzugt von Nebenwerte-Siegeraktien zur Finanzierung extrem günstiger Zukäufe					
Weitgehende Schonung des steuerfreien Altbestands* im Erstdepot; Teilverkauf statt Komplettverkauf: So bleiben beste Aktien im Depot					
Aktien/ Unternehmen	WKN	Kauftag ab 2011	Kauf- preis	Teilver- kaufstag	Verkaufs- preis
CeWe Stiftung	540 390	28.11.2011	27,20 €	30.06.2016	65,40 €
GFK	587 530	07.02.2016	26,15 €	28.06.2016	35,15 €
Hermle Berth.	510 440	28.04.2011	59,00 €	30.06.2016	263,00 €
Samsung*	881 823	22.02.2002*	60,00 €	30.06.2016	468,00 €
TAKKT	740 600	16.11.2012	10,05 €	28.06.2016	20,50 €
Vonovia	A1M K7J	09.12.2014	21,30 €	27.06.2016	32,50 €

Zukauf im Zusammenhang mit Teilverkauf und Koppelgeschäft bei hohem Kursgewinn. Lohn für Mut: üppige Rendite oft schon in Kürze

Aktien/ Unternehmen	WKN	Kauf Ende Juni 2016	Kauf- preis	Kurs am 29.07.16	Divid.- Rendite
Allianz (DAX)	840 400	24.06.2016	128,00 €	128,45 €	6,0 %
BASF (DAX)	BAS F11	24.06.2016	66,20 €	70,30 €	4,6 %
Bet-at-home (Entry)	A0D NAY	23.06.2016	66,90 €	62,40 €	5,7 %
BMW Vz (Prime)	519 003	24.06.2016	59,00 €	64,80 €	5,9 %
CENIT (Prime)	540 710	28.06.2016	17,30 €	19,95 €	5,7 %
Dt. Pfandbr. (MDAX)	801 900	25.06.2016	8,35 €	8,60 €	5,7 %
GrenkeL. (SDAX)	A16 1N3	30.06.2016	155,25 €	175,00 €	1,0 %
König & B. (SDAX)	719 350	27.06.2016	40,50 €	49,50 €	1,0 %
SinnerSchr. (Prime)	514 190	30.06.2016	4,90 €	4,95 €	3,3 %
Vestas (Dänemark)	913 769	25.06.2016	57,70 €	62,75 €	1,8 %
TUI (Prime Standard)	TUA G00	27.06.2016	11,25 €	11,70 €	5,7 %

Trotz BREXIT-Turbulenzen ermutigende Ergebnisse beim Zukauf

In rund einem Monat Abstand zwischen Kauf und Verkauf sind keine Wunder zu erwarten. Aber die Aussichten sind gut, dass sich die „Schnäppchen-Käufe" im Laufe der nächsten Monate und Jahre ebenso günstig aufwärts bewegen wie fast alle Käufe im Herbst während der Weltwirtschaftskrise 2008 zum Aufbau steuerfreier Altbestände. Hier gibt es Kursgewinne von rund 1.000 %. Ausreißer nach oben sind bereits jetzt CENIT, GrenkeLeasing und König & Bauer.

Bei den aktuellen Zukäufen mit deutlichem Preisabschlag achtete ich auf faire Bewertung. Ich bevorzuge Aktien mit einer üppigen Dividendenrendite und positiven Ergebnisentwicklung im Mehrjahresvergleich. Dabei griff ich auch bei einigen dividendenstarken DAX-Titeln mit Aufwärtspotenzial zu.

Um „gefallene Engel" mit Buchverlusten von über 30 % machte ich einen hohen Bogen; denn nicht jeder, der zu Boden geht, steht wieder auf. So geriet ich nicht in Versuchung, die Aktie von KTG Agrar zu kaufen, die binnen einer Woche zwei Drittel ihres Wertes verlor aufgrund grottenschlechter, sich häufender Nachrichten. Gleiches gilt für Windeln.de mit einem Preisabschlag von 61 % in einem halben Jahr, Steilmann, binnen 9 Monaten über 96 % vom Börsenwert eingebüßt, sowie Mologen, in einem halben Jahr zwei Drittel vom Kurs verloren.

Einige Zitate führender Persönlichkeiten zum BREXIT

➢ *„Europa muss besser werden, wenn wir weniger regeln. Wir müssen besser und schneller regeln."* (Wolfgang Schäuble, Bundesfinanzminister)

➢ *„Europa wird vom Schreckgespenst des Auseinanderbrechens verfolgt."* (Donald Tusk, EU-Ratspräsident)

➢ *„Die Ärzte der Europäischen Union gaben Drogen, weil ihnen für die Operation die Kompetenz oder der Mut fehlte."* (Hans-Werner Sinn, ehemaliger ifo-Präsident)

➢ *„Polemik ist nicht angebracht. Dafür steht zu viel auf dem Spiel. Der BREXIT darf nicht der Anfang vom Ende der EU sein. Vielmehr muss er den Anfang eines Neubeginns markieren."* (Rupert Stadler, AUDI-Chef)

➢ *„Die Tatsache, dass keiner der führenden Brexit-Befürworter nun vortritt, um die Macht an sich zu reißen, sagt alles über die Leichtfertigkeit der Kampagne aus."* (Niall Ferguson, schottischer Historiker)

➢ *„Die Alchemie der Gründerväter, wirtschaftliches Blei in politisches Gold zu verwandeln, funktioniert nicht mehr."* (Pascal Lamy, früherer EU-Kommissar und Handelsexperte)

➢ *„Das wichtigste Signal der Briten ist die unkontrollierte Wucht, die aus dem Frust einer abhängigen sozialen Schicht entwachsen kann."* (Nicole Bastian, Auslands-Ressortleiterin des Handelsblatt)

➢ *„Das ist der Beginn einer unsicheren Zeit für das Vereinigte Königreich. Wir alle brauchen ein politisch und wirtschaftlich starkes Europa."* (Werner Baumann, Vorstandsvorsitzender BAYER-Konzern)

➢ *„Man wird auch auf dem Kontinent über die EU und ihre Verfasstheit debattieren müssen, was die Kaziken von Brüssel fürchten wie der Teufel das Weihwasser."* (Peter Gauweiler, früherer stellvertretender CSU-Chef)

➢ *„Ich bin besorgt. Wenn aus dieser Entscheidung noch irgendetwas Positives entstehen soll, muss Europa dieses Votum als Weckruf verstehen."* (Johannes Teyssen, CEO E.ON-Konzern)

➢ *„Die EU-Politik muss wieder stärker auf die Bedürfnisse und Belange der Bürger eingehen und Lösungen für die drängenden politischen und wirtschaftlichen Probleme anbieten."* (Thomas Rabe, Bertelsmann-Chef)

➢ *„In einer globalisierten und digitalisierten Welt sind große, einheitliche Märkte wichtig, um wettbewerbsfähig zu sein"* (Timotheus Höttges, CEO Deutsche Telekom)

> *Jeder für sich entspricht nicht der Gründungsidee der EU und kann nicht die Antwort auf die Herausforderungen im weltweiten Wettbewerb mit Amerika und Asien sein."* (Elmar Degenhart, Firmenchef Continental)

Was BREXIT-Einschätzungen und Umfragen von Institutionen verraten: Deutsche Spitzenmanager äußern sich zu den Folgen

Bedauern Sie den Austritt Großbritanniens aus der EU? (87 % Ja, 13 % Nein)

Welche Auswirkungen sind für Großbritannien zu befürchten? (90 % negative Folgen, 3 % positive Folgen, 5 % sowohl als auch)

Mit welchen Auswirkungen muss die deutsche Wirtschaft rechnen? (74 % negativ, 4 % positiv, 20 % sowohl als auch)

Wie stark wird Ihr Unternehmen davon betroffen sein? (53 % überhaupt nicht, 39 % nicht so stark, 7 % eher stark, 1 % sehr stark)

Pflegt Ihr Unternehmen aktuell Geschäftsbeziehungen mit Großbritannien? (53 % Nein, 47 % Ja)

Wie würden Sie bei einem möglichen Volksentscheid in Deutschland reagieren? (96 % für einen Verbleib, 3 % für einen EU-Austritt)

Worin sehen Sie Ihre wichtigsten Herausforderungen für die EU? (85 % Flüchtlingskrise, 35 % Finanzkrise, 28 % Zusammenhalt in der EU, 21 % Griechenlandkrise, 18 % wirtschaftliche Entwicklung, 11 % Verhältnis zur Türkei, 9 % TTIP, 6 % Rechtsdruck, 5 % Beziehungen zu Russland)

Ergebnisse einer FORSA-Umfrage bei über 1.000 Bundesbürgern Mitte Juni 2016: 27 % wünschen hierzulande einen Volksentscheid

Glauben Sie, dass weitere Länder aus der EU austreten? (42 % Ja, 51 % Nein)
Sollte es in Deutschland ein solches Referendum geben? (27 % Ja, 67 % Nein)
Wie würden Sie selbst abstimmen? (82 % Verbleib, 14 % Austritt)

Fazit: Ohne die Briten verliert die EU an Stärke: Anteil am Bruttoinlandsprodukt der EU: 18 %, Export: 12 %, Verschuldung: 89 %

Die BREXIT-Anhänger und -Befürworter behaupten, dass Großbritannien nur außerhalb der EU zu alter Größe und Souveränität finden könnte. Noch hat diese Nation nicht verkraftet, dass ihnen zwei Weltreiche abhandenkamen. Ein BREXIT stärkt die Illusion von mehr Souveränität, ohne dass damit ein Zuwachs an Macht außerhalb der Grenzen verbunden wäre. Die Verschuldung ist mit 89 % besorgniserregend hoch gegenüber 87 % in der EU und 71 % in Deutschland.

Überblick über Schwachpunkte der englischen Wirtschaft

❶ **Kränkelnde Industrie:** Verdrängung von der früheren weltweiten Vorreiterposition in zunehmende Abhängigkeit vom aufgeblähten Finanzsystem (2015: Großbritannien: 14 %, EU: 19 %, Deutschland: 26 %).

❷ **Einseitige Ausrichtung auf die Finanzwirtschaft mit Konzentration auf London:** Großbritannien: 7,8 %, EU: 5,5 %, Deutschland: 4,1 %. Muss es sein, dass im Land der Dichter und Denker bei den Finanzkonferenzen der Deutschen Börse in Frankfurt nahezu ausschließlich in Englisch kommuniziert und referiert wird und der Wunsch nach Zweisprachigkeit großteils auf taube Ohren stößt?

❸ **Internetwirtschaft abgehängt; riesiger Rückstand in der digitalen und vernetzten Welt mit Industrie 4.0** gegenüber Alphabet (Google), Facebook und Amazon trotz der Wachstumsführerschaft in Europa.

❹ **Ausufernde Verschuldung mit explosionsartigem Anstieg der Wohnkosten:** Bezahlbarer Wohnraum für Durchschnittsverdiener in den Großstädten kaum mehr erschwinglich.

❺ **Kostspieliges, reformbedürftiges Gesundheitswesen** mit Mängeln in der ärztlichen Grundversorgung und unzureichender Investitionsbereitschaft.

❻ **Wachsender Frust der unter Druck geratenen Mittelschicht;** London als Metropole der Superreichen mit den vom Finanzsystem gespeisten Millionären, deren Reichtum ständig wächst – im krassen Gegensatz zu den großen benachteiligten Bevölkerungsschichten.

❼ **Veraltetes, unbewegliches, starres politisches System,** *das immer weniger Raum lässt für Freiheit und Reformen.*

Was Firmen und der Einzelne aus dem BREXIT lernen können

Das einzige Gute an dem verhängnisvollen BREXIT ist, dass die Schwächen klar erkennbar sind. Die größte Herausforderung dürfte sein, es im unternehmerischen und gesellschaftlichen Bereich besser zu machen. Dazu gehören mehr Eigenständigkeit und Freiraum sowie Abbau von Bürokratie. Firmen sollten auf Mitarbeiterkonferenzen beispielhafte Anregungen geben, Wut im Bauch nicht unkontrolliert auszuleben. Bei der Fußball-Europameisterschaft verlor England sensationell gegen Island. War es da hilfreich, aus Zorn Fernsehgeräte aus dem Fenster zu werfen, sich zu prügeln und Mobiliar zu zertrümmern? Zusätzlicher materieller Schaden und Gefahr von Körperverletzungen. Bei verbalen Entgleisungen drohen fristlose Kündigung und Klage bei Gericht.

➢ **Vorsicht: Bei Rauswurf aller englischen Aktien aus dem Depot winken zweistellige Vermögensverluste.**

8.6 Wie funktioniert die Hoch/Tief-Mutstrategie?

Mutstrategie: Ja oder Nein? Wann und wann nicht?		
Wann funktioniert es?	**Börsenklima**	**Wann klappt es nicht?**
Tägliche Marktbeobachtung	**Scharfe Korrektur oder Crash wie im Jan./Febr. und BREXIT Juni 2016**	Zu wenig Titel im Depot
Fundiertes Börsenwissen		Vernachlässigung von Nebenwerten
Fachkompetenz Nebenwerte		Zu wenig Siegeraktien für Geld-Beschaffung
Guter Depotüberblick	**Starke Kursschwankungen im Markt**	Geringe Marktkenntnisse
Kenntnis der Kursentwicklung kaufenswerter Aktien		Keine regelmäßige Marktbeobachtung
Breit gestreutes Depot	**Große Nervosität an der Börse**	Stark ausgeprägtes Sicherheitsbewusstsein
Risikobewusstsein, Mut, Disziplin, Entschlossenheit	**Fundamental übertriebene Kurseinbrüche**	Kein Zugang zum Internet und/oder Telefonhandel
Zugang zum Online-Banking und/oder Telefonhandel		Mangel an Mut und Entschlossenheit
Zugriff auf Aktien mit hohem Buchgewinn	**Unterschiedliche Auswirkungen auf die einzelnen Branchen**	Bauchgefühl, Herdentrieb und Verdrängung
Einsatz pro Titel in der Regel über 1.000 €		

Worauf kommt es an? Wann nützlich? Wann besser Hände weg?

➤ Diese Strategie setzt ein breit gestreutes Aktiendepot und eine langfristige Anlagestrategie voraus. Zukäufe in zwei oder drei Tranchen bereiten den Boden für einen späteren attraktiven Teilverkauf. Bei einem Komplettverkauf wird die Chance vertan, von einer weiterhin positiven Kursentwicklung zu profitieren.

➤ In der Bodenbildungsphase bei scharfer Korrektur und Crash bieten sich Teilverkäufe an, wenn einzelne Aktien nahe am Jahreshoch notieren.

➤ Mit dem Kapital aus Teilverkäufen wird der Kauf solcher Aktien finanziert, die zwar dank Qualität und Chancen über ein hohes Kurspotenzial verfügen, aber dennoch stark einbrachen. Im Crash trennen sich Anleger, die nicht panikartig in Herdentriebmanier sämtliche Aktien in den Markt werfen, gerade von solchen Titeln, die bislang gut liefen und noch Kursgewinn bringen.

➤ Massive Verkäufe bewirken, dass der Kurs immer weiter sinkt und automatische Computerverkäufe auslöst. Stop-Loss-Orders und Leerverkäufe verstärken die Kettenreaktion. Stoppkurse garantieren keinen Ausführungspreis. Entscheidend ist die nächste Kursfeststellung.

> Die Hoch/Tief-Mutstrategie lässt sich leicht umsetzen, wenn Sie selbst Ihr Depot am Computer führen. Im „Aktien- und Börsenführerschein" gibt es Anwendungsbeispiele. Hier muss ein kleiner Auszug genügen.

Muster für eine eigene elektronische Depotführung				
Kauf/Verkauf, Menge, WKN	**Kauftag und Kurs**	**Verkauf und Kurs**	**Sonstiges, wie Split, Div.**	**Aktueller Bestand**
K 50 Alexion Bio. 899 527	16.07.2013: **82,50 €**		Pharma, Nasdaq, keine Div.	Neubestand 50 Stück
K 150 Amadeus F. 509 310 **K 200 Amadeus F.** 509 310 **K 100 Amadeus F.** 509 310 **V 50 Amadeus F.** 509 310	**06.06.2007: 19,00 €** 24.09.2009: **12,25 €** 26.08.2010: **22,00 €**	**Teilverkauf 50 Stück** am 02.03.2015: **68,10 €** (Kauf 24.09.2009 zu 12,25 €); **Kursgewinn rund 450 %**	Zeitarbeitsfirma SDAX, hohe Dividende	**Altbestand 150 Stück** Neubestand 300 Stück **Gesamtbestand 450 Stück**
K 150 Atoss Soft. 510 440 **K 100 Atoss Soft.** 510 440 **V 50 Atoss Soft.** 510 440	08.10.2010: **14,80 €** 03.06.2013: **26,40 €**	**Teilverkauf 50 St.** 07.10.15 zu **48,00 €** (Kauf 08.10.2010 zu 14,80 €); **Plus über 200 %**	Softwarefirma Prime Standard	Neubestand 250 Stück

Worauf Sie beim Aktienverkauf aus dem Altbestand achten müssen

Die zuerst gekauften Aktien werden zuerst veräußert. Hier gilt die Regel: „First in – first out!" Besitzen Sie steuerfreie Aktien im Altbestand vor 2009, müssen Sie zwei Depots führen, ein Alt- und ein Neudepot. Sonst verschwindet Ihr Altbestand, den Sie möglichst hüten sollten wie einen Schatz, ungewollt, ohne Ihr Zutun. Falls der Finanzminister die alte Regelung mit persönlichem Steuersatz wieder einführt, sind voraussichtlich drei Depots zur Abgrenzung nötig.

Zum Risiko-Widerspruch bei der Mutstrategie und dem Lottospiel

Öfters höre ich: „Das Risiko bei der Mutstrategie ist mir zu hoch. Ich spiele lieber Lotto." Die Verlustgefahr beim Glücksspiel ist vielfach höher. Die meisten Lottospieler verlieren im Laufe der Zeit den Einsatz, Langzeitaktionäre bei breiter Streuung nicht. Jackpotträume machen fast nie reich. Die Börse bietet echte Chancen für jeden, der sich das notwendige Wissen aneignet, Geduld und Disziplin mitbringt. Die Aussicht, den Jackpot zu knacken, liegt bei 1:95 Mio. Die Chance, langfristig breit gestreut mit Aktien Geld zu verdienen, ist extrem groß.

8.7 Markt- und Kursbeobachtung für Hoch/Tief-Mutstrategie mit Blick auf kleine Firmen

1. Halbjahr 2016: Bei Börsenunwetter Teilverkauf-Chancen nutzen

Jahres- und Allzeithochs gibt es vereinzelt auch bei heftiger Korrektur und Crash. Teilverkäufe sorgen für Kapitalzufluss, um Zukäufe zu finanzieren, Gewinne mitzunehmen oder Rechnungen für unerwartete Belastungen zu bezahlen. Spannend und lukrativ, wenn die meisten Kurse in den Keller rauschen. Aber werfen Sie nicht alle Siegeraktien in den Markt. Zukauf ist bei miesem Börsenklima angezeigt, wenn der Kursrutsch übertrieben erscheint, weil Leerverkäufer ihr Unwesen treiben, der Marktführer patzt, die Halbjahreszahlen enttäuschen oder die Prognose unterhalb der Analysteneinschätzungen liegt. Die beiden Kurslisten bringen Siegeraktien aus TecDAX, MDAX, SDAX vom 1. Halbjahr 2016 sowie fair bewertete kleine Titel mit verlässlicher Dividendenausschüttung.

Attraktive Nebenwerte mit Kurshoch 1. Halbjahr 2016				
TecDAX-Aktien	**WKN**	**Kursplus 1. Hj. 2016**	**Kurs am 01.07.16**	**Kursentwicklg. 1, 3, 5 Jahre**
Aixtron	A0W MPJ	+30,1 %	5,50 €	-10/-57/-77 %
Carl Zeiss Med.	531 370	+20,8 %	36,60 €	+52/+43/+138 %
SLM Solutions	A11 133	+19,8 %	23,90 €	+20 %/Börsengang
Software AG	330 400	+12,6 %	31,05 €	+26/+36/-25 %
Sartorius	716 563	+8,0 %	68,25 €	+64/+234/+712 %
MDAX	**WKN**	**1. Hj. 2016**	**01.07.16**	**1, 3, 5 Jahre**
Hochtief	607 000	+30,4 %	116,50 €	+65/+124/+102 %
KUKA (Ausstieg)	620 440	+29,4 %	106,65 €	+39/+222/+463 %
STADA	725 180	+22,6 %	47,55 €	+54/+43/+76 %
DMG Mori Seiki	587 800	+10,9 %	42,30 €	+29/+152/+193 %
Südzucker	729 700	+5,8 %	19,85 €	+32/-18/-19 %
Jungheinrich	621 993	+5,7 %	26,95 €	+31/+43/+76 %
SDAX	**WKN**	**1. Hj. 2016**	**01.07.16**	**1, 3, 5 Jahre**
König & Bauer	719 350	+42,3 %	44,85 €	+117/+230/+179 %
Ado Properties	A14 U78	+35,8 %	35,30 €	+41 %/Börsengang
Grammer	589 540	+35,3 %	36,50 €	+22/+53/+99 %
WCM Beteiligung	A1X 3X3	+27,4 %	3,30 €	+54 %/Börsengang
Klöckner & Co.	KC0 100	+26,8 %	10,05 €	+20/+22/-51 %

Prime Stand., Entry Stand.	WKN	Kurs am 01.07.16	52-Wochen- Hoch/Tief	Kursverlauf 1, 3, 5 Jahre
ADESSO	A0Z 23Q	26,10 €	28,70/16,65 €	+42/+237/+270 %
Entry Standard, KGV 14, Börsenwert 146 Mio. €, Dividende 0,35 €, Rendite 1,4 %				
Atoss Software	510 440	59,00 €	75,50/38,10 €	+38/+138/+248 %
Prime Standard, KGV 23, Börsenwert 223 Mio. €, Dividende 1,00 €, Rendite 1,8 %				
Aurelius	A0J K2A	53,75 €	57,20/38,05 €	+39/+185/+442 %
m:access Börse Mü., KGV 13,5, Börsenwert 1,6 Mrd. €, Div. 2,00 €, Rendite 1,8 %				
Bet-at-home	A0D NAY	68,90 €	75,30/33,35 €	+105/+465/+386 %
Entry Standard, KGV 14,5, Börsenw. 464 Mio. €, Dividende 0,70 €, Rendite 1,1 %				
CENIT	540 710	18,90 €	23,50/14,50 €	+19/+127/+272 %
Prime Standard, KGV 17, Börsenwert 148 Mio. €, Dividende 1,00 €, Rendite **5,7 %**				
C-Quadrat Inv.	A0H G3U	60,50 €	63,50/36,45 €	+30/+116/+104 %
Prime Standard, KGV 13, Börsenwert 263 Mio. €, Dividende 4,50 €, Rendite **7,5 %**				
Data Modul	549 890	42,10 €	44,40/30,60 €	+28/+185/+204 %
Prime Standard, KGV 13, Börsenwert 154 Mio. €, Dividende 1,20 €, Rendite 2,7 %				
Formycon	A1E WVY	18,30 €	29,45/14,10 €	-34/+151/+124 %
Entry Standard, KGV 29, Börsenwert 165 Mio. €, Dividende 0,00 €, Rendite 0,0 %				
FROSTA	606 900	58,80 €	66,00/30,30 €	+88/+277/+218 %
Entry Standard, KGV 24, Börsenwert 409 Mio. €, Dividende 1,40 €, Rendite 2,3 %				
GSW Immobil.	GSW 111	76,65 €	78,00/50,20 €	+54/+159/+231 %
Prime Standard, KGV 26, Börsenwert 4,1 Mrd. €, Dividende 1,60 €, Rendite 2,2 %				
Heliad Equity P.	A0L 1NN	6,15 €	6,80/4,15 €	+9/+268/+104 %
Entry Standard, KGV 2,9, Börsenwert 59 Mio. €, Dividende 0,30 €, Rendite **4,9 %**				
Helma Eigenh.	A0E Q57	61,30 €	61,30/31,20 €	+74/+281/+459 %
Entry Standard, KGV 10, Börsenwert 215 Mio. €, Dividende 0,85 €, Rendite 1,6 %				
Hermle Berthold	605 283	267,90 €	268,0/170,05 €	+22/+66/+201 %
Entry Standard, KGV 19, Börsenwert 258 Mio. €, Dividende 10,85 €, Rendite **4,2 %**				
ISRA Vision	548 810	74,40 €	77,10/43,60 €	+29/+121/+277 %
Prime Standard, KGV 17, Börsenwert 319 Mio. €, Dividende 0,44 €, Rendite 0,6 %				
I:FAO	622 452	28,65 €	32,75/16,80 €	+69/+166/+170 %
Entry Standard, KGV 35, Börsenwert 136 Mio. €, Dividende 0,30 €, Rendite 1,2 %				

BREXIT-Nachlese: Füllhorn für Zukauf und Teilverkauf
Kleine Nebenwerte mit Kursen zum Halbjahresende 2016

Prime Stand., Entry Stand.	WKN	Kurs am 01.07.16	52-Wochen- Hoch/Tief	Kursverlauf 1, 3, 5 Jahre
KPS	A1A 6V4	9,10 €	9,35/4,90 €	+60/+254/+713 %
Prime Standard, KGV 12, Börsenwert 305 Mio. €, Dividende 0,32 €, Rendite 3,6 %				
Lang & Schwarz	645 932	20,40 €	21,00/13,70 €	+28/+333/+120 %
Entry Standard, KGV 9,6, Börsenwert 60 Mio. €, Dividende 1,50 €, Rendite 7,9 %				
Leifheit	646 450	57,40 €	58,10/37,80 €	+28/+109/+161 %
Prime Standard, KGV 16, Börsenwert 270 Mio. €, Dividende 2,00 €, Rendite 3,7 %				
Mensch & Ma.	658 080	14,45 €	15,35/6,40 €	+123/+200/+211 %
Entry Standard, KGV 19, Börsenwert 200 Mio. €, Dividende 0,28 €, Rendite 2,2 %				
Mühlbauer	662 720	39,40 €	39,60/16,70 €	+90/+107/+7 %
Entry Standard, KGV 20, Börsenwert 235 Mio. €, Dividende 1,00 €, Rendite 2,7 %				
SinnerSchrader	514 190	4,85 €	5,25/2,60 €	+69/+234/+116 %
Prime Standard, KGV 13,6, Börsenwert 53 Mio. €, Dividende 0,15 €, Rendite 3,3 %				
SNP Schneider	720 370	29,20 €	33,00/12,70 €	+116/+174/+57 %
Prime Standard, KGV 15, Börsenwert 132 Mio. €, Dividende 0,39 €, Rendite 1,5 %				
USU Software	A0J K2A	20,50 €	21,50/13,55 €	+28/+160/+280 %
Prime Standard, KGV 15, Börsenwert 205 Mio. €, Dividende 0,40 €, Rendite 2,1 %				
Uzin Utz	755 150	48,15 €	49,90/34,30 €	+30/+144/+117 %
Entry Standard, KGV 13, Börsenwert 241 Mio. €, Dividende 1,00 €, Rendite 2,1 %				
Vectron System	A0K EXC	47,15 €	52,90/13,05 €	+237/+416/+233 %
Entry Standard, KGV 11,9, Börsenwert 68 Mio. €, Dividende 0,35 €, Rendite 0,8 %				
Verbio	A0J L9W	5,45 €	8,75/3,30 €	+52/+509/+63 %
Prime Standard, KGV 8,7, Börsenwert 328 Mio. €, Dividende 0,10 €, Rendite 1,9 %				
VIB Vermögen	245 751	19,30 €	19,70/15,15 €	+16/+96/+131 %
m:access Börse Mü., KGV 12, Börsenwert 469 Mio. €, Div. 0,58 €, Rendite 3,1 %				

Was zeigt diese Kursliste mit erfolgreichen Nebenwerten?

➢ Gerade bei Börsenturbulenzen, wie in der Weltwirtschaftskrise 2008/09, im „kleinen Salamicrash" Anfang 2016, im BREXIT am 24. Juni 2016 als Folge des EU-Ausstiegs Großbritanniens, ergeben sich ideale Chancen.

➢ Bei kleinen Nebenwerten sind Absturz und Aufschwung oft heftiger, aber uneinheitlich. Es präsentiert sich ein Chancen-Füllhorn, da nicht alle Titel auf Ereignisse wie den BREXIT reagieren. Selbst wenn der DAX um 10 % in den Keller rauscht, finden Sie Nebenwerte auf Jahreshoch. Brauche ich Geld, mache ich Teilverkäufe, um mein Depot günstig aufzustocken.

8.8 Value oder Growth? Konjunktur und ein nachhaltiges Geschäftsmodell entscheiden

Um den Unterschied zwischen Value und Growth zu verstehen, greife ich auf **Profifußball zurück.** Liegt die eigene Elf zurück, bringt der Trainer meist neue Stürmer aufs Spielfeld. Torgefährlichkeit und Torinstinkt mit exzellentem Dribbling, Offensivdrang, zielgenauen Flanken und Pässen, geschicktem Stellungsspiel und erfolgreicher Aufholjagd sollen das Blatt wenden. Was in der Theorie logisch ist, erweist sich in der Praxis oft als Trugschluss – teilweise auf das Börsengeschehen übertragbar. Mehr Stürmer sorgen für Torchancen. Dafür brennt es in der Abwehr oft lichterloh, sodass die angepeilten drei Siegespunkte in weite Ferne rücken.

Welche Konsequenzen lassen sich für die Börse ableiten? Mit mehr Risiko lässt sich die Rendite nicht verlässlich steigern. Wer spekulativ agiert, kann seine Performance zwar deutlich verbessern, aber auch viel schlechter abschneiden. Vom Fußball ausgehend, ist der Sturm mit wachstumsstarken, konjunkturabhängigen Growth-Titeln, die Abwehr mit stabilen Value-Werten vergleichbar. Eine Fußballelf mit nur jungen Offensivkräften schießt vermutlich viele Tore, muss aber auch mehr Treffer vom Gegner einstecken. Wer allein auf eine starke Abwehr setzt, verhindert leichter Einschläge ins eigene Tor. Dafür bleibt die Trefferausbeute mager. Das typische Ergebnis lautet 0:0 – ein Punkt statt drei Zähler. So lässt sich kaum der Abstieg verhindern und schon gar nicht die Meisterschaft erkämpfen.

➢ **Ein ausgewogenes Portfolio mit Growth- und Value-Titeln verspricht dauerhaft den sichersten Zugewinn.** Starke Übergewichtung in die eine oder andere Richtung erfordert ein schnelles Rein und Raus – abhängig von Konjunktur, Markttrend und Branchenrotation. Übertriebenes Umschichten kostet eine Stange Geld. *„Viel Hin und Her macht Taschen leer!"*

➢ **Der TecDAX mit seinen Software- und Internettiteln, mit Biotech, Medtech und erneuerbarer Energie bildet bei intakter Konjunktur und Investitionsbereitschaft die ideale Basis für eine Nebenwerte-Growth-Auswahl.**

➢ **Auch bei Konjunkturschwäche wird gegessen und getrunken, die Wohnung geputzt und bei Kälte geheizt.** Niemand verzichtet auf Körperpflegemittel, meldet seinen Internetanschluss ab oder telefoniert nicht mehr, nur weil es in der Wirtschaft zeitweilig abwärts geht bzw. Stillstand herrscht. Hier bieten die klassisch ausgerichteten Börsenbarometer MDAX für mittelgroße und SDAX für kleinere Unternehmen eine gute Value-Grundlage. Konsumgüter laufen auch in schlechten Zeiten. Immobilienmarkt und Logistik brechen nicht nennenswert ein. Und der Urlaub wird deshalb nicht auf dem Balkon verlebt.

Die defensive Value-Strategie: ideal bei Sicherheitsbewusstsein

Ab Ende der 1990er-Jahre bis zum Platzen der Spekulationsblase im Frühjahr 2000 galt die Investorikone Warren Buffett als ein Fossil. Der dicke Wälzer: *„Von bleibendem Wert"* war nicht mehr gefragt. Danach erlebten der berühmte Experte und dessen Aktie Berkshire Hathaway ein Comeback. Buffett investiert nur in niedrig bewertete Aktien von Firmen, deren Geschäftsmodell er kennt, mag und versteht. Die defensive Value-Strategie ist für sicherheitsbewusste bis chancenorientierte Anleger ratsam, auch als Altersvorsorge-Sparplan. Am Ende eines Konjunkturzyklus, wenn die Hausse in eine Baisse mündet und das Wirtschaftswachstum nachlässt, sind Value-Aktien besonders begehrt. Versorger-, Konsum-, Pharma-, Telekom-, Immobilien- und Ölaktien gehören zur Value-Gruppe, bleiben aber von Branchenrotationen nicht verschont. Jede Marktphase hat Börsenlieblinge. Klassisch ausgerichtete Firmen verwöhnen ihre Aktionäre oft mit einer üppigen Dividende. Die Kehrseite? Industrietitel gelten nicht als „sexy" und entwickeln sich seltener zu Kursraketen. Dafür ist im Crash das Rückschlagpotenzial begrenzt.

Mit der Growth-Strategie mehr Temperament im Portfolio

Bis Frühjahr 2000 schien die Börsenwelt intakt. Der DAX übersprang die 8.000er-Marke, was danach erneut 2007 und 2013 geschah und den Weg ebnete für den Höchststand von 10.000 Punkten im Juni 2014 und das imposante Allzeithoch von 12.360 Punkten im April 2015. Dieses Kursfeuerwerk ist Vergangenheit. Ende Juli 2016 freuen wir uns bereits, wenn der DAX die wiedereroberte Marke von 10.000 Punkten verteidigt mit Blick auf die Marke 11.000. Risikofreudige Anleger setzen auf Growth, wenn die Bullen als Symbol steigender Kurse die für den Abwärtstrend stehenden Bären aus der Börsenarena vertreiben. Bullen mögen TecDAX-Aktien und international Nasdaq-Titel. Zyklische Werte sind gefragt, wie Biotech, Chemie, Software, Internet, Autoindustrie, Maschinenbau. Ob Value, ob Growth oder die von mir bevorzugte Mischstrategie. Immer gilt: *„Breit gestreut – nie bereut!"*

Wachstum und Nachhaltigkeit schließen einander nicht aus

Es hält sich das Missverständnis, wonach Value-Aktien am niedrigen KGV gemessen werden. Wachstumsstarke Substanztitel nachhaltig wirtschaftender Unternehmen gibt es höchst selten zum Schnäppchenpreis – am ehesten noch beim Crash-Panikausverkauf. Dazu erklärt der bekannte Börsenexperte und Buchautor Professor Otte: *„Wachstum und Value schließen sich nicht aus! ‚Billige' Unternehmen können zu Recht billig sein – dann nämlich, wenn sie wenig wachsen, schrumpfen oder vielleicht sogar dauerhaft Verluste produzieren. – Genauso können Unternehmen mit hohem KGV durchaus günstig bzw. preiswert sein, dann nämlich, wenn die Wachstumsaussichten dieses KGV rechtfertigen."*

Der Anlagestil – großteils eine Mentalitätsfrage

„Value" mit Schwerpunkt auf den Unternehmenswert und „Growth" mit Augenmerk auf Wachstum zählen zu den bekanntesten Orientierungen. Bei Value interessiert der Vermögenswert. Kritische Anleger wollen Aktien mit hohem Netto-Buchwert, setzen auf Nachhaltigkeit, Substanzkraft und üppige Dividenden. Beim Growth-Ansatz wird als Ziel ein möglichst hohes Wachstum angestrebt.

Mit der wachsenden Online-Dominanz, die sämtliche Branchen erfasst, ständig neue Technologien und Kommunikationsformen aus dem Hut zaubert, zu Firmengründungen und Übernahmen anregt, verschiebt sich die Gewichtung. Zählten die Telekommunikationsaktien zur Jahrtausendwende noch zu den Wachstumswerten, gelten sie heute eher als Value-Titel.

Auch der demokratische Wandel mit stetig steigender Lebenserwartung führt zu veränderten Ausrichtungen und Geschäftsmodellen. Das Gesundheitswesen mit Biotechnologie, Medizintechnik und Pharma dürfte sich zu den großen Wachstumstreibern in unserer alternden Gesellschaft entwickeln. Das längere Leben mit einem Durchschnittsalter von 80 Jahren in Deutschland ist kein Quell der Glückseligkeit. In den letzten Lebensjahren mehren sich schwere Krankheiten wie Herzkreislauf-Störungen, Krebs und Alzheimer-Demenz – verbunden mit Kostenexplosionen im Gesundheitswesen. Die medizinische Forschung auf der Suche nach neuen Wirkstoffen verschlingt riesige Summen. Es geht darum, tödlich verlaufende Krankheiten zu heilen und nach einer 15 bis 18 Jahre dauernden Entwicklungsphase bei Zulassung milliardenschwere Einnahmen zu erzielen. Die Pharmariesen (Value) haben das Geld. Die jungen Biotechfirmen (Growth) bringen als Übernahmeziele und Partner innovative Ideen ein.

Die Flüchtlingskrise – verbunden mit riesigem Wohnraumbedarf – dürfte die Bauindustrie (Value) und den Immobiliensektor (Value) weiter beflügeln. Die Industrie 4.0, das Internet der Dinge, Digitalisierung und vernetzte Welt bedeuten große Herausforderungen und Chancen für IT-Firmen und soziale Netzwerke. Hier fühlen sich die Growth-Liebhaber zuhause.

Langfristig schlägt der Value-Ansatz das Growth-Konzept leicht, vor allem nach einem Crash. Im Börsenboom führen Growth-Aktien. Für Langzeitanleger empfehlen sich Mischstrategien. EURO AM SONNTAG untersuchte von 1989 bis 2012 einen reinen Growth-Ansatz und eine Value/Growth-Mischstrategie. Beide Methoden warfen im Mittel eine Jahresrendite von rund 10 % ab.

Um Ihnen die deutsche Nebenwerteauswahl mit einer Value- und Growth-Orientierung zu erleichtern, präsentiere ich für beide Marschrichtungen Auswahlvorschläge mit Favoriten. Überschneidungen sind unvermeidbar.

Aktienauswahl: 11 TecDAX-Firmen Growth im Blickpunkt

TecDAX-Aktien/ Unternehmen	WKN 720 327	Kurs am 04.07.16	52 Wochen- Hoch/Tief	Kursverlauf 1, 3, 5 Jahre
Bechtle	515 870	80,45 €	103,0/67,90 €	+33/+166/+206 %

Infotechnologie Firmenkunden, hochwertige IT-Konzepte für Hard- und Software; KGV 17, Marktkapitalisierung 1,96 Mrd. €, Eigenkapitalquote 54 %, Buchwert 28 €, Ergebnis je Aktie 3,63/4,42/4,89/5,38 €, Dividende 1,40 €, Dividendenrendite 1,5 %

Cancom	541 910	43,10 €	52,65/28,55 €	+34/+148/+381 %

Systemhaus für IT-Infrastruktur, Finanzierung strategisch wichtiger Übernahmen; KGV 16,7, Marktkapitalisierung 720 Mio. €, Eigenkapitalquote 47 %, Buchwert 12 €, Ergebnis je Aktie 0,86/1,50/2,25/2,64 €, Dividende 0,60 €, Dividendenrendite 1,4 %

CompuGroup	543 730	36,60 €/68	40,30/24,25 €	+15/+104/+245 %

einige DM.

Software/Kommunikationslösungen/Internet-Infodienste Arzt/Zahnarzt/Klinikum; KGV 19, Marktkapitalisierung 1,89 Mrd. €, Eigenkapitalquote 24 %, Buchwert 3,3 €, Ergebnis je Aktie 0,53/0,89/1,12/1,84 €, Dividende 0,40 €, Dividendenrendite 1,1 %

Drillisch	554 550	34,45 €	49,45/32,10 €	-9/+159/+332 %

Netzunabhängiger Telekommunikationsanbieter, mobile Sprach-/Datendienste; KGV 24, Marktkapitalisierung 1,92 Mrd. €, Eigenkapitalquote 51 %, Buchwert 4,8 €, Ergebnis je Aktie 1,03/0,85/0,90/1,44 €, Dividende 1,80 €, Dividendenrendite **5,1** %

Nemetschek	645 290	49,00 €	54,50/26,50 €	+57/+305/+450 %

Software Architektur/Bauwesen, CAD-Lösung, 800.000 Kunden in 142 Ländern; KGV 30,5, Marktkapitalisierung 1,85 Mrd. €, Eigenkapitalquote 44 %, Buchwert 4 €, Ergebnis je Aktie 0,82/0,93/1,19/1,57 €, Dividende 0,55 €, Dividendenrendite 1,1 %

Nordex	A0D 655	25,60 €	33,90/20,60 €	+16/+383/+303 %

Windkraftanlagen Megawattbereich, Rotorblätter/Windturbinen/Komplettservice; KGV 16, Marktkapitalisierung 2,41 Mrd. €, Eigenkapitalquote 31 %, Buchwert 4,7 €, Ergebnis je Aktie 0,48/0,93/1,19/1,57 €, Dividende 0,00 €, Dividendenrendite 0,0 %

SLM Solutions	A11 133	24,40 €	27,10/13,60 €	+20 %/IPO

3D-Metalldrucker für Luftfahrt, Energiesektor, Gesundheitswesen, Autoindustrie; **TecDAX-Aufstieg 2016,** KGV 30, Börsenwert 396 Mio. €, Eigenkapitalquote 76 %, Ergebnis/Aktie -0,30/+0,12/+0,32/+0,73 €, Dividende 0,00 €, Dividendenrendite 0 %

Sartorius Vorzüge	716 563	66,85 €	69,30/39,00 €	+58/+233/+686 %

Labortechnologie Pharma/Nahrungsmittel-Industrie, Instrumente und Waagen, KGV 28, Marktkapitalisierung 2,32 Mrd. €, Eigenkapitalquote 45 %, Buchwert 6,7 €, Ergebnis je Aktie 0,71/1,85/1,74/2,16 €, Dividende 0,44 €, Dividendenrendite 0,7 %

TecDAX-Aktien/ Unternehmen	WKN 720 327	Kurs am 04.07.16	52 Wochen- Hoch/Tief	Kursverlauf 1, 3, 5 Jahre
Stratec Biomedical	STR A55	52,20 €	62,30/41,50 €	+7/+58/+71 %

Vollautomatische Systeme für klinische Diagnostik (IVD) und Biotechnologie;
KGV 21, Marktkapitalisierung 616 Mio. €, Eigenkapitalquote 82 %, Buchwert 10,2 €,
Ergebnis je Aktie 1,68/1,87/2,08/2,43 €, Dividende 0,90 €, Dividendenrendite 1,7 %

United Internet	508 903	38,05 €	51,90/34,50 €	-3/+67/+169 %

Online-Zugangsprodukte Privat-/Firmenkunden, E-Mail-Dienste GMX, WEB.de;
KGV 14,5, Marktkapitalisierung 7,57 Mrd. €, Eigenkapitalquote 30 %, Buchwert 5 €,
Ergebnis je Aktie 2,28/1,80/1,84/2,54 €, Dividende 0,75 €, Dividendenrendite 2,2 %

XING	XNG 888	173,20 €	199,0/138,4 €	+18/+237/+220 %

Internetplattform/Netzwerke Berufskontakte/Jobvermittlung, 9 Mio. Mitglieder;
KGV 30, Marktkapitalisierung 929 Mio. €, Eigenkapitalquote 43 %, Buchwert 9,9 €,
Ergebnis je Aktie 1,11/3,15/4,23/5,48 €, Dividende 1,40 €, Dividendenrendite 0,8 %

Auswahl: 14 MDAX-Firmen Growth/Value-Mischstrategie

MDAX-Aktien/ Unternehmen	WKN 846 741	Kurs am 04.07.16	52 Wochen- Hoch/Tief	Kursverlauf 1, 3, 5 Jahre
Brenntag	A1D AHH	42,55 €	56,20/40,00 €	-14/+12/+62 %

Bindeglied Chemieproduktion und verarbeitende Industrie, Spezialchemikalien;
KGV 14, Marktkapitalisierung 6,44 Mrd. €, Eigenkapitalquote 38,6 %, Buchwert 16 €,
Ergebnis je Aktie 2,20/2,36/2,51/2,93 €, Dividende 1,05 €, Dividendenrendite 2,5 %

Covestro	606 214	40,35 €	42,90/24,50 €	+24 %/IPO

Führender Hersteller Hightech-Polymer-Werkstoffe, Hochleistungs-Kunststoffe;
KGV 12, Marktkapitalisierung 7,7 Mrd. €, Eigenkapitalquote 34,3 %, Buchwert 17 €,
Ergebnis je Aktie 1,37/2,36/2,51/2,93 €, Dividende 0,90 €, Dividendenrendite 2,4 %

CTS Eventim	547 030	27,80 €	37,60/25,35 €	-13/+80/+137 %

Ticketvermarktung Konzerte/Theater/Sport, jährlich über 180.000 Live-Events;
KGV 22, Marktkapitalisierung 2,67 Mrd. €, Eigenkapitalquote 32 %, Buchwert 3,5 €,
Ergebnis je Aktie 0,80/0,93/1,05/1,25 €, Dividende 0,50 €, Dividendenrendite 1,8 %

DÜRR	556 520	68,55 €	90,50/49,70 €	-20/+39/+374 %

Maschinenbau Automobilindustrie, Lackieranlagen/Endmontage/Komponenten;
KGV 12, Marktkapitalisierung 2,24 Mrd. €, Eigenkapitalquote 24 %, Buchwert 18,4 €,
Ergebnis je Aktie 4,33/4,82/5,08/5,43 €, Dividende 1,90 €, Dividendenrendite 2,9 %

Fuchs Petrolub Vz	579 040	32,60 €	39,55/29,65 €	-5/+30/+80 %

Schmierstoff-Spezialist, Standardprodukte/Speziallösungen; Beratung/Services;
KGV 18,2, Marktkapitalisierung 2,38 Mrd. €, Eigenkapitalquote 72 %, Buchwert 7 €,
Ergebnis je Aktie 1,57/1,69/1,79/1,89 €, Dividende 0,87 €, Dividendenrendite 2,5 %

MDAX-Aktien/ Unternehmen	WKN 846 741	Kurs am 04.07.16	52 Wochen- Hoch/Tief	Kursverlauf 1, 3, 5 Jahre
GEA Group	660 200	42,55 €	47,10/31,15 €	+7/+54/+71 %

Technologie/Spezialmaschinenbau, Anbieter Nahrungsverarbeitungs-Industrie; KGV 17, Marktkapitalisierung 7,75 Mrd. €, Eigenkapitalquote 46,5 %, Buchwert 14 €, Ergebnis je Aktie 1,66/1,88/2,01/2,39 €, Dividende 0,85 €, Dividendenrendite 2,1 %

Hochtief	607 000	114,85 €	117,5/67,80 €	+65/+120/+102 %

Internationaler Baukonzern, Verkehr/Energie, soziale und urbane Infrastruktur; KGV 19, Marktkapitalisierung 7,6 Mrd. €, Eigenkapitalquote 23,7 %, Buchwert 29 €, Ergebnis je Aktie 3,64/3,11/5,05/5,64 €, Dividende 2,01 €, Dividendenrendite 2,1 %

KION Group	KGX 888	42,80 €	52,65/35,50 €	+3/+81 %/IPO

Technologiekonzern, Gabelstapler-Riese mit Hydrostatik-/Diesel-/Elektro-Motoren; KGV 12, Marktkapitalisierung 4,26 Mrd. €, Eigenkapitalquote 29 %, Buchwert 18 €, Ergebnis je Aktie 1,79/2,24/2,72/3,56 €, Dividende 0,85 €, Dividendenrendite 2,0 %

MTU Aero Engines	A0D 9PT	83,30 €	94,70/73,00 €	-4/+10/+50 %

Flugzeugtriebwerke/Industriegasturbinen, Triebwerkmodule und Komponenten; KGV 12, Marktkapitalisierung 4,67 Mrd. €, Eigenkapitalquote 25 %, Buchwert 21 €, Ergebnis je Aktie 3,84/4,26/5,43/6,48 €, Dividende 1,80 €, Dividendenrendite 2,2 %

Norma Group	A1H 8BV	42,40 €	53,30/39,90 €	-4/+47/+108 %

Technologiekonzern; hochwertige Verbindungslösungen/Befestigungsschellen; KGV 13, Marktkapitalisierung 1,32 Mrd. €, Eigenkapitalquote 37 %, Buchwert 13 €, Ergebnis je Aktie 1,72/2,31/2,56/3,02 €, Dividende 1,00 €, Dividendenrendite 2,4 %

Rational	701 080	421,00 €	482,2/310,0 €	+27/+65/+126 %

Marktführer thermische Speisezubereitung Profiköche/Groß-/Gewerbeküchen; KGV 30, Marktkapitalisierung 4,43 Mrd. €, Eigenkapitalquote 74 %, Buchwert 24,5 €, Ergebnis je Aktie 9,68/10,71/11,70/12,82 €, Div. 8,30 €, Dividendenrendite 2,1 %

Rheinmetall	703 000	54,75 €	66,95/44,15 €	+18/+51/-12 %

Traditions-Technologiekonzern Automotive/Rüstung, Verteidigungselektronik; KGV 9,8, Marktkapitalisierung 2,31 Mrd. €, Eigenkapitalquote 27 %, Buchwert 34 €, Ergebnis je Aktie 0,47/3,88/4,53/5,43 €, Dividende 1,40 €, Dividendenrendite 2,6 %

RTL Group	861 149	72,40 €	88,20/68,55 €	-10/+14 %/k. A.

Europäisches Entertainment-Netzwerk, 254 Fernsehsender, 29 Radiostationen; KGV 14, Marktkapitalisierung 11,5 Mrd. €, Eigenkapitalquote 41,6 %, Buchwert 14 €, Ergebnis je Aktie 4,25/5,14/4,96/5,25 €, Dividende 3,40 €, Dividendenrendite **4,6** %

STRÖER	749 399	40,40 €	64,50/36,15 €	-7/+394/+101 %

Internet-/Außen-Werbung, individuelle, voll integrierte Kommunikationslösungen; KGV 12,5, Marktkapitalisierung 2,28 Mrd. €, Eigenkapitalquote 46 %, Buchwert 12 €, Ergebnis je Aktie 0,43/1,16/2,04/2,31 €, Dividende 0,80 €, Dividendenrendite 1,9 %

Auswahl: 8 SDAX-Firmen Growth/Value-Mischstrategie				
SDAX-Aktien/ Unternehmen	WKN 965 338	Kurs am 04.07.16	52 Wochen- Hoch/Tief	Kursverlauf 1, 3, 5 Jahre
Amadeus Fire	509 310	55,70 €	92,60/52,55 €	-32/+25/+85 %

Personaldienstleister/Zeitarbeitsvermittler kaufmännische Fach-/Führungskräfte; KGV 14, Marktkapitalisierung 283 Mio. €, Eigenkapitalquote 62 %, Buchwert 5,2 €, Ergebnis je Aktie 0,43/1,16/2,04/3,31 €, Dividende 3,55 €, Dividendenrendite **6,5** %

Bertrandt	523 280	86,50 €	125,0/84,30 €	-25/+7/+64 %

Ingenieurdienstleister Autoindustrie, maßgeschneiderte Lösungen/47 Standorte; KGV 11,7, Marktkapitalisierung 877 Mio. €, Eigenkapitalquote 57 %, Buchwert 29 €, Ergebnis je Aktie 6,19/6,21/6,51/7,37 €, Dividende 2,70 €, Dividendenrendite **3,1** %

CapitalStage	609 500	5,95 €	9,85/5,40 €	-10/+54/+178 %

Betreiber großer Solar-/Windkraftanlagen in Europa, Erwerb von Projektrechten; KGV 14,7, Marktkapitalisierung 481 Mio. €, Eigenkapitalquote 20 %, Buchwert 3,1 €, Ergebnis je Aktie 0,35/0,25/0,36/0,39 €, Dividende 0,20 €, Dividendenrendite **3,4** %

Comdirect Bank	542 800	9,15 €	11,40/8,10 €	+1/+25/-20 %

Direktbank/Onlinebroker; Vollbanklizenz, komplette Finanzdienste Privatanleger; KGV 21, Marktkapitalisierung 1,3 Mrd. €, Eigenkapitalquote 3,7 %, Buchwert 4,3 €, Ergebnis je Aktie 0,47/0,46/0,61/0,43 €, Dividende 0,40 €, Dividendenrendite **4,4** %

Dt. Beteiligung	A1T NUT	27,00 €	30,05/23,30 €	-2/+45/+39 %

Globale Übernahme etablierter, wachstumsstarker, profitabler Mittelständler; KGV 8,8, Marktkapitalisierung 351 Mio. €, Eigenkapitalquote 87 %, Buchwert 21 €, Ergebnis je Aktie 3,49/1,98/3,10/2,93 €, Dividende 1,20 €, Dividendenrendite **4,7** %

Hypoport	549 336	84,45 €	93,55/25,65 €	+219/+1.070/+829

Internetbasierter Finanzdienstleister; Immobilienfinanzierung/Bausparen/Kredite; KGV 21, Marktkapitalisierung 501 Mio. €, Eigenkapitalquote 55 %, Buchwert 8,5 €, Ergebnis je Aktie 0,96/2,61/3,30/3,80 €, Dividende 0,00 €, Dividendenrendite **0,0** %

Scout 24	A12 DM8	34,20 €	38,25/24,10 €	+3 %/Börsengang

Digitale Anzeigenplattform für Immobilien- und Automarkt, einige Eigenmarken; KGV 25, Marktkapitalisierung 3,62 Mrd. €, Eigenkapitalquote 42 %, Buchwert 8,6 €, Ergebnis/Aktie -0,19/+0,77/+0,73/+1,31 €, Dividende 0,00 €, Dividendenrendite **0** %

ZEAL Network SE	TPP 024	33,25 €	49,65/29,80 €	-26/-24/-4 %

Privates Internet-Lotterie- und Glücksspiel-Unternehmen, aktiv in Europaland; KGV 8, Marktkapitalisierung 141 Mio. €, Eigenkapitalquote 30,4 %, Buchwert 8,6 €, Ergebnis je Aktie 0,63/0,16/3,21/3,88 €, Dividende 2,80 €, Dividendenrendite **9,0** %

Anmerkung: Die Abgrenzung Growth/Value ist oft schwierig. Im Börsenboom läuft Growth besser als Value. Im Crash werden konjunkturunabhängige Titel bevorzugt.

Value-Aktien trotzen am ehesten den Börsenturbulenzen

➢ **Im Konjunkturtief sei auf der Hut. Bei Börse im Keller ist Growth nicht gut.**

➢ **Im Crash ist Value viel gefragt, Nachhaltigkeit ist angesagt.**

Ulrich Stephan, Chefstratege für Privat- und Firmenkunden bei der Deutschen Bank, findet auch im Börsencrash einige trostreiche Worte: *„Es ist nichts Ungewöhnliches, dass sich einzelne Aktien gegen den Markt stellen. Häufig liegt das an einzelnen Entwicklungen, welche die Marktteilnehmer positiv überraschen. Solche Überraschungen kommen vor allem während der Berichtssaison ans Tageslicht."*

So stieg trotz scharfer Korrektur die Hochtief-Aktie, MDAX, am 25.02.16 auf ein Allzeithoch von 95,50 € und Ende Juli auf über 118 €. In meinem steuerfreien Altbestanddepot befindet sich der Titel zum Preis von 13,50 €. Auf diese vielen Privatanlegern verborgene Tatsache stützt sich meine Hoch/Tief-Mutstrategie mit den Koppelgeschäften Teilverkauf/Zukauf. Ulrich Stephan ergänzt im Handelsblatt-Kommentar vom 24.02.16: *„Der Basiskonsum gehört zu den defensiven Sektoren. Gegenüber zyklischen Sparten gilt Defensive als krisensicherer und schwankungsärmer. Solche Titel finden sich vor allem im Bereich Gesundheitswesen, Rückversicherer, Basiskonsum, aber auch bei Versorgern und Telekommunikationsunternehmen."* Chefstratege Oliver Postler, Hypo-Vereinsbank, ergänzt: *„Unsere langfristigen Favoriten in den Sektoren Nahrungsmittel, Gesundheit und Konsumgüter dürften weiterhin einen überdurchschnittlich positiven Gewinntrend aufweisen. Daneben verfolgen viele Unternehmen eine nachhaltige Dividendenpolitik."*

Aktienauswahl: 16 MDAX-Firmen Value stellen sich vor

MDAX-Aktien/ Unternehmen	WKN 846 741	Kurs 04.07.16	52 Wochen- Hoch/Tief	Kursverlauf 1, 3, 5 Jahre
Alstria Office Reit	A0L D2U	12,15 €	13,10/10,35 €	+4/+42/+16 %
Übernahme/Besitz/Verwaltung 75 hochwertiger Büroimmobilien, Deutschland; KGV 14,9, Marktkapitalisierung 1,82 Mrd. €, Eigenkapitalquote 43 %, Buchwert 10 €, Ergebnis je Aktie +0,47/-1,15/+0,92/+0,80 €, Div. 0,50 €, Dividendenrendite **4,2 %**				
Deutsche Wohnen	A0H N5C	30,85 €	30,90/20,95 €	+49/+137/+179 %
Wohnungsbewirtschaftung und Portfoliomanagement, 150.000 Wohneinheiten; KGV 24, Marktkapitalisierung 10,2 Mrd. €, Eigenkapitalquote 50 %, Buchwert 19,3 €, Ergebnis je Aktie 2,93/3,62/2,79/1,25 €, Dividende 0,60 €, Dividendenrendite 2,0 %				
Fielmann	577 220	66,90 €	70,40/53,40 €	+9/+64/+71 %
Gute, preiswerte Augenoptik/Hörgeräte, Gleitsicht-/Sonnenbrillen/Kontaktlinsen; KGV 27, Marktkapitalisierung 5,28 Mrd. €, Eigenkapitalquote 75 %, Buchwert 6,3 €, Ergebnis je Aktie 1,87/2,02/2,16/2,30 €, Dividende 1,85 €, Dividendenrendite 2,9 %				

Aktien/ Unternehmen	WKN 846 741	Kurs 04.07.16	52 Wochen- Hoch/Tief	Kursverlauf 1, 3, 5 Jahre
Gerresheimer	A0L D6E	69,80 €	76,65/49,70 €	+30/+59/+112 %

Hochwertige Verpackungs-/Systemlösungen Glas/Kunststoff Pharma/Medtech;
KGV 15,2, Marktkapitalisierung 2,1 Mrd. €, Eigenkapitalquote 29 %, Buchwert 19 €,
Ergebnis je Aktie 2,11/3,32/3,18/4,43 €, Dividende 1,00 €, Dividendenrendite 1,5 %

Hannover Rück	840 221	94,45 €	112,6/83,05 €	+7/+72/+158 %

Führende Schadens-/Personen-Rückversicherung, Prämienumfang 13,8 Mrd. €;
KGV 10,6, Marktkapitalisierung 11,0 Mrd. €, Eigenkapitalquote 14 %, Buchwert 62 €,
Ergebnis je Aktie 8,17/9,54/8,70/8,62 €, Dividende 4,75 €, Dividendenrendite **5,2** %

Jungheinrich Vz	621 993	26,80 €	29,85/18,75 €	+31/+132/+167 %

Gabelstapler-Maschinenbauer; Flurförderzeug-/Lager-/Materialfluss-Technologie;
KGV 16, Marktkapitalisierung 1,31 Mrd. €, Eigenkapitalquote 30,6 %, Buchwert 15 €,
Ergebnis je Aktie 1,22/1,35/1,51/1,66 €, Dividende 0,42 €, Dividendenrendite 1,5 %

K+S	KSA G88	18,70 €	39,05/17,55 €	-51/-32/-65 %

DAX-Abstieg 2016: kali- u. magnesiumhaltiger Standarddünger, Salzprodukte;
KGV 9,7, Marktkapitalisierung 3,4 Mrd. €, Eigenkapitalquote 52 %, Buchwert 21,5 €,
Ergebnis je Aktie 1,99/2,59/1,70/1,84 €, Dividende 1,15 €, Dividendenrendite **6,4** %

Krones	633 500	93,20 €	117,1/88,55 €	-2/+67/+59 %

Abfüllanlagen/Verpackungstechnik Getränke/Essen/Chemie/Pharma/Kosmetik;
KGV 16,5, Marktkapitalisierung 2,99 Mrd. €, Eigenkapitalquote 41 %, Buchwert 29 €,
Ergebnis je Aktie 4,30/4,98/5,24/5,70 €, Dividende 1,50 €, Dividendenrendite 1,6 %

LEG Immobilien	LEG 111	84,70 €	85,75/61,40 €	+37/+113 %/IPO

Wohnimmobilien Nordrhein-Westfalen, Stadtnähe/Garage/Sanierung/Verwaltung;
KGV 16, Marktkapitalisierung 5,2 Mrd. €, Eigenkapitalquote 41,5 %, Buchwert 45 €,
Ergebnis je Aktie 2,87/3,74/6,74/4,91 €, Dividende 2,40 €, Dividendenrendite **2,9** %

OSRAM	LED 400	46,05 €	55,40/34,25 €	+4 %/Börsengang

Halbleiter, Beleuchtungsprodukte/Lösungen, gesamte Wertschöpfungskette;
KGV 14, Marktkapitalisierung 4,56 Mrd. €, Eigenkapitalquote 52 %, Buchwert 23 €,
Ergebnis je Aktie 1,80/1,59/3,71/3,08 €, Dividende 0,90 €, Dividendenrendite 2,1 %

Rhön-Klinikum	704 230	26,45 €	28,80/22,30 €	+10/+47/+56 %

Staatlich anerkannte private Akut-Klinik; unterschiedliche Versorgungsstufen;
KGV 19, Marktkapitalisierung 1,72 Mrd. €, Eigenkapitalquote 68 %, Buchwert 15,4 €,
Ergebnis je Aktie 1,36/1,21/1,22/1,30 €, Dividende 0,80 €, Dividendenrendite **3,1** %

STADA	725 180	46,05 €	49,40/28,05 €	+53/+36/+62 %

Generika-Vertrieb, Präparate zur Selbstmedikation und Spezial-Pharmazeutika;
KGV 14, Marktkapitalisierung 2,74 Mrd. €, Eigenkapitalquote 31 %, Buchwert 14,5 €,
Ergebnis je Aktie 1,07/1,79/2,38/3,15 €, Dividende 0,75 €, Dividendenrendite 2,2 %

MDAX-Aktien/ Unternehmen	WKN 846 741	Kurs 04.07.16	52 Wochen- Hoch/Tief	Kursverlauf 1, 3, 5 Jahre
Steinhoff	A14 XB9	5,15 €	5,95/3,80 €	+13 %/IPO

Einzelhandelskonzern Steinhoff international Holdings: Möbel-Produzent, IPO 2015, MDAX-Aufstieg 2016, KGV 12,2, Börsenwert 18,7 Mrd. €, EK-Quote 43,4 %, Ergebnis je Aktie 0,35/0,32/0,35/0,39 €, Dividende 0,16 €, Dividendenrendite 0,2 %

Symrise	SYM 999	61,75 €	64,50/50,35 €	+12/+97/+179 %

Führender Duft-/Geschmackstoff-Konzern, viele Produkte zum täglichen Leben; KGV 22,9, Marktkapitalisierung 7,5 Mrd. €, Eigenkapitalquote 38 %, Buchwert 11 €, Ergebnis je Aktie 1,48/1,90/1,98/2,52 €, Dividende 0,90 €, Dividendenrendite 1,6 %

TAG Immobilien	830 350	11,85 €	12,40/9,55 €	+13/+40/+74 %

Holding deutsche Wohn-/Gewerbe-Immobilien; kompletter Dienstleistungssektor; KGV 16, Marktkapitalisierung 1,6 Mrd. €, Eigenkapitalquote 29,5 %, Buchwert 7,5 €, Ergebnis je Aktie 0,18/1,10/1,14/0,70 €, Dividende 0,55 €, Dividendenrendite 4,7 %

Talanx	TLX 100	26,15 €	31,70/23,60 €	-1/+17 %/IPO

Mehrmarkenanbieter Erst-/Rückversicherung u. Finanzdienstleistungsbranche; KGV 7,8, Marktkapitalisierung 6,56 Mrd. €, Eigenkapitalquote 8,8 %, Buchwert 30 €, Ergebnis je Aktie 3,04/2,90/3,09/3,31 €, Dividende 1,35 €, Dividendenrendite 5,2 %

Aktienauswahl: 21 SDAX-Firmen Value stellen sich vor

SDAX-Aktien/ Unternehmen	WKN 965 338	Kurs am 04.07.16	52 Wochen- Hoch/Tief	Kursverlauf 1, 3, 5 Jahre
Ado Properties	A14 U78	35,45 €	35,50/19,00 €	+35 %/IPO

Wohnimmobilienfirma, Schwerpunkt Berlin; 14.000 Ein/-Zwei-Zimmereinheiten; KGV 26, Marktkapitalisierung 1,28 Mrd. €, Eigenkapitalquote 48 %, Buchwert 20,4 €, Ergebnis je Aktie 1,98/5,04/3,70/1,28 €, Dividende 0,40 €, Dividendenrendite 1,2 %

BayWa Stämme	519 400	31,90 €	38,20/26,90 €	-16/-18/+9 %

Handelskonzern Agrar-/Bau-/Energie-Industrie, Betriebsmittel für Landwirtschaft; KGV 11,2, Marktkapitalisierung 859 Mio. €, Eigenkapitalquote 18 %, Buchwert 22 €, Ergebnis je Aktie 2,03/1,39/2,10/2,28 €, Dividende 0,90 €, Dividendenrendite 3,5 %

Braas Monier	BMS A01	21,45 €	27,10/18,40 €	-14 %/Börsengang

Bauindustrie; Produkte geneigtes Dach; Schornsteine/Dachziegel/Komponenten; KGV 13,2, Marktkapitalisierung 979 Mio. €, Eigenkapitalquote 10 %, Buchwert 3,4 €, Ergebnis je Aktie 1,07/1,41/1,51/1,90 €, Dividende 0,50 €, Dividendenrendite 2,0 %

Capital Stage	609 500	5,95 €	9,85/5,40 €	-10/+54/+178 %

Betrieb großer Solar-/Windkraftanlagen; Übernahmeangebot Chorus Cl. Energy; KGV 14,7, Marktkapitalisierung 481 Mio. €, Eigenkapitalquote 20 %, Buchwert 3,1 €, Ergebnis je Aktie 0,35/0,25/0,36/0,39 €, Dividende 0,20 €, Dividendenrendite 3,4 %

SDAX-Aktien/ Unternehmen	WKN 965 338	Kurs am 04.07.16	52 Wochen- Hoch/Tief	Kursverlauf 1, 3, 5 Jahre
CeWe Stiftung	540 390	65,35 €	66,15/43,80 €	+28/+91+96 %

Internationaler Fotoentwickler stationär/online, Fotobuch/Grußkarten/Digitaldruck; KGV 14,6, Marktkapitalisierung 459 Mio. €, Eigenkapitalquote 53 %, Buchwert 24 €, Ergebnis je Aktie 3,07/3,24//3,77/4,23 €, Dividende 1,65 €, Dividendenrendite 2,7 %

| GFK SE | 587 530 | 35,90 € | 42,00/25,30 € | -7/-4/-4 % |

Führendes Marktforschungs-Unternehmen; Service für jede wichtige Branche; KGV 10, Marktkapitalisierung 1,28 Mrd. €, Eigenkapitalquote 39 %, Buchwert 19 €, Ergebnis je Aktie 0,16/1,01/2,54/3,29 €, Dividende 0,80 €, Dividendenrendite 2,3 %

| Grammer | 589 540 | 35,40 € | 42,80/18,40 € | +19/+40/+91 % |

Produktion Komponenten/Systeme PKW-Ausstattung; Sitze Bahn/Busse/Lkw; KGV 9,2, Marktkapitalisierung 418 Mio. €, Eigenkapitalquote 25,5 %, Buchwert 21 €, Ergebnis je Aktie 3,09/2,10/2,97/3,95 €, Dividende 0,80 €, Dividendenrendite 2,2 %

| GrenkeLeasing | A16 1N3 | 156,00 € | 199,8/127,5 € | +20/+126/+247 % |

IT-Leasing/Finanzierung Firmenkunden; Computer/Bildschirme/Drucker/Kopierer; KGV 20, Marktkapitalisierung 2,32 Mrd. €, Eigenkapitalquote 16 %, Buchwert 37 €, Ergebnis je Aktie 4,41/5,43/6,52/7,72 €, Dividende 1,60 €, Dividendenrendite 1,0 %

| Hamborner Reit | 601 300 | 9,80 € | 10,10/8,00 € | +15/+43/+44 % |

Immobilienportfolio Einzelhandelsflächen/Fachmärkte; in deutschen Städten; KGV 23, Marktkapitalisierung 590 Mio. €, Eigenkapitalquote 52 %, Buchwert 6,2 €, Ergebnis je Aktie 0,37/0,22/0,24/0,41 €, Dividende 0,42 €, Dividendenrendite 4,4 %

| Hapag-Lloyd | HLA G47 | 18,50 € | 21,90/14,85 € | -9 %/Börsengang |

Weltweit führendes Transport-/Logistikunternehmen mit 200 Containerschiffen; **SDAX-Aufstieg 2016,** KGV 8,4, Börsenwert 2,13 Mrd. €, Eigenkapitalquote 45,5 %, Ergebnis je Aktie -5,77/+1,06/+1,28/+2,16 €, Dividende 0,25 €, Div.-Rendite 1,4 %

| Indus Holding | 620 010 | 42,60 € | 47,90/35,60 € | +5/+71/+71 % |

Übernahme mittelständische Produktionsindustrie, interessante Nischenmärkte; KGV 13, Marktkapitalisierung 1,02 Mrd. €, Eigenkapitalquote 42 %, Buchwert 23 €, Ergebnis je Aktie 2,58/2,78/3,04/3,23 €, Dividende 1,30 €, Dividendenrendite 3,1 %

| König & Bauer | 719 350 | 48,40 € | 49,35/19,80 € | +106/+215/+162 % |

Weltweiter Druckmaschinenbauer; innovative Drucksysteme/periphere Anlagen; KGV 13, Marktkapitalisierung 717 Mio. €, Eigenkapitalquote 26,5 %, Buchwert 16 €, Ergebnis je Aktie 0,03/1,62/2,59/3,20 €, Dividende 0,40 €, Dividendenrendite 0,9 %

| KWS Saat | 707 400 | 298,50 € | 312,5/236,4 € | -1/+7/+88 % |

Internationaler Saatgutkonzern, Züchtung von landwirtschaftlichen Nutzpflanzen; KGV 18, Marktkapitalisierung 1,91 Mrd. €, Eigenkapitalquote 51 %, Buchwert 108 €, Ergebnis je Aktie 12,53/12,67/14,26/15,47 €, Div. 3,40 €, Dividendenrendite 1,2 %

SDAX-Aktien/ Unternehmen	WKN 965 338	Kurs am 04.07.16	52 Wochen- Hoch/Tief	Kursverlauf 1, 3, 5 Jahre
Patrizia	PAT 1AG	21,35 €	28,25/17,85 €	+4/+242/+503 %

Unabhängiges vollstufiges Gewerbe- und Wohnimmobilien-Investmenthaus; KGV 19,8, Marktkapitalisierung 1,58 Mrd. €, Eigenkapitalquote 33 %, Buchwert 7 €, Ergebnis je Aktie 0,46/1,45/3,18/1,05 €, Dividende 0,30 €, Dividendenrendite 1,4 %

SAF Holland	A0M U70	9,75 €	15,45/8,90 €	-29/+27/+15 %

Produzent Bauteile/Systeme Anhänger/LKW/Bus/Wohnmobil/Sattelzugmaschine; KGV 8,4, Marktkapitalisierung 431 Mio. €, Eigenkapitalquote 32 %, Buchwert 6,0 €, Ergebnis je Aktie 0,72/1,14/1,06/1,18 €, Dividende 0,55 €, Dividendenrendite **5,8** %

SIXT Stämme	723 132	46,20 €	53,75/32,85 €	+29/+161/+135 %

Mobilitätsdienst, Mietwagenservice, Fahrzeugflotten, Flughafen-Verleihstationen; KGV 15, Marktkapitalisierung 1,43 Mrd. €, Eigenkapitalquote 29 %, Buchwert 18 €, Ergebnis je Aktie 2,28/2,39/2,69/3,06 €, Dividende 1,30 €, Dividendenrendite 2,8 %

Stabilus	A11 3Q5	42,50 €	49,85/28,80 €	+14 %/IPO

Luxemburger Hersteller von Gasdruckfedern sowie hydraulischen Dämpfern; KGV 12,8, Marktkapitalisierung 883 Mio. €, Eigenkapitalquote 14 %, Buchwert 3,7 €, Ergebnis je Aktie 0,54/0,82/2,34/3,33 €, Dividende 0,40 €, Dividendenrendite 0,9 %

TAKKT	744 600	17,25 €	20,55/14,40 €	+4/+47/+52 %

Versandhandel, Schwerpunkte: Betriebsausstattung/Werkzeuge/Arbeitssicherheit; KGV 12,8, Marktkapitalisierung 1,15 Mrd. €, Eigenkapitalquote 49 %, Buchwert 7 €, Ergebnis je Aktie 1,00/1,24/1,31/1,39 €, Dividende 0,50 €, Dividendenrendite 2,8 %

TLG Immobilien	812 B8Z	18,90 €	19,80/14,15 €	+31 %/Börsengang

Immobilienfirma; spezialisiert auf ostdeutsche Büro-/Einzelhandels-/Hotelflächen; KGV 15, Marktkapitalisierung 1,24 Mrd. €, Eigenkapitalquote 48 %, Buchwert 14 €, Ergebnis je Aktie 1,65/2,11/1,69/1,21 €, Dividende 0,80 €, Dividendenrendite **4,3** %

VTG	VTG 999	25,80 €	30,25/18,65 €	+20/+87/+39 %

Waggonvermietung/Schienenlogistik; Kessel-, Großraumgüter- und Flachwagen; KGV 12, Marktkapitalisierung 721 Mio. €, Eigenkapitalquote 24,6 %, Buchwert 26 €, Ergebnis je Aktie 0,93/0,75/1,49/2,03 €, Dividende 0,60 €, Dividendenrendite 2,4 %

Wacker Neuson	WAC K01	14,25 €	21,40/10,95 €	-23/+43/+18 %

Produktion/Vertrieb Baugeräte/Maschinen, Kompaktklassen, mehrere Marken; KGV 10,8, Marktkapitalisierung 937 Mio. €, Eigenkapitalquote 69 %, Buchwert 15 €, Ergebnis je Aktie 1,30/0,94/1,05/1,23 €, Dividende 0,50 €, Dividendenrendite **3,7** %

Anmerkung: Die Zuordnung oft strittig. Wichtiger als die Frage Value oder Growth ist eine breite Streuung mit Blick auf Zukunftsmärkte. Unter den substanzstarken Titeln befinden sich etliche Immobilienaktien. Sie schütten großteils üppige Dividenden aus und haben auch wegen der Flüchtlingskrise noch viel Wachstumspotenzial. Dagegen meiden Sie offene und insbesondere geschlossene Immobilien-Fonds!

8.9 Unternehmenslenker wissen am besten, wie es bei ihren eigenen Aktien steht

Wer kennt seine Firma besser als die Chefs, als Vorstand und Aufsichtsrat? Das HANDELSBLATT informiert seine Leser an jedem 2. Montag über die größten zulässigen Insidergeschäfte aus DAX, MDAX, TecDAX und SDAX.

Im Internet können Sie bei Finanzdienstleistern und Online-Providern die gewünschten Informationen fortlaufend abrufen – ergänzt durch die Transaktionen kleinerer Unternehmen außerhalb der Börsenbarometer. Wie das Ergebnis auf der nächsten Seite zeigt, war von den zehn auffälligsten Aktivitäten 2015 mit Fresenius nur einmal der deutsche Leitindex DAX vertreten. MDAX und TecDAX waren viermal, der SDAX einmal dabei.

➢ **Die Aktivitäten der Führungsspitze eignen sich zur Orientierung. Niemand hat einen so tiefen Einblick in das Geschäftsmodell, kennt Wachstums- und Ertragschancen, Auftragseingang, Zu- und Verkäufe, Neuausrichtung, Finanzstruktur und Ausblick so genau wie die Firmenchefs.**

Bei positiver Einschätzung trennen sich Firmenlenker kaum im großen Stil von ihren Aktien. Sie nutzen eher Börsenturbulenzen für eigene Zukäufe. Diese Aktivitäten dürfen nie mit kurz darauf folgenden Ad-hoc-Meldungen zusammenhängen. Wer Insiderwissen unfair nutzt und gegen das Gesetz verstößt, dem drohen harte Geld- und Haftstrafen. Insiderhandel ab 5.000 € ist bei der BaFin meldepflichtig.

Die Commerzbank berechnet mit Fifam, dem Forschungsinstitut für das Asset Management, seit langem für das HANDELSBLATT das Insiderbarometer. Die Aktivitäten der Führungsspitze börsennotierter Unternehmen gelten als verlässlicher und aussagekräftiger Indikator für eigene Entscheidungen. Im Rahmen der Selbstanalyse denken Sie bitte darüber nach, wann diese Orientierungshilfe für Sie erfolgreich war, wann und warum gelegentlich auch nicht. Gab es interne und externe Gründe für die Fehleinschätzung? Dass Irren menschlich ist und auch Vorstände und Aufsichtsräte nicht verschont, zeigt die folgende Aufstellung. Sie ist also nicht nur ein Loblied bezüglich der Kompetenz von Entscheidungsträgern.

Grundsätzlich gilt: Während bei einer sich abzeichnenden scharfen Korrektur bzw. einem drohenden Crash vorsichtige Bankberater, Vermögensverwalter und andere Experten zum Ausstieg blasen, handelt die Unternehmensspitze oft antizyklisch: Kaufen, wenn andere verkaufen und die Kurse niedrig sind! Diese Strategie gilt auch für mich. Bevor Sie aktiv werden, werfen Sie einen Blick auf die Insideraktivitäten. Es darf nicht das einzige Entscheidungskriterium sein, ist aber ein wichtiger Mosaikstein für eine erfolgversprechende Strategie.

Treffsichere Topmanager: Wichtige Transaktionen 2015

TOP 5 Insiderkauf: höchster prozentualer Gewinn 2015

Unternehmen	❶ SMA Solar	❷ Capital Stage	❸ Fresenius
Index	TecDAX	SDAX	DAX
Kaufbetrag in €	96.723 €	754.901 €	75.150 €
Kaufmonat	Februar 2015	Februar 2015	Februar 2015
Gewinn nach Kauf	+375 %	+59 %	+33 %

TOP 5 Insiderkauf: höchster prozentualer Gewinn 2015

Unternehmen	❹ Wirecard	❺ KUKA	Anmerkung:
Index	TecDAX	Midea-Übernahme	Zum Jahresanfang 2015 war es
Kaufbetrag in €	5.345.085 €	27.071 €	noch verhältnismäßig günstig,
Kaufmonat	Mai 2015	April 2015	eigene Aktien zu
Gewinn nach Kauf	+27 %	+25 %	kaufen.

TOP 5 Insiderverkauf: höchster vermiedener prozentualer Verlust

Unternehmen	❶ MANZ	❷ Dialog Semi.	❸ DÜRR
Index	TecDAX-Abstieg	TecDAX	MDAX
Verkaufserlös in €	8.500.000 €	180.186 €	10.834 €
Verkaufsmonat	Mai 2015	Mai 2015	April 2015
Verlust nach Kauf	-62 %	-41 %	-32 %

TOP 5 Insiderverkauf: höchster vermiedener prozentualer Verlust

Unternehmen	❹ Hugo Boss	❺ Aareal Bank	Anmerkung: Es
Index	MDAX	MDAX	war günstig, beim Höchststand im
Verkaufserlös in €	10.753.280 €	98.1225 €	Frühjahr 2015 einen Teil eigener
Verkaufsmonat	Februar 2015	März 2015	Aktien zu veräu
Verlust nach Kauf	-31 %	-24 %	ßern.

Anmerkung: Im Schnitt stiegen die von Vorstand und Aufsichtsrat erworbenen Aktien 2015 vom Tag der Veröffentlichung des Kaufs bis zum Jahresende um 5,6 %. Mitunter liegen aber auch die Firmenlenker, die ja das Unternehmen am besten kennen, deutlich daneben. So kaufte Ralf Weber vom Modekonzern Gerry Weber aus dem SDAX im Januar 2015 für 1,3 Mio. € eigene Aktien dazu. Zum Jahresende 2015 hätte er sie um rund 60 % billiger bekommen.

Quellen: Handelsblatt 6/11.01.16, Forschungsinstitut für Asset Management Fifam

8.10 Rückblick auf Börsengänge mit Aufstieg in den MDAX, TecDAX und SDAX

Große Börsengänge boomten 2015 vor allem in Amerika und China. Für 2016 ist hierzulande eher eine Durststrecke angesagt.

Die Jahre 1998 bis 2000 waren von IPO-Exzessen geprägt. Im Zuge des Crashszenarios gab es 2001 elf, 2002 eine, 2003 keine, 2004 eine Handvoll Neuemissionen. 2005 war die Durststrecke beendet. 2006/2007 ging es aufwärts. 2008 sank wegen der Finanzkrise das IPO-Volumen gewaltig. 2009 kam es zum totalen Einbruch, 2010 zur leichten Erholung. Hier sind die Werbeagentur Ströer und das Spezialchemie-Unternehmen Brenntag, beide MDAX, hervorzuheben. 2011 machte das Industrieunternehmen NORMA Group, ebenfalls MDAX, von sich reden. 2012 herrschte weitgehend „tote Hose". Die Versicherungsgesellschaft Talanx entwickelte sich jedoch zum dividendenstarken MDAX-Titel mit einer Ausschüttungsrendite von aktuell über 5 %.

LEG Immobilien und OSRAM Licht gelang nach ihrem IPO 2013 der rasche Aufstieg in den MDAX. Dies gilt ebenso für den dividendenstarken Medienkonzern RTL Group. Dem großen Wohnimmobilien-Vermieter Deutsche Annington und dem Gabelstaplerriesen KION Group gelang im Herbst 2014 der MDAX-Aufstieg. Deutsche Annington benannte sich in Vonovia um und schaffte nach weiteren Übernahmen als erste Immobiliengesellschaft sogar den DAX-Aufstieg. Auch der SDAX-Aufsteiger Stabilus startete 2014 verheißungsvoll. 2015 ging die BAYER-Abspaltung Covestro an die Börse und hat sich erfolgreich im MDAX etabliert.

Wie die folgende Übersicht zeigt, gab es durch zahlreiche Börsengänge 2014/2015 ungewohnt viele Umschichtungen im MDAX, TecDAX und SDAX. Erfreulich ist, dass von 27 Unternehmen, die seit 2010 den Börsengang wagten und in die deutschen Nebenwerte-Börsenbarometer aufstiegen, trotz Börsenturbulenzen 17 Gesellschaften im Plus notieren. Der Spezialchemiekonzern Brenntag ist mit einem Buchgewinn von 165 % rekordverdächtig.

Ein IPO, Abkürzung für Initial Public Offering, bezeichnet das öffentliche Wertpapierangebot, also das Börsenlisting. Gewöhnlich wird der Börsengang gemeinsam mit einem Bankenkonsortium organisiert und durchgeführt. Das Hauptmotiv ist, sich Eigenkapital zu beschaffen, um wachsen, neue Geschäftsfelder erschließen und Schulden abbauen zu können. Viel Geld fließt oft in die Taschen der Altaktionäre, was jedoch gern verschwiegen wird. Börsengänge mit einer Marktkapitalisierung von nur wenigen Millionen Euro sind nicht selten Spielball gewissenloser Gurus, nachdem hier Kursmanipulationen leichter möglich sind.

Ausgewählte Börsengänge in Deutschland ab 2010					
Aktie und Neben-werte-Index	WKN	IPO	IPO-Preis	Kurs am 07.07.16	Kurse 1, 3 Jahre
ADO Properties, SDAX	A14 U78	2015	20,00 €	35,00 €	+35 %
BRAAS Monier, SDAX	BMS A01	2014	23,40 €	20,20 €	-19 %
BRAIN, Prime Standard	A12 BXW	2016	9,00 €	2,25 €	-27 %
Brenntag, MDAX	A1D AHH	2010	16,70 €	42,10 €	-18/+6 %
Chorus Clean, SDAX	A12 015	2015	9,75 €	9,20 €	-5 %
Covestro, MDAX	606 214	2015	24,00 €	39,45 €	+24 %
Dt. Pfandbrief, MDAX	801 900	2015	10,75 €	8,05 €	-27 %
EDAG, Prime Standard	A14 3NB	2015	19,00 €	15,70 €	-28 %
Elumeo, Prime Stand.	A11 Q05	2015	25,00 €	7,00 €	-72 %
EVONIK, MDAX	EVN K01	2013	33,00 €	26,30 €	-25 %
Ferratum, SDAX	A1W 9NS	2015	17,50 €	17,80 €	-19 %
Hapag-Lloyd, SDAX	HLA G47	2015	20,00 €	17,60 €	-36 %
HELLA, MDAX	A13 SX2	2014	27,50 €	28,40 €	-19 %
KION Group, MDAX	KGX 888	2013	24,20 €	42,35 €	+1/+79 %
LEG Immobilien, MDAX	LEG 111	2013	43,00 €	83,85 €	+34/+110 %
NORMA Group, MDAX	A1H 8BV	2011	21,50 €	41,15 €	+7/+39 %
OSRAM, MDAX	LED 400	2013	24,00 €	45,80 €	+1 %
RIB Software, TecDAX	A0Z 2XN	2011	9,30 €	8,70 €	-40/+89 %
RTL Group, MDAX	861 149	2013	55,00 €	70,30 €	-14/+10 %
Schaeffler, MDAX	SHA 015	2015	12,50 €	11,80 €	-26 %
SCOUT 24, SDAX	A12 DM8	2015	30,00 €	33,45 €	+3 %
Senvion, Prime Stand.	A2A FKW	2016	15,75 €	12,20 €	-24 %
Siltronic, TecDAX	WAF 300	2015	30,00 €	14,05 €	-59 %
SIXT Leasing, Prime St.	A0D PRE	2015	20,00 €	18,05 €	-7 %
Stabilus, SDAX	A11 3Q5	2014	22,50 €	42,50 €	+13 %
Steilmann, Prime Stand.	A14 KR5	2015	3,50 €	0,10 €	-96 %
Steinhoff, MDAX	A14 XB9	2015	5,00 €	5,05 €	+6 %
STRÖER, MDAX	749 399	2010	20,00 €	39,75 €	-9/+368 %
TALANX, MDAX	TLX 100	2012	19,05 €	25,95 €	-6/+12 %

Aktie und Neben-werte-Index	WKN	IPO	IPO-Preis	Kurs am 07.07.16	Kurse 1, 3 Jahre
Tele Columbus, SDAX	TCA G17	2015	10,00 €	8,05 €	-6 %
Telefónica D., TecDAX	A1J 5RX	2012	5,60 €	3,55 €	-31/-18 %
TLG Immobil., SDAX	A12 B8Z	2014	10,90 €	18,50 €	+28 %
Windeln.de, Prime St.	WND L11	2015	18,50 €	4,05 €	-65 %
Zalando, MDAX	ZAL 111	2014	21,50 €	24,00 €	-21 %

Börsengänge 2015/16 großteils im Minus. Aber Erfolgserlebnis mit Aktien, die seit einem halben Jahrzehnt an der Börse gelistet sind

Es sind vor allem die MDAX-Konzerne, die zwischen 2010 und 2015 an die Börse gingen und gegenüber dem Emissionspreis mit üppigen Buchgewinnen von rund 50 % und deutlich darüber begeistern. Neben Brenntag (2010: 16,70/42,10 €) zählen dazu Covestro (2015: 24,00/39,45 €), KION Group (2013: 24,20/42,35), LEG Immobilien (2013: 43,00/83,80 €), NORMA (2011: 21,50/41,15 €), STRÖER (2010: 20,00/39,75 €) sowie OSRAM (2013: 24,00/45,80 €). Zu den Mitgliedern dieser Siegerliste zählen auch die beiden SDAX-Konzerne Ado Properties (2015: 20,00/35,75 €) und Stabilus (2014: 22,50/42,50 €).

Gründliche Informationen als das A und O beim Börsengang

➤ **Woher stammt das Aktienangebot?** Wollen vorrangig die Altaktionäre kassieren, oder fließt zumindest der Großteil vom Erlös dem Unternehmen direkt zu?

➤ **Wozu dient das Eigenkapital?** Soll die Produktpalette erweitert, die Internationalisierung durch den Markteintritt in andere Länder vorangetrieben werden?

➤ **Wie breit ist die Handelsspanne, und wie lange dauert die Lockup-Frist?** Je länger die Altaktionäre ihre Aktien halten müssen, umso besser!

➤ **Wichtig für das Kurspotenzial ist eine faire Bewertung.** Die Neuemission sollte einen Bewertungsabschlag gegenüber vergleichbaren Firmen aufweisen.

➤ **Die Angaben im Börsenprospekt müssen klar und wahr sein** und eine wirklichkeitsnahe Einschätzung für kundige Privatanleger erlauben.

➤ **Das Geschäftsmodell muss werthaltig und die Eintrittsbarrieren für Wettbewerber sollten hoch sein.** Vom Börsenneuling wird keine Weltmarktführerschaft erwartet. Aber die Umsatz- und Gewinnentwicklung müssen überzeugen.

➤ **Entscheidend für den Erfolg ist das Management:** ein klar ausgerichtetes Kerngeschäft mit gesunder Bilanzstruktur und persönlicher Kommunikation.

Tipp: Nutzen Sie vorbörsliche Kursprognosen zur Orientierung

Selbst wenn Sie die Aktien von einer Neuemission nicht außerbörslich ordern wollen, tun Sie gut daran, beim Brokerhaus Lang & Schwarz (WKN 645 932) nachzuschauen, wie viel die Aktien kosten. Liegt der aktuelle Aktienkurs über dem oberen Ende der Handelsspanne, deutet dies auf eine Überzeichnung hin. Dann ist es sinnlos zu limitieren. Wer außerbörslich ordert, dem wird ein verbindlicher Kurs angeboten. Wer bei der Zeichnung leer ausgeht, sollte die künftige Kursentwicklung genau beobachten und bei Schwäche beherzt zugreifen.

Warum halten sich Unternehmen derzeit mit einem IPO zurück?

Jedes Unternehmen will mit einem möglichst hohen Emissionspreis starten, damit genug Eigenkapital in die Firmenkasse fließt. Boomt die Börse, kann ein höherer Zeichnungspreis verlangt werden als in einem von Unsicherheit geprägten Börsenklima, wie wir es derzeit erleben. Sich häufende Terrorakte und der BREXIT in England verstärken die Ängste und Sorgen. Aber es geht nicht nur um den Kurs beim Start, sondern ebenso um die Anzahl der Aktien, die es unter den institutionellen und privaten Anlegern zu verteilen gilt. Ein erfolgreicher Börsengang ist ungemein wichtig für den weiteren Werdegang des Unternehmens. Nur bei entsprechender Größe winkt der Aufstieg in den SDAX, TecDAX oder MDAX.

Die ehrgeizige Vorgabe der Bundesregierung von 15 bis 20 IPOs pro Jahr ist für 2016 absolut wirklichkeitsfern

> **Der Börsenstart 2016 verlief holprig. Brain bzw. Brainstorm wurde für seine Courage nicht belohnt. Während sich das Interesse im Softwarebereich etwas abzukühlen scheint, sind Börsenkandidaten aus den Bereichen Immobilien, Gesundheit, Konsum und Versorger durchaus gefragt.**

Wichtig ist es, die Preispolitik zu überdenken. Es ermutigt nicht, dass die Anleger bei den jüngsten Börsengängen knapp ein Fünftel verloren. Richtig gut bei den Neulingen sieht es nur bei Ado Properties (SDAX, Immobilien), Covestro (MDAX, Spezialchemie) und Scout 24 (SDAX, Computer/Elektronik) aus. Bei Brain (Biotech) verwandelte sich das Anfangsplus ins Minus von über 25 %. Windeln.de hat wohl die Hosen voll. Ein warnendes Beispiel ist die Modegruppe Steilmann: zögerlicher Börsengang, geringes Zeichnungsvolumen, Pleite 4 Monate später.

Es gibt einige Kandidaten, die mit einem IPO liebäugeln. Dazu zählen die Milliarden-Emissionen aus der Neuordnung von E.ON und RWE. Zudem steht ein IPO des Kochboxen-Anbieters HelloFresh und der Essen-Bestellplattform Delivery Hero an. Statt der von der Regierung angepeilten 10 bis 15 Börsengänge dürfte es eher nur eine Handvoll von Neuemissionen sein, abhängig vom Börsenklima.

8.11 Freundliche und feindliche Übernahmen – ein zweischneidiges Schwert

In den Jahren 2014/15 lief es bei Übernahmen und Fusionen richtig gut. Zahlreiche Bieterfirmen strotzten vor Kraft und konnten die Finanzierung trotz steigender Preise wegen der extrem niedrigen Zinsen schultern. Dabei vernichtet rund die Hälfte aller Zusammenschlüsse Werte. Unerfahrene kleinere Unternehmen ziehen den Durchschnitt nach unten. Wer klug zukauft, ohne sich zu verheben, und den richtigen Partner findet, ist erfolgreicher als die nur organisch wachsende Konkurrenz. Übernahmen und Fusionen – Mergers & Acquisitions (M&A) genannt – erzeugen Spannung, Unruhe und Kursfantasie.

Meist reagiert die Börse bei der Bieterfirma mit Kursabschlägen, beim Zielunternehmen mit üppigen Aufschlägen, will doch kein Altaktionär zum Nulltarif seine Papiere verkaufen. Firmen mit klarer Strategie schneiden auch bei schwieriger Marktlage oft positiv ab. Bleiben die Synergieeffekte aus, verläuft die Akquisition enttäuschend, so liegt dies meist am Kampf der Kulturen. Bei der Einverleibung ausländischer Firmen passen Leitrichtlinien, Führungsstil und Mentalität nicht zusammen. Sind Mitarbeiter und Kunden unzufrieden, gerät die Übernahme zum Flop.

Aktuell haben es die chinesischen Aufkäufer vor allem auf mittelständische Familienfirmen abgesehen. Von 36 Geschäften entfielen 15 auf Maschinenbau, Industrieausrüster und Automobilzulieferer. Herausragend ist die aktuelle MIDEA-Übernahme von KUKA, bereits über 85 % der Anteile im Besitz.

Wann winken freundliche, wann feindliche Übernahmen?

Eine freundliche Übernahme zeichnet sich ab, wenn die Zielfirma gut zum Bieterunternehmen passt und der Zusammenschluss von Analysten begrüßt wird. Kleine Häppchen sind bekömmlicher als große Brocken. Schaeffler – nach dem Börsengang im 2. Halbjahr 2015 bereits MDAX-Aufsteiger – verhob sich einst bei der Einverleibung von Continental. Dem ertragreich wirtschaftenden Sportwagenbauer Porsche gelang es vor einigen Jahren nicht, den mächtigen VW-Konzern zu schlucken, sondern wurde selbst Übernahmeopfer.

Feindliche Übernahmen drohen, wenn ein Großaktionär fehlt und der Streubesitz hoch ist. Begehrt sind fair bewertete, nachhaltig wirtschaftende Unternehmen mit seriöser Bilanz und attraktiver Vermögensdecke. Möglicherweise hofft die bedrohte Firma auf einen Ankeraktionär bzw. „weißen Ritter", ein die Kaufofferte überbietendes befreundetes Unternehmen. Freie Aktionäre erwarten bei Übernahmeangeboten hohe Kursaufschläge wie im Sommer 2016 bei KUKA.

Wie sollten Sie als Privatanleger auf Übernahmen reagieren?

Nur ein Gerücht oder Aufkäufer am Werk? Positive Mitteilungen sind ein Treibsatz für steigende Aktienkurse. Platzt das Gerücht, stürzt der Kurs in die Tiefe. Erstes Anzeichen für eine Übernahme ist der Kursanstieg bei der Zielfirma.

Welche Aktien im Depot? Meist steigt der Kurs der Zielaktie zweistellig, während das Bieterpapier eher sinkt. Die Aktionäre befürchten, dass zu viel bezahlt wird, stark angeheizt durch Bieterwettstreit und damit verbundene Machtkämpfe.

Offerte annehmen? Bei einem attraktiven zweistelligen Kursaufschlag sollten Sie zustimmen. Bei zu niedriger Offerte warten Sie ein Nachbesserungsangebot ab.

Harmonie bei den Unternehmenskulturen? Ungefähr die Hälfte aller Zusammenschlüsse scheitert an Eingliederungsproblemen. Abweichende Sprache, Mentalität, Hierarchie, Führungsstil und Einstellung zerstören die Synergieeffekte.

> **Fazit: Übernahmen erinnern an Glücksspiele. Aussitzen nach Abfindungsangeboten lohnt sich nicht immer. Vorsicht, wenn ein Delisting droht wie bei WMF! Ersparen Sie sich böse Überraschungen beim Blick auf den Depotauszug! Ob Biolitec, Elexis, Marseille-Kliniken oder WMF. Diese Gesellschaften verließen die Börse. Bemerken Sie entsetzt: *„Hilfe, meine Aktie ist weg!",* ist es zu spät für einen Verkauf.**

Fallbeispiel: Der Übernahmepoker Vonovia – Deutsche Wohnen

Nach der Übernahme von Gagfah ebnete sich Vonovia, bis 2015 noch unter dem Namen Deutsche Annington firmierend, den Aufstieg in den DAX als erster Immobilienkonzern. Damit war der Hunger nach Macht und Größe längst nicht gestillt. Vier Monate lang versuchte der Vorstand des Wohnungs-Vermieter-Giganten mit seinem Chef Rolf Buch, sich auch noch den zweitgrößten deutschen Wohnungs-Vermietungs-Riesen Deutsche Wohnen einzuverleiben. Anfangs ein freundliches Angebot. Danach ein feindlicher Übernahmeversuch. Alle Bemühungen, die mehrheitliche Zustimmung der Aktionäre von Deutsche Wohnen zu gewinnen, waren letztlich vergebens.

Die Deutsche Wohnen AG mit ihrem Chef Michal Zahn zog alle Register. Der CEO fuhr sämtliche Stacheln aus, um unabhängig zu bleiben, und hatte mit seinem Appell an die eigenen Aktionäre, dem Deal nicht zuzustimmen, Erfolg. Ende Januar 2016 platzte die Übernahme. Und das ist sicherlich gut so. Der Markt braucht keinen noch größeren Wohnungsvermieter, sondern gesunden Wettbewerb. Damit findet der Nervenkrieg zwischen den beiden deutschen Immobilienriesen ein vorläufiges Ende. Ob Deutsche Wohnen erneut versuchen wird, sich die ebenfalls im MDAX gelistete LEG Immobilien AG einzuverleiben, ist ungewiss.

8.12 Kapitalerhöhungen statt der in Verruf geratenen Mittelstandsanleihen?

Kapitalerhöhungen ersetzen zunehmend die früher boomenden Hochzins-Mittelstandsanleihen. Eine mehrjährige Laufzeit verknüpft mit einem Zinssatz von 4 bis 8 % erwies sich als Bumerang. Nicht selten lagen die Umsatzerlöse unter dem Schuldzins. Vor dem Hintergrund sich häufender Firmenpleiten gelten Kapitalerhöhungen als interessante Alternative. Im Sommer 2016 verliefen die Kapitalerhöhungen von Vossloh (Verhältnis 5:1, Preis 48,00 €, Kurs 22.07.2016: 55,75 €) und SNP Schneider-Neureither (Prime Standard, Verhältnis 3:1, Preis 25,00 €, Kurs 22.07.2016: 30,40 €) sehr erfolgreich.

Sobald eine AG eine Kapitalerhöhung ankündigt, führt die erste Reaktion an der Börse wegen Verwässerung oft zu Kursverlusten, vor allem bei geringem Preisabschlag. Abhängig davon, wozu die Finanzspritze dient und wie erfolgreich die Platzierung verläuft, sind auch positive Reaktionen denkbar. In schwierigen Börsenzeiten sind Kapitalerhöhungen zwar für viele Firmen wichtig, um Eigenkapitalbasis und Bilanzstruktur zu stärken. Aber sie sind bei angespannter Marktlage schwerer durchführbar. Dies bewirkt, dass Banken Fremdkapital nur zu höherem Zinssatz gewähren, also Übernahme-, Forschungs- und Entwicklungsvorhaben, Einführung neuer Produkte und Internationalisierung zurückzustellen sind. Werden Kreditlinien nicht verlängert, kann dies das Aus für die Firma bedeuten.

Warum Kapitalerhöhungen? Wesentliche Beweggründe sind:

➢ Finanzierung organisches Wachstum, Ausbau operatives Geschäft
➢ Finanzierung externes Wachstum mittels Fusionen und Übernahmen
➢ Verbesserung der Bilanzstruktur durch eine höhere Eigenkapitalquote
➢ Verringerung der eigenen Verbindlichkeiten, also Schuldenabbau
➢ Höhere Liquidität durch Ausgabe junger Aktien (mehr Streubesitz)

Wann Bezugsrechte wahrnehmen? Wann besser verzichten und Ansprüche verkaufen, sofern ein solcher Handel stattfindet?

Dient die Kapitalerhöhung allein dazu, die hohe Verschuldungsquote herunterzufahren, sollten Sie Ihr gutes Geld nicht dem schlechten hinterherwerfen! Anders verhält es sich, wenn die fundamentalen Daten überzeugen. Die Kapitalerhöhung wird durchgeführt, um eine positiv beurteilte Übernahme zu finanzieren, wichtige Forschungsvorhaben zu verwirklichen, Investitionen zu tätigen, weitere Produktlinien aufzubauen und neue Wachstumsmärkte zu erobern.

Bejahen institutionelle Anleger die Kapitalspritze, sollten auch Sie mitmachen, sofern als Anreiz ein zweistelliger Preisabschlag winkt. Wichtig ist das Bezugsverhältnis, z. B. 8:1 statt 4:1 oder 2:1. Wenn Sie nur ein paar junge Aktien bekommen, können die Transaktionskosten höher sein als der Preisabschlag.

Kapitalerhöhungen setzen voraus, dass auf der HV zumindest 75 % des vertretenen Aktienkapitals (pro Aktie eine Stimme) mit „Ja" stimmen. Bei einer Barkapital-Erhöhung durch Ausgabe „junger" Aktien werden dem Altaktionär Bezugsrechte und ein Bezugspreis zu bestimmten Bedingungen eingeräumt.

> **Hände weg!** Dient die Kapitalerhöhung dazu, die drohende Insolvenz abzuwenden bzw. die Schulden herunterzufahren, heißt die Konsequenz: Beteiligen Sie sich nicht! Das Verlustrisiko ist hier größer als die Gewinnchance.

> **Mitmachen!** Überzeugt das Unternehmensziel, ist zu überlegen, sich noch vor Beginn der Kapitalmaßnahme mit Aktien einzudecken, sofern der Preis deutlich unter dem aktuellen Kurs liegt. Jetzt besitzen Sie genug Aktien, damit sich bei ungünstigem Bezugsverhältnis die neuerlichen Transaktionskosten rechnen.

> **Augen auf bezüglich Preisangaben!** Fair ist es, wenn das Unternehmen beim Zeichnungsangebot für die jungen Aktien einen verbindlichen Preis angibt, der wegen der Verwässerung, aber auch um positiv eingeschätzt zu werden, im Allgemeinen mindestens 10 % unter dem jetzigen Kurs liegt. Vertretbar ist es, wenn bei unruhigem Börsenklima eine Unter- und Obergrenze genannt werden. Unfair und strategisch unklug ist es, wenn überhaupt keine Preisangabe erfolgt. Als Reaktion winkt ein sinkender Aktienkurs. Möglicherweise ist der reguläre Nachkauf nun sogar günstiger. Wichtig ist das Zuteilungsverhältnis. Erhalten Sie z. B. für sechs Aktien nur ein neues Papier, so übersteigen die Transaktionskosten möglicherweise den Preisabschlag.

Im Rückblick hat es sich oft gerechnet, Kapitalerhöhungen mitzumachen. Dies galt in jüngerer Zeit im Nebenwertesektor bei Eckert & Ziegler. Richtig gelohnt hat es sich beim MDAX-Unternehmen DMG Mori Seiki (4,15 €, Juni 2004, heutiger Kurs 42,70 €, damals als Maschinenbauer Gildemeister firmierend). Im Juli 2011 beteiligte ich mich mit 7,20 € an der Kapitalerhöhung für die süddeutsche Immobilienfirma VIB Vermögen, aktueller Kurs über 19 €. Aus dem Jahr 2013 ist die erneute Kapitalerhöhung von DMG Mori Seiki, MDAX, für 14,50 € zu erwähnen. Mit Telefónica Deutschland gab es im TecDAX eine Kapitalerhöhung im Verhältnis 1:1 zum Preis von 3,20 €. Frisch im Gedächtnis ist die große Kapitalerhöhung von Annington (16,50 €, Juli 2015, Kurs am 22. Juli 2016 33,50 €). Ohne diese Maßnahme wäre der DAX-Aufstieg (Absteiger Lanxess) als erste Immobiliengesellschaft mit neuem Namen Vonovia kaum geglückt. Bei attraktiven Kapitalerhöhungen ärgern sich Aktionäre über einen Bezugsrechteausschluss.

8.13 Was Nebenwerte in den Indizes und Profi-fußball verbindet, aber auch trennt

Die richtige Strategie an der Börse und auf dem Fußballrasen

Im Fußball wie an der Börse gründet der Erfolg auf der richtigen Strategie. Oft leichter gedacht als getan! Liegt die eigene Mannschaft zurück, bringt der Trainer meist neue Stürmer aufs Spielfeld. Torgefährlichkeit und Torinstinkt mit zielgenauen Offensivkräften sollen das Blatt wenden. Was in der Theorie logisch erscheint, ist in der Praxis oft Trugschluss – eine Erkenntnis, die sich auf die Börse übertragen lässt. Christian Grund und Oliver Gürtler von der Universität Bonn analysierten 1.700 Auswechslungen in der Bundesliga. Die Ergebnisse ernüchtern: Griffen neue Stürmer ein, wurde zu 21 % der Spielstand verbessert. Zu 40 % baute der Gegner seinen Vorsprung aus. Behielt der Trainer trotz drohender Niederlage die Nerven und veränderte die Aufstellung nicht, holte das zurückliegende Team in jedem dritten Fall auf. Weitere Gegentreffer kassierte die Elf nur zu 30 %.

➢ **Fazit:** Mehr Stürmer sind torgefährlicher. Dafür brennt es in der Abwehr oft lichterloh, sodass der erhoffte Sieg ausbleibt. Welche Konsequenzen sind daraus für die Börse abzuleiten? Mit höherem Risiko lässt sich die angestrebte Rendite nicht verlässlich steigern. Wer auf riskantere Werte setzt, kann seine Performance zwar deutlich verbessern, aber auch extrem schlecht abschneiden. Je größer die Chance, desto höher ist ebenso das Risiko.

➢ **Vom Fußball ausgehend, ist der Sturm mit wachstumsstarken, konjunkturabhängigen Growth-Aktien, die Abwehr mit nachhaltigen, substanzstarken Value-Titeln vergleichbar.** Eine Fußballelf mit nur Offensivkräften schießt vermutlich viele Tore, muss aber mehr Treffer einstecken. Wer auf eine starke Abwehr setzt, verhindert unnötige Einschläge ins eigene Tor. Dafür bleibt die eigene Torausbeute mager. Das typische Ergebnis lautet 0:0 – nur ein Punkt statt drei Zähler. Mit einer solchen Strategie ist kein Meistertitel möglich. Eher droht der Abstieg. Auf den Anlageerfolg bezogen: Es winkt kein Desaster, aber die Rendite bleibt mittel- und langfristig bescheiden.

➢ **Erkenntnis:** Ein ausgewogenes Portfolio mit konjunkturabhängigen Wachstumswerten und substanz- und dividendenstarken Value-Titeln verspricht auf Dauer den sichersten Zugewinn. Eine starke Übergewichtung in die eine oder andere Richtung erfordert abhängig vom Markttrend ein schnelles Rein und Raus. Übertriebenes Umschichten frisst Gebühren, worüber sich Börse, Broker und Banken freuen. Erfolgreiche Clubs bauen junge Spieler mit ein, verpflichten ausländische Spieler und bei genug Kapital auch internationale Stars.

- **Was bedeutet diese Aussage für Ihre Strategie?** Begnügen Sie sich nicht mit den deutschen Nebenwerten aus MDAX, TecDAX und SDAX. Schauen Sie sich nach chancenreichen Titeln im Prime und Entry Standard, im GEX und m:access der Börse München um. Verzichten Sie auch nicht auf große Standardtitel von DAX & Co. Greifen Sie auf die besten Aktien in Zukunftsmärkten wie Gesundheitswesen, Robotik, Spezialchemie, Software, Logistik, Immobilien, Maschinenbau und Konsumgüter zu. Beobachten Sie die Entwicklungen in den einzelnen Branchen mit Augenmerk auf Industrie 4.0, Internet der Dinge, Digitalisierung, vernetzte Welt, z. B. Alphabet, Amazon, Facebook, Samsung.

- **Decken Sie interessante ausländische Märkte mit ETFs und erfolgreichen Themen- bzw. Spezialfonds ab, wozu auch Frontiermärkte zählen.** Wie Sie sich auch ausrichten: Sie finden dafür unterschiedliche Kurslisten. Ganz am Rande: Schützen Sie sich vor der um sich greifenden Cyberkriminalität.

Ohne Wertpapierbörse wäre auch der Fußball arm dran. Wer sind denn die großen Sponsoren? Vor allem die börsennotierten Global Player sind hier aktiv und längst nicht nur die Sportausrüster. Freilich entspringt weder das Sponsoring noch eine Aktienanlage dem Motiv „Gutmensch". Den Unternehmen geht es um Marketing und Marken. Die Aktionäre hoffen auf Kursgewinne und Dividenden.

Eine weitere Parallele: Fußball ist wie die Geldanlage längst nicht mehr nur Männersache. Frauen leben fünf Jahre länger als Männer, haben andere Lebensentwürfe und Persönlichkeitsprofile. Sie brauchen die Börse für Vermögensaufbau und Altersvorsorge. Sie legen wegen familiärer Aufgaben öfters als Männer Elternpausen ein, arbeiten häufig in Teilzeit und besetzen oberste Führungspositionen bislang selten. Mädchen und Frauen schneiden in der Schule und im Studium besser ab als das starke Geschlecht, aber verdienen – wieder eine Gemeinsamkeit mit Fußball – deutlich weniger. Laut Statistik sind Frauen die umsichtigeren, erfolgreicheren Kapitalanleger und stehen den Männern zumindest nicht nach.

- **Kluge Entscheidungen im Fußball und an der Börse führen zum Erfolg.** Teamwork ist eine Grundbedingung für siegreiches Agieren in beiden Bereichen: wirtschaftliche Kompetenz gebündelt mit sportlicher Leistungsfähigkeit. Wer als Aktionär Teamwork liebt, kann Börsenseminare z. B. in der Volkshochschule besuchen, Mitglied in einem Aktienclub werden und Hauptversammlungen der Region besuchen. Es bieten sich Chancen für soziale Kontakte.

- **Im Hinblick auf Gemeinsamkeiten und Übereinstimmungen zwischen Börse und Fußball ist vorauszuschicken, dass Borussia Dortmund der einzige deutsche Fußballverein ist, der an der Börse gelistet ist.** Hier wie dort fließen große Geldströme, sind Bekanntheitsgrad, Medieninteresse, Marketing und Marke und damit auch die öffentliche Aufmerksamkeit groß.

Vor seiner Karriere an der Frankfurter Wertpapierbörse und als Chefhändler der Close Brothers Seydler Bank AG war Oliver Roth Fußballprofi. Er gewann in der Saison 1988/89 mit Borussia Dortmund den DFB-Pokal. Im Interview mit der BÖRSEN-ZEITUNG bestätigt Oliver Roth die auch von mir beobachteten und in meinen Büchern beschriebenen Wechselwirkungen zwischen Fußball und Börse. Oliver Roth drückt dies so aus: *„Berüchtigt sind die Börsianer sicherlich für die Fähigkeit, Entscheidungen schnell zu treffen. Auch hier lassen sich wunderbare Vergleiche mit dem Fußball ziehen. – Die Geschichte lehrt uns, dass auch der einsame Wolf eigentlich niemals so alleine war, wie es in den Märchenbüchern geschildert wurde (Wolfsrudel mit Alpha-Tieren). Selbst der größte Egoist im Sturm braucht Mitspieler, die ihn mit Flanken und Pässen versorgen.*

Interessanterweise sind es ähnliche Voraussetzungen, die gute Fußballer und Börsianer erfüllen sollten. Um in beiden Bereichen erfolgreich zu arbeiten, braucht es: Dynamik, Robustheit, Leidenschaft, Entscheidungsfreude, Antizipation, Ehrgeiz und Teamfähigkeit. Diese Eigenschaften sind notwendig, um sich dauerhaft auf dem rutschigen Untergrund von Parkett und Rasen zu behaupten. Ohne dynamische Grundschnelligkeit und rasche Auffassungsgabe kommt man in beiden Bereichen nicht mehr weit. Der moderne Fußballer muss heutzutage in höchstem Tempo die Technik beherrschen. Das gilt auch für das Parkett. In beiden Bereichen ist körperliche und geistige Robustheit erforderlich. Richtige Entscheidungen zu treffen, ist auf Rasen und Parkett die halbe Miete. Ein Stürmer ohne Tordrang ist genauso erfolglos wie ein Börsianer ohne Marktgefühl. Disziplin ist eine der wesentlichsten Eigenschaften, die ein guter Spieler mitbringen muss. Das Umsetzen und Einhalten taktischer Vorgaben und Regeln ist elementar. Der Börsianer muss innerhalb der gesetzlichen Vorgaben arbeiten. Doch über Gewinn und Verlust entscheidet die persönliche Handelsdisziplin. Ähnliches gilt für den Fußballspieler. Hält sich dieser nicht an Regeln, droht eine Verwarnung oder sogar Platzverweis.“

Borussia Dortmund (BVB), SDAX, und ausländische Fußballaktien: Eine eigene, ganz besondere Welt, dominiert von den Fans

Warum sind börsennotierte Fußballclubs nicht als gewöhnliche AGs einzuordnen und für Nichtliebhaber eher unattraktiv? Selbst die BVB-Aktie bleibt riskant: Gewinn der Deutschen Meisterschaft 2010/11 und Erreichen des Finales in der Champions League gegen den amtierenden Deutschen Meister FC Bayern München 2013, erneuter Einzug in die europäischen Wettbewerbe mit Erfolgen im Deutschen Pokal.

Der Wechsel in das strenge Börsensegment Prime Standard hat daran insofern etwas geändert, als damit der Aufstieg in den SDAX gelang. Beim Börsengang im Herbst 2000 lag der Ausgabepreis bei 11 €, um zeitweilig auf ein Pennystock-Niveau abzustürzen. Danach hat sich die Aktie kräftig erholt auf aktuell 4 €.

In einem Fußballverein gibt es mit den Clubmitgliedern und glühenden Anhängern eine Gruppe von Anteilseignern, mit denen andere Unternehmen kaum etwas zu tun haben. Für die vielen Fans, die vor allem aus emotionaler Bindung Aktien von „ihrem" Club kaufen, zählen die sportlichen Erfolge. Dies sind die nationale Meisterschaft, der Pokalwettbewerb, die Teilnahme und der Erfolg bei den großen europäischen Wettbewerben – insbesondere die Königsklasse Champions League.

Auch bei der Fremdfinanzierung hebt sich ein Fußballclub von gewöhnlichen Unternehmen ab. Einem schuldenfreien Industriekonzern schadet es weniger, wenn ihn ein Finanzinvestor nach der Übernahme mit Fremdkapital belastet. Ein Fußballverein kann sich dies in dem zyklischen Geschäft nicht leisten. Er braucht zum Überleben ein dickes Sicherheitspolster, wie es der nicht börsennotierte FC Bayern aufgebaut hat. Sonst gerät der Verein vielleicht in eine kritische Lage wie sie Borussia Dortmund durchmachte. Der BVB ging zu einer Zeit an die Börse, als andere börsennotierte Fußballclubs die Anleger noch mit sattem Kursgewinn erfreuten. Manchester United erzielte von 1991 bis 1999 Kursgewinne von 1.100 % und Lazio Rom von 1998 bis 2000 immerhin 120 %. Diese Herrlichkeit ist längst verpufft. Die Millionengagen für die Stars fressen die Gewinne auf. Die Transferangebote englischer Clubs sprengen 2016 jeglichen Rahmen – abseits von Vernunft.

Heute gilt für die meisten Finanzinvestoren: Hände weg von Fußballaktien. Es sei denn, das Risikobewusstsein ist hoch und die Fußballliebe groß! Stufen Sie diese Titel eher als Fanartikel ein. Fußballaktien dokumentieren Zugehörigkeit und Bindung zum Club. Richtig viel Geld konnten Sie mit der BVB-Aktie verdienen, wenn ein Einstieg zu Tiefstkursen unterhalb 1 € bis zu 3 € erfolgte und Sie den Kursgewinn wachsen ließen. Die BVB-Aktie sprintete wegen herausragender sportlicher Erfolge und guter Managementleistung steil nach oben. Ginge Deutschlands Spitzenclub FC Bayern München an die Börse, gäbe es kaum Vorbehalte.

Emotionalität und Rationalität im Fußball und an der Börse

Im Fußball spielen Gefühle und Unterhaltungswert eine entscheidende Rolle, die durch übertriebenen Einsatz von Technologie nicht zerstört werden dürfen. Im Firmen- wie im Börsenalltag kommt es darauf an, Emotionalität mit Rationalität zu verknüpfen. Es ist zu hinterfragen, inwieweit Unterhaltungswert bei der Werbung zum Geschäftsmodell passt und Diskriminierung vermeidet. Bei der jährlichen Hauptversammlung geht es um Information, Redebeiträge, Beschlüsse und Sozialkontakte. Gute Bewirtung, Spannung und Unterhaltungswert sorgen für rege Teilnahme. Glauben Sie ja nicht, dass die Börse immer vernunftbetont handelt. Es gibt irrationale Kursausschläge nach oben und unten, Manipulation wie bei Wirecard und Ströer 2016 sowie Leerverkäufe. Mitunter werden Spekulanten auf dem falschen Fuß erwischt – vergleichbar mit einem Fußball-Eigentor.

8.14 In Börsenkrisen auf Schnäppchenjagd: Buchwert über dem Kurs als Kaufsignal

Der Buchwert, geteilt durch die Aktienanzahl, spiegelt das ausgewiesene Eigenkapital abzüglich Dividende wider. Liegt der Buchwert über dem Kurs, leiten sich daraus Kaufsignale ab. Aber Vorsicht: Auch die anderen Finanzkennzahlen sollten überzeugen. Einseitigkeit rächt sich. Den TecDAX zeichnet aus, dass in 9 von 30 Firmen die Gründer das Sagen haben. Im Nasdaq sind 29 von 100 Chefs Macher statt Verwalter, im Dax 2, im Dow Jones 0.

Bei scharfer Korrektur und Crash, wenn einzelne Aktien ein Viertel, ein Drittel, ja sogar die Hälfte und noch mehr vom Jahreshoch verlieren, liegt der Buchwert bisweilen über dem verprügelten aktuellen Aktienkurs. Nachdem der Buchwert das Eigenkapital im Verhältnis zum Kurs widerspiegelt, lädt der Ausverkauf zur Schnäppchenjagd ein. Die heftigen Börsenturbulenzen zehren zwar an der Börsenkraft, glücklicherweise jedoch nicht an der Substanz deutscher Konzerne. Sofern auch die übrigen Finanzkennzahlen überzeugen, sind Sie zur Schnäppchenjagd eingeladen.

Am letzten Februartag 2016 lag im DAX der Buchwert von Commerzbank, Deutsche Bank, Volkswagen und RWE zwischen 29 % und 71 % über dem Kurs. Am 22. Juli war bei der Commerzbank der Buchwert doppelt so hoch und bei der Deutschen Bank fast 400 %. Also schaute ich mich in den Nebenwerte-Indizes TecDAX, MDAX und SDAX um. Im TecDAX mit neun Firmengründern als Chefs geht nichts. Der Buchwert ist immer niedriger als der Kurs. Zur Schnäppchenjagd laden dagegen der MDAX und SDAX ein mit teilweise doppelt so hohem Buchwert.

Hier gibt es insgesamt 14 Werte, wo der Buchwert deutlich oder knapp über dem Aktienkurs notiert bzw. sich zumindest in etwa auf gleicher Höhe befindet. Starke Kaufsignale senden jene Aktien aus, deren KGV niedrig, Ergebnisentwicklung positiv und Dividendenrendite hoch ist. Wie stark der Absturz war, zeigt das 52-Wochen-Hoch-Tief. Werfen Sie auch einen Blick auf Eigenkapitalquote, um sich ein Bild von der Verschuldung zu machen. Die Ergebnisentwicklung im Mehrjahresvergleich sollte aufwärts zeigen. Der Kursverlauf über einen Zeitraum von 1, 3, 5 Jahre vermittelt weitere Anhaltspunkte, ob diese Aktie kaufenswert erscheint.

> **Zum Halbjahresende 2016 verloren der DAX 11 %, der TecDAX 14 %, der der MDAX 6 % und der SDAX 5 %. Wer immer noch jammert, dass dafür das Risiko bei Nebenwerten höher sei als beim DAX, befindet sich auf dem Holzweg. Im ersten Vierteljahr 2016 büßten der Leitindex 8 %, der TecDAX 13 %, der SDAX 4 % und der MDAX lediglich 3 % ein.**

Billig bedeutet einen niedrigen Preis ohne Bezug zur Qualität. **Preiswert** weist auf ein vernünftiges Preis-Leistungs-Verhältnis hin. Hier stimmt auch die Qualität. Es ist falsch, die über 400 € kostende Aktie von RATIONAL als überteuert abzustrafen. Ein Split von 1:10 wäre optisch günstig, würde den Wert aber nicht berühren. Es ist so, als ob ich eine Torte in 10 Stücke aufteile.

Nebenwerte-Schnäppchenjagd: Vergleich Buch-/Kurswert					
7 Aktien **MDAX**	**WKN**	**Buch-** **wert**	**Kurs am** **14.07.16**	**Hoch/Tief** **1 Jahr €**	**Kursverlauf** **1, 3, 5 Jahre**
Aareal Bank	540 811	**45,50 €**	28,55 €	38,10/21,55	**-18/+48/+39 %**
Immobilienbank; strukturierte Finanzierung/Beratung, 3-Kontinente-Strategie; KGV: 9,5, Marktkapitalisierung: 1,71 Mrd. €, Eigenkapitalquote: 5,9 %, €, Ergebnis je Aktie: 5,28/5,66/3,25/3,00 €, Dividende: 1,90/2,20 €, Dividendenrendite: **6,7** %					
Aurubis	676 650	**42,70 €**	42,50 €	62,00/36,65	**-19/+6/-5 %**
Größter Kupferproduzent/Recycler, Gussformen/Walzprodukte/Spezialdrähte; KGV: 9,5, Marktkapitalisierung: 1,89 Mrd. €, Eigenkapitalquote: 49 %, Ergebnis je Aktie: 0,95/2,95/2,92/4,44 €, Dividende: 1,40/1,50 €, Dividendenrendite: **3,3** %					
Bilfinger	590 900	**30,50 €**	27,40 €	45,20/25,10	**-24/-64/-60 %**
Baufirma; Wartung/Instandhaltung Industrieanlagen/Kraftwerke/Hoch-/Tunnelbau; KGV: 28, Marktkapitalisierung: 1,25 Mrd. €, Eigenkapitalquote: 27,6 %, Ergebnis je Aktie: -1,62/-10,62/+5,82/0,94 €, Dividende: 0,75/1,00 €, Dividendenrendite: **2,8** %					
Dt. Pfandbrief	801 900	**20,00 €**	8,55 €	12,35/7,40 €	**-10 %**/IPO
Immobilien-Spezialbankhaus, Finanzierung Büro-/Einzelhandels-/Logistikfirmen; KGV: 7,1, Marktkapitalisierung: 1,13 Mrd. €, Eigenkapitalquote: 4,1 %, Ergebnis je Aktie: 0,03/1,71/1,31/1,18 €, Dividende: 0,50/0,55 €, Dividendenrendite: **6,0 %**					
LEONI	540 888	**27,40 €**	26,75 €	61,55/23,05	**-54/-30/-33 %**
System-/Entwicklungslieferant Drähte/Kabel/Bordnetz, einige Industriebereiche; KGV: 8,8, Marktkapitalisierung: 850,4 Mio. €, Eigenkapitalquote: 35 %, Ergebnis je Aktie: 3,51/2,36/1,70/2,97 €, Dividende: 1,00/1,00 €, Dividendenrendite: **3,8** %					
Salzgitter	620 200	**47,75 €**	27,00 €	36,00/16,90	**-18/+2/-48 %**
Führender Stahl-Technologiekonzern Europa, Walzstahl/Röhrenerzeugnisse; KGV: 13,3, Marktkapitalisierung: 1,56 Mrd. €, Eigenkapitalquote: 34,9 %, Ergebnis je Aktie: -0,64/-0,89/+0,84/1,94 €, Dividende: 0,25/0,30 €, Dividendenrendite: 1,0 %					
Talanx	TLX 100	**30,20 €**	27,10 €	30,35/23,20	**-6/+17 %**/IPO
Mehrmarkenanbieter Erst-/Rückversicherung und Finanzdienstleistungssektor; KGV: 8,1, Marktkapitalisierung: 6,80 Mrd. €, Eigenkapitalquote: 8,8 %, Ergebnis je Aktie: 3,04/2,90/3,09/3,30 €, Dividende: 1,35/1,40 €, Dividendenrendite: **5,1** %					

Nebenwerte-Schnäppchenjagd: Vergleich Buch-/Kurswert

7 Aktien SDAX	WKN	Buch-wert	Kurs am 05.07.16	Hoch/Tief 1 Jahr €	Kursverlauf 1, 3, 5 Jahre
Deutz	630 500	4,05 €	3,65 €	5,65/2,50 €	-31/-29/-47 %

Produktion von kompakten Dieselmotoren für On- und Nonroad-Anwendungen; KGV: 13,6, Marktkapitalisierung: 436 Mio. €, Eigenkapitalquote: 45,5 %, Ergebnis je Aktie: 0,18/0,04/0,13/0,27 €, Dividende: 0,13/0,27 €, Dividendenrendite 2,2 %

| DIC Asset | A1X3XX | 11,15 € | 8,35 € | 9,40/7,40 € | +2/+15/+14 % |

Gewerbeimmobilien-Unternehmen, renditeorientierte Investitionen Deutschland; KGV: 21,0, Marktkapitalisierung: 573 Mio. €, Eigenkapitalquote: 32,3 %, Ergebnis je Aktie: 0,22/0,30/0,39/0,40 €, Dividende: 0,37/0,39 €, Dividendenrendite: **4,4 %**

| Hornbach Hol. | 608 340 | 67,55 € | 60,00 € | 79,25/50,65 | -21/+21/+2 % |

Internationaler Zulieferer Baustoffe; zahlreiche Börsennotierungen weltweit; KGV: 10,8, Marktkapitalisierung: 960 Mio. €, Eigenkapitalquote: 49,8 %, Ergebnis je Aktie: 5,63/5,04/5,06/5,58 €, Dividende: 1,50/1,70 €, Dividendenrendite: 2,5 %

| Hapag-Lloyd | HLAG47 | 42,65 € | 18,65 € | 21,90/14,90 | +14 %/k. A. |

Einer der weltweit größten Transport- und Logistikfirmen, 200 Containerschiffe; KGV: 8,3, Marktkapitalisierung: 2,14 Mrd. €, Eigenkapitalquote: 45,5 %, Ergebnis je Aktie: -5,77/+1,06/+1,10/+2,18 €, Dividende: 0,25/0,60 €, Dividendenrendite: 1,4 %

| Klöckner & Co. | KC0100 | 11,10 € | 11,00 € | 11,65/6,80 € | +28/+28/-44 % |

Unabhängiger Stahl-/Metallhändler Europa/USA, verschiedene Industriezweige; KGV: 25,3, Marktkapitalisierung: 1,095 Mrd. €, Eigenkapitalquote: 39,2 %, Ergebnis je Aktie: +0,22/-3,48/+0,06/+0,43 %, Dividende: 0,20 €, Dividendenrendite: 1,8 %

| Wacker Neuson | WACK01 | 14,70 € | 14,45 € | 21,15/10,90 | -22/+47/+23 % |

Produktion/Vertrieb Baugeräte/Maschinen, Kompaktklasse, mehrere Marken; KGV: 12,4, Marktkapitalisierung: 1,04 Mrd. €, Eigenkapitalquote: 68,9 %, Ergebnis je Aktie: 1,30/0,94/1,05/1,19 €, Dividende: 0,50/0,50 €, Dividendenrendite: **3,4 %**

| W & W | 805 100 | 38,20 € | 16,65 € | 20,45/15,35 | +3/+18/-8 % |

Unabhängiger Finanzdienstleister Wohneigentum/Vermögensbildung/Zukunfts-sicherung/Risikoschutz; KGV: 6,4, Börsenwert: 1,54 Mrd. €, EK-Quote: 4,9 %, Er-gebnis je Aktie: 2,52/2,88/2,58/2,56 €, Dividende: 0,60/0,65 €, Div.-Rendite: **3,7 %**

Anmerkung: Ein im Vergleich zum Aktienkurs hoher Buchwert darf nicht allein aus-schlaggebend für den Kauf der Aktie sein. Nicht minder wichtig sind ein im Bran-chenvergleich niedriges bzw. einstelliges KGV, eine verlässlich steigende Dividen-denrendite und ein seit Jahren positives Ergebnis pro Aktie. Es verheißt nichts Gu-tes, wenn sich die Aktie seit 5 Jahren oder noch länger deutlich im Minus befindet.

8.15 Stoppkurse: ja oder nein? Höhere Kursausschläge bei Nebenwerten

In früheren Jahren wurde heftig über Sinn und Unsinn von Stop-Loss-Orders gestritten. Heute ist es um dieses Thema still geworden. Die Befürworter dominieren den Markt. Sie verdienen mit Stoppkursen, Kursanpassungen, damit verbundenen Handelsaktivitäten und Kommentaren. Sonst gingen Arbeitsplätze verloren. Das Börsen-Handelsvolumen würde schmelzen, wären Stop-Loss-Orders, die automatische Computerverkäufe auslösen, verpönt.

Pro: Die Abwärtsbewegung vollzieht sich oft schleichend. Zu den häufigsten Anlegerfehlern gehört, sich Buchgewinne wieder abknöpfen zu lassen. Statt Gewinne zu sichern oder Verluste frühzeitig zu begrenzen, bevor es richtig weh tut, verlassen sich viele Börsianer auf das Prinzip des Hoffens und Bangens. Sie halten ihrem Wertpapier die Treue, vor allem, wenn es bisher ein Glanzlicht war. Dies kann richtig, aber auch falsch sein. Aus psychologischen bzw. emotionalen Gründen tolerieren Anleger bei ihren Lieblingsaktien Kursrückgänge in dem Glauben: *„Das ist nur eine Korrekturphase, ein Atemholen, um erneut durchzustarten!"* Dies kann, muss aber nicht stimmen. Jeder Anleger sollte Stoppkurse wie eine Versicherung betrachten, die ihren Preis hat, in diesem Fall die Transaktionskosten.

Platzieren Sie Stop-Loss-Orders nicht zu eng. Bei schwankungsfreudigen Aktien aus den Nebenwerte-Indizes sind Kurssprünge um 10 % und mehr an einem Tag nicht selten. Dies geschah zuletzt am 24. und 26. Juni 2016 durch den zum Schluss nicht mehr erwarteten BREXIT, den EU-Austritt Englands. Ansonsten bestände das Problem, dass der Titel zu früh aus dem Depot verschwindet, obgleich er noch Kurspotenzial hat. Setzen Sie Ihre Stop-Loss-Marken um 15 bis 25 % unterhalb des aktuellen Kurses. Eine Stop-Loss-Order erfolgt selten genau an der gesetzten Marke. Brechen die Kurse in den USA spätabends drastisch ein, so kann es bei Börseneröffnung in Europa eine Weile dauern, bis der erste Kurs feststeht. Der Kurssturz selbst löst weitere Verkaufsaufträge aus. Gleich einer Kettenreaktion wächst das Minus dramatisch an. Könner handeln eigenständig, ordern situativ, also abhängig von Marktlage und Unternehmenseinschätzungen.

Stoppkurse bewähren sich im Bärenmarkt, bei scharfer Korrektur und Crash. In einem miesen Börsenklima, geprägt von Konjunkturschwäche, Umsatz- und Ertragswarnungen bewahren Stoppkurse unschlüssige Aktionäre vor hohem Verlust. Automatisch ausgelöste Verkäufe haben sich in der Weltwirtschaftskrise 2008/2009 bewährt mit dramatischen Kurseinbrüchen insbesondere bei Nebenwerten. Auch Mitte Oktober 2014 und im Januar/Februar 2016 ging es ungemütlich zu. Die Kurse brachen gegenüber den Höchstständen vom April 2015 um rund ein Drittel ein.

Bei angespannter Marktlage kommt kein Zweifel an der Berechtigung von Stoppkursen auf. Es ist beruhigend, bei längerer Abwesenheit, sei es eine Reise, eine Kur oder ein Klinikaufenthalt, sein Aktiendepot gegen hohe Verluste abzusichern. Neben dem Geldbeutel schonen Stop-Loss-Orders die Nerven, vorausgesetzt, der Kapitalrückfluss dient nicht dazu, unüberlegt und ungeprüft erneut einzusteigen und kurz danach wieder ausgestoppt zu werden.

Was spricht für automatische Stop-Loss-Orders?

➤ Rasche Verlustbegrenzung bei starker Korrektur und Crash. Im Bärenmarkt neigen die Aktienkurse dazu, weiter zu sinken, anstatt sich zu erholen.

➤ Die ersten Verluste sind die geringsten. Auch reduzierte Gewinnmitnahmen sind zu verkraften.

➤ Sie müssen Ihr Depot nicht börsentäglich beobachten. Bei längerer Abwesenheit ist es beruhigend, sich mit Stoppkursen abzusichern.

➤ Sie zögern wichtige Entscheidungen nicht aus Unentschlossenheit hinaus.

➤ Schlechte Aktien belasten nicht länger das Depot. Mithilfe des Kapitalrückflusses lässt sich das Depot preiswert mit Qualitätstiteln aufstocken.

➤ Bei veränderter Markteinschätzung bietet sich trotz emotionaler Barrieren auch ein Rückkauf des zuvor ausgestoppten Titels an.

Kontra: In der Baisse verschwinden fast alle Titel aus dem Depot. Solange die Spekulationsfrist galt, wurden Aktien kaum länger als ein Jahr gehalten. Damit blieb die Chance ungenutzt, bis Ende 2008 einen steuerfreien Altbestand aufzubauen. Es ist ärgerlich, wenn die Aktie kurz vor der jährlichen Gewinnausschüttung aus dem Depot verschwindet. Im Aufwärtstrend sind Stoppkurse meist ungünstig. Abstürzende Aktien, die das Opfer von Nervosität, Angst, Sippenhaft, Gerüchten oder irrationaler Übertreibung sind, erholen sich wieder. Das Dilemma wird offenkundig, wenn ein Kommentator verkündet: *„Leider wurde trotz unserer positiven Einschätzung dieser Titel ausgestoppt. Wir nutzen die Kursschwäche zum Rückkauf.“*

Beispiel: Der Kurs der Photovoltaik-Aktie SolarWorld stieg nach Aufnahme in den TecDAX 2007 splittbereinigt von 4,35 € bis auf 49 €. Firmenchef „Sonnenkönig" Asbeck sah sein Unternehmen bereits im DAX. Ab Januar 2008 gab es keinen Platz mehr für solche Träume. Im rauen Börsenklima stürzte der Kurs auf 22 € und danach wegen drohender Zahlungsunfähigkeit bis auf 50 Cent Ende 2013. Hatte jemand zwischen 2005 bis 2010 Stoppkurse gesetzt und später nachgekauft, verschwand der Titel aus dem Depot. Der gepriesene Nachkauf wurde zur Gebührenfalle. Die Transaktionskosten summierten sich.

Besser war jemand dran, wenn sich psychologische Barrieren zum Schutzwall auftürmten und davon abhielten, noch zu investieren. Sobald der Pleitegeier über einer AG kreist, heißt es: Hände weg! Bei Kapitalherabsetzungen schlittern Aktionäre oft knapp am Totalverlust vorbei. Heute, am 29. Juli 2016, notiert SolarWorld bei gerade mal 5 €. Es wächst die Angst, an einen ehemaligen US-Partner Schadenersatz in Millionenhöhe leisten zu müssen und pleitezugehen.

Was spricht gegen automatische Stop-Loss-Orders?

➢ Sie geben Ihre Entscheidungskompetenz aus der Hand und übertragen diese auf das elektronische Verkaufssystem.

➢ Insbesondere die marktengen Titel aus dem Nebenwertesektor geraten oft kurzfristig unter die Räder. Mal sind es schlechte Nachrichten, mal Insiderverkäufe, Gerüchte oder Abstrafung, weil der Marktführer enttäuschte.

➢ Bei einem größeren Depot summieren sich die Transaktionskosten. Der Frust ist groß, wenn sich ein Titel rasch erholt. *„Billig erneut einsteigen"* ist ein schwacher Trost. Der Verlust wirkt als psychologische Bremse.

➢ Wer im Bärenmarkt den Kapitalrückfluss für den Einstieg nutzt, läuft Gefahr, erneut ausgestoppt zu werden. Der Verlust weitet sich dramatisch aus.

➢ Da Stoppkurse an markanten Tiefpunkten gesetzt werden, stürzen die Aktien in einer Art Kettenreaktion weiter ab. Leerverkäufer nutzen dies aus.

➢ Ärgerlich ist es, wenn die Aktie kurz vor der Hauptversammlung ausgestoppt wird und dadurch eine attraktive Gewinnausschüttung entfällt.

➢ Stoppkurse garantieren keinen bestimmten Ausführungskurs. Der Verkaufspreis kann weit unterhalb der gesetzten Marke liegen.

➢ Verheerend wirken sich Stoppkurse aus wie am 06. Mai 2010, als nachmittags binnen weniger Minuten der Dow Jones um 1.000 Punkte in den Keller rauschte und zu einer Kapitalvernichtung in Billionenhöhe führte.

Was heißt dynamische Verlustbegrenzung? Als nervenstarker, disziplinierter Anleger mit viel Fachwissen und genug Zeit ziehen Sie die Reißleine zunächst nur „mental". Sie beobachten Ihr Depot regelmäßig und entscheiden mithilfe fundamentaler und charttechnischer Daten selbst, ob ein Verkauf ratsam erscheint. Wenn ja, handeln Sie ohne Zaudern und Zögern „dynamisch". Entscheidend sind Risikoneigung, Disziplin und Fähigkeit zur Selbstkontrolle. Wer empfindliche Verluste nicht aushält, sollte Stoppkurse enger setzen als ein souveräner Investor, der auch ohne dieses Instrumentarium gut schläft. Bei längerer Abwesenheit wirken Stoppkurse beruhigend. Sie sichern das Depot gegen extreme Kurseinbrüche ab.

Hier hätten sich Stoppkurse mit/ohne Rückkauf gelohnt

MDAX-Aktien	WKN	Kurs am 11.07.16	Hoch/Tief 1 Jahr in €	Kursverlauf 1, 3, 5 Jahre	Rück kauf?
Aareal Bank	540 811	27,80 €	38,95/21,55	-19/+50/+16 %	ja
Bilfinger	590 900	26,80 €	45,25/25,05	-23/-63/-60 %	evtl.
Hugo Boss	A1P HFF	48,30 €	114,5/46,25	-52/-44/+28 %	evtl.
K+S	KSA G88	18,45 €	38,60/17,40	-51/-32/-66 %	ja
Lanxess	547 040	39,25 €	56,20/33,00	-27/-15/-31 %	evtl.
LEONI	540 888	25,00 €	61,50/23,05	-58/-35/-36 %	ja
METRO	725 750	28,25 €	31,80/21,70	-1/+14/-28 %	evtl.
Salzgitter	620 200	25,30 €	35,60/16,90	-20/-3/-49 %	evtl.
Wacker Chem.	WCH 888	80,90 €	95,00/58,50	-11/+28/-42 %	ja
TecDAX-Aktien	**WKN**	**Kurs am 11.07.16**	**Hoch/Tief 1 Jahr in €**	**Kursverlauf 1, 3, 5 Jahre**	**Rück kauf?**
Aixtron	A0W MPJ	5,25 €	7,75/2,90	+1/-57/-75 %	evtl.
Drägerwerk	555 063	52,00 €	98,90/51,10	-46/-47/-32 %	evtl.
MorphoSys	663 200	39,75 €	77,00/31,55	-43/-20/+96 %	nein
Siltronic	WAF 300	14,05 €	35,10/12,25	-58 %/IPO	nein
SDAX-Aktien	**WKN**	**Kurs am 11.07.16**	**Hoch/Tief 1 Jahr in €**	**Kursverlauf 1, 3, 5 Jahre**	**Rück kauf?**
BayWa	519 406	27,55 €	34,45/25,05	-14/-27/-1 %	ja
Biotest	522 723	13,85 €	28,25/10,30	-47/-23/-15 %	evtl.
Deutz	630 500	3,60 €	5,65/2,60 €	-31/-30/-47 %	evtl.
DIC Asset	A1X 3XX	8,65 €	9,40/7,40 €	+1/+15/+8 %	ja
ElringKlinger	785 602	17,05 €	24,60/15,55	-25/-36/-30 %	ja
Gerry Weber	330 410	10,60 €	23,35/9,55 €	-48/-68/-54 %	nein
GFK	587 530	36,35 €	42,00/25,30	-10/-1/-1 %	ja
Heidelb. Druck	731 400	2,45 €	2,80/1,60 €	+16/+24/+1 %	ja
HHLA	A0S 848	13,65 €	18,00/11,85	-23/-19/-51 %	nein
Hornbach	608 340	60,15 €	79,25/50,45	-21/+18/-1 %	evtl.
Klöckner & Co.	KC0 100	10,80 €	11,65/6,80 €	+26/+22/-47 %	ja
SGL Carbon	723 530	10,10 €	17,25/8,35 €	-34/-50/-72 %	nein
Vossloh	766 710	54,60 €	67,55/45,25	+2/-23/-33 %	ja
Wacker Neus.	WACK01	14,55 €	21,15/10,90	-25/+46/+22 %	ja

8.16 Segen und Fluch von Industrie 4.0, Internet der Dinge, Digitalisierung und Vernetzung

Mit der Erfindung der Dampfmaschine Ende des 18. Jahrhunderts begann die industrielle Revolution – die Vorstufe und Voraussetzung für das Zeitalter der Digitalisierung und Vernetzung, die Welt der Roboter und neuartigen Maschinen. Dies alles übersteigt unser Vorstellungsvermögen, prägt den Produktionsprozess und die Arbeitswelt mit Chancen und Risiken.

Industrie 4.0, Internet der Dinge, Cloud-Computing, Digitalisierung und vernetzte Welt wecken Wunschträume, aber beschwören auch Ängste in Richtung „gläserner Mensch" bzw. mangelnder Datenschutz. Es gibt ein Hauen und Stechen um die größten Marktanteile. Wer den Umbruch versäumt, bleibt auf der Strecke.

Der Wirtschaftsnobelpreisträger Paul Krugman bemerkt zur Digitalisierung und Produktivität: *„Produktivität ist nicht alles. Aber auf lange Sicht ist sie fast alles. Das Vermögen eines Landes, seinen Lebensstandard mit der Zeit zu erhöhen, hängt nahezu vollständig von seiner Fähigkeit ab, den Output je Arbeitnehmer zu steigern. Anders formuliert, von der Zahl der Arbeitsstunden, die zur Produktion aller von uns produzierten Güter benötigt wird, vom Auto bis zur Zahnbürste."* Ich ergänze: Digitalisierung kann hilfreich sein, um im Alltag „Entdeckerziele", wie als Mitarbeiter Unternehmer im eigenen Unternehmen zu sein (UiU), umzusetzen.

Ähnlich wie die industrielle Revolution steht die Welt in den Zeiten des demografischen und globalen Wandels erneut an einem Wendepunkt. Die Herausforderungen sind riesig. Digitale Technologien, der Siegeszug der Robotik, die Nutzung gewaltiger Datenmengen, künstliche Intelligenz und Vernetzung verändern unsere Welt. Dies gilt für Politik, Wirtschaft, Gesellschaft, Bildung, Erziehung, Kultur, Sport, Familie, Beruf und Privatleben. Denken Sie an selbstfahrende Autos, Genom-Entschlüsselung und Haushaltssteuerung vom Sofa aus, den medizinischen Fortschritt, gipfelnd in längerem Leben. Die ungeheure Produktivität mit ihrer Warenvielfalt schafft aber nicht unbedingt eine schöne, heile Welt.

Auf der einen Seite die hell leuchtende Zukunft. Auf der anderen Seite dunkle, gefährliche Schatten. Hier der Wohlstandsglaube. Dort Scheitern, Überforderung, Vereinsamung, Resignation und Armut. Alles in allem eine auseinanderklaffende Schere zwischen Reich und Arm. Wir sehen die Einkaufs-Erlebniswelten, kennen aber auch Läden, die schließen müssen und dem blühenden Online-Handel nichts entgegenzusetzen haben. Wir begegnen Riesenkonzernen mit unglaublichem Wirtschaftswachstum, umgekehrt vielen Mittelständlern, die es nicht schaffen. Sie werden abgehängt im Kampf um Marktanteile und Marken und gehen pleite.

Wie steht es mit den Finanzen? Die Digitalisierung ermöglicht eine sekunden-schnelle Teilnahme am Börsengeschehen mit der Chance, Vermögensaufbau und Altersvorsorge gut zu managen. Aber die meisten Bundesbürger sind Aktienmuffel, fühlen sich enteignet, verfügen über kein „Entdecker-Gen", geben ihr Geld lieber für Konsum aus, anstatt die Weichen für finanzielles Wohlergehen zu stellen.

Die Nullzinspolitik bedroht das Vermögen. Eine zehnjährige Bundesanleihe mit 0,2 % Pluszinsen würde sich erst nach 350 Jahre verdoppeln. Aber neuerdings wird sie mit einem Strafzins von -0,01 % belastet. Wer eine zweijährige Bundesan-leihe mit 0,5 % Minuszinsen kauft, verliert nach 140 Jahren die Hälfte seiner Anla-ge. Der Sparer von heute erlebt dies nicht mehr, aber vielleicht seine Kinder und Enkel. **Fazit:** Nur Aktien schaffen Rendite, zwar kaum mit schnellem Rein/Raus in turbulenten Zeiten, aber breit gestreut mit Übergewichtung guter Nebenwerte.

Die Daten von Nutzern, Geschäfts- und Privatkunden, Problem „gläserner Mensch", sind das Gold und Geld, aber auch der Fluch dieses Jahrhunderts. Der persönliche Datenschutz, die Privatsphäre erscheint manchem Zeitgenossen eher als Relikt vergangener Zeiten. Die Politik arbeitet an neuen Gesetzestexten für Vorratsdatenspeicherung und Datenschutz.

Die weltweit führenden Technologie-Giganten Alphabet, Amazon, Apple, Fa-cebook und Microsoft machen sich die Märkte untertan. Wer sich hartnäckig widersetzt, wird aufgekauft, übernommen oder mit harten Bandagen bekämpft. Der Wirtschaftswissenschaftler Erik Brynjolfsson bringt Fortschrittsgläubigkeit und Skepsis auf den Punkt: *„Ich sehe die Gefahren, die durch die enorme Datensamm-lung für die Privatsphäre entstehen. Aber die unglaublichen Chancen zum Beispiel für die Bekämpfung bislang unheilbarer Krankheiten sind einfach größer. Unter dem Strich bringt uns die digitale Revolution mehr Gutes als Schlechtes."*

Die Datenmengen (Big Data) sind riesig und verzeichnen im weltweiten Inter-netverkehr einen unvorstellbaren Anstieg. Ganz egal, was wir im Internet tun, ob wir uns dort kurz oder lange aufhalten: Stets hinterlassen wir Spuren. Darauf spezialisierte Konzerne greifen die Daten für Information und Manipulation auf, um für bestimmte Zielgruppen die richtigen Produkte anbieten zu können bzw. eine punktgenaue Werbung zu landen. Freilich gibt es auch viele nützliche Einsatzge-biete. Ob Kreditkartenbetrug, Lenkung von Verkehrsströmen, Diagnostik oder The-rapie: Die blitzschnelle Auswertung detaillierter Sensordaten verringert Fehlent-scheidungen und macht funktionierende Frühwarnsignale möglich. Der globale Wandel mit dem Digitalisierungsmegatrend löst öfter heftige Kursschwankungen aus. Statt drohender Verluste lässt sich längerfristig ein kräftiges Plus erzielen. Da-zu gehören Disziplin, Geduld, Klugheit, Mut und Abkehr vom Herdentrieb.

Welches Verhalten erscheint insbesondere für Privatanleger angemessen?

- ➤ **Ruhe bewahren und Kraft schöpfen, um weitsichtig handeln zu können!**
- ➤ **Cool bleiben, Fehler durch unüberlegte, hektische Reaktion vermeiden!**
- ➤ **Nicht aus Angst und Panik alle Aktien zum Tiefstkurs in den Markt werfen!**
- ➤ **Geschickt zwischen Teilverkauf/Zukauf balancieren und Risiken mindern!**
- ➤ **Vernunftbetont handeln und sich vom Herdentrieb bewusst abkoppeln!**
- ➤ **Beherzt, entschlossen und zügig die sich bietenden Chancen nutzen!**

Der ISF-Wissenschaftler Dr. Tobias Kämpf erklärt: *„Die Rolle, die das Maschinensystem für die Industrie des 19. und 20. Jahrhunderts spielte, wird der Informationsraum für die Unternehmen im 21. Jahrhundert einnehmen."* Der Siegeszug der Digitalisierung, die Vernetzung rund um den Globus, der weltweite, blitzschnelle Datenfluss beeinflussen unser Denken. Die computergestützten automatisch ablaufenden Kauf- und Verkaufsprogramme, die Eingriffe der Notenbanken und Regierungen, die bahnbrechenden Erkenntnisse der Natur- und Wirtschaftswissenschaften beeinflussen Strategie und Aktivitäten. Wer aber glaubt, dass sich dadurch künftig ein Börsencrash vermeiden lässt, irrt gewaltig. Ganz im Gegenteil: Kettenreaktionen häufen sich und bewirken weitere Verwerfungen.

- ➤ **Der geschätzte wirtschaftliche Mehrwert des Internets der Dinge von bis zu 11 Billionen Dollar im Jahr 2025 dürfte zu 3,7 Billionen Dollar von Fabriken, 1,7 Billionen Dollar von Städten und 1,6 Billionen Dollar aus dem boomenden Markt Gesundheitswesen stammen.**

Industrie 4.0: Konzepte für Wertschätzungskultur, Geschäftsmodell und Produktionsprozess: Das Bessere ist des Guten Feind

Die folgende Übersicht verschafft Einblicke in Veränderungen im Zeitraum von fünf Jahren beim Geschäftsmodell wichtiger Branchen mit großem Anteil mittelständischer Firmen aus MDAX, TecDAX, SDAX. Immer geht es um zukunftsträchtige ganzheitliche Gesamtkonzepte. Die Unternehmen sollen wesentliche Elemente, die künftig die Industrie 4.0 kennzeichnen, zügig in die Praxis einfließen lassen. Big Data ist kein Problem, sondern Teil der Lösung mit verantwortlich handelnden Menschen als Taktgeber. Eine tragende Säule bilden neue Geschäftsmodelle. An deren Schnittstellen wird höchstes Soft- und Hardware-Niveau erwartet. Auch das Energiemanagement 4.0 muss neue Wege gehen: Kosten sparen, Effizienzpotenziale heben, Investitionen mit abschätzbarem Risiko vorantreiben. Das Zauberwort von Industrie 4.0 heißt „smarte Zukunft".

- ➤ **Ziel von Industrie 4.0 ist nicht, Fehler, sondern Fehlverhalten zu vermeiden. Schon Kurt Tucholsky mahnte:** *„Man fällt nicht über seine Fehler. Man fällt immer über seine Feinde, die diese Fehler ausnutzen!"*

Umfrage zu künftigen Branchen-Veränderungen 2015

Weltweite Umfrage 1.025 Firmen	Veränderung 5 Jahre in Prozent		
Wichtige Branchen bzw. Sektoren	Deutlich	Leicht	Kaum
IT und Elektronik	38 %	34 %	28 %
Gesundheitswesen	36 %	28 %	37 %
Telekommunikation und Medien	30 %	46 %	24 %
Energiewirtschaft	28 %	30 %	43 %
Automobilhersteller und Zulieferer	22 %	41 %	36 %
Handel	22 %	51 %	27 %
Dienstleistungen	21 %	40 %	40 %
Banken und Versicherungen	20 %	57 %	23 %
Konsumgüter	19 %	43 %	38 %
Transport und Logistik	18 %	38 %	44 %
Maschinen- und Anlagenbau	15 %	43 %	43 %

Quelle: EY, März 2015, Erhebung von Valid Research, Dez. 2014 bis Jan. 2015

Investitionsbereitschaft Digitalisierung nach Branchen; Bezug auf deutsche Nebenwerte MDAX, TecDAX, SDAX

Umfrage weltweit 2015	Ja	Nein	Nebenwertauswahl deutsch
Energie	52 %	48 %	**TecDAX:** Nordex, SMA Solar
Transport/Logistik	58 %	42 %	**SDAX:** VTG, HHLA, Hapag-Lloyd
Konsumgüter (Schwerpunkt Mode, Kleidung)	59 %	41 %	**MDAX:** BOSS, Fielmann, Südzucker, Symrise, Zalando; **SDAX:** CeWe, G. Weber, Puma, Zooplus
Banken und Versicherungen	60 %	40 %	**MDAX:** Aareal, Pfandbrief, Hannover R., Talanx, **SDAX:** Capital St., Comdirect, Ferratum, Hypoport
Telekommunikation und Medien	61 %	39 %	**TecDAX:** Drillisch, Telefónica Dt., **MDAX:** Axel Springer, RTL, Ströer, **SDAX:** Tele Columbus
Gesundheitswesen (Biotech, Pharma, Medtech)	62 %	38 %	**TecDAX:** Carl Zeiss, Evotec, Dräger, MorphoSys, Qiagen, Sartorius, Stratec, **MDAX:** Rhön-Klinikum, STADA
Dienstleistungen	63 %	37 %	**MDAX:** Dürr, **SDAX:** BayWa, GFK, GrenkeLeasing, SIXT, WashTec

Umfrage weltweit 2015	Ja	Nein	Nebenwertauswahl deutsch
Handel	66 %	34 %	**MDAX:** Dt. Euroshop, Metro, **SDAX:** BayWa, Hornbach, Klöckner
Automobilindustrie (Hersteller und Zulieferer)	68 %	32 %	**MDAX:** Dürr, Hella, Leoni, **SDAX:** Bertrandt, ElringKlinger, Grammer, SAF Holland, Schaeffler, Stabilus
Maschinen- und Anlagenbau	69 %	31 %	**MDAX:** Airbus, DMG Mori, Jungheinrich, Kion, Kuka, MTU, Norma, Rheinmetall, **TecDAX:** Pfeiffer Vac., **SDAX:** Deutz, Wacker Neuson
Datenverarbeitung (IT) und Elektronik	72 %	28 %	**TecDAX:** Bechtle, Cancom, Compugroup, Dialog, Nemetschek, RIB Software, Software AG

Anmerkung: Die Statistik zeigt laut weltweiter Umfrage 2015 eine aufsteigende Tendenz bei **Ja** und parallel dazu eine abnehmende prozentuale Quote bei **Nein**.

Cloud-Computing – die Datenwolke voll von Hoffnung und Ängsten

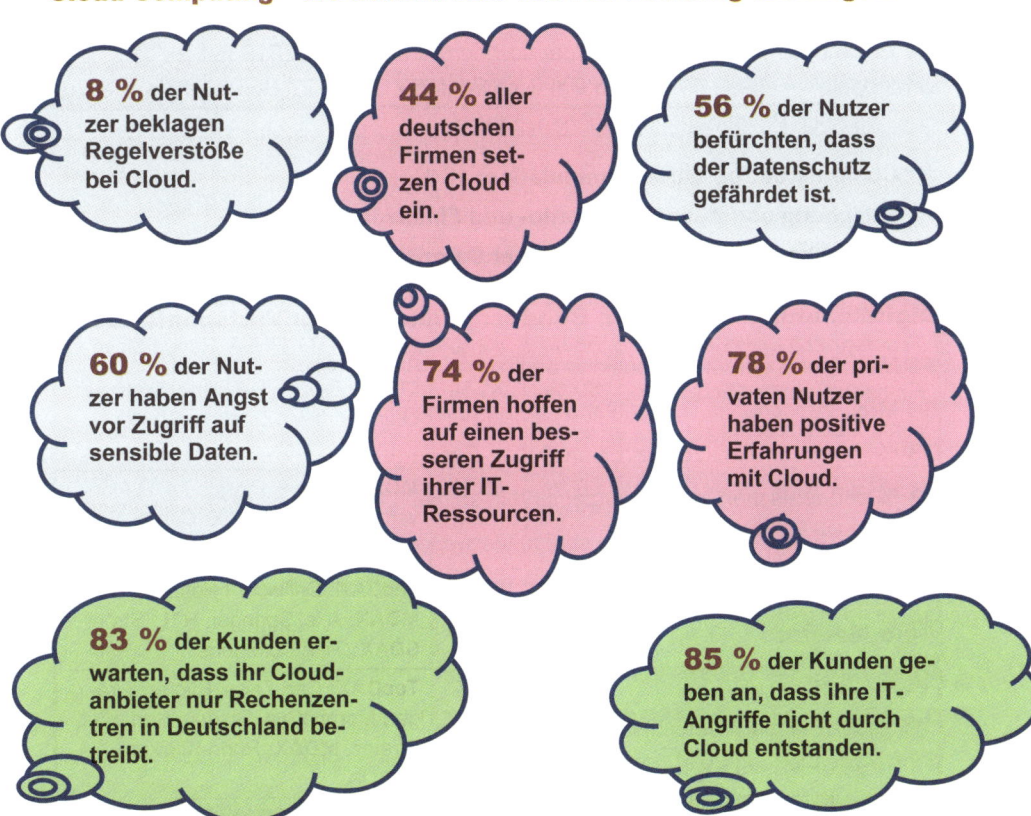

8 % der Nutzer beklagen Regelverstöße bei Cloud.

44 % aller deutschen Firmen setzen Cloud ein.

56 % der Nutzer befürchten, dass der Datenschutz gefährdet ist.

60 % der Nutzer haben Angst vor Zugriff auf sensible Daten.

74 % der Firmen hoffen auf einen besseren Zugriff ihrer IT-Ressourcen.

78 % der privaten Nutzer haben positive Erfahrungen mit Cloud.

83 % der Kunden erwarten, dass ihr Cloudanbieter nur Rechenzentren in Deutschland betreibt.

85 % der Kunden geben an, dass ihre IT-Angriffe nicht durch Cloud entstanden.

Fazit: Der Erfolg der Industrie 4.0 hängt von der Entwicklung neuer Dienste ab, die den Umsatz steigern und den Kundenutzen erhöhen. Die digitale Transformation kennzeichnet künftige Wissensarbeiten. Die elektronische Datenverarbeitung (IT) stellt für ein Fünftel aller Anfragen passende Antworten bereit. Dies betrifft auch Störmeldungen und Serviceaufträge.

Cyberkriminalität als gefährliche Kehrseite von Industrie 4.0, Internet der Dinge und Digitalisierung für Firmen und Privatleute

Was bei Firmen und Privatleuten Besorgnis auslöst, ist die steigende Cyberkriminalität. Es wird immer schwieriger, sich zur Wehr zu setzen. Sei es gegen digitale Hackerangriffe oder die Tricks der Internetbetrüger und raffinierten Finanzhaie am Grauen Kapitalmarkt. In den letzten beiden Jahren 2014/2015 wurde ein gutes Drittel aller deutschen Unternehmen Opfer von nachweisbarer Cyberkriminalität mit einem Schaden von durchschnittlich 1,55 Mio. €. Werden konkrete Verdachtsfälle mitberücksichtigt, ist dies sogar die knappe Hälfte. Die Kriminellen verlagern ihre Aktivitäten mehr und mehr in die digitale Welt. Die Angriffe auf mobile Geräte lagen in Deutschland im Jahr 2011 bei 3.809 Schadensdateien. 2013 war die Anzahl mit 1.192.035 dreißigmal so hoch, um sich bis 2015 auf 2.333.777 zu verdoppeln – nahezu 600mal so viel wie vier Jahre zuvor. Zu den häufigsten Schäden, die auch Privatleute heimsuchen, zählen:

> **Computerbetrug durch Manipulation: 13 %**
> **Fälschung und Zugriff auf Konto- und Finanzdaten: 11 %**
> **Ausspähen und Abfangen wichtiger Daten wie Passwörter: 9 %**

Digitalisierungsdaten vom Bundesministerium für Wirtschaft 2015

51 Mio. Menschen in Deutschland besitzen ein Smartphone.

54 Mio. Menschen in Deutschland kaufen online ein.

73 % aller Internetnutzer betreiben Online-Banking.

43 % der deutschen Internetnutzer sind in sozialen Netzwerken aktiv.

20 Mrd. Geräte und Maschinen sind mittlerweile über das Internet vernetzt.

51 % der Unternehmen in Deutschland waren Opfer von Cyberkriminalität.

73 % aller deutschen Lehrer befürworten eine Strategie „digitales Lernen".

97 % sämtlicher Unternehmen sind an digitaler Weiterbildung interessiert.

3,5 Mio. IT-Experten werden bis zum Jahr 2020 europaweit gesucht.

221 Mrd. € betrug 2014 der weltweite Umsatz in der digitalen Wirtschaft.

56 Mrd. € pro Jahr beträgt der Gesamtnutzen durch intelligente Vernetzung.

8.17 Mehr Datenschutz und Datensicherheit für Sie als Anleger (Gastbeitrag Sonja Eitel)

Daten schützen oder sichern? Auf diese Frage gibt es nur eine Antwort: Beides! Doch wo liegt der Unterschied? Datenschutz bezieht sich auf den Schutz des Menschen und seiner persönlichen Daten vor Missbrauch. Datensicherheit umfasst den Schutz und die Sicherheit von Daten im Hinblick auf Speichern, Verwenden und Weiterleiten.

Der Wunsch nach Schutz und Sicherheit persönlicher Daten entstand nicht erst im Zeitalter des Internets. Ob Ausweis- oder Kontodaten, Arztbefunde und Verträge aller Art: Der verantwortliche Umgang mit vertraulichen Informationen gehört zu den immer wichtiger werdenden Bedürfnissen in der Bevölkerung. Deswegen hat der Gesetzgeber zahlreiche Vorschriften zu dieser Thematik erlassen.

Stationen Computer – Internet – Cloud-Computing – Industrie 4.0

Noch heute legen Unternehmen und Institutionen ihre Unterlagen und Dokumente physisch ab und verwahren sie in Aktendeckeln und verschließbaren Schränken. Das vor Jahrzehnten als revolutionierende Veränderung angekündigte „papierlose Büro" ist längst noch nicht überall Wirklichkeit. Die Umsetzung begann mit dem Siegeszug der Computer und dem 1991 geborenen Internet. Es ermöglicht den blitzschnellen Informationsaustausch. Ob Bankgeschäfte, Besuch virtueller Schulen, Präsentationen oder Einkäufe: Unsere Daten sind online, weltweit und unabhängig von Zeit und Raum. Dies birgt ein höheres Risiko für Datenmissbrauch.

Schon bald folgte Cloud-Computing, ein rasant wachsender Geschäftszweig: Die Daten/Programme werden nicht mehr auf dem eigenen Rechner abgelegt, sondern auf einem fremden Server. Nun können wir von jedem beliebigen internetfähigen Medium auf die „Datenwolke" zugreifen. Der Trend geht weg vom bürobasierten Arbeitsplatz hin zum mobilen Arbeiten. Schlagworte wie „Industrie 4.0" machen die Runde, verknüpft mit Internet der Dinge und digitaler Transformation.

Die Folge? Es sind nicht mehr nur Mensch und Maschine, sondern durch den Fortschritt der künstlichen Intelligenz Maschinen mit Maschinen vernetzt. Sie kommunizieren miteinander, übernehmen selbstständig Produktions- und Steuerungsprozesse und werden zu Akteuren in der Wertschöpfungskette. Die Datenflut wächst, aber unaufhaltsam auch das Risiko. Die Weiterentwicklung bringt große Vorteile. Die Chancen der Digitalisierung für Wirtschaft und Gesellschaft sind gigantisch. Wo Licht ist, gibt es auch Schatten. Das zeigt die steigende Cyberkriminalität. Die Folgen von Hackerangriffen sind immens. Neben Millionenschäden bedeuten sie Verlust an Vertrauen und Reputation für den Geschädigten.

> ➤ Überwiegend geht es den Hackerorganisationen um Daten, die sie weiterverkaufen können, mit denen sie auf Kosten anderer auf Einkaufstour gehen. Auch die digitale Erpressung und Denunzierung durch Missbrauch intimer Daten zählt zu den sich häufenden Betätigungsfeldern.

Im Unternehmensbereich sind spezialisierte Datenschutzbeauftragte und die IT für die Sicherheit verantwortlich. Je nach Risikomanagement und Sicherheitsstrategie werden hierfür umfangreiche Weiterbildungsmaßnahmen sowie Hard- und Softwarelösungen angeboten. Wer sich vor Cyberkriminalität fürchtet und fordert, die Entwicklung der Digitalisierung komplett zu stoppen, könnte ebenso gut verlangen, alle Geldhäuser zu schließen, damit kein Millionenraub mehr vorkommt. Doch genauso wie Banken ihre Werte mit Alarmanlagen und Tresoren schützen, müssen auch Bürger und Firmen alles tun, um nicht Opfer von Cyberattacken zu werden. Es geht nicht um weniger Vernetzung, sondern um sichere Vernetzung.

Cyberangriff auf das Seitensprungportal UPDATE Ashley Madison

Eine Hackergruppe namens Impact Team veröffentlichte im August 2015 Anschriften, Kreditkartennummern und sexuelle Vorlieben von 40 Millionen Usern. Der Angriff bewies, dass Ashley Madison nicht – wie zuvor zur Beruhigung angepriesen – persönliche Informationen der Nutzer gebührenpflichtig löschen würde. Das erbeutete 30-Gigabyte-Paket umfasste 32 Millionen Datensätze, darunter 15.000 Regierungs- und Militäradressen. Auch Teile des Seitenquellcodes und interne E-Mails der Betreiber lagen dadurch offen. Wegen der intimen Nutzerdaten und geheimnisvollen Natur von Ashley Madison ist dieser Hackerangriff heikel.

Dass persönliche Daten nicht verlässlich vernichtet werden, betrifft ein Kernproblem von Unternehmen, die personenbezogene Daten in verschiedenen Systemen verarbeiten. Es wird höchste Zeit, Nutzerinformationen gegen Gefahren zu schützen – ganz gleich, ob die Attacke durch externe Hacker, böswillige Insider oder zufällige Datenverluste ausgelöst wird. Nachdem bereits Sammelklagen eingingen, drohen dem Konzern Schadensersatzforderungen in Milliardenhöhe.

Rollenspiel zum Thema Datenschutz für Privatanleger

Angenommen, Sie treffen die Entscheidung, Ihre Bankgeschäfte künftig online abzuwickeln. Stellen Sie sich vor, Sie sind **Werner** und sprechen mit **Angela,** die seit Jahren als Datenschutzbeauftragte in einem großen Unternehmen arbeitet.

Werner: „Hallo Angela, du weißt ja, mein Geld ist mir heilig. Was kann ich tun, um mich beim Online-Banking bestmöglich vor Betrügern im Internet zu schützen?"

Angela: „Die Sicherheit im Netz fängt bei dir und deinem PC an. Bevor du dich zum Online-Banking anmeldest, solltest du folgende Grundregeln einhalten:

> Installiere auf deinem PC nur Programme aus seriösen Quellen.

> Verwende stets die aktuelle Version vom Internetbrowser und Betriebssystem.

> Installiere ein Virenschutzprogramm und eine Firewall.

> Wähle sichere Passwörter, am besten 6 bis 8 Stellen, gemischt aus Groß- und Kleinbuchstaben sowie Ziffern.

> Überprüfe, ob deine Verbindung verschlüsselt ist. Das erkennst du daran, dass die Web-Adresse nicht mit „http" sondern mit „https" beginnt.

> „Was deine Bank betrifft, muss du auch hier ein Passwort (PIN) festlegen und dir oft zusätzlich eine weitere Sicherheitsabfrage einprägen, wie der Mädchenname deiner Mutter oder eine Zahlenkombination. Nach dem Einloggen mit deinem Passwort folgt die Sicherheitsabfrage.

Werner: „Was ist sonst noch besonders wichtig?"

Angela: „Vorsicht vor Phishing-Betrügern! Diese versenden angeblich im Namen der Bank E-Mails mit einem Link, der auf eine gefälschte Seite führt. Sie sieht dem Online-Auftritt der Bank zum Verwechseln ähnlich. Du wirst unter einem Vorwand gebeten, sensible Zugangsdaten wie PIN und TAN preiszugeben. Folgst du dem Aufruf, wird nach Geld gefischt und dein Konto geplündert. Banken fordern nie persönliche Daten mit E-Mail an: entweder Brief oder Gespräch in der Bank."

Angela: Noch ein Tipp: Öffne keine Spam-E-Mail! Das sind massenweise versendete E-Mails ohne Anforderung. Lösche sie sofort. Öffne keinen Anhang, wenn die Betreffzeile merkwürdig, zu allgemein gehalten ist oder in fehlerhaftem Deutsch verfasst wurde. Benutze einen Spam-Filter, damit solche E-Mails nicht in dein Postfach gelangen. Speichere deine Zugangsdaten nie auf dem PC ab. Bewahre sie an einem sicheren Ort auf, und kontrolliere regelmäßig deine Kontoauszüge."

Werner: „Wo kann ich dies nachlesen und mich auf dem Laufenden halten?"

Angela: „Hier gibt es eine tolle Internetseite vom Bundesamt für Sicherheit in der Informationstechnik. Du findest sie unter https://www.bsi-fuer-buerger.de/ Diese Seite solltest du regelmäßig besuchen und deren Newsletter abonnieren."

Welchen Nutzen können Sie als Anleger aus diesen Infos ziehen?

> **Es ist wichtig, eigene Daten durch verantwortlichen Umgang und Installation von Abwehrsystemen zu schützen. Nutzen Sie die großen Chancen, die Ihnen seriöse, auf Cloud, Datenschutz, Datensicherung, Digitalisierung und Vernetzung spezialisierte Softwarefirmen bieten. Zum Favoritenkreis gehören die marktführenden TecDAX-Systemhäuser und Cloud-Spezialisten Bechtle und Cancom, die Online-Gesellschaft United Internet, aber auch weitere Werte aus dem Prime und Entry Standard.**

8.18 Blick auf die Anlagestrategie der erfolgreichsten deutschen Familien

Wie zahlreiche Buchveröffentlichungen der letzten Jahre und aktuell zeigen, interessieren sich viele Bundesbürger für Strategien, Lebensführung und Einkünfte von Millionären und Milliardären, und dies über die Landesgrenzen hinweg. In Deutschland leben 1,2 Mio. Millionäre. Die Zahl steigt; denn viel Geld schafft neues Geld. Zum Vergleich: Geld schießt zwar keine Tore. Aber ohne Geld fehlt es an der Qualität bzw. der Voraussetzung, in den obersten Ligen mithalten zu können und Tore für die drei Siegpunkte zu schießen.

Wohlhabende Familien erhöhen ihren Reichtum gewöhnlich über mehrere Generationen hinweg. Die Karriere vom Tellerwäscher zum Millionär in einem einzigen Menschenleben ist die große Ausnahme. Wer dies schafft, ist mehr als andere gefährdet: „Wie gewonnen, so zerronnen!"

Was fasziniert den Normalverbraucher so sehr am Millionärsdasein, wobei es nicht etwa nur um Filmschauspieler und Fußballstars geht? Ist es das protzige Leben, der Zugriff auf Statussymbole, der Wunschtraum, wenigstens einen Tag das Leben eines Promis zu führen, sich jeden Luxus, jede Verschwendungssucht leisten zu können, beäugt, bewundert, beneidet und beobachtet von der ganzen Welt? Für mich selbst gilt: Wohlstand ja, finanzielle Unabhängigkeit und Freiheit unbedingt, aber kein faules Leben in Saus und Braus.

Die Erfolgsrezepte der großen Dynastien kommen ohne fragwürdige Auswüchse aus. Die Vermögensverwalter der erfolgreichen wohlhabenden Familien haben einige goldene Regeln in Zement gegossen, die einzuhalten sich nicht nur für Millionäre, sondern auch für Sie lohnen – wenn auch auf einer niedrigeren Ebene.

So legen superreiche deutsche Familien ihr Geld an	
Betongold und Aktien bilden die besten Vermögensanteile der Superreichen und gelten als unverzichtbar für Stabilität und Wachstum	
Aktien (Einzelaktien, Aktienfonds und ETF)	27,0 %
Bargeld und Sichteinlagen	26,0 %
Immobilien (ohne selbst genutzte Häuser/Wohnungen)	18,0 %
Alternative Investments wie Firmenbeteiligungen	17,0 %
Staats- und Unternehmensanleihen	16,0 %
Die meisten Millionäre wohnen in Asien, Pacific, Nordamerika und Europa.	

Die wichtigsten Grundregeln für eine langfristige Geld- vermehrung – den Superreichen abgeschaut		
❶	**Krisen aussitzen** **Beispiele: Weltwirt- schaftskrise 2008/09 und BREXIT- Minicrash**	Börsenneulinge machen oft zwei große Fehler. Sie werfen im Crash ihre Aktien entnervt in den Markt und steigen nicht etwa in den Bodenbildungsphasen ein, sondern erst dann, wenn die Kurse aufwärts springen. Erfolgreiche Wohlha- bende verlieren nicht die Nerven, sondern vertrauen fähigen Vermögensverwaltern. Quandt-Stratege Reinhard Panse handelt hier genauso wie ich selbst: *„Wir sind nie in einem Crash am Aktienmarkt ausgestiegen, wenn wir ihn vorher nicht erkannt haben, was beispielsweise 2008 der Fall war."*
❷	**Breit ge- streut – nie bereut!** **Dies gilt sowohl für Aktien, als auch für ge- bündelte andere An- lageklassen**	Die Superreichen streuen bei Einzelaktien nach Indizes, Ländern, Börsenwert und zeitlich. Sie mischen aktiv gema- nagte Themenfonds mit passiven ETFs. Neben der selbst genutzten Immobilie gilt Betongold als sichere Vermögens- anlage für Vermietung und Verkauf. Auch Immobilienaktien und offene Immobilienfonds sind begehrt. Daneben sind Wandel- und Hochzinsanleihen gefragt. Und wer es speku- lativer haben will, schreckt vor Hedgefonds-Anteilen und Hebelpapieren nicht zurück. Viele Superreiche stecken ei- nen Teil ihres Riesenvermögens in Firmenbeteiligungen und beschränken sich keineswegs nur auf eine Branche.
❸	**Hoher Wertpa- pieranteil für mutige Leute mit gutem Bör- senwissen**	Während sichere Staatsanleihen wie 10-jährige Bundesan- leihen bereits mit Negativzinsen von 0,01 % belastet werden und keinen Gewinn mehr abwerfen, verspricht ein kleinerer Anteil von Wandel- und Hochzinsanleihen Renditen von ei- nigen Prozent. Gute Firmenbeteiligungen ermöglichen Er- träge von 5 bis 7 %. **So kann die Geldanlage aussehen: Aktien 30 bis 40 %, Beteiligungen 30 %, Immobilien 20 bis 30 %, Gold/Silber 5 bis 12 %, Hedgefonds 5 bis 8 %.**
❹	**Kein schnelles Rein und Raus, son- dern durchgän- gig inves- tiert blei- ben**	Immer wieder rechnen Experten aus, wie hoch die Kursge- winne sind, wenn ein Anleger die 10 besten Börsentage im Jahr wahrnimmt, und wie kümmerlich die Rendite ausfällt, wenn er die 10 oder 40 besten Börsentage versäumt. Dies ist für Kurzzeittrader interessant, aber selbst mithilfe der Charttechnik ein Glücksspiel. Die Superreichen sind groß- teils durchgängig investiert – an den besten und schlechtes- ten Börsentagen. Sie wissen, dass ein langer Zeitraum viel wichtiger als der Zeitpunkt ist. Also: „Time not Timing."

⑤	**Nicht nur das „Heimatliebedepot DAX" pflegen. Keineswegs das Ausland vergessen**	Geht es um Nebenwerte-Einzelaktien, bieten sich eigentlich nur die deutschen Indizes MDAX, TecDAX, SDAX sowie DAXplus Family, GEX und Entry Standard an. Hier mangelt es nicht an guten Informationen. Das Ausland sollten Sie so abdecken, wie es die superreichen deutschen Familien vormachen: Internationale Standard-Einzelaktien, für Nebenwerte und Schwellenländer gute Themenfonds und ETFs. Experte Tom Friess vom Vermögenszentrum München meint: *„Wer nur daheim anlegt, verpasst zu viele Renditechancen im großen Rest der Welt."*
⑥	**Wichtig ist der Gesamterfolg einer ausgewogenen Langzeitstrategie**	Im Fußball kommt es darauf an, mit dem Abpfiff die drei Siegpunkte einzufahren. Abwehr, Mittelfeld und Angriff müssen harmonieren. Entscheidend ist die Leistung des Teams, nicht des einzelnen Spielers. Mal wächst der Einzelne über sich hinaus; mal findet er keine Bindung zum Spiel und zu seinen Nebenleuten. Die Vermögensverwalter der Superreichen setzen auf eine langfristig ausgewogene Anlagestrategie. Nicht nur Wachstum in Zukunftsmärkten, sondern ebenso Nachhaltigkeit und Substanzkraft mit Blick auf attraktive Dividenden.
⑦	**Ohne genügend Bonität ist die beste Anlagestrategie gefährdet**	Die meisten Millionäre leben nicht über ihre Verhältnisse und achten darauf, auch in schlechten Zeiten ihre Bonität nicht durch leichtsinnige Verschuldung zu gefährden. Dies muss auch für jeden Privatanleger gelten. Im Crash bietet sich die Hoch/Tief-Mutstrategie mit attraktiven Teilverkäufen zur Cashbeschaffung und Zukauf von Qualitätstiteln zu Schnäppchenpreisen an. Funktioniert dies nicht, Hände weg! *„Ein Aktieneinkauf auf Kredit – alles andre als ein Hit!"*
⑧	**Spekulationsblasen erahnen! Aber kein Panikausverkauf. Gier frisst Hirn. Panik tötet den Verstand**	Millionäre und Milliardäre lassen sich vom Massenphänomen Herdentrieb und vom emotionalen Überschwang nur selten hinreißen. Für sie gilt großteils mein Börsenspruch: ***„Meide die gefährlichen Vier: Euphorie, Panik, Angst und Gier!"*** US-Investorlegende Warren Buffett bemängelt, dass die meisten Privatanleger nur dann Aktien kaufen, wenn sie bereits teuer sind und sie umgekehrt verschmähen, sobald die Bewertung niedrig ist. Solche Fehler kommen bei den Superreichen nicht vor. Sie halten sich an den Ausspruch: *„Im billigen Einkauf und teurem Verkauf liegt der Gewinn."*

8.19 Welche Firmen zahlen statt Dividende die steuerfreie Ertragsgutschrift?

Jeder Aktionär freut sich, wenn es eine steuerfreie Ertragsgutschrift gibt. Damit entfällt die ansonsten automatisch eingezogene Abgeltungsteuer in Höhe von 25 % plus Solidaritätszuschlag plus Kirchensteuer für Mitglieder. Alles zusammen rund 28 %. Die steuerfreie Ausschüttung gilt als Rückzahlung des Eigenkapitals an die Aktionäre – und nicht als Gewinnausschüttung.

Eigenkapitalrückzahlungen sind nach geltendem Recht steuerfrei. Geregelt ist die Steuerfreiheit von Dividenden in § 20 des Einkommensteuergesetzes. Ihre Bank kennzeichnet die Ertragsgutschrift mit Hinweis auf § 27 KStG. Einen Wermutstropfen gibt es jedoch im Neubestand seit 2009. Dauerhaft von der Abgeltungsteuer verschont bleibt nur die Ertragsgutschrift im Altbestand. Ansonsten gilt die Dividende als „steuerverstrickt". Sie mindert zumindest für das Finanzamt den Einstandspreis, sodass beim späteren Verkauf möglicherweise eine höhere Steuerbelastung anfällt. Dies gilt am wahrscheinlichsten jedoch für das schnelle Rein und Raus.

Solange Sie nicht verkaufen, muss Sie dies nicht stören. Wenn Sie eine Aktie jahrzehntelang halten, ist es nicht sicher, ob und in welchem Umfang das Finanzamt zugreift. Erwarten Sie bitte nicht, dass die Steuerfreiheit für alle Zeiten anhält. Sobald Sie erleben, dass die Gesellschaft nur einen Teil als Ertragsgutschrift ausschüttet, dürfte dieser Vorteil nicht dauerhaft sein. Umgekehrt ist es möglich, dass Sie sich hier und da erstmals über eine steuerfreie Dividende freuen können. Fast alle Immobilien-Gesellschaften erfreuen Sie aktuell mit einer Ertragsgutschrift.

Ein paar Tipps im Umgang mit Ertragsgutschriften

➢ **Hüten Sie Aktien im Altbestand, für die Sie eine Ertragsgutschrift bekommen, wie einen Schatz.** Hier ist garantiert, dass Sie nichts zurückzahlen müssen. Haben Sie billig eingekauft, kann die jährliche Rückzahlung pro Aktie zweistellig anwachsen. Da wäre ein Verkauf extrem unklug.

➢ **Heften Sie Ertragsgutschriften gesondert in einem Ordner ab,** damit Sie nicht lange suchen müssen und sofort wissen, wer was, wann und wie viel ausschüttet.

➢ **Die Ertragsgutschrift ist prozentual bereits so hoch, dass Sie im Zweifelsfall diese Aktien eher halten sollten,** auch wenn die steuerfreie Ausschüttung nicht für alle Zeiten garantiert werden kann.

➢ **Ein Beispiel:** 2011 kaufte ich Freenet-Aktien für 8 €. Bei steuerfreier Ertragsgutschrift von 1,55 € beträgt die Dividendenrendite aktuell knapp 20 %.

Auswahl deutscher Index-Aktien mit kompletter oder großteils steuerfreier Ertragsgutschrift von 2016

Aktien mit Ertragsgutschrift	Aktien-index	WKN	Kurs am 12.07.16	KGV 2017	Ausschütt.-Rendite
Alstria Office R.	MDAX	A0L D2U	12,45 €	15,9	0,50 €/4,0 %
Dt. Euroshop	MDAX	748 020	41,00 €	17,4	0,72 €/3,4 %
Deutsche Post	DAX	555 200	25,65 €	12,0	0,85 €/3,9 %
Deutsche Telekom	DAX	A11 Q18	13,25 €	15,4	0,55 €/4,0 %
Deutsche Wohnen	MDAX	A0H N5C	31,00 €	24,9	0,30 €/1,9 %
DEUTZ	SDAX	630 500	3,60 €	13,6	0,07 €/2,2 %
DIC Asset	SDAX	A1X 3XX	8,40 €	21,0	0,27 €/4,4 %
Drillisch	TecDAX	554 550	35,00 €	24,3	1,15 €/5,1 %
Freenet	TecDAX	A0Z 2ZZ	24,85 €	12,5	1,55 €/6,4 %
GEA Group	MDAX	660 200	44,70 €	18,8	0,80 €/1,9 %
Infineon	DAX	623 100	13,60 €	16,6	0,20 €/1,6 %
KION Group	MDAX	KGX888	45,10 €	12,8	0,77 €/1,9 %
LEG Immobilien	MDAX	LEG 111	83,90 €	17,2	2,26 €/2,9 %
TAG Immobilien	MDAX	830 350	12,25 €	17,2	0,18 €/4,5 %
Telefónica DE	TecDAX	A1J 5RX	3,60 €	negat.	0,24 €/6,9 %
TLG Immobilien	SDAX	A12 B8Z	19,30 €	19,5	0,72 €/1,2 %
Vonovia	DAX	A1M L7J	32,50 €	18,9	0,94 €/3,1 %
WashTec	SDAX	750 750	31,95 €	15,9	0,95 €/4,1 %

8 Aktien außerhalb der Indizes mit Ertragsgutschrift

Aktien mit hoher Dividende	WKN	Kurs am 12.07.16	52-Wo.-Hoch/Tief	Gutschr. 2016	Divid.-Rend.
ADESSO	A0Z 23Q	27,20 €	28,65/16,60 €	0,30 €	1,3 %
KPS	A1A 6V4	8,85 €	9,25/5,25 €	0,30 €	3,6 %
Mensch & Ma.	658 080	14,20 €	15,15/6,45 €	0,20 €	2,0 %
Mühlbauer	662 720	42,90 €	44,00/20,00 €	1,50 €	3,4 %
NEXUS	522 090	16,25 €	19,00/15,10 €	0,14 €	1,0 %
PSI	A0Z 1JH	13,80 €	14,40/10,80 €	0,21 €	1,6 %
U.C.A.	A12 UK5	12,60 €	14,70/11,10 €	0,40 €	4,8 %
VIB Vermögen	245 751	19,35 €	19,50/15,35 €	0,07 €	3,8 %

❾ Rück- und Ausblick: Wer nicht besser sein will, hat schon verloren

9.1 Aus eigenen Fehlern lernen: Aufarbeitung statt Verdrängung, weg mit Sündenbock-suche und Herdentrieb

Fehler sind unsere ständigen Begleiter: schlecht, wenn sie sich wiederholen; nützlich, wenn sie zu Verbesserungen führen

Ob hochbegabt oder eher Durchschnitt: Fehler unterlaufen jedem Aktionär, Ihnen, lieber Leser, sicherlich ebenso wie mir selbst. Solange sich die Patzer in Grenzen halten und den Impuls auslösen, es künftig unbedingt besser zu machen, können fehlerhafte Entscheidungen und Handlungen sogar nützlich sein. Vorausgesetzt, gute Vorsätze werden bestmöglich umgesetzt.

Jammern wir nicht länger über selbst verschuldete Scherbenhaufen. Bemühen wir uns also, Neues zu wagen, innovative Ideen einzubringen. Auch der klügste Börsianer wird gelegentlich die falsche Aktie erwerben und in kritischen Phasen bestimmte Titel zu früh, zu spät oder gar nicht verkaufen. So sieht der Börsenalltag ungeschminkt aus. Lassen wir uns nicht entmutigen. Seien wir zufrieden, wenn es uns gelingt, große Fehler zu vermeiden und kleine Patzer hinzunehmen ohne Angst vor Gesichtsverlust und damit verbundene Notlügen, Ausflüchte und Sündenbocksuche. Orientieren wir uns nicht am Massenphänomen Herdentrieb. Übernehmen wir die Verantwortung für unser Handeln, ohne nach einem Rechtsanwalt zu schielen, der uns bei einer Klage unterstützt. Es gibt Tausende von Aktien. Niemand zwingt uns, einen bestimmten Titel zu kaufen oder zu verkaufen.

Wie sieht die Fehleraufarbeitung im Börsenalltag aus?

Das eigene Anlegerverhalten kritisch hinterfragen! Läuft es im eigenen Depot nicht wie gewünscht, erleben wir, dass ein Vergleich mit der Kursentwicklung bei DAX, MDAX, TecDAX, SDAX, anderen Börsenbarometern im In- und Ausland glasklar aufzeigt, dass wir schlechter abschneiden, so wird es Zeit, selbstkritisch nach den Gründen zu suchen. Vielleicht war der Zeitpunkt falsch, die Auswahl unglücklich oder die Order so niedrig, dass die Gebühren den Gewinn auffraßen.

Beispiel: Das Marktgeschehen genau beobachten. Kurz vor Platzen der Spekulationsblase im Jahr 2000 bedurfte es nur eines Börsengurus im Fernsehen oder in den Printmedien, um den Kurs einer Aktie aus der 2. oder 3. Börsenliga mit nur einer einzigen Kaufempfehlung in luftige Höhen zu katapultieren. So wurde im Februar 2000 in der 3-SAT-Börse die anfangs im Neuen Markt gelistete und jetzt im TecDAX notierte Biotechnologieaktie MorphoSys mit der wahnwitzigen Empfehlung *„Starker Kauf und Kursziel 1.000 Euro"* versehen. Ende 1999 kostete der Titel 25 €, im Jahr 2001 bis zu 430 €. Zwei Jahre später rutschte die Aktie auf ihr Allzeittief unter 5 € – jetzt eine irrationale Übertreibung nach unten. 2013 setzte ein erneuter Höhenflug ein – unterfüttert durch die begehrte Antikörperbank und den Aufbau einer eigenen Wirkstoffpalette. GlaxoSmithKline und Celgene stiegen ein und trieben den Kurs Ende 2014 bis auf 87 € hoch. Jetzt, am 29. Juli 2016, ist die Aktie für weniger als den halben Preis zu haben, nämlich für 39,65 €.

Fazit: Wie zu den Zeiten im Neuen Markt. Es ist gefährlich, sich auf eine Expertenstimme zu verlassen und die Marktbeobachtung zu vernachlässigen. Auch Informationsüberflutung ist nicht nützlich, kostet oft Geld, zumindest aber Zeit.

Den demografischen Wandel mit längerer Lebenserwartung berücksichtigen. Die steigende Lebenserwartung in Verbindung mit niedriger Geburtenquote bedeutet keine reine Freude. 2060 dürfte es hierzulande fast so viele 80-Jährige geben wie unter 20-Jährige. Ein Mädchen, das heute geboren wird, dürfte im Schnitt seinen 100. Geburtstag feiern. Haben Sie gewusst, dass Sie im Schnitt pro Jahrzehnt mehr als zwei Jahre länger leben? Die Lebenserwartung steigt ungebremst insbesondere wegen des Fortschritts in Medizin, Medizintechnik und Biotechnologie.

In diesen wichtigen Zukunftsbranchen sind zahlreiche börsennotierte Mittelständler aktiv – also eine Fundgrube auch für Sie:

➤ **Pharma, Biotechnologie und Medizintechnik** (Zahnprothetik, Hörgeräte und Sehhilfen, künstliche Bandscheiben und Hüftgelenke, Rollstühle, Arm- und Beinprothesen, moderne Verabreichungsformen für Arzneimittel etc.)

➤ **Robotik** (Dienstleistungen in Industrie, Logistik und Medizin, Hilfen im Alltag)

➤ **Gesundheit,** Wohlbefinden, Wellness, Touristik, Freizeitangebote

➤ **Private Kliniken, Rehabilitations-Zentren, betreutes Wohnen,** Altenheim- und Altenpflegeheimbetreiber

➤ **Eine auf alle Altersstufen abgestimmte Konsumgüterindustrie** sowie Dienstleistungsbranche, passende Kleidung, Körperpflege und Ernährung

➤ **Internetzugang,** Nutzung sozialer Netzwerke und virtuelle Erlebnis- und Spielwelten auch für Senioren

Wer sind die Verlierer des demografischen und globalen Wandels? Dies dürften die Zigaretten- und Spielzeugindustrie, die Möbel- und Elektrogerätehersteller sein. Mit dem Durchbruch der Fahrassistenzsysteme zur Erhöhung der Sicherheit, Unfallverhütung und Komfort sowie der Entwicklung selbstfahrender Autos wächst das Interesse, auch noch mit 70, 80, 90 Jahren mobil zu sein und Auto zu fahren. Die Fahrzeugindustrie muss also nicht zu den Verlierern zählen, ebenso wenig die Bauindustrie und der Immobiliensektor, allein schon wegen des gewaltigen Flüchtlingszustroms, aber auch dem Wunsch nach mehr Wohnfläche, soweit man sich dies leisten kann.

Wie wirkt sich der demografische Faktor auf die Börse aus? Die meisten Bundesbürger investieren bevorzugt im eigenen Land. Soweit es sich um Aktien handelt, wird der DAX klar favorisiert. Dabei ist im Langzeitvergleich mit erstklassigen Nebenwerten aus dem MDAX, TecDAX und SDAX eine doppelt so hohe Rendite erzielbar. In den Medien dreht sich alles um den DAX, auch wenn in der 2. und 3. Liga höhere Kursgewinne locken. In meiner 14-tägigen BILD-online-Kolumne „Aktien1x1" versuche ich gegenzusteuern. Das größte Risiko ist, überhaupt kein Risiko eingehen zu wollen bei der jetzigen Nullprozentzinspolitik.

Sich nicht im Netz der Börsenpsychologie verfangen. Vielleicht verbinden Sie mit Börsenpsychologie Herdentrieb und Verdrängung. Sie denken an Gier, die bei Verlust der Selbstkontrolle die Verstandeskräfte raubt, und Panik, bei der die Unvernunft Pate steht. Ich denke an meinen Börsenspruch: *„Meide die gefährlichen Vier: Euphorie, Panik, Angst und Gier!"* Glücklicherweise sind Sie den Fallstricken der Börsenpsychologie nicht hilflos ausgeliefert. Der 2002 mit dem Nobelpreis für Wirtschaftswissenschaften ausgezeichnete Prof. Daniel Kahneman beobachtete, dass das tatsächliche Anlegerverhalten von vernunftbetonten Überlegungen stark abweicht, sobald die Kurse übertrieben aufwärts katapultieren oder in den Keller stürzen. Sein Buch *„Schnelles Denken – langsames Denken"* zeigt, dass die meisten Menschen Verluste mehr hassen, als dass sie Gewinne lieben. Sie vertrauen ihrer eigenen Urteilskraft, statt das Wissen und den Erfahrungsschatz der Experten zu nutzen. Sie versäumen, Trends richtig zu deuten, und erkennen nicht, wann Aktien überbewertet sind bzw. es sich lohnt, bei Bodenbildung zuzugreifen.

Ein Crash zeigt seine hässliche Fratze, wenn Unternehmen in wenigen Tagen oder Wochen ein Viertel, ein Drittel, die Hälfte und noch mehr vom Börsenwert verlieren, obgleich sich die fundamentalen Daten nicht dramatisch verschlechtern. Oft wird jetzt im großen Stil verkauft, um in panischer Angst zu retten, was noch zu retten ist. Leerverkäufe von Profis und automatisch ausgelöste Computerverkaufsprogramme lösen Kettenreaktionen aus und treiben die Kurse weiter nach unten. Das Massenphänomen Herdentrieb als Feind von Vernunft und Klugheit unterstützt den Panikausverkauf und erzeugt Börsenverlierer.

Der hoch betagte Starinvestor Warren Buffett klagt darüber, dass die Leute Aktien verschmähen, wenn sie zum Schnäppchenpreis zu haben sind, und sich umgekehrt wie Geier darauf stürzen, sobald sie ganz oben notieren. Die starken Kursausschläge nach oben und unten bestätigen die Wahrheit dieser Aussage. Warum fragte sich wohl Altmeister André Kostolany, ob es mehr Aktien oder Dummköpfe an der Börse gibt? Ein rasant fahrender Börsenexpress mit überbewerteten Aktien heizt die angefachte Gier weiter an. Das Psychodrama beginnt von Neuem. Die aufgeblähte Spekulationsblase platzt und hinterlässt ein Tal der Tränen.

Mithilfe der Behavioral Finance – dem Bindeglied zwischen Ökonomie und Psychologie – können Sie psychologisch beeinflusste Verhaltensweisen erkennen und strategisch nutzen. Der Markt wird in schwierigen Zeiten von verzerrter Wahrnehmung geprägt. Berühmte Ökonomen wie Schumpeter oder Keynes erkannten frühzeitig, dass Irrationalität das Börsengeschehen beeinflusst.

Ein Lehrsatz der Behavioral Finance lautet, dass Sie verlieren, wenn Sie sich einbilden, klüger und erfolgreicher zu sein als der Markt. Wer sich irrationaler Verhaltensweisen bewusst ist und weiß, dass Aktienkurse auch dem Zufall gehorchen, von Glück wie von Pech beeinflusst werden, kann die richtigen Lehren aus menschlichem Versagen ziehen. Zu den Schwachpunkten zählt die Selbstüberschätzung. Die Börse selbst ist nicht rational. Noch weniger sind es gestresste, genervte, ängstliche und gierige Investoren mit wiederkehrenden Fehlern.

Gefühlsüberschwang und andere emotionale Pannen

Der wohl schlimmste Fehler ist der viel zu frühe komplette statt nur teilweise Verkauf aussichtsreicher Aktien und das zu lange Aussitzen und Mitschleppen der Verlierer ohne nennenswertes Erholungspotenzial. Nachteilig ist die Scheu, Qualitätsaktien zu kaufen, wenn der Kurs schon eine Weile aufwärts gerichtet ist. Die Abwehrhaltung: *„Viel zu teuer! Zum Höchstkurs steige ich nicht ein!"* hält davon ab, trotz hohen Kurspotenzials und einer angemessenen Bewertung dabei zu sein. Erinnert sei an die Börsenweisheit: *„Der Trend ist dein Freund!"*

Was sagt die Statistik zu Gewinnmitnahmen?

Die mit Kursgewinn verkauften Aktien werfen meist auch künftig höhere Renditen ab als die dafür neu ins Depot aufgenommenen Titel. Die Fortführung eines bestehenden Trends ist wahrscheinlicher als eine Trendumkehr. Für die Verliereraktien gilt Gleiches. Sie binden Kapital und dürften sich kaum erholen, wenn der Kursrutsch fundamental begründet ist und die Charttechnik Verkaufssignale aussendet. **Ausnahme:** Es kommt Fantasie auf, weil das Geschäftsmodell neu strukturiert wird, die Gewinnzone erreichbar erscheint und Analysten den Titel empfehlen. Dies gilt insbesondere bei Internationalisierung und Aktivitäten in Zukunftsmärkten.

9.2 Eine psychologisch untermauerte Fehler- analyse mit Nebenwerte-Beispielen

➤ **Seien Sie sich über Ihre Ziel- und Handelsmotive im Klaren**

Börsenerfolg setzt eine kritische Selbstanalyse voraus. Sie müssen wissen, was Sie wollen, erwarten und für Sie unerträglich ist. Wie hoch ist Ihr Renditeanspruch? Was können Sie sich leisten, wenn Sie sich Ihre Vermögensdecke, den monatlichen Aufwand, Pflichten und Ziele vor Augen halten? Wo haben Sie Fehler gemacht? Einmal (verständlich) oder mehrmals (darf nicht wieder vorkommen)? Denken Sie an einen Abgrund im Gebirge, von dem Sie sich besser fernhalten.

Beispiel 1: Im September 2009 kaufte ich Aktien von der mittelständischen Beteiligungsfirma Aurelius zum Kurs von 2,70 €. Bei Eröffnung am 01. April 2016 (kein Scherz), kostete die Aktie 53,50 € – ein Kursgewinn von 1.900 % in 6 Jahren. Dies ist ein seltener Glücksfall. Aber selbst wer die Aktie damals erwarb, wird davon vermutlich nichts mehr haben. Viele Anleger wählen das schnelle Rein und Raus und nehmen meist schon Gewinne von unter 50 % mit. Ich habe hier neben Zukauf zwei Teilverkäufe mit hohem Gewinn gemacht. Das letzte Drittel der für 2,70 € gekauften Papiere bleibt im Depot, zumal die Dividendenrendite – aktuell werden 1,45 € ausgeschüttet – über 50 % beträgt. Allein mit der Ausschüttung bezahlen Sie rechnerisch alle zwei Jahre Ihren Einsatz.

Selbst wenn die Glücksfee bei Ihnen zu Gast ist, haben Sie wenig davon, sollten Sie Gewinne zu früh mitnehmen. Teilverkäufe bei Ihren besten Aktien: Ja! Komplettverkäufe: Nein! So nehmen Sie Gewinne mit, bleiben aber weiter im Boot, beides gut für Zufriedenheit und gesunden Schlaf. Trauern Sie vergebenen Chancen nicht nach; aber machen Sie es künftig besser.

Beispiel 2: Im Dezember 2003 – der langgezogene dreijährige Salamicrash war überstanden – kaufte ich von der MDAX-Schmierstoff-Firma Fuchs Petrolub Vorzugsaktien für 3,80 €. Der Kurs verzehnfachte sich im steuerfreien Altbestand. Der Eröffnungskurs am 01. April 2016 liegt bei 39,25 €. Die Dividende beträgt 23 %. Aus dem Altdepot trenne ich mich von keiner Fuchs-Aktie, sondern nehme alle Aktivitäten im Neudepot vor. Die Beispiele 1 und 2 zeigen, dass bei Aktienanlagen auch Zufall bzw. Glück und Pech eine Rolle spielen.

Kursgewinne von über 1.000 % seit der Jahrtausendwende waren z. B. auch möglich bei Bausoftware Nemetschek, Labortechnologie Sartorius, beide TecDAX, Büroleasing Grenke und thermische Speisenzubereitung Rational, beide SDAX, Labortechnologie Eurofins, Frankreich, Elektronik Samsung, Korea, Biotech Regeneron und Reiseanbieter Priceline, beide Nasdaq.

> **Schreiben Sie hohe Gewinne nicht nur Ihrer Cleverness und Verluste nicht allein dem Pech zu**

Haben Sie auf Kursgewinne leichtfertig reagiert, alles auf eine Karte gesetzt, mit Ihren Erfolgen geprahlt? Käufe in 2 oder 3 Tranchen und Teilverkäufe bei hohem Kursgewinn sind die richtige Antwort. Nicht jede Aktie entwickelt sich zu einer Kursrakete. Selbst in einem Fußball-Spitzenteam wie dem FC Bayern München bringen nicht alle Spieler immer die Höchstleistung. Geht Ihre Strategie daneben, suchen Sie nicht nach Sündenböcken. Fühlen Sie sich verantwortlich. Wo haben Sie Chancen ausgelassen? Was war der Grund für Ihr Zögern und Zaudern? Ein einmaliger Fehler sollte Denkanstoß sein, dass er sich nicht wiederholt.

Beispiel: Diesmal geht es nicht um Kursraketen, sondern um die Verlustbringer im Depot. Auch das gehört zum Börsenleben. Mitunter erholen sich „gefallene Engel". Aber nicht jeder, der zu Boden stürzt, steht wieder auf. Denken Sie an die vielen Solarstrom-Firmen, die 2004/2005 wie Pilze aus dem Boden schossen und zeitweilig den TecDAX bevölkerten, damals mit dem Spitznamen „Sonnen-DAX" bedacht. Etliche Unternehmen gingen pleite, wurden zu Schnäppchenpreisen übernommen oder führen heute ein tristes Dasein im Niemandsland mit Kursverlust um 90 %. Was blieb von der SolarWorld-Herrlichkeit übrig? Wie sieht es mit centrotherm photovoltaics aus? Emporgerappelt haben sich SMA Solar, als einzige Solarstrom-Aktie im TecDAX vertreten, und Phoenix Solar, gerade noch dem Untergang entronnen und möglicherweise erneut auf der Erfolgsspur. Stöhnen Sie nicht über Ihr Pech! Suchen Sie nicht nach Sündenböcken! Fühlen Sie sich verantwortlich für Ihre Entscheidungen! Sie konnten unter Tausenden von Aktien auswählen. Beherzen Sie die wichtige Börsenweisheit: *„Gewinne lass laufen – im Verlust nicht ersaufen!"* Ein harter Schnitt tut weh, ein Totalverlust ist noch schmerzhafter.

> **Glauben Sie nicht alles, was Gurus und Börsenbriefe anpreisen. Fallen Sie nicht auf Werbeversprechen herein**

Falls Sie sich ein- oder mehrmals von aggressiver Werbung beeinflussen ließen, ist es höchste Zeit, Werbesprüche kritisch zu bewerten mit zielgerichtetem Blick auf die Wahrheit. Werbung ist nur selten seriös und verschafft keine dauerhaften Glücksgefühle. Neue Produkte, die Versicherungen und Banken anbieten, werden aus Eigennutz entwickelt und vertrieben. Ihr Wohlergehen ist Nebensache.

Negativbeispiel: Der gelernte 43-jährige Bäcker Markus Frick war einst als TV-Moderator mit seiner eigenen Show „Make Money" beim Nachrichtensender N24 aktiv, schrieb Börsenliteratur und gab einen E-Mail-Aktienbrief heraus. Das Abo für seinen E-Mail-Service kostete jährlich 890 €. Er jubelte wertlose Aktien hoch, vor allem russische Öltitel, verkaufte selbst beim Höchststand und manipulierte die Kurse. So ergaunerte er knapp 2 Mio. €.

Die Geschädigten erlitten Verluste von 625.000 €, im Schnitt 21.000 €. Sein Buch „Das Geld liegt auf der Straße" ist jetzt für ein paar Cent zu erwerben. Mehr kosten die von ihm empfohlenen Aktien, soweit sie noch gehandelt werden, auch nicht. Das Landgericht Frankfurt verurteilte den fehlgeleiteten Bäcker zur Haftstrafe von zwei Jahren und 7 Monaten. **Fazit:** Bäcker bleib bei deinen Brötchen!

➢ Investieren Sie nicht bei innerer Abwehr, sondern bei einem attraktiven Geschäftsmodell, das Ihnen gefällt

Wählen Sie jene Aktien aus, die Sie bezüglich Nachhaltigkeit, Umweltschutz, Ethik, Kommunikation, Geschäftsmodell und Finanzzahlen mögen. Sind Ihnen die Produkte zuwider, verkaufen Sie vielleicht übereilt. Jedoch gibt es nicht nur Geldanlagen mit gutem Gewissen in Aktien nachhaltig wirtschaftender Unternehmen, die ethisch-sozial-ökologische Standards erfüllen. Auch mit „ethisch verwerflichen, sündhaften" Aktien von Rüstungs-, Tabak- und Alkoholunternehmen lässt sich viel Geld verdienen. Im MDAX sind Airbus, MTU und Rheinmetall ethisch zu hinterfragen. Airbus (WKN 938 914) ist in der zivilen und militärischen Raum- und Luftfahrt sowie Verteidigungstechnologie aktiv und zählt zu den führenden Rüstungskonzernen. MTU Aero Engines (WKN A0D 9PT) produziert Triebwerksmodule und Komponenten für die zivile Luftfahrt, stellt aber auch Antriebe für Militärmaschinen her. Der Traditionskonzern Rheinmetall (WKN 703 000) ist in den Bereichen Automotive und Defence tätig und zählt zu den großen Anbietern von Verteidigungselektronik. Rheinmetall schaffte bei Eröffnung am 01. April 2016 mit 70,25 € ein neues 52-Wochen-Hoch (auch kein Aprilscherz) und imponiert mit dem Jahresplus von 56 % in schwierigen Börsenzeiten.

➢ Haben Sie kein schlechtes Gewissen bei mehr als 20 Titeln

Sofern es nicht an Zeit, Geld, Mut und Lust mangelt, spricht nichts dagegen, in Ihr Depot mehr Einzelaktien aufzunehmen. Sie erhöhen mit breiter Streuung Ihre Chancen, einige Spitzenaktien zu besitzen und langfristig zu halten. Dies ist die Grundbedingung für eine erfolgreiche Hoch/Tief-Mutstrategie und zukunftsträchtige Koppelgeschäfte zur Kapitalbeschaffung für günstige Zukäufe in schwierigen Zeiten. Pro Titel sollte der Einsatz zumindest 1.000 bis 2.000 € betragen, damit Teilverkäufe möglich sind und sich Gewinnmitnahmen nach Abzug von Transaktionskosten und Abgeltungsteuer rechnen. Mit unter zehn Einzeltiteln lässt sich dieses strategische Erfolgskonzept für einen langen Anlagezeitraum nicht umsetzen. Die Chance, beste Aktien zu besitzen, die seit der Weltwirtschaftskrise 2008/2009 über 500 %, vereinzelt sogar über 1.000 % im Plus notieren, ist sonst gering. Bevor Sie sich mit kleinem Einsatz nur fünf Einzeltitel zulegen, ist es besser, mit passenden ETFs die wichtigsten Märkte abzudecken. Analysieren Sie Ihre Fehler, und arbeiten Sie zielstrebig an einer verbesserten strategischen Ausrichtung.

> **Koppeln Sie sich vom Herdentrieb ab; bewegen Sie sich nicht in ausgetretenen Pfaden**

Kriminelle Gurus, aber auch Stammtischgeschwätz gefährden Ihren Börsenerfolg. Schwimmen Sie gegen die Strömung. Tote Fische und Mitläufer treiben mit dem Strom. Denken Sie darüber nach, wann Sie selbst Opfer des Massenphänomens Herdentrieb wurden, und ziehen Sie die Konsequenzen aus Ihren Erfahrungen.

Beispiel: Am 25. Februar 2016 reißt eine Studie von Zatarra Research die Tec-DAX-Aktie Wirecard (WKN 747 206) um bis zu 25 % in den Keller. Das Kursziel der Analyse lautet 0,00 € – also ein Unwert. Aber wer kennt schon Zatarra? Die Homepage besteht erst seit einer Woche. Telefonnummer und E-Mail-Adresse fehlen. Der Wirecard-Vorstand setzt sich zur Wehr. Ich vermute Aktien-Manipulations-Betrug, um Leerverkäufe zu mobilisieren und Kettenreaktionen durch automatisch ausgelöste Stop-Loss-Computerverkäufe voranzutreiben. Die Aktie stürzt binnen Stunden bis auf 32 € ab, und ich greife zu. Am 02. März, nur wenige Tage später, liegt das Tageshoch bei 40 €. Es gibt also vermehrt Anleger, die hier gute Chancen sehen. Nachdem etliche Themenfondsmanager die Wirecard-Aktie übergewichtet in ihrem Portfolio halten, war dies für mich ein zusätzlicher Kaufanreiz.

> **Überschätzen Sie sich nicht; Sie können den Markt nicht steuern**

In Anlehnung an die Investorlegende Warren Buffett, einem der weltweit reichsten Unternehmer, sollten Sie bevorzugen, was Sie kennen, verstehen und mögen. Decken Sie Sektoren, in denen Ihr Wissen begrenzt ist oder wo die Auswahl an erstklassigen Titeln riesig ist, am besten mit einem ETF ab. Ein passiv gemanagter Indexfonds bildet das Börsenbarometer exakt ab. Lassen Sie sich nicht dazu hinreißen, Einzelwerte zu kaufen, ohne fundamentale Daten und charttechnische Signale zu beachten. Das größte Risiko ist allerdings, in den Zeiten der Nullzinspolitik überhaupt kein Risiko eingehen zu wollen.

> **Bestimmen Sie Ihren Anlagezeitraum; vermeiden Sie Hektik, aber reagieren Sie auf Trend und Marktlage**

Wer das schnelle Rein und Raus liebt, für den gilt: *„Wer zu spät kommt, den bestraft der Markt."* Bei Langzeitorientierung ist der Kaufzeitpunkt weniger entscheidend. In ruhigen Börsenzeiten lassen Sie es gemächlicher und entspannter angehen. Bedenken Sie: *„Viel Hin und Her macht Taschen leer!"* Aber in der Crashphase „Panikausverkauf" sollten Sie aktiv sein und das Börsengeschehen genau verfolgen. Wo befinden sich Aktien in Ihrem Depot nahe dem Jahreshoch für Teilverkäufe, um Zukäufe nachhaltiger Aktien zu finanzieren, die um 30 bis 60 % abgestürzt sind? Glauben Sie im Ernst, dass eine AG, die vorgestern einen Börsenwert von 2 Mrd. € aufwies, plötzlich nur noch 1 Mrd. € wert ist?

➤ **Pflegen Sie keineswegs nur ein „DAX-Heimatliebedepot"!**

Hand aufs Herz! Haben Sie sich bislang ganz auf den DAX konzentriert, die Ne-benwerte-Indizes MDAX, TecDAX, SDAX sowie ausländische Aktien weitgehend verschmäht? Höchste Zeit, eine Kehrtwendung einzuleiten! Die kleine Kurstabelle vom 12. Juli 2016 wird Sie überzeugen, dass Nebenwerte zu bevorzugen sind.

Vergleich Leitindex DAX und deutsche Nebenwert-Indizes				
Index	**WKN**	**Kurs am 12.07.16**	**Hoch/Tief 52 Wochen**	**Kursverlauf 1, 3, 5, 10 Jahre**
DAX Performance	846 900	9.905 P.	11.802/8.700	-13/+21/+36/+75 %
DAX Kursindex	846 744	4.816 P.	5.922/4.350	-16/+11/+17/+27 %
MDAX	846 741	20.310 P.	21.680/17.434	+/-0/+44/+87/+159 %
TecDAX	720 327	1.640 P.	1.890/1.464	-4/+66/+87/+156 %
SDAX	965 338	8.933 P.	9.484/7.501	+1/+51/+62/+88 %
DAXplus Family	A0Y KTN	5.059 P.	5.187/4.067	+7/+68/+89 %/k. A.
GEX	A0A ER0	1.663 P.	1.862/1.422	+3/+87/+2/+1 %
Entry Standard	A0G 834	410 P.	445/356 P.	+3/+18/-22/-68 %

Höchststand der DAX-Familie Zeitraum 2000 bis 2016			
DAX	**MDAX**	**TecDAX**	**SDAX**
2015: 12.391 P.	2015: 21.680 P.	2015: 1.889 P.	2015: 9.183 P.

Tiefster Stand der DAX-Familie Zeitraum 2000 bis 2016			
DAX	**MDAX**	**TecDAX**	**SDAX**
2003: 2.200 P.	2003: 2.647 P.	2003: 310 P.	2003: 1.622 P.

➤ **Vermeiden Sie Informationsüberflutung; mitunter ist weniger mehr**

Verzetteln Sie sich nicht, indem Sie zu viele Internetmeldungen studieren. Belasten Sie sich nicht mit Nebensächlichkeiten. Dies gilt vor allem, wenn Sie berufstätig sind und eine Familie haben. Als Ruheständler kann dies anders aussehen. Da dürfte die gründliche Suche auch eine Art Zeitvertreib sein. Konzentrieren Sie sich auf solche Nachrichten, die inhaltlich und sprachlich überzeugen und bei Ausdruck gut lesbar sind. Ein Print-Übermaß kostet Geld und beansprucht Ihre Zeit. Prüfen Sie genau. Was ist wirklich nützlich? Welche Online-Anbieter verdienen Ihr Ver-trauen? Schieben Sie Kündigungen nicht unnötig auf die lange Bank!

> **Gehen Sie beharrlich Ihren eigenen Weg; aber denken Sie daran, dass Sie nicht der Erste sind, dem Nachrichten zuteil werden**

Sie können es mit dem Sekundenhandel nie aufnehmen. Hart gesottene Profis verfügen früher über wichtige Infos. Hohe Kursgewinne sind dennoch erzielbar. Hier kann meine Hoch/Tief-Mutstrategie mit Koppelgeschäften und dazugehörigen Kurslisten in den Kapiteln 8.4 bis 8.7 einen Weg weisen. Lassen Sie sich als Privatanleger aber nicht zum riskanten Day-Trading überreden. Hier sind Ihnen die Profis mit ihren exzellenten Computer- und Nachrichtensystemen auf dem neuesten Wissensstand turmhoch überlegen. Wer zu spät kommt, den bestraft das Leben.

> **Betrachten Sie den Trend als guten Freund; aber seien Sie nicht stur, und koppeln Sie sich vom Herdentrieb ab**

Setzen Sie den kleineren Teil Ihrer Aktienauswahl für zyklisches Handeln ein. Dies bedeutet nicht, gegen den vorherrschenden Trend zu handeln, sondern frühzeitig auf eine mögliche Trendumkehr zu reagieren und neben Value zu günstigen Kursen auch bei konjunkturabhängigen Growth-Titeln beherzt zuzugreifen. Boomt die Börse im langfristigen Bullenmarkt, ist es vernünftig, Spitzenaktien auch im Aufwärtstrend zu kaufen. Vertreiben die Bären die Bullen aus der Börsenarena, ist es besser, übertrieben abgestrafte Aktien zu kaufen. Nutzen Sie die Charttechnik. Schauen Sie sich die Kursentwicklung Ihrer Favoriten im Fünf- und Zehnjahreschart an. Und werfen Sie einen Blick auf die prozentuale Kursentwicklung. Das Kapitel 9.3 mit Siegerlisten nach Finanzkennzahlen kann für Sie hilfreich sein. Was Sie überhaupt nicht tun dürfen: kein Aktienkauf nach Stammtischtipps oder den Empfehlungen von Arbeitskollegen und Bekannten.

> **Schauen Sie auf Wachstum, stabilen Umsatz und Ertrag, aber ebenso auf eine attraktive Dividende**

In den Zeiten des Neuen Marktes stand Wachstum an erster Stelle; Gewinn und Dividende spielten eher eine Nebenrolle. Diese Einstellung hat sich gewandelt. Wer Qualitätsaktien jahrelang hält, bei dem steigt die beim Einstandspreis errechnete Ausschüttungsrendite möglicherweise zweistellig an. Ein Blick in die Kurslisten meiner Hoch/Tief-Mutstrategie zeigt etliche Dividendenstars. Trotz Übergewichtung von Ausschüttungsfavoriten sollten Sie auch Aktien aus Sektoren erwerben, in denen gar nichts oder spärlich ausbezahlt wird. Dies gilt vor allem für die Biotechnologie-, Hightech- und Internetbranche, für Aktien von Softwarehäusern, Online-Händlern und sozialen Netzwerken. Eine einseitige Ausrichtung auf hohe Dividenden führt dazu, dass Sie wichtige Zukunftsmärkte in den Zeiten des demografischen und globalen Wandels nicht abdecken. Es ist zwar verständlich und richtig, Aktien zu bevorzugen, deren Geschäftsmodell Sie kennen, verstehen und mögen. Aber Anlagen in Zukunftsmärkte sollten Sie nicht vernachlässigen.

Machen Sie sich ein genaues Bild von Ihrem Depot. Eine ansehnliche Dividende ersetzt den verlorenen Guthabenzins. Wichtiger als eine einmalige hohe Ausschüttung ist eine verlässlich steigende Dividende im Zeitraum von 5, noch besser 10 Jahren. Da bei Spitzenaktien der Kurs oft schneller steigt als die Dividende, ist die Rendite hier nicht so hoch wie bei Titeln, deren Kurs abgestürzt ist, sei es berechtigt oder übertrieben. Wie hoch ist über den Daumen gepeilt Ihr prozentualer Anteil an Dividendentiteln? Und grob geschätzt: Wie groß ist der Anteil mit einer Dividende von über 4 %? Sofern Sie genau Buch führen: Wie sieht es mit steuerfreien Ertragsgutschriften aus? Bei den abgeschafften Guthabenzinsen kann allein schon die Dividende eine schleichende Kapitalvernichtung stoppen. Fühlen Sie sich nicht länger enteignet, sondern handeln Sie zielstrebig.

> **Die folgende Kursliste über Nebenwerte mit alljährlich steigender Ausschüttung beginnt mit einer Dividendenrendite ab 0,5 % beim TecDAX und über 1 % beim MDAX und SDAX. Ausnahmen bilden KUKA, MDAX, und GrenkeLeasing, SDAX, aufgrund ihres aktuellen Allzeithochs.**

Nebenwerte mit jährlich steigender Dividende seit 2012

Aktienauswahl Dividende	WKN	Kurs 14.07.16	Seit 2012 stetig steigende Ausschüttung	Div.-Rendite
TecDAX: hoher Kursgewinn kann die Dividendenrendite schmälern				
Bechtle	510 300	98,75 €	1,00/1,10/1,20/1,30/1,40 €	1,4 %
Drillisch	554 550	35,00 €	1,30/1,60/1,65/1,70/1,80 €	5,1 %
Freenet	A0Z 2ZZ	24,85 €	1,35/1,45/1,50/1,55/1,60 €	6,4 %
Nemetschek	645 290	54,00 €	0,29/0,33/0,40/0,50/0,55 €	1,1 %
Sartorius Vz	716 563	64,05 €	0,26/0,27/0,38/0,44/0,51 €	0,7 %
Stratec	STR A55	52,00 €	0,56/0,60/0,70/0,80/0,90 €	1,7 %
United Internet	508 903	38,55 €	0,30/0,40/0,60/0,70/0,80 €	2,1 %
MDAX: Fundgrube für hohe Kursgewinne und steigende Dividenden				
Airbus	938 914	52,15 €	0,60/0,75/1,20/1,30/1,40 €	2,7 %
Brenntag	A1D AHH	44,35 €	0,80/0,87/0,90/0,95/1,05 €	2,4 %
Dt. Euroshop	748 020	41,05 €	1,20/1,25/1,30/1,35/1,40 €	3,4 %
Dt. Wohnen	A0H N5C	31,00 €	0,21/0,34/0,44/0,52/0,60 €	1,9 %
DMG Mori Seiki	587 800	42,50 €	0,35/0,50/0,55/0,60/0,65 €	1,5 %
DÜRR	556 520	71,40 €	1,13/1,45/1,65/1,85/1,90 €	2,7 %

Aktienauswahl Dividende	WKN	Kurs 14.07.16	Seit 2012 stetig steigende Ausschüttung	Div.-Rendite
MDAX: Fundgrube für alljährlich höhere Dividenden (Fortsetzung)				
Fielmann	577 220	67,40 €	1,35/1,45/1,60/1,75/1,85 €	2,7 %
FUCHS Petrolub	579 043	36,40 €	0,65/0,70/0,77/0,82/0,87 €	2,4 %
GEA	660 200	44,70 €	0,55/0,60/0,70/0,80/0,85 €	1,9 %
Gerresheimer	A0L D6E	73,45 €	0,65/0,70/0,75/0,85/1,00 €	1,4 %
Hochtief	607 000	**119,10 €**	1,00/1,50/1,90/2,00/2,30 €	1,9 %
LEG Immobilien	LEG 111	83,90 €	0,41/1,73/1,96/2,26/2,40 €	2,9 %
NORMA Group	A1H 8BV	44,40 €	0,65/0,70/0,75/0,90/1,00 €	2,3 %
Rational	701 080	419,50 €	5,70/6,00/6,80/7,50/8,30 €	2,0 %
STADA	725 180	47,00 €	0,50/0,60/0,66/0,70/0,75 €	1,6 %
Symrise	SYM 999	62,10 €	0,65/0,70/0,75/0,80/0,90 €	1,4 %
TAG Immobilien	830 350	12,25 €	0,25/0,35/0,50/0,55/0,60 €	4,5 %
Talanx	TLX 100	26,90 €	1,05/1,20/1,25/1,30/1,35 €	5,0 %
SDAX: eine erfolgreiche Perlensuche auch in der 3. Börsenliga				
BayWa Stämme	519 406	28,90 €	0,65/0,75/0,80/0,85/0,90 €	3,1 %
Bertrandt	523 280	91,20 €	2,00/2,20/2,40/2,45/2,70 €	3,0 %
CeWe Stiftung	540 390	66,00 €	1,45/1,50/1,55/1,60/1,65 €	2,5 %
GrenkeLeasing	A16 1N3	157,50 €	0,80/1,00/1,10/1,50/1,60 €	1,0 %
HHLA	A0S 848	15,30 €	0,45/0,52/0,59/0,62/0,65 €	4,0 %
INDUS	620 010	42,90 €	1,00/1,10/1,20/1,25/1,30 €	3,0 %
VTG	VTG 999	26,15 €	0,37/0,42/0,45/0,50/0,60 €	2,3 %

Anmerkung: Eine verlässlich steigende Dividende ist bei der Null-Zins-Politik ein wichtiges Kriterium, aber nicht das einzige. Richten Sie Ihr Augenmerk auch auf ein im Branchenvergleich niedriges KGV und eine gute Ergebnisentwicklung.

> **Versuchen Sie nie, Verluste mit spekulativen Titeln auszugleichen**

Trennen Sie sich von der gängigen Ansicht, ein Minus bei Aktien sei gleichbedeutend mit Gesichtsverlust, dem Eingeständnis persönlichen Versagens. In der Fußballbundesliga geht es darum, drei Siegpunkte einzufahren. Kleine Fehler werden toleriert. Nicht jede Aktie kann ein Kurstreiber sein. Wichtig ist ein positives Ergebnis insgesamt. Als schlimmster Patzer gilt, Verluste mit hochspekulativen Anlagen ausgleichen zu wollen. Ein solches Verhalten ist an Spielbanken zu beobachten.

Verluste mit hohem Hebel bei Derivaten in Gewinne umzumünzen funktioniert nur selten. Allein schon Ihre strapazierten Nerven könnten Spielverderber sein. Überlegen Sie, wann Ihnen ein solcher Fehler unterlief und was Sie konkret taten, damit sich ein solcher Patzer nicht wiederholt. Börsengurus wie der jetzt 43-jährige Bäcker Markus Frick kassierten zeitweilig Millionen. Gutgläubige Anleger verloren große Summen, büßten aber wenigstens nicht ihre Freiheit ein im Gegensatz zum fadenscheinigen Börsenguru Markus Frick, den das Landgericht Frankfurt für 2 Jahre und 7 Monate ins Gefängnis schickte.

Zeichnet es sich ab, dass Firmen pleitegehen und den Gang zum Insolvenzgericht antreten, ist es besser, verlustreich auszusteigen, als überhaupt nichts mehr vom angelegten Geld wiederzusehen. Kapitalherabsetzungen z. B. im Verhältnis 10:1 weisen auf ein solches Ungemach hin. Nur selten gelingt es, sich wieder hochzurappeln, worauf der frühere TecDAX-Star SolarWorld (WKN A1Y CMM) wohl eher vergeblich hofft. Die in Frankfurt gelisteten kleinen China-Aktien rauschten reihenweise in den Keller wie Powerland oder Van Camel. Blicken wir auf deutsche börsennotierte Pleitegänger aus dem Mittelstand in jüngerer Vergangenheit, so sind alphabetisch geordnet z. B. zu nennen: Cinemedia, Escada, HESS, LOEWE, Praktiker, Pfleiderer, Solarhybrid und Q-Cells. Hier drohte bei zu spätem Verkauf ein Totalverlust.

➢ Vergessen Sie über schönen Träumen nicht die Wirklichkeit

Wünsche machen es nicht wahrscheinlicher, dass Ihre eigene Prognose eintritt. Auch Verdrängung, Herdentrieb und Sündenbocksuche helfen nicht weiter. Es gilt, selbstkritisch zu analysieren, wann und warum Sie ein- oder mehrmals überteuerte Aktien kauften bzw. große Chancen durch Tiefpreisorder ungenutzt verstreichen ließen. Gerade in schwierigen Börsenzeiten, bei stark schwankenden Kursen mit ständigem Auf und Ab gilt es, kühlen Kopf zu bewahren und diszipliniert sich bietende Chancen zu nutzen. Wenn Ihnen jemand erzählt, dass er mit den Aktien der umseitigen Kursliste 1.000 % Plus gemacht hat, kann dies durchaus wahr sein. Aber der Kaufzeitpunkt ist mit einzubeziehen. Stammen die Aktien aus dem steuerfreien Altbestand, dürfen Sie den gesamten Kursgewinn einstreichen, ohne das Finanzamt mit Abgeltungsteuer von 25 % plus Solidaritätszuschlag und evtl. Kirchensteuer zu beteiligen. Möglicherweise gilt demnächst wieder der persönliche Steuersatz als Berechnungsgrundlage wie vor 2009.

➢ Dass manche Träume bei Ausdauer, Disziplin und einem langen Anlagehorizont Wirklichkeit werden, zeigt die folgende Kursliste über meine Spitzenwerte, die weiterhin mein Depot schmücken und nur Teilverkäufe zulassen. Die meisten Titel stammen aus dem steuerfreien Altbestand. Nebenwerte als größte Gewinnbringer sind bei mir übergewichtet.

Wenn Aktien-Kursträume von 500 – 1.000 % wahr werden

Ein eigenes Depot für den steuerfreien Altbestand bis 31.12.2008.
Nur Teilverkäufe bei Kursraketen. So bleiben beste Werte im Depot.
Die Dividendenrendite ist bei vielen Spitzenwerten zweistellig. Formel: jetzige Dividende multipliziert mit 100 dividiert durch Kaufkurs.

Aktien/Unternehmen	WKN	Kauftag	Kaufpreis	Kurs am 15.07.16	Dividende + Rendite
Aurelius	A0J K2A	02.09.2009	2,70 €	53,05 €	1,45 €/53 %
BAYER	BAY 001	07.03.2003	11,90 €	93,85 €	2,85 €/24 %
Bertrandt	523 280	22.02.2009	14,75 €	92,55 €	2,70 €/18 %
Biogen	789 617	28.02.2005	27,80 €	227,00 €	0,00 €/0,0 %
Dialog Semic.	927 200	09.02.2014	3,95 €	27,20 €	0,00 €/0,0 %
Eurofins	910 251	05.11.2001	15,90 €	323,00 €	2,27 €/14 %
Fuchs Vorzüge	579 043	31.03.2005	3,80 €	36,45 €	0,87 €/23 %
GrenkeLeas.	A16 1N3	14.11.2001	19,95 €	157,20 €	1,55 €/8 %
Hochtief	607 000	29.05.2003	13,50 €	119,30 €	2,30 €/17 %
Nemetschek	645 290	10.06.2005	3,80 €	50,00 €	0,48 €/13 %
Rational	701 080	08.05.2003	33,80 €	405,00 €	8,50 €/25 %
Sartorius Vz	716 563	10.01.2006	5,40 €	64,30 €	1,57 €/7 %

> **Arbeiten Sie das Erlebte auf; ein Crash brennt sich in die Seele ein**

Die meisten Privatanleger verharren weiterhin passiv am Rand des Börsenspielfelds, weil die Crashwunden nicht verheilen. Hier helfen nur eine kritische Selbstanalyse und die Erkenntnis, dass Sie mit dem beliebten Sparbuch bei einer Verzinsung nahe 0 % Ihr Kapital schleichend vernichten und nichts für Ihre Altersvorsorge mit sinkenden Renten tun. Ähnliches gilt für die weiterhin beliebten Mischfonds, zusammengesetzt aus Aktien und Anleihen, meist im Verhältnis 1:1.

In früheren Jahren erzielten Mischfonds ordentliche Renditen. 2015 notierten als Folge der Nullzinspolitik sowie Strafzinsen auf etablierte Staatsanleihen nur vier von knapp 700 Mischfonds aus aller Welt auf einem niedrigen Plusniveau. Aber nicht jeder Mischfondsbesitzer wird dies überhaupt wahrnehmen. Zieht man die jährliche Verwaltungsgebühr von rund 2 % ab, gab es 2015 nur bei zwei Mischfonds bescheidene Kursgewinne. Aktuell ist es das größte Risiko, überhaupt kein Risiko eingehen zu wollen. Mit einem breit gestreuten Langzeitdepot sind Aktien unverzichtbar, insbesondere bei Übergewichtung guter Nebenwerte.

> ### Gegenteilige Infos nicht durch „Scheuklappensyndrom" verdrängen

Viele Anleger verdrängen Infos, die der eigenen Sichtweise zuwiderlaufen. Setzen Sie sich mit gegenteiligen Meinungen auseinander. Oft dienen Beurteilungen, die zur eigenen Überzeugung passen, als Alibi für eigenes Handeln. Sie sind erfolgreicher, wenn Sie Chancen und Risiken wirklichkeitsnah einschätzen und eigenverantwortlich entscheiden. Egal, ob sich Kauf- oder Verkaufstipps mit Ihrer Ansicht decken: Vertrauen Sie nie einer einzigen Aktienanalyse. Klicken Sie die Firmenhomepage an, lesen Sie Finanzkennzahlen, Quartalsbericht und Prognose.

> ### Runde Zahlen bergen Risiken; limitieren Sie großzügig

Ob Limit oder Stoppkurse: Meiden Sie runde Zahlen. Bei schlechten Nachrichten fällt der Kurs oft darunter; bei positiven Meldungen dürfte er die glatte Zahl überspringen. Haben Sie bereits Erfahrungen mit runden Zahlen gemacht? Mit welchem Ergebnis? Sie müssen sich dann künftig nicht mehr ärgern, wenn sich die runde Zahl als Bumerang bzw. Störfaktor erweist.

> ### Ein Crash ist nur gut für Leute mit Mut

Militärisch klingt dies so: Kaufen Sie, wenn die Kanonen donnern. Abseits von Kriegsgeschrei lautet der von mir umgesetzte Ratschlag: Greifen Sie bei Panik zu, wenn Angsthasen all ihre Papiere zu Tiefstkursen auf den Markt werfen. Nehmen Sie hier und da mit Teilverkäufen Gewinne mit, wenn gierige Aktionäre überteuert ordern. Sie leiden im Crash weniger, wenn Sie nicht jammern, sondern überlegt handeln. Auf der Suche nach günstigen Zukaufmöglichkeiten erkennen Sie plötzlich, dass der Crash viel von seinem Schrecken verliert. Und wenn Sie über ein „Entdecker-Gen" verfügen, nutzen Sie innovativ vorhandene Wechselwirkungen.

> ### Bei hohem Gewinn nicht prahlen – bei Verlusten keine Qualen

Seien Sie nicht leichtsinnig. Buchgewinne sind keine realisierten Erträge. Es ist extrem gefährlich, alles auf eine Karte zu setzen, besser, in zwei bis drei Tranchen zu ordern. Stürzt Ihre Aktie ab, begrenzen Sie bei schlechten fundamentalen Nachrichten den Verlust. Erwarten Sie nicht, dass sich jede Aktie positiv entwickelt. Es ist gefährlich, Verluste mit spekulativen Investments wettmachen zu wollen. Bei Pech und Kontrollverlust ist ein noch tieferer Absturz vorprogrammiert. Fatal und nervlich belastend ist es, Aktien auf Pump zu kaufen. Es droht der finanzielle Ruin. Freuen Sie sich, wenn 5 % Ihres breit gestreuten Depots bei langem Anlagehorizont einen Kursgewinn von 1.000 %, etwas darunter, mitunter auch darüber, verzeichnen und Sie trotz gelegentlicher Teilverkäufe diese Werte noch im steuerfreien Altbestand, evtl. auch im Neubestand seit 2009 besitzen. Da Sie mit verlustreichen Aktien nur Ihren Einsatz verlieren können, sorgen üppige Kursgewinne, die keine obere Grenze kennen, für erfreuliche Renditen – Teil einer Erfolgsstory.

Prahlen Sie nicht mit Ihren Kursgewinnen. Und schreiben Sie diese nicht allein Ihrer Cleverness, Ihrem Mut, Ihrer Entschlossenheit und Klugheit zu. Verinnerlichen Sie den Ausspruch des berühmten Börsenaltmeisters André Kostolany mit fünfmal **G**, den ich inhaltlich wiedergebe: **G**eld – **G**eduld – gute **G**edanken – **G**lück.

Weitere Kennzahlen 7 Nebenwerte: Plus 800 bis 2.000 %

Aktien, Nebenwert	WKN	Kauf- preis	Kurs am 26.07.16	Hoch/Tief 52 Wochen	Kursverlauf 1, 3, 5 Jahre
Aurelius	A0JK2A	2,70 €	53,80 €	57,20/38,05	+24/+147/+436 %
Bechtle	515 870	13,20 €	100,85 €	103,0/69,05	+31/+170/+194 %
Eurofins	910 251	15,90 €	334,00 €	367,2/258,9	+12/+107/+419 %
Hochtief	607 000	13,50 €	112,60 €	121,3/68,20	+49/+98/+93 %
Nemetschek	645 290	3,80 €	55,50 €	55,50/26,80	+58/+386/+575 %
Rational	701 080	33,80 €	434,80 €	473,7/312,1	+28/+99/+134 %
Sartorius Vz	716 563	5,40 €	73,25 €	73,25/39,00	+54/+244/+733 %

> **Unwissenheit als größter Feind einer vernünftigen Aktienanlage**

Am folgenden Ausspruch ist viel Wahres dran: *„Unkenntnis schützt vor Strafe nicht!"* Aber es kommt noch schlimmer: Diamanten- und orientalische Teppichhändler finden es in Ordnung, Nichtwisser über den Tisch zu ziehen und beim Kauf bis zu 50 % mehr zu verlangen und beim Verkauf nur die Hälfte vom fairen Handelspreis anzubieten. Börsenwissen lässt sich durch gute Literatur und Seminare aufbauen. Sie werden schon bald erkennen, dass an dem bekannten Börsenspruch *„100 minus Lebensalter = Aktienanteil"* wenig Wahres dran ist. Junge Leute wollen, aber können oft nicht: geringes Einkommen, Wohnung, Familie, Auto, Karriere, Anschaffungen, Immobilie, Firmengründung usw. Bei www.boerse.ARD.de gibt es flott zu lösende Wissenstests mit Lösungen und in diesem Buch auch.

Ebenso kritisch ist der Ratschlag zu beäugen: *„Sell in May and go away",* frei übersetzt: *„Verkaufe deine Aktien im Mai, und halte dich zunächst fern von der Börse!"* Die Landesbank Baden-Württemberg hat die DAX-Entwicklung über einen Zeitraum von 42 Jahren untersucht. Der September war mit einem Durchschnittsminus von 2,1 % der mit Abstand schlechteste Monat. Von 1983 bis 2010 aber kehrte sich das Bild um. Der technische Analyst Dimitri Speck berichtet: *„Man erkennt deutlich, dass der Mai kein schlechter, sondern nunmehr ein guter Börsenmonat war, und dass der beste saisonale Verkaufszeitpunkt jetzt im Juli lag – also zwei Monate später."* In den letzten dreieinhalb Jahrzehnten fiel der DAX im Schnitt nur im August und September ins Kursminus.

Kluges Verhalten an der Börse – ein Schlüssel zum Erfolg

❶	**Es gibt mehrere Erfolgswege.** Erarbeiten Sie Ihre eigene Philosophie. Sind Sie risikoscheu, meiden Sie Hebelprodukte. Sind Sie risikobewusst, ordern Sie neben DAX-Aktien Nebenwerte auch außerhalb MDAX, TecDAX, SDAX, außerdem ETFs, Auslandstitel und Themenfonds. Breite Streuung ist wichtig.
❷	**Ohne Disziplin und Selbstkontrolle geht nichts.** Werfen Sie nicht bei den ersten Misserfolgen Ihre Strategie und alle guten Vorsätze über Bord.
❸	**Sie brauchen Zeit und Durchstehvermögen.** Den Markt genau beobachten und vernünftige Schlüsse ziehen, bedeutet konzentrierte Arbeit. Es kann Spaß machen und spannend, aber auch anstrengend und zeitraubend sein.
❹	**Nutzen Sie mit Selbstvertrauen Ihre Stärken.** Nehmen Sie Ihre Chancen entschlossen wahr, und fühlen Sie sich verantwortlich. Mit Zögern und Zaudern verpassen Sie die günstigsten Einstiegs- und Ausstiegskurse.
❺	**Risikokontrolle ist der Schlüssel zum Erfolg.** Begrenzen Sie – abhängig von Ihrer Vermögensdecke – die einzelne Position auf 2 % bis 5 % Ihres Gesamtvermögens, um sich vor extremen Verlusten zu schützen.
❻	**Seien Sie geduldig, wenn Sie beste Einstiegskurse verpassen.** Oft kommt ein empfohlener Titel preislich zurück. Trösten Sie sich, dass es Alternativen gibt. Bei unsicherem Börsenklima ist es oft besser abzuwarten.
❼	**Steuern Sie Ihre Emotionen.** Lassen Sie sich nicht vom Bauchgefühl zu unüberlegtem Handeln verleiten. Verdrängen Sie Unangenehmes nicht. Folgen Sie nie einer einzigen Empfehlung. Nutzen Sie mehrere Infoquellen.

➤ **Kapital braucht Verstand und Disziplin**

Vorsicht vor Werbung für „Pferdeflüsterer" und „Börsenzauberer". Sei es für ein einfühlsames Trainingsprogramm bei gestörten Pferden, sei es als Kaufanreiz für ein Finanzseminar. Seriöse Börsenzauberer kenne ich ebenso wenig wie „Exklusiv-Geheimnisse", die es nie kostenlos gibt. Meist ist dies alles fauler Zauber.

Börsengänge 2016: Kleine Höhenflieger aus Schweden und Europa

Zu denken gibt eine schwedische Analyse Ende Juli 2016. Beim IPO seit 2014 schnitten Firmen mit 100 bis 250 Mio. € Börsenwert im Schnitt um ein Drittel besser ab als Dickschiffe. Beobachten Sie die Aktie der schwedischen Softwarefirma Catena Media, WKN A2ACNF, Kurs 25.07.16: 6,15 €, Hoch/Tief: 6,60/3,80 €, 3 Monate: +54 %. Ähnlich gut sieht es beim Komponentenhersteller GARO AB aus, WKN A2AFZQ, 17,95 €, 18,75/10,60 €, 3 Monate: +57 %. **Am 4. Aug. 2016 bestätigt das Handelsblatt für 2013 bis 2015: Europe Large Index: +11,5 %, Europe Mid Index: +15,8 %, Eur. Small Index: +20,6 %, Europe Micro Index: +17,6 %.**

9.3 Die wichtigsten Indizes weltweit und Nebenwerte-Sieger nach Finanzkennzahlen

Internationale Indexübersicht 2016 mit Punkten und Kursen				
Index	WKN	01. April 2016	Kursverlauf 1, 3, 5, 10 J.	Hoch/Tief 52 Wochen
DAX Performance	846 900	9.765 P.	-18/+26/+37/+64 %	12.391/8.699 P.
DAX Kursindex	846 744	4.895 P.	-20/+16/+17/+20 %	6.340/4.350 P.
MDAX	846 741	20.196 P.	-3/+52/+93/+133 %	21.680/17.434 P
TecDAX	720 327	1.641 P.	+2/+77/+75/+126 %	1.889/1.464 P.
SDAX	965 338	8.800 P.	+4/+55/+70/+72 %	9.183/7.504 P.
DivDAX Perform.	A0C 33D	245 P.	-22/+29/+40/+63 %	324/217 P.
DAXplus Family	A0Y KTN	5.059 P.	+7/+68/+89 %/k. A.	5.187/4.067 P.
GEX	A0A ER0	1.719 P.	+20/+97/-7/-5 %	1.862/1.398 P.
Entry Standard	A0G 834	421 P.	+3/+15/-29/-72 %	423/356 P.
EURO STOXX 50	965 814	2.953 P.	-20/+13/-0,3/-23 %	3.826/2.673 P.
STOXX 50	965 816	2.746 P.	-20/+2/+5/-21 %	3.603/2.557 P.
DOW JONES	969 420	17.793 P.	+1/+22/+44/+61 %	18.351/15.370 P
S&P 500	A0A ET0	2.073 P.	+1/+3/+56/+60 %	2.135/1.810 P.
Nasdaq 100	A0A E1X	4.613 P.	+5/+62/+94/+166 %	4.740/3.787 P.
Nikkei 225	A1R RF6	16.164 P.	-15/+34/+67/-5 %	2.953/14.866 P.
Hang Seng (China)	145 733	20.498 P.	-18/-8/-13/+30 %	28.443/18.319 P
RTX Russland	965 707	1.172 P.	-7/-43/-60/-48 %	1.536/805 P.
SMI Schweiz	969 000	7.688 P.	-15/-1/+20/-4 %	9.538/7.425 P.
FTSE 199 GB	969 378	6.146 P.	-9/-4/+3/+3 %	7.123/5.500 P.
OMX Schweden	965 526	3.121 P.	-11/+35/+18/+16 %	3.667/2.869 P.

Anmerkung: Im 1- und 3-Jahresvergleich war überraschend der Familienindex **GEX** vorn. Im 5-Jahresvergleich siegte der **MDAX**, in einem Jahrzehnt der **TecDAX**. International war der Siegeszug vom **Nasdaq 100** nicht zu stoppen. Die US-Technologiebörse Nasdaq dominierte in jedem Zeitraum. Es ist sinnvoll, TecDAX, MDAX, SDAX, DAXplus Family und Nasdaq mit ETFs abzudecken.

Mehrspurige Indexauswertung für den Nebenwertesektor				
Index	**WKN**	**01. April 2016**	**Kursverlauf 1, 3, 5, 10 J.**	**Hoch/Tief 52 Wochen**
DAX	846 900	9.765 P.	-18/+26/+37/+64 %	12.391/8.699 P.
Vergleich Nebenwerte	Binnen 20 Jahren schnitt der MDAX mehr als doppelt so gut wie der DAX ab. Gleiches gilt für den SDAX im 5-Jahres-Zeitraum. Der TecDAX schaffte in 3 Jahren ein dreimal so hohes Plus.			
Top-Aktien bei Kursgewinn	Nach 3 Jahren führt Infineon (107 %) vor Continental (105 %). In 5 Jahren liegen Conti (193 %) und Fresenius (184 %) vorn.			
Top-Dividende	Hier liegen E.ON 6,2 %, Allianz 5,4 %, Daimler 5,2 % vorn.			
Sieger/Verlierer drei Monate	08.04.2016: Adidas schafft ein Plus von 24 % dicht vor Vonovia mit 23 %. Hinten liegt die Dt. Bank mit einem Minus von 32 %.			
Anlagetipps	Bei Kursschwäche substanz-/dividendenstarke Aktien auswählen.			
Nicht so gut	Auf Standard-DAX-Fonds und DAX-ETFs möglichst verzichten.			
MDAX	846 741	20.196 P.	-3/+52/+93/+133 %	21.680/17.434 P
Vergleich DAX	Der MDAX schlägt den DAX seit zwei Jahrzehnten um Längen.			
Top-Aktien bei Kursgewinn	08.04.2016: Kursgewinn 3 Jahre: Ströer 206 %, 5 Jahre KUKA 446 %, DÜRR 420 %, ein Jahrzehnt: DMG Mori Seiki 465 %.			
Top-Dividende	Am 08.04.2016: BOSS 6,5 %, RTL 6,5 %, Aareal Bank 6,5 %.			
Sieger/Verlierer drei Monate	08.04.2016: Hochtief führt mit 39 % vor Aufsteiger Steinhoff mit 29 %. Schlusslicht ist BOSS, -20 %, vor Zalando mit -14 %.			
Anlagetipps	MDAX-Werte übergewichten, zu empfehlen ist ein MDAX-ETF.			
Eher schlecht	Sich nicht allein auf das „Heimatliebedepot" DAX konzentrieren.			
TecDAX	720 327	1.641 P.	+2/+77/+75/+126 %	1.889/1.464 P.
Vergleich DAX	Seit 3 Jahren TecDAX-Kursgewinn dreimal so hoch wie DAX.			
Top-Aktien bei Kursgewinn	08.04.2016: TecDAX auf Rekordjagd: Kursgewinne 3 Jahre: GFT 506 %, Nordex 365 %, XING 316 %; 5 Jahre: Sartorius 630 %, Nemetschek 478 %, GFT 401 %, Drillisch 391 %; 10 Jahre: Wirecard 2.545 %, Dialog Semiconduct. 1.339 %, Cancom 1.075 %.			
Top-Dividende	Es führen Freenet, 6,2 %, Telefónica, 5,5 %, Drillisch 5,2 %.			
Sieger/Verlierer drei Monate	08.04.2016: SLM Solutions +35 %, Software AG +34 %, Dialog +30 %; Verlierer: GFT, Nordex, Siltronik, Wirecard je -26 %.			
Anlagetipps	Gut: TecDAX-Software- und Biotechaktien sowie TecDAX-ETF			
Schlechter Rat	Den TecDAX nicht durch den Niedergang Neuer Markt belasten.			

Index	WKN	01. April 2016	Kursverlauf 1, 3, 5, 10 J.	Hoch/Tief 52 Wochen
SDAX	965 338	8.800 P.	+4/+55/+70/+72 %	9.183/7.504 P.
Vergleich DAX	Im 1-,3- und 5-Jahresvergleich schafft der SDAX gegenüber dem deutschen Leitindex mehr als doppelt so hohe Kursgewinne.			
Top-Aktien bei Kursgewinn	Ein Plus von 638 % in 3 Jahren von Hypoport und 618 % von Adler Real Estate ist ungewöhnlich. In 5 Jahren schaffte Adler ein rekordverdächtiges Plus von 1.876 %, gefolgt von Patrizia, +461 %. Im 10-Jahresvergleich liegt Bertrandt mit +729 % auf Platz 1.			
Top-Dividende	08.04.2016: Zeal Network erfreut mit einer Dividendenrendite von 6,8 %, Amadeus Fire 5,5 %, SAF Holland 5,4 %, HHLA 4,8 %.			
Sieger/Verlierer 3 Monate	Imposant Grammers Kursgewinn in 3 Monaten mit 52 %, abgeschlagen SGL Carbon und Hypoport, beide im Minus mit 21 %.			
Anlagetipps	Neben zielstrebiger Perlensuche bieten sich ein SDAX-ETF und alternativ auch Branchen-ETFs an, z. B. im Immobilienbereich.			
Nicht so gut	Statt Standardfonds besser Spezial- und Themenfonds ordern.			
DAXplus Fa.	A0Y KTP	5.059 P.	+7/+68/+89 %/k. A.	5.187/4.067 P.
Vergleich DAX	Der Familienindex mit den 30 größten Titeln, darunter 27 Nebenwerte, schlägt den DAX und beeindruckt im 3-Jahresvergleich.			
Top-Aktien bei Kursgewinn	Das 3-Jahresplus von Ströer, 602 %, und GFT, 506 % ist hoch. In 5 Jahren liegt Patrizia mit +528 % vor Nemetschek, +473 %. In 10 Jahren dominieren Nemetschek, +759 %, und GFT, + 613 %.			
Top-Dividende	Hier führt Axel Springer mit 4,1 % vor Metro, 3,8 %, beide MDAX.			
Sieger/Verlierer 3 Monate	08.04.2016: Das Spitzenplus schafft Software AG, TecDAX, 34 %, vor Rational, SDAX, +19 %. Letzter war GFT, TecDAX, -23 %.			
Anlagetipps	Einzelaktien gezielt auswählen, meine ETF-Suche war vergeblich.			
Weniger sicher	Riskant ist ein Stock Picking im GEX mit kleineren Familienfirmen.			
Nasdaq 100	A0A E1X	4.613 P.	+5/+62/+94/+166 %	4.740/3.787 P.
Vergleich dt. Nebenwerte	Die amerikanische Technologiebörse lässt dem DAX keinen Stich, ist aber auch noch erfolgreicher als TecDAX, MDAX und SDAX.			
Sieger, Verlierer 3 Monate	Im Dreijahresvergleich führen TESLA +583 %, Netflix +410 %, CTRIP +389 %. Im 5-Jahreszeitraum begeistern Regeneron mit +1.101 % und TESLA +1.086 %. In 10 Jahren schafft Priceline ein Rekordplus von 5.431 %, gefolgt von Amazon, +1.571 %.			
Anlagetipps	Neben Musterdepot und Einzelaktien ist ein ETF zu empfehlen.			
Nicht ratsam	Keineswegs auf die besten Biotechtitel im Nasdaq verzichten.			

Nebenwerte-Sieger nach Finanzkennzahlen Sommer 2016					
Aktienaus-wahl	WKN	Hoher Buchwert	14.07. 2016	Hoch/Tief 1 Jahr €	Kursverlauf 1, 3, 5 J.
Höchster Buchwert gegenüber dem Kurs in den Nebenwerte-Indizes					
Aareal Bank	540 811	40,70 €	28,55 €	38,10/21,55	-18/+48/+39 %
Dt. Pfandbrief	801 900	20,00 €	8,55 €	12,35/7,45	-10 %/IPO
Hapag-Lloyd	HLAG47	42,65 €	18,65 €	21,90/14,90	+14 %/IPO
Salzgitter	620 200	47,75 €	27,00 €	36,05/16,90	-18/+2/-48 %
W & W	805 100	38,20 €	16,60 €	20,45/15,35	+3/+18/-8 %
Aktienaus-wahl	WKN	Niedriges KGV 2016	14.07. 2016	Hoch/Tief 1 Jahr €	Kursverlauf 1, 3, 5 Jahre
Niedrigstes Kurs-Gewinn-Verhältnis (KGV): Basis faire Bewertung					
Adler Real Est.	500 800	7,8	12,45 €	15,20/10,05	-9/+498/+2.189
Dt. Pfandbrief	801 900	7,1	8,55 €	12,35/7,45	-10 %/IPO
Hapag-Lloyd	HLAG47	8,3	18,65 €	21,90/14,90	+14 %/IPO
HELLA	A13SX2	8,8	31,60 €	46,00/27,15	-24 %/IPO
SAF Holland	A0MU70	8,5	10,25 €	15,45/8,85	-27/+25/+19 %
Schaeffler	SHA015	7,8	13,05 €	17,45/11,25	-8 %/IPO
Talanx	TLX 100	8,1	27,10 €	30,35/23,20	-6/+17 %/IPO
W & W	805 100	6,4	16,60 €	20,45/15,35	+3/+18/-8 %
Aktienaus-wahl	WKN	Dividende Rendite	14.07. 2016	Hoch/Tief 1 Jahr €	Kursverlauf 1, 3, 5 Jahre
Höchste Dividendenrendite: Reaktion auf die Nullzinspolitik					
Aareal Bank	540 811	1,9 €/6,7 %	28,55 €	38,10/21,55	-18/+48/+39 %
Amadeus Fire	509 310	3,6 €/5,9 %	61,15 €	92,60/52,55	-26/+36/+102 %
Dt. Pfandbrief	801 900	0,5 €/6,0 %	8,55 €	12,35/7,45	-10 %/IPO
Drillisch	554 550	1,8 €/5,2 %	35,00 €	49,60/32,60	-11/+161/+328
Freenet	A0Z2ZZ	1,6 €/6,4 %	25,20 €	33,10/22,20	-20/+39/+200 %
Hannover Rück	840 221	4,8 €/5,2 %	50,05 €	113,9/46,00	-51/-43/-28 %
Hugo Boss	A1PHFF	3,0 €/5,7 %	53,80 €	120,4/49,90	-53/-38/+13 %
K+S	KSAG88	1,2 €/6,1 %	20,00 €	38,65/17,40	-46/-25/-63 %
SAF Holland	A0MU70	0,6 €/5,5 %	10,25 €	15,45/8,85	-27/+25/+19 %
Zeal Network	TPP 024	2,8 €/8,0 %	34,75 €	49,65/29,80	-24/-20/+6 %

9.4 Kleines Finale: fünf Nebenwerte-Tests

Schnelltest Nr. ❶ zur Wissensüberprüfung		
Nr.	**Aufgabenstellung – Lösung im Anhang auf S. 319**	**Punkte**
1	Börsenrätsel: Setzen Sie die fehlenden Buchstaben ein. Das aus 11 Anfangsbuchstaben zu bildende Lösungswort gehört zur Börse.	11 [ ]
1.1	Bewerten Aktien/Firmen/Fonds	1 [ ]
1.2	Hauptziel Aktienanlagen	1 [ ]
1.3	Nebenwerte-Index	1 [ ]
1.4	Preissteigerung	1 [ ]
1.5	Wichtiges Ziel Autoindustrie	1 [ ]
1.6	Vorgänger vom TecDAX	1 [ ]
1.7	Firmenzusammenschluss	1 [ ]
1.8	Kauf- oder Verkaufsauftrag	1 [ ]
1.9	Technologiebörse USA	1 [ ]
1.10	Gewinnausschüttung	1 [ ]
1.11	Wichtig für Börsenerfolg	1 [ ]

Nr.	**Wissen: Was stimmt komplett? Was ist falsch? Kreuz!**	Ja	Nein	Punkte
2				12 [ ]
2.1	„Aus dem Bauch", emotionell handeln ist immer richtig.		X	1 [ ]
2.2	Sich an Nebenwerte-Kauftipps der Börsengurus orientieren.		X	1 [ ]
2.3	Fundiertes Börsenwissen bietet Schutz vor Manipulation.	X		1 [ ]
2.4	Eine Infoquelle reicht für Aktienkauf/-verkauf locker aus.		X	1 [ ]
2.5	Stimmt oft: Gier frisst Hirn, und Panik tötet den Verstand.	X		1 [ ]
2.6	Guter Rat: Gewinne laufen lassen, Verluste aussitzen.	X		1 [ ]
2.7	Bei ETFs ist Ausgabeaufschlag niedriger als bei Aktienfonds.			1 [ ]
2.8	Prime Standard: MDAX, TecDAX, SDAX und Entry Standard.			1 [ ]
2.9	Ethik-Themenfonds können bezüglich Rendite mithalten.		X	1 [ ]
2.10	Value-Anlage: Aktien konjunkturunabhängig, nachhaltig.			1 [ ]
2.11	Growth-Strategie: Versorger, Konsumgüter, Versicherungen.			1 [ ]
2.12	Einwert-Strategie ratsam, da Kosten und Risiko gering.			1 [ ]

Nr.	**Zuordnungstest: Welche Aussagen treffen völlig zu?**	Nr.	Punkte
3			16 [ ]
3.1	**Risikofreudiger Anlegertyp:** 1) Nur Value-Aktien. 2) Nur Nebenwerte. 3) Hoch/Tief-Mutstrategie. 4) Auch SDAX-Titel. 5) Auch Biotechaktien. 6) Kein TecDAX. 7) Auch Aktien aus DAXplus Family und GEX. 8) Verzicht auf ETFs.	Nr.	8 [ ]
3.2	**Kaufsignale:** 1) Ölpreis schwankt stark. 2) Verstärkte Investitionen. 3) Historisch niedriges KGV. 4) Buchwert nahe am Kurs. 5) Immobilienblase droht. 6) Negative Vorstandsprognose. 7) Geringe Exportquote. 8) Dividende wird angehoben.	Nr.	8 [ ]
	37 - 39 P. = 1, 33 - 36 P. = 2, 28 - 32 P. = 3, 22 - 27 P. = 4	Ziel: 39 P. [ ]	

Nr.	Aufgabenstellung – Lösung im Anhang auf S. 320			Punkte
Schnelltest Nr. ❷ zur Wissensüberprüfung				
1	**Börsenrätsel: Setzen Sie die fehlenden Buchstaben ein. Das aus 12 Anfangsbuchstaben bestehende Lösungswort stuft Anleger ein.**			12 [ ]
1.1	Wertpapierertrag			1 [ ]
1.2	Anderer Name für ETF			1 [ ]
1.3	Aktienart			1 [ ]
1.4	Wachstumsvoraussetzung			1 [ ]
1.5	Charttechnik liefert:			1 [ ]
1.6	Mindestens je 1.000 €			1 [ ]
1.7	Brillenaktie			1 [ ]
1.8	Aktienfonds-Bewertung			1 [ ]
1.9	Anlagemöglichkeit			1 [ ]
1.10	Begriff aus Charttechnik			1 [ ]
1.11	Bevölkerungsentwicklung			1 [ ]
1.12	Anlage mit gutem Gewissen			1 [ ]

Nr.	**Wissenstest: Was stimmt? Was ist falsch? Ankreuzen!**	Ja	Nein	Punkte
2	**Wissenstest: Was stimmt? Was ist falsch? Ankreuzen!**	Ja	Nein	12 [ ]
2.1	Finanzkennzahlen und Charttechnik schließen einander aus.			1 [ ]
2.2	Gesundheits-/Software-/Immobilienbranche chancenreich.			1 [ ]
2.3	Geschäftsmodell bei Softwarefirmen: Cloud, Digitalisierung.			1 [ ]
2.4	Rohstoffmarkt spielt langfristig weltweit keine Rolle mehr.			1 [ ]
2.5	Risikofreudige Anleger wählen nur Value-Aktien aus.			1 [ ]
2.6	Aktien ohne Dividende haben keinen Platz im guten Depot.			1 [ ]
2.7	Das Einzige, was für den Erfolg zählt, ist ein niedriges KGV.		✕	1 [ ]
2.8	Meide die gefährlichen Vier: Euphorie, Panik, Angst und Gier	✕		1 [ ]
2.9	Bei Autotiteln ist das KGV generell höher als bei Biotech.			1 [ ]
2.10	ETFs schneiden oft besser als der Vergleichsindex ab.	✕		1 [ ]
2.11	Ein ausgewogenes Depot enthält Value- und Growth-Aktien.	✕		1 [ ]
2.12	Aktienfonds sind aktiv gemanagt, klassische ETFs passiv.	✕		1 [ ]

Nr.		Nr.	Punkte
3	**Welche Aussagen stimmen zur Beispielreihe Crash?**	Nr.	6 [ ]
	1) Nur im Oktober zu befürchten. 2) Nur bei Platzen von Spekulationsblasen möglich. 3) Droht bei großen Krisenherden. 4) Undenkbar bei stabiler Konjunktur. 5) Bei einem Kernkraft-GAU. 6) Typisch: Panikausverkauf aller Aktien.	Nr.	6 [ ]
4	**Welche Aussagen stützt die Börsenpsychologie?**	Nr.	6 [ ]
	1) Zielmotive realistisch einschätzen. 2) Bei Panik alles verkaufen. 3) Sich für sein Tun verantwortlich fühlen. 4) Dem Herdentrieb folgen. 5) Bei Hektik nach Bauchgefühl handeln. 6) Nur Infos nutzen, die der eigenen Meinung entsprechen.	Nr.	6 [ ]
	34 - 36 P. = 1, 30 - 33 P. = 2, 25 - 29 P. = 3, 20 - 24 P. = 4	36 P.	[ ]

Nr.	Aufgabenstellung – Lösung im Anhang auf S. 321		Punkte
1	**Börsenrätsel: Setzen Sie die fehlenden Buchstaben ein. Das aus 14 Anfangsbuchstaben bestehende Lösungswort zählt zur Strategie.**		**14 [ ]**
1.1	Börsentransaktion		1 [ ]
1.2	Vorn beim Kursgewinn		1 [ ]
1.3	Grund für Kursausschläge		1 [ ]
1.4	Leitet Hauptversammlung		1 [ ]
1.5	Offensivstrategie		1 [ ]
1.6	Hauptziel vom Börsengang		1 [ ]
1.7	Beeinflusst Börsentrends		1 [ ]
1.8	Großer Aktienindex		1 [ ]
1.9	Zahlungsunfähigkeit		1 [ ]
1.10	Begriff Charttechnik		1 [ ]
1.11	Fürchten Anleger u. Firmen		1 [ ]
1.12	Von Experten begehrt		1 [ ]
1.13	Freundlich oder feindlich		1 [ ]
1.14	Kleine Nebenwerte		1 [ ]
2	**Nebenwerte: Was stimmt? Was ist falsch? Ankreuzen!**	**Ja Nein**	**8 [ ]**
2.1	Das Risiko ist viel geringer als bei großen Unternehmen.	Nein ✗	1 [ ]
2.2	TecDAX-/SDAX-Aufstieg auch für Entry-Standard-AGs		1 [ ]
2.3	Seit 20 Jahren: MDAX Kursgewinn doppelt so hoch wie DAX.		1 [ ]
2.4	Anlageerfolg bei Nebenwerten reine Glückssache.		1 [ ]
2.5	Im breit gestreuten Aktiendepot Nebenwerte übergewichten.	Ja ✗	1 [ ]
2.6	Dividende beim MDAX im Schnitt viel niedriger als beim DAX.	Nein ✗	1 [ ]
2.7	KGV im TecDAX im Schnitt höher als beim DAX.		1 [ ]
2.8	Auf- und Abstieg bei MDAX, TecDAX, SDAX einmal jährlich.		1 [ ]
3	**A sucht B. Bilden Sie die passenden Wortpaare.**	**A/B**	**13[ ]**
3.1	A1) Defensivstrategie. A2) Offensivstrategie. A3) Small-Cap-Index. A4) Klassischer Mid-Cap-Index. A5) Nasdaq. A6) Familienfirmen-Index. A7) Prime Standard. A8) „Gier …!" A9) Bewährt sich im Crash. A10) TecDAX. A11) Breite Streuung. A12) Ordergebühren. A13) Antizyklisches Handeln.	A1/B A2/B A3/B A4/B A5/B A6/B	1 [ ] 1 [ ] 1 [ ] 1 [ ] 1 [ ] 1 [ ]
3.2	B1) MDAX. B2) Handeln gegen den Herdentrieb. B3) „… frisst Hirn!" B4) Transaktionskosten. B5) Value-Aktien. B6) Technologiebörse USA. B7) Diversifikation. B8) In den letzten Jahren dreimal so hoher Kursgewinn wie DAX. B9) Strenge Auflagen. B10) Growth-Aktien. B11) SDAX. B)12 Hoch/Tief-Mutstrategie. B13) GEX und DAXplus Family.	A7/B A8/B A9/B A10/B A11/B A12/B A13/B	1 [ ] 1 [ ] 1 [ ] 1 [ ] 1 [ ] 1 [ ] 1 [ ]
	33 - 35 P. = 1, 29 - 32 P. = 2, 25 - 28 P. = 3, 20 - 24 P. = 4	**35 P.**	**[ ]**

	Schnelltest Nr. ④ zur Wissensüberprüfung		
Nr.	**Aufgabenstellung – Lösung im Anhang auf S. 322**		**Punkte**
1	**Börsenrätsel: Setzen Sie die fehlenden Buchstaben ein. Das 10 Anfangsbuchstaben umfassende Lösungswort nennt eine Aktienart.**		10 [ ]
1.1	Technologiebörse Amerika		1 [ ]
1.2	Wichtiger Zukunftsmarkt		1 [ ]
1.3	Profitiert von Demografie		1 [ ]
1.4	Mehr Risiko als beim ETF		1 [ ]
1.5	Börsengang/IPO		1 [ ]
1.6	Erneuerbare Energie		1 [ ]
1.7	Ausgebende Bank		1 [ ]
1.8	Anlageziel		1 [ ]
1.9	Anleger fürchten sich vor		1 [ ]
1.10	Aktien-Index		1 [ ]
2	**Welche zwei Aussagen sind falsch? Nummern einsetzen!**	14	[ ]
2.1	**Gesundheitsbranche:** 1) Biotech, 2) Medtech, 3) Pharma, 4) Nanotechnologie, 5) Wirkstoffforschung, 6) Digitalisierung		2 [ ]
2.2	**ETF:** 1) Sondervermögen, 2) stets aktiv gemanagt, 3) kleiner Ausgabeaufschlag, 4) deckt den Index ab, 5) Indexfonds		2 [ ]
2.3	**Zukunftstrends:** 1) Industrie 400, 2) Cloud-Computing, 3) Internet der Dinge, 4) Kosmetik, 5) Big Data, 6) Hardware		2 [ ]
2.4	**MDAX:** 1) 50 klassische Werte, 2) nur deutsche Titel, 3) Auf-/Abstieg einmal jährlich, 4) Mid Caps, 5) besser als DAX		2 [ ]
2.5	**TecDAX:** 1) 50 Technologietitel, 2) auch ausländische Titel, 3) Nachfolger Neuer Markt, 4) Micro Caps, 5) viel Software		2 [ ]
2.6	**SDAX:** 1) 30 klassische Werte, 2) nur deutsche Titel, 3) Prime Standard, 4) Small Caps), 5) Industrietitel, 6) Bankaktien		2 [ ]
2.7	**Psychologie:** 1) Herdentrieb, 2) Charts, 3) Panikausverkauf, 4) Value, 5) Scheuklappensyndrom, 6) dominante Sichtweise		2 [ ]
3	**A sucht B. Bilden Sie die passenden Wortpaare.**	A/B	12 [ ]
3.1	A1) Handel mit geliehenen Aktien. A2) Konjunkturunabhängige Aktien. A3) Stop-Loss-Orders. A4) Familienindex. A5) Zyklische Aktienanlage. A6) Strenge Zulassungsauflagen. A7) Schlägt seit 20 Jahren den DAX um Längen. A8) Psychologischer Faktor. A9) Entry Standard. A10) Breit gestreut: ... A11) Meide die gefährlichen Vier: ... A12) TecDAX	A1/B A2/B A3/B A4/B A5/B A6/B A7/B	1 [ ] 1 [ ] 1 [ ] 1 [ ] 1 [ ] 1 [ ] 1 [ ]
3.2	B1) Value. B2) Halbjähriger Auf-/Abstieg. B3) MDAX. B4) Geringere Zulassungsauflagen. B5) Herdentrieb. B6) Automatisch ausgelöste Verkäufe. B7) ... Euphorie, Panik, Angst und Gier. B8) ... nie bereut. B9) DAXplus Family. B10) Growth. B11) Leerverkäufer. B12) Prime Standard.	A8/B A9/B A10/B A11/B A12/B	1 [ ] 1 [ ] 1 [ ] 1 [ ] 1 [ ]
	34 - 36 P. = 1, 30 - 33 P. = 2, 25 - 29 P. = 3, 20 - 24 P. = 4	36 P.	[ ]

Nr.	Aufgabenstellung – Lösung im Anhang auf S. 323	Punkte
1	**Börsenrätsel: Setzen Sie die fehlenden Buchstaben ein. Das aus 14 Anfangsbuchstaben bestehende Lösungswort nennt eine Branche.**	14 [ ]
1.1	Fonds aus Aktien/Anleihen	1 [ ]
1.2	Grundlage für Aktienorder	1 [ ]
1.3	Ausschüttung für Aktionäre	1 [ ]
1.4	Zahlungsunfähigkeit	1 [ ]
1.5	Einfluss auf Aktienstrategie	1 [ ]
1.6	Viele Werte: MDAX/SDAX	1 [ ]
1.7	Aktienart	1 [ ]
1.8	Strategieempfehlung	1 [ ]
1.9	Eröffnungskurs bei IPO	1 [ ]
1.10	Börseninformationsquelle	1 [ ]
1.11	TecDAX-Merkmal	1 [ ]
1.12	US-Technologie-Index	1 [ ]
1.13	Oberbegriff, Name für ETF	1 [ ]
1.14	Einflussfaktor Börsentrend	1 [ ]
2	**Nebenwerte: Was stimmt? Was ist falsch? Ankreuzen!** Ja Nein	8 [ ]
2.1	Nasdaq 100: Es ist der Index für Technologieaktien weltweit.	1 [ ]
2.2	Den MDAX und SDAX gibt es schon seit 20 Jahren.	1 [ ]
2.3	Der DAXplus Family Index besteht nur aus Nebenwerten.	1 [ ]
2.4	GEX-Mitglieder dürfen maximal 10 Jahre börsennotiert sein.	1 [ ]
2.5	Aufstieg in TecDAX und MDAX setzt Prime Standard voraus.	1 [ ]
2.6	Für SDAX-Aufstieg reicht die Notierung im Entry Standard.	1 [ ]
2.7	TecDAX als Nachfolger Neuer Markt besteht seit 20 Jahren.	1 [ ]
2.8	10 Jahre: SDAX gegenüber DAX doppelt so viel Kursgewinn.	1 [ ]
3	**Welche zwei Aussagen treffen zu? Bitte Nummern einsetzen**	8 [ ]
3.1	**Nasdaq 100:** 1) Vergleichbar mit TecDAX. 2) Etwas mehr Kursgewinn als TecDAX. 3) Nur Biotech fehlt hier. 4) Keine Nasdaq-ETFs im Angebot. 5) Hightechtitel: keine Dividende. Nr.	2 [ ]
3.2	**Biotech:** 1) Boom in Europa. 2) Viele Übernahmen Pharma/Biotech. 3) Weniger neue Wirkstoffe. 4) Biotech-ETF USA. 5) Auch MDAX-Biotechtitel. 6) Gentechnik bei Biotech verboten. Nr.	2 [ ]
3.3	**Aktienrendite:** 1) Altbestand vor 2010 steuerfrei. 2) Keine Abgeltungsteuer bei ETF. 3) ETF-Sondervermögen. 4) Aktienfonds passiv gemanagt. 5) Kein Ausgabeaufschlag ETF. Nr.	2 [ ]
3.4	**Strategie:** 1) DAX-Aktienfonds am besten. 2) Einwert-Strategie gut. 3) Geld/Glück/Geduld. 4) Bei wenig Geld/Zeit ETF. Nr.	2 [ ]
	28 - 30 P. = 1, 25 - 27 P. = 2, 21 - 24 P. = 3, 17 - 20 P. = 4 30 P.	[ ]

9.5 Nachlese: Interview ❶ mit dem Verlag AXEL SPRINGER – Redaktion Politik/Wirtschaft

BILD.de und BILD-online-Wirtschaftsredaktion,
Gesprächspartnerin: Inga Frenser, am 10. März 2016

BILD: Viele Bürger suchen in Zeiten von Minizinsen händeringend nach Chancen, ihr Geld anzulegen – gerade auch als Altersvorsorge –, möglichst risikoarm. Viele Leute haben aber Angst, sichere Häfen wie das Sparkonto zu verlassen. Was raten Sie diesen Menschen?

Beate Sander: In den aktuellen Zeiten der Nullzinspolitik bedeutet das Belassen von Vermögen auf dem Sparbuch eine schleichende Kapitalvernichtung und keinen Start in eine vernünftige Altersvorsorge. Leider ist es um das Wirtschaftswissen der Bundesbürger sehr schlecht bestellt. Nachdem der Ausspruch *„Unkenntnis schützt vor Strafe nicht!"* voll bestätigt wird, ist es wichtig, sich das wirtschaftliche Grundwissen anzuzeigen. Das ist gar nicht so schwierig. Es gibt ganz einfache Einsteiger-Literatur, und sogar Volkshochschulen bieten schon Kurse an.

Fakt ist: Nachdem als sicher geltende Bundesanleihen keinen Zins mehr abwerfen, sondern mit Strafzinsen belastet werden, kommt niemand an Aktien vorbei, sofern er sein Vermögen vermehren und nicht schleichend verringern will.

BILD: Wie lautet Ihr kleines 1x1 für eine vernünftige Geldanlage – die auch Laien verstehen?

Sander: *„Ein Seemann, der nicht weiß, welches Ufer er ansteuern soll, für den ist kein Wind der richtige".* Diese Lebensweisheit zeigt auf, dass man sich darüber im Klaren sein muss, was man wirklich kann und will.

BILD: Müssen Jüngere anders agieren als Ältere?

Sander: Es ist ein Riesenunterschied, ob ich mein Vermögen für ein finanziell sorgenfreies Alter aufbauen oder erhalten will. Ob ich Berufseinsteiger oder Rentner bin, ob es um Familiengründung und große Anschaffungen geht. Ob ich im Lebensherbst die Ernte einfahren will oder weiterhin interessiert bin, mit erstklassigen Aktien mein Vermögen zu vermehren.

BILD: Welche Fragen muss ich mir genau stellen?

Sander: Wichtig ist, dass man einen Kassensturz macht und ganz aufrichtig mit sich selbst ist. Sechs wichtige Punkte im Überblick:

> Ich muss meine Risikoneigung abschätzen, also in Abstufungen sicherheitsbewusst bis risikofreudig. (Dazu dient das Baukastenmodell auf S. 158.)

> Ebenso wichtig ist der Anlagehorizont: kurz-, mittel- oder langfristig.

> Wie hoch sind meine Vermögensdecke und meine Monatsausgaben?

> Welche Anlageziele und Anlageerwartungen habe ich?

> Das A und O ist das Lebensalter. Mit 20, 35, 50 oder 65 Jahren sieht die Lebensplanung sehr unterschiedlich aus.

> Wie sehen meine Familienverhältnisse und etwaige soziale Verpflichtungen wie Pflege von Angehörigen aus? Möglicherweise spielen auch steuerrechtliche Gründe eine Rolle.

BILD: Das sind die Voraussetzungen. Doch wie sehen die Eckpfeiler bei einem fundierten Vermögensaufbau aus?

Sander: Das A und O lautet: *„Breit gestreut – nie bereut!"* Inwieweit der Einzelne diese Grundforderung erfüllen kann, hängt weitgehend vom Vermögen ab.

Ideal sind: „Betongold", also bezahlbare Eigentumswohnung oder Eigenheim in guter Lage von Wachstumsstädten. Bei hohem Vermögen sind auch Immobilienprojekte zum Vermieten interessant, aber nicht auf dem Lande, weil es billiger ist, sondern in deutschen Mittel- und Großstädten mit Bevölkerungswachstum.

Ein kleiner Anteil, 5 bis 12 %, kann physisches Gold in Form von Barren oder Anlagemünzen sein. Schmuck ist Ausdruck von Liebe und Zuneigung, als Kapitalanlage jedoch kaum geeignet. Für Könner sind auch Goldminenaktien interessant.

Sparbuch und Staatsanleihen bringen wegen Nullzinspolitik oder Strafzinsen gar nichts. Also sind Einzelaktien breit gestreut oder ETFs und Themenfonds als attraktive Vermögensanlage für Leute mit wirtschaftlichen Grundkenntnissen und Lernbereitschaft unverzichtbar. Auf Währungen und Rohstoffe zu spekulieren erscheint mir zu riskant, zumal kaum berechenbar.

BILD: Laien steigen spätestens bei den Begriffen ETF oder Indexfonds aus. Ist das wirklich so kompliziert?

Sander: Nein, eigentlich ist es ganz einfach!

Die weltweit bekannten Aktien sind in einem Index bzw. Börsenbarometer gelistet. In Deutschland ist dies der Leitindex DAX mit den 30 größten deutschen Unternehmen, vergleichbar mit der 1. Fußballbundesliga. Aber so wie auch die 2. und 3. Fußballbundesliga zu beachten sind und Aufmerksamkeit verdienen, gibt es unterhalb vom DAX den MDAX, TecDAX und SDAX.

Während sich die besten Profilclubs für die europäischen Wettbewerbe qualifizieren wollen, sind die erfolgreichsten Unternehmen der Eurozone oder europaweit im EURO STOXX 50 oder STOXX 50 gelistet.

Alle größeren Nationen haben eigene Börsenbarometer, in den USA der Leitindex DOW JONES und für Technologie der NASDAQ 100. Dies als Kurzinformation, um zu verstehen, was sich hinter ETFs und Aktienfonds verbirgt.

BILD: Und was ist nun ein ETF genau?

Sander: Ein börsengehandelter ETF bildet einen Index wie den DAX exakt nach. So lassen sich weltweit alle wichtigen Märkte gut abdecken. Da damit wenig Arbeit verbunden ist, gibt es keinen Ausgabeaufschlag, und die jährlichen Verwaltungsgebühren sind niedrig, im Schnitt nur 0,35 %.

Wenn Sie zur Bank gehen und einen ETF kaufen wollen, könnte der Berater wegen der geringen Provision sagen: *„Was, Sie wollen ein Produkt kaufen, das nie gegen DAX & Co. gewinnen kann?"*

Die Antwort eines Könners lautet: *„Ich kann nicht gewinnen, aber eben auch nicht verlieren. 80 bis 90 % der großen Standardfonds schneiden schlechter als der Index ab. Hinzu kommt oft ein Ausgabeaufschlag von 5 %. Und die durchschnittliche jährliche Verwaltungsgebühr beträgt 1,9 %."*

BILD: In welche Branchen lohnt es sich, jetzt zu investieren – und wovon sollte man lieber die Finger lassen?

Sander: Es gibt drei große Zukunftsmärkte.

➢ Markt 1: Gesundheitswesen. Da können Sie aus dem DAX Bayer, Fresenius, FMC und Merck kaufen, aber diesen Sektor auch ideal mit einem passiv gemanagten ETF abdecken, bei entsprechender Vermögensdecke aufgeschlüsselt in Pharma, Medizintechnik und Biotechnologie international.

➢ Markt 2: Bauindustrie mit Immobilien. Im DAX bietet sich Vonovia an. Im MDAX und SDAX gibt es mehrere erstklassige Immobilienaktien. Auch hier können Sie den gesamten Sektor mit einem deutschen oder internationalen Immobilien-ETF abdecken. Allein schon wegen des gewaltigen Flüchtlingszustroms fehlt es an bezahlbarem Wohnraum an allen Ecken und Enden.

➢ Markt 3: Industrie 4.0, Internet der Dinge, Digitalisierungs- und Vernetzungsmegatrend, Robotik und Cloud-Computing. Da gibt es die großen internationalen Konzerne wie Facebook, Alphabet bzw. Google, Amazon, Microsoft, Netflix und Samsung. Hinzu kommen erstklassige Softwarekonzerne aus dem DAX wie SAP oder TecDAX, z. B. Bechtle und Nemetschek. Hier bietet sich ein deutscher Software-ETF oder ein weltweiter Themenfonds an.

Wer Autos liebt und hier von der Qual der Wahl schier erdrückt wird, kann einen Autoindustrie-ETF erwerben oder sollte sich die Premium-Autobauer Daimler und BMW ins Depot legen. Chancenreich erscheint auch ein internationaler Wasser-ETF. Durch die Überbevölkerung wird das „blaue Gold Wasser" immer knapper, wertvoller und teurer.

BILD: Wie viel Geld muss man in die Hand nehmen, damit eine Anlage in ETFs oder Aktien wirklich Sinn macht?

Sander: Pro Titel sollten es nicht unter 1.000 € sein. Sonst fressen die Transaktionskosten mögliche Gewinne auf. Bei wenig Geld lege ich pro Aktie oder ETF 1.000 bis 2.000 € an, bei sechsstelligem Vermögen eher 4.000 bis 5.000 € pro Order. Sind insgesamt 10.000 € verfügbar, wähle ich am besten sechs bis maximal zehn unterschiedliche ETFs aus. Je höher mein Vermögen ist, umso mehr kann ich ETFs, Themenfonds und erstklassige Aktien mischen. Dabei sollte ich keineswegs nur das „Heimatliebedepot DAX" pflegen. Nebenwerte schneiden im Langzeitvergleich viel besser ab, MDAX und SDAX doppelt so gut wie der Leitindex, der Technologie-Index TecDAX seit drei Jahren dreimal so viel wie der DAX. Gar nicht gutzuheißen sind Aktienkäufe auf Kredit. Da zahlt man am Ende oft drauf. Und was man unbedingt vermeiden muss: Kein Panikausverkauf im Crash, kein schnelles Rein und Raus, denn *„viel Hin und Her macht Taschen leer"*, und schon gar keine Einwert-Strategie, vergleichbar mit dem Russischen Roulette.

BILD: Wie können sich Privatanleger schützen, um nicht von Kapitalbetrügern „abgezockt" zu werden?

Sander: Der beste Schutz dürfte mein Börsenspruch sein: *„Meide die gefährlichen Vier: Euphorie, Panik, Angst und Gier!"* Die Anlagebetrüger auf dem Grauen Kapitalmarkt appellieren an Gier und Herdentrieb. Sie bieten auch heute noch hohe Zins- und Renditesätze an, schmeicheln sich mit Komplimenten und teuren Statussymbolen ein oder erfinden Geschichten von notleidenden Enkeln und anderen Familienangehörigen. Unerbetene Anrufe sind verboten. Legen Sie sofort auf, wenn Ihnen jemand dubiose Geldanlagen schmackhaft machen will.

Fazit: Aus der Fehler-Unkultur eine Fehler-Kultur entwickeln

➢ **Es macht keinen Spaß, eigene Fehler zuzugeben und sich dafür auch noch zu entschuldigen. Dies zeugt nicht von Unterwerfung und Duckmäusertum, sondern eher von menschlicher Größe und vielleicht auch von Demut. Fehler sind nützlich, wenn man sie schonungslos aufdeckt und aufarbeitet. Dies gilt in hohem Maße auch für das Verhalten an der Börse. Orientieren wir uns an dem Historiker Thomas Carlyle: *„Der schlimmste aller Fehler ist, sich keines solchen bewusst zu sein."***

9.6 Nachlese: Interview ❷ mit dem Verlag AXEL SPRINGER – Schwerpunkt Nebenwerte

BILD-de und BILD-online-Wirtschaftsredaktion,

Gesprächspartnerin: Inga Frenser, am 06. April 2016,

Themenschwerpunkt: Nebenwerte-Aktien

BILD: 42,3 Milliarden Euro schütten die 600 börsennotierten deutschen Unternehmen in diesem Jahr an ihre Aktionäre aus. Das meiste Geld fließt ins Ausland. Diese Anleger haben erkannt: In Deutschland kann man mit Aktien richtig Geld verdienen.

Beate Sander: Ja, man muss sich nicht enteignet fühlen und alljährlich durch entgangene Zinsen im Schnitt einen Verlust von über 2.000 € einfahren, wenn man in Aktien investiert und den Ersatzzins Dividende nutzt. Wer nach den großzügigsten Unternehmen allerdings im DAX sucht, wird nur wenige finden. Die Perlen verstecken sich in der 2. und 3. Börsenliga – genau im MDAX, TecDAX und SDAX.

BILD: Warum schlagen kleinere AGs oft die Schwergewichte aus dem DAX?

Beate Sander: Schnellboote sind manövrierfähiger als große Dickschiffe. Sie reagieren flexibler auf unterschiedlichste Herausforderungen. Im Index für die 30 größten deutschen Unternehmen, dem DAX, wird nur einmal im Jahr Leistungsbilanz gezogen und notfalls ausgewechselt. Dabei müssen die größten Unternehmen des Landes vertreten sein. Anders geht man in den unteren Ligen vor. Austausch zweimal jährlich. Schlechte Umsatz- und Ergebnisleistung wird bestraft.

BILD: Warum sind MDAX, TecDAX und SDAX so erfolgreich?

Beate Sander: Dafür gibt es mehrere Gründe:

> Ausländische Stars dürfen mitspielen. In die Nebenwerte-Indizes können auch ausländische Firmen einziehen, sofern sie an der Deutschen Börse AG in Frankfurt notiert sind. Da bietet sich ein Vergleich an: Auch die Fußballbundesliga profitiert von ihren ausländischen Stars.

> Häufige Frischzellenkur. Die zahlreichen Börsengänge sorgen für ständige Blutauffrischung bei den Nebenwerte-Indizes. Die schlechtesten Firmen bezüglich Börsenwert, Umsatz und Streubesitz müssen Platz schaffen für Neulinge, die oft begeistern, Fantasie und hohe Erwartungen wecken.

> „Entdecker-Gen". Solange die Firmengründer aktiv sind, im TecDAX 9 von 30 Gesellschaften, im DAX 2, dominiert innovatives Denken und Handeln.

> Mehr Verantwortungsbewusstsein. Bei den Nebenwerten gibt es viele familiengeführte Unternehmen. So hat der noch ziemlich junge Index DAXplus Family 30 nur drei DAX-Titel als Mitglieder. Die übrigen 27 Aktien stammen aus TecDAX, MDAX und der Rest aus dem SDAX.

Familienfirmen wirtschaften nachhaltiger, weil sie sich ihren Angehörigen, Mitarbeitern und der Region verpflichtet fühlen und nicht auf schnelle Quartalsgewinne ausgerichtet sind. Fremdmanager werden dagegen genauso oft gefeuert wie die Cheftrainer in der 1. Fußballbundesliga.

Fazit: Auch der DAXplus Family schnitt im Drei- und Fünfjahresvergleich doppelt so gut wie der DAX ab.

> Versteckte Champions. In den unteren Aktien-Ligen tummeln sich oft Unternehmen, die sich eine Marktnische aufgebaut haben und hier mittlerweile Weltmarktführer sind. Das macht sie stark. Außerdem spielen bei diesen Unternehmen Währungsturbulenzen keine so große Rolle wie bei den global ausgerichteten Großkonzernen.

Fazit: Wer als Anleger in einen börsengehandelten Indexfonds, also ETF vom MDAX, TecDAX oder SDAX investiert und damit automatisch Anteile von allen gelisteten Unternehmen kauft, profitiert von der Stärke der Champions. Er hält das Verlustrisiko eher gering. Da sich jedoch fast alles in den Medien nur um den DAX dreht, sind diese Faktoren vielen Privatanlegern unbekannt.

BILD: Blick in das Aktiendepot der Anlage-Expertin.

Selten bis nie geben Aktien-Experten so offen Einblick in ihre eigenen Investments. Für die BILD-Leser machte Beate Sander eine Ausnahme. Ihre ganz persönlichen Erfolgsbringer – teilweise besitzt sie die Anteile vor 2009 – sind Unternehmen, von denen Otto Normal vermutlich noch nie gehört hat.

Beate Sander: Ich nenne hier meine 1.000-%-Bringer im Langzeitvergleich, wo ich zwar Teilverkäufe als Gewinnmitnahme und bei Kapitalbedarf tätige, die sich aber immer noch in meinem Depot befinden:

> Die Schmierstoff-Aktie Fuchs Petrolub Vorzüge (WKN 579 043) aus dem MDAX kaufte ich für 3,80 €. Heute kostet die Aktie 38,50 €.

> Die Büro-Leasing-Aktie GrenkeLeasing, SDAX (WKN A16 1N3), erwarb ich für 19,90 €. Am 1. April 2016 schaffte der Titel ein Allzeithoch von 192 €.

> Den Bausoftwaretitel Nemetschek, TecDAX (WKN 645 290), schätze ich wegen seines chancenreichen Geschäftsmodells im Zukunftsmarkt Industrie 4.0, Digitalisierung, Vernetzung und intakter Unternehmenskultur besonders. Ich kaufte Nemetschek für 3,80 € ein. Heute muss ich dafür 45 € berappen.

> Sehr gut, wenn auch ziemlich teuer, ist Rational (WKN 701 080), der Spezialist für thermische Speisenzubereitung, Weltmarktführer, Zielgruppe Großküchen und Profiköche. Ich stieg mit 33,80 € ein. Heute wird der SDAX-Titel zu rund 465 € gehandelt.

> Nicht zu vergessen ist die TecDAX-Biotechaktie Sartorius Vorzüge (WKN 716 563), gekauft für 21,70 €. Heute müsste ich für eine einzige Aktie 233 € hinblättern.

> (Anmerkung: Die Aktie wurde kürzlich im Verhältnis 1:4 gestückelt. Also: Kaufpreis 5,43 €, Kurs Anfang April 2016: 58,25 €. Heute, am 25. Juli 2016, präsentiert Sartorius ein Allzeithoch von rund 72 €.)

> Meine neueste Errungenschaft ist die Aktie des Schweizer Unternehmens LION E-Mobility (WKN A1J G3H). Ich kaufte den spekulativen Titel Elektromobilität für die Autoindustrie nach einer Analystenkonferenz vor 14 Tagen mit einem nur geringen Einsatz für 2,82 Euro. Heute notiert die Aktie vom Spezialisten für Batteriestandards und Batterie-Ladestationen bei 4,25 €.

> (Anmerkung: Der Höhenflug setzte sich zunächst bis auf 7,80 € fort, um danach einen Sinkflug einzuleiten. Aktuell, am 25. Juli, notiert die kleine Elektromobilität-Aktie nur noch bei 3,80 €.)

BILD: Aber die Expertin warnt! Im Alltag und an der Börse gelebter Herdentrieb ist keine Erfolgsformel.

Beate Sander: Antizyklisches Handeln entgegen dem Trend ist schwierig und nur möglich bei gutem Börsenwissen und Mut. Indem ich frühzeitig das Gegenteil mache wie die Masse, steht dies nicht im direkten Widerspruch zu: *„Der Trend ist dein Freund!"*

BILD: Lautet die Faustformel: Wer sicher in Aktien investieren will, sollte nicht auf den kurzfristigen Gewinn aus sein?

Beate Sander: Eine Langzeitstrategie mit *„Breit gestreut – nie bereut!"* kann sich als Zauberformel erweisen. Schließlich kann ich schlimmstenfalls meinen Einsatz verlieren. Umgekehrt gibt es nach oben keine Grenzen.

Fazit: Jeder Privatanleger sollte daran denken: Wer mindestens 14 Jahre ein breit gestreutes Aktiendepot pflegt, gewinnt immer, je nach Ausrichtung, Glück und Können zwischen 5 % und 15 % pro Jahr im Schnitt. Nutzen Sie diese Chance!

Hinweis: Aus diesen Interviews entwickelte sich meine 14-tägige Kolumne „Aktien1x1", die BILD.de kostenlos vor der Bezahlschranke seit Mitte Juni 2016 bringt, also auch für Sie, lieber Leser, zugänglich ist.

10.1 Das kleine Lexikon der vorkommenden Fachbegriffe

A

Aktien. Die Aktie verbrieft einen Anteil am Grundkapital. Sie sind Miteigentümer der AG. Es gibt folgende Rechte: **a) Verwaltungsrechte** (HV-Teilnahme, Auskunfts-, Rede- und Stimmrecht) und **b) Vermögensrechte** (Dividende, wenn Gewinn ausgeschüttet wird; Bezugsrecht bei Kapitalerhöhung gegen Bareinzahlung). Nach **Art der Übertragbarkeit** unterscheiden wir vor allem: Inhaber- und Namensaktien. Bezüglich der **Rechte** gibt es Stammaktien (St = Stimmrecht auf der HV) und Vorzugsaktien (Vz = keine oder begrenzte Stimmrechte, dafür oftmals eine höhere Dividende).

Aktienanalyse, Analysten. Analysten bewerten vor allem Index-Aktien und beurteilen die künftige Entwicklung. Aus Rücksicht gegenüber guten Kunden überwiegen die Kauftipps. Darum sollte nie eine einzige Analyse als Entscheidungshilfe dienen.

Aktienfonds. Sie decken bestimmte Märkte, Länder, Branchen, Indizes und Themen ab. Oft fällt ein Ausgabeaufschlag von 5 % an, der jedoch verhandelbar ist. Üblich ist eine Verwaltungs- bzw. Erfolgsgebühr, die im Schnitt bei jährlich 1,9 % liegt.

Aktiengesellschaft (AG). Bei dieser Rechtsform wird das Grundkapital in Form von Aktien verbrieft. In einer AG treffen Aufsichtsrat, Vorstand und das auf der Hauptversammlung durch die Aktionäre vertretene Aktienkapital alle wichtigen Entscheidungen (pro Aktie: 1 Stimme). Soweit es sich um die 100 größten börsennotierten Gesellschaften handelt, ist in Deutschland seit 2016 im Aufsichtsrat eine Frauenquote von 30 % vorgeschrieben.

Aktienrückkauf. Der Aktienrückkauf dient dazu, Aktien einzuziehen oder eine Übernahme zu finanzieren. Der Rückkauf wird im Allgemeinen begrüßt, wenn die Aktien vernichtet werden; denn die einzelne Aktie gewinnt dadurch an Wert.

Altersvorsorge. Das Ungleichgewicht steigender Lebenserwartung bei niedriger Geburtenrate stellt die Finanzierung der Renten und den Arbeitsmarkt vor Probleme. Das auf 67 Jahre erhöhte Renteneintrittsalter schwächt die negativen Folgen etwas ab. Die Frühverrentung mit 63 Jahren hebelt dies teilweise aus. Eine eigenverantwortliche Altersvorsorge wird unverzichtbar. Bei einem Zinssatz nahe 0 % führt das beliebte Sparbuch zu schleichender Kapitalvernichtung. Die Betriebsrente gewinnt an Zuspruch. Sparpläne für Aktienfonds und ETFs sind interessant.

Anlagebetrug. Alljährlich verschwinden 30 bis 40 Mrd. € in den Kassen der Anlagebe-trüger. Jede Warnlampe sollte aufleuchten, wenn ein Berater ungebeten anruft, Traum-renditen verspricht, Zeitdruck aufbaut, exklusive Supergeschäfte vorgaukelt, dubiose Produkte kaum erklärt und als Geschäftssitz ein exotisches Land nennt.

Anlagestrategie. Das A und O für den Erfolg ist eine maßgeschneiderte Anlagestrate-gie. Zur Groborientierung dienen: a) sicherheitsbewusster Typ, b) chancenorientierter Typ, c) risikofreudiger/spekulativer Typ. Eine vernünftige Strategie berücksichtigt: Ein-kommen, Vermögensdecke, Anlagezeitraum, Renditeziele, familiäre Lage, finanzielle Pflichten, Lebensalter, Steuern und Marktlage.

Antizyklisches Handeln. Beherztes Handeln entgegen dem herrschenden Trend. Als mutiger Anleger greifen Sie in Bodenbildungsphasen bei starker Korrektur und Crash zu, während Sie auf dem vermeintlichen Gipfel eher Teilverkäufe vornehmen.

Aufsichtsrat. Er besteht aus mindestens drei Mitgliedern und wählt den Vorsitzenden, der die HV leitet. Das Anforderungsniveau steigt. Eine Frauenquote ist seit Januar 2016 mit 30 % bei den 100 größten börsennotierten Unternehmen verpflichtend.

Ausgabeaufschlag. Der verhandelbare Ausgabeaufschlag beträgt bei Aktienfonds bis zu 5 %. Zudem fällt eine jährliche Managementgebühr von im Schnitt 1,9 % an. Ge-genüber ETFs mit nur 0,35 % Gebühren schmälern die hohen Kosten die Rendite.

Baisse. Damit ist an der Börse ein länger anhaltender Kursrückgang gemeint, verur-sacht durch eine konjunkturelle Abschwächung bis hin zur Rezession und Deflation.

Benchmark. Dies ist eine Vergleichsmarke. Fondsmanager wollen die Benchmark, beispielsweise den DAX, schlagen, auch wenn dies bei großen Fonds selten gelingt.

„Bestens". Bei unlimitierten Verkaufsorders soll die Bank die Aktie teuer verkaufen. Solche Aufträge werden meist ausgeführt, aber oft ungünstiger als mit Limit.

„Billigst". Bei einem unlimitierten Kaufauftrag versucht die Bank, den Titel für Sie möglichst preiswert zu erwerben. Unlimitierte Kaufaufträge werden meist sofort ausge-führt, haben aber den Nachteil, dass Sie vielleicht mehr bezahlen als mit Limit.

Biotechaktien. Üppige Kursgewinne winken, wenn ein Präparat zugelassen und ein „Blockbuster" wird. Weniger riskant als Einzelaktien sind wegen breiter Streuung ETFs oder Biotechfonds. Eine prall gefüllte Pipeline mit Arzneimitteln in den klinischen Pha-sen II und III ist entscheidend. Auch Übernahmefantasien spielen mit. Verweigerte Zu-lassungen und Meldungen über schädliche Nebenwirkungen führen zum Kursabsturz. Beobachten Sie im TecDAX den zurückgekommenen Titel MorphoSys.

Blue Chips. Dieser Begriff ist für die großen Standardwerte, für bekannte Qualitätstitel mit hohem Ansehen beispielsweise aus dem DAX, Euro Stoxx 50, Dow Jones oder NIKKEI reserviert.

Börse. Hier treffen sich Angebot und Nachfrage. Gehandelt wird in Frankfurt (elektronisches Handelssystem XETRA) und an den Regionalbörsen Berlin-Bremen, Düsseldorf, Hamburg, Hannover, München, Stuttgart. Die Deutsche Börse AG ist im DAX notiert. Mittels Börsengang und Kapitalerhöhung stocken Firmen ihr Eigenkapital auf.

Branchenrotation. Je nach Konjunktur laufen zyklische oder nichtzyklische Aktien gut. Mal sind Auto- und Maschinenbauer, mal Chemie, Biotech, Immobilien oder Software gefragt. Bei guter Konjunktur schwört alles auf Growth, bei Rezession auf Value.

Briefkurs. „B" zeigt an, zu welchem Kurs Sie den Titel kaufen können. Aus Anlegersicht ist der Briefkurs der höhere Kaufpreis, der Geldkurs der geringere Verkaufspreis.

Buchwert, Substanzwert. Er bezieht sich auf das Eigenkapital abzüglich der Dividendensumme. Nähern sich Aktienkurs und Buchwert an, gilt die Bewertung als fair.

Bulle und Bär. Diese Leitfiguren sind das Wahrzeichen der Frankfurter Wertpapierbörse. Der mit seinen Hörnern nach oben stoßende Bulle steht für steigende, der mit seinen mächtigen Tatzen nach unten schlagende Bär für fallende Aktienkurse.

 C

Candlestick-Charts. Die aus Japan stammende Darstellungsform mit weißen und schwarzen Kerzen und Strichsymbolen für Höchst- und Tiefstkurse findet zahlreiche Liebhaber.

Cashflow. Diese wohl wichtigste Kennzahl zur Beurteilung der Finanz- und Ertragskraft umfasst Jahresüberschuss, Abschreibungen, Rückstellungen, Steuern auf Einkommen und Ertrag.

Chart, Charttechnik. Der Kursverlauf von Wertpapieren als Tages-, Wochen-, Jahres- und Langzeitchart wird mittels Linien, Balken, Kerzen usw. grafisch dargestellt. Aus der Kursentwicklung der Vergangenheit ziehen Charttechniker Rückschlüsse auf die Zukunft, da menschliches Verhalten zu Wiederholungen neigt. Wichtig sind Unterstützungs- und Widerstandslinien.

Cloud-Computing als Zukunftsmarkt und Gehirn der vernetzten Welt. Der nicht börsennotierte Großkonzern BOSCH steigt in das Cloud-Geschäft ein bietet damit alles aus einer Hand für das Internet der Dinge. Aber gerade bei Cloud-Computing winkt harte Konkurrenz durch die darauf spezialisierten TecDAX-Softwarefirmen Bechtle und Cancom. Auch im Prime Standard ist hier der Wettbewerbsdruck groß.

Computerhandel. Dies ist der vollelektronische, sekundenschnelle Aktienhandel, der weltweit Kauf- und Verkaufsaufträge durch zentrale Computernetze vermittelt.

Cost average. Cost averaging kommt bei Sparplänen für Aktienfonds und ETFs zum Tragen und ist auf Einzelaktien übertragbar. Der Durchschnittspreis sinkt, indem Sie mit gleich hohem Einsatz bei fallenden Preisen mehr und bei Kursanstieg weniger Wertpapiere kaufen. Von daher empfiehlt sich ein Zukauf in zwei bis drei Tranchen.

Crash. Die größten massiven Kurseinbrüche gab es 1929 und 1987 im Oktober. Beim Crash von Frühjahr 2000 bis März 2003 stürzte der DAX von 8.150 auf 2.200 Punkte ab. Der Neue Markt büßte über 95 % ein. Die US-Technologiebörse Nasdaq verlor zwei Drittel ihres Wertes. Im Herbst 2008 und Frühjahr 2009 kam es wegen der weltweiten Finanz- und Wirtschaftskrise zum erneuten Crash. Der DAX notierte nur noch bei 3.600 Punkten. Eine Art „Salamicrash" gab es im Januar/Februar 2016, begleitet von heftigen Kursturbulenzen, und am 24./26. Juni 2016 durch den BREXIT, Austritt Großbritanniens aus der Europäischen Union. Die Geldpolitik des EZB-Präsidenten Mario Draghi stößt bei vielen Experten auf wenig Verständnis und Gegenliebe: Senkung der Leitzinsen von +0,5 auf 0,0 %, Erhöhung der Strafzinsen für Bankeinlagen bei der EZB von -0,3 auf -0,4 %, Negativzins von -0,01 % bei 10-jährigen Bundesanleihen und weitere Staatsanleihenkäufe in Milliardenhöhe.

D-A-CH-Region. Diese Abkürzung wird im Wirtschaftsleben gern für den deutschsprachigen Raum, also Deutschland, Austria (Österreich) und die Schweiz verwendet.

DAX, Abkürzung für **D**eutscher **A**ktieninde**X**. Im DAX werden die Kurse der 30 führenden deutschen Unternehmen notiert. Für die Gewichtung ist neben dem Börsenwert der Streubesitz (Free Float), also der Anteil frei handelbarer Aktien, entscheidend.

DAXplus Family Index. Der im Januar 2010 von der Deutschen Börse AG eingeführte Familienfirmen-Index könnte den GEX verdrängen; denn hier besteht keine Sperrklausel einer längeren Mitgliedschaft als 10 Jahre. So werden größere Traditionsfirmen nicht mehr ausgebremst. Der DAXplus Family 30, WKN A0Y KTN, auch abdeckbar mit Themenfonds, enthält mit Fresenius, Henkel und SAP nur drei DAX-Titel. MDAX- und TecDAX-Aktien überwiegen, angereichert durch Familienfirmen aus dem SDAX. Der Familienindex entwickelte sich im ersten Vierteljahr 2016 besser als die übrigen deutschen Börsenbarometer und schaffte in drei Jahren ein Plus von rund 65 %.

Demografie. Die Lebenserwartung nimmt bei niedriger Geburtenrate weiter zu – pro Jahrzehnt um mehr als zwei Jahre. Nutznießer sind das Gesundheitswesen mit Biotechnologie, Medizintechnik und Pharma. Die Pharmariesen haben das Geld, die Biotechschmieden die Innovationen. So blüht zwar nicht in Deutschland, aber in den USA das Geschäft mit Übernahmen und Beteiligungen – angesagt auch für 2016.

Depot, Depotgebühren. Ohne Wertpapierdepot kein Aktienkauf! Depotauszug heißt das von der Bank fortlaufend erstellte Verzeichnis über Ihre Börsenaktivitäten. Für die Verwaltung kann die Bank Depotgebühren berechnen. Auch das Setzen und Nachziehen von Stop-Loss-Orders darf ein paar Euro kosten. Die Konditionen bei Depoteröffnung und -übertragung sind verhandelbar, auch abhängig vom Umfang.

Deutsches Aktieninstitut. Ziel ist, die Aktie als Finanzierungsinstrument und Kapitalanlage zu fördern. Das DAI will die Rahmenbedingungen und Aktienkultur verbessern. Neben Service und Öffentlichkeitsarbeit ist Grundlagenforschung ein Schwerpunkt.

Digitalisierungsmegatrend. Wir befinden uns im Zeitalter der Digitalisierung und Vernetzung, der Roboterwelt und neuartigen Maschinen. Ob allein fahrende Autos, ob Drohnen oder künstliche Intelligenz. Dies alles übersteigt unser Vorstellungsvermögen. Die Industrie 4.0 prägt den Produktionsprozess und die Arbeitswelt mit großen Chancen, aber auch erheblichen Risiken. Digitale Technologien, die Vernetzung riesiger Datenmengen, Big Data genannt, verändern unsere Welt und stellen die Softwarefirmen vor immense Herausforderungen. Im TecDAX sind führende Softwarefirmen mit unterschiedlichen Schwerpunkten und Geschäftsmodellen vertreten: Bechtle, Cancom, Compugroup, Nemetschek, RIB Software und Software AG. Hinzu kommen die Telekommunikations- und Internetfirmen Drillisch, Freenet, GFT, United Internet. Als Alternative zu Einzeltiteln bietet sich ein Branchen-ETF oder Themenfonds an.

Diversifikation. Das A und O für Erfolg an der Börse ist eine breite Streuung nach Indizes, Branchen, Ländern und zeitlich. Fehlt es an Kapital und Zeit, um mit Einzelaktien zu streuen, greifen Sie auf ETFs und Themenfonds zurück. Studieren Sie das Baukastenmodell auf S. 158. Zu den größten Fehlern zählt die Einwert-Strategie.

Dividende. Halten Sie den Titel am HV-Tag, bekommen Sie die volle Gewinnausschüttung am nächsten Werktag ausgezahlt. Bei Vorzügen ist die Dividende oft höher als bei Stämmen. Eine verlässlich steigende Ausschüttung gilt als wichtiges Kaufargument. Nicht nur der DAX, sondern ebenso die Nebenwerte-Indizes MDAX, SDAX und selbst der Technologie-Index TecDAX schütten teilweise Dividenden von 4 bis 5 % aus.

Dow Jones. Der an der New Yorker Börse (NYSE) gehandelte Dow Jones Industrial Average umfasst die Kurse der 30 größten US-Firmen und gibt weltweit die Marschroute vor. Institutionelle Investoren orientieren sich jedoch mehr am S&P 500.

Eigenkapital. Es wird vor allem von Aktionären aufgebracht und verbleibt in der AG. Gewinne vergrößern, Verluste verringern das Eigenkapital. Kapitalerhöhungen stärken die Eigenkapitalbasis und schaffen Spielraum für Investitionen und Übernahmen.

Entry Standard. Seit 2005 besteht dieses Freiverkehrs-Segment (Open Market). Der Entry Standard gilt als preiswertes Übungsbecken zum Freischwimmen mit geringeren Zulassungsauflagen vor dem Wechsel in den Prime Standard.

Ethikaktien, Ethikfonds. Mit gutem Gewissen Geld anlegen heißt: Umweltverträglichkeit (Erneuerbare Energien, Naturschutz, umweltfreundliches Bauen, Recycling, Schadstoffvermeidung); Sozialverträglichkeit (keine Ausbeutung und Diskriminierung, keine Kinderarbeit) sowie Kulturverträglichkeit.

EURO STOXX 50 (WKN 965 814). Er umfasst die 50 größten Firmen mit etlichen Banken-, Versicherungs- und Öltiteln. Der dividendenstarke Leitindex der EU – vergleichbar mit der Champions League im Profifußball – notierte am 02.08.16 bei 2.907 Punkten – ein Minus von 20 % im Jahresvergleich. In 3 Jahren gab es ein Miniplus von 4 %. Da sieht die Kursentwicklung beim TecDAX, MDAX, SDAX viel besser aus.

Exchange Traded Funds (ETF). Die preiswerten, transparenten, börsennotierten Indexfonds schneiden weder besser noch schlechter als der Vergleichsindex ab. Mit passiv gemanagten ETFs lassen sich alle interessanten Märkte abdecken. Einen Ausgabeaufschlag gibt es nicht. Die Verwaltungsgebühr liegt im Schnitt bei 0,35 %.

 F

Fonds. Während Standardwertefonds meist schlechter abschneiden als der Index und passiv gemanagte preiswerte ETFs vorzuziehen sind, liegt die große Stärke in Themenfonds wie Biotechnologie, Software, Internet, Immobilien, Autoindustrie, in- und ausländische Nebenwerte. Hier kann das Management zeigen, was in ihm steckt.

Free Float, Streubesitz. Die frei handelbaren Aktien befinden sich im Streubesitz statt in festen Händen. Für die Gewichtung in den Indizes ist neben dem Börsenwert der Anteil am Streubesitz maßgebend.

Frontiermärkte, Frontierfonds. Die Emerging Markets der 2. Generation sind an einem Entwicklungspunkt angelangt, an dem bekannte Schwellenländer vor 2 bis 3 Jahrzehnten standen. Es gibt wachstumsstarke Frontier-Nebenwerte-Fonds für Mutige.

Fusion. Der Zusammenschluss zuvor selbstständiger Unternehmen durch *freundliche* oder *feindliche* Übernahmen soll Kosten senken und die Marktstellung stärken. Bei Übernahmen steigt oft der Aktienkurs von Zielfirmen, während er bei Bieterfirmen sinkt.

 G

Gesundheitswesen. Die Lebenserwartung steigt weiter. Nutznießer ist Biotech mit zukunftsfähigen Wirkstoffen. Die Pharmaindustrie stellt die Weichen für medizinischen Fortschritt durch neuartige Therapien und Beteiligung an Biotech-Mittelständlern.

Gewinnwarnung. Das Unwort warnt nicht vor Gewinn, sondern vor negativen Ergebnissen. Je schlechter die Abweichung und Prognose, umso größer der Kursabsturz!

GEX. Seit 2004 gibt es im Prime-Standard-Segment den GEX (German Entrepreneurial Index) für Familienfirmen. Der GEX krankt daran, dass der Börsengang höchstens zehn Jahre zurückliegen darf. Der 2010 aufgelegte **DAXplus Family Index** mit den 30 größten deutschen Familienfirmen weist diese Schwäche nicht auf.

Globalanalyse. Bei der Fundamentalanalyse überprüfen die Analysten konjunkturelle Daten. Sie untersuchen die Wirtschafts-, Sozial- und Steuerpolitik, den Ölpreis, die Währung, Wechselkurse, politische Ereignisse, Zinspolitik usw.

Growth. Längerfristig erzielen Sie mit der Kombination substanzstarker, nachhaltiger Value-Aktien und wachstumsstarker Growth-Titel eine bessere Rendite als mit nur einem Aktientyp. Bei Konjunkturschwäche auf Value-Titel setzen, bei anspringendem Wirtschaftswachstum konjunkturabhängige zyklische Werte übergewichten!

Grundkapital. Das Grundkapital einer AG wird in Aktien gestückelt. Sie sind als Aktionär nach Aktienanzahl als Miteigentümer beteiligt und zur HV-Teilnahme berechtigt.

Hauptversammlung (HV). Auf dem jährlichen Aktionärstreffen werden wichtige Beschlüsse über Kapitalmaßnahen, Rückkaufprogramme usw. gefasst. Pro Aktie gibt es eine Stimme. Sie erhalten die volle Dividende, wenn Sie am HV-Tag Besitzer sind.

Hausse. Sie bildet das positive Gegenstück zur **Baisse** und steht für einen länger anhaltenden Bullenmarkt mit starkem Kursanstieg. Antizyklisch handelnde Aktionäre realisieren einen Teil ihrer Kursgewinne auf dem Höhepunkt des Bullenmarktes und kaufen in der Bodenbildungsphase einer Baisse wieder zu.

Hoch/Tief-Mutstrategie. Beim Kurssturz sollten Sie unterschiedliche Kursentwicklungen klug nutzen. Nicht alle Aktien versinken im Kellerloch. Mancher Wert notiert nahe am Allzeithoch. Da bietet es sich an, mithilfe eines Teilverkaufs Gewinne mitzunehmen und sich Geld für stark abgestürzte Aktien mit guten Zukunftschancen zu beschaffen. Bis Juli 2016 notierten trotz der Börsenturbulenzen mit einem Minus von rund 10 % bei zahlreichen Indizes einige Aktien auf Jahreshoch. Im TecDAX: Bechtle, Cancom, Carl Zeiss, CompuGroup, Nemetschek, Sartorius, Software AG. Im MDAX: Covestro, Deutsche Wohnen, Fielmann, GEA, Hochtief, KION, KUKA, LEG Immobilien, MTU, STADA, Südzucker, Symrise, TAG Immobilien. Im SDAX: ADO Properties, CeWe Stiftung, Hypoport, König & Bauer, TLG Immobilien und Wincor Nixdorf.

Immobilienaktien und -fonds. Sie investieren in Wohnanlagen, Büro- und Geschäftshäuser. Während der Weltwirtschaftskrise wurde wegen des Mittelabflusses die Rückzahlung gesperrt. Längst haben sich die Aktienkurse der Immobilienfirmen erholt. Bei den riskanten geschlossenen Immobilienfonds besteht keine Rücknahme-, evtl. aber eine Nachschusspflicht, also eine weitere Zahlungsaufforderung.

Index, Aktienindex. Meist sind die Aktien nach Börsenwert und Streubesitz gewichtet. Neben der Umsatzentwicklung gilt dies bei den deutschen Indizes auch für den Auf- und Abstieg. DAX, MDAX, TecDAX, SDAX, DAXplus Family und GEX setzen eine Notierung im Prime Standard mit strengen Zulassungsbedingungen voraus.

Indexfonds, Exchange Traded Funds. Im Gegensatz zum Indexzertifikat ist ein ETF keine Schuldverschreibung, sondern geschütztes Sondervermögen. Die Kursentwicklung entspricht beim klassischen passiven Management dem abgebildeten Index.

Industrie 4.0, Internet der Dinge. Die 4. industrielle Revolution mit Industrie 4.0, Internet der Dinge, Digitalisierungs- und Vernetzungsmegatrend, soll bis 2025 zu einem geschätzten Mehrwert von 11 Billionen Dollar allein in Deutschland führen. 3,7 Billionen USD dürften vom Industriesektor, 1,7 Billionen USD von der Infrastruktur der Kommunen und 1,6 Billionen USD aus dem Gesundheitswesen stammen. Dazu erklärt der ISF-Wissenschaftler Dr. Tobias Kämpf: *„Die Rolle, die das Maschinensystem für die Industrie des 19. und 20. Jahrhunderts spielte, wird der Informationsraum für die Unternehmen im 21. Jahrhundert einnehmen."*

Inflation. Zum Preisanstieg und zu steigenden Zinssätzen kommt es, wenn die Nachfrage nach Gütern und Dienstleistungen das Angebot übertrifft. Auch Ungleichgewichte bei Währungen wie Dollar/Euro und Rohstoffe gefährden stabile Preise.

Insolvenz. Dies ist die Unfähigkeit, Zahlungsverpflichtungen fristgemäß und vollständig zu erfüllen. Das Fonds-Ranking sinkt auf die niedrigste Stufe. Bei DDD lautet das Vokabular „Schrott" oder „Ramsch". Bei Aktien droht Kapitalherabsetzung, bei Anleihen Schuldenschnitt. Zinsen werden nicht ausgezahlt. Aktien mutieren zu Pennystocks.

ISIN (International Securities Identification Number). Seit 2003 gilt die zwölfstellige ISIN neben der sechsstelligen WKN. Die ersten beiden Positionen nennen das Land. DE steht für Deutschland. Die drei Nullen dienen Erweiterungen. Bei deutschen Aktien folgt als Kern die bisherige WKN. Danach folgt eine Prüfziffer. Die einprägsame WKN ist beliebt, gibt es doch bei geringer Schriftgröße und fehlenden Leerschritten Verwechslungen wie: **D:0, 8:B, I:L:J, 8:6:G, S:5.** Das große O wird nicht eingesetzt.

Junge Aktien. Bei Kapitalerhöhungen werden neue Aktien mit oder ohne Bezugsrecht für Altaktionäre ausgegeben. Dies verwässert den Wert und löst kaum Freude aus.

Kapitalerhöhung. Eine AG kann ihr Grundkapital aufstocken, beispielsweise durch Ausgabe junger Aktien. Dies geschieht bei Überschuldung, großen Investitionen oder Übernahmen. Die bei hohem Kursabschlag begehrten Bezugsrechte gibt es im Verhältnis von 7:2, 5:3, 4:1, 3:2, 2:1 usw. Berechnen Sie bei ungünstigem Bezugsverhältnis, ob es sich lohnt und die Ordergebühren nicht den Rabatt auffressen.

Kaufsignal. Durchbricht der Aktienkurs die obere Widerstandslinie oder hält die untere Unterstützungslinie, so liefert die Technische Analyse ein Kaufsignal.

Konjunktur. Ein Konjunkturzyklus verläuft wellenförmig. Günstig im Abwärtstrend ist der **V**-Verlauf. Die Wirtschaft erholt sich rasch. Beim „**U**" wird die Talsohle langsam durchschritten. Das „**W**" markiert den gefürchteten Double-Dip. Nach kurzem Auftrieb geht es erneut abwärts. Gefährlich ist der **L**-Verlauf. Weder Zins- noch Steuersenkung bringt die Wirtschaft bei Deflationstendenzen wieder auf Trab.

Kurs-Gewinn-Verhältnis. Das KGV als wichtigste Kennziffer der Fundamentalanalyse erleichtert die Einschätzung von Aktien im Branchenvergleich. Ein möglichst niedriges KGV zeigt, mit welchem Vielfachen des Jahresertrags der Wert gehandelt wird.

Leerverkauf. Die Spekulation setzt auf fallende Kurse überbewerteter Titel. Der Short Seller verkauft Aktien auf attraktivem Niveau. Wie bei Autovermietung leiht er sie sich gegen Gebühr von einem Broker, um sie später günstig an der Börse zurückzukaufen. Bei schnellem Kursanstieg wird der Leerverkäufer auf dem falschen Fuß erwischt.

Leitzins EZB. Die Europäische Zentralbank mit ihrem Präsidenten Mario Draghi legt den Leitzinssatz für die EU fest. Zu diesem Zinssatz können die Banken Geld von der EZB erhalten. Am 10. März 2016 war es mit Guthabenzinsen vorbei: Senkung von +0,5 auf 0,0 %. Für Einzahlungen der Banken bei der EZB wurde der Strafzins von -0,3 % auf -0,4 % erhöht. Die Abschaffung der Guthabenzinsen, die eine schleichende Kapitalvernichtung beim Sparbuch auslöst, ist zurückzuführen auf Konjunkturschwäche mit niedrigem oder gar schrumpfendem Wirtschaftswachstum, geringe Investitionsbereitschaft, Staatsüberschuldung, Flüchtlingszustrom, Terror, kriegerische Auseinandersetzungen und andere Krisenherde.

Limit, Limitierung. Um böse Überraschungen bei marktengen Werten zu vermeiden, sollten Sie bis zum Monats- oder Quartalsende limitieren. Bei Kauforders ist das Limit der höchste Kurs, bei Verkauf der niedrigste von Ihnen akzeptierte Preis. Setzen Sie das Limit zu eng, wird Ihr Auftrag nicht ausgeführt. In unruhigen Börsenphasen denken Sie über ein tieferes „Abstauberlimit" bei geplanten Zukäufen nach.

Marktkapitalisierung. Börsenwert, Streubesitz und Umsatz sind wichtig für Aufnahme und Gewichtung im Index. Je geringer der Börsenwert, umso größer die Manipulationsgefahr! Kriminelle Gurus puschen den Kurs billiger Aktien aufwärts, um sie teuer zu verkaufen. Fondsmanager für Nebenwerte greifen oft erst ab 100-Mio.-Börsenwert zu.

MDAX. Er umfasst nach dem DAX die Aktien der nächst größeren 50 klassischen Titel und erinnert an die 2. Fußballbundesliga. Der MDAX feierte kürzlich sein 20-jähriges Jubiläum und hängte den DAX mit doppelt so hohem Kursgewinn ab. Der Erfolg beruht vor allem auf Blutauffrischung durch Börsengänge und SDAX-Nachrücker.

Micro Caps. Niedrig kapitalisierte Werte unterhalb SDAX liegen mangels Information in nur wenigen Depots. Es wird kaum kommuniziert. Die Homepage ist oft unverständlich. Mit Darstellungen nur in Englisch wird Marktmacht vorgetäuscht. Dennoch gibt es hier für Perlenfischer und Schatzsucher wirklich gute, wachstumsstarke AGs.

Mid Caps. Die Aktien mittelgroßer Konzerne sind im MDAX mit 50 klassischen Titeln und im TecDAX mit 30 Hightechwerten aus dem In- und Ausland mit halbjährigem Auf- und Abstieg notiert. Kleine MDAX-Werte bringen einen Börsenwert von knapp 1 Mrd. €, die stärksten Titel weit über 10 Mrd. € auf die Waage. Da kann der TecDAX als Nemax-Nachfolger nicht mithalten. Der Börsenwert liegt bei einigen Werten unter 500 Mio. €, kann aber auch 10,5 Mrd. € überschreiten wie Telefónica Deutschland.

Nasdaq. An der US-Technologiebörse, WKN A0A E1X, sind Hightech-, Biotech-, Internet-, Telekom- und Medienaktien gelistet. Im 1. Halbjahr 2015 schaffte der Nasdaq ein Allzeithoch von 4.740 Punkten. Er legte binnen 3 Jahren um über 50 % und in 5 Jahren um fast 100 % zu. Der TecDAX orientiert sich an der Nasdaq-Entwicklung mit so bekannten Titeln wie Alphabet, Amazon, Amgen, Apple, Biogen, Facebook, Netflix.

Nebenwerte. Hierzulande zählen dazu MDAX, TecDAX und SDAX, der DAXplus Family, der GEX für Familienfirmen, der Entry Standard und m:access Börse München. Es gibt hier substanzstarke Titel mit hoher Dividende und guter Gewinnentwicklung.

Neuemission. Eine AG tritt ihren Börsengang (**IPO: I**nitial **P**ublic **O**ffering) an. Die Notierung im Prime Standard eröffnet die Chance, in den MDAX, TecDAX oder SDAX aufzusteigen. Das Bookbuilding-Verfahren nennt die Preisspanne für Zeichnungsangebote. Gut, wenn die Depotbank Konsortialführer ist! 2010 gab es mit Brenntag und Kabel Deutschland interessante Börsengänge. 2011 gefiel GSW Immobilien, 2012 Talanx. 2013 machte Telefónica Deutschland von sich reden und 2014 LEG Immobilien, Dt. Annington (jetzt Vonovia), KION und OSRAM. 2015 begeistern Covestro, MDAX, und Ado Properties, SDAX. 2016 herrscht noch Zurückhaltung.

Nichtzyklische Aktien. Damit sind konjunkturabhängige Aktien gemeint, Value-Titel aus der Old Economy wie Energie, Versorger, Nahrungsmittel, Haushaltsbedarf. An Essen, Trinken, Kosmetik, Strom und Heizung wird auch in Krisen kaum gespart, aber auf den Preis geschaut.

O

Order. Dies sind die Transaktionen im Wertpapierhandel. Begrenzen Sie mittels Limit die Preisspanne! Preiswert sind Orders bei Discountbrokern. Beim Einsatz unter 1.000 € fressen die Gebühren leicht den Kursgewinn auf. Häufiges Umschichten und schnelles Rein/Raus lohnt sich im Allgemeinen nur für Ihre Bank.

P

Pennystock. Die unter 1 € abgestürzten Aktien sind eine beliebte Spielwiese für Zocker, aber kaum geeignet für eine Langzeitanlage. Die US-Technologiebörse Nasdaq müssen Pennystocks verlassen, wenn sie sich nicht in 4 Wochen erholen. In China ist es dagegen nicht ungewöhnlich, beim IPO als Pennystock zu starten.

Performance. Sie bezeichnet die Entwicklung des Depots und einzelner Wertpapiere, vergleicht aber auch gern die Kursentwicklung z. B. der DAX-Familie. Eine gute Performance verlangt breit gestreute Qualitätsaktien mit Blick auch auf die Dividende.

Photovoltaik, Solarstrom. Drastisch verringerte Einspeisevergütungen und riesiger Preisdruck infolge starker Konkurrenz aus China und Amerika zerstörten den früheren Boom. Eine Marktbereinigung durch Abbau überhöhter Kapazitäten war unumgänglich. Chancen haben nur Konzerne, die mit Alleinstellungsmerkmalen brillieren und technologisch marktführend sind. Aktuell wird der Markt von China dominiert.

Prime Standard. Seit der Neusegmentierung 2003 gibt es den Prime Standard mit strengen und das Auslaufmodell General Standard mit milderen Auflagen. Im Prime Standard sind DAX, TecDAX, MDAX, SDAX und DAXplus Family vertreten. Verlangt werden Quartalsberichte, internationale Bilanzierung, Analystenkonferenzen und Ad-hoc-Meldungen in Deutsch/Englisch.

Q

Quanto. Dieser Zusatz zeigt an, dass der betreffende Aktienfonds oder ETF **währungsgesichert** ist, also nicht unter dem Wechselkurs Euro/Dollar/Yen/Franken leidet.

Quartalsbericht. Von den im DAX, MDAX, TecDAX, SDAX notierten AGs verlangt die Deutsche Börse AG jetzt nur noch einen verkürzten Quartalsbericht.

Quartalsdividende. Im Gegensatz zur jährlichen Ausschüttung in Deutschland zahlen US-Gesellschaften vierteljährlich eine Dividende für das abgeschlossene Quartal aus.

R

Rallye. Sie signalisiert kräftige Aufwärtsentwicklungen an der Börse. Die Rezeptur für Aktien lautet: Nachhaltigkeit, Substanzkraft, üppige Dividende, gutes Management.

Rating und Ranking. Die Rating-Skalen der großen Agenturen S&P, Moody's, Fitch und Feri Trust zeigen die Kreditwürdigkeit von Staaten an. AAA ist die höchste Bonitätsstufe. Bei DDD besteht akute Insolvenzgefahr. Solche Einstufungen gibt es auch für Aktienfonds. Das Rating bewertet die Qualität wie das Management, das Ranking die Quantität wie die Rendite.

Realtimekurse. Online erscheinen Börsenkurse oft zeitverzögert um 15 Minuten, teilweise auch sekundengenau wie auf der Bildtafel 216 beim Fernsehsender n-tv.

Regenerative Energien. Bevölkerungswachstum, knapper werdende fossile Energie und Klimawandel erfordern den Einsatz erneuerbarer Energien für Strom und Heizung. Auch Wasser als „blaues Gold" wird zum knappen lebensnotwendigen Gut. Sie sollten mit ETFs und bei guter Marktkenntnis mit Einzeltiteln Zukunftsmärkte abdecken.

Regionalbörsen. Neben der Leitbörse in Frankfurt gibt es die Regionalbörsen Berlin-Bremen, Düsseldorf, Hamburg, Hannover, München und Stuttgart. Sie sind auf Privatanleger zugeschnitten, bieten günstige Preise und einen informativen Service.

Rendite. Hier geht es um den Wertpapierertrag im Verhältnis zum eingesetzten Kapital. Langfristig versprechen substanz- und dividendenstarke Aktien die höchste Rendite. Statt Heimatliebedepot DAX also Übergewichtung in beste Nebenwerte!

Risikoneigung. Sie sollten Ihre Risikobereitschaft genau kennen. Nur so lässt sich die richtige Strategie aufbauen. Sicherheitsbewusste Anleger haben andere Ziele als spekulative Investoren. Das größte Risiko bei 0 % Zinsen ist, kein Risiko einzugehen. Während nur jeder 10. Amerikaner Aktien als „Zockerpapiere" einschätzt und einen Kauf rigoros ablehnt, liegt die Quote laut Bankenumfrage 2016 bei den als Angsthasen und Börsenmuffeln verschrienen Privatanlegern bei bis zu einem Drittel.

Rohstoffmarkt. Der Experte Jim Rogers setzt für den Rohstoffzyklus ein bis zwei Jahrzehnte an. Die Preise steigen langfristig, unterbrochen von scharfer Korrektur. Am besten decken Sie diese Märkte mit ETFs, guten Themenfonds und substanzstarken Einzelaktien ab, wozu im MDAX Aurubis, K+S und Südzucker zählen.

Rote Zahlen. Wer mehr ausgibt als einnimmt, dem droht Zahlungsunfähigkeit. Bis 2000 störte es kaum, wenn eine AG im Neuen Markt Verluste erlitt, solange das Wachstum stimmte. Heute werden positive Umsatz- und Ertragszahlen erwartet.

Rückkaufprogramme. Sie sind beliebt, soweit damit nicht Aktienoptionen der Führungskräfte finanziert werden. Es kommt Freude auf, wenn die AG eigene Aktien einzieht und vernichtet. Vernünftig ist auch der Einsatz als Akquisitionswährung.

Schulter-Kopf-Schulter-Formation. Diese charttechnische Formation besteht aus einem Kopf und zwei Schultern. Die Nackenlinie verbindet die beiden Tiefpunkte. Hält die Unterstützungslinie, wird zum Kauf geraten. Umgekehrt wäre es ein Verkaufssignal.

Schwarze Zahlen. Bleiben dauerhaft Unternehmenserträge aus, ist ein Kurssturz vorprogrammiert. Nachhaltigkeit, Substanzkraft und Ertragswachstum sowie seriöse Bilanzierung sind in den Zeiten abgeschaffter Guthabenzinsen gefragt.

SDAX. Bei der Neusegmentierung 2003 wurde auch der SDAX umstrukturiert. Er umfasst nach dem MDAX die 50 größten Unternehmen klassischer Branchen. Die Indexanpassung geschieht nun halbjährlich. Es dominieren Familienfirmen. Neuemissionen sorgen für Blutauffrischung. Im Jahrzehntvergleich ist der Kursgewinn beim Small-Cap-Index, vergleichbar mit der 3. Fußballliga, doppelt so hoch wie beim DAX.

Sell in May and go away. Der Rat, im Mai seine Aktien zu verkaufen, fußt auf der Erfahrung, dass danach oft, aber nicht immer die Kurse sinken. Es wird ignoriert, dass von den vielen Transaktionen die drei großen B profitieren: Börse – Broker – Banken. Die Gebühren schmälern die Rendite. Hinzu kommt oft der Dividendenverzicht.

Short Seller. Leerverkäufe sind bei Hedgefonds beliebt. Der Short Seller verkauft vom Broker geliehene hoch bewertete Aktien, um sie später billiger zurückzukaufen.

Software. Die IT-Branche als Hochburg von Digitalisierung, Vernetzung und Cloud, spezialisiert auf Datenschutz, Abwehr von Cyberattacken, Bausoftware für Architekten und Statiker, IT für Ärzte und Kliniken, Spezialprogramme für Logistik, Mitarbeiter, Zahlungsverkehr, Einkommensteuer gilt als einer der großen Zukunftsmärkte. Der TecDAX hat mit Bechtle, Cancom, CompuGroup, Nemetschek, RIB und Software AG viel zu bieten. Auch im Prime und Entry Standard gibt es interessante Titel, wie Adesso, Atoss, Cenit, Datagroup, InVision, KPS, USU Software.

Spekulationsblase. Börsen neigen zur Über- und Untertreibung, angeheizt durch Gier und Panik. Ein Crash ist unvermeidbar. Die Frage lautet: Wann, wie lange, wie heftig?

Split(t), Aktienstückelung. Der Titel wirkt optisch billiger. Teure Papiere sind durch Stückelung 1:2, 1:3, 1:4 usw. besser handelbar. Der Wert ändert sich nicht. Vergleich: Ich teile eine Torte in mehrere Stücke auf. Solange ich sie nicht aufesse, bleibt die Menge gleich. Ein Split(t) signalisiert, dass der Vorstand gute Zahlen erwartet. Kreist der Pleitegeier über einer AG, stückelt sich der Kurs von selbst – jetzt mit Wertverfall.

Stammaktien. Stämme (St) verbriefen volles HV-Stimmrecht. Die früher wegen höherer Dividende beliebten Vorzüge (Vz) verlieren an Zuspruch. Die Deutsche Börse AG erkennt für die Indexzugehörigkeit nur eine Aktienart an.

Stoppkurse. Stop-Loss-Orders dienen zur Gewinnabsicherung und Verlustbegrenzung. Dies kann im Abwärtstrend und bei längerer Abwesenheit günstig sein. Bei einem Minuten-Blitzcrash wie am 6. Mai 2010 wird das Depot jedoch leergefegt. Vielleicht stürzt eine Aktie nur wegen der Gerüchteküche ab. Ärgerlich, wenn es die Aktie kurz vor der Gewinnausschüttung erwischt. Im Bullenmarkt erholen sich Qualitätstitel. Warum nicht Stoppkurse mit einer Spanne von 15 bis 25 % auf riskante Titel begrenzen? Stoppkurse garantieren für **B**örse, **B**roker, **B**anken sprudelnde Einnahmequellen! Am besten, Sie bewahren Ihre Handlungskompetenz und verkaufen dann, wenn fundamentale Daten dafür sprechen und die Charttechnik klare Ausstiegssignale liefert.

Strategie. *„Für einen Seemann, der nicht weiß, welches Ufer er ansteuern soll, ist kein Wind der richtige."* Wer sich über Ziele und Strategie klar ist, stochert nicht im Nebel.

Streubesitz. Für die Gewichtung in deutschen Indizes gilt neben dem Börsenwert der nicht in festen Händen liegende Streubesitz, Free Float genannt. Fehlen verlässliche Großaktionäre, ist die Gefahr feindlicher Übernahmen durch „Heuschrecken" groß.

Substanz- bzw. Buchwert. Er bezieht sich auf die materiellen Vermögenswerte, deckt also das Eigenkapital wie Maschinen, Anlagen usw. ab. Liegt der Buchwert über dem aktuellen Kurs, dürfte der Titel im Verbund mit niedrigem KGV unterbewertet sein.

TecDAX. 2003 wurde der skandalumwitterte Neue Markt durch den TecDAX ersetzt. Er umfasst die 30 größten Hightech-AGs nach dem DAX. Die Indexanpassung erfolgt halbjährlich. Zunächst dominierten die Solarstromtitel. 2015 schaffte der TecDAX als bester Index ein Plus von 34 %, während es der DAX auf 10 %, der MDAX auf 23 % und der SDAX auf einen Kursgewinn von 27 % brachten. Ende Juli 2016 zeigten seit Jahresbeginn der DAX -7 %, TecDAX -10 %, MDAX 0 %, SDAX -0,5 %.

Technische Analyse. Die Charttechniker stellen Kursverläufe mittels Linien, Balken, Kerzen dar. Langzeitcharts erlauben Rückschlüsse auf künftige Entwicklungen von Aktien; denn das menschliche Verhalten neigt zu Wiederholungen. Trend und Trendumkehr, Unterstützungs- und Widerstandslinien liefern Kauf- und Verkaufssignale.

Thesaurierung. Solche Aktienfonds und ETF schütten keine Dividende aus, sondern investieren Erträge in neue Anteile. Im Altbestand bleibt die Wiederanlage steuerfrei.

Trend, Trendkanal. *„Der Trend ist dein Freund"* warnt davor, sich gegen den aktuellen Trend zu stemmen. Antizyklisches Handeln heißt, entgegen dem Herdentrieb im Vorfeld erkennbarer Trendwenden zu reagieren. Insofern besteht kein Widerspruch.

Turnaround. Management und Analysten erwarten, dass der Boden gebildet ist und die Firma schwarze Zahlen schreibt. Glückt dies nicht, drohen Kursabsturz und Pleite.

U

Übernahmen. Feindliche Einverleibungen drohen fair bewerteten Unternehmen, die statt verlässlicher Ankeraktionäre viel Streubesitz (Free Float) haben. Die Aktionäre erwarten vom Aufkäufer zweistellige Preisaufschläge. Zur freundlichen Übernahme kommt es, wenn das Zielunternehmen zur Bieterfirma passt und Analysten positiv gestimmt sind. Oft zerstört jedoch ein Kulturkampf erhoffte Synergieeffekte.

Überzeichnung. Begehrte Neuemissionen bringen Zeichnungsgewinn. Der Ausgabepreis liegt am oberen Ende der Handelsspanne. Außerbörsliche Kurse erleichtern die Einschätzung. Wer bei der Zeichnung leer ausgeht, sollte geduldig abwarten.

Umkehrformation. Dies bezeichnet Chartformationen, die auf eine Trendumkehr hinweisen wie die M-, W-, Schulter-Kopf-Schulter- und Untertassenformation.

Unterstützungslinie. Durchbricht der Kurs sie nach unten, so ist dies ein Verkaufssignal. Hält sie, deutet der Charttechniker es positiv und rät zum Kauf.

V

Value. Als die Börsenkurse ab 2000 weltweit abstürzten, feierte Warren Buffett sein Comeback. Er verschmäht alles, was er nicht kennt und versteht. Value ist auf substanz- und dividendenstarke, nachhaltig wirtschaftende, konjunkturunabhängige Unternehmen und deren Aktien zugeschnitten. Ideal ist eine Mischung Value/Growth.

Verkaufssignal. In der technischen Analyse bilden bestimmte Kursverläufe Verkaufssignale, z. B., wenn der Kurs oben an der Widerstandslinie abprallt, ohne sie durchstoßen zu können.

Verlustbegrenzung. *„Gewinne lass laufen – im Verlust nicht ersaufen!"* Bewahren Sie bei Spitzenaktien Ihre Chancen. Begnügen Sie sich mit Teilverkäufen. Aber begrenzen Sie Ihre Verluste. Bei Qualitätstiteln ist Aussitzen nicht immer verkehrt. Sie können nur den Einsatz einbüßen. Nach oben gibt es keine Grenze. Kleine, marktenge Nebenwerte sind besonders schwankungsfreudig und von daher auch manipulierbar.

Volatilität. Damit sind Kursschwankungen gemeint. Hightechaktien sind volatil. Halten Sie das heftige Auf und Ab nicht aus, vertrauen Sie auf ETFs und Spitzentitel.

Vorzugsaktien. Die „kastrierten" Vorzüge sind wegen fehlender HV-Stimmrechte unbeliebt. Eine höhere Dividende tröstet kaum. Vorzüge werden z. B. in Stämme umgewandelt, weil im Index nur eine Aktiengattung zählt und vielleicht ein Abstieg droht.

W

Wachstumswerte (Growth), Wachstumsmärkte. Dazu gehören Hightech-, Biotech-, Software-, Internetwerte und Immobilien. Wachstumsaktien sind attraktiv, wenn die Konjunktur anzieht und das Geschäftsmodell überzeugt. Der Zukunftsmarkt wird von Industrie 4.0, Internet der Dinge, Digitalisierung, Cloud und Vernetzung geprägt.

Wertpapierkennnummer (WKN). Ordern Sie Aktien telefonisch oder online, wählen Sie am besten die einprägsame sechsstellige WKN. Die zwölfstellige ISIN ist schwer zu entziffern und verleitet zu Fehlern. Nur bei deutschen Aktien entspricht der ISIN-Kern nach DE000 der alten WKN. Hüten Sie sich vor Verwechslungen bei **D:0, G:6, B:8, I:J:L, 5:6, 9:8:B.** Zu kleine Schrift ist die Hauptursache solcher Pannen, die zumindest Zeitverlust bedeuten und eine umständliche Fehlersuche erfordern.

Widerstandslinie. Wird sie nach oben durchstoßen, steht die Ampel charttechnisch auf „Grün". Viele Anleger ordern, wenn der Weg nach oben frei zu sein scheint. Wichtige Widerstände liegen bei runden Zahlen und im Bereich alter Höchststände.

XETRA. Das vollelektronische Handelssystem der Frankfurter Börse hat den emotionalen, mit Fingerzeichen und Schreien verbundenen Parketthandel überflüssig gemacht. XETRA führt Kauf- und Verkaufsaufträge über Computer blitzschnell zusammen.

Zeichnung. So heißt die Abgabe eines Kaufangebots für neue Aktien zum Ausgabepreis. Hohe Zeichnungsgewinne am 1. Börsentag sind heutzutage nur bei attraktiven Titeln zu erwarten. In den Zeiten des Neuen Marktes war dies noch ganz anders.

Zinspolitik. Seit 2014 ist Janet Yellen Notenbankchefin der US-Fed. Sie löste damit Ben Bernanke ab, der ab 2006 im Amt war. Mit der Weltwirtschaftskrise 2008/2009 wurde zur Stabilisierung des Finanzsystems eine Niedrigzinspolitik mit dem historischen Tief 0 % eingeläutet. Die Europäische Zentralbank (EZB) mit ihrem Präsidenten Mario Draghi (Vorgänger Jean-Claude Trichet) schaffte im Frühjahr 2016 den Guthabenzins durch Senkung von 0,5 auf 0,0 % ab und erhöhte im gleichen Atemzug die Strafzinsen für Banken, die ihr Geld bei der EZB parken, von -0,3 % auf -0,4 %. Für 10-jährige Bundesanleihen besteht erstmals ein Negativzins von -0,01 %. Für Aktionäre und Immobilieneigentümer sind dies positive Signale. Sparer fühlen sich dagegen enteignet. So klafft die Schere zwischen Arm und Reich weiter auseinander.

Zukunftsmärkte. Der demografische Wandel mit der ungebremst steigenden Lebenserwartung und die weltweit zu beobachtenden gesellschaftlichen Veränderungen führen sowohl zum Aussterben von Geschäftsfeldern und Berufen als auch zu neuen Höhenflügen in bestimmten Branchen und dort aktiven Unternehmen. Zu den großen Zukunftsmärkten gehören das Gesundheitswesen mit Alten-, Pflegeeinrichtungen, Kliniken, Pharma, Biotech und Medtech. Insbesondere aber führen Industrie 4.0, Internet der Dinge, Digitalisierung und Vernetzung zu immer neuen Produkten und Verfahren, die unsere heutige Vorstellungswelt übertreffen. Vieles ist positiv, aber nicht alles.

Zykliker, zyklische Aktien. Dies sind konjunkturabhängige Gesellschaften mit ihren Aktien wie Maschinen- und Automobilbauer, Biotech-, Software- und Internetfirmen. Schwächt sich das Wirtschaftswachstum ab, bevorzugen vorsichtige Anleger Konsumgüter- und Industrietitel. Wer risikofreudig ist, greift auch zu zyklischen Aktien.

10.2 Lösungen der fünf Leistungs-Schnelltests

Schnelltest-Lösung Nr. ❶ zur Wissensüberprüfung												
Nr.	**Aufgabenstellung auf Seite 292**											**Punkte**
1	Börsenrätsel: Setzen Sie die fehlenden Buchstaben ein. Das aus 11 Anfangsbuchstaben zu bildende Lösungswort gehört zur Börse.											11 [ ]
1.1	Bewerten Aktien/Firmen/Fonds	A	N	A	L	Y	S	T	E	N		1 [ ]
1.2	Hauptziel Aktienanlagen	K	U	R	S	G	E	W	I	N	N E	1 [ ]
1.3	Nebenwerte-Index	T	E	C	D	A	X					1 [ ]
1.4	Preissteigerung	I	N	F	L	A	T	I	O	N		1 [ ]
1.5	Wichtiges Ziel Autoindustrie	E	L	E	K	T	R	O	A	U	T O	1 [ ]
1.6	Vorgänger vom TecDAX	N	E	U	E	R		M	A	R	K T	1 [ ]
1.7	Firmenzusammenschluss	F	U	S	I	O	N					1 [ ]
1.8	Kauf- oder Verkaufsauftrag	O	R	D	E	R						1 [ ]
1.9	Technologiebörse USA	N	A	S	D	A	Q					1 [ ]
1.10	Gewinnausschüttung	D	I	V	I	D	E	N	D	E		1 [ ]
1.11	Wichtig für Börsenerfolg	S	T	R	A	T	E	G	I	E		1 [ ]

Nr.	Wissen: Was stimmt komplett? Was ist falsch? Kreuz!	Ja	Nein	Punkte
2		Ja	Nein	12 [ ]
2.1	„Aus dem Bauch", emotionell handeln ist immer richtig.		X	1 [ ]
2.2	Sich an Nebenwerte-Kauftipps der Börsengurus orientieren.		X	1 [ ]
2.3	Fundiertes Börsenwissen bietet Schutz vor Manipulation.	X		1 [ ]
2.4	Eine Infoquelle reicht für Aktienkauf/-verkauf locker aus.		X	1 [ ]
2.5	Stimmt oft: Gier frisst Hirn, und Panik tötet den Verstand.	X		1 [ ]
2.6	Guter Rat: Gewinne laufen lassen, Verluste aussitzen.		X	1 [ ]
2.7	Bei ETFs ist Ausgabeaufschlag niedriger als bei Aktienfonds.		X	1 [ ]
2.8	Prime Standard: MDAX, TecDAX, SDAX und Entry Standard.		X	1 [ ]
2.9	Ethik-Themenfonds können bezüglich Rendite mithalten.	X		1 [ ]
2.10	Value-Anlage: Aktien konjunkturunabhängig, nachhaltig.	X		1 [ ]
2.11	Growth-Strategie: Versorger, Konsumgüter, Versicherungen.		X	1 [ ]
2.12	Einwert-Strategie ratsam, da Kosten und Risiko gering.		X	1 [ ]

Nr.	Zuordnungstest: Welche Aussagen treffen völlig zu?	Nr.	Punkte
3		Nr.	16 [ ]
3.1	**Risikofreudiger Anlegertyp:** 1) Nur Value-Aktien. 2) Nur Nebenwerte. 3) Hoch/Tief-Mutstrategie. 4) Auch SDAX-Titel. 5) Auch Biotechaktien. 6) Kein TecDAX. 7) Auch Aktien aus DAXplus Family und GEX. 8) Verzicht auf ETFs.	Nr. 3, 4, 5, 7	8 [ ]
3.2	**Kaufsignale:** 1) Ölpreis schwankt stark. 2) Verstärkte Investitionen. 3) Historisch niedriges KGV. 4) Buchwert nahe am Kurs. 5) Immobilienblase droht. 6) Negative Vorstandsprognose. 7) Geringe Exportquote. 8) Dividende wird angehoben.	Nr. 2, 3, 4, 8	8 [ ]
	37 - 39 P. = 1, 33 - 36 P. = 2, 28 - 32 P. = 3, 22 - 27 P. = 4	Ziel: 39 P. [ ]	

Nr.	Aufgabenstellung auf S. 293												Punkte
1	**Börsenrätsel: Setzen Sie die fehlenden Buchstaben ein. Das aus 12 Anfangsbuchstaben bestehende Lösungswort stuft Anleger ein.**												12 [ ]
1.1	Wertpapierertrag	R	E	N	D	I	T	E					1 [ ]
1.2	Anderer Name für ETF	I	N	D	E	X	F	O	N	D	S		1 [ ]
1.3	Aktienart	S	T	A	M	M	A	K	T	I	E	N	1 [ ]
1.4	Wachstumsvoraussetzung	I	N	V	E	S	T	I	T	I	O	N	1 [ ]
1.5	Charttechnik liefert:	K	A	U	F	S	I	G	N	A	L	E	1 [ ]
1.6	Mindestens je 1.000 €	O	R	D	E	R	U	M	F	A	N	G	1 [ ]
1.7	Brillenaktie	F	I	E	L	M	A	N	N				1 [ ]
1.8	Aktienfonds-Bewertung	R	A	T	I	N	G						1 [ ]
1.9	Anlagemöglichkeit	E	I	N	Z	E	L	A	K	T	I	E	N	1 [ ]
1.10	Begriff aus Charttechnik	U	M	K	E	H	R	T	R	E	N	D	1 [ ]
1.11	Bevölkerungsentwicklung	D	E	M	O	G	R	A	F	I	E		1 [ ]
1.12	Anlage mit gutem Gewissen	E	T	H	I	K	F	O	N	D	S		1 [ ]

Nr.	**Wissenstest: Was stimmt? Was ist falsch? Ankreuzen!**	Ja	Nein	Punkte
2				12 [ ]
2.1	Finanzkennzahlen und Charttechnik schließen einander aus.		X	1 [ ]
2.2	Gesundheits-/Software-/Immobilienbranche chancenreich.	X		1 [ ]
2.3	Geschäftsmodell bei Softwarefirmen: Cloud, Digitalisierung.	X		1 [ ]
2.4	Rohstoffmarkt spielt langfristig weltweit keine Rolle mehr.		X	1 [ ]
2.5	Risikofreudige Anleger wählen nur Value-Aktien aus.		X	1 [ ]
2.6	Aktien ohne Dividende haben keinen Platz im guten Depot.		X	1 [ ]
2.7	Das Einzige, was für den Erfolg zählt, ist ein niedriges KGV.		X	1 [ ]
2.8	Meide die gefährlichen Vier: Euphorie, Panik, Angst und Gier	X		1 [ ]
2.9	Bei Autotiteln ist das KGV generell höher als bei Biotech.		X	1 [ ]
2.10	ETFs schneiden oft besser als der Vergleichsindex ab.		X	1 [ ]
2.11	Ein ausgewogenes Depot enthält Value- und Growth-Aktien.	X		1 [ ]
2.12	Aktienfonds sind aktiv gemanagt, klassische ETFs passiv.	X		1 [ ]

Nr.		Nr.	Punkte
3	**Welche Aussagen stimmen zur Beispielreihe Crash?**		6 [ ]
	1) Nur im Oktober zu befürchten. 2) Nur bei Platzen von Spekulationsblasen möglich. 3) Droht bei großen Krisenherden. 4) Undenkbar bei stabiler Konjunktur. 5) Bei einem Kernkraft-GAU. 6) Typisch: Panikausverkauf aller Aktien.	Nr. 3, 5, 6	6 [ ]
4	**Welche Aussagen stützt die Börsenpsychologie?**	Nr.	6 [ ]
	1) Zielmotive realistisch einschätzen. 2) Bei Panik alles verkaufen. 3) Sich für sein Tun verantwortlich fühlen. 4) Dem Herdentrieb folgen. 5) Bei Hektik nach Bauchgefühl handeln. 6) Nur Infos nutzen, die der eigenen Meinung entsprechen.	Nr. 1, 3	6 [ ]
	34 - 36 P. = 1, 30 - 33 P. = 2, 25 - 29 P. = 3, 20 - 24 P. = 4	36 P.	[ ]

Nr.	Aufgabenstellung auf S. 294											Punkte
1	Börsenrätsel: Setzen Sie die fehlenden Buchstaben ein. Das aus 14 Anfangsbuchstaben bestehende Lösungswort zählt zur Strategie.											14 [ ]
1.1	Börsentransaktion	**A**	K	T	I	E	N	O	R	D	E	R	1 [ ]
1.2	Vorn beim Kursgewinn	**N**	E	B	E	N	W	E	R	T	E		1 [ ]
1.3	Grund für Kursausschläge	**L**	E	E	R	V	E	R	K	A	U	F	1 [ ]
1.4	Leitet Hauptversammlung	**A**	U	F	S	I	C	H	T	S	R	A	T	1 [ ]
1.5	Offensivstrategie	**G**	R	O	W	T	H						1 [ ]
1.6	Hauptziel vom Börsengang	**E**	I	G	E	N	K	A	P	I	T	A	L	1 [ ]
1.7	Beeinflusst Börsentrends	**Z**	I	N	S	P	O	L	I	T	I	K	1 [ ]
1.8	Großer Aktienindex	**E**	U	R	O		S	T	O	X	X		1 [ ]
1.9	Zahlungsunfähigkeit	**I**	N	S	O	L	V	E	N	Z			1 [ ]
1.10	Begriff Charttechnik	**T**	R	E	N	D	K	A	N	A	L		1 [ ]
1.11	Fürchten Anleger u. Firmen	**R**	O	T	E		Z	A	H	L	E	N	1 [ ]
1.12	Von Experten begehrt	**A**	N	L	A	G	E	T	I	P	P	S	1 [ ]
1.13	Freundlich oder feindlich	**U**	E	B	E	R	N	A	H	M	E		1 [ ]
1.14	Kleine Nebenwerte	**M**	I	C	R	O		C	A	P	S		1 [ ]

2	Nebenwerte: Was stimmt? Was ist falsch? Ankreuzen!	Ja	Nein	8 [ ]
2.1	Das Risiko ist viel geringer als bei großen Unternehmen.		X	1 [ ]
2.2	TecDAX-/SDAX-Aufstieg auch für Entry-Standard-AGs.		X	1 [ ]
2.3	Seit 20 Jahren: MDAX Kursgewinn doppelt so hoch wie DAX.	X		1 [ ]
2.4	Anlageerfolg bei Nebenwerten reine Glückssache.		X	1 [ ]
2.5	Im breit gestreuten Aktiendepot Nebenwerte übergewichten.	X		1 [ ]
2.6	Dividende beim MDAX im Schnitt viel niedriger als beim DAX		X	1 [ ]
2.7	KGV im TecDAX im Schnitt höher als beim DAX.	X		1 [ ]
2.8	Auf- und Abstieg bei MDAX, TecDAX, SDAX einmal jährlich.		X	1 [ ]

3	A sucht B. Bilden Sie die passenden Wortpaare.	A/B	13 [ ]
3.1	A1) Defensivstrategie. A2) Offensivstrategie. A3) Small-Cap-Index. A4) Klassischer Mid-Cap-Index. A5) Nasdaq. A6) Familienfirmen-Index. A7) Prime Standard. A8) „Gier …!" A9) Bewährt sich im Crash. A10) TecDAX. A11) Breite Streuung. A12) Ordergebühren. A13) Antizyklisches Handeln.	A1/B5 A2/B10 A3/B11 A4/B1 A5/B6 A6/B13	1 [ ] 1 [ ] 1 [ ] 1 [ ] 1 [ ] 1 [ ]
3.2	B1) MDAX. B2) Handeln gegen den Herdentrieb. B3) „… frisst Hirn!" B4) Transaktionskosten. B5) Value-Aktien. B6) Technologiebörse USA. B7) Diversifikation. B8) In den letzten Jahren dreimal so hoher Kursgewinn wie DAX. B9) Strenge Auflagen. B10) Growth-Aktien. B11) SDAX. B)12 Hoch/Tief-Mutstrategie. B13) GEX und DAXplus Family.	A7/B9 A8/B3 A9/B12 A10/B8 A11/B7 A12/B4 A13/B2	1 [ ] 1 [ ] 1 [ ] 1 [ ] 1 [ ] 1 [ ] 1 [ ]
	33 - 35 P. = 1, 29 - 32 P. = 2, 25 - 28 P. = 3, 22 - 24 P. = 4	35 P.	[ ]

Schnelltest-Lösung Nr. ④ zur Wissensüberprüfung											

Nr.	Aufgabenstellung auf S. 295										Punkte
1	Börsenrätsel: Setzen Sie die fehlenden Buchstaben ein. Das 10 Anfangsbuchstaben umfassende Lösungswort nennt eine Aktienart.										10 [ ]
1.1	Technologiebörse Amerika	**N**	A	S	D	A	Q		1	0	0	1 [ ]
1.2	Wichtiger Zukunftsmarkt	**E**	L	E	K	T	R	O	A	U	T O S	1 [ ]
1.3	Profitiert von Demografie	**B**	I	O	T	E	C	H				1 [ ]
1.4	Mehr Risiko als beim ETF	**E**	I	N	Z	E	L	A	K	T	I E N	1 [ ]
1.5	Börsengang/IPO	**N**	E	U	E	M	I	S	S	I	O N	1 [ ]
1.6	Erneuerbare Energie	**W**	I	N	D	K	R	A	F	T		1 [ ]
1.7	Ausgebende Bank	**E**	M	I	T	T	E	N	T			1 [ ]
1.8	Anlageziel	**R**	E	N	D	I	T	E				1 [ ]
1.9	Anleger fürchten sich vor	**T**	O	T	A	L	V	E	R	L	U S T	1 [ ]
1.10	Aktien-Index	**E**	U	R	O		S	T	O	X	X	1 [ ]

Nr.	Aufgabenstellung	Lösung	Punkte
2	Welche zwei Aussagen sind falsch? Nummern einsetzen!		14 [ ]
2.1	**Gesundheitsbranche:** 1) Biotech, 2) Medtech, 3) Pharma, 4) Nanotechnologie, 5) Wirkstoffforschung, 6) Digitalisierung	4) 6)	2 [ ]
2.2	**ETF:** 1) Sondervermögen, 2) stets aktiv gemanagt, 3) kleiner Ausgabeaufschlag, 4) deckt den Index ab, 5) Indexfonds	2) 3)	2 [ ]
2.3	**Zukunftstrends:** 1) Industrie 400, 2) Cloud-Computing, 3) Internet der Dinge, 4) Kosmetik, 5) Big Data, 6) Hardware	4) 6)	2 [ ]
2.4	**MDAX:** 1) 50 klassische Werte, 2) nur deutsche Titel, 3) Auf-/Abstieg einmal jährlich, 4) Mid Caps, 5) besser als DAX	2) 3)	2 [ ]
2.5	**TecDAX:** 1) 50 Technologietitel, 2) auch ausländische Titel, 3) Nachfolger Neuer Markt, 4) Micro Caps, 5) viel Software	1) 4)	2 [ ]
2.6	**SDAX:** 1) 30 klassische Werte, 2) nur deutsche Titel, 3) Prime Standard, 4) Small Caps, 5) Industrietitel, 6) Bankaktien	1) 2)	2 [ ]
2.7	**Psychologie:** 1) Herdentrieb, 2) Charts, 3) Panikausverkauf, 4) Value, 5) Scheuklappensyndrom, 6) dominante Sichtweise	2) 4)	2 [ ]

Nr.	A sucht B. Bilden Sie die passenden Wortpaare.	A/B	12 [ ]
3.1	A1) Handel mit geliehenen Aktien. A2) Konjunkturunabhängige Aktien. A3) Stop-Loss-Orders. A4) Familienindex. A5) Zyklische Aktienanlage. A6) Strenge Zulassungsauflagen. A7) Schlägt seit 20 Jahren den DAX um Längen. A8) Psychologischer Faktor. A9) Entry Standard. A10) Breit gestreut: ... A11) Meide die gefährlichen Vier: ... A12) TecDAX	A1/B11 | A2/B1 | A3/B6 | A4/B9 | A5/B10 | A6/B12	1 [ ] | 1 [ ] | 1 [ ] | 1 [ ] | 1 [ ] | 1 [ ]
3.2	B1) Value. B2) Halbjähriger Auf-/Abstieg. B3) MDAX. B4) Geringere Zulassungsauflagen. B5) Herdentrieb. B6) Automatisch ausgelöste Verkäufe. B7) ... Euphorie, Panik, Angst und Gier. B8) ... nie bereut. B9) DAXplus Family. B10) Growth. B11) Leerverkäufer. B12) Prime Standard.	A7/B3 | A8/B5 | A9/B4 | A10/B8 | A11/B7 | A12/B2	1 [ ] | 1 [ ] | 1 [ ] | 1 [ ] | 1 [ ] | 1 [ ]

34 - 36 P. = 1, 30 - 33 P. = 2, 25 - 29 P. = 3, 20 - 24 P. = 4	36 P.	[ ]

	Schnelltest-Lösung Nr. ⑤ zur Wissensüberprüfung												

Nr.	Aufgabenstellung auf Seite 296										Punkte		
1	**Börsenrätsel: Setzen Sie die fehlenden Buchstaben ein. Das aus 14 Anfangsbuchstaben bestehende Lösungswort nennt eine Branche.**										14 [　]		
1.1	Fonds aus Aktien/Anleihen	**M**	I	S	C	H	F	O	N	D	S		1 [ ]
1.2	Grundlage für Aktienorder	**E**	C	H	T	Z	E	I	T	K	U	R S	1 [ ]
1.3	Ausschüttung für Aktionäre	**D**	I	V	I	D	E	N	D	E			1 [ ]
1.4	Zahlungsunfähigkeit	**I**	N	S	O	L	V	E	N	Z			1 [ ]
1.5	Einfluss auf Aktienstrategie	**Z**	I	N	S	P	O	L	I	T	I	K	1 [ ]
1.6	Viele Werte: MDAX/SDAX	**I**	M	M	O	B	I	L	I	E	N		1 [ ]
1.7	Aktienart	**N**	A	M	E	N	S	A	K	T	I	E N	1 [ ]
1.8	Strategieempfehlung	**T**	E	I	L	V	E	R	K	A	U	F	1 [ ]
1.9	Eröffnungskurs bei IPO	**E**	R	S	T	N	O	T	I	Z			1 [ ]
1.10	Börseninformationsquelle	**C**	H	A	R	T	T	E	C	H	N	I K	1 [ ]
1.11	TecDAX-Merkmal	**H**	I	G	H	T	E	C	H				1 [ ]
1.12	US-Technologie-Index	**N**	A	S	D	A	Q		1	0	0		1 [ ]
1.13	Oberbegriff, Name für ETF	**I**	N	D	E	X	F	O	N	D	S		1 [ ]
1.14	Einflussfaktor Börsentrend	**K**	O	N	J	U	N	K	T	U	R		1 [ ]
2	**Nebenwerte: Was stimmt? Was ist falsch? Ankreuzen!** Ja　Nein												8 [　]
2.1	Nasdaq 100: Es ist der Index für Technologieaktien weltweit.										X		1 [ ]
2.2	Den MDAX und SDAX gibt es schon seit 20 Jahren.										X		1 [ ]
2.3	Der DAXplus Family Index besteht nur aus Nebenwerten.										X		1 [ ]
2.4	GEX-Mitglieder dürfen maximal 10 Jahre börsennotiert sein.									X			1 [ ]
2.5	Aufstieg in TecDAX und MDAX setzt Prime Standard voraus.									X			1 [ ]
2.6	Für SDAX-Aufstieg reicht die Notierung im Entry Standard.										X		1 [ ]
2.7	TecDAX als Nachfolger Neuer Markt besteht seit 20 Jahren.										X		1 [ ]
2.8	10 Jahre: SDAX gegenüber DAX doppelt so viel Kursgewinn.									X			1 [ ]
3	**Welche zwei Aussagen treffen zu? Bitte Nummern einsetzen**												8 [　]
3.1	**Nasdaq 100:** 1) Vergleichbar mit TecDAX. 2) Etwas mehr Kursgewinn als TecDAX. 3) Nur Biotech fehlt hier. 4) Keine Nasdaq-ETFs im Angebot. 5) Hightechtitel: keine Dividende.										1, 2		2 [ ]
3.2	**Biotech:** 1) Boom in Europa. 2) Viele Übernahmen Pharma/ Biotech. 3) Weniger neue Wirkstoffe. 4) Biotech-ETF USA. 5) Auch MDAX-Biotechtitel. 6) Gentechnik bei Biotech verboten.										2, 4		2 [ ]
3.3	**Aktienrendite:** 1) Altbestand vor 2010 steuerfrei. 2) Keine Abgeltungsteuer bei ETF. 3) ETF-Sondervermögen. 4) Aktienfonds passiv gemanagt. 5) Kein Ausgabeaufschlag ETF.										3, 5		2 [ ]
3.4	**Strategie:** 1) DAX-Aktienfonds am besten. 2) Einwert-Strategie gut. 3) Geld/Glück/Geduld. 4) Bei wenig Geld/Zeit ETF.										3, 4		2 [ ]
	28 - 30 P. = 1, 25 - 27 P. = 2, 21 - 24 P. = 3, 17 - 20 P. = 4										30 P.		[　]

10.3 Unsere drei Partnerfirmen stellen sich vor

10.3.1 Geschäftsmodell LEONI AG, MDAX, Nürnberg

Führender Hersteller von Kabelsystemen mit globaler Präsenz

LEONI ist ein führender Anbieter von Kabeln und Kabelsystemen für die Automobilbranche und weitere Industrien. Das Portfolio umfasst Drähte und optische Fasern, Kabel, Kabelsysteme sowie dazugehörige Komponenten, Steckverbindungen und Serviceleistungen. Die im MDAX notierte Unternehmensgruppe beschäftigt rund 75.000 Mitarbeiter in 32 Ländern und erzielte 2015 einen Konzernumsatz von 4,5 Mrd. Euro. Im Jahr 1917 gegründet, zählt LEONI heute zu den weltweit größten und erfolgreichsten Kabelherstellern. Dabei konzentriert LEONI seine Aktivitäten auf die Kernmärkte Automobile & Nutzfahrzeuge, Industrie & Gesundheitswesen, Kommunikation & Infrastruktur, Haus- & Elektrogeräte sowie Drähte & Litzen.

Das weltweit verzweigte Geschäft ist unterteilt in zwei Unternehmensbereiche: **Wire & Cable Solutions** ist zuständig für Drähte, Litzen, optische Fasern, Standard- und Spezialkabel sowie komplette Kabelsysteme für unterschiedlichste industrielle Anwendungen. Die Fertigung und der Vertrieb von Kabelsätzen, kompletten Bordnetz-Systemen sowie dazugehörigen Komponenten und Steckverbindungen für die internationale Automobilbranche bildet das Hauptgeschäft im Bereich **Wiring Systems**. Von wachsender strategischer Bedeutung sind zudem Produkte für die internationale Nutzfahrzeugindustrie und Hersteller von Freizeitfahrzeugen.

LEONI-Leistungsspektrum

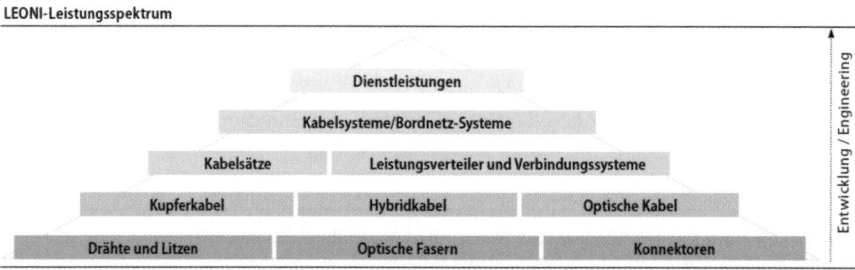

Beide Segmente arbeiten in zahlreichen Bereichen eng zusammen und bilden eine aufeinander aufbauende Wertschöpfungskette. Vielfältige Synergien bei Know-how und Prozessabläufen sorgen für entscheidende Wettbewerbsvorteile. Durch die intensive Kooperation werden Synergien ebenso in Einkauf, Entwicklung und anderen Zentralbereichen sowie bei der regionalen Erschließung von Absatzgebieten genutzt. Darüber hinaus profitieren unsere Kunden von hoher technologischer Fachkompetenz, Innovationskraft, Qualität und Flexibilität. Wichtige Markttrends nimmt LEONI konsequent auf und entwickelt dafür innerhalb seines Geschäftsmodells segmentübergreifend attraktive Lösungen – getragen von Erfahrung und Präsenz in Zukunftsmärkten.

10.3.2 Uzin Utz AG aus Ulm – Kurzvorstellung des Konzerns

Innovation und Tradition, Qualität und Ausgewogenheit, Wachstum und Nachhaltigkeit sind die Leitwerte der Uzin Utz AG. Auf ihnen basiert die erfolgreiche Entwicklung vom 1911 gegründeten regionalen Klebstoffhersteller zum heute weltweit agierenden Komplettanbieter für Bodensysteme. Durch die Leidenschaft und Professionalität unserer über 1.000 Mitarbeiterinnen und Mitarbeiter wurde das Jahr 2015 zu einem besonders erfolgreichen Kapitel in der Unternehmensgeschichte.

Mit einer nachhaltigen Unternehmenssteuerung, die sich durch Verantwortung gegenüber Mitarbeitern, Kunden und der Umwelt auszeichnet, wollen wir den langfristigen Erfolg unseres Unternehmens sichern. Dabei haben wir den Anspruch, unsere Bemühungen zum Thema Nachhaltigkeit zu verbessern sowie unsere Strategie weiterzuentwickeln und zu präzisieren. Wir fokussieren uns mit zukunftsfähigen Sortimenten auf emissionsarme und umweltfreundliche Produkte.

Der 2015 erstmals veröffentlichte Nachhaltigkeitsbericht dokumentiert mit allen wichtigen Aktivitäten und Projekten die konsequente Nachhaltigkeitspolitik und Philosophie unseres Unternehmens. Die Verwendung natürlicher Rohstoffe sowie eine ressourcenschonende Produktentwicklung sind für uns selbstverständlich.

Mit hoher Technologiekompetenz bieten wir umfassendes Know-how zur Neuverlegung, Renovierung und Werterhaltung von Bodenbelägen aller Art, wie auch für Parkett, keramische Fliesen oder Naturstein. Unsere Vorreiterrolle tragen wir mit Stolz und Verantwortung und sehen uns als Innovationsmotor der Branche. Die Marken UZIN, Wolff, Pallmann, Arturo, codex und RZ stehen für das breite Leistungsangebot der Uzin Utz AG und den neuesten Stand der Technik rund um das Thema Boden. Dabei stammen die meisten unserer Produkte aus eigener Entwicklung und Produktion.

Als führender Anbieter bauchemischer Systemprodukte ist die Uzin Utz Gruppe weltweit in 48 Ländern vertreten, davon in 19 Ländern mit eigenen Produktionsgesellschaften und/oder Vertriebsgesellschaften. Mit dem Ziel, sowohl die starke Position im Heimatmarkt Deutschland als auch die internationale Präsenz weiter auszubauen, treiben wir Innovationen voran und nutzen unser technisches Know-how als Wissenspool. Wir verstehen uns als Teil der Wertschöpfungskette und engagieren uns in verschiedenen Netzwerken beim Wissens- und Erfahrungstransfer zwischen Industrie und Handwerk. Wir wollen einen Mehrwert für Menschen, Umwelt und Gesellschaft schaffen, indem wir alle Akteure am Bau erfolgreich zusammenführen, Synergien erzeugen und eine nachhaltige Entwicklung vorantreiben.

Uzin Utz AG

Über 100 Jahre Know-how für den Boden

Innovation und Tradition, Qualität und Ausgewogenheit, Wachstum und Nachhaltigkeit sind die Leitwerte der Uzin Utz AG. Auf ihnen basiert die erfolgreiche Entwicklung vom 1911 gegründeten regionalen Klebstoffhersteller zum heute weltweit agierenden Komplettanbieter für Bodensysteme. Als führender Anbieter bauchemischer Systemprodukte ist die Uzin Utz Gruppe weltweit in 48 Ländern vertreten, davon in 19 Ländern mit Produktionsgesellschaften und Vertriebsgesellschaften. Mit dem Ziel, sowohl die starke Position im Heimatmarkt Deutschland als auch die internationale Präsenz weiter auszubauen, werden wir kontinuierlich Innovationen vorantreiben und unser technisches Know-how als Wissenspool nutzen.

Konzernzahlen 2015

Umsatzerlöse:	253,2 Mio. Euro
Ergebnis d. gew. GT:	18,9 Mio. Euro
Dividende pro Aktie:	1,00 Euro
Dividendenrendite:	2,48 %

Konzernzahlen 2014:

Umsatzerlöse:	230,4 Mio. Euro
Ergebnis d. gew. GT:	15,1 Mio. Euro
Dividende pro Aktie:	0,90 Euro
Dividendenrendite:	3,11 %

Uzin Utz AG

Uzin Utz AG
Dieselstraße 3 | D-89079 Ulm
Telefon +49 731 4097-0 | Telefax +49 731 4097-110
info@uzin-utz.com | www.uzin-utz.de

10.3.3 LION E-Mobility, Firmensitz Zug in der Schweiz, Wegbereiter Elektromobilität, stellt sich vor

„Durch strategische Investments im Elektromobilitäts-Sektor globale Ressourcen schützen, das Klima verbessern, die Lebensqualität in unseren Städten erhöhen und grüne, effiziente Technologien vorantreiben" – das ist in Kürze die Unternehmensphilosophie der Schweizer Holding LION E-Mobility AG. Das 2011 von einer Gruppe junger, ambitionierter Ingenieure gegründete mittelständische Unternehmen hat sich der Entwicklung innovativer Energiespeicherlösungen verschrieben. Der Konzern ist vorrangig im Bereich elektrischer Hochleistungsenergiespeicher und Systemtechnik für Lithium-Ionen-Batterien aktiv und zählt damit zu den richtungsweisenden Partnern für die Automobil- und die Stationärspeicherindustrie rund um den Globus.

Die LION E-Mobility AG besitzt 100 % der deutschen LION Smart GmbH, einem Entwickler von Batteriepacks und Batterie-Management-Systemen. Die LION Smart GmbH hält zudem einen 30-%-Anteil an der TÜV SÜD Battery Testing GmbH, einem erfolgreichen Joint Venture mit der TÜV SÜD AG.

LION Smart hat sich als Entwicklungsdienstleister von Batteriesystemen, als Berater, Ersteller von Studien und Prototypenbauer einen Namen gemacht. Ein erprobtes Modulkonzept ermöglicht eine hohe Kapazitäts- und Leistungsdichte. Es wurde ein Batterie-Management-System (BMS) entwickelt, das Steuerungs- und Regelaufgaben sowie Sicherheitsfunktionen im Batteriespeicher übernimmt. Das Energiemengen-Management (Smart Grid) ist eine der großen Herausforderungen unserer Zeit. LION Smart ist ein aufstrebender Player bei Batterie-Sicherheits- und Überwachungs-Systemen. Zu den Kunden gehören staatliche Organisationen, Forschungseinrichtungen, die Fahrzeugindustrie und Hersteller stationärer Speichersysteme.

➢ Gemeinsam mit der TÜV SÜD AG betreibt das Unternehmen Prüfstände und Prüflabors für Tests und Zertifizierung von elektrischen Speichern auf Zell-, Modul- und Packebene.

Mit ihrem Geschäftsmodell trifft die LION E-Mobility AG den Puls der Zeit. Die Notwendigkeit, die Ressourcen- und Energie-Effizienz zu erhöhen, wird immer mehr als wirtschaftliche Chance begriffen. Angetrieben wird diese Entwicklung von einer zunehmend ökologisch denkenden Gesellschaft und von schärferen gesetzlichen Rahmenbedingungen.

Seinen Erfolg verdankt der Konzern aber ebenso den engagierten Mitarbeitern – ein junges internationales Team aus Ingenieuren, Wissenschaftlern und Technikern. Neben hoher fachlicher Kompetenz bringen die Kollegen auch ihre persönlichen Wertvorstellungen in ihre Arbeit ein sowie den Ehrgeiz, eine Zukunft ohne fossile Energieträger mitzugestalten.

WE ELECTRIFY
YOUR FUTURE

www.lionemobility.com

10.4 Sachwortverzeichnis: Wo steht was?

Schwerpunktwissen: fett gedruckt

Begriffserklärungen Lexikon/Glossar: kursiv

Alles übrige: Normalschrift

A

Akquisitionen: *242/243*

Aktien: 304

Aktien 800 bis 2.000 % Kursplus: 286

Aktien/Aktienfonds/ETF-Vergleich: **196**

Aktienfondsauswahl Deutschland: **176/177**

Aktienfondsauswahl Ethik: **185-187**

Aktienfondsauswahl Europa: **178/179**

Aktienfondsauswahl Ostasien: **182/183**

Aktienfondsauswahl USA/Welt: **180/181**

Aktienfonds Ethik/Umweltschutz: **191-195**

Aktienfonds Frontiermärkte: **189/190**

Aktienfonds, Kurslisten: 173-180

Aktienfonds Nebenwerte: 171-196

Aktiengesellschaft (AG): 304

Aktienrückkauf: 304

Aktienstrategie Firmenlenker: **236/237**

Altersvorsorge: 304

Analysten/Aktienanalyse: 304

Anlagebetrug: 305

Anlagen- und Maschinenbau: **60-62**

*Anlagestrategie: **287**, 305*

*Anlagestrategie deutsche reiche Familien: **266-268***

Anlegerfehler: 204

Anlegerverhalten: **269**

Antizyklisches Handeln: 305

Aufsichtsrat: 305

Aufwärts-/Abwärtstrend: **201**

Aurelius: 255

Ausgabeaufschlag Aktienfonds: 305

Ausschüttung, Dividende: **18-22,** 124, **262-264,** 271

Auswertung Nebenwerte-Indizes: **271/272**

Autoindustrie: **31-40**

Autoindustrie, Kursliste Aktien: **39/40**

Axel Springer Interview ❶: **297-300**

Axel Springer Interview ❷: **301-303**

B

Baisse/Hausse: 305/310

Banken, Kursliste Aktien: **70/71**

Bauindustrie/Bauwirtschaft: **42-45**

Baukastenprinzip/Stufenmodell: **158**

Bauwirtschaft, Kursliste Aktien: **44/45**

BayWa: 9, 47

Bechtle: 47

Benchmark: 305

Bestens/Billigst: 305

BILD.de-Interview ❶: **297-300**

Bild.online-Interview ❷: **301-303**

Biotechaktien: 33-36, **141/142,** *305*

Biotechboom Nasdaq: **141-142**

Blue Chips: 305

Borusia Dortmund (BVB): 233/234

Börse: 306

Börse am Sonntag: **141/142**

Börsenbarometer international: 288

Börsenboom: 207-209

Börsencrash: **207-209,** 284/285, *307*

Börsengang (IPO): **238-241**

Börsenpsychologie: 275-287

Der Aktien und Börsenführerschein

Beate Sander

Die 8., komplett neu bearbeitete Auflage des *Aktien- und Börsenführerscheins*

Jetzt neu mit Musterdepots für erfolgsorientierte Anleger (Aktien und EFTs) und weiterhin mit großem Frage- und Antwortteil für Selbsttest und Prüfungsvorbereitung sorgt für Spannung und Spaß in der Erlebniswelt Börse.

Denn wer sich auf die Schnellstraße der Börse begibt, muss die Regeln kennen, schnell reagieren und auf die anderen Teilnehmer achten – was gar nicht so einfach ist. Vom Portfolio-Management über unterschiedliche Anlageklassen bis hin zu ETFs, Fundamentalanalyse, Charttechnik und Börsenpsychologie deckt *Der Aktien- und Börsenführerschein* von Beate Sander alle wichtigen Bereiche für einen erfolgreichen Start als Anleger oder Trader ab.

Auch Sie sind eingeladen, Ihr Wissen zu testen und die Börsenführerscheinprüfung abzulegen. Als Lohn winkt eine attraktive Urkunde.

288 Seiten I 29,99 € (D) I Broschur I ISBN 978-3-89879-727-6